Le grand livre
du contrôle de gestion

Groupe Eyrolles
61, bd Saint-Germain
75240 Paris Cedex 05

www.editions-eyrolles.com

Ouvrage dirigé par Caroline Selmer

© Groupe Eyrolles, 2013
ISBN : 978-2-212-55511-0

Marie-Noëlle Désiré-Luciani
Daniel Hirsch
Nathalie Kacher
Marc Polossat

Le grand livre
du contrôle de gestion

EYROLLES

Sommaire

Partie 3
Les spécificités sectorielles du contrôle de gestion

Partie 4
La démarche de mise en œuvre
d'un contrôle de gestion

Vous pouvez télécharger un chapitre supplémentaire,
« Le contrôle de gestion de production », sur le site
www.editions-eyrolles.com, à la page du livre.

Introduction

Définitions et concepts clefs

Daniel Hirsch

Le contrôle de gestion, plusieurs décennies après son introduction, reste souvent incompris par ceux-là mêmes qui auraient le plus intérêt à l'utiliser, c'est-à-dire les *managers* et dirigeants d'entreprise. Il peut être regardé avec suspicion par une grande majorité du personnel des entreprises et même par leur encadrement.

C'est dire l'intérêt d'un ouvrage qui se destine à expliquer la logique du contrôle de gestion, tout en présentant l'ensemble de ses outils.

L'une des raisons de cette mauvaise compréhension est bien entendu l'utilisation du mot « contrôle ». Personne n'aime être contrôlé et ce terme a fait beaucoup de mal à la fonction. Nous verrons qu'il est parfaitement possible de présenter le contrôle de gestion sous un angle plus positif.

Une seconde raison est l'utilisation du label « contrôle de gestion » et son « accaparement » par les professionnels de la comptabilité et de la finance. La plupart des ouvrages qui comportent le terme « contrôle de gestion » dans leur titre sont des livres de comptabilité analytique, budgétaire ou de techniques comptables, destinés surtout à des professionnels de l'univers de la finance.

1. LA FONCTION CONTRÔLE DE GESTION ET LES CONTRÔLEURS DE GESTION

Pour faciliter la compréhension des concepts de contrôle de gestion, il semble nécessaire de distinguer au préalable le **contrôle de gestion** de ce qui est **fait par les contrôleurs de gestion**. On pourra alors étudier le contrôle de gestion en tant que fonction, séparément de ce qui doit être fait par les contrôleurs de gestion et du rôle qu'ils doivent jouer.

C'est ce que l'on fera dans le reste de cet ouvrage.

Continuons à nous intéresser au contrôle de gestion avant de revenir plus tard à ce que sont et ce que font les contrôleurs de gestion.

2. DÉFINITION NUMÉRO UN DE LA FONCTION CONTRÔLE DE GESTION

On peut dire que la fonction contrôle de gestion doit exister dans toute organisation, que cette dernière dispose ou non de contrôleurs de gestion en son sein.

En recherchant la définition la plus simple, on pourrait définir la fonction contrôle de gestion de la manière suivante : vérifier en permanence que l'organisation se dirige bien vers les objectifs choisis par son ou ses dirigeants.

C'est la définition implicitement utilisée par des journalistes lorsqu'ils peuvent écrire à propos d'une entreprise ayant des problèmes : « Cette entreprise avait un mauvais contrôle de gestion. » Ces derniers n'ont pas nécessairement une formation de contrôle de gestion et lorsqu'ils l'évoquent, c'est dans un sens courant. Ils veulent dire que les dirigeants dont ils parlent, ne **maîtrisaient** pas suffisamment bien le fonctionnement quotidien, au niveau du terrain, de leur entreprise.

Le mot « contrôle », dans « contrôle de gestion », a donc une signification de **maîtrise**.

> Le contrôle de gestion est souvent défini comme une démarche destinée à maîtriser le cheminement d'une organisation vers ses objectifs.

On pourrait presque dire que la préoccupation première de la fonction de contrôle de gestion n'est pas d'atteindre des objectifs, mais de renseigner en permanence les dirigeants sur le cheminement vers ces objectifs et sur les éventuels écarts par rapport à ceux-ci. Atteindre les objectifs ne serait que la fameuse cerise sur le gâteau.

On pourrait aussi dire qu'il est possible d'avoir un bon contrôle de gestion sans atteindre les objectifs et, inversement, qu'il est possible d'atteindre les objectifs tout en ayant un mauvais contrôle de gestion ! Nous restons cependant convaincus que l'idéal est d'avoir les deux !

3. LE CONTRÔLE DE GESTION DOIT-IL ÊTRE OU NON FORMALISÉ ?

On associe généralement le contrôle de gestion à un certain formalisme représenté par des budgets, des tableaux de bord, du *reporting,* beaucoup de documents à remplir. Cette image est le plus souvent vraie, mais en même temps elle comporte un élément de schématisation qui peut brouiller la compréhension de ce qu'il en est vraiment.

Pour bien comprendre les éléments de base, il est souvent intéressant de prendre en considération une situation extrême.

3.1. Le contrôle de gestion est d'abord l'affaire du dirigeant

Prenons une petite entreprise d'une quinzaine ou d'une vingtaine de personnes, dirigée par un entrepreneur qui en est le patron. Un contrôle de gestion, au sens de la définition ci-dessus, doit y exister. Qui donc va en être l'acteur ?

À cette question, il y a toujours quelques personnes pour répondre : « Le comptable ou l'expert-comptable... » Pourtant, s'il existe une personne qui a plus intérêt que tout le monde à ce que l'entreprise atteigne les objectifs du patron, c'est le patron lui-même, le dirigeant de l'entreprise.

En fait, dans une toute petite entreprise, la mise en œuvre de la fonction contrôle de gestion par le dirigeant peut tout à fait se limiter à un comportement de nature très informelle.

En pratique

> Dans une petite entreprise, comme le contrôle de gestion consiste à vérifier que tout se passe bien, on peut imaginer le dirigeant faisant le matin le tour des bureaux pour serrer la main de tout le monde, en posant aux uns et aux autres des questions du style : « Et le client dont tu me parlais hier, as-tu solutionné son problème ? As-tu besoin de mon aide ? » ou bien « Le fournisseur X, a-t-il fini par nous livrer ? Il faut vraiment que tu commences à en chercher un autre, celui-là, on ne peut pas lui faire confiance ! Tiens-moi au courant de tes recherches. »

Le dirigeant d'une toute petite entreprise (Henry Mintzberg dirait d'une organisation entrepreneuriale, voir le chapitre 1) en assure en même temps le contrôle de gestion. C'est lui qui va y faire vivre la **fonction** contrôle de gestion. Cette fonction n'a pas besoin d'un contrôleur de gestion et, de toute façon, l'entreprise ne pourrait pas se le permettre.

Le degré de formalisme dépendra fortement de la culture de *management* personnelle du dirigeant. Suivant son expérience, sa philosophie, sa compréhension des besoins, il pourra exiger ou non des membres de son personnel l'utilisation de documents formalisés.

On parlait plus haut de **démarche**, on peut préciser maintenant qu'il s'agit d'une démarche dont le dirigeant est le premier responsable.

3.2. « Vendre » le contrôle gestion comme formalisation de la délégation des responsabilités

La nécessité d'un contrôle gestion formalisé est liée à la taille de la structure. Lorsque la taille d'une organisation dépasse ce qui peut être encadré par une personne seule, il y a nécessité pour son dirigeant de déléguer une partie de ses responsabilités à des « premières lignes », c'est-à-dire des responsables auxquels le dirigeant confie la tâche de gérer une partie de ce qu'il aurait eu sinon à gérer lui-même.

Le découpage de ces responsabilités peut suivre une logique **fonctionnelle** (*marketing*, ventes, production, finance, ressources humaines), **géographique** (région Ouest, Est, etc.), ou bien en *« business unit »*, c'est-à-dire par type de clientèle, type de marché ou autre.

Lorsqu'un dirigeant délègue une partie de ses responsabilités à ses premières lignes, il est hors de question qu'il puisse s'en désintéresser en abandonnant toute supervision du travail réalisé par ses subordonnés, des missions qui leur sont confiées. Une **délégation** doit donc être organisée, l'obligation pour les subordonnés **de rendre des comptes** en est la contrepartie légitime.

La fonction contrôle de gestion qui, il faut le rappeler, est distincte des tâches confiées aux contrôleurs de gestion, consiste à formaliser la délégation des responsabilités au sein des entreprises.

La fonction contrôle gestion est la contrepartie de la délégation des responsabilités.

Autant le terme de contrôle peut paraître odieux à certains et comporter une composante négative, autant la délégation des responsabilités a des connotations éminemment positives. Comme l'une ne va pas sans l'autre, il devrait être plus facile de « vendre » la fonction contrôle de gestion en insistant sur

Délégation et contrôle

```
┌─────────────────────────┐
│       Délégation        │
└─────────────────────────┘
            ⇕
┌─────────────────────────┐
│   Rendre des comptes    │
└─────────────────────────┘
```

son caractère d'accompagnement de la délégation des responsabilités. Cela peut faciliter la tâche des contrôleurs de gestion qui ont souvent du mal à faire adhérer leurs interlocuteurs à son intérêt, sinon à sa nécessité dans les structures dont ils s'occupent. Nous verrons malheureusement que les difficultés à faire adhérer les membres du personnel au contrôle de gestion s'étendent souvent au *management* supérieur, voire à la direction générale.

4. L'INVENTION DU CONTRÔLE DE GESTION
DANS LES GRANDES ENTREPRISES

On peut dire que la fonction contrôle de gestion est née de l'existence des grandes entreprises et de leurs besoins de déléguer des responsabilités.

Ce qui distingue une grande entreprise d'une moyenne ou petite, c'est le nombre des niveaux de *management*.

Niveaux de *management* pour une petite ou moyenne entreprise

```
┌─────────────────────────┐
│      Management         │
└─────────────────────────┘

┌─────────────────────────┐
│      Opérations         │
└─────────────────────────┘
```

Niveaux de *management* pour une grande entreprise

```
┌─────────────────────────┐
│      Management         │
└─────────────────────────┘

┌─────────────────────────┐
│      Opérations         │
└─────────────────────────┘

┌─────────────────────────┐
│        Siège            │
└─────────────────────────┘
```

Dans une entreprise qui comporte deux niveaux, le *management* est le plus souvent issu du niveau opérationnel et possède la capacité, de par son expérience, de comprendre les problèmes rencontrés par le niveau opérationnel. Il pourra donc se contenter d'une supervision peu formalisée. L'implication dans les détails du *management* et les interactions avec les opérationnels pourront contrebalancer ce moindre formalisme.

Une entreprise qui comporte trois niveaux est dirigée par un « siège ». La particularité essentielle d'un siège, c'est de ne pas bien savoir ce qui se passe au niveau opérationnel, sur le terrain. Il ne s'agit pas ici d'accuser le siège de ne pas bien faire son travail ou de le regretter, mais de constater simplement que dans un groupe, il n'est pas de la responsabilité du siège d'avoir une connaissance précise de ce qui se passe au niveau du terrain.

L'invention des groupes de sociétés, de ce qui a été appelé « l'entreprise divisionnalisée », a correspondu à la création d'un nouveau mode de *management* rendu nécessaire par ses nouvelles structures. C'est ce qui a été appelé le « *management* par les chiffres », en anglais *« management by numbers »*.

Les premières grandes entreprises aux États-Unis, General Motors, Sears, DuPont de Nemours, etc. (dont Alfred D. Chandler s'est fait l'historien[1]) sont les premières à avoir rencontré ce type de situation et à avoir eu à la gérer. L'invention du concept de *return on investment* (voir le chapitre 7) est d'ailleurs un marqueur de l'invention de la fonction contrôle de gestion.

Une large autonomie de gestion est reconnue au dirigeant d'une division, à qui l'on va demander de se mettre littéralement à la place des actionnaires et de leurs représentants du siège afin de maximiser les résultats financiers de sa division.

5. DÉFINITION NUMÉRO DEUX DU CONTRÔLE DE GESTION

La formulation de la première définition était surtout destinée à faire comprendre que le contrôle de gestion est avant tout l'affaire de la direction générale, qui doit se préoccuper de maîtriser le devenir de son organisation.

---

1. Alfred D. Chandler Jr., *Stratégies et Structures de l'entreprise*, Éditions d'Organisation, 1994.

On peut utiliser maintenant une définition un peu plus large qui permettra de mettre l'accent sur d'autres aspects de la fonction contrôle gestion : vérifier en permanence que l'organisation se dirige bien vers les objectifs choisis par son ou ses dirigeants, tout en s'assurant que les ressources sont utilisées avec efficacité et efficience.

Cette seconde définition met l'accent sur une préoccupation économique. Elle sous-entend que les ressources économiques d'une organisation sont toujours limitées et qu'il faut que certains de ses acteurs se chargent de le rappeler aux autres en leur faisant respecter la nécessité d'une utilisation rationnelle.

On imagine difficilement des contrôleurs de gestion ayant le pouvoir ou la latitude nécessaire pour faire respecter de tels impératifs. Un tel pouvoir ne peut appartenir qu'à la direction générale, et si l'on trouve dans certaines organisations des contrôleurs de gestion dont c'est le rôle, c'est qu'ils en ont reçu le pouvoir par la volonté de la direction générale.

Cette définition, comme la précédente, reste neutre quant à la définition des objectifs, en se limitant à préciser qu'ils sont du ressort des dirigeants. Elle a introduit une préoccupation économique d'ordre général (l'utilisation de ressources) et deux concepts majeurs.

Ces deux notions d'efficacité et d'efficience sont intéressantes, car elles représentent les deux facettes de la **performance**.

Les Anglo-Saxons possèdent une manière élégante de jouer avec les mots pour distinguer l'une de l'autre : l'efficacité, c'est « *to do the right thing* » ; l'efficience, c'est « *to do the thing right* ».

To do the right thing, c'est s'assurer que l'on fait ce qu'il faut, la chose adéquate, celle dont on pourra dire après coup que c'était la meilleure chose à faire.

To do the thing right, c'est l'idée d'optimisation, qui peut parfaitement être représentée par la maximisation du ratio résultat/moyens.

En pratique

- **L'efficience** si l'on est un fabricant de véhicules automobiles, consiste à tenter de produire un véhicule au moindre coût. D'un point de vue *marketing*, cet objectif de production permettra soit de privilégier une stratégie de prix de vente modérés en visant le volume, soit de privilégier une stratégie de prix élevés maximisant la marge unitaire. On imagine assez facilement les exemples de suivi de coûts à différents niveaux et les indicateurs de tableau de bord permettant le suivi de tels objectifs.

- **L'efficacité,** pour le même fabricant de véhicules, consistera à être capable de mettre sur le marché, au bon moment, le type de véhicule que les consommateurs auront envie d'acheter. On comprend aisément que cette seconde notion est aussi importante, sinon plus, que la première. Mais elle semble bien plus difficile à mettre en œuvre et à contrôler, ne serait-ce que par le moyen de tableaux de bord. Le développement de nouveaux indicateurs, tels que le temps de développement d'un nouveau modèle, est un moyen de se rapprocher de cette notion. Mais être capable de développer un nouveau modèle en trois ans au lieu de cinq précédemment, ne donne pas l'assurance que le modèle plaira. Les indicateurs d'efficacité mesurent donc beaucoup plus indirectement la réalité que les indicateurs d'efficience. Nous retrouverons cette difficulté dans la partie consacrée au tableau de bord.

> Cette seconde définition du contrôle de gestion la présente comme une mise en tension de l'ensemble de l'organisation, avec une préoccupation économique d'utilisation la plus rationnelle des moyens et l'intention de maximiser les résultats comme de s'adapter au mieux aux besoins de l'environnement.

6. CE QUE SONT ET CE QUE FONT LES CONTRÔLEURS DE GESTION

Il nous a semblé judicieux d'attendre pour parler des contrôleurs de gestion d'avoir exploré la fonction contrôle de gestion. On va en comprendre aisément la raison.

6.1. Définition des contrôleurs de gestion

Les contrôleurs de gestion sont les premiers auxiliaires (on pourrait dire les premiers outils !) de la fonction contrôle de gestion.

L'avantage de cette définition, c'est qu'elle fait dépendre le rôle des contrôleurs de gestion de la définition que les dirigeants de l'organisation veulent bien donner à cette fonction.

Il n'est qu'à étudier les définitions de fonction des contrôleurs de gestion dans les offres d'emploi pour s'apercevoir qu'elles varient énormément d'une organisation à l'autre.

Le contrôle de gestion est une fonction de direction générale. Cela ne veut cependant pas dire qu'il faut que les contrôleurs de gestion dépendent hiérarchiquement de la direction générale. Leur positionnement et leur rôle seront étudiés avec plus de détails dans le chapitre 3 de cet ouvrage.

Pour l'instant, contentons-nous d'observer que les activités des contrôleurs de gestion se retrouvent le plus fréquemment autour des notions de budget, de tableaux de bord, d'analyses financières et économiques diverses, de comptabilité analytique, de travaux destinés à aider à la prise de décision.

Les contrôleurs de gestion sont amenés à apporter une assistance aux membres de la direction générale d'une part et aux différents responsables opérationnels d'autre part. Une des difficultés de leur position, c'est qu'ils doivent conserver de la crédibilité vis-à-vis de ces deux publics.

7. LES CONCEPTS DE BASE DU CONTRÔLE DE GESTION

7.1. Naissance de la discipline

Le contrôle de gestion est né aux environs du début du XXe siècle. Il a répondu à la nécessité pour les nouvelles grandes entreprises divisionnalisées de maîtriser leur développement. Les premiers outils utilisés par la nouvelle discipline (dont on ne savait pas encore qu'elle était une nouvelle discipline !) ont été ceux disponibles à ce moment. C'est dire qu'initialement, le contrôle de gestion a utilisé des concepts de comptabilité générale et analytique, de finance, de droit (contrats entre agents) et de micro-économie.

L'exception a consisté en l'invention du concept de *return on investment* (ROI) et de son utilisation managériale immortalisée par la société DuPont de Nemours.

Il était donc difficile à l'origine de distinguer la nouvelle fonction de la finance et de la comptabilité.

Comme le rappelle le professeur de la Harvard Business School Richard F. Vancil[1] dans son avant-propos au livre de Kenneth A. Merchant, *Decentralization : Managerial Ambiguity by Design*[2], avant 1939, la discipline du *management* en tant que destinée à des dirigeants généralistes n'existait pas plus que celle du contrôle de gestion. Il a fallu attendre la Seconde Guerre mondiale et les immenses besoins d'organisation et d'efficacité supplémentaire au niveau de l'ensemble des États-Unis, pour que se pose la question de l'enseignement d'un cours de « *management control* » en tant que tel, destiné à des officiers et à des civils engagés dans l'effort de guerre.

---

1. Richard F. Vancil, *Decentralization : Managerial Ambiguity by Design*, Ill. : Dow Jones Irwin, Homewood 1979.
2. Kenneth A. Merchant, *Rewarding Results : Motivating Profit Center Managers*, Harvard Business School Series, 1989.

C'est à la fin de la guerre qu'ont été séparées les deux disciplines de la **stratégie** *(business policy)* et du **contrôle de gestion** *(management control)*, cette seconde discipline étant fusionnée avec la comptabilité « pour lier l'analyse avec les informations pertinentes ». C'est là l'une des origines de la difficulté à bien distinguer le domaine du contrôle de gestion de celui de la comptabilité !

Il est intéressant de voir que les deux disciplines de la stratégie et du contrôle de gestion ont été initialement enseignées par les mêmes professeurs, qui utilisaient le plus souvent les mêmes cas d'entreprise. Ce n'est que progressivement que les deux disciplines se sont spécialisées en se séparant, la stratégie se focalisant sur les relations entre l'organisation et son environnement, le contrôle de gestion sur le fonctionnement interne de l'organisation.

Parmi les idées de base du *management control,* il y a l'idée que quand des *managers* acceptent de devenir responsables d'un résultat et qu'on leur confie des ressources à cet effet, ils doivent d'abord définir les objectifs à atteindre et ensuite développer un système d'information leur permettant de savoir où ils en sont. En cas de problème, ils doivent analyser la situation, envisager des actions correctrices et évaluer leur impact sur leur unité et l'ensemble de l'organisation.

Un autre axiome, toujours valable, est qu'on ne peut tenir un *manager* responsable pour des activités sur lesquelles il ne détient aucune autorité.

Un concept voisin précise qu'il convient de distinguer l'évaluation d'une **unité de gestion** de l'évaluation de son **responsable**. En effet, une entreprise peut parfaitement juger qu'une entité fonctionne mal, tout en sachant reconnaître que son *manager* ne peut pas en être tenu responsable pour des raisons telles que l'historique, le fait qu'il vient juste d'être nommé pour redresser la situation, la faiblesse choisie des moyens qu'on y consacre ou l'excès de coûts hérités du passé.

Ce n'est que plus récemment que d'autres concepts originaux ont été créés qui ont progressivement fourni des « règles du jeu » plus ou moins formalisées pour reconnaître les bonnes pratiques des moins bonnes.

Robert N. Anthony[1], l'un des premiers auteurs qui a contribué à la formalisation de la discipline, présente les systèmes de contrôle de gestion *(management control systems)* comme l'un des quatre moyens permettant à une organisation de s'assurer que la stratégie sera bien mise en œuvre. Les trois

---

1. Robert N. Anthony, *The Management Control Function*, Harvard *Business* School, 1988.

autres moyens sont la **structure** (la manière dont une entreprise va penser sa structure et son organisation), les politiques de **ressources humaines** et la **culture** d'entreprise.

7.1.1. Le contrôle de gestion, discipline comportementale, peut-il s'enseigner ?

La conviction de l'auteur de ces lignes est que cette discipline est particulièrement difficile à enseigner. Les concepts en sont, somme toute, assez simples à comprendre ; il n'en est pas de même de la manière de les mettre en œuvre dans une entreprise. Un système de contrôle de gestion est l'assemblage des pièces d'un puzzle qui doit *in fine* être harmonieux. C'est également et surtout une discipline comportementale.

Un concept clef est : « **Dis-moi comment je serai évalué et je te dirai comment je me comporterai.** »

Un second concept est celui de *« goal congruence »* que l'on peut traduire par **cohérence des buts**. C'est l'idée que l'organisation a intérêt à récompenser les *managers* pour les actions qui sont en cohérence avec le type de résultat attendu.

Cependant, le *management* est une discipline qui se pratique avec des individus tous différents, et afin d'obtenir un résultat donné, il n'est pas indiqué d'avoir toujours le même comportement avec tous.

C'est dire qu'avoir une expérience de la vie en entreprise – ou dans toute organisation comportant des liens hiérarchiques – permet de comprendre les subtilités de ce qui pourrait sinon apparaître comme des concepts assez faciles à apprendre. C'est donc la difficulté majeure pour tout étudiant sans expérience professionnelle.

8. Analyser et concevoir un système de contrôle de gestion

Un système de contrôle de gestion (budgets, tableaux de bord, etc.) est un assemblage qui s'inscrit lui-même dans un ensemble plus large.

L'ensemble repose sur les règles du jeu que la direction souhaite faire respecter et dont va dépendre pour une bonne part la qualité du contrôle de gestion. Les règles du jeu sont différentes d'une entreprise à l'autre. Le style de *management* en fait partie, et il peut évoluer dans le temps avec le passage d'équipes de direction différentes.

Les composantes des politiques de personnel (modes de recrutement, de rémunération, d'intéressement et de récompense) font également partie de cet assemblage, de même que la culture de l'entreprise.

Le point de départ de toute réflexion sur la conception d'un système de contrôle de gestion doit être la **stratégie** de l'organisation, qui est plus ou moins explicite. Un concept clef est que **le système doit être cohérent avec la stratégie** de l'entreprise, ce qui veut également dire que si la stratégie évolue dans le temps, il faudra probablement faire également évoluer le système de contrôle de gestion.

L'organisation est structurée d'une certaine façon, avec une répartition des responsabilités, un organigramme, etc. C'est ce qu'on nomme la **structure**, dont le lien avec la stratégie a été souligné par Alfred D. Chandler[1], et dont les composantes seront étudiées en détail dans le chapitre 1.

Après avoir vérifié que la structure est cohérente avec la stratégie, il faudra vérifier que les différentes composantes du système de contrôle de gestion sont correctement alignées avec la stratégie et la structure, et également entre elles.

Il faudra rechercher d'éventuels effets pervers que certaines règles du jeu pourraient susciter.

Cet ouvrage cherche à permettre aux contrôleurs de gestion, aux dirigeants et aux consultants, de vérifier que le système de contrôle de gestion de l'organisation à laquelle ils s'intéressent est cohérent. Il vise à leur permettre d'en détecter les éventuelles faiblesses afin de l'améliorer.

Pour ce faire, l'ensemble des concepts du contrôle de gestion est évoqué par les différents chapitres de ce livre.

Il nous reste à espérer qu'il atteindra son but.

---

1. Alfred D. Chandler, *Stratégies et Structures de l'entreprise*, Éditions d'Organisation, 1994.

SYNTHÈSE

- Les dirigeants et *managers* d'entreprise sont ceux qui ont le plus intérêt à comprendre et à utiliser le contrôle de gestion, un outil d'abord conçu pour leur permettre d'atteindre les résultats sur lesquels ils seront évalués. Le contrôle de gestion est donc une fonction de direction générale ;
- la fonction contrôle de gestion est la vérification permanente du fait que l'organisation se dirige bien vers les objectifs choisis par son dirigeant, tout en s'assurant que les ressources sont utilisées avec efficacité et efficience ;
- la fonction contrôle gestion est la contrepartie de la délégation des responsabilités et en constitue une formalisation ;
- les contrôleurs de gestion sont les premiers auxiliaires de la fonction contrôle de gestion ;
- les systèmes de contrôle de gestion sont un des principaux moyens permettant à une organisation de s'assurer que la stratégie sera bien mise en œuvre.

Partie 1

LES ENJEUX DU CONTRÔLE DE GESTION

Chapitre 1

L'influence de la structure
sur le contrôle de gestion

Daniel Hirsch

- Reconnaître les six différentes parties d'une organisation et les six mécanismes permettant de faire fonctionner la coordination entre elles.
- Comprendre et détecter les principaux paramètres de conception d'une organisation.
- Détecter les conséquences sur une organisation des différences de contexte.
- Reconnaître les six différentes configurations types et comprendre leurs conséquences sur le fonctionnement du contrôle de gestion.

Il est important, quand on veut analyser ou mettre en place un système de contrôle de gestion, de savoir reconnaître les facteurs et les paramètres concernant la structure à prendre en compte.

Nous avons pu avancer dans l'introduction qu'un système de contrôle de gestion doit être en phase avec la stratégie de l'entreprise, avec sa structure et avec sa culture. Le système de contrôle de gestion est l'un des principaux outils destinés à s'assurer de la mise en œuvre de la stratégie de l'entreprise. Savoir reconnaître le type d'entreprise auquel on a affaire est donc une condition élémentaire d'efficacité du système que l'on étudie ou qu'on envisage de mettre en place.

Ce chapitre se consacre à l'étude de ces éléments en utilisant la typologie établie par Henry Mintzberg, l'un des auteurs les plus originaux en matière de *management*. Sa typologie permet de distinguer les organisations d'après leur « configuration ».

L'approche de Mintzberg permet d'éviter de commettre le type d'erreur d'appréciation commune à beaucoup de *managers* qui, ayant vu un système bien fonctionner lors d'une étape de leur carrière professionnelle, veulent appliquer la même formule lors de leur passage dans une nouvelle entreprise, sans toujours savoir si elle sera bien adaptée au nouveau contexte.

Henry Mintzberg a créé une classification des organisations, qu'il appelle « configurations ». Elle est le résultat d'un travail de conceptualisation des différents ingrédients de la structuration des entreprises. Il y combat l'idée qu'il n'existerait qu'une seule bonne manière de concevoir la structure des organisations.

Ce travail est suffisamment riche et complet pour pouvoir fournir une excellente grille de lecture pour tout analyste et concepteur d'un système de contrôle de gestion.

Nous décrirons dans un premier temps les principaux concepts développés initialement par Henry Mintzberg dans son ouvrage *Structures et Dynamique des organisations*[1] puis nous examinerons les différentes configurations qu'il a découvertes et comment il est possible de les utiliser dans la conception d'un système de contrôle de gestion. On y distinguera les particularités du système, des aspects qui intéressent plus le rôle des contrôleurs de gestion.

1. PRINCIPAUX CONCEPTS CONCERNANT LA STRUCTURE

Les concepts développés ici sont nécessaires pour comprendre les configurations. Ils donnent les outils conceptuels permettant de décrire une organisation et d'en comprendre les mécanismes fondamentaux.

1.1. Les différentes parties de l'organisation

Henry Mintzberg distingue six parties :

- **le centre opérationnel**, c'est-à-dire les gens du terrain, les opérationnels, ceux qui font le travail de base, qui est la raison d'être de l'organisation ;

---

1. Henry Mintzberg, *Structures et Dynamique des organisations,* Éditions d'Organisation, 1982. Voir bibliographie.

- **le sommet stratégique**, c'est-à-dire la direction, en tant qu'elle est en charge des choix fondamentaux de l'organisation ;
- **la ligne hiérarchique**, c'est-à-dire l'encadrement, qui relie le sommet stratégique au centre opérationnel ;
- **la technostructure**, c'est-à-dire les analystes qui se situent en dehors de la ligne hiérarchique. On y retrouvera les contrôleurs de gestion et toutes les autres fonctions qui ont pour vocation de planifier et contrôler le travail des autres. Dans les premières grandes entreprises de type taylorien, on trouvait les analystes du travail ;
- **les fonctions de support logistique,** qui se distinguent de la techno-structure dans la mesure où elles fournissent essentiellement un support aux autres fonctions de l'entreprise ;
- Henry Mintzberg ajoute aux cinq premières parties, physiquement très concrètes, une partie plus évanescente, qu'il appelle « l'idéologie » et que la plupart des ouvrages de *management* appellent **la culture.**

1.2. Les différents mécanismes de coordination

Henry Mintzberg rappelle que, dans toute organisation, la recherche d'efficacité et de rentabilité se traduit par une **division du travail** qui aboutit à la spécialisation des tâches. Une fois le travail spécialisé, il convient de **coordonner** ce qui a été éclaté. Il distingue **six mécanismes** dont c'est la fonction :

- **l'ajustement mutuel**, obtenu par un simple processus informel de communication entre deux personnes sachant ce qu'elles peuvent attendre l'une de l'autre, et ayant intérêt à ce que tout se passe bien ;
- **la supervision directe**, qui est la mise en œuvre classique de l'encadrement hiérarchique, avec ordres et instructions provenant d'un « patron » ;
- **la standardisation des procédés de travail.** Les agents du centre opérationnel qui doivent réaliser des tâches interdépendantes reçoivent des instructions ou standards établis au niveau de la technostructure. C'est l'exemple de l'organisation scientifique du travail ;
- **la standardisation des résultats.** Bien que Henry Mintzberg n'en parle pas dans ces termes, c'est l'exemple des contrôleurs de gestion de la « techno-structure », qui définissent les différents centres de responsabilité, le type de résultat attendu de chacun et participent à l'évaluation des résultats (voir chapitre 4) ;
- **la standardisation des qualifications.** C'est notablement le cas lorsqu'un enseignement professionnel (médical, comptable, juridique, architecture…)

enseigne ce que l'on peut légitimement attendre de chacun dans le cadre d'opérations pour lesquelles il existe des standards ;

● **la standardisation des normes.** On y retrouve la mise en œuvre de ce qu'on appelle la « culture », avec l'établissement de règles concernant ce qui est conforme aux attentes pour les membres de l'organisation. Elles ne sont pas toujours formalisées mais vont s'imposer à l'ensemble des membres. On pense aux ordres religieux, mais ce phénomène existe en fait à un degré plus ou moins prononcé dans toutes les organisations.

1.3. Les principaux paramètres de conception de l'organisation

La manière dont la **division du travail** et la **coordination** vont être réalisées dans une organisation va se préciser à différents niveaux :

● la conception des postes de travail individuels ;

● la conception de la structure générale de l'organisation, c'est-à-dire la manière dont les sous-unités vont être reliées dans l'organigramme ;

● la conception des moyens de liaison ;

● la conception du système de prise de décision.

1.3.1. La conception des postes de travail individuels

Elle regroupe les paramètres suivants :

● **la spécialisation du travail** qui est la définition du contenu des postes de travail ;

● **la formalisation du comportement**, telle qu'elle peut être définie par les manuels de procédure, les descriptions de fonction, les règles de toute sorte. Henry Mintzberg distingue les organisations **bureaucratiques**, à l'organisation standardisée et formalisée, des organisations « **organiques** », à faible niveau de formalisation ;

● **la formation** qui est la définition des qualifications et connaissances nécessaires pour réaliser les travaux, au niveau notamment du centre opérationnel, délivrée dans le cadre de programmes de formation formalisés. La formalisation et la formation sont deux paramètres de conception clefs qui sont substituables pour obtenir une standardisation du comportement. La formation vise des qualifications, alors que la formalisation s'obtient essentiellement par la définition de règles ;

● **l'endoctrinement**, qui malgré sa forte connotation négative, désigne les programmes par lesquels des normes et des croyances vont devenir une référence pour la prise de décision ou l'exécution des tâches.

1.3.2. La conception de la structure générale de l'organisation

Elle va s'intéresser au regroupement des unités et à la définition de leur taille :

- **le regroupement** est un facteur clef intéressant la coordination, car lorsque plusieurs postes de travail sont placés sous une supervision commune, il est plus facile de leur faire atteindre un objectif en commun. Le partage des ressources et l'ajustement mutuel vont en effet dans ce sens. Il existe plusieurs manières d'opérer des regroupements (par fonction, par produit, par client et par zone géographique) ;

- **la taille** des unités concerne le nombre de postes de travail qui peut être supervisé par le gestionnaire d'une unité. Plus le travail est standardisé, plus il est possible de superviser un grand nombre d'agents.

1.3.3. La conception des moyens de liaison

Les **systèmes de planification et de contrôle**, au cœur de la démarche contrôle de gestion, constituent le premier des moyens de liaison. Mintzberg y intègre également ce qu'il appelle les systèmes de planification des actions, c'est-à-dire la stricte définition d'activités opérationnelles (comme dans l'organisation de type taylorien). Il distingue donc le **contrôle des actions du contrôle de la performance**, cette seconde activité étant davantage du domaine du contrôle de gestion.

Des **mécanismes de liaison particuliers** ont été développés pour apporter une solution à des problèmes que les liaisons hiérarchiques classiques n'étaient pas en mesure de résoudre.

- D'abord, les **postes de liaison** sont créés d'une manière *ad hoc* pour répondre à un besoin d'ordre local.

- Ensuite sont nommés les *managers* **intégrateurs** tels que les chefs de produits. Ces gestionnaires sont des *managers* dans le sens où on attend d'eux des résultats, mais ils n'ont en général aucun pouvoir hiérarchique sur le reste de l'organisation : ils doivent se contenter d'un pouvoir d'influence.

  - **les groupes de projet** ;

  - **les comités permanents,** par exemple ceux qui attribuent des ressources rares dans l'organisation, telles que les ressources en recherche et développement ou les fonds destinés aux investissements ;

  - **les structures matricielles** : chaque *manager* dépend en même temps de deux responsables. C'est le cas des entreprises organisées par projet, où un gestionnaire dépendra d'un chef de projet tout en conservant un lien avec son gestionnaire de spécialité dans l'organisation permanente.

1.3.4. La conception du système de prise de décision

Henry Mintzberg distingue les différents modes de diffusion du pouvoir de décision :

- la décentralisation **verticale**, qui est ce que nous avons appelé la délégation des pouvoirs classique, celle où les pouvoirs formels de décision descendent du sommet stratégique vers le centre opérationnel, le long de la ligne hiérarchique ;
- la décentralisation **horizontale** est un transfert de pouvoir aux gestionnaires situés en dehors de la ligne hiérarchique, c'est-à-dire les analystes de la technostructure et les spécialistes des fonctions de support logistique ;

En pratique

> L'organisation de type taylorien est un exemple de décentralisation horizontale vers une technostructure de techniciens de l'organisation du travail.

- la décentralisation **sélective** : des décisions de types différents sont dispersées dans des lieux différents ;
- la décentralisation **parallèle** : les décisions de type similaires se trouvent déléguées dans le même type de localisation dans l'organisation.

À partir de ces distinctions, six formes différentes de décentralisation surgissent :

- la centralisation **verticale et horizontale** : tout le pouvoir se situe dans le sommet stratégique ;
- la décentralisation horizontale **limitée ou sélective** : le sommet stratégique partage son pouvoir avec la technostructure qui est chargée de standardiser les procédés de travail ;
- la décentralisation verticale **limitée ou parallèle** (l'organisation avec *business units*) : la plus grande partie des pouvoirs est déléguée aux *managers* des unités constituées sur la base de marchés ;
- la décentralisation **horizontale et verticale sélective** : suivant le type de décision, le pouvoir se situe dans différents lieux de l'organisation (le centre opérationnel, la technostructure ou les spécialistes) ;la décentralisation **verticale et horizontale** : le pouvoir se situe le plus bas possible dans la structure au niveau du centre opérationnel ;
- la décentralisation **pure** : ce cas plus théorique suppose le pouvoir réparti plus ou moins également entre tous les membres de l'organisation.

1.4. Les conséquences du contexte sur la structure

Mintzberg a rassemblé un certain nombre d'analyses disponibles dans la littérature consacrée à la structure des entreprises[1]. Voici en résumé les plus susceptibles d'intéresser les systèmes de contrôle de gestion :

- plus une organisation est ancienne, plus son comportement est formalisé ;

- plus une organisation est de grande taille, plus son comportement est formalisé et plus sa structure est élaborée. Les tâches vont donc y être plus spécialisées, les unités y seront plus différenciées et l'administration plus développée ;

- plus le système de production est régulé, plus le travail opérationnel va être formalisé et plus la structure du centre opérationnel sera bureaucratique ;

- plus le système technique est complexe, plus les fonctions de support logistique deviennent élaborées et qualifiées, en raison notamment de la nécessité de recruter des spécialistes fonctionnels en charge de la technologie ;

- plus le centre opérationnel est automatisé, plus la structure administrative passera d'une bureaucratie à une structure organique. La régulation de machines a tendance à faire disparaître l'obsession du contrôle des êtres humains. Les *managers* en question se trouvent remplacés par des spécialistes de fonctions logistiques qui ont plus tendance à se coordonner entre eux par ajustement mutuel. C'est ainsi que l'automatisation arrive à réduire le nombre de niveaux hiérarchiques ;

- plus l'environnement est dynamique, en changement permanent, plus la structure a tendance à devenir organique, c'est-à-dire le contraire de bureaucratique. En effet la standardisation est plus difficilement utilisée comme mécanisme de coordination. La flexibilité doit y être encouragée, au moyen soit de la supervision directe, soit de l'ajustement mutuel ;

- plus l'environnement est complexe, plus la structure a tendance à être décentralisée. C'est un phénomène bien connu, puisqu'il est à l'origine de la multiplication des *business units* (et des centres de profit en général). Il y a en effet nécessité de faire descendre le pouvoir de décision le plus près du terrain lorsque les informations ne peuvent pas être maîtrisées par un siège ;

---

1. Leur détail peut être trouvé dans l'ouvrage de référence *Structures et Dynamique des organisations* cité plus haut.

- plus les marchés sont diversifiés, plus l'entreprise adoptera une structure en *business units*. L'histoire montre en effet que la diversification amène la « divisionnalisation ». Il faut cependant que les économies d'échelle le permettent ;
- en cas de crise, toute organisation a tendance à se centraliser de façon temporaire. La supervision directe est le moyen de coordination le plus rapide et le plus puissant, le *leader* de l'organisation étant le plus à même d'assurer une réponse rapide aux menaces ;
- plus le contrôle externe s'exerçant sur l'organisation est puissant, plus la structure aura tendance à être formalisée et centralisée. C'est le cas des sociétés mères comme des administrations gouvernementales. Les deux moyens les plus efficaces de contrôler de l'extérieur une organisation sont de tenir son dirigeant pour responsable des résultats et d'imposer des standards rigoureux ;
- il y a des phénomènes de mode en matière de structure. Cela pousse les organisations à se mettre au goût du jour, même si ce n'est pas toujours approprié aux besoins réels. Henry Mintzberg vise là les cabinets de consultants qui ont parfois tendance à reproduire les mêmes structures d'un secteur à l'autre.

2. LES SIX CONFIGURATIONS TYPES ET LEURS CONSÉQUENCES SUR LE CONTRÔLE DE GESTION

À la suite de la description de chaque configuration, nous verrons l'influence de chacune sur le contrôle de gestion et sur le rôle des contrôleurs de gestion.

À partir des attributs des organisations étudiés ci-dessus, Henry Mintzberg a montré qu'avec un nombre limité de configurations, il était possible, en les modélisant, de mieux comprendre les comportements des organisations.

Chacune des configurations est une sorte de cas extrême qui ne se rencontre que rarement en l'état, mais si on accepte l'idée que la plupart des organisations sont des hybrides, on en vient à disposer d'outils conceptuels extrêmement utiles pour comprendre le fonctionnement des organisations, décrypter des particularités souvent incompréhensibles au premier abord et en déduire des recommandations.

2.1. L'organisation entrepreneuriale

Il s'agit d'une organisation à structure simple dirigées par un *leader* unique, que ce dernier soit ou non réellement un entrepreneur au sens de créateur de l'entreprise.

La plupart des organisations ont d'abord existé sous la forme entrepreneuriale, dont voici les particularités.

2.1.1. Structure

Les organisations entrepreneuriales se reconnaissent d'abord par la place primordiale du « sommet stratégique », le plus souvent un *leader* unique.

L'organigramme y est le plus souvent simple et informel, la ligne hiérarchique peu développée, les fonctions de support logistique et la technostructure absentes ou peu développées.

2.1.2. Environnement et contexte

L'environnement dans lequel ce type d'organisation prospère est généralement simple, de manière qu'un dirigeant unique soit capable d'embrasser l'ensemble des facteurs qu'il est important de maîtriser. L'environnement est souvent dynamique, ce qui donne un avantage aux entreprises entrepreneuriales par rapport aux organisations plus bureaucratiques. L'entreprise individuelle étant souvent plus jeune et agressive, elle sera plus susceptible de prendre des risques dans la recherche de nouveaux marchés, mais la simplicité de leur structure, et donc l'absence des fonctions de support logistique, leur fera éviter les marchés complexes et leur fera préférer les marchés de niche.

La croissance de telles entreprises peut évidemment entraîner des problèmes lorsqu'il y a nécessité d'augmenter le niveau d'expertise et là, soit l'organisation se transforme dans une autre configuration, soit elle conserve la forme entrepreneuriale tant que le fondateur reste en activité. Le fait pour un dirigeant d'éviter toute formalisation des activités, afin de continuer à gouverner d'une manière « monarchique », conduit à une forme autocratique de l'organisation entrepreneuriale.

Cette configuration peut également être adoptée en période de crise par toutes les autres formes d'organisation. Un *leader* fort, ayant tous les pouvoirs en main, est souvent la seule solution pour gérer un redressement stratégique en imposant une nouvelle vision aux différents clans qui peuvent représenter des freins au changement nécessaire.

2.1.3. Stratégie

Leur stratégie est souvent le résultat d'un processus de type visionnaire. Elle provient d'une connaissance intime et détaillée du fonctionnement de l'organisation et d'une bonne perception de l'environnement spécifique. Comme le dirigeant ne souffre d'aucun obstacle interne pour mettre en place ses idées, l'organisation entrepreneuriale est d'une grande flexibilité dans l'élaboration et la reformulation de sa stratégie. Il en résulte une très grande efficacité par rapport à des structures plus imposantes.

2.1.4. Forces et faiblesses

Les forces d'une telle organisation, sa flexibilité et son adaptabilité grâce à la concentration des pouvoirs de décision sur une seule personne, sont à la source de ses faiblesses. Le dirigeant étant le seul mécanisme de coordination, sa maladie ou sa mort peuvent conduire au déclin de l'organisation elle-même. De même, si un changement d'organisation ou de stratégie est nécessaire, mais n'est pas accepté par le dirigeant, il n'existe aucun autre moyen d'adaptation.

Beaucoup de personnes aiment à travailler dans une organisation à taille humaine dont le dirigeant est capable de susciter un climat d'enthousiasme. La limite négative de cette caractéristique est la déviance autocratique ou monarchique.

2.1.5. Le contrôle de gestion

Ce qui est essentiel à la marche de l'organisation est soumis au contrôle personnel du chef d'entreprise et s'exerce essentiellement au travers de la supervision directe.

Le contrôle de gestion peut y être bien plus informel qu'ailleurs sans que cela ne soit préjudiciable.

2.1.6. Le ou les contrôleurs de gestion

Le contrôleur de gestion, s'il y en a un, va être surtout au service du dirigeant et sa fonction va davantage dépendre des connaissances que le dirigeant a du contrôle de gestion.

C'est dans cette forme d'organisation que l'on aura tendance à trouver des contrôleurs de gestion juniors, frais émoulus de l'école, dont les compétences sont essentiellement techniques et proches de la comptabilité : élaboration et fonctionnement du budget, imputations comptables et budgétaires.

La formation du dirigeant est donc souvent une des clefs pour la progression de la qualité du contrôle de gestion ou plus précisément pour améliorer les services que le contrôleur de gestion peut rendre au dirigeant. Un junior aura plus de mal à « vendre » une fonction plus « complète » au dirigeant. La délégation des responsabilités, qui est une des clefs de la montée en importance du contrôle de gestion, y est souvent encore fragmentaire et la dimension managériale du contrôleur de gestion y sera souvent absente.

2.2. L'organisation mécaniste

On trouve, dans cette configuration des entreprises très variées, les chemins de fer, les services postaux, les entreprises de la sidérurgie, les chaînes de restauration rapide, les fabricants d'automobiles, les banques de dépôt, les compagnies d'assurances, etc. C'est la forme d'organisation type des grandes entreprises du début du XXe siècle, telles qu'elles ont été étudiées par Fayolle et Taylor.

2.2.1. Structure

Le travail au niveau du centre opérationnel est plutôt simple et routinier. Les tâches opérationnelles n'exigent qu'un minimum de qualification et de formation, cette dernière étant dispensée par l'entreprise elle-même. Cela aboutit à une définition étroite des postes de travail et à une coordination réalisée essentiellement par la standardisation des procédés de travail.

Cela est obtenu à l'aide d'une structure administrative qui distingue clairement la ligne hiérarchique de la technostructure. Les *managers* de la ligne hiérarchique résolvent les problèmes par supervision directe. Ils ont également des relations avec la technostructure pour la mise en application des standards.

La technostructure est une des plus élaborée qui soient, car elle est en charge de la standardisation des procédés de travail. Les analystes du travail de la fin du XIXe siècle ont été rejoints au sein de la technostructure par les spécialistes du contrôle de qualité, de la recherche opérationnelle et de la planification contrôle vers la fin du XXe siècle. Ces spécialistes disposent d'un pouvoir informel assez important.

La définition des règles correspond à l'obsession du contrôle. Il s'agit aussi bien d'éliminer l'incertitude que de contenir les conflits.

Le regroupement des tâches se fait la plupart du temps sur la base des fonctions, ce qui permet d'obtenir des unités opérationnelles de grande taille, avec une centralisation relativement importante du pouvoir de décision au sommet. Les *managers* du sommet sont les seuls généralistes de l'organisation. C'est donc à eux qu'il revient de résoudre les conflits, et plus généralement d'assurer la coordination de l'ensemble.

2.2.2. Environnement et contexte

L'environnement doit être simple et stable. La simplicité de l'environnement permet la rationalisation du travail et sa décomposition en tâches simples. La stabilité permet de prévoir, et donc de standardiser.

Les organisations en question sont à la fois matures et âgées. Elles sont également souvent de grande taille.

Il s'agit d'une structure qui se prête particulièrement bien au contrôle externe (par maison mère, administration gouvernementale ou organisme de régulation). Le contrôle va s'exercer par la nomination du dirigeant, la possibilité de le remplacer et par la définition d'objectifs souvent quantitatifs. Les détenteurs d'influence externe peuvent ainsi contrôler une organisation sans avoir réellement à la gérer.

2.2.3. Stratégie

L'éloignement entre le sommet stratégique et le centre opérationnel rend plus difficile l'élaboration d'une stratégie qui ne soit pas seulement l'amélioration des stratégies déjà mises en œuvre. On parlera donc davantage d'extrapolation des stratégies déjà existantes. Des changements stratégiques réels, qui demandent à la fois une connaissance intime du terrain et une bonne perception de l'environnement, ne se font pas facilement dans l'organisation mécaniste.

2.2.4. Forces et faiblesses

Cette configuration donne des entreprises efficaces, sûres et productives. Cela explique leur succès général dans les environnements qui y sont favorables.

Du côté négatif, l'obsession du contrôle peut y générer des problèmes humains. Les détenteurs d'influence externe motivés par le contrôle peuvent imposer une telle configuration en contradiction avec le contexte. De même, de fréquents problèmes de communication et de coordination s'y font jour en raison de l'absence de communication informelle et de l'ajustement mutuel.

Chaque unité a tendance à devenir jalouse de ses prérogatives, ce qui encourage la construction d'« empires privés ». Elles peuvent être plus intéressées à gagner dans des jeux politiques internes que de bien servir les clients.

Cela provoque également de la résistance lorsqu'il y a besoin d'un changement stratégique. En cas de modifications de l'environnement, de violentes crises peuvent être nécessaires pour aboutir à une évolution de l'organisation.

Les entreprises de ce type ont souvent tendance à vouloir contrôler leur environnement (exemple de l'intégration verticale vers les clients et les fournisseurs).

2.2.5. Le contrôle de gestion

Une telle organisation se prête naturellement aux objectifs quantitatifs et donc au contrôle de gestion. Cependant, la délégation des responsabilités se faisant essentiellement selon des lignes fonctionnelles, ce sont les aspects de coordination de l'ensemble et le respect des engagements (notamment budgétaires) qui seront privilégiés, plutôt que le dialogue entre le sommet et la base.

2.2.6. Le ou les contrôleurs de gestion

C'est une bonne structure pour apprendre son métier de contrôleur de gestion. On y trouve une formalisation des procédures qui sont des modèles du genre. Il faudra cependant se garder de vouloir faire un « copier-coller » de celles-ci vers d'autres structures sans tenir compte des besoins d'adaptation.

2.3. L'organisation divisionnalisée

Il s'agit d'un ensemble d'unités quasi autonomes réunies par une structure administrative centrale. Les anciennes « divisions » ont pris récemment le nom de « *business units* ».

2.3.1. Structure

Chaque unité est relativement indépendante du contrôle du siège et se comporte dans une certaine mesure comme une entité autonome.

Le siège exerce un contrôle des performances en établissant les standards de performance attendue, le plus souvent sous une forme quantitative et financière et en contrôlant les résultats. La standardisation des résultats est donc au cœur de cette configuration.

Le directeur de division est très autonome, mais il reste cependant sous la supervision directe des dirigeants du siège. Ce dernier conserve la responsabilité de l'élaboration de la stratégie d'ensemble du groupe. Il gère les mouvements de *cash-flow* entre les différentes unités, il contrôle les performances des divisions à l'aide de sa propre technostructure et il nomme et remplace les directeurs de division. Par ailleurs, le siège fournit certains services logistiques communs à toutes les divisions.

La décentralisation des pouvoirs du siège correspond cependant à une centralisation des pouvoirs au niveau du directeur de division. La division adopte fréquemment la configuration mécaniste qui se prête à la centralisation des pouvoirs au sommet. La définition d'objectifs quantitatifs pour la division pousse d'ailleurs dans ce sens.

2.3.2. Environnement et contexte

Cette configuration peut aussi bien être le résultat d'une fédération de différentes organisations que d'une diversification par une série de fusions-acquisitions.

Elle correspond à une diversité des marchés que les *managers* du siège ne sont pas en mesure de comprendre de façon suffisamment intime pour opérer les choix opérationnels nécessaires.

Il s'agit d'organisations souvent de grande taille, la protection contre les risques du marché ayant été une des sources de la diversification. Pour la même raison, il s'agit d'organisations fréquemment âgées.

2.3.3. Stratégie

Le siège est en charge de la stratégie du groupe, qui est souvent de style « gestion de portefeuille stratégique » avec des décisions du style acquisition, revente, investissement ou « traire la vache »[1].

Les divisions définissent leur stratégie concurrentielle et doivent la vendre au siège, qui peut essayer de la remettre en question au cours de discussions au sommet.

2.3.4. Forces et faiblesses

Dans la littérature de *management*, les avantages suivants sont avancés en faveur de ce type de structure :

- en premier lieu, vient l'efficacité de l'allocation de *cash-flow* entre les différentes unités. D'autres prétendent au contraire que les marchés de capitaux sont infiniment plus efficaces dans ce domaine ;
- en deuxième lieu, cette structure encourage la formation de dirigeants généralistes à un niveau à taille humaine ;
- en troisième lieu, cette structure présente l'avantage de répartir les risques de l'entreprise entre des marchés différents ;
- le quatrième avantage est de permettre, en déléguant des responsabilités au plus près des marchés concernés, une plus grande rapidité de réponse stratégique aux modifications du marché. Certains remettent cependant en question la fluidité des mécanismes de contrôle par le siège qui pourraient inhiber la prise d'initiative stratégique.

2.3.5. Le contrôle de gestion

Le contrôle de gestion y est une fonction centrale, la standardisation des résultats étant au cœur du système. L'ensemble des *managers* comprend

---

1. Référence au segment « vache à lait » de la typologie du Boston Consulting Group (voir chapitre 5).

parfaitement l'importance des indicateurs de performance qui sont en grande partie financiers, même s'il existe une tendance à la montée en puissance d'indicateurs non financiers. Les *managers* qui en proviennent ont toutes les peines du monde, lorsqu'ils sont recrutés dans d'autres entreprises, à comprendre le plus faible niveau de compréhension des notions de performance.

Les concepts de contrôle de gestion ont pour la plupart leur origine dans l'entreprise divisionnalisée. Le contrôle de gestion y est un fait culturel.

2.3.6. Le ou les contrôleurs de gestion

Il existe en fait deux types de contrôleur de gestion. Les contrôleurs de gestion du siège et les contrôleurs de gestion des divisions.

Le contrôleur de gestion du siège est surtout en charge de recevoir les *reportings* des divisions. Il définit les règles du jeu concernant les systèmes de contrôle de gestion, les formats, les calendriers, les niveaux d'autorisation de dépenses, la définition de la procédure budgétaire qui va structurer la vie de l'entreprise. Il est un auxiliaire de la direction du siège, il doit attirer l'attention sur les performances qui ne sont pas en phase avec les attentes. Il peut provoquer de l'agacement au niveau des divisions par ses questionnements.

Le contrôleur de gestion de la division obtiendra en revanche plus facilement la coopération des *managers,* parce qu'il fait partie de l'équipe qui dépend du directeur de division. D'un point de vue psychologique, son rôle est souvent compliqué, parce qu'il dépend à la fois du directeur de division, mais également parce qu'il est rattaché le plus souvent de façon fonctionnelle à la hiérarchie financière du siège. Toute une littérature de *management* examine d'ailleurs cette situation et propose des modalités pour gérer les ambivalences qui en découlent.

Pour Mintzberg, la structure divisionnalisée entraînant le plus souvent une configuration mécaniste au niveau de la division, le contrôleur de gestion de cette dernière peut se voir confier un rôle relativement important par le directeur de division.

Dans les discussions et négociations entre siège et division, le contrôleur de gestion de la division va accompagner le directeur de division, le contrôleur de gestion du siège assistant le dirigeant du siège.

En plus de ces deux contrôleurs de gestion, il peut y avoir des contrôleurs de gestion affectés aux *managers* des différentes fonctions de la division. Faisant partie des équipes, ils n'ont en général pas de problème d'acceptation ou de coopération.

2.4. L'organisation professionnelle

Il existe un grand nombre d'organisations de ce type, dans des univers qui semblent au premier abord très différents les uns des autres. Il s'agit des universités, des cabinets de consultants, des cabinets d'avocats et d'expertise-comptable, des hôpitaux, des cabinets d'ingénieur-conseil. C'est tout l'intérêt de l'approche de Henry Mintzberg que d'avoir débusqué l'originalité de ce type de configuration et de l'avoir théorisée.

2.4.1. Structure

Henry Mintzberg appelle ce type de structure « une bureaucratie professionnelle ». Elle dépend de la définition de standards de qualification pour ses opérateurs professionnels. Ces derniers sont en mesure de travailler de manière autonome en étant sujets au contrôle de la profession. Le degré de contrôle de la profession dépendra des différents univers évoqués ci-dessus.

La partie clef de l'organisation professionnelle est le centre opérationnel. Les fonctions de support logistique sont souvent également développées, mais elles ont essentiellement la mission de servir les activités du centre opérationnel. La technostructure et la ligne hiérarchique d'encadrement n'y sont en général que peu développées. La coordination du travail de professionnels ne peut en effet être gérée que par ces derniers. Comme la supervision directe et l'ajustement mutuel ne fonctionnent pas au mieux dans cette configuration, la taille des unités opérationnelles peut être relativement grande, avec un organigramme plutôt aplati et une ligne hiérarchique mince.

Les professionnels sont attachés au contrôle de leur environnement professionnel (recrutements, promotions, affectation des ressources) et il en résulte souvent une structure de prise de décision démocratique avec la création de comités *ad hoc*.

On y rencontre souvent ce qu'on appelle des pyramides inversées, avec les opérateurs professionnels au sommet et les gestionnaires en dessous d'eux. Pour les gestionnaires des fonctions de support, souvent plus nombreux que les professionnels et en général moins qualifiés, il n'y a pas le même degré de démocratie dans le fonctionnement. On a plutôt une sorte d'oligarchie des professionnels.

2.4.2. Environnement et contexte

Le contexte correspond à un travail complexe, effectué par des professionnels dont les qualifications ont pu être obtenues à la suite d'une formation relativement standardisée. Si le travail est complexe, les qualifications requises n'en restent pas moins stables dans le temps.

La bureaucratie professionnelle diffère de la bureaucratie mécaniste car cette dernière crée elle-même ses propres standards alors que la plupart des standards de la bureaucratie professionnelle sont définis à l'extérieur de la structure, souvent dans le cadre d'associations professionnelles.

La forme professionnelle peut également se rencontrer dans le domaine de la fabrication, par exemple dans des organisations regroupant des artisans qualifiés.

2.4.3. Stratégie

Le fonctionnement de ce type de structure repose d'une part sur la catégorisation des types de problèmes à résoudre, la phase de diagnostic et, d'autre part, sur la mise en marche du programme adéquat.

Toute évolution stratégique, le plus souvent à l'initiative du professionnel intéressé, passera donc par la remise en question de la catégorisation de base et la création de nouvelles niches, suivies d'une ratification collective.

2.4.4. Forces et faiblesses

L'organisation professionnelle présente beaucoup d'avantages pour ceux qui y travaillent, mais plus pour les professionnels que pour les gestionnaires de fonctions supports. Elle est démocratique (pour les premiers) et leur fournit une autonomie considérable. Il y a peu de barrières entre les opérateurs et les clients, et lorsque les professionnels sont responsables et motivés, c'est une situation idéale. Mais en dehors de la profession, il n'existe pratiquement aucun contrôle sur leur travail et aucun moyen de corriger des déficiences sur lesquelles les professionnels eux-mêmes ont choisi de fermer les yeux. Un tel pouvoir discrétionnaire est renforcé par leur répugnance à agir contre l'un des leurs et par la difficulté intrinsèque à mesurer le résultat de leur travail.

L'absence de mécanismes de coordination provoque souvent un grand nombre de conflits.

Les difficultés concernant le processus de catégorisation et sa remise en cause peuvent souvent produire une résistance à l'innovation.

2.4.5. Le contrôle de gestion

Il s'agit probablement de la configuration la plus sourde *a priori* aux concepts du contrôle de gestion. La complexité du travail qui ne se prête pas à la standardisation et le besoin des opérationnels de conserver leur autonomie intacte y concourent.

Il y a en fait deux hiérarchies dans ce type de configuration. La première démocratique pour les professionnels, la seconde souvent mécaniste pour les fonctions de support logistique. La mise en place d'un contrôle de gestion traditionnel ne posera pas de problème en ce qui concerne la seconde.

Comparés à leurs collègues des configurations entrepreneuriales et mécanistes, les gestionnaires des configurations professionnelles ont moins de pouvoir. Ils ont cependant un ensemble de rôles à jouer qui vont leur donner un pouvoir indirect non négligeable, d'abord pour gérer les perturbations (par exemple les conflits de compétence entre professionnels), mais également et surtout dans les contacts entre la structure et les détenteurs d'influence externe. Ils vont jouer un rôle de tampon entre les pressions extérieures et la structure, et jouer un rôle dans l'obtention de sources de financement externes. Ce rôle leur permet d'avoir de l'influence au sujet de l'utilisation des fonds ainsi obtenus.

2.4.6. Le ou les contrôleurs de gestion

La clef de l'efficacité dans une organisation professionnelle est la responsabilité individuelle du professionnel par rapport à son client. Il y a peu de place pour la présence du contrôleur de gestion à ce niveau. Leurs activités vont donc se limiter à des analyses *a posteriori* d'ordre économique et à des travaux d'ordre budgétaire (respect des budgets, justification des demandes de moyens supplémentaires, etc.).

Toute analyse de style tableau de bord visant à l'amélioration de l'efficacité de l'axe professionnel proprement dit devra se faire sous la responsabilité des professionnels de l'organisation. Si la pression extérieure devient forte afin d'obtenir une amélioration de la productivité et de l'efficacité professionnelle sous une forme prouvée par des chiffres, le contrôleur de gestion pourra devenir un auxiliaire précieux des professionnels. Il y apportera ses compétences en matière d'analyse et de quantification, le professionnel l'aidant à mieux comprendre ce qui est clef en matière d'efficacité.

2.5. L'organisation innovatrice

Certaines organisations présentent une structure qui ne ressemble pas aux structures traditionnelles et peut même correspondre à une absence de structure. Les organisations de recherche dans les technologies de pointe, les compagnies cinématographiques de pointe, certaines agences de publicité, les usines fabriquant des prototypes, les sociétés d'ingénierie travaillant sur des projets innovants, que ce soit pour elles-mêmes ou pour leurs clients, entrent dans cette catégorie.

2.5.1. Structure

Une réelle innovation demande souvent de fusionner des travaux d'experts appartenant à des disciplines diverses dans des groupes de projets constitués en fonction des besoins. La structure adaptée sera souvent de type **organique**, avec peu de formalisation du comportement. La gestion de la carrière des spécialistes se fait dans des unités fonctionnelles, mais ils sont déployés en groupes et équipes de projets pour la réalisation de leur travail. Tout est fait pour encourager l'ajustement mutuel qui est la clef de la coordination à l'intérieur des équipes et entre les équipes. Ces dernières bénéficient d'une décentralisation importante des responsabilités, avec des équipes de spécialistes pluridisciplinaires. L'ajustement mutuel se fait par du personnel de liaison, à l'aide de *managers* intégrateurs et grâce à une structure matricielle.

L'innovation se méfie de toute standardisation bureaucratique avec comportements formalisés et système de planification contrôlé. Le maître mot reste la flexibilité, en acceptant les coûts supplémentaires que cela implique. Il y a souvent une abondance de *managers*, ce qui pèse sur les coûts.

Le pouvoir est donné aux experts, qui ressemblent aux professionnels de la configuration précédente mais sans la standardisation des qualifications. Les qualifications d'origine dans ce type de configuration ne sont en effet que des bases pour en construire de nouvelles.

Le sommet stratégique, c'est-à-dire les dirigeants, va se consacrer à la gestion de la relation avec l'environnement, notamment en assurant à l'organisation un flux régulier de projets nouveaux.

2.5.2. Environnement et contexte

On trouve ce type de configuration dans des environnements à la fois dynamiques et complexes. Lorsqu'un environnement est dynamique, il est difficilement prévisible et appelle une structure organique. La complexité de l'environnement, elle, réclame une structure décentralisée. La configuration innovante est celle qui présente ces deux caractéristiques.

Ces structures sont souvent assez jeunes, dans la mesure où il est difficile de les maintenir en état de fonctionnement optimal durant une longue période. Leur succès a tendance à les encourager à se développer sur les activités qu'elles savent le mieux faire. Dans un tel cas, l'organisation subsiste mais il y a transition vers la configuration professionnelle. Si elle se spécialise sur une seule activité, elle se transforme en configuration mécaniste.

Par ailleurs, cette structure peut être adoptée dès le départ comme étant une structure temporaire.

2.5.3. Stratégie

Comme c'est une organisation qui doit répondre à un environnement complexe et dynamique, elle ne peut pas s'appuyer sur une stratégie délibérée, planifiée à l'avance. La stratégie s'élabore donc par petites étapes, de manière incrémentale. Cela se fait de manière subtile, au travers d'une série d'actions d'un grand nombre des membres de la structure, à différents endroits de celle-ci.

Le *management* va s'employer ensuite à leur donner une forme.

2.5.4. Forces et faiblesses

C'est une structure qui combine davantage de démocratie avec moins de bureaucratie, elle est ainsi en phase avec notre époque.

Elle est très efficace pour susciter l'innovation, au prix de l'inefficience.

Sa transition vers d'autres configurations se fait souvent avec des coûts humains importants.

2.5.5. Le contrôle de gestion

La technostructure en général a un rôle moins important dans ce type de configuration, dans la mesure où la coordination ne s'appuie pas sur des standards. La planification d'actions se fera moins pour contrôler d'autres personnes que pour assister les responsables hiérarchiques et les responsables de projets. La planification pour réduire l'incertitude du lendemain est souvent remise en question très rapidement par les événements qui ne se passent pas comme prévu et, dans cet environnement, c'est normal. Il faudra insister sur l'aspect « aide à réagir si les choses se passent différemment de ce qui a été prévu » de la planification et du budget. Par ailleurs, il faudra, sans introduire des freins dans une structure qui ne les supporte pas, essayer de réduire certains des aspects les plus chaotiques de l'organisation, au moyen de règles de gestion suffisamment basiques et simples pour être acceptées par tous.

2.5.6. Le ou les contrôleurs de gestion

Les contrôleurs de gestion essaient en général de concilier l'efficacité et l'efficience. Il est bon de savoir que, dans cette configuration, l'efficacité s'obtient au prix d'une moindre efficience. La gestion de ce type de configuration présente souvent des aspects chaotiques, ce qui est également propre à effrayer tout contrôleur de gestion normalement constitué. Des questions telles que « qui est le patron », « quelle est la structure maintenant », « vers qui se tourner pour obtenir une promotion » sont les signes de l'ambiguïté qui règne habituellement dans ce type de structure. L'irrégularité de la charge de travail est représentative de la faible efficience de cette structure, avec une succession d'heures supplémentaires et de journées sans travail.

2.6. L'organisation missionnaire

Henry Mintzberg utilise le terme « idéologie » à la place de ce que beaucoup d'auteurs appellent « culture ». Il parle d'organisation missionnaire lorsqu'une entreprise a développé un système de croyances et de valeurs tellement fort que toute sa structure se construit autour d'elle. Le propre d'une telle idéologie est d'être partagée par l'ensemble des membres de l'organisation, en un système unificateur, ce qui distingue cette organisation d'éventuels concurrents ayant la même activité.

En pratique

Il est difficile de citer des exemples qui ne soient pas extrêmes, tels que les ordres religieux, les kibboutz israéliens (qui sont probablement les plus proches des problématiques d'entreprise et qui ont connu ces dernières années une remise en cause de leur mode de fonctionnement traditionnel en liaison avec les besoins d'expertise), les Alcooliques anonymes, les ordres maçonniques.

Mintzberg dit qu'il en existe trois formes : celles qui veulent changer le monde, celles qui veulent changer le monde indirectement en changeant leurs membres, et celles qui se retirent du monde.

Cependant, les caractéristiques de cette configuration peuvent se retrouver en « petites doses » dans des entreprises où on ne s'attendrait pas à les trouver, et certaines entreprises japonaises et plus généralement asiatiques en possèdent des traits.

2.6.1. Structure

L'organisation missionnaire ne présente pas de structure particulièrement différente des autres. On y retrouve donc des configurations traditionnelles telles que l'entrepreneuriale, l'innovatrice, la professionnelle et la mécaniste.

Le paramètre de conception clef est l'endoctrinement. Il va concerner tous les programmes visant à développer et à renforcer l'identification des membres avec l'idéologie du groupe.

L'organisation missionnaire est le plus souvent une bureaucratie qui peut sembler souple car la standardisation des normes permet une structure plus

fluide que la standardisation des procédés de travail. Elle est cependant extrêmement rigide car les standards idéologiques ont tendance à être immuables.

Il y a un minimum de spécialisation des tâches et de différenciation entre les
parties de l'organisation et la taille des unités a tendance à rester petite, parce
que les contacts personnels restent importants.

2.6.2. Environnement et contexte

Une telle organisation se développe souvent en trois étapes. Dans une première étape, un groupe d'individus se rassemble autour d'un *leader* et d'une
mission bien identifiée. Il existe un sentiment que le groupe s'est constitué
pour former quelque chose de nouveau et de passionnant.

Dans une seconde étape, l'idéologie se développe au travers de traditions et
de mythes, l'organisation devenant un système autonome.

Dans une troisième étape, l'organisation va accueillir de nouveaux membres,
avec une identification à l'idéologie qui sera soit naturelle (le nouveau
membre étant attiré par l'organisation), soit élective (les nouveaux membres
étant choisis en raison de leur adéquation au système de valeurs), soit susci-
tée par des processus informels de socialisation et d'endoctrinement, soit
enfin calculée par intérêt du nouveau membre.

2.6.3. Stratégie

La définition de la mission initiale reste centrale. Beaucoup va dépendre de la
manière dont cette mission continue à être interprétée dans le temps par les
personnes en situation d'influencer les autres.

2.6.4. Forces et faiblesses

La compétence a pour conséquence d'introduire des différences de statut
entre les membres d'une organisation. Elle s'oppose donc à la nature égali-
taire de l'organisation missionnaire, ce qui va décourager cette configuration
dans les versions professionnelles et innovatrices. Ce sont en effet ces dernières dans lesquelles l'expertise joue un rôle déterminant.

L'organisation missionnaire est plus à même d'engendrer de l'enthousiasme
chez les membres de l'organisation que l'optimisation des résultats financiers
dans la configuration divisionnalisée. Elle n'est probablement pas adaptée à
la grande entreprise en général. Cependant, elle n'implique pas une absence
de contrôle, mais plutôt une forme de contrôle qui dépasse le comportement
pour s'appliquer aux idées de ses membres, voire « sur leur âme même ». Elle

se rapproche paradoxalement de l'organisation mécaniste, car c'est également une forme de standardisation qui est utilisée comme mécanisme de coordination, ce qui en fait fondamentalement une bureaucratie.

2.6.5. Le contrôle de gestion

Il va dépendre de la structure sous-jacente à cette configuration. Il faudra donc reconnaître sur quelle structure basique l'organisation missionnaire s'est construite.

2.6.7. Le ou les contrôleurs de gestion

Il y a toutes les chances pour qu'il n'y ait pas de contrôleur de gestion, en tout cas ayant l'expertise de cette fonction acquise dans une autre structure. S'il en existe un, ce sera un membre de l'organisation à qui l'on confiera cette tâche, à charge pour lui de l'adapter à la situation particulière de la structure.

SYNTHÈSE

- La mise en place d'un système de contrôle de gestion dans une entreprise ou une autre organisation ne peut pas se faire dans l'absolu. Il faut prendre en compte l'environnement, la stratégie et la manière dont l'organisation s'est structurée au cours du temps. Aucune organisation n'est semblable à une autre, mais la typologie des organisations mise à jour par Henry Mintzberg est en mesure de faciliter le repérage des points essentiels. Six configurations constituent des types extrêmes qui permettent de cataloguer rapidement les organisations rencontrées dans la réalité, avec une évaluation de la proportion de chaque configuration à laquelle elles correspondent ;
- une fois cette catégorisation réalisée, il devient bien plus facile de reconnaître les éléments du système de contrôle de gestion qui vont être adaptés aux circonstances. De même, un contrôleur de gestion nouvellement arrivé aura moins de chance de commettre des erreurs quant à son rôle dans l'organisation.

TEST DE CONNAISSANCES

Q1 – Le contrôleur de gestion « à la Mintzberg » se trouve dans…

1 – le centre opérationnel.
2 – le sommet stratégique.
3 – la technostructure.
4 – les fonctions de support logistique.

Q2 – Le contrôleur de gestion est le plus à l'aise avec la standardisation des…

1 – procédés de travail.
2 – résultats.
3 – qualifications.
4 – normes.

Q3 – Dans quelle configuration l'efficacité est-elle atteinte au prix d'une moindre efficience ?

1 – l'organisation entrepreneuriale.
2 – l'organisation professionnelle.
3 – l'organisation mécaniste.
4 – l'organisation innovatrice.

Q4 – Les experts sont les membres clefs de…

1 – l'organisation mécaniste.
2 – l'organisation professionnelle.
3 – l'organisation divisionnalisée.
4 – l'organisation innovatrice.

Q5 – Le système de planification et de contrôle fait partie de la conception…

1 – des postes de travail.
2 – de la structure générale de l'organisation.
3 – des moyens de liaison.
4 – du système de prise de décision.

Q6 – Plus l'environnement est complexe…

1 – plus la structure a tendance à être décentralisée.
2 – plus il y a des chances de trouver une organisation innovatrice.
3 – plus les fonctions de support logistique sont nécessaires.
4 – plus la structure a tendance à devenir « organique ».

Q7 – Dans une organisation entrepreneuriale, le contrôleur de gestion a d'abord intérêt à se rapprocher…

1 – du centre opérationnel.
2 – de la ligne hiérarchique.
3 – du sommet stratégique.
4 – des fonctions de support logistique.

.../...

Q8 – Dans une organisation divisionnalisée, le contrôleur de gestion a d'abord intérêt à se rapprocher…

1 – du centre opérationnel.
2 – de la ligne hiérarchique.
3 – du sommet stratégique.
4 – des fonctions de support logistique.

Q9 – L'obsession du contrôle est la marque de…

1 – l'organisation entrepreneuriale.
2 – l'organisation divisionnalisée.
3 – l'organisation mécaniste.
4 – l'organisation professionnelle.

Q10 – La configuration préférée des contrôleurs de gestion est…

1 – l'organisation mécaniste.
2 – l'organisation entrepreneuriale.
3 – l'organisation divisionnalisée.
4 – l'organisation innovatrice.

Réponses du test :

Q1 : 3 – Q2 : 2 – Q3 : 4 – Q4 : 2 et 4 – Q5 : 3 – Q6 1, 2, 3 et 4 – Q7 : 2 – Q8 : 2 et 3 – Q9 : 3 – Q10 : 3.

Chapitre 2

Le contrôle de gestion
s'adapte à la culture

MARC POLOSSAT

- Comprendre en quoi le contrôle de gestion est une notion universelle dans toute organisation.
- Analyser comment le contrôle de gestion s'adapte à des cultures *a priori* antagonistes.

La Harvard Business School décrit la culture d'entreprise dans les termes suivants : « La culture détermine les personnalités et le tempérament des employés. Elle remplit les espaces que les règles écrites des organisations n'ont pas anticipés. La culture détermine le degré auquel les unités organisationnelles et les employés entrent en concurrence, coopèrent entre eux, ainsi que la façon dont sont traités les clients. Plus que tout autre facteur, la culture détermine si une organisation peut s'accommoder des crises et des discontinuités dans la croissance. À la différence des structures et des systèmes organisationnels, que les dirigeants copient souvent sur d'autres entreprises, la culture doit être bâtie sur mesure. »

Le contrôle de gestion est universel dans une organisation. Il représente bien plus que la seule production du département des contrôleurs de gestion et devrait être l'élément sous-jacent du comportement quotidien de tous les *managers*. Parce qu'elle est, elle aussi, un facteur déclencheur du comportement, la culture d'entreprise interagit avec le contrôle de gestion dans une sorte d'alchimie où l'un se met au service de l'autre pour lui apporter ce dont l'entité opérationnelle a besoin pour rester sous contrôle.

© Groupe Eyrolles

Cette adaptation du contrôle de gestion aux modes de fonctionnement de l'entreprise est un déterminant majeur du niveau de succès du département contrôle de gestion et des individus qui le composent. Le contrôleur de gestion fraîchement embauché dans une organisation a ainsi tout intérêt, pendant les premiers mois dans son nouveau poste, non seulement à comprendre le *business* (marché, produits, processus internes, structure organisationnelle, nouveaux projets) pour lequel il travaille, mais aussi à passer le temps nécessaire pour bien saisir les subtilités culturelles de l'organisation à qui il apporte son soutien. Il doit continuer cette analyse au-delà des premiers mois pour rester à l'écoute des éventuels changements qui ne manquent pas de survenir dans la vie de l'organisation.

1. LE CONTRÔLE DE GESTION, UNE NOTION UNIVERSELLE

La finalité du contrôle de gestion peut être résumée ainsi : il s'agit de mettre sous contrôle une organisation humaine, quelle qu'elle soit. Il faut entendre ici par « contrôle » non pas le sens de vérification que la langue française lui accorde souvent (le premier réflexe est de penser à contrôle fiscal !), mais plutôt l'acception anglaise du terme *control,* nettement plus positive : on parle alors d'accompagnement, de maîtrise et de pilotage. Mettre sous contrôle, c'est utiliser dans tous les cas le triptyque suivant :

Le tripôle du contrôle de gestion

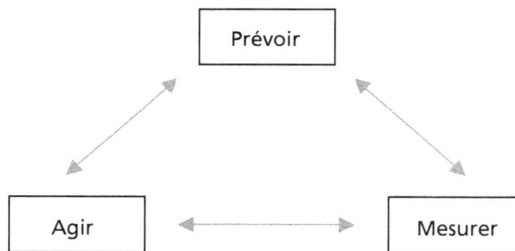

- Prévoir pour savoir où l'on va, avec des objectifs de résultat et de temps.
- Mesurer pour détecter d'éventuels écarts avec la trajectoire qui a été tracée.
- Agir pour prendre les corrections nécessaires au retour à la trajectoire initiale.

Le processus de contrôle est itératif dans la mesure où les déviations enregistrées précédemment, ainsi que les types d'actions qui ont été prises pour y remédier, contribuent à affiner les prévisions.

Toute organisation humaine, quelle que soit son activité, sa taille et sa vocation, ne peut se permettre de se retrouver très longtemps hors contrôle. Il en va la plupart du temps de sa survie. Dans le monde concurrentiel des entreprises, les TPE comme les plus grandes, dans les organismes d'État, les collectivités locales, les ministères, les associations à but non lucratif, les hôpitaux, le besoin de contrôle se fait chaque jour croissant, porté par la demande sociétale de sécurité et de protection à tous les niveaux, sans parler du principe de précaution.

Cette approche de mise sous contrôle de l'organisation est tout simplement l'acte fondateur du contrôle de gestion, et pas seulement du département des contrôleurs de gestion, qui va bien entendu soutenir, promouvoir et faire vivre cet acte fondateur, mais qui n'en est pas le « propriétaire » exclusif.

> Le contrôle de gestion appartient à tous les niveaux hiérarchiques et fonctionnels de l'organisation : c'est une démarche, un état d'esprit, une volonté de progresser individuellement et de faire progresser collectivement, une incitation à la réalisation des objectifs fixés, plutôt que l'apanage du seul département des contrôleurs de gestion.

Vu sous cet angle universel, qui va bien au-delà des attributions du département des contrôleurs de gestion quand il en existe un, le contrôle de gestion est une manière d'être, un comportement quotidien qui va s'imposer quasi naturellement dans toutes les organisations. Même dans les très petites entreprises (2 730 000 entreprises en France ont moins de 10 salariés[1]), qui ne peuvent payer un contrôleur de gestion en tant que tel, le contrôle de gestion n'est pas pour autant absent, loin de là : il est en général pris en charge directement par le dirigeant, qui fixe des objectifs (un budget), mesure les résultats et prend les mesures nécessaires en fonction de la réalisation par rapport au budget.

Dans le secteur public, la loi organique relative aux lois de finances (LOLF) a posé les bases d'une petite révolution : appliquer les principes du contrôle de gestion, déjà rodés dans le privé, aux organismes d'État. Le contrôle de gestion n'est donc pas réservé aux grandes entreprises très structurées qui opèrent sur les marchés concurrentiels internationaux : il se développe dans tous les secteurs.

Comme nous l'avons vu, la finalité du contrôle de gestion est la mise sous contrôle de l'organisation. S'il est bien architecturé, fondé sur des objectifs clairement expliqués aux différentes parties prenantes, à commencer par les

---

1. Source : Insee, données au 1er janvier 2007.

salariés, et suffisamment fluide dans son fonctionnement, il est le garant de la pérennité de l'organisation, puis le socle de son développement futur.

Cette universalité a un corollaire : contrairement à une idée répandue, le contrôle de gestion ne nécessite pas forcément des outils sophistiqués, ni des connaissances approfondies en matière financière et comptable, en tout cas pas dans les organisations de taille réduite. À partir du moment où des objectifs simples et transparents[1] ont été fixés, si l'organisation a les moyens de mesurer continuellement ses résultats par rapport à ces objectifs, et que des actions sont prises pour corriger les écarts détectés par les mesures, l'organisation se donne de fait un embryon de contrôle de gestion. Pour preuve que des connaissances poussées en finance et comptabilité ne sont pas toujours nécessaires, les objectifs d'une organisation ne sont pas seulement financiers, y compris dans le secteur concurrentiel : ils s'expriment aussi de manière opérationnelle, en termes de satisfaction des clients, d'amélioration des processus internes, d'innovation, de qualité des produits et des services, de respect des délais.

Partant de ce constat d'universalité, nous allons voir que le contrôle de gestion peut s'adapter à toutes les formes de culture de l'organisation.

Il n'est pas dans notre propos de déterminer laquelle de ces différentes cultures est la meilleure, si tant est d'ailleurs que l'une d'elles puisse être un jour qualifiée de meilleure que les autres. La culture d'entreprise est une donnée, forgée au cours du temps sur la base des convictions des dirigeants et du tempérament des employés, difficilement transposable en l'état à d'autres organisations. C'est une manière de se comporter dans l'entreprise, fruit d'années de travail en commun, de discussions avec les clients et les fournisseurs, de bons et de mauvais moments, de réussites et d'échecs, de satisfactions partagées et aussi de conflits plus ou moins aigus.

1.1. Culture de centralisation ou de décentralisation

À l'instar des nations, dont certaines ont une longue tradition fédérale (États-Unis, Allemagne, Suisse) et d'autres une forte propension à la centralisation (France, Russie), les entreprises ont des cultures très différentes en matière de centralisation et de décentralisation. Dans la première approche, le siège social joue un rôle majeur, dans la seconde les filiales ont un degré d'autonomie beaucoup plus important, du moins tant qu'elles délivrent des résultats, opérationnels et financiers, conformes aux attentes.

---

1. On pourra utiliser la méthode Smart pour la définition des objectifs de l'organisation : spécifiques, mesurables, atteignables, orientés résultat et liés au temps.

Le contrôle de gestion s'adapte à cette donne, pour « coller » aux réalités du terrain : dans une entreprise centralisée, le rôle du contrôle de gestion du siège social est prépondérant. Inversement, le contrôle de gestion des filiales est souvent là pour « remonter » des chiffres, autrement dit pour prendre en charge le *reporting* financier d'alimentation de la société mère plus que pour éclairer le *management* local.

En pratique

Une entreprise comme IBM a longtemps eu une approche centralisatrice de son fonctionnement, du moins tant que sa diversification réussie dans les services n'avait pas encore été réalisée. Le contrôle de gestion y était centralisé, comme le reste de l'organisation.

Au contraire, dans une entreprise décentralisée, le contrôle de gestion est beaucoup plus près du terrain, sa responsabilité plus étendue et l'implication du siège moins pesante.

En pratique

Chez HP, le concurrent d'IBM, le rôle du contrôle de gestion du siège européen a toujours été plus restreint, à l'image de l'ensemble des fonctions de support centrales, alors que les filiales et les *business units* profitent d'un contrôle de gestion spécifique plus fort.

Il est intéressant de noter par ailleurs que l'aspect centralisation/décentralisation se retrouve aussi dans la manière dont les systèmes informatiques des grandes entreprises sont gérés. Certaines entreprises fondent toute leur stratégie système sur un ERP unique, déployé à grande échelle dans les toutes les filiales, la plupart du temps sur un modèle assez contraignant de respect des procédures *corporate* en la matière. D'autres entreprises ont une approche plus « laissez faire » de leur informatique, avec une latitude plus grande laissée aux filiales et aux directions fonctionnelles. Cette dernière pratique conduit bien souvent à une multiplication des systèmes, mais aussi des sous-systèmes utilisés pour gérer tel ou tel aspect (production, ressources humaines, comptabilité). La puissance de l'ERP du groupe s'en trouve réduite, le système central n'étant en définitive utilisé que comme réceptacle d'informations disséminées plutôt que comme une base de données centralisatrice et uniformisée. Dans les deux cas, le contrôle de gestion doit adapter son fonctionnement et ses livrables[1] aux réalités de cette culture informatique induite. Cela se traduira bien souvent dans les faits par une utilisation plus ou moins récurrente, voire exclusive, de modèles développés localement sur tableur, qui utilisent des données extraites de la base centrale.

Sortir de la spirale sans fin du *reporting* financier à destination du siège, quelle que soit la culture d'entreprise, devrait d'ailleurs être la préoccupation majeure d'un contrôle de gestion mature. C'est un point de départ obligé dans le cheminement vers une fonction à forte valeur ajoutée, qui apporte un vrai service personnalisé, proche et réactif, écouté et respecté, à la direction générale locale. Ce trajet sera moins chaotique dans une entreprise décentralisée que centralisée. Il n'en reste pas moins que, bien souvent, le fonctionnement du contrôle de gestion est étroitement dérivé de la culture dominante de l'entreprise : un siège social fort, aux prérogatives étendues, cherchera à conserver son pouvoir en favorisant un contrôle de gestion usine, filiale ou *business unit* moins indépendant, plus docile, orienté production des chiffres plutôt qu'analyse des résultats, en un mot plus junior. Le rôle du responsable du département contrôle de gestion est donc déterminant dans la quête d'un minimum d'autonomie par rapport au siège.

1.2. Culture matricielle ou hiérarchique

Le modèle unique d'organisation de l'entreprise hérité du XIXe siècle et de l'ère industrielle, avec un chef et une structure pyramidale au-dessous de lui, a volé en éclats avec le lent basculement du secteur secondaire vers le tertiaire, mouvement initié dans les années 1970 et jamais démenti depuis. Certaines entreprises ont alors développé une véritable culture matricielle, où chaque employé dépend à la fois d'un responsable hiérarchique local, qui supervise son travail quotidien, et d'un *manager* fonctionnel, chargé souvent de la vision à plus long terme et de la cohérence de la qualité à travers l'organisation. On parle alors respectivement de *reporting* en ligne directe (*solid line,* ou hiérarchique) et de *reporting* en pointillés (*dotted line,* ou fonctionnel).

Dans la culture matricielle, l'intersection – pour ne pas parler de la friction potentielle – permanente entre le hiérarchique et le fonctionnel amène le contrôle de gestion à s'adapter et à répliquer quotidiennement cette demande duale d'information.

---

1. Traduction de « deliverables » en jargon d'entreprise.

Organisation matricielle

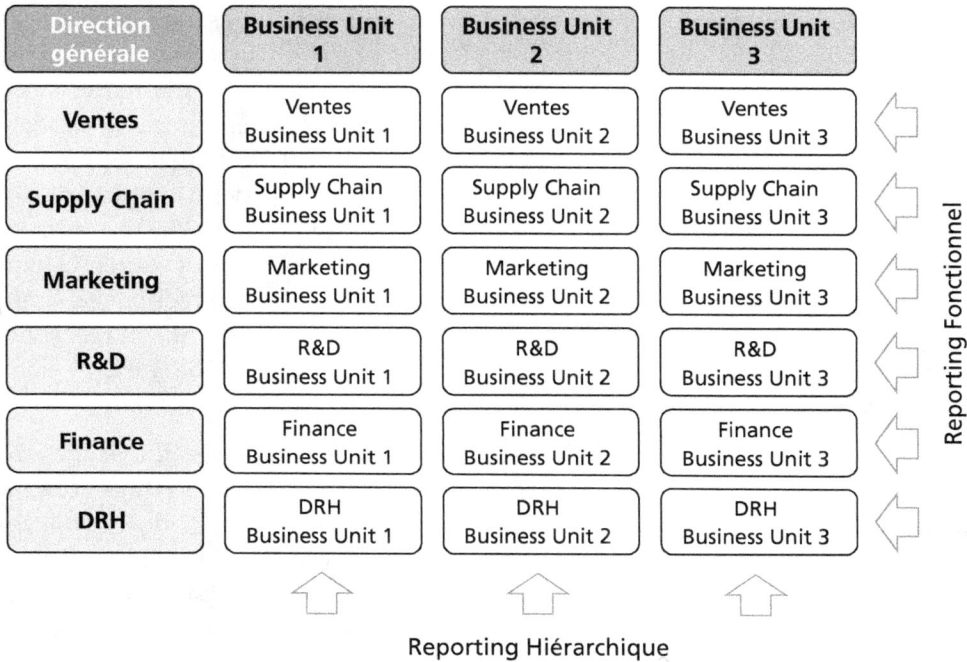

Direction générale	Business Unit 1	Business Unit 2	Business Unit 3	
Ventes	Ventes Business Unit 1	Ventes Business Unit 2	Ventes Business Unit 3	
Supply Chain	Supply Chain Business Unit 1	Supply Chain Business Unit 2	Supply Chain Business Unit 3	Reporting Fonctionnel
Marketing	Marketing Business Unit 1	Marketing Business Unit 2	Marketing Business Unit 3	
R&D	R&D Business Unit 1	R&D Business Unit 2	R&D Business Unit 3	
Finance	Finance Business Unit 1	Finance Business Unit 2	Finance Business Unit 3	
DRH	DRH Business Unit 1	DRH Business Unit 2	DRH Business Unit 3	

Reporting Hiérarchique

En pratique

EDF a mis en place un système de tableaux de bord de gestion qui peut être consolidé à la demande en une vue hiérarchique ou en une vue par projets, de manière à alimenter les deux dimensions de la matrice.

Cette conception du contrôle de gestion est complexe et coûteuse à mettre en œuvre, en particulier lors du *design* des systèmes informatiques de gestion. Elle doit être simplement mise en parallèle avec le choix assumé de la complexité de la structure matricielle.

De grandes entreprises internationales utilisent cette structure malgré son coût (d'inévitables redondances apparaissent très vite dans le fonctionnement) pour bénéficier de son principal avantage, la cohérence de l'approche qualité du côté fonctionnel de la matrice. Le contrôle de gestion ne s'en trouve pas facilité, soumis qu'il est en permanence à des exigences simultanées et parfois contradictoires d'une part, et à un volume accru d'informations à fournir d'autre part. Une règle de bon sens permet pourtant au contrôleur de gestion de se sortir avec élégance d'un éventuel imbroglio organisationnel généré par la culture matricielle : la prépondérance inévitable du payeur (celui qui détient le budget) sur le conseiller (celui qui préconise les dépenses).

1.3. Culture *top-down* ou *bottom-up*

Un autre trait caractéristique de la culture des entreprises, essentiellement les plus grandes d'entre elles, se retrouve dans la manière dont l'information au sens le plus large est traitée : responsabilité plutôt à la base de l'organisation, qui la fait « bouillonner » puis remonter vers le haut dans la pyramide (approche *bottom-up*) ou bien « vérité » qui vient du sommet de l'organigramme et qui descend dans les filiales ou les *business units* (approche *top-down*). Ce type de fonctionnement se fait jour en particulier au moment de la construction du budget : consolidation d'une série de propositions budgétaires venant des filiales ou des *business units,* puis arbitrage final de la direction générale *(bottom-up)*, ou bien détermination d'une enveloppe budgétaire centrale, puis déclinaison de ce budget fixé *a priori* (on parle alors de déploiement) dans les différentes strates de l'organisation (*top-down*).

Le contrôle de gestion doit adapter son fonctionnement à ces deux types de culture très différents : ainsi, vouloir imposer un schéma budgétaire venant du haut dans une entreprise à fonctionnement habituel en mode *bottom-up* fait courir le risque d'un échec systématique de la procédure budgétaire, avec comme corollaire l'absence d'appropriation de leur budget par les responsables hiérarchiques, c'est-à-dire le pire cas pour le respect futur des orientations budgétaires. De même, la construction d'un système de tableaux de bord pertinent sera approchée différemment lors du choix des indicateurs clefs : le dosage entre ceux venant de la hiérarchie et ceux spécifiques à une filiale ou une *business unit* sera adapté aux réalités culturelles.

En outre la structure même du département des contrôleurs de gestion et son positionnement hiérarchique peuvent être calqués sur la culture : dans un mode *top-down*, on retrouve habituellement une fonction contrôle de gestion sous la responsabilité de la direction financière. Dans une organisation *bottom-up* les contrôleurs de gestion sont souvent répartis, jusque dans leur localisation physique, dans les différentes *business units* de l'entreprise, au plus près des réalités du terrain et avec un rattachement hiérarchique direct au responsable de la *business unit* en question.

1.4. Culture française ou anglo-saxonne

On oppose souvent en sociologie des organisations les entreprises à culture anglo-saxonne à celles ayant une culture à tendance franco-française. Les premières sont censées fonctionner de manière relativement informelle, en vertu de l'application de la pratique de la porte ouverte *(open door policy)*, où chaque employé peut discuter librement avec tous les autres, fussent-ils son *manager* de niveau n + 2 ou même le dirigeant de l'entreprise. Les secondes auraient une propension naturelle à entretenir des rapports humains plus formels, plus fondés sur la hiérarchie entre individus et à privilégier une culture du secret, où les responsables sont moins enclins à partager spontanément l'information.

Outre le fait que les entreprises s'internationalisent de gré ou de force du fait du caractère inéluctable de la mondialisation, l'essor des nouvelles technologies de communication, l'organisation matérielle des locaux en espaces ouverts *(open space)* ainsi qu'une demande croissante de polyvalence à tous les niveaux de l'organisation ont contribué à faire tomber un certain nombre de barrières et à rendre les flux d'information plus transparents. Il n'en reste pas moins que le contrôle de gestion doit s'adapter à cette culture, lors de la mise en place des systèmes de gestion et dans la manière dont les données peuvent circuler dans l'entreprise.

Les impératifs de *reporting* financier à la société-mère, avec des délais beaucoup plus tendus en environnement international que dans les règles françaises, ont aussi poussé les entreprises filiales de groupes anglo-saxons à la mise en œuvre d'un contrôle de gestion plus fluide, à même de satisfaire les besoins d'équipes multifonctionnelles ou de projets, plutôt que ceux d'une organisation seulement hiérarchique. La nécessaire réactivité à tous les niveaux induite par ces contraintes financières (souvent dictées par la communication des résultats en Bourse) pousse le contrôle de gestion à favoriser des méthodes de travail différentes : équipes restreintes, découpage de l'activité calqué sur celui des *business units,* gestion des équipes à distance, mais aussi uniformisation des procédures.

1.5. Culture d'ingénieurs ou culture *marketing*

Certaines entreprises ont plutôt une culture d'ingénieurs : elles mettent en avant leur capacité technologique à résoudre des problèmes complexes dans leur domaine d'activité grâce à un département recherche et développement fort. D'autres ont une approche résolument *marketing,* où à la fois la vision stratégique et le fonctionnement tactique sont fondés sur le marché, la concurrence et la différenciation des produits.

En pratique

Un cas d'école de cette opposition culturelle majeure sur le marché de l'informatique s'était fait jour au moment du rachat de Digital Equipment par Compaq à la fin des années 1990. Sans surprise, le « petit », issu du *marketing*, a fini par avaler le « gros » féru de technique.

À approche culturelle différente, contrôle de gestion différent. Ainsi du système de tableaux de bord de l'entreprise : sur la forme, il sera probablement plus austère et plus orienté tableaux de chiffres dans une entreprise d'ingénieurs, alors qu'il sera plus « tendance », plus coloré, plus graphique dans une société de *marketers*. Sur le fond, les indicateurs clefs retenus reflètent la prépondérance des données de marché dans une entreprise à forte connotation *marketing*. Dans une entreprise d'ingénieurs, les indicateurs sont indéniablement plus « dans le dur » et plus orientés vers les processus internes : heures-machine, délais de production, productivité, réductions des coûts, disponibilité des systèmes internes.

Un ingénieur et un professionnel du *marketing* n'ont pas les mêmes valeurs, les mêmes préoccupations, les mêmes priorités et la même façon de diriger une entreprise. Savoir percevoir ces différences parfois subtiles, les traduire habilement dans un langage approprié qui soit compréhensible par la culture dominante de l'entreprise, déformater le discours ronronnant du contrôle de gestion appris dans une grande école, pour l'adapter à ces approches variées, tout cela fait partie de la panoplie du bon contrôleur de gestion.

2. L'ENTREPRISE Y, UNE CHANCE POUR LE CONTRÔLE DE GESTION

Les articles de presse abondent sur la génération Y, née avec une souris dans la main devant un écran tactile, adepte des réseaux sociaux, de la connectivité et de la mobilité permanentes. Que va-t-il se passer dans l'entreprise de demain (matin), quand cette génération aura pris le pouvoir ?

Une belle opportunité pour le contrôle de gestion ! Dans un monde où les sphères privée et professionnelle s'interpénètrent de plus en plus, dans un modèle économique où l'industrialisation systématique des processus internes a montré ses limites en termes de service aux clients et de motivation des employés, dans une entreprise où les réseaux informels prennent une importance capitale, apte à court-circuiter les systèmes hiérarchiques traditionnels, dans des unités où le travail par projets devient la règle, où les employés sont de plus en plus disséminés physiquement mais rapprochés par la technologie, le contrôleur de gestion a une carte maîtresse à jouer : son rôle transversal, sa capacité à fédérer sur des projets communs, sa culture du changement et de l'amélioration continue.

On s'achemine donc vers un contrôle de gestion encore plus réactif, qui anticipe en permanence, s'adapte toujours, participe en *leader* aux réseaux sociaux de l'entreprise. L'entreprise lui demandera davantage de persuasion, de pédagogie, de capacité à s'affirmer dans un rôle non hiérarchique. Ne pas vouloir régenter le foisonnement ambiant, mais simplement le canaliser, l'orienter vers une mise sous contrôle adaptée aux caractéristiques de la génération Y : voilà un profil d'expert pour les contrôleurs de gestion du futur (proche).

SYNTHÈSE

En définitive, quelles que soient la taille, l'activité et la vocation d'une organisation humaine, le contrôle de gestion s'adapte, par la force des choses et par vocation, à la culture de cette organisation. Il en est à la fois le reflet et l'un des moteurs. Quant au département des contrôleurs de gestion, il doit lui aussi s'adapter à des modes de fonctionnement parfois très différents d'une entreprise à l'autre. Il est dans tous les cas un point de passage obligé de l'information chiffrée, souvent entrante, mais surtout sortante. Une entreprise qui communique des chiffres à l'extérieur, que ce soit à la Bourse, au banquier, aux actionnaires ou au groupe, sans en avoir fait contrôler la pertinence et la cohérence par le contrôleur de gestion court au-devant de sérieux déboires, qui peuvent mettre en question sa crédibilité. Cette constante de la mise sous contrôle de l'organisation, à des degrés divers, avec plus ou moins de latitude, se retrouve dans chacune des cultures que les entreprises ont pu inventer depuis leur création.

Remarquons pour clore ce chapitre que la réussite du contrôle de gestion est tout de même dépendante d'une autre culture d'entreprise, la communication : si tant est qu'il reste des entreprises ou des organisations où la culture du secret persiste réellement, autrement dit où le partage de l'information ne fait pas partie du quotidien et des bonnes pratiques de fonctionnement, le contrôle de gestion a dans ce cas beaucoup de mal à jouer pleinement son rôle, quel que soit le positionnement dans l'organigramme dévolu au département des contrôleurs de gestion.

TEST DE CONNAISSANCES

Q1 – Une très petite entreprise…

1 – peut se passer de contrôle de gestion.

2 – peut se passer de contrôleur de gestion.

3 – n'a pas les mêmes besoins en contrôle de gestion qu'une multinationale mais les principes de base restent les mêmes.

Q2 – Les objectifs d'une organisation quelle qu'elle soit sont toujours…

1 – financiers.

2 – opérationnels.

3 – les deux.

Q3 – Les principes du contrôle de gestion…

1 – prévoir, mesurer, agir.

2 – vérifier, sanctionner, recommencer.

3 – laisser faire le marché.

Q4 – Quelle affirmation décrit le mieux un bon système de contrôle de gestion ?

1 – il s'adapte avant tout à la culture de l'entreprise.

2 – la culture de l'entreprise doit s'adapter à lui.

3 – il s'adapte d'abord au fonctionnement de l'ERP, puis à la culture de l'entreprise.

Q5 – Le contrôle de gestion est…

1 – une obligation légale.

2 – un caméléon qui se fond dans la culture environnante.

3 – une manière d'être qui s'adapte en permanence aux réalités de l'entreprise.

Réponses du test :

Q1 : 2 et 3 – Q2 : 3 – Q3 : 1 – Q4 : 1 – Q5 : 3.

Chapitre 3

Le positionnement et le rôle du contrôleur de gestion

MARIE-NOËLLE DÉSIRÉ-LUCIANI ET DANIEL HIRSCH

- Cerner les missions du contrôleur de gestion et les paramètres qui participent à leur définition.
- Identifier les limites de la fonction contrôle de gestion pour mieux la distinguer des autres.
- Comprendre l'impact du positionnement du contrôleur de gestion sur son rôle.

Quel est le rôle des contrôleurs de gestion ? De qui doivent-ils dépendre hiérarchiquement ? En quoi ce rattachement hiérarchique peut-il avoir une influence sur leur rôle dans l'organisation ? De quoi cela va-t-il dépendre ?

1. LES MISSIONS DU CONTRÔLEUR DE GESTION

Les contrôleurs de gestion sont les premiers auxiliaires (on pourrait dire les premiers outils) de la fonction contrôle de gestion. Ils doivent :

- contribuer à la mise sous contrôle des activités de l'entreprise ;
- apporter une assistance à l'atteinte des objectifs fixés par l'entreprise.

Ils contribuent à la gestion de l'organisme dont ils dépendent par une action aux trois niveaux du tripôle de gestion : prévoir, mesurer, agir.

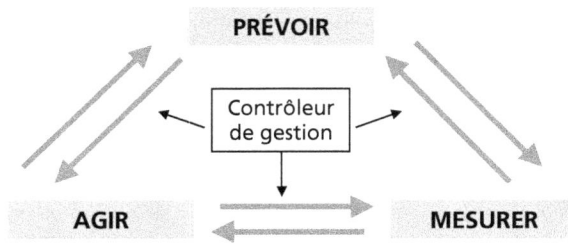

Leur efficacité dépend surtout des liens entre chacun de ces trois verbes. C'est là l'essence même des missions du contrôleur de gestion : faire le lien entre mesurer l'action, aider à la prévoir et la favoriser.

1.1. Les thèmes d'actions privilégiés de la fonction

Les thèmes d'actions du contrôleur de gestion sont divers, mais on peut les regrouper en quatre grandes familles, comme dans l'étude Cegos « Fonction comptable et financière »[1] :

- *reportings* d'activité ;
- budget, plan et prévisions ;
- coûts et marges ;
- études spécifiques et processus.

Sur chacun de ces thèmes, les missions attribuées au contrôle de gestion sont variables d'une entreprise à l'autre. En voici une liste non exhaustive.

1.1.1. Reportings *d'activité*

- Former les opérationnels à l'élaboration des *reportings* d'activité ;
- les élaborer ou en contrôler la fiabilité ;
- analyser, commenter leurs données et/ou aider les opérationnels à le faire ;
- les diffuser ;
- suivre le résultat des actions engagées à travers leurs données ;
- aider les opérationnels à les utiliser comme outils de pilotage, aider à décider ;
- les utiliser comme outils de partage des informations, de dialogue de gestion, de conduite du changement.

---

1. Voir bibliographie en fin d'ouvrage.

1.1.2. Budget, plan et prévisions

- Aider la direction générale à choisir des hypothèses de construction du budget ;
- récolter des données de marché en historique et en prévisions ;
- aider les opérationnels à alimenter la matrice des tableaux du budget ;
- consolider les données budgétaires ;
- contrôler la cohérence globale du budget par rapport aux objectifs et des budgets individuels entre eux : budget commercial, de production, des investissements… ;
- aider les opérationnels à quantifier le résultat attendu de leurs actions ;
- aider la direction générale et les opérationnels à déterminer les actions prioritaires à mener ;
- aider à présenter et diffuser le budget.

1.1.3. Coûts et marges

- Aider à déterminer un prix de vente ;
- calculer les coûts et marges, déterminer les coûts d'un projet, les coûts standards ;
- aider à choisir les hypothèses de construction du calcul d'un coût (coût partiel ou complet, poids des charges de structure) ;
- aider à décider quel produit pousser à la vente ;
- aider à choisir des clefs de répartition des coûts indirects ;
- calculer les seuils de rentabilité d'un produit ou d'une gamme de produits ;
- mesurer la sensibilité des coûts et marges à certains facteurs, comme l'évolution du cours d'une devise, du prix d'une matière première ;
- analyser les écarts sur coûts par rapport à un historique, à une prévision.

1.1.4. Études spécifiques et processus

- Aider à décider et agir à partir des résultats d'études spécifiques ;
- élaborer des tests et des simulations de changements de processus et faire des propositions ;
- proposer des actions correctives ;
- réaliser des études comparatives (ou « *benchmark* ») internes ou externes ;
- participer aux changements des systèmes d'informations ou à leur paramétrage ;
- participer aux projets de cessions ou de rachat d'activités.

Ce dernier thème est celui qui se développe dès lors que les autres thèmes, plus classiques, ont été couverts. Il témoigne donc de la maturité de la fonction dans l'entreprise.

Répartition des temps de la fonction par thème, toutes tailles d'entreprises et tous secteurs d'activité confondus

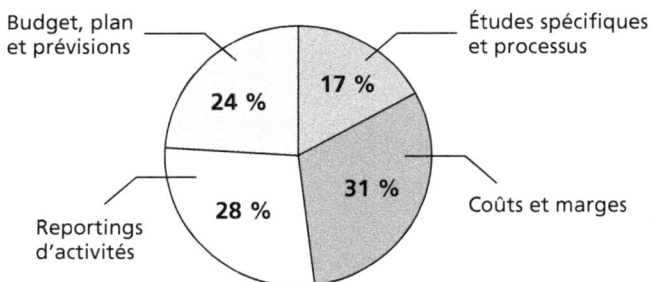

Les moyennes de la figure ci-dessus cachent des disparités qui peuvent être significatives, notamment suivant la taille de l'entreprise et celle de l'équipe de contrôle de gestion.

En pratique

Le thème « Études », représente 25 % des temps de la fonction dans les entreprises de plus de 160 millions d'euros de chiffre d'affaires, contre 15 % dans les entreprises en deçà de ce seuil.

Elles sont liées à la différence des moyens alloués à la fonction, qui dépendent tant de la taille de l'entreprise que de son secteur d'activité (plus importants dans les entreprises industrielles que de services), de ses besoins, de la stratégie, de la culture de gestion, et notamment des connaissances de la direction générale sur ce qu'elle pense pouvoir obtenir de la fonction.

1.2. Paramètres participant à la définition de la fonction

1.2.1. Attentes de la direction générale vis-à-vis de la fonction

C'est probablement le paramètre le plus important dans la définition des fonctions du contrôle de gestion. Cela dépend d'abord de la plus ou moins bonne connaissance par les membres de la direction générale de ce que peut lui apporter le contrôle de gestion. Cela est influencé par l'expérience individuelle et notamment par le fait d'avoir travaillé auparavant dans une entreprise comportant un contrôle de gestion dynamique.

La meilleure pratique constatée est celle d'une direction générale qui, lorsqu'on lui présente des chiffres, demande systématiquement : « Avez-vous validé ces chiffres avec le contrôle de gestion ? »

1.2.2. Axe siège-terrain

Dans un groupe, il est usuel de retrouver des contrôleurs de gestion aussi bien au niveau du siège qu'au niveau des *business units*. Les opérationnels auront tendance à les considérer de façon différente les uns et les autres. Les contrôleurs du siège sont ceux à qui on doit envoyer un *reporting*. Non seulement il faut leur envoyer des informations, mais en plus ils sont amenés à poser des questions indiscrètes sur d'éventuels écarts par rapport au budget ou à d'autres références ! Il ne faut donc pas s'étonner qu'ils soient souvent vus d'une manière négative, alors que les opérationnels perçoivent plus positivement les apports des contrôleurs de gestion de terrain à la bonne gestion de l'unité.

Dans une petite entreprise, les fonctions siège et terrain seront probablement tenues par la même personne, qui sera, suivant les cas, perçue plutôt positivement ou négativement.

Le contrôleur de gestion d'un site de production se verra confier des missions plutôt orientées **« action »**. Ses interlocuteurs privilégiés seront les opérationnels de terrain.

Au niveau du siège, il faudra distinguer deux types de rôle : celui du contrôleur de gestion *« reporting »*, dont la mission première sera orientée **« mesure »**, suivant les différents axes d'analyse possibles grâce au système d'information. Ses interlocuteurs privilégiés seront tous ceux qui peuvent lui communiquer des données chiffrées et des indicateurs. Ses outils privilégiés seront les bases de données, les systèmes d'information et les tableurs.

On trouve également au niveau du siège le rôle de contrôleur de gestion « conseiller ». Il se verra plutôt confier des missions orientées « prévoir » avec l'utilisation d'outils de simulation. Ses interlocuteurs privilégiés sont les dirigeants.

1.2.3. Un métier plus ou moins « financier »

Le contrôle de gestion dépend-il de la direction financière ? Lui demande-t-on de privilégier le *reporting* (ce qui participe à la financiarisation la fonction) ou l'analyse et le conseil, plus orientés « action » ?

La tendance lourde de la fonction consiste à se rapprocher du langage des opérationnels afin de mieux les aider, notamment à l'occasion de l'utilisation des tableaux de bord. On demande de moins en moins au contrôleur de gestion d'avoir une solide formation financière, mais davantage de pouvoir dialoguer avec les opérationnels, partageant parfois leur formation et leur expérience.

Cependant, toute la composante *reporting* continue à exiger des contrôleurs de gestion une bonne formation financière et comptable, une telle maîtrise étant la seule à permettre de mettre en relation les résultats comptables et financiers avec les réalités opérationnelles.

> **En termes de recommandation, il est préférable qu'une seule entité dans l'entreprise soit en charge de la validation des chiffres, auquel cas le plus simple est toujours que le contrôle de gestion dépende de la direction financière directement ou non.**

1.2.4. *Contrôle* a posteriori *ou bien orientation vers le futur*

On trouve souvent dans l'industrie cette dichotomie entre un contrôle de gestion qui travaille sur les données *a posteriori,* appelé communément *cost control* et celui qui travaille notamment sur les questions de coûts de projets, sur les réponses à des appels d'offres, appelé *cost planning.*

Cette différence impacte l'image de la fonction comme plutôt tournée vers le passé, souvent associé au contrôle, ou plutôt tournée vers le futur, souvent associé à l'action et à la prévision, c'est-à-dire au caractère dynamique de la fonction.

Cependant, même quand la fonction travaille essentiellement sur des données du passé, la valeur ajoutée de la fonction réside dans les analyses et commentaires pour anticiper, rectifier la tendance, donc aider à construire le futur en l'améliorant !

1.2.5. *Qualité du système d'informations*

Comment le contrôleur de gestion peut-il exercer sa mission ? Notamment grâce au système d'information de l'entreprise et ses bases de données.

Afin de comprendre, analyser, synthétiser, comparer, le contrôleur de gestion aura besoin de « fouiller », souvent en profondeur et en transverse, dans les bases de données. Le système d'information est la source de ce qui lui est nécessaire à l'exercice de ses missions.

Il comprend plusieurs bases de données différentes : commerciale, comptable, données de production ou logistique, avec des données historiques et parfois des données budget ou objectifs.

Il va s'en servir pour répondre à des questions du type :

* quel est le coût d'un produit, toutes natures de charges confondues ?
* quel est le seuil de rentabilité de l'entreprise, exprimé en chiffre d'affaires ou en quantités ?

Mais est-ce que tout est dans le système ?

* « Oui » pour ce qui concerne les historiques, mais uniquement sous certains formats, par exemple les différentes natures de charges suivant le format légal de la comptabilité générale, ou sous certains angles de vue habituels (par famille de produits).
* « Non » parce que :
  - le système ne peut jamais prévoir la restitution de tous les angles d'analyse possibles, car ces derniers peuvent évoluer dans le temps ;
  - le système n'inclura que les données dont il est alimenté, par exemple la saisie des données du budget ou les évolutions de prix résultant d'un ajustement concurrentiel.

Voilà pourquoi les comptabilités générale et analytique ne permettent pas de répondre à toutes les questions. Et dans ces cas, le contrôleur de gestion peut être amené à créer un système complémentaire d'information.

Il est naturel que l'on se tourne vers le contrôleur de gestion quand il s'agit de comprendre le lien entre les données des systèmes d'information et la réalité. La valeur ajoutée apportée par sa situation au cœur des processus lui donne une fonction de maître d'ouvrage des systèmes d'information.

> Le contrôleur de gestion doit veiller à ne pas oublier de prendre en compte la réalité du terrain et la partager avec les différents acteurs. Cette réalité est indispensable à l'analyse des données chiffrées, à la compréhension de certaines causes de problèmes et donc à l'utilisation que l'on peut faire de ces données chiffrées.

Le temps qu'il faut parfois consacrer à « aller voir sur le terrain » freine souvent cette activité, mais le résultat est le plus souvent au-delà des attentes et donc apporte un retour sur investissement conséquent.

1.2.6. Un métier plus ou moins « contrôle » ou « aide »

Cette vision de la fonction dépend de la culture de l'entreprise, de son style de *management* et du style d'exercice de la fonction par le contrôleur de gestion lui-même. Cependant, comme nous pourrons l'étudier dans le chapitre 21 sur le savoir-être du contrôleur de gestion, l'assistance aux opérationnels et à la direction générale est le rôle de fond de la fonction. Ce rôle nécessite des compétences techniques, mais surtout des qualités comportementales pour réellement apporter une valeur ajoutée aux différents clients du contrôle de gestion.

1.3. Ce que n'est pas le contrôle de gestion

Le contrôle de gestion a essentiellement un rôle d'assistance et de support. Il peut être intéressant de l'opposer à d'autres rôles similaires afin d'éviter toute erreur de compréhension.

Ressemblances et différences entre contrôle de gestion et d'autres fonctions

Audit	L'audit est également une fonction d'assistance qui peut utiliser des données chiffrées, mais il ne travaille pas sur les *reportings* d'activité : il analyse en profondeur pendant un temps limité une partie de l'organisation, alors que le contrôle de gestion « surveille » l'ensemble de l'organisation, de manière récurrente.
Comptabilité générale	Elle ne travaille que sur des données du réel, avec un objectif légal. Le contrôle de gestion travaille aussi sur des données prévisionnelles, sur autant de formats que de besoin, avec comme préoccupation essentielle les besoins des *managers*.
Consolidation	La consolidation fait partie des objectifs de comptabilité générale pour un groupe. Elle consiste à recueillir des données de *reporting* à visée essentiellement comptable et légale. Pour le contrôle de gestion, la consolidation n'est qu'une étape à l'analyse et non une fin en soi.
Organisation et méthodes	Elles ne concernent que les processus, ou le « comment ». Le contrôle de gestion, lui, travaille également sur le « combien » et le « pourquoi ».
Conseil	Lorsqu'il est extérieur à l'entreprise, sa mission n'intègre pas le suivi de la mise en œuvre du conseil, suivi intégré à la mission du contrôle de gestion.
Les opérationnels	Les opérationnels décident et font ce que le contrôle de gestion ne pourra jamais faire… à la place des opérationnels.

2. DIFFÉRENTS CAS DE POSITIONNEMENT DU CONTRÔLE DE GESTION

Où se situe dans un organigramme la fonction contrôle de gestion ? L'examen d'un certain nombre de cas permet d'avoir une première opinion sur la question avant de nous interroger sur les raisons des différences.

2.1. Étude d'organigrammes

Entreprise industrielle et commerciale cotée en Bourse,
avec une culture de gestion centralisée

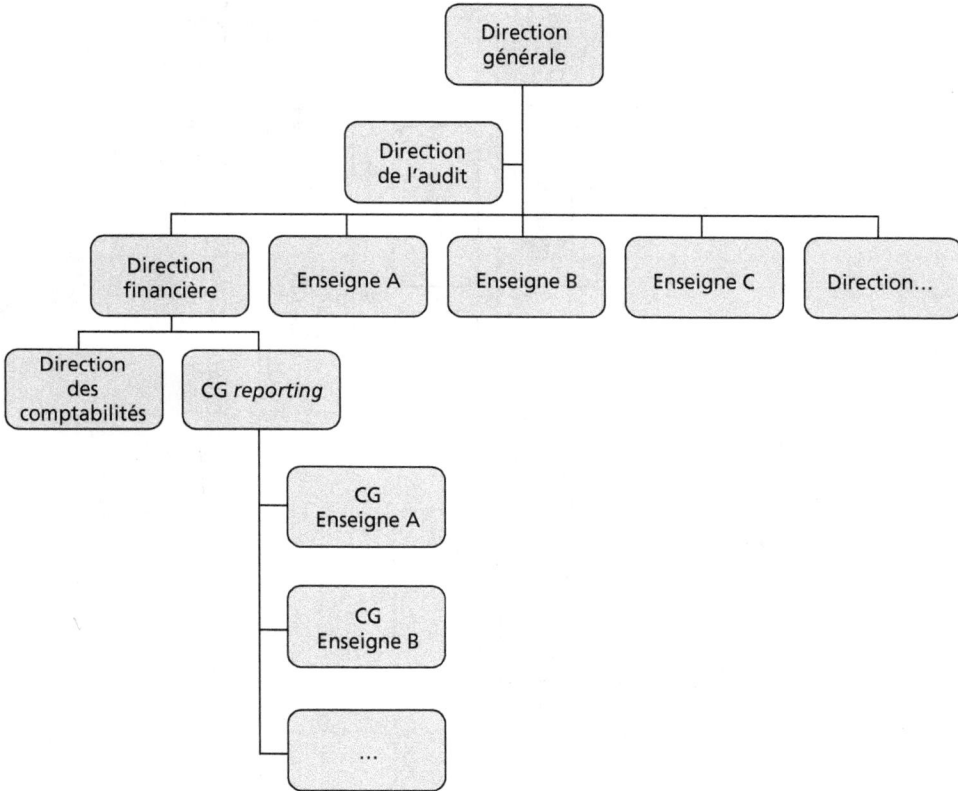

La fonction « contrôle de gestion » se situe au niveau du siège. Pourtant, rien ne dit si chaque enseigne dispose ou non d'un contrôle de gestion de terrain. Les contrôleurs de gestion du siège ont un rôle de remontée d'information en vue de l'élaboration du *reporting* groupe.

En général, dans les groupes, la fonction se retrouve aux deux niveaux du siège et des *business units*.

Ici, il semble y avoir une répartition claire des missions avec un représentant spécifique à chaque enseigne au niveau du siège. Cependant, la fonction semble limitée aux besoins du *reporting*. Cela peut convenir aux organisations dans lesquelles les filiales ou *business units* sont « dociles » face aux demandes du siège.

Entreprise industrielle et commerciale cotée en Bourse, avec une culture de gestion décentralisée

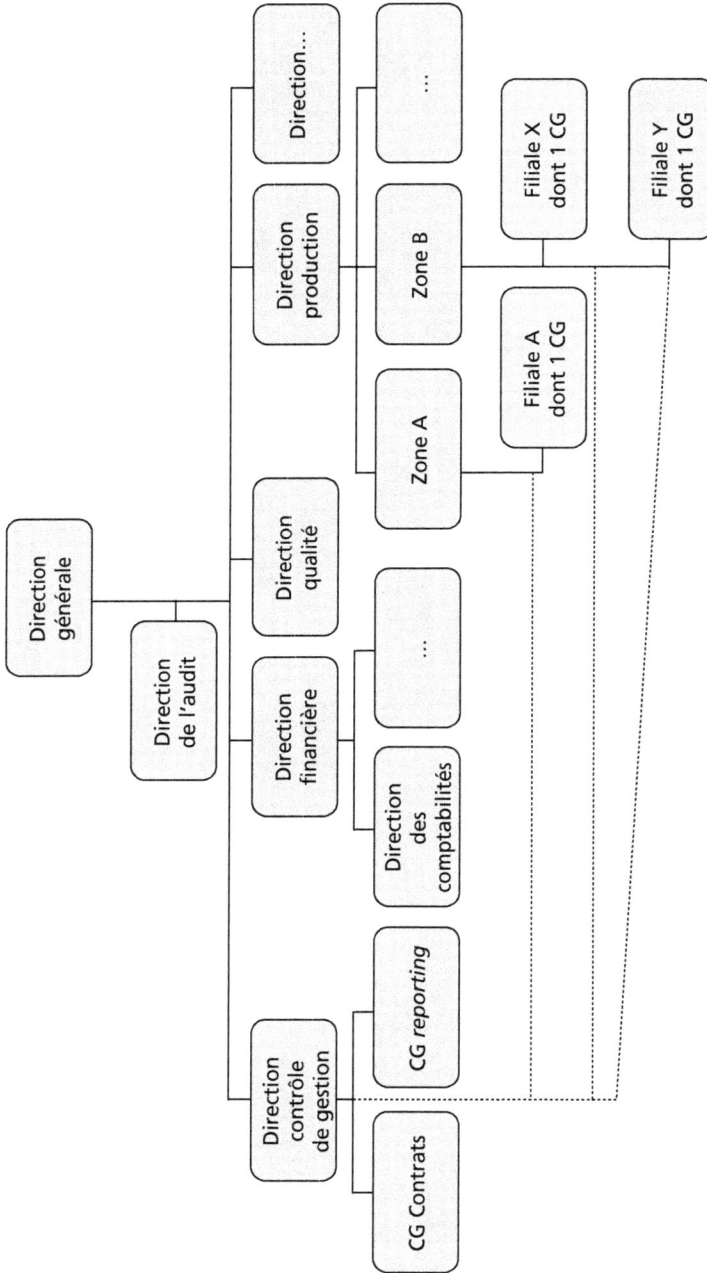

Dans cette entreprise, la fonction existe clairement aussi bien au siège qu'au niveau des *business units*.

Les contrôleurs de gestion des filiales X et Y présentent un double rattachement :

- l'un hiérarchique (ligne continue) au dirigeant de la filiale ;
- l'autre fonctionnel (pointillés) au directeur du contrôle de gestion du groupe.

Ce qui est le plus caractéristique de la décentralisation de la fonction et de son ouverture réside dans le rattachement des contrôleurs de gestion au directeur du contrôle de gestion et non à la cellule *reporting*. C'est la preuve que les contrôleurs de gestion des filiales ont un rôle plus grand que celui de simples producteurs de chiffres à destination de la société mère.

Ce positionnement génère une vision plus large de la fonction et de ses missions, avec un potentiel de bon dialogue de gestion transverse. Cependant, le rôle du contrôleur de gestion filiale peut être difficile à vivre en cas de conflit d'intérêt entre les deux supérieurs, ce qui renforce la nécessité de formaliser la définition du poste.

Entreprise industrielle et commerciale non cotée

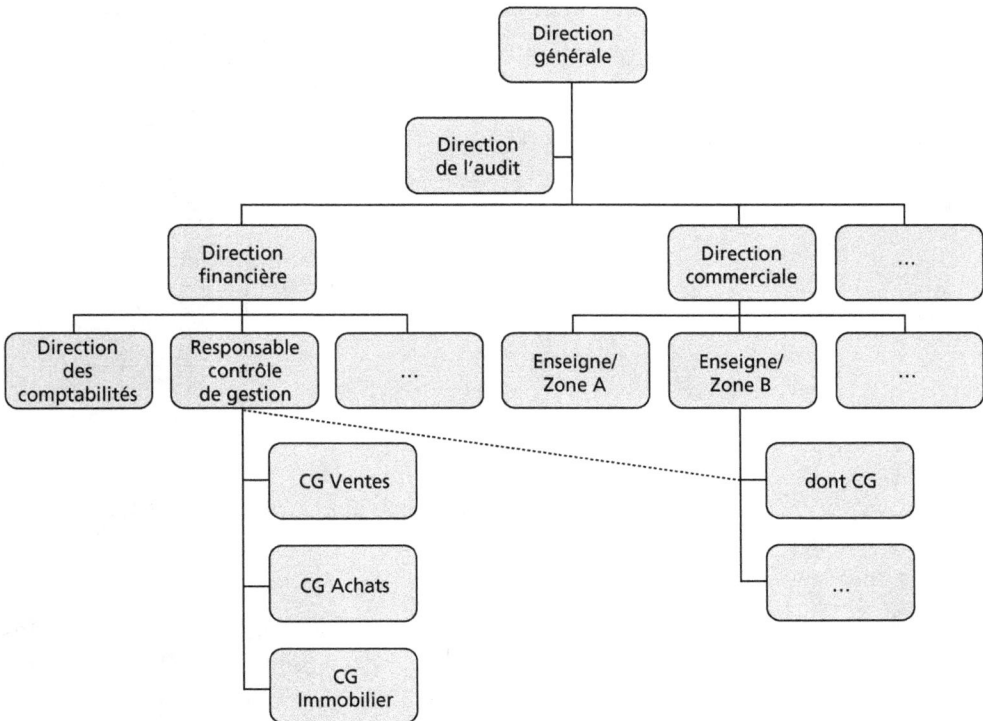

Dans cette entreprise, l'organisation repose sur une vision fonctionnelle. Les contrôleurs de gestion siège suivent une approche « métier » de l'entreprise. On retrouve des contrôleurs de gestion terrain au niveau des différentes enseignes commerciales et probablement dans d'autres sous-parties de l'organigramme, ce qui favorise un dialogue de gestion. C'est au responsable du contrôle de gestion groupe de synthétiser l'ensemble des visions *business* et fonctions et de gérer en central des arbitrages éventuels. Il y a une répartition claire des missions. Cela convient particulièrement bien aux organisations dans lesquelles chaque fonction requiert une compétence technique pointue.

La synthèse de l'ensemble des fonctions de l'entreprise ne se fait cependant qu'au seul niveau du responsable du contrôle de gestion. On retrouve la possibilité du conflit d'intérêts entre les deux supérieurs (hiérarchique et fonctionnel) de la figure « Entreprise industrielle et commerciale cotée en Bourse, avec une culture de gestion décentralisée », et la nécessité de bien formaliser les rôles.

Association

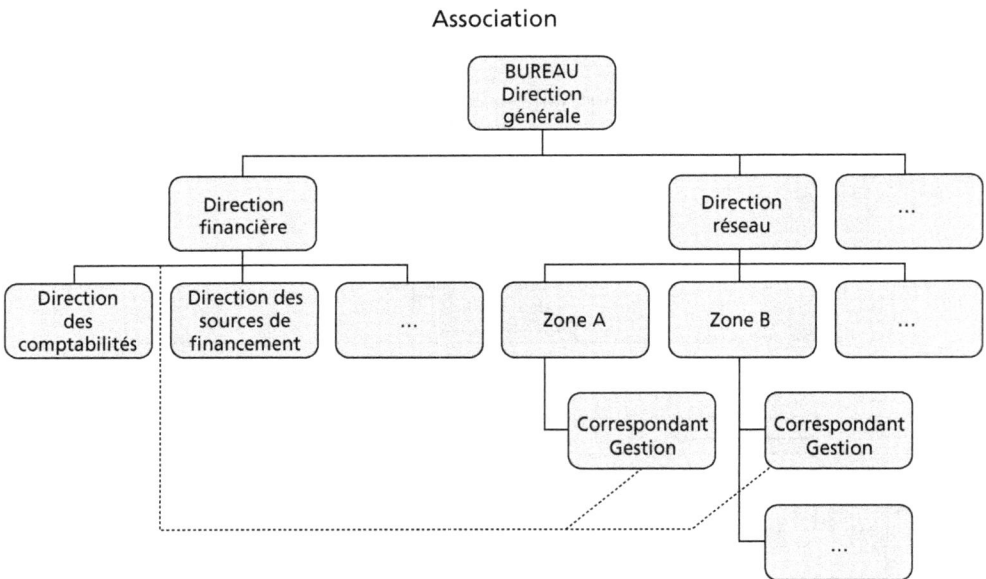

Les « correspondants gestion » jouent un rôle essentiel d'animateurs de gestion. L'intitulé de leur poste illustre leur rôle de « relais », en local, de la culture de gestion que les dirigeants veulent susciter.

La richesse du dialogue de gestion entre le siège et les établissements dépendra grandement du degré d'autonomie des établissements locaux par rapport au siège. Ce point est d'autant plus sensible dans une association qu'il n'y a pas de lien capitalistique entre établissement et « siège », le pouvoir passant par les hommes qui représentent les établissements. La synthèse de la vision gestion au sens global se fait cependant au seul niveau du directeur financier.

PME industrielle et commerciale

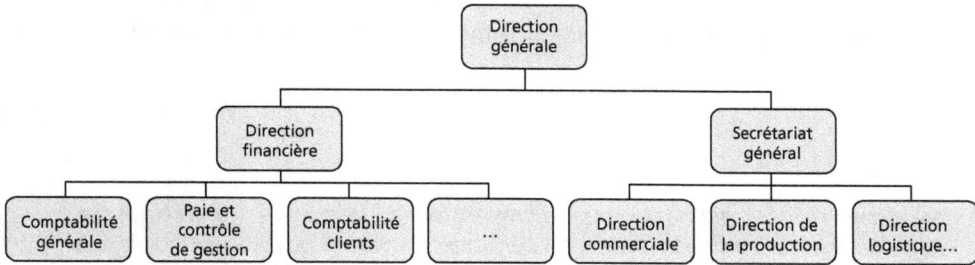

La taille de l'entreprise ne permet pas ou ne nécessite pas une personne à temps plein pour assurer la fonction, lorsqu'elle existe. Ici, la fonction contrôle de gestion coexiste avec une autre fonction « sensible » de l'entreprise : celle de la paie.

Le contrôleur de gestion est alors considéré comme un homme de savoir auquel est attribué le pouvoir de connaissance de données chiffrées confidentielles. Le risque est que le contrôle de gestion ne passe qu'en deuxième position après la réalisation des fonctions opérationnelles obligatoires.

PME industrielle et commerciale

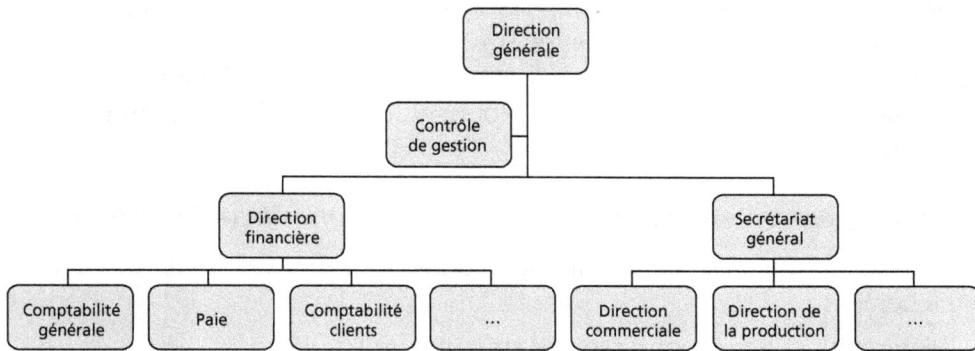

Le contrôleur est positionné comme « bras droit » de la direction générale. C'est le positionnement qui semble donner le plus de poids à la fonction vis-à-vis des autres fonctions dans l'entreprise. C'est aussi celui qui donne la vision la plus large de l'entreprise au contrôleur de gestion.

Il existe cependant un double risque : d'abord que le contrôle de gestion et la direction financière puissent s'opposer dans la production et l'interprétation des chiffres ; ensuite qu'en cas de non-obtention d'informations par le contrôleur de gestion de la part de directions récalcitrantes, que le directeur général ne soit pas prêt à mettre son autorité en jeu à chaque fois qu'il y a un problème, alors qu'un directeur financier possède concrètement les moyens de pression lui permettant d'obtenir en temps utile les informations et *reporting* nécessaires.

En pratique

> Quelques chiffres extraits de l'enquête Ernst et Young 2006-2007 : dans 63 % des cas, le service contrôle de gestion est centralisé et rattaché au directeur administratif et financier. Lorsque les entreprises possèdent des filiales, dans 9 % des cas on trouve des contrôleurs de gestion décentralisés au niveau des filiales.

2.2. Quelques remarques à la lecture des organigrammes

Les organigrammes et le positionnement de la fonction contrôle de gestion sont un des miroirs du style de *management* de l'entreprise (centralisé, décentralisé) et du style de déploiement de la culture de gestion dans l'entreprise *(bottom-up, top-down)*.

2.2.1. Qui décide du positionnement des contrôleurs de gestion et de leur rattachement ?

Il est clair que cela dépend essentiellement de la direction générale, mais elle n'est pas la seule. En effet, dans les structures où le poids des opérationnels est significatif, ces derniers peuvent être à l'origine d'une demande de rattachement d'un contrôleur de gestion. Pourtant, c'est bien la direction générale qui reste le décideur final.

2.2.2. La question du double rattachement du contrôleur de gestion

Le contrôleur de gestion terrain peut donc se retrouver avoir un double rattachement :

- hiérarchique, au responsable opérationnel de l'unité ;
- fonctionnel, au responsable du contrôle de gestion « siège » ou groupe.

Enfin, lorsqu'il existe des contrôleurs de gestion décentralisés, il existe également, en général, un contrôle de gestion « siège » chargé de veiller à la cohérence de l'ensemble de la fonction.

Illustration concrète d'une culture de gestion, le double rattachement du contrôleur de gestion est parfois à l'origine de conflits. En effet, le contrôleur de gestion peut se retrouver tiraillé entre des demandes différentes.

Pis, lorsqu'il devient un jouet de pouvoir, le contrôleur de gestion peut être contraint par le lien de subordination qui le rattache au responsable hiérarchique opérationnel (« c'est celui qui paie qui décide ») de privilégier ce dernier, même si son professionnalisme l'amènerait à des approches différentes.

Synthèse

Le contrôleur de gestion est le principal facilitateur du dialogue de gestion au quotidien et dans la durée. Quel que soit son positionnement hiérarchique, il est au cœur du tripôle de gestion « prévoir/mesurer/agir » et du dialogue de gestion. C'est à lui de le faire vivre.

Ainsi, le déploiement de la fonction témoigne de :
• l'intensité et de la profondeur du dialogue de gestion ;
• la force des relais de gestion qui permettront de gagner en réactivité.

Compte tenu de la diversité des facettes de la fonction, il faut :
• pour la direction, construire la fonction, c'est-à-dire définir les attentes et les objectifs, les missions et le positionnement des contrôleurs de gestion ;
• pour le contrôleur de gestion, rester indépendant, à mi-chemin des intérêts de la direction et de ceux des opérationnels. De cette (relative) indépendance dépendra sa crédibilité, première source de sa capacité à avoir un impact sur l'organisation. C'est ce qui peut être le plus difficile dans l'exercice de la fonction.

TEST DE CONNAISSANCES

Q1 – Le positionnement des contrôleurs de gestion est fonction…

1 – des missions attribuées au contrôle de gestion.
2 – du style de *management* de l'entreprise.
3 – des choix de la direction générale.
4 – des choix de la direction financière.

Q2 – Les missions attribuées au contrôleur de gestion dépendent…

1 – de son positionnement dans l'organigramme.
2 – de son profil de compétences.
3 – de son âge.
4 – des besoins de la direction générale et des opérationnels.

Q3 – En cas de double rattachement, hiérarchique et fonctionnel, le responsable hiérarchique du contrôleur de gestion est…

1 – celui qui décide de tout.
2 – celui qui définit ses missions.
3 – celui qui lui accorde ses congés.
4 – celui qui décide du paiement de son salaire.

Q4 – Le rôle du contrôleur de gestion est de…

1 – mesurer.
2 – aider à la prévision.
3 – aider à faire des choix pour agir.
4 – aider à la mesure.

Q5 – Le contrôleur de gestion peut avoir pour clients…

1 – la direction générale du site où il exerce son activité.
2 – la société mère du site où il exerce son activité.
3 – des opérationnels.
4 – les autres fonctions support, comme par exemple la fonction « ressources humaines ».

Q6 – Concernant les informations qu'il utilise, le contrôleur de gestion doit…

1 – les produire lui-même.
2 – contrôler leur exactitude.
3 – s'assurer de leur fiabilité.
4 – les valider.

Q7 – Sur le thème des « *reportings* d'activité », le contrôleur de gestion peut avoir pour mission de…

1 – produire les données du *reporting*.
2 – commenter les *reportings* qui lui sont communiqués.
3 – établir le *reporting* en consolidant les données qui lui sont communiquées.
4 – utiliser les *reportings* comme outils de conduite du changement.

.../...

Q8 – Sur le thème du « budget, plan et prévisions », le contrôleur de gestion peut avoir pour mission de...

1 – prévoir le budget.
2 – réaliser le budget.
3 – construire la prévision budgétaire.
4 – construire la prévision budgétaire avec les acteurs.

Q9 – Sur le thème des « coûts et marges », le contrôleur de gestion peut avoir pour mission de...

1 – calculer des coûts et des seuils de rentabilité.
2 – décider des hypothèses de construction des coûts.
3 – tenir la comptabilité analytique.
4 – aider à déterminer des prix de vente.

Q10 – Sur le thème « processus et études spécifiques », le contrôleur de gestion peut avoir pour mission de...

1 – participer à des modifications de processus de fabrication.
2 – simuler des impacts d'investissements.
3 – élaborer des études comparatives de positionnement.
4 – participer au changement d'outils relatifs au système d'information.

Réponses du test :

Q1 : 1, 2 et 3 – Q2 : 1, 2 et 4 – Q3 : 3 et 4 – Q4 : 2, 3 et 4 – Q5 : 1, 2, 3 et 4 –
Q6 : 3 – Q7 : 4 – Q8 : 4 – Q9 : 1 et 4 – Q10 : 1, 2, 3 et 4.

Chapitre 4

Obtenir des résultats au niveau des centres de responsabilité

DANIEL HIRSCH

- Savoir ce qu'est un centre de responsabilité.
- Reconnaître les six différents centres de responsabilité d'après leurs particularités et en connaître les conséquences au niveau de la préparation et du suivi du budget ainsi que de la conception des tableaux de bord.
- Comprendre l'influence des différentes méthodes d'établissement des prix de transfert et de refacturation interne.

On n'attend pas les mêmes résultats du dirigeant d'une *business unit,* du responsable des services juridiques du siège d'une grande entreprise, du responsable d'un atelier de production ou d'un chef des ventes. Il est hors de question de concevoir les mêmes tableaux de bord pour ces différentes entités et de les traiter de la même manière lors de la préparation du budget et ensuite dans le suivi de ce budget.

Une bonne compréhension de la **stratégie** de l'entreprise et des **facteurs clefs de succès** est un préalable à une bonne définition de la manière dont doivent être évalués les centres de responsabilité.

Comprendre **quels comportements doivent être privilégiés** par les dirigeants des différents centres de responsabilité afin d'être performants sur les facteurs clefs de succès constitue une seconde étape. Il faut pour cela comprendre la logique de chaque centre de responsabilité, quelles sont leurs différences et comment le contrôle de gestion peut les prendre en compte.

On s'intéressera notamment aux conséquences sur les aspects budgétaires et les tableaux de bord. On examinera ensuite l'influence que peuvent avoir les prix de transfert et les systèmes de refacturation interne sur les comportements des responsables des centres de responsabilité budgétaire.

1. LES SIX CENTRES DE RESPONSABILITÉ BUDGÉTAIRE

Un centre de responsabilité budgétaire (CRB) est une **unité de gestion** dirigée par un *manager* à qui on a confié un certain nombre de **ressources** en hommes et en argent, dont on attend des **résultats** et qui sera **évalué** sur ses résultats.

La nature du résultat attendu va entraîner des variations dans la manière d'évaluer le CRB et son responsable. On peut ainsi définir six différents centres de responsabilité.

> Il faut toujours distinguer l'évaluation de l'unité de gestion de l'évaluation de son responsable. L'évaluation d'un *manager* doit respecter la notion de *fair-play* due à tout être humain, alors que l'évaluation d'une unité de gestion n'a à voir qu'avec des considérations économiques.

Les centres de responsabilité dont il est question dans ce chapitre n'apparaissent pas nécessairement sous ces dénominations dans les entreprises. Cette typologie est d'ordre conceptuel, mais elle peut aider très pratiquement à concevoir les outils de contrôle de gestion adaptés à la situation sur le terrain. Elle sera donc utile aussi bien aux contrôleurs de gestion qu'aux dirigeants et *managers*.

Les cas et exemples sont destinés à faire comprendre l'intérêt d'une bonne catégorisation des CRB quant au type d'évaluation et donc aux décisions de *management* et de contrôle de gestion qui en découlent.

1.1. Le centre de coût productif (ou calculé)

Le centre de coût productif a été reconnu très tôt comme tel, notamment grâce à la comptabilité analytique, qui l'a étudié dans le cadre de la méthode des coûts standards et des calculs d'écarts. Comme son nom l'indique, il a son origine dans le domaine de la production, mais comme son nom ne l'indique pas, on le trouve également en dehors de la production. C'est pourquoi il est préférable d'utiliser le terme de « centre de coût calculé » (les anglo-saxons parlent d'*enginered expense center*).

La particularité de cette entité, c'est qu'il est possible de trouver un lien logique entre ce qu'elle produit et ce que cela coûte. Le lien logique est fourni par la notion de **standard**, mais l'existence d'un standard dépasse la production en usine : on le retrouve également en système administratif et dans les services. Dans ces derniers cas, le standard est un standard horaire, du style « temps nécessaire pour traiter tel type de dossier ». En chiffrant le coût de l'heure, on retrouve un coût standard, même s'il est possible de continuer à raisonner en heures si les circonstances y sont plus favorables.

1.1.1. Aspects budgétaires

Au **plan budgétaire** (construction et suivi d'un budget), cette particularité a des conséquences notables.

En effet, on considère en général qu'il est mauvais de ne pas respecter un budget, et en particulier de le dépasser. Dans le cas du centre de coût productif, le budget initial n'est cependant valable que pour la **planification**, pas pour le **contrôle**. Autrement dit, le budget initial ne constitue pas une bonne référence pour contrôler les réalisations !

En pratique

Cas du responsable de fabrication

Soit un centre de coût productif qui fabrique des tables de différentes dimensions. Au mois d'octobre de l'année X, des prévisions de ventes lui sont fournies. Elles sont converties en quantités à fabriquer. Supposons qu'il soit prévu de fabriquer 100 tables d'une certaine référence pour le premier mois de l'année suivante, janvier X1, et que le budget soit accepté vers la mi-novembre de l'année X.

À présent, transportons-nous à fin novembre de l'année X. À ce moment, le directeur des ventes se précipite dans le bureau du responsable du centre de coût productif et d'un ton où l'urgence le dispute à la prière lui déclare : « Je sais bien qu'en conformité avec les prévisions de vente du budget, tu as prévu de fabriquer 100 tables de la référence, mais un de mes vendeurs vient juste de rencontrer un prospect à qui nous essayons depuis de nombreuses années de vendre nos produits. Il nous demande si nous pouvons le dépanner d'une cinquantaine de tables de cette référence, son fournisseur habituel lui posant problème. Si on est capable de les lui livrer, il deviendra un client régulier. Comme nous n'avons pas de stock d'avance et qu'il est hors de question de ne pas livrer nos clients habituels, je te demande de nous fabriquer 50 tables de plus que ce qui était prévu dans le budget. »

Il est évident que le responsable de fabrication va s'empresser de fabriquer 150 tables au cours du mois de janvier de l'année X1. À fin janvier, les coûts réels de fabrication correspondront donc à 150 tables pour un budget initial de 100 tables.

Comparer les coûts réels au budget initial est peut-être nécessaire pour expliquer au dirigeant la différence entre le bénéfice total **prévu** pour janvier et le bénéfice total **réalisé** pour ce même mois.

Cependant, pour évaluer la performance du responsable de fabrication, cette comparaison ne sert à rien. Pour réellement évaluer sa performance, il faut comparer les coûts réels à un coût pertinent, c'est-à-dire au coût de production des 150 tables qu'on aurait pu mettre dans le budget initial si on avait su à ce moment que c'était cette quantité qu'il fallait fabriquer. Cela veut bien dire que si le budget initial est intéressant pour la planification, il n'est pas valable pour le contrôle de l'unité.

Ce qui est nécessaire pour le contrôle, c'est le budget « flexible ». C'est une notion qui porte mal son nom dans la mesure où ce document se calcule *a posteriori,* une fois connues les quantités réelles fabriquées. C'est cette référence-là qui permettra d'évaluer la qualité de la gestion de fabrication au cours du mois de janvier X1, en comparant le coût réel au coût attendu, **compte tenu de la quantité réellement fabriquée.**

1.1.2. Aspects tableau de bord

Au niveau de la **conception des tableaux de bord**, les volumes réellement fabriqués seront à la base des indicateurs permettant de juger les réalisations. On comparera valablement dans le tableau de bord les coûts totaux réels avec les coûts totaux du budget flexible.

Il ne faudra cependant pas oublier les autres indicateurs concernant la gestion de l'unité (qualité…).

On pourra consulter le cas présenté dans le paragraphe qui suit sur les centres de profit.

1.2. Le centre de coûts discrétionnaires

Les centres de coûts discrétionnaires sont les mal-aimés des contrôleurs de gestion et des dirigeants, parce qu'il est très difficile de déterminer le montant du budget à leur attribuer. Contrairement aux centres de coût calculé, pour lesquels il existe des standards auxquels on peut se référer, il n'existe rien de la sorte pour les centres de coûts discrétionnaires. On est obligé d'utiliser son jugement, de définir les montants à la discrétion des décisionnaires, d'où le terme de « centre de responsabilité ».

La caractéristique de cette unité est qu'il n'existe pas de lien logique entre ce qui est dépensé et ce qui est produit.

En pratique

Faut-il dépenser 1 000 ou 1 500 pour le budget du service publicité ? Si on dépense 1 500 par rapport à 1 000, aura-t-on 50 % de plus au niveau du chiffre d'affaires ? Cette préoccupation est en fait commune à l'ensemble des centres de coûts discrétionnaires.

On y trouve un grand nombre d'unités qui ne se ressemblent pas, sauf en ce qui concerne la difficulté à les évaluer. On peut citer la recherche-développement, la formation, l'informatique, les ressources humaines, les départements juridiques, la comptabilité générale et le contrôle de gestion.

Une bonne partie du contrôle de la gestion de ces unités s'effectue en fait d'une manière informelle.

La frustration que les centres de coûts discrétionnaires provoquent chez les dirigeants a comme conséquence la tentation de les faire disparaître. Cela peut se faire par trois moyens :

- la disparition pure et simple, par exemple par la sous-traitance d'activités « non stratégiques » ;
- la décentralisation de services précédemment au siège vers les *business units* ;
- la transformation d'un centre de coûts discrétionnaires en un autre centre de responsabilité.

Un centre de profit peut refacturer ses prestations en interne (voir la partie 2.2), et donc se prêter à une évaluation indirecte de la part de ses clients internes. C'est souvent le cas pour les départements informatiques.

1.2.1. *Aspects budgétaires*

Au **plan budgétaire**, la difficulté essentielle est la phase de **planification**. Quel est le montant optimal du budget à allouer ? L'absence de lien logique entre dépenses et résultats attendus peut donner lieu à des débats sans fin, notamment en période de restrictions budgétaires. Les *managers* utilisent l'un des deux moyens suivants pour essayer d'introduire un peu de logique dans la démarche :

- le budget « incrémental », dans lequel on demande aux *managers* qui présentent leurs projets de justifier toute nouvelle dépense par rapport à l'année précédente par des résultats attendus ;

- le budget base zéro, dans lequel on demande aux *managers* de justifier la totalité de leur budget, un peu comme si le département devait justifier sa création. Il est évident qu'une telle approche présente des difficultés aussi bien sur le plan humain que sur le plan du calcul. Dans le cadre d'un projet de restructuration, on garantira à ceux qui participent à un tel exercice qu'ils n'auront pas à en subir les conséquences négatives. La difficulté technique de cet exercice fait qu'il n'est pas réalisé, en général, chaque année, mais étalé sur une période (par exemple cinq ans).

La phase de **contrôle** du budget ne présente aucune difficulté technique. Il suffit de vérifier que les dépenses réelles ne dépassent pas les montants budgétés, tout en s'assurant des résultats promis.

En conséquence, on peut dire qu'en réalité la phase de contrôle est intégrée à la phase de planification. Participer à l'élaboration du budget, avant que les dépenses ne soient réellement engagées, est en effet le seul moyen pour une direction d'exercer quelque contrôle que ce soit. La discussion portera sur la définition des actions sur lesquelles il y a accord et sur l'évaluation des montants qui sont jugés adéquats. Au contrôleur de gestion de s'assurer que les dépenses réelles ne dépassent pas les montants budgétés. Quant à la direction, elle aura à juger de l'adéquation des résultats par rapport aux engagements. Ce serait donc une erreur que de récompenser le *manager* de ce CRB du seul fait d'avoir dépensé moins que le montant budgété.

1.2.2. Aspects tableau de bord

La différence entre réalisation et budget ne peut en aucun cas mesurer l'efficacité ou l'efficience de l'unité.

La conception d'un tableau de bord pertinent passe par une réflexion de fond sur ce qui est attendu du centre, de sa raison d'être et des indicateurs les plus à même de traduire l'atteinte des objectifs. Il comprendra le plus souvent des indicateurs non financiers, dont certains pourront se reposer sur l'évaluation des clients de l'unité.

Ces précisions ne signifient pas qu'il est superflu de respecter le budget. Tout dépassement devra être validé avec le contrôleur de gestion et/ou le responsable hiérarchique.

Cas du budget force de vente

Une entreprise vend des produits de grande consommation par l'intermédiaire d'une force de vente. Le nouveau directeur général, qui vient de la production, a le projet d'introduire une plus grande rigueur dans l'élaboration et le suivi du budget de la force de vente. Il aimerait probablement y retrouver la rigueur dont il avait l'habitude dans la construction des budgets de production.

Il obtient le support plein et entier de l'équipe de contrôle de gestion sur ce projet. L'idée consiste à étudier sur plusieurs années les différentes lignes du budget des ventes et, à l'aide d'une analyse statistique, à distinguer les coûts variables des coûts fixes, pour pouvoir ensuite déterminer le budget en cohérence avec le chiffre d'affaires prévu.

L'analyse statistique fonctionne parfaitement et permet de distinguer les différentes lignes budgétaires en coûts variables ou coûts fixes. La technique du « budget variable » doit permettre ensuite de comparer les coûts réels aux coûts « standards », compte tenu du chiffre d'affaires réel de chaque mois.

La force de vente montre de l'incompréhension face à ce qu'elle estime une mauvaise appréciation de son activité.

Cependant, l'examen des chiffres du passé prouve la validité du modèle, chaque ligne de coût dépendant d'un coût fixe plus ou moins important suivant la nature de la dépense, et d'une quotité variable avec le chiffre d'affaires. Certaines lignes de dépenses restent totalement fixes, comme le salaire du directeur des ventes, la location des locaux et les divers amortissements.

Ce cas est particulièrement difficile à déchiffrer pour un contrôleur de gestion ayant une formation l'ayant habitué à l'analyse statistique et à l'utilisation des techniques quantitatives. La partie technique du cas, avec les chiffres présentés, montre un modèle qui semble fort bien rendre compte de la réalité.

La première difficulté, assez typique, est qu'il est possible de confondre les causes et les conséquences.

S'il y a corrélation statistique entre le budget force de vente et le chiffre d'affaires, ce n'est pas parce que le second est la conséquence du premier. En fait c'est le contraire qui est vrai. C'est la fixation du chiffre d'affaires qui est la première étape dans l'élaboration du budget force de vente et de « ce que l'on peut se permettre de dépenser ». Une analyse de corrélation *a posteriori* donne donc de bons résultats, mais pour des raisons inverses à ce qui se passe en production, où les coûts expliquent les quantités produites.

La seconde difficulté est de ne pas avoir reconnu dans le CRB « force de vente » un centre de coûts discrétionnaires. La force de vente, comme la publicité, est destinée à générer des ventes, mais il est impossible de trouver une formule permettant de lier la quantité de dépenses avec la quantité de chiffre d'affaires.

Parmi les autres difficultés de ce cas, il y a l'antagonisme classique entre financiers et vendeurs, mais ce n'est pas parce qu'on est financier qu'il ne faut pas reconnaître que les vendeurs ont parfois raison ! Il faut enfin se méfier de la tentation de voir les chiffres tout expliquer, alors que la réflexion est toujours nécessaire.

Cas des services du siège

Un contrôleur de gestion « junior » nouvellement nommé pour s'occuper du siège d'une très grande entreprise était auparavant l'assistant d'un contrôleur de gestion en *business unit*. Dans cette précédente fonction, il avait pu voir la forte implication du contrôleur de gestion dans l'élaboration et le suivi des budgets. Ce dernier était l'un des piliers sur lequel s'appuyait le directeur de la *business unit* pour « mettre sous tension » l'ensemble des départements qu'il dirigeait. Son expérience et sa bonne connaissance de l'univers concurrentiel en faisait un excellent auxiliaire du directeur, quelqu'un dont les interventions comptaient lors des discussions budgétaires.

Le contrôleur de gestion junior, qui a vu sa montée au siège comme une promotion, est extrêmement surpris de voir la hiérarchie financière du siège accepter presque sans les discuter les budgets pourtant fort conséquents demandés par plusieurs services du siège (juridique, formation, etc.).

Il va tenter de prouver par des exemples que les fonds demandés ne sont pas aussi bien utilisés que cela. Il alerte sa hiérarchie sur des cas de dysfonctionnement dont il a entendu parler par l'intermédiaire de « radio couloir », ainsi que sur la faiblesse de la procédure budgétaire qui accorde trop facilement les budgets réclamés.

Ce cas est destiné à faire comprendre aux apprentis contrôleurs de gestion qu'il n'est pas possible de traiter de la même manière les centres de profit et les centres de coûts discrétionnaires. Il est possible au niveau des premiers « de mettre la pression » afin d'obtenir le niveau de bénéfice que l'on pense possible d'atteindre. Il est beaucoup plus difficile d'évaluer le niveau adéquat des seconds.

Ce cas est également destiné à faire comprendre qu'un contrôleur de gestion n'est pas nécessairement apte à évaluer la qualité de la gestion des unités dont il a la charge. Il n'est pas un auditeur interne qui peut prendre le temps pour examiner en profondeur les processus de gestion en relation avec les missions. Le contrôleur de gestion travaille davantage dans l'urgence et il ne peut pas, en général, examiner la qualité du travail fourni. Il se peut que les personnes les plus appropriées soient des experts dans les domaines en question.

Une dernière leçon de ce cas est qu'il faut se méfier de « radio couloir ». Si on peut l'écouter pour être alerté sur une situation, il ne faut jamais « croire sur parole » et il convient de vérifier si les rumeurs correspondent bien à la réalité.

1.3. Le centre de revenus

Les précédents CRB englobaient plusieurs types d'unités. Le centre de revenus est unique : c'est une équipe de vente à qui l'on demande de maximiser le chiffre d'affaires tout en respectant le niveau de ressources qui lui a été attribué. Il comporte le plus souvent deux budgets différents : celui du chiffre d'affaires, qu'il convient de maximiser, et celui des dépenses de fonctionnement, qui s'assimile en fait à un centre de coûts discrétionnaires.

Le centre de revenus ne se fait pas refacturer le coût des produits ou services qu'il vend.

Il n'a pas le droit de dépenser plus que ce qui lui a été attribué dans son budget de dépenses. Il n'a en particulier pas le droit de recruter des effectifs supplémentaires. D'autre part, il n'a en principe pas le droit de diminuer le prix de vente des produits qu'il est chargé de vendre, sous prétexte d'en vendre plus. S'il pense que cela est nécessaire, il doit en obtenir l'autorisation du niveau hiérarchique supérieur.

Cette dernière restriction est importante pour distinguer un centre de revenus d'un centre de profit.

> Il ne faut pas conclure de la définition du centre de revenus que toutes les équipes de vendeurs doivent systématiquement être gérées et évaluées comme des centres de revenus. La condition essentielle, c'est que l'équipe de vendeurs peut effectivement avoir un impact sur le volume des ventes. C'est le cas lorsque les vendeurs vont « chercher les ventes chez le client ». Ce n'est pas le cas lorsque c'est le département *marketing* qui génère l'activité par l'envoi de catalogues, et que les vendeurs sont en réception d'appels téléphoniques. Dans ce dernier cas, l'équipe de vendeurs se gère davantage comme un centre de coût productif.

1.3.1. Aspects budgétaires

Au niveau de la **planification**, la difficulté majeure est d'arriver à une bonne évaluation du chiffre d'affaires du budget. Il est souvent plus dangereux de prévoir un montant des ventes trop important que de le sous-estimer. En effet, une surestimation va entraîner logiquement une surestimation de l'ensemble des moyens destinés à supporter les ventes. Il sera plus difficile de remettre en question les moyens budgétés si le volume du chiffre d'affaires n'est pas au rendez-vous.

On sait qu'il est plutôt habituel de mettre la pression sur les vendeurs. Une manière de gérer cette contradiction consiste à déconnecter le budget des ventes du reste des budgets. L'inconvénient est que l'on reperd en cohérence ce que l'on a gagné en mettant davantage de pression sur l'équipe des vendeurs.

Au niveau du **contrôle**, il est clair qu'on s'intéressera davantage au budget du chiffre d'affaires qu'au budget des dépenses.

Si le budget des ventes est atteint à 100 %, il est rare que l'on puisse reprocher aux vendeurs d'avoir fait 105 % de leur budget de dépenses. À l'opposé, si le budget des ventes n'est atteint qu'à 90 %, il ne servira à rien de dire que l'on n'a dépensé que 90 % de son budget de fonctionnement.

1.3.2. Aspects tableau de bord

Le tableau de bord d'un centre de revenus fera la part belle au chiffre d'affaires. C'est en effet là sa mission principale. On y trouvera également des indicateurs de pilotage que l'on estime en cohérence avec l'obtention de chiffre d'affaires (visites à de nouveaux clients, nombre d'appels, etc.).

1.4. Le centre de profit

Autant le centre de coûts discrétionnaires était le mal-aimé des dirigeants, autant le centre de profit a la cote auprès de ces derniers. Il y a de bonnes raisons à cela. Cela a eu tendance à en multiplier le nombre. Le résultat est d'avoir brouillé quelque peu la notion originale en faisant coexister les **vrais** centres de profit avec les **faux**.

1.4.1. Qu'est-ce qu'un centre de profit ?

Un centre de profit est une unité de gestion pour laquelle il est possible de calculer un compte de résultat, c'est-à-dire de trouver des lignes de **revenus**, ou ce qui en tient lieu, d'y retrancher ensuite des lignes de **charges**, pour pouvoir aboutir finalement à une **marge**. Cette marge est le bénéfice net (ou profit, d'où le nom de ce centre) dans le cas d'une entité juridique avec bilan et compte de résultat.

Le responsable du centre de profit a pour objectif la maximisation de la dernière ligne du compte de résultat, le bénéfice. Il est considéré par ses supérieurs hiérarchiques ou par ses actionnaires comme étant le patron de l'entité qu'il dirige. Lui-même se considère comme tel. Le centre de profit est donc le résultat d'un processus de délégation des responsabilités poussé assez loin.

On estime qu'il est possible de considérer un dirigeant comme « comptable » du bénéfice à partir du moment où il est suffisamment en mesure d'influer sur les résultats. Une maîtrise totale sur l'ensemble des éléments qu'il supervise n'est pas nécessaire. De même, il n'est pas nécessaire qu'il ait une autorité hiérarchique sur l'ensemble des personnels qui contribuent au résultat.

Ces considérations sont importantes car, comme on le verra plus loin, elles ouvrent la porte au fait de considérer comme centres de profit des unités autres que les *business units*.

1.4.2. Les « vrais » centres de profit

Le responsable d'un vrai centre de profit a en théorie la possibilité de faire des **arbitrages** entre charges et revenus. Il a le droit, par exemple, d'engager des dépenses supplémentaires (comme recruter), s'il pense que, grâce à cela, il sera en mesure de dégager un bénéfice supplémentaire.

Le vrai centre de profit est donc le plus souvent une entité bien plus grande que les trois CRB précédents. Il va réunir un ou plusieurs centres de coûts calculés, un ou plusieurs centres de coûts discrétionnaires et peut-être un ou plusieurs centres de revenus. On reconnaît ce qui ressemble à une entreprise entière, une filiale, par exemple, ou encore une *business unit* avec compte de résultat distinct. Elle se distingue du reste de l'entreprise par la spécificité de ses produits, de ses clients ou de sa situation géographique.

Arbitrer entre revenus et charges signifie concrètement que le responsable décide de sa stratégie et en particulier de sa stratégie marketing, ce qui signifie notamment la définition des lignes de produits, de la politique de prix, du choix des segments clients, etc. Il est également responsable du choix des fournisseurs. Dans le cas d'un appel d'offres, par exemple, il peut préférer à une offre provenant d'une société du groupe, celle d'une société extérieure au groupe. On trouvera à la fin du chapitre les développements concernant les prix de transfert et la refacturation interne.

1.4.3. Les centres de profit « un peu moins vrais » et les faux centres de profit

La définition des « vrais » centres de profit ne pose pas de problème dans le cas de petites et moyennes entreprises. Dans le cas d'un groupe, cependant, il existe fréquemment des limitations à la délégation des responsabilités. La liberté de choix du dirigeant est souvent entravée au niveau du choix de ses fournisseurs (entre un fournisseur extérieur et un fournisseur du groupe) ou au niveau de la fixation de ses prix de vente dans le cadre de refacturation au groupe.

Ces limitations ne transforment cependant pas la nature de centre de profit des entités en question. Le responsable du centre de profit reste encore parfaitement responsable de l'essentiel de l'activité de son entité, à l'intérieur de règles du jeu qu'il comprend parfaitement bien.

Ce n'est que lorsque le responsable de l'entité ne possède aucune maîtrise sur l'essentiel de son activité que l'on peut parler de « faux » centre de profit. Plutôt que du tout ou rien, les situations se répartissent en fait tout au long d'un continuum.

On peut citer le cas particulier des **services et départements du siège** d'une grande entreprise amenés à refacturer leurs services à d'autres entités du groupe (départements informatiques, services de reprographie, flottes de véhicules, services généraux, etc.)

Le **principe de la refacturation interne** n'est pas critiquable en soi. Il a le plus souvent pour objectif de responsabiliser les départements refacturés sur la quantité de ressources qu'ils utilisent, et donc de les rendre plus économes.

La difficulté va plutôt porter sur l'évaluation du responsable d'un « faux » centre de profit. Il va être difficile de l'évaluer d'après les mêmes critères que les vrais centres de profit. Le plus souvent, il ne sera pas réellement responsable du volume d'activité. Cela peut être un « centre de profit » à profit nul. La méthode de refacturation sera souvent établie à l'avance, sur une base budgétaire, le principe recherché étant la refacturations à 100 % des coûts de fonctionnement de l'entité en question.

C'est donc au niveau des **tableaux de bord** des faux centres de profit que l'on trouvera les indicateurs permettant d'évaluer réellement la qualité de leur gestion.

1.4.4. Autres centres de profit

Il est possible, dans certains cas, de traiter sous la forme d'un centre de profit des unités de gestion auxquelles on ne s'attendrait pas, comme des usines ou des départements en charge des ventes. Ce type de situation correspond à des **cas où l'on pense que les *managers* en charge sont les mieux placés dans l'entreprise pour opérer des arbitrages délicats entre revenus et charges**. Comme mentionné plus haut, on estime qu'il est possible de considérer un dirigeant comme « comptable du profit » dès le moment où il est suffisamment en mesure d'influer sur les résultats. Dans de nombreuses situations, aucune solution parfaite n'existe en matière de système de contrôle de gestion. Dans de tels cas, le centre de profit peut être la moins mauvaise des solutions.

On utilisera dans de tels cas la technique des prix de cession internes :

- pour une usine, on lui reconnaîtra un revenu à partir d'un « standard » pour le prix de cession des produits fabriqués et transférés vers les unités de vente ;
- pour un département des ventes, on lui facturera le coût des produits par le biais d'un coût standard.

Dans ces deux cas, l'utilisation de standards a pour objectif d'éviter de transférer des performances non conformes au budget (en fait inférieures).

1.4.5. Les raisons du succès du concept de centre de profit

Si le concept de centre de profit a autant de succès, c'est d'abord qu'il permet de bien formaliser les principes de délégation des responsabilités. Il met le responsable en situation de se considérer comme le **dirigeant d'une petite entreprise**. Cela va le conduire à considérer son entité comme si elle était sa propriété et donc l'encourager à prendre des initiatives visant à en améliorer la rentabilité, comme les actionnaires aimeraient qu'il se conduise ! Le mode d'évaluation, notamment une rémunération variable reliée au niveau de bénéfice réalisé, ne pourra que renforcer cette tendance.

Il faut cependant que ce dirigeant dispose des bonnes informations lui permettant d'opérer des choix pertinents. Il faut aussi qu'il soit possible de juger *a posteriori* que les choix opérés l'ont été à bon escient.

La méthode d'évaluation influe sur les comportements, ce qui est une constante dans la manière dont le contrôle de gestion envisage le *management*.

Une autre raison du succès du centre de profit est le fait que le bénéfice d'une unité est une bonne mesure à la fois de son efficacité et de son efficience : l'efficience parce que le bénéfice reconnaît la rentabilité ; l'efficacité parce qu'une unité de gestion capable d'être profitable sur une longue période ne peut pas avoir été inefficace vis-à-vis de ses clients ! L'amélioration des performances y est donc encouragée.

On estime également qu'établir une unité en centre de profit permet de rapprocher la prise de décision du terrain, c'est-à-dire de l'endroit le plus à même d'évaluer la qualité de la décision, et de la prendre rapidement. De même, ces CRB sont réputés permettre de bien former les futurs dirigeants du groupe.

Enfin, d'un point de vue financier, le bénéfice du groupe sera la somme des bénéfices des unités.

1.4.6. Aspects budgétaires : préparation du budget (planification)

La première particularité du budget d'un « vrai » centre de profit, c'est qu'il correspond à un compte de résultat entier. La dernière ligne, « *the bottom line* » comme disent les Anglo-Saxons, constitue l'objectif à maximiser. La logique du compte de résultat est un incitateur extrêmement puissant, propre à faire comprendre au dirigeant et à l'ensemble de ses équipes les différents moyens à leur disposition pour atteindre l'objectif. Cela renforce la cohérence dans l'élaboration du budget.

On s'intéressera à la définition des règles concernant la rémunération variable du dirigeant en relation avec les niveaux d'objectifs choisis. Le plus souvent il s'agira d'un niveau de bénéfice à atteindre, un dépassement donnant lieu à une rémunération plus importante, un bénéfice plus faible donnant lieu à une rémunération inférieure, voire nulle en dessous d'une certaine limite. Il est fréquent de marier des objectifs de bénéfice avec des objectifs de vente.

On trouvera dans le chapitre 6 consacré à la procédure budgétaire une description de la manière dont s'élabore un budget dans un centre de profit.

La préparation du budget d'un faux centre de profit se rapprochera de la manière dont se prépare le budget des centres de coûts discrétionnaires.

1.4.7. Aspects budgétaires : suivi du budget (contrôle)

La particularité du suivi du budget d'un centre de profit, c'est la possibilité d'arbitrage ouverte au responsable pour continuer à tenter d'atteindre l'objectif initial, quand bien même les circonstances ne correspondraient pas à ce qui était prévu. Quels sont les paramètres ayant des conséquences sur les revenus et les charges ? Quelles sont les dépenses qu'il est possible de couper sans trop nuire à la santé de l'entreprise ? Comment arbitrer entre l'intérêt du court terme par rapport au long terme ?

Si les dirigeants pensent qu'il serait injuste de continuer à viser l'objectif initial ou si les moyens d'agir sont préjudiciables à la bonne santé de l'entreprise, il est parfois possible, dans certaines entreprises, d'accorder au responsable une « remise » par rapport à l'objectif initial.

1.4.8. Aspects tableau de bord

Les tableaux de bord des centres de profit sont aussi divers que le nombre des cas de figure. Cependant, l'atteinte du bénéfice budgété sera un critère majeur pour les « vrais » centres de profit. C'est dans le cas des « faux » centres de profit que ce critère ne sera pas réellement pertinent et qu'il conviendra de réfléchir sur les indicateurs de performance les plus en phase avec ce qui constitue la mission de l'unité.

En pratique

Cas de concurrence entre filiale du groupe et l'extérieur

Les différentes unités d'un groupe de sociétés travaillent toutes dans un univers industriel et sont évaluées en tant que centres de profit. On imagine que les dirigeants ont une rémunération variable liée au bénéfice. Ce mode de *management* récent a eu des effets bénéfiques sur la profitabilité du groupe. Les échanges entre filiales se font de gré à gré, c'est-à-dire comme si les filiales étaient étrangères l'une à l'autre. Elles ne représentent qu'un pourcentage limité des ventes totales du groupe.

Un directeur d'unité vient se plaindre au siège. Il cite un récent appel d'offres dont il est à l'origine, concernant un produit à réaliser à façon, et pour lequel une autre société du groupe s'est révélée bien plus chère qu'un concurrent externe au groupe. Il aimerait que le siège fasse pression sur cette autre filiale pour qu'elle se rapproche du « prix du marché », sinon il sera contraint d'acheter à l'extérieur. En examinant les chiffres au niveau consolidé, on s'aperçoit que le fait d'acheter en interne entraînerait une économie de coûts pour le groupe. Le dirigeant du siège s'interroge donc sur l'opportunité d'intervenir dans cette transaction qui devrait en principe se faire de gré à gré.

Ce cas concerne le problème des refacturations de filiale à filiale et leur impact sur la profitabilité du groupe. Il concerne également les principes de *management* et de permanence des « règles du jeu » une fois qu'elles ont été établies.

En fait, les questions qui se posent sont nombreuses et plus complexes qu'il ne semblait au départ.

Le dirigeant qui vient se plaindre a-t-il vraiment l'intention d'acheter à l'extérieur si l'autre refuse de s'aligner sur le moins-disant ? Ou bien se pourrait-il que la différence de qualité entre les deux produits le conduise à acheter quand même à la filiale, quitte à payer plus cher ? Serait-il simplement en train d'essayer, de manière « politique », d'obtenir le meilleur des deux mondes, la qualité et le prix inférieur ? Existe-t-il simplement un prix « de marché », dans la mesure où il s'agit d'un produit industriel réalisé à façon ? Le prix du concurrent externe ne serait-il pas un effort d'ordre exceptionnel pour entrer en relation commerciale, auquel cas il ne serait pas représentatif de la valeur réelle du produit ?

Si le siège commence à s'en mêler, quel prix de cession devrait-il recommander ? Le plus bas ou bien un moyen terme entre les deux ?

Toutes ces questions remettent en fait en question toute la politique de décentralisation des responsabilités, sous prétexte d'un avantage financier à court terme. Accepter de se mêler de cette affaire signifierait pour le siège une remise en question de cette politique. Or, elle semble avoir apporté une amélioration par rapport à une situation antérieure dont on suppose qu'elle reposait sur une plus forte implication du siège dans les décisions au jour le jour.

La question semble être, en définitive, qu'on ne peut pas avoir tous les avantages, l'économie de dépenses d'une part et la délégation des responsabilités.

Le fait de dire au dirigeant qui a soulevé l'affaire : « C'est à vous de choisir », soit de payer plus cher (mais peut-être avec une meilleure qualité ?), soit d'acheter à l'extérieur, aurait le mérite de le renvoyer à sa responsabilité de dirigeant qui doit peser le pour et le contre en matière de choix de fournisseurs et de coûts.

De même, il faudra faire comprendre à l'autre dirigeant qu'il risque de manquer une vente, et donc une marge. Le manque à gagner au niveau du groupe est peut-être le prix à payer pour continuer à faire fonctionner des principes de délégation qui ont leur mérite. C'est également un exemple où les **principes de la comptabilité analytique** (le moindre coût) s'opposent à ceux du **contrôle de gestion** (avoir un système de gestion qui génère globalement les bonnes décisions chez les managers évalués).

Cas 1 de l'usine en tant que centre de profit

Des usines d'un groupe fabriquent des produits de consommation courante en grande série, vendus exclusivement à un petit nombre de clients industriels qui constituent un oligopole dans leur propre secteur industriel. Compte tenu de la puissance de ces clients, la pression sur les prix est importante, la marge unitaire est faible et les usines du groupe ne peuvent espérer atteindre un bénéfice que grâce à de forts volumes de production, en faisant fonctionner les usines à un niveau proche de la capacité de production maximale.

Les usines sont considérées comme des centres de profit, ce qui signifie qu'en cas de chiffre d'affaires inférieur au budget, le responsable de l'usine doit trouver les moyens d'atteindre quand même le bénéfice projeté. Dans la mesure où le responsable de l'usine ne maîtrise pas directement le volume des ventes, cela peut sembler injuste.

La force de vente régionale ne dépend pas hiérarchiquement du directeur de l'usine locale. Elle est évaluée sous la forme d'un centre de revenus.

Les clients attachent de l'importance à des facteurs tels que la livraison dans les délais ou la possibilité de modifier les quantités à livrer pour prendre en compte les évolutions de leurs propres besoins liés à des phénomènes climatiques.

On s'interroge bien entendu sur la raison du traitement des usines comme des centres de profit.

Ce n'est qu'en prêtant attention à la **situation stratégique** de l'entreprise, aux difficultés objectives qu'elle rencontre pour dégager un bénéfice, que l'on peut commencer à comprendre la raison de ce choix. La plupart des **facteurs clefs de succès** dans cette entreprise appartiennent à la sphère d'influence des directeurs d'usine. Ce sont eux qui sont les mieux placés, par exemple, pour stopper une production malgré la chute de productivité que cela va entraîner, afin de lancer la production d'un autre produit dont un client a le besoin urgent. De par leur bonne connaissance de l'outil de production, ils sont les mieux placés pour opérer des arbitrages entre des considérations contradictoires, et donc pour maîtriser indirectement le bénéfice.

Les usines étaient auparavant traitées comme des centres de coûts mais cela générait davantage de conflits avec les vendeurs.

Ce cas démontre qu'il existe de nombreuses situations où il n'est **pas possible de plaquer sur la réalité les modèles habituels**. Il montre également qu'avoir une forte influence sur les résultats financiers de l'entreprise suffit pour définir un centre de profit, une maîtrise totale de l'ensemble des paramètres n'étant pas absolument nécessaire. Il démontre enfin qu'il est souvent **nécessaire** de passer par une **analyse stratégique** de la situation de l'entreprise avant de définir la manière dont les unités de gestion seront évaluées en centres de responsabilité.

Cas 2 de l'usine en tant que centre de profit

Un groupe vend des produits de consommation courante par l'intermédiaire d'une force de vente. Une très grande partie des coûts de production est représentée par le coût de la matière première qui a tendance à fluctuer énormément sur les marchés mondiaux. Les responsables d'usine se plaignent d'être considérés comme des **centres de profit**. Ils mettent notamment l'accent sur leur absence de contrôle sur le coût des matières premières d'une part, mais également sur le niveau des ventes d'autre part.

Ce cas est à mettre en opposition avec le cas précédent, qui présentait également des usines en centres de profit. Ici, il est possible de trouver une solution plus satisfaisante.

Les directeurs d'usine n'ont aucune influence directe ou indirecte sur les ventes. On leur demande essentiellement de fabriquer au moindre coût, tout en respectant les niveaux de qualité requis.

La difficulté liée à la fluctuation du coût de la matière première, qui représente un fort pourcentage du coût de revient total, peut parfaitement être réglée par un ajustement du système de contrôle de gestion.

Il faut commencer par définir ce que l'on attend réellement des directeurs d'usine. Il ne s'agit pas de *fabriquer* au moindre coût, mais de *transformer* la matière première au moindre coût. Dans un tel cas, il est possible de définir un coût standard limité au coût de la transformation, et excluant donc le coût de la matière première. Il serait également possible d'intégrer le coût de la matière première, mais alors en utilisant un standard pour l'année. On pourra alors évaluer les directeurs d'usine comme des responsables de centre de coût productif.

1.5. Le centre d'investissement

Le centre d'investissement est similaire au centre de profit. Dans beaucoup d'entreprises, on utilise le même terme de centre de profit pour parler d'unités qui sont en fait évaluées comme des centres d'investissement.

Quelle est donc la différence entre les deux ? Est-ce que c'est parce que dans le second on fait des investissements ? Même pas ! On fait des investissements dans les deux unités.

Ce qui change, c'est **le mode d'évaluation du dirigeant** : le dirigeant d'un centre de profit est évalué à partir de la dernière ligne du compte de résultat, le bénéfice (ou une marge située en amont) ; le dirigeant d'un centre d'investissement est évalué à partir d'un ratio du type bénéfice/actifs, c'est-à-dire en comparant un chiffre provenant du compte de résultat avec un chiffre provenant du bilan.

Ce ratio bénéfice/actifs possède un nom extrêmement célèbre, puisqu'il s'appelle ***return on investment*** (ROI). Ce concept a été créé par les premières grandes entreprises divisionnalisées au début du XXe siècle, aux États-Unis (voir le chapitre 7).

Cependant, pour les créateurs de ce concept, la totalité des actifs représente l'ensemble de l'investissement du siège dans la division, le siège devant trouver son financement et devant vérifier que la rentabilité des actifs est satisfaisante.

Un autre mode d'évaluation, l'EVA **(economic value added)**, est en fait très similaire au ROI en termes de conséquences. Ces deux concepts sont examinés dans le chapitre 7.

On va surtout s'intéresser ici à ce qui change au niveau du comportement des dirigeants dans les centres d'investissement par rapport aux centres de profit. Un mode d'évaluation différent induit en effet des comportements différents.

1.5.1. La modification du comportement en fonction du mode d'évaluation

Le dirigeant doit désormais tenir compte de la quantité d'actifs qu'il utilise afin de générer du chiffre d'affaires et aboutir finalement au bénéfice.

Prenons trois situations qui vont permettre de comprendre la modification de comportement entre un responsable de centre de profit et un responsable de centre d'investissement.

En pratique

Cas du responsable d'unité et de ses trois subordonnés

Un responsable de centre de profit voit venir son directeur de fabrication. Celui-ci lui demande d'arrêter la production de références toutes fabriquées sur une machine qui n'est utilisée que quelques jours par an. Le directeur de fabrication fait valoir qu'il n'est certainement pas rentable de garder cette machine occupant des mètres carrés, devant être maintenue en état alors qu'elle n'est utilisée qu'à un faible pourcentage de sa capacité de production.

Il pense possible d'inciter les quelques clients qui continuent à vouloir ces références de transférer leurs commandes sur d'autres références, quitte à le faire par des tarifs promotionnels.

Le responsable de centre de profit, encouragé par son mode de rémunération qui privilégie le bénéfice et donc sa source, le chiffre d'affaires, risque de s'opposer à une telle mesure s'il pense qu'il y a des chances que les clients concernés n'acceptent pas de transférer leurs commandes.

Un responsable de centre d'investissement, au contraire, sera incité à prendre ce risque, parce qu'il en comprendra mieux la logique économique et comprendra le bénéfice des impacts positifs d'une telle mesure. La **meilleure formation économique** des responsables de centres d'investissement est en effet un des avantages de ce système d'évaluation.

Le responsable des stocks aimerait voir disparaître un certain nombre de références qui ne tournent pas suffisamment rapidement, tout en l'obligeant à conserver des stocks minimaux, compte tenu de la nécessité de livrer rapidement toutes les références offertes par l'entreprise. Un responsable de centre de profit peut avoir tendance à refuser d'écouter son responsable des stocks parce qu'il va privilégier le risque de perte de chiffre d'affaires par rapport au gonflement des stocks dans son actif. Un responsable de centre d'investissement, au contraire, sera incité à évaluer l'un par rapport à l'autre et pourra plus facilement décider d'accepter une baisse de chiffre d'affaires et du bénéfice associé en comprenant les avantages économiques de la baisse des stocks à l'actif.

Le responsable du recouvrement préconise d'arrêter toute vente à crédit à destination de certains clients dont le délai de recouvrement est trop important. Un responsable de centre de profit le refusera probablement. Un responsable de centre d'investissement saura l'envisager et en calculer les avantages économiques.

Dans les trois situations ci-dessus, l'avantage de la réduction du montant des actifs peut très bien ne pas apparaître à un responsable de centre de profit : son mode d'évaluation de l'incite pas à le prendre en compte et il n'a pas la vertu pédagogique de lui faire comprendre les arbitrages économiques entre bilan et compte de résultats.

Des développements ci-dessus, on peut s'attendre à ce que la plupart des centres d'investissement soient des *business units* d'une certaine taille. On trouvera effectivement moins de diversité dans les centres d'investissement que dans les centres de profit. Pour envisager d'évaluer une entité sous la forme d'un centre d'investissement, il faut réellement distinguer les actifs de l'unité par rapport à ceux de l'ensemble de l'entreprise.

1.5.2. Aspects budgétaires et tableau de bord des centres d'investissement

Les commentaires concernant les centres de profit restent valables, avec la préoccupation supplémentaire concernant des actifs gérés ou que le dirigeant peut influencer.

Cas du département achats

Une entreprise qui achète une matière première dont le prix évolue de manière erratique sur les marchés a décidé de mettre en place une unité d'acheteurs spécialistes de cette matière première. Les acheteurs sont chargés d'acheter à terme, c'est-à-dire le plus souvent entre trois et neuf mois à l'avance, les quantités dont l'entreprise va avoir besoin pour ses usines. Dans un premier temps, l'unité a été considérée comme un centre de coûts discrétionnaires.

Dans un second temps, on a commencé à mieux définir la mission de l'unité. Ce que l'on attend d'elle, c'est que les coûts d'achat de la matière première soient inférieurs à ce qui aurait été obtenu en l'absence des acheteurs. Dans ce cas, l'entreprise aurait été obligée d'acheter la matière première au prix du marché, dont le meilleur indicateur est le prix au jour le jour.

Une première idée de système a consisté à imaginer un centre de profit. Le revenu pourrait être obtenu en calculant la différence entre le coût réel résultant des achats à terme par les acheteurs et le prix au jour le jour. Si le coût réel est inférieur, cette différence est un gain. Si le coût réel est supérieur, il s'agit d'une perte. On peut espérer qu'au niveau d'une année, les gains l'emporteront sur les pertes, ce qui permettra de couvrir les coûts de fonctionnement des acheteurs, avec bénéfice.

Dans un troisième temps, on s'est interrogé sur la quantité de matières premières que les acheteurs auraient pour mission d'acheter. Devrait-elle correspondre aux quantités nécessaires aux usines, ou bien pourrait-on imaginer revendre le surplus sur le marché ? Dans un tel cas, pour tenir compte de la fluctuation des cours, il faudrait permettre aux acheteurs de stocker un certain temps les produits en attendant de les revendre avec bénéfice.

La mission de l'équipe d'acheteurs serait dans un tel cas plus complexe. Elle comprendrait des décisions concernant la quantité de stocks à financer, en arbitrant entre coût de stockage et les gains attendus du fait de l'attente.

Ce type de situation correspond à un centre d'investissement, dans lequel il va falloir tenir compte, en plus des coûts de fonctionnement, d'une évaluation du coût de stockage. Il peut être estimé en multipliant la valeur du stock à la fin de chaque semaine par un taux d'intérêt représentant le coût de financement et du stockage.

1.6. Le centre de projet

Le centre de projet suit une logique totalement différente des cinq premiers centres.

La différence essentielle est en rapport avec le temps. Les cinq premiers centres de responsabilité s'inscrivaient dans la logique d'une année budgétaire. Un projet, en revanche, peut durer quelques semaines ou quelques mois, mais en général la date de fin du projet ne coïncide pas avec l'année budgétaire.

Un projet comporte une fin qui, lorsqu'elle est atteinte, entraîne la fin du projet et de l'organisation qui la portait. Il existe souvent deux organisations, celle de l'entreprise qui continue à vivre lorsque le projet sera terminé, et l'organisation temporaire du projet. Cela correspond fréquemment à une organisation matricielle. Deux systèmes de contrôle de gestion sont donc souvent amenés à coexister, le chef de projet prenant la responsabilité du respect des éléments essentiels du projet.

Il y a des projets de toutes sortes, certains s'assimilent à des centres de profit limités dans le temps, avec l'objectif d'atteindre le niveau de profit planifié. Il s'agit souvent de projets vendus soit à des clients extérieurs, soit à des clients internes à un groupe. D'autres projets s'assimilent davantage à des centres de coûts discrétionnaires. La vente du projet n'est alors pas un impératif : il s'agit surtout de rester dans le cadre du budget initialement planifié.

Dans tous les cas, les arbitrages auxquels le chef de projet devra procéder concerneront les trois dimensions de coût, délais et qualité.

1.6.1. Aspects budgétaires

Au niveau de la planification, il faut distinguer les projets répétitifs, pour lesquels il est possible d'utiliser des standards significatifs (pour les coûts et les temps élémentaires du projet, etc.), des projets innovants. Dans ce second cas, les premières estimations du projet seront nécessairement imprécises.

Les estimations de coûts se font en général à un niveau d'agrégation qui intègre plusieurs types de travaux. Il est en effet difficile d'être précis à un niveau trop fin. Au niveau du suivi, on fera des arbitrages entre les travaux qui ont coûté plus cher et ceux qui ont coûté moins cher que prévu.

On privilégie au niveau du suivi des coûts la perspective d'un « coût total une fois le projet terminé ».

Il est possible de respecter le budget d'un projet, mais en le dépassant pour une année calendaire. La responsabilité du chef de projet est le plus souvent définie au niveau du projet.

En pratique

Pour un projet entre octobre de l'année X et février X + 1, les coûts réels à fin décembre peuvent être supérieurs à ce qui avait été budgété, mais si les dépenses réelles de janvier et février sont telles que le coût du projet terminé respecte le budget total, le chef de projet ne devra pas être pénalisé pour la situation à fin décembre. Cependant, si l'entreprise gère en même temps plusieurs projets, les coûts réels à fin décembre de l'ensemble des projets en cours seront une préoccupation pour ses dirigeants.

Les projets qui s'apparentent à une recherche de bénéfice privilégieront cette dernière préoccupation par rapport au respect des délais et de la qualité. Des modifications du cahier des charges initial, acceptées par le client, pourront notamment être prises en compte en « profit » supplémentaire.

Les projets de style « coût discrétionnaire » s'attacheront davantage au respect des conditions initiales ou de la justification des dépassements.

1.6.2. Aspects tableau de bord

Le tableau de bord d'un projet met d'abord l'accent sur les problèmes qui peuvent empêcher le projet de se dérouler comme prévu. Il va distinguer les problèmes déjà rencontrés de ceux qui peuvent être prévus.

Les tableaux de bord du projet mettent l'accent sur le respect des délais et des coûts. Il y a toujours intérêt à suivre les modifications du cahier des charges qui définit les spécifications et dont les changements ont souvent des impacts importants en termes de coûts et délais.

En fait, une grande partie du contrôle d'un projet se fait au moyen de l'implication personnelle du chef de projet, toujours au four et au moulin, en privilégiant le côté informel du contrôle. L'idéal est que l'on puisse trouver une solution aux problèmes avant qu'ils n'apparaissent dans le tableau de bord.

2. LES PRIX DE TRANSFERT (OU DE CESSION INTERNE) ET LA REFACTURATION INTERNE

La question des prix de transfert aurait pu occuper une partie du chapitre sur la comptabilité analytique, si elle n'avait concerné que le calcul des prix de revient mais, en fait, cette question concerne davantage les principes de décentralisation des responsabilités dans l'objectif de maximiser les performances de chacun.

Dans le cas des prix de transfert, il s'agit d'inciter les dirigeants des centres de profit et d'investissement à optimiser les bénéfices ou la rentabilité des actifs. Dans le cas de la refacturation interne, il s'agit d'inciter les dirigeants des centres de responsabilité à adopter des comportements conformes avec une certaine efficacité économique.

2.1. Les prix de transfert

Nous n'aborderons sous cette dénomination que les transactions se produisant **entre plusieurs centres de profit** (ou d'investissement). L'objectif principal, en rapport avec le présent chapitre, est de susciter de la part des dirigeants le type de **comportement** qui sera conforme avec le type de **résultat** qu'on attend d'eux, tout en contribuant à l'évaluation de la performance.

Cet **objectif double** est à la source de toutes les difficultés potentielles, car il n'est pas toujours évident d'optimiser à la fois le résultat d'une *business unit* et celui du groupe. Les objectifs des différentes *business units* sont souvent contradictoires dans la mesure où le surplus de bénéfice de l'un peut coïncider avec un moindre bénéfice de l'autre. Qu'il y ait ou non une rémunération variable liée au bénéfice de la *business unit*, chaque dirigeant de centre de profit tendra vers la maximisation du bénéfice.

Les premières pratiques utilisant les prix de transfert afin d'évaluer la performance d'unités de gestion distinctes ont été réalisées au cours des années 1920 chez General Motors, sous la direction d'Alfred Sloan et de Donaldson Brown (le même Donaldson Brown à l'origine de la formule du ROI). Il est logique que de telles règles du jeu aient eu pour origine un groupe qui s'était bâti par l'acquisition d'entreprises indépendantes.

Les règles de conception et de fonctionnement d'un tel système d'information sont les suivantes :

* il doit fournir à chaque *business unit* les informations pertinentes lui permettant de réaliser les arbitrages nécessaires entre coûts et revenus ;
* il doit faciliter le calcul de la performance économique de chaque *business unit* ;
* il doit être suffisamment simple à comprendre et à gérer.

2.1.1. L'idéal : le prix du marché

> La situation de référence, c'est quand le prix de transfert se rapproche le plus du « prix du marché », c'est-à-dire en considérant les intervenants comme des clients et des fournisseurs ne faisant pas partie du même groupe.

Déjà, dans les années 1920, Alfred Sloan et Donaldson Brown évoquaient ce type de condition : « Sans la possibilité de préserver une réelle situation concurrentielle en ce qui concerne les prix, il n'existera aucune base sur laquelle évaluer la réelle performance des divisions. Aucune division ne doit être obligée d'acheter des produits d'une autre division du groupe. Dans leurs relations entre elles, elles doivent être encouragées à se comporter comme elles le feraient avec des unités extérieures au groupe. Les clients extérieurs qui achètent des produits d'une de nos divisions doivent être assurés qu'ils obtiennent des prix identiques à ceux facturés à nos propres divisions. Dans les situations où il n'existe pas un pourcentage suffisamment substantiel de ventes à l'extérieur du groupe, la division acheteuse doit se former une image de la situation concurrentielle, par exemple en achetant réellement à l'extérieur du groupe des quantités partielles afin de mieux comprendre la situation concurrentielle. »[1]

Un tel prix de marché idéal risque tout simplement de ne pas exister ou d'être très difficile à évaluer. Tout système devra donc s'efforcer de s'approcher de cet idéal, avec plus ou moins de bonheur. Les différents **critères**, correspondant à l'idéal, ne seront **que rarement respectés dans leur totalité**, mais ils constituent un **référentiel** auquel on pourra se raccrocher afin d'examiner les situations réelles.

Ces critères sont les suivants :

- les *managers* concernés doivent être à la fois compétents et rechercher la performance à court et à long terme de leurs unités ;
- ils doivent considérer le bénéfice et la rentabilité au niveau du compte de résultat comme étant un objectif important et reflétant leur réelle performance économique. Ils doivent également considérer les prix de transfert comme étant justes ;
- il doit exister un réel marché pour ce type de biens ou services, des prix de référence pouvant y être obtenus ;
- un certain degré de liberté doit être accordé aux *managers* sur le choix des fournisseurs et le fait de vendre à des clients extérieurs au groupe. Si les acheteurs ne sont pas satisfaits d'un prix offert en interne, ils doivent avoir la liberté d'acheter à l'extérieur. Un tel système marche mieux lorsque les vendeurs ont réellement le choix entre vendre à l'intérieur ou à l'extérieur du groupe. Le prix du marché devient alors le coût pertinent pour le groupe, car c'est le montant de liquidité qui est perdu du fait de vendre en interne ;
- les *managers* disposent de toutes les informations concernant les alternatives disponibles à propos des coûts et des revenus pertinents ;
- des dispositifs de négociation doivent exister afin de gérer les situations de conflits d'intérêts qui ne manqueront pas de se produire.

---

1. Donaldson Brown, « *Centralized Control with Decentralized Responsabilities* », *in Annual Convention Series* n° 57, American Management Association, New York, 1927, p. 8.

Les cas dans lesquels ces conditions idéales ne peuvent pas s'appliquer sont trop nombreux pour être tous évoqués. On peut citer les secteurs industriels à fort degré d'intégration comme les filières pétrochimiques, ceux dans lesquels il existe peu de capacités de productions indépendantes, les situations de monopole, les situations dans lesquelles une entreprise a fortement investi dans ses capacités de production et où l'achat à l'extérieur serait suicidaire, les situations dans lesquelles il n'existe réellement aucun « prix du marché » parce que le produit n'est pas suffisamment standard, etc.

Les théoriciens des prix de transfert prétendent qu'en l'absence d'un prix de marché, il convient d'en établir une approximation, par exemple en se référant à des « argus », en demandant des devis, en se référant à des transactions ayant réellement lieu sur d'autres produits vendus par la même unité de gestion tout en répliquant le taux de marge bénéficiaire etc. Mais même un tel calcul peut parfois être difficile à mettre en œuvre. Dans de tels cas, nos théoriciens acceptent la mise en place de prix de vente fondés sur les coûts.

2.1.2. Les prix « fondés sur les coûts »

Ce que l'on cherche à faire, dans un tel cas, c'est retrouver l'idéal du prix du marché en rajoutant à un coût une composante de profit. Une telle approche peut rapidement devenir complexe, au niveau aussi bien du calcul du coût que du profit.

En ce qui concerne les coûts, tous les théoriciens s'accordent à ce qu'ils doivent être des **coûts standards,** le vendeur s'engageant à fabriquer à un coût plafond, tout dépassement ne pouvant pas être refacturé à l'acheteur. Le vendeur est ainsi incité à contrôler ses coûts, un dépassement étant l'analogue d'une perte, une diminution du coût étant l'analogue d'un gain.

En ce qui concerne l'élément de profit, les systèmes les plus simples consistent à **ajouter un pourcentage des coûts**. Il serait conceptuellement préférable, mais cela présente des difficultés pratiques, d'intégrer un niveau de profit permettant d'atteindre la **rentabilité des actifs de référence** dans ce secteur industriel.

Il semble que la méthode la plus répandue pour calculer les prix de transfert soit la méthode des **coûts complets** utilisant les coûts standards de la comptabilité analytique. Le principal inconvénient est que les coûts fixes annuels relatifs à la capacité de production sont divisés par le nombre d'unités à fabriquer pour calculer la part fixe du coût de revient unitaire. Il s'agit davantage d'un système de récupération des coûts prévus que d'un système s'intéressant au comportement des coûts.

Les prix de transfert constituent un élément important dans la prise de décision au sein des groupes. Comme ils affectent le montant du bénéfice des centres de profit, ils peuvent avoir des conséquences dysfonctionnelles.

2.1.3. Risques de dysfonction dans les grands groupes

Il existe toujours le risque que le centre de profit en « aval », qui assure la distribution du produit, ne soit pas conscient de la composante de bénéfices pour le groupe qui est incluse dans le produit. Dans le cas d'une négociation, il pourrait avoir tendance à refuser de baisser son prix pour défendre sa rentabilité propre, risquant ainsi que la vente ne se fasse pas. Il mettrait alors en danger la rentabilité du groupe.

La prise en compte de ce risque et son traitement a donné lieu à un grand nombre de solutions dont les aspects pratiques s'opposent parfois à la justesse théorique.

2.1.3.1. L'accord sur la répartition des profits

Le système le plus simple, mais qui ne peut fonctionner qu'avec un nombre limité d'intervenants et de transactions, consiste à mettre en place un organisme *ad hoc* réunissant périodiquement les différents centres pour se mettre d'accord sur la répartition des profits et l'établissement du prix de vente final.

2.1.3.2. Le « *two-step pricing* »

La seconde méthode, appelée par les Anglo-Saxons « *two-step pricing* », consiste à découper le prix de transfert en deux composants : une partie coût variable standard unitaire et une partie coût fixe pour la période. Une composante de profit pourra être incluse dans chacune ou dans une seule de ces parties. Une telle méthode permet à l'unité acheteuse d'être plus consciente de la composition des coûts au sein du groupe et donc d'être plus à même de faire les bons arbitrages en négociant avec ses propres clients prix de vente et quantités.

En l'occurrence, la méthode fera payer à l'unité acheteuse une pénalité (le coût fixe par période) pour les périodes au cours desquelles une quantité de produits insuffisante aura été vendue. Cette pénalité représente le coût de la capacité de production mise à la disposition de l'unité acheteuse. Cette méthode bénéficiera cependant à l'unité acheteuse lorsqu'elle augmentera les quantités vendues, son coût de revient marginal devenant le coût variable standard de l'unité productrice. Elle bénéficiera alors de l'effet « vendre au-delà du point mort ».

L'avantage pour l'unité productrice est que son niveau de profit ne sera pas affecté par des décisions prises au niveau de l'unité qui assure la distribution. Il convient dans ce cas que le coût fixe périodique inclue une partie de bénéfice.

Un second avantage pour l'unité productrice, qui peut devenir un inconvénient au niveau des règles du jeu du groupe, est que si elle a le choix entre vendre au sein du groupe à un coût variable ou vendre à l'extérieur à un véritable prix de vente, elle préférera le deuxième. Si la capacité de production est limitée, il conviendra alors, afin de rétablir un équilibre entre unité productrice et acheteuse, d'accorder une option de premier choix à l'unité acheteuse, en tout cas sur les capacités de production pour lesquelles elle paie un coût fixe périodique.

Le montant du coût fixe par période devra être renégocié périodiquement afin de tenir compte de la capacité de production réservée par l'unité acheteuse.

Concernant l'exactitude des éléments de coûts, parfois objet de discussions passionnées, il faut noter que c'est moins l'exactitude elle-même qui est recherchée que l'incitation à prendre de bonnes décisions, notamment celles relatives à la capacité de production réservée. Des calculs approximatifs sont donc tout à fait acceptables.

> Le *two-step pricing* ne se situe pas dans une logique de comptabilité analytique, mais dans une logique d'aide à la décision.

2.1.3.3. La répartition de la contribution entre unités

La troisième méthode consiste à transférer les biens à un coût variable standard, et après que le produit a été vendu, à organiser le partage du bénéfice entre les deux unités en calculant la contribution pour le groupe comme étant la différence entre le prix de vente à l'extérieur et la somme des coûts variables des différentes unités internes au groupe.

Une telle répartition arbitraire de la contribution entre unités présente l'inconvénient de ne pas reconnaître le degré de profitabilité de chacune des unités dans la manière de générer de l'activité. Elle peut donner lieu à des disputes entre unités avec l'obligation pour le siège d'intervenir, ce qui est coûteux en argent et en temps. Mais l'inconvénient le plus redoutable est que de telles situations sont en contradiction avec les objectifs mêmes de la création des centres de profit, à savoir la décentralisation et l'incitation à l'autonomie des unités. Un inconvénient supplémentaire concerne le différentiel de temps pour l'unité productrice qui ne peut connaître son bénéfice qu'après que le produit a été vendu par l'unité acheteuse.

2.1.3.4. Éviter les conflits

La dernière méthode n'en est pas une ! Il s'agit davantage d'une manière d'éviter les conflits. L'unité productrice est réputée vendre au prix de vente final alors que l'unité acheteuse achète au coût standard. La différence comptable est refacturée ensuite au siège.

Dans cette situation, la somme des profits des différentes *business units* est supérieure au profit réalisé par le groupe. Cela donne l'illusion d'une profitabilité plus importante qu'elle ne l'est réellement. Cela peut également inciter les *business units* à se focaliser davantage sur les ventes en interne lorsque la marge y est suffisante au détriment des ventes vers les clients externes. La complexité de la comptabilité s'accroît et l'absence de conflit, à l'origine d'une telle manière de faire, peut parfaitement conduire à ne pas voir des signaux provenant du marché sur la nécessité d'un changement, quel qu'il soit.

2.1.4 .La gestion des prix de transfert

Les développements ci-dessus impliquent une certaine liberté dans la capacité des dirigeants à négocier les uns avec les autres au sein du groupe. Cette liberté résulte d'une volonté d'accroître l'autonomie des *managers* de *business units* qui deviennent des équivalents des dirigeants de petites entreprises autonomes. Cela reflète une certaine idéologie du *management* contemporain. Nous avons cependant évoqué le fait que certains de ces centres de profit n'en sont pas de « vrais ». L'autonomie totale n'est jamais réalisée au sein d'un groupe, ne serait-ce que parce que la stratégie d'une *business unit* doit être périodiquement « vendue » aux dirigeants du siège. De même, certaines politiques (relations humaines, communication, finance, etc.) peuvent être décidées au niveau du siège.

Il en est de même pour les politiques concernant les transactions entre unités du groupe. Le siège peut parfaitement être amené à **définir des catégories de produits sur lesquelles une totale liberté de choix du fournisseur n'est pas acceptée**. Pour l'acquisition de tels produits à l'extérieur du groupe, une autorisation devra être obtenue du siège.

La plupart du temps, les différentes *business units* seront encouragées à négocier entre elles les prix de transfert. Toute gestion par le siège des prix de transfert vient en contradiction avec la volonté d'accroître l'autonomie. Le cas

« concurrence entre filiale du groupe et l'extérieur » ci-dessus présente une situation où la maximisation du bénéfice pour le groupe vient en contradiction avec l'objectif d'autonomie. En cas d'interférence par le siège, les dirigeants de *business units* pourront toujours prétexter ne pas avoir été totalement responsable d'une moindre performance.

Cependant, quelle que soit la qualité des principes, il existera toujours des cas où un **arbitrage de la part du siège** sera nécessaire. Une telle procédure doit être mise en place avec un degré de formalisme plus ou moins fort. Cela peut aller de la définition d'un dirigeant du siège qui aura à gérer ce type de situation de façon plutôt informelle, à l'établissement d'un comité composé de dirigeants du siège et des *business units,* avec des règles précises quant à la manière de les faire intervenir.

2.2. La refacturation interne des organes du siège

Les systèmes de refacturation interne peuvent conduire à des « usines à gaz », il faut en être conscient. Un tel système doit donc viser à ce que ses avantages dépassent les inconvénients. Le premier point dont il faut toujours s'assurer, c'est **l'objectif recherché**.

Lorsque l'objectif recherché est clairement l'incitation à des comportements économiquement sains, on peut commencer à être rassuré ! Encore faut-il que le niveau de complexité ne s'y oppose pas. On recherchera toujours des **mécanismes de calcul** qui seront **les plus simples possibles**. Il faut que les dirigeants des *business units,* s'ils ne peuvent pas réellement faire un choix en tant que client, puissent au moins comprendre aisément les règles et méthodes utilisées.

La refacturation des coûts de fonctionnement d'un siège n'entre pas réellement dans le cadre d'un objectif d'inciter à des comportements économiquement sains. Il s'agit davantage de faire prendre conscience aux dirigeants d'unités que leur compte de résultats ne rendrait pas réellement compte de leur profitabilité réelle si l'on n'incluait pas des coûts du siège. Si l'unité était une petite entreprise autonome, ces coûts apparaîtraient sous une autre forme. Cela concerne les coûts de la finance, du juridique, de la comptabilité, des relations publiques et de façon générale de tous les services centraux d'un siège qu'il ne viendrait pas à l'idée des *business units* d'acheter.

La refacturation des coûts du siège est davantage une allocation de coûts au sens de la comptabilité analytique, par l'utilisation de clefs arbitraires, qu'une refacturation de biens ou de services.

À l'autre extrémité, il existe des situations où les *business units* peuvent vraiment choisir d'utiliser ou non les services d'organes centraux tels que l'informatique, la maintenance et plus généralement ceux de tous les prestataires internes de services qui peuvent être mis en concurrence avec l'extérieur. Ce type de situation est similaire aux prix de transfert étudiés plus haut. Il s'agit en fait de véritables centres de profit et, plutôt que de refacturation interne, on peut parler de prix de transfert.

La situation intermédiaire est plus délicate, c'est-à-dire les cas où les *business units* sont **obligées** d'utiliser les services du siège pour lesquels il existe cependant une alternative extérieure. Il va s'agir le plus souvent de la refacturation de centres de coûts discrétionnaires. Il est alors difficile de fixer le prix de transfert. Le côté obligatoire a une tendance naturelle à rendre odieuse n'importe quelle refacturation aux centres de profit.

La théorie propose trois niveaux possibles pour établir les prix de transfert :

- d'abord le coût variable standard, afin de susciter l'utilisation de ces services sans pousser à leur gaspillage. Cela peut être le cas lors de l'introduction d'un nouveau service au niveau du siège ;
- ensuite le coût complet standard, qui représente le coût à long terme de ce type de service avec l'intention d'en faire prendre conscience par les utilisateurs ;
- enfin l'équivalent d'un prix du marché, qui peut être approché par le coût complet standard auquel on ajoute une marge bénéficiaire. L'idée est de faire prendre conscience par les utilisateurs que c'est le montant qu'ils auraient à payer s'ils avaient à organiser par eux-mêmes ce type de service.

2.3. La refacturation à l'intérieur d'un centre de profit

La théorie des prix de transfert s'intéresse particulièrement aux transactions entre centres de profit. Il existe cependant de nombreux cas où la refacturation à l'intérieur même d'un centre de profit entre différents CRB peut aider à susciter des comportements plus valables économiquement. Les situations les plus communes concernent la refacturation de centres de coûts discrétionnaires.

En pratique

Service véhicules

Un contrôleur de gestion trouvait surprenante la tendance à la croissance du parc de véhicules de son entreprise. Ces véhicules étaient mis à la disposition de ceux qui en avaient besoin. Bien évidemment, la première question a été de se demander si ces utilisations étaient refacturées aux services qui en bénéficiaient. Ce n'était pas le cas.

La mise en place d'une telle refacturation peut être préconisée, sur une base forfaitaire, par exemple un coût fixe par demi-journée. Entrer dans une logique de comptabilité analytique (nombre de kilomètres parcourus, nombre exact d'heures d'utilisation du véhicule) entraîne des complications telles qu'elles génèrent des usines à gaz. L'objectif est de rendre davantage conscients les utilisateurs des coûts dont ils sont à l'origine, avec l'idée que « ce qui est gratuit n'a pas de valeur ».

Services généraux

Des gestionnaires de services généraux se plaignent, à juste titre, de ne pas pouvoir prévoir des éléments de leur budget, car ils ne maîtrisent pas les décisions à leur origine. Le principe de la refacturation au demandeur, par exemple des déplacements de cloisons dans des bureaux, du renouvellement de la moquette ou du mobilier demandés par les services dépensiers, est susceptible de responsabiliser ces derniers sur les dépenses dont ils seront à l'origine. Ils devront se préoccuper de les prévoir et de les intégrer dans leur propre budget, en demandant le cas échéant aux services généraux de l'aide dans la gestion des fournisseurs et dans l'évaluation des frais envisagés, tout en les dédouanant quant à leur budgétisation.

Surface de bureaux

Une entreprise qui produit des projets avait organisé en centre de profit chacune de ses équipes qui vendaient à des clients différents. Le résultat était cependant calculé au niveau de la marge brute, c'est-à-dire la différence entre le chiffre d'affaires et les coûts directs pas projet. L'entreprise avait des bureaux parisiens qu'elle payait fort cher et que se disputaient en permanence les responsables des différentes équipes trouvant toutes qu'elles ne disposaient pas de suffisamment d'espace.

Il a été préconisé de répartir les coûts d'utilisation de l'espace, c'est-à-dire les coûts des loyers, des charges, des assurances, etc., au prorata des mètres carrés utilisés par chacune des équipes, afin de les rendre davantage conscientes de leur profitabilité nette, mais surtout afin de rendre plus rationnelle l'allocation des mètres carrés. Ici encore, il ne s'est pas agi de raisonner en comptable recherchant l'exactitude, mais de faire un calcul dit « à la louche ».

SYNTHÈSE

Afin d'obtenir les résultats qu'ils attendent, les dirigeants doivent définir la manière dont les responsables des unités de gestion seront évalués. Le mode d'évaluation entraîne en effet des conséquences sur le mode de comportement.
- Le responsable d'un centre de coût calculé est chargé de produire les quantités nécessaires avec la qualité requise, en respectant des standards ;
- le responsable d'un centre de coûts discrétionnaires doit respecter les limites de son budget, mais ce dernier ne constitue pas un bon critère d'évaluation, d'où la nécessité d'un tableau de bord adapté ;
- le responsable d'un centre de revenus doit maximiser ses ventes en respectant certaines conditions ;

- le responsable d'un centre de profit possède en théorie une grande liberté d'action qu'il doit justifier par l'atteinte de la marge sur laquelle il s'est engagé. Cette liberté peut cependant connaître des limitations d'autant plus grandes que le centre de profit se rapproche de la catégorie des « faux » centres de profit ;
- le responsable d'un centre d'investissement possède une liberté d'action encore plus grande que le précédent, mais il doit tenir compte de la quantité de ressources économiques qu'il emploie, ces dernières étant représentées par le volume d'actifs au bilan ;
- le responsable d'un centre de projet suit une logique différente des précédents, le projet étant destiné à s'achever, et son objectif est d'arbitrer entre coûts, délais et qualité.

Les prix de transfert et la refacturation interne sont des moyens d'inciter les *managers* et dirigeants à optimiser les résultats, et plus généralement à adopter des comportements économiquement valables.

TEST DE CONNAISSANCES

Q1 – Une usine peut être...

1 – un centre de coût calculé.
2 – un centre de profit.
3 – un centre de coûts discrétionnaires.
4 – un centre d'investissement.

Q2 – Le responsable d'un centre de coûts discrétionnaires se contrôle...

1 – avec le budget.
2 – avec un tableau de bord.
3 – de manière informelle.
4 – au moment de l'élaboration du budget lui-même.

Q3 – On contrôle un centre de coût productif...

1 – avec le volume à produire.
2 – avec le respect des standards.
3 – avec le respect de la qualité.
4 – avec le strict respect de son budget initial.

Q4 – Le responsable d'un centre de revenus peut...

1 – vendre plus que prévu.
2 – baisser ses prix de vente pour vendre plus.
3 – recruter des vendeurs supplémentaires.
4 – dépenser moins que prévu.

Q5 – Un centre de profit...

1 – peut rassembler en un tout des centres de revenus, de coût calculé, de revenus.
2 – doit dégager une marge, c'est-à-dire la différence entre revenus et charges.
3 – est nécessairement une *business unit*.
4 – est nécessairement une filiale.

Q6 – Dans un centre de profit...

1 – il peut y avoir des refacturations internes.
2 – on doit nécessairement faire un bénéfice.
3 – le responsable doit pouvoir maîtriser l'ensemble des éléments permettant de dégager le bénéfice.
4 – on peut arbitrer entre charges et revenus.

Q7 – Les centres de responsabilité préférés des dirigeants et contrôleurs (par ordre décroissant)...

1 – centre de coût productif.
2 – centre de profit.
3 – centre d'investissement.
4 – centre de coûts discrétionnaires.

.../...

Q8 – Les centres d'investissement...

1 – sont souvent aussi appelés faussement centres de profit.

2 – font des investissements, d'où leur nom.

3 – doivent prêter attention à ne pas investir plus que prévu.

4 – ont le droit de dépenser plus que prévu.

Q9 – Un centre de projet...

1 – ne peut pas faire de profit.

2 – respecte un budget calendaire, comme les autres centres de responsabilité.

3 – est dirigé par un chef de projet.

4 – se contrôle également de manière informelle par le chef de projet.

Q10 – Le centre de responsabilité qui se conforme le plus aux attentes des actionnaires, c'est...

1 – le centre de profit.

2 – le centre de coût calculé.

3 – le centre de revenus.

4 – le centre d'investissement.

Réponses du test :

   Q1 : 1, 2 et 4 – Q2 : 2, 3 et 4 – Q3 : 2 et 3 – Q4 : 1 et 4 – Q5 : 1 et 2 – Q6 : 1 et 4 – Q7 : 3, 2, 1, 4 – Q8 : 1 et 4 – Q9 : 3 et 4 – Q10 : 4.

Partie 2

LES OUTILS DU CONTRÔLE
DE GESTION

Chapitre 5

Stratégie, planification et contrôle de gestion

Marie-Noëlle Désiré-Luciani et Daniel Hirsch

- Distinguer « stratégie » et « planification stratégique », et comprendre leur intérêt.
- Identifier le rôle particulier des contrôleurs de gestion en matière stratégique.
- Connaître les étapes de mise en œuvre d'une planification stratégique et comprendre les principaux concepts et outils utilisables.

Pourquoi un chapitre sur la stratégie dans un livre consacré au contrôle de gestion ?

Il s'agit de comprendre les rôles respectifs de la stratégie et du contrôle de gestion, les liens qui les unissent, de voir en quoi le contrôle de gestion peut et doit contribuer à la mise en œuvre de la stratégie, et ce que les contrôleurs de gestion peuvent apporter à la démarche stratégique. Ces derniers doivent au préalable posséder une certaine maîtrise des outils de la stratégie, tout en étant conscients des limites de leur intervention. Ce chapitre n'a pas la prétention de remplacer la lecture des ouvrages consacrés à la stratégie. Il présente cependant la plupart des concepts utiles à la bonne compréhension du sujet, ainsi que la méthodologie permettant à un contrôleur de gestion de mettre en œuvre un projet de planification stratégique.

Nous avons défini dans l'introduction le contrôle de gestion comme le fait de vérifier en permanence que l'organisation se dirige bien vers les objectifs choisis par ses dirigeants. On peut dire que le choix des objectifs fait partie de la stratégie et que le contrôle de gestion est un des moyens privilégiés de sa mise en œuvre. La réflexion stratégique s'intéresse essentiellement aux relations entre l'entreprise et son environnement, le contrôle de gestion ayant une approche plus interne.

Cependant, comme nous allons le voir, la réflexion stratégique déborde largement sur l'analyse des forces et des faiblesses de l'organisation qui doivent être prises en compte au moment des choix. Le contrôle de gestion doit donc s'intéresser aux choix stratégiques pour construire un système de contrôle qui y soit adapté. C'est dire les nombreuses interrelations entre les deux approches !

Dans un environnement où les responsabilités sont de plus en plus partagées, un nombre de plus en plus grand des acteurs de l'entité est amené à prendre des décisions, à faire des choix, en amont de l'action. Ces choix et décisions reposent sur les réponses à des questions diverses : réaliser ou non cet investissement ? Quel produit pousser à la vente par rapport à d'autres ? Les actions entreprises par le passé ont-elles été utiles, efficaces, doivent-elles être poursuivies ? Pourquoi entreprendre telle action ? Ainsi, la stratégie concerne un grand nombre d'acteurs dans l'entreprise et les aide à faire des choix. Elle permet d'orienter l'allocation des ressources et les actions à entreprendre, dans le cadre d'un horizon de temps plus long que celui du budget, dont la durée de vie n'est que d'un an.

1. DÉFINITIONS

Il faut distinguer stratégie et planification stratégique.

1.1. La stratégie

Elle concerne les processus de formulation des objectifs généraux de l'organisation et de décision sur les moyens de les atteindre. Les objectifs généraux ne changent pas chaque année, ils peuvent être amenés à être modifiés en cas de modification de l'environnement (nouvelle menace d'un concurrent, changement des goûts ou des comportements des consommateurs, innovation technologique…). L'horizon est de plusieurs années.

Les nouvelles idées stratégiques peuvent provenir de n'importe quelle partie de l'organisation : elles n'ont pas pour seule origine la recherche et développement, les commerciaux ou le *marketing*. Il serait donc dangereux d'assigner la seule responsabilité de la stratégie à une unité particulière de l'organisation.

Cependant, il faut permettre que de telles idées puissent parvenir facilement à l'attention de la direction sans être bloquées à des niveaux inférieurs de la pyramide organisationnelle.

Henry Mintzberg remarque que la stratégie est un de ces mots utilisés implicitement avec plus d'un sens *(5 P's for strategy)* : **plan**, comme dans plan d'action ; *ploy,* c'est-à-dire stratagème d'ordre tactique ; *pattern,* c'est-à-dire comme un comportement récurrent ; **position** par rapport à des concurrents ; **perspective**, en tant que perception de la réalité dans l'esprit des dirigeants, qui vont éventuellement la faire partager par les autres membres de l'organisation.

La stratégie ne se posera pas dans les mêmes termes au niveau d'un siège et à celui des *business units :*

- au niveau du siège, on s'interrogera sur les segments dans lesquels le groupe doit être présent. Les choix concerneront le contenu du portefeuille stratégique, avec des décisions telles qu'acquérir, conserver, désinvestir. L'autre type de décision concernera l'allocation des ressources du groupe en termes de *cash-flow* et de compétences entre les différentes *business units ;*
- au niveau des *business units,* il s'agira essentiellement de réfléchir sur la façon de se situer sur son marché afin de bénéficier d'un avantage concurrentiel.

1.2. La planification stratégique

Il s'agit d'un processus régulier, le plus souvent annuel, consistant à réviser la formalisation des options stratégiques de l'organisation. L'horizon de ce travail dépend du secteur d'activité : trois, cinq, dix ans, parfois plus. Il doit se situer en amont des processus budgétaires, afin que le futur budget annuel soit cohérent avec le plan stratégique. Son objectif est d'obliger les *managers* à prendre de la hauteur par rapport à leur quotidien, en les amenant à questionner les hypothèses sur lesquelles repose l'actuelle stratégie, pour enfin les formaliser dans un document de référence. Faisant partie des processus de gestion, les contrôleurs de gestion y participent plus naturellement.

La planification stratégique consiste régulièrement à reconsidérer les réponses aux questions :
- quoi faire ? Comment répondre aux attentes de nos clients ? Quel produit ou service développer ou pousser à la vente ?
- quand le faire ? Aujourd'hui ? Dans un an ? Après avoir réalisé quoi avant ?
- comment le faire ? Où ? Par qui et avec qui ? Avec quels moyens (techniques, humains, financiers)?

Les réponses se construisent avec « pourquoi le faire ». Il s'agit de justifier ses choix. C'est une démarche de formalisation comportant nécessairement des choix dont certains peuvent être douloureux. Son aboutissement est un document de référence pour l'action : le plan stratégique.

2. À QUOI SERT LA STRATÉGIE ?

Le but de la stratégie est de :

- définir des segments de marché que l'entreprise peut servir mieux que ses concurrents. Il s'agira de se construire des avantages durablement rentables ;
- définir les compétences clefs sur lesquelles dépend le succès afin d'en tirer les conséquences ;
- donner aux membres de l'organisation une bonne compréhension de la mission de l'entreprise et des valeurs qui doivent les guider dans leurs activités quotidiennes ;
- d'exclure les idées de nouveaux projets qui ne correspondent pas à la mission ;
- donner une cohérence à l'ensemble des acteurs de l'organisation ainsi qu'aux outils de gestion ;
- d'opérer des choix dans l'allocation des ressources (en compétences et en argent) toujours limitées ;
- se préparer au mieux aux évolutions futures en identifiant les risques auxquels on peut être confronté ;
- lever la tête des préoccupations quotidiennes pour se remettre en question.

3. QUELLE PLACE POUR LES CONTRÔLEURS DE GESTION ?

Les contrôleurs de gestion ont naturellement un rôle à jouer en matière de stratégie. Ils doivent être conscients des orientations stratégiques de leur organisation afin de :

- contribuer à faire remonter les idées d'inflexion de la stratégie qui peuvent naître à n'importe quel endroit de la structure ;
- contribuer à la bonne mise en œuvre des stratégies choisies dans le suivi des opérations ;
- s'assurer de l'adéquation des systèmes de contrôle de gestion par rapport à la stratégie. Il s'agit notamment d'appliquer le principe d'alignement entre facteurs clefs de succès du secteur et leur déclinaison aux différents niveaux

de la hiérarchie, notamment dans les tableaux de bord. Il faut également que les systèmes d'évaluation des performances participent à la réalisation des objectifs recherchés ;

- faire comprendre aux différents interlocuteurs ce qui est recherché par la direction ;
- jouer un rôle dans la réflexion stratégique, comme tout un chacun dans l'organisation ;
- construire un tableau de bord de la direction générale comportant des indicateurs stratégiques ;
- d'améliorer les processus en termes de performance ;
- participer à la planification stratégique :
  - élaboration de plans prévisionnels d'activité, de financement, d'entreprise *(business plan)*,
  - analyses concurrentielle, organisationnelle, technologique ;
- réaliser différentes études :
  - d'intégration de structures : cas des acquisitions ou fusions ;
  - d'externalisation : cas de sous-traitance, filialisation, scission, apport partiel d'actifs ;
  - de coopération : cas de mise en commun d'activités dans les groupements d'intérêt économique ;
  - *management* des capacités, également appelé *« yield management »* ;
  - coûts cibles ou *« cost planning »* et analyse de la valeur.

4. LES ÉTAPES DE MISE EN ŒUVRE DE LA STRATÉGIE ET SES DIFFÉRENTS OUTILS

Les **sept étapes de la démarche de mise en œuvre de la planification stratégique :**
- définir la mission ou vocation de l'entité ;
- élaborer un diagnostic stratégique externe et interne ;
- identifier les différentes stratégies possibles et leurs scénarios de réalisation avec conséquence ;
- choisir une stratégie ;
- déployer sa stratégie;
- enrichir le système d'informations ;
- suivre et évaluer sa stratégie.

4.1. Définir la mission ou vocation de l'entité

La mission (ou vocation) d'une organisation peut être définie comme l'expression du but général de celle-ci, sa raison d'être.

En pratique

La mission d'une organisation peut être exprimée de différentes façons, comme le montrent les exemples suivants :

- « sauver ou périr » : sous forme de devise, comme celle des sapeurs-pompiers de Paris ;
- « transmettre notre savoir-faire », comme vocation d'une PME familiale spécialisée sur un type particulier de biens d'équipement destinés à des professionnels ;
- « permettre au plus grand nombre d'accéder au crédit » : mission d'un organisme financier chargé du développement des « microcrédits » ;
- « accroître la performance de l'entreprise avec responsabilité » ;
- « être rentable » ;
- « être pérenne » ;
- « le client est roi », pour une entreprise commerciale ;
- « science, conscience, indépendance », devise des experts-comptables ;
- « viser l'excellence dans nos métiers pour satisfaire durablement nos clients », pour une entreprise commerciale.

Ces exemples montrent comment il s'agit de mettre en avant ses valeurs fondamentales. Ce sont celles qui sous-tendent la stratégie de l'organisation. Dans les petites et moyennes entreprises, le risque de non-perception de la mission de l'entité est souvent moindre en raison de l'implication plus importante des dirigeants au niveau du terrain.

En pratique, même lorsque la mission de l'entité est formalisée, sa traduction en objectifs plus concrets peut être plus difficile, notamment en termes de définition, des priorités ou de hiérarchisation des objectifs.

4.2. Élaborer un diagnostic stratégique

L'objectif de cette étape est de prendre du recul par rapport au quotidien de l'organisation pour mieux apprécier la qualité des apports de l'entité à son environnement et à ses clients, aujourd'hui et dans le futur.

4.2.1. Le diagnostic externe

Ce diagnostic porte et repose sur une analyse de l'environnement extérieur de l'entité économique. Il repose sur de la « veille », tant pour le présent que pour l'évolution de l'environnement.

Plusieurs outils permettent de le dresser et se synthétisent par deux types d'approches :

- **opportunités/menaces**, qui concerne uniquement l'environnement extérieur de l'entité économique ;
- **attraits/atouts**, qui liste les attraits que peut présenter un marché ou un secteur, attraits qui doivent ensuite être rapprochés des atouts de l'entité, identifiés par le diagnostic interne.

La représentation de cet environnement est illustrée dans la figure suivante, en privilégiant l'aspect fonctionnel des acteurs externes et internes à l'entreprise, appelés aussi les « partenaires » ou « parties prenantes » de l'entreprise.

L'environnement de toute entité économique

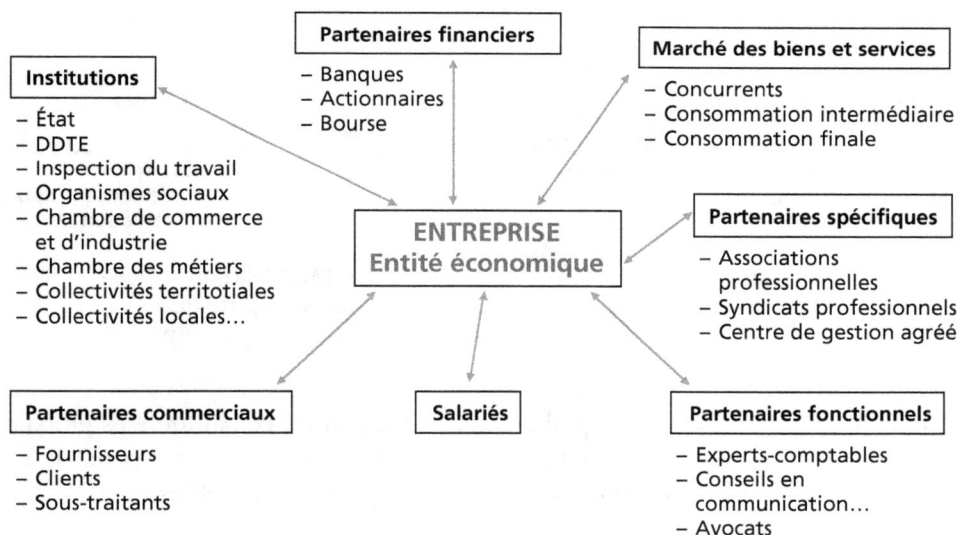

Partenaires financiers
- Banques
- Actionnaires
- Bourse

Marché des biens et services
- Concurrents
- Consommation intermédiaire
- Consommation finale

Institutions
- État
- DDTE
- Inspection du travail
- Organismes sociaux
- Chambre de commerce et d'industrie
- Chambre des métiers
- Collectivités territotiales
- Collectivités locales...

ENTREPRISE Entité économique

Partenaires spécifiques
- Associations professionnelles
- Syndicats professionnels
- Centre de gestion agréé

Partenaires commerciaux
- Fournisseurs
- Clients
- Sous-traitants

Salariés

Partenaires fonctionnels
- Experts-comptables
- Conseils en communication...
- Avocats

Attention : bien souvent, seule la partie commerciale de cet environnement est observée, avec l'aide des responsables commerciaux et du contrôle de gestion. L'analyse opérée en vue d'établir un diagnostic stratégique se limite dans ce cas au(x) marché(s) sur lequel (lesquels) l'entité est actrice. Or, la planification stratégique ne peut se contenter de prendre en considération ce seul élément, même s'il est de référence, car c'est bien l'adéquation entre l'environnement dans sa globalité et l'entité qui lui permettra ou non de vivre, voire de survivre. L'environnement légal est de plus en plus à prendre en considération.

Le modèle des cinq forces de la concurrence, défini par Michael Porter, présente l'environnement sous la forme des sources d'influence sur l'avantage concurrentiel de l'entreprise. Le postulat de base de ce modèle est que toute organisation a, pour être pérenne, l'objectif fondamental d'obtenir un avantage concurrentiel. Sa capacité à générer des profits (secteur privé) ou à capter les ressources nécessaires à son existence comme à son activité (secteur public), sont des traductions ou preuves de l'obtention de cet avantage concurrentiel.

L'environnement concurrentiel selon Porter : exemple de schématisation

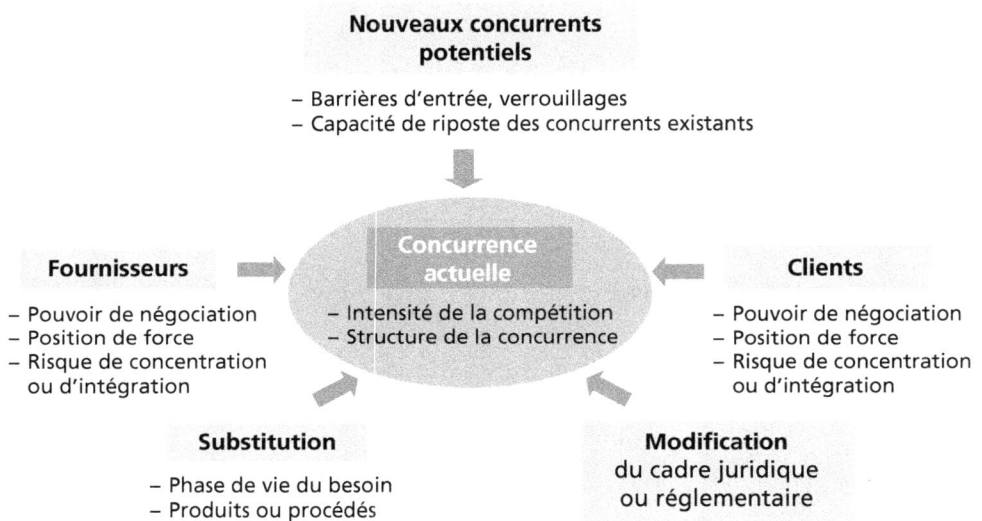

La difficulté réside dans le fait qu'il est difficile d'évaluer ces influences globalement pour l'entreprise, mais qu'il s'agit plutôt de s'intéresser à chacune de ses activités ou domaines d'activités stratégiques (également appelées « DAS »).

Pour les organisations « monoactivité », ce modèle peut être utilisé plus simplement comme une *check-list* des sources de « menaces et opportunités » pouvant affecter l'activité de l'entité.

4.2.1.1. La veille

La veille stratégique est l'observation de l'évolution de l'environnement extérieur à l'entreprise.

Elle est formalisée par une structure de veille qui définit un cadre de récolte des informations et précise éventuellement son champ, les acteurs et les indicateurs à surveiller.

Une attention particulière doit être apportée à la largeur de son champ d'action. Elle est trop souvent limitée à une veille commerciale, alors qu'elle doit porter sur l'ensemble de l'environnement.

Enfin, le cadre de la veille stratégique a intérêt à être concrétisé par les éléments suivants :

- la définition d'un support de communication (une note, un journal interne ou encore un espace dédié sur l'intranet de l'entité) ;
- une périodicité de mise à jour ;
- un tableau de bord de veille comportant des indicateurs, parfois appelés indicateurs d'éclairage, prédéterminés pour l'essentiel afin de pouvoir en assurer le suivi ;
- éventuellement des réunions internes ou d'ateliers de veille, afin de récolter les éléments non encore mesurés mais « ressentis » par différentes parties prenantes comme devenant importantes.

La veille peut également se concrétiser sous la forme d'autres outils qui étayent la réflexion stratégique :

- les enquêtes clients ;
- les sondages réalisés par des organismes extérieurs à l'entreprise ;
- les *benchmarks* ou comparatifs réalisés en interne ou par des organismes extérieurs.

Enfin, il peut être utile de subdiviser les **parties prenantes externes** en trois catégories, afin de les affecter plus facilement à un interlocuteur dans l'entreprise :

- les parties prenantes **économiques** : fournisseurs, clients, concurrents, actionnaires ;
- les parties prenantes **sociopolitiques** : pouvoirs publics, régulateurs comme la Bourse, le législateur ou encore les associations de consommateurs ;
- les parties prenantes **technologiques** : détenteurs de brevets ou acteurs novateurs qui favorisent ou non la diffusion ou la standardisation de technologies, ou encore fournisseurs de machines-outils.

4.2.1.2. Outils

À l'issue de l'utilisation de ces outils et au vu de ces analyses, le diagnostic externe pourra être formalisé par un **tableau des menaces et opportunités**, dont un exemple est donné ci-après. Ce même tableau évolue au fur et à mesure de l'avancement du déroulement des étapes, pour synthétiser l'ensemble du travail de formalisation de la démarche stratégique.

Pour faciliter le suivi de ces menaces et opportunités, en termes de réponses, on préconise l'utilisation d'une numérotation combinée à l'utilisation des signes + et − pour distinguer les menaces des opportunités. Cette méthode permet également une répartition claire des éléments du diagnostic à différents acteurs de la réflexion stratégique.

Menaces (ou risques)/opportunités

Domaines	Clients	Fournisseurs	Nouveaux entrants	Cadre légal et réglementaire
Critères	Typologie	Nombre	Qualité	
Menaces	Perte des clients ayant un CA > × du fait de…	Disparition de plusieurs fournisseurs		
Degré (de 1 à 6)	4			
Opportunités	+ libération de ressources pour d'autres typologies de clients + abandon des clients peu rentables de cette typologie			
Degré (de 1 à 6)	4			
Attraits				
Réponse actuelle de l'entité	Mise en avant du différentiel de qualité de notre prestation sur les clients de la typologie	Partenariat avec certains		
Réponse future de l'entité				

Les attraits d'un secteur peuvent être identifiés à l'aide du modèle des cinq forces de Porter ou à partir des critères suivants :

* le taux de croissance du secteur ou du marché, la taille du marché, la faiblesse de la concurrence, le caractère plus ou moins cyclique du marché, la nature de la clientèle, le positionnement géographique de la clientèle ;
* la stabilité technologique, la synergie du secteur avec d'autres secteurs sur lesquels l'entité est positionnée, la sécurité des approvisionnements ;
* le poids moindre de la législation, le contexte social du segment ;
* la profitabilité, la rentabilité des capitaux de ce secteur, etc.

En fait, il s'agit de mettre en évidence :

- les facteurs clefs de succès (FCS) du secteur. Ce sont les attributs que l'organisation doit avoir ou obtenir pour pouvoir être un acteur pérenne et/ou rentable sur son marché ;

En pratique

> Un FCS peut être un niveau de qualité, un prix de vente maximal, une localisation géographique particulière ou encore une image de marque.

- les facteurs stratégiques de risque (FSR), qui concernent les menaces les plus cruciales.

En pratique

> Un FSR peut être un risque de perte d'approvisionnement qui pourrait remettre en cause l'ensemble de la chaîne de valeur, ou encore un risque de transfert chez un concurrent d'un savoir-faire par le départ d'un « homme clef ».

L'identification de ces FCS et FSR permettra à l'organisation de préparer une réponse stratégique pertinente et de faciliter ainsi les choix stratégiques.

4.2.2. Le diagnostic interne

Le diagnostic interne de l'organisation a pour but d'évaluer ses **forces** (afin d'en tirer au mieux profit) et ses **faiblesses** (pour les pallier au mieux) en prenant en considération les menaces et opportunités de l'environnement extérieur.

De nombreux outils et méthodes de diagnostic interne existent. Le contrôle de gestion, de par sa vision interne souvent transversale, est souvent impliqué dans ce diagnostic.

Afin de faciliter la mise en œuvre d'un diagnostic interne, deux prismes peuvent être utilisés : le prisme « métiers », qui va privilégier la **segmentation,** et le prisme « moyens ».

> Le diagnostic interne repose sur une analyse de l'entité, menée selon les deux prismes :
> - prisme « métiers » : c'est l'angle de vue du métier, segmenté en activités, concrétisés par des produits ;
> - prisme « moyens » : c'est l'angle de vue des moyens humains, techniques et financiers.

> Les outils associés à ce diagnostic : cartographie des métiers et des activités, segmentation des domaines d'activités en domaines d'activités stratégiques (DAS), matrice BCG (Boston Consulting Group) pour les produits, degré d'acquisition et/ou de maîtrise des moyens...
>
> Ce diagnostic sera synthétisé par une approche de type « forces et faiblesses » ou « atouts et risques », avec une appréciation portée à chacun des éléments analysés.

4.2.2.1. Le prisme « métiers »

Le métier est qualifié par un ensemble de compétences qui expliquent la présence de l'organisation sur ses marchés. Il est distinct des produits qui en sont la concrétisation actuelle. Chaque métier doit être analysé comme un ensemble d'activités, éventuellement éclatées sur différents segments dont le but est de générer des produits.

La mise en œuvre de cette démarche passe par l'établissement d'une cartographie des métiers, déclinés en activités, éventuellement en **segments**, et enfin en produits.

L'objectif de cette démarche est d'identifier en les formalisant les forces (ou atouts) et les faiblesses (ou risques). Cela facilitera la construction de réponses plus adaptées. Elle peut se faire à partir d'une cartographie des processus (voir chapitre 9), ou plus simplement à partir des fonctions de l'entité.

En pratique

Exemple des métiers d'une entreprise de fabrication de produits :
- recherche et développement ;
- achats ;
- conception (en mode projet) ;
- fabrication (en mode série) ;
- commercialisation ;
- gestion de l'ensemble de la structure ;

Exemple des métiers d'une société d'assurances ;
- conception et suivi des produits ;
- distribution des produits ;
- administration des contrats ;
- gestion des prestations/des placements ;
- gestion de l'ensemble de la structure.

Le découpage en différents **segments** peut également s'appuyer sur d'autres critères que le « métier » :

- une segmentation *marketing* : familles de produits, de clients, de circuit de distribution, etc. ;
- une segmentation technique : technicité produit forte ou faible, technicité des outils (des machines aux systèmes d'informations), etc. ;
- une segmentation sur des critères financiers : consommation de *cash*, structure des coûts, etc. ;
- une approche par compétences requises ;
- une approche par secteurs d'activités : marchés, clients, produits ;
- une approche par zones géographiques ;
- ou tout autre critère de segmentation mettant en évidence des différences de moyens, de risques, de rentabilité ou tout élément de différenciation, « critères discriminants ».

L'utilisation de plusieurs critères permettra de mieux identifier les caractéristiques distinctives des **segments**. Et s'ils ne mettent pas en évidence des différences significatives, il s'agit alors d'un même segment.

On ne doit cependant surtout pas se limiter à l'existant : il faut aussi identifier les activités, segments ou produits « manquants », afin que la créativité et l'innovation aident à mieux se différencier.

> La norme IFRS 8, portant sur la communication d'informations sectorielles (anciennement IAS 14), mentionne qu'il appartient à l'entreprise de communiquer l'information sectorielle qui lui paraît pertinente.

La **segmentation** du portefeuille des produits ou des activités peut également être effectuée à partir d'une **cartographie des produits**. Lorsque le nombre de produits n'est pas trop important, il est intéressant d'utiliser une **matrice BCG** pour positionner chacun des produits ou activités dans l'une des quatre catégories générées par le croisement des critères **croissance du marché et part de marché**.

En combinant cette analyse avec la courbe de vie des produits, la mise en évidence de deux des critères de moyens y est souvent associée : la capacité d'autofinancement (CAF) ou le *cash-flow* et les besoins en investissements.

Grâce à la **segmentation**, le diagnostic interne permettra de faciliter l'identification des différentes stratégies possibles, car il en existe autant que de segments.

La matrice du Boston Consulting Group (BCG)

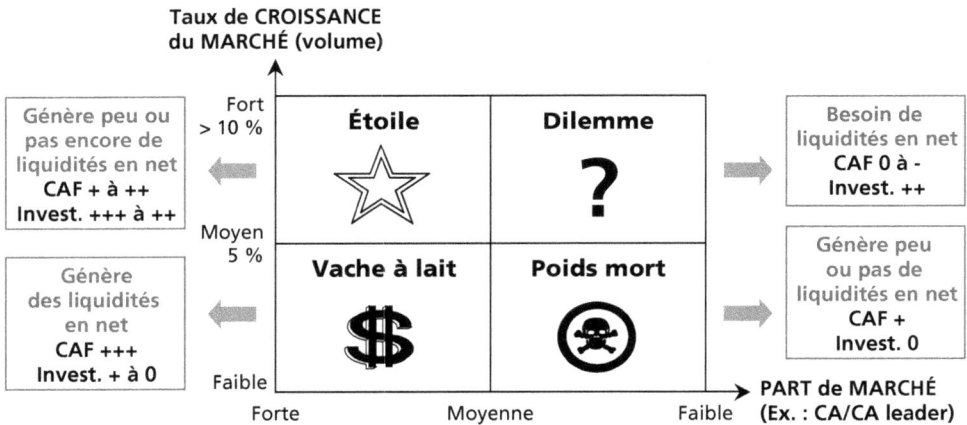

**Taux de CROISSANCE
du MARCHÉ (volume)**

Génère peu ou pas encore de liquidités en net **CAF + à ++** **Invest. +++ à ++**	Fort > 10 %	**Étoile** ☆	**Dilemme** ?	Besoin de liquidités en net **CAF 0 à -** **Invest. ++**
Génère des liquidités en net **CAF +++** **Invest. + à 0**	Moyen 5 %	**Vache à lait** $	**Poids mort** ☠	Génère peu ou pas de liquidités en net **CAF +** **Invest. 0**
	Faible	Forte	Moyenne	Faible **PART de MARCHÉ (Ex. : CA/CA leader)**

4.2.2.2. Le prisme « moyens »

Il permet d'introduire les actions à mener ou à abandonner dans le cadre de l'identification des stratégies possibles et complète le prisme « métiers » par les trois grandes catégories de moyens nécessaires au déploiement d'une stratégie :

- moyens financiers ;
- moyens techniques ;
- moyens humains, qui incluent la capacité managériale.

Ces moyens et leur qualification sont alors associés à chacun des éléments analysés sous le prisme « métiers » (domaine d'activité, produit, secteur géographique ou autre).

L'utilisation du prisme des « moyens » permet, de plus, d'introduire les quatre axes d'analyse du tableau de bord prospectif ou *« balanced scorecard »*, présenté au chapitre 13 : finance, client, processus interne, apprentissage et croissance.

Pour faciliter la formalisation de l'analyse sous ce prisme en le combinant aux autres, on pourra utiliser une codification selon une grille à six positions : du + + + au – – –, afin de mettre en évidence le degré d'atout ou de risque présenté par le critère en question.

Pour les « atouts », les + correspondent à un moyen ou un FCS (facteur clef de succès) maîtrisé, acquis ou en cours d'acquisition.

Pour les « risques », les – correspondent à une sensibilité plus ou moins grande ou plus ou moins non maîtrisable, ou encore à un FCS non encore acquis ou très difficilement accessible, ou encore à un FSR (facteur stratégique de risque) dont le degré de survenance est élevé. Cela fait un lien avec la cartographie et le *management* des risques.

Le prisme des moyens financiers est important et même parfois déterminant car nécessairement intégré aux critères de choix d'une stratégie. Le contrôle de gestion pourra y contribuer.

Il se décompose en deux étapes :

- une analyse de la situation financière générale en termes d'équilibre financier, pour mettre en évidence les besoins financiers à satisfaire, notamment le niveau d'endettement et le retour sur investissement attendu par les actionnaires ou le coût du service attendu par les usagers ;
- une analyse des éléments constitutifs de la création de valeur générée par le produit, en utilisant notamment les critères suivants :
  - analyse des ventes : saisonnalité, niveau de prix et écart par rapport à la concurrence, répartition par prescripteur et/ou par canal de distribution ;
  - répartition de la nature des coûts : énergie et consommables, salaires, recherche et développement, frais de transport, poids des investissements à travers les amortissements (en lien avec les moyens techniques), impôts et taxes, etc. ;
  - structure des coûts : fixes/variables, répartition par canal de distribution (en lien avec les moyens techniques), niveau de point mort, sensibilité aux effets de seuil et impact sur l'évolution du coût unitaire, etc. ;
  - exposition aux risques de change, aux risques d'évolution des taux d'intérêt ;
  - niveau de maîtrise des coûts de revient ;
  - niveaux de rentabilité des activités ou produits, appréciés par rapport à un *benchmark* interne ou externe (+ au-dessus ou élevé, – en dessous ou faible) : rentabilité d'exploitation, rentabilité des capitaux, etc.

Le prisme des moyens techniques se décompose en deux parties :

- la technicité des outils de « production » des activités, produits, services :
  - existence de barrières d'entrées au marché ou à l'activité ;
  - niveau de complexité du produit ou service ;
  - proximité physique ou technique de la clientèle ;

- degrés de saturation de l'utilisation de l'outil, des locaux ou de la surface ;
- qualité du produit ou service ;
- degré de risque de la technicité : machine/homme ;
- pérennité de la technicité acquise, etc. ;
- la technicité des outils d'analyse :
  - degré d'ouverture ou d'interrogation de la base de données ;
  - degré de maturité des analyses menées : récurrence, commentaires, partage, etc.

Le prisme des moyens humains utilise notamment les critères suivants, appréciés par rapport à un *benchmark* interne ou externe :

- caractéristiques de l'organisation et de la culture d'entreprise :
  - degré d'intégration du ou des différentes phases du processus de « production » ;
  - nombre de degrés de décentralisation ;
  - degré d'autonomie des décisions ;
  - degrés de partenariats clients ou fournisseurs ;
  - expériences de changement ;
  - taux d'absentéisme ;
  - pyramide des âges ;
  - niveaux de compétences, etc. ;
  - notoriété ou qualité de l'image de l'organisation, etc.

La synthèse du diagnostic interne est fréquemment présentée sous la forme d'un tableau des « forces et faiblesses » ou « atouts et risques ».

4.2.3. Synthèse de l'étape « diagnostic stratégique »

Il s'agit de formaliser les liens entre diagnostic externe et interne, en mettant en évidence les variables stratégiques représentatives du potentiel de chaque segment de marché, de métiers ou de produits. Ces variables stratégiques peuvent prendre la forme de :

- taux de croissance d'un marché (passé et potentiel futur) ;
- part de marché de l'entité ;
- degré de maturité d'un produit ;
- position concurrentielle par rapport à un nombre total de concurrents.

La **matrice « Swot »** de la *Harvard Business School* est une bonne manière de présenter cette synthèse. Elle est plus facilement utilisable pour la suite lorsqu'on associe à chaque élément un degré, sur une échelle de 1 à 6 par exemple, ou un taux de pondération.

Matrice Swot

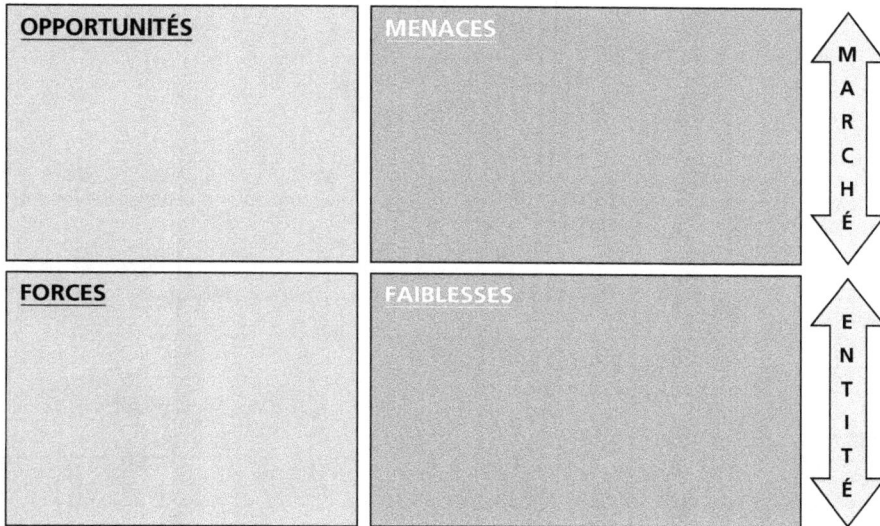

| OPPORTUNITÉS | MENACES | M A R C H É |
| FORCES | FAIBLESSES | E N T I T É |

- La matrice dite « Moff » pour menaces/opportunités/forces/faiblesses ou « Swot » (*Strengths/Weaknesses Opportunities/Threats*) est utilisée en synthèse des analyses multicritères qui utilisent un grand nombre de variables.

La segmentation des activités en DAS permet de préciser le diagnostic en analysant le positionnement de chaque DAS. Ce positionnement peut être représenté sur la **matrice « attraits/atouts »** développée par le cabinet **McKinsey**. Les attraits que peuvent présenter les marchés de chacun des DAS sont alors rapprochés des atouts concurrentiels de l'entité sur ces marchés.

La représentation graphique des DAS peut prendre en compte leur représentativité pour l'entité. Dans ce cas, un indice de base sera choisi (chiffre d'affaires ou part de marché, taux de marge, l'excédent brut d'exploitation, résultat d'exploitation ou encore l'excédent de trésorerie d'exploitation).

L'outil de synthèse le plus complet reste le tableau présenté ci-après, en y intégrant les colonnes « risques » et « réponse actuelle de l'entité ».

La matrice attraits/atouts

- Cet autre type de présentation consiste à positionner les DAS sur la matrice attraits/atouts. Il facilite le dialogue, l'identification des stratégies possibles. L'utilisation de la même représentation ultérieurement permettra de visualiser les changements de positionnements des DAS.

Synthèse du diagnostic amenant aux choix stratégiques

Domaines	Marché ou activités ou DAS ou typologie de clientèle			
Critères				
Menaces				
Degré (de 1 à 6)	4			
Opportunités				
Degré (de 1 à 6)	4			
Attraits				
Risques				
Réponse actuelle de l'entité				
Réponse future de l'entité				

La colonne « Réponse future de l'entité » est renseignée à l'étape suivante, avec différents scenarios dont l'un est choisi à l'étape de choix d'une stratégie qui la suit. La colonne « Degré » doit servir à choisir les « **variables pivot** » (voir plus loin).

4.3. Identifier les stratégies possibles et leurs scénarios de réalisation et conséquences possibles et/ou probables

L'objectif de cette étape est de préparer le choix d'un scénario de développement stratégique par la confrontation des avantages et inconvénients de différents scénarios possibles, et faciliter ainsi le choix d'une stratégie à l'étape suivante.

Cette étape comporte en réalité trois sous-étapes :

- l'identification des différentes stratégies possibles : elle concerne le groupe restreint des « stratèges », composé du comité de direction, parfois aidé de consultants, auxquels s'ajoute très souvent le responsable du contrôle de gestion, le responsable du développement ou le responsable économique, et parfois un ou plusieurs responsables opérationnels ;
- l'identification de leurs scénarios de réalisation : elle concerne un public plus large des « participants à la stratégie » qui inclut des responsables opérationnels et souvent le responsable du contrôle de gestion ;
- l'identification des conséquences possibles et/ou probables de tout ou partie de ces scénarios : elle concerne toujours la fonction contrôle de gestion et le reste des « participants à la stratégie ».

La difficulté principale de cette dernière étape réside dans son caractère chronophage, lié à l'ouverture des possibles. En effet, chaque stratégie possible de la première étape conduit à plusieurs scénarios possibles, chacun se traduisant par des conséquences de différentes nature (organisationnelles, financières…). Le risque est soit d'y passer trop de temps, soit la perte de créativité, pour identifier des options nouvelles qui conduira à une pauvreté des choix.

Éviter ce danger nécessite que le processus soit formalisé et surtout organisé. C'est bien là tout l'intérêt de la planification stratégique. Il faut mettre en évidence la démarche et les outils associés, et non le discours stratégique lui-même.

Il convient de distinguer ces trois étapes car chacune fait intervenir des acteurs différents.

4.3.1. L'identification des différentes stratégies possibles

Elle passe par un repérage des stratégies identifiées grâce à l'étape de diagnostic des menaces/faiblesses/risques, opportunités/attraits/atouts/forces et à la mise en évidence des facteurs clefs de succès et de risque.

Il faut passer des **stratégies des activités** de l'entité, fruit du travail d'analyse de l'étape précédente, à la **stratégie de l'entité** dans son ensemble.

L'objectif est de rechercher une cohérence globale à des stratégies particulières d'activités qui peuvent être identifiées ou, dans une autre approche (cas des sièges ou d'une nécessité de changement élevée dans une BU), d'identifier des stratégies globales dans lesquelles les stratégies particulières d'activités vont s'inscrire.

4.3.1.1. Les stratégies « voies de développement »

Il s'agit des stratégies qui modifient le champ d'activité de l'entreprise. C'est répondre à la question « quels sont/quels doivent être nos métiers ? ». Les réponses possibles sont :

- la **concentration**, qui consiste à se spécialiser dans une activité ;
- la **diversification**, qui consiste, à l'inverse, à développer une nouvelle activité ;
- l'**intégration**, qui consiste à exercer une nouvelle activité située en amont ou en aval de celle de l'entité, c'est-à-dire, l'activité d'un fournisseur ou d'un client/distributeur ;
- l'**externalisation**, qui consiste à faire effectuer par un partenaire une activité jusque-là exercée par l'entité ;
- l'**internationalisation** ou la diversification géographique.

4.3.1.2. Les stratégies « modes de développement »

Le choix d'un mode de développement concerne la manière dont l'entité choisit de croître, de donner corps à la voie de développement choisie. Les modes de développement sont les moyens mis au service des voies de développement. On distingue :

- la **croissance interne**, qui consiste à se développer par ses propres moyens (extension d'un site de production, lancement de nouveaux produits ou services…) ;
- la **croissance externe**, qui consiste à acquérir ou fusionner avec une autre entité ;
- les **alliances** ou partenariats qui consistent à nouer un accord avec une (ou des) autre(s) entité(s).

4.3.1.3. Les stratégies de marché

Elles concernent la forme de la présence sur le marché. On distingue :

- la stratégie de **focalisation**, qui consiste à se concentrer sur une niche dont les besoins sont spécifiques. L'absence de concurrents ou leur importance faible peut amener à cette stratégie ;

- la stratégie de **différenciation,** qui consiste soit à proposer une offre plus élaborée que celle des concurrents, mais à un prix supérieur (stratégie de sophistication qui intégrera la technicité de l'offre), soit à proposer une offre moins élaborée, mais à un prix inférieur (stratégie d'épuration). Dans les deux cas, il s'agit d'accroître le différentiel entre le coût et le prix ;
- la stratégie **de masse,** qui consiste à ne pas se différencier des concurrents en termes de nature de produits ou services proposés, de prix ou de visibilité sur le marché (image).

4.3.1.4. Les stratégies de prix ou de coûts

Elles sont liées aux caractéristiques de coûts des activités ou produits, et impliquent souvent le contrôle de gestion. On distingue :

- la stratégie de **prix,** qui consiste à proposer une offre comparable à celle des concurrents, mais à un prix inférieur ;
- la stratégie **hybride,** qui consiste à proposer pour un prix réduit une offre dont la valeur est supérieure à celle des concurrents.

Les deux outils de représentation de la figure suivante peuvent être utilisés : la matrice Tows et la matrice d'Ansoff agrémentée.

La matrice Tows

		FACTEURS INTERNES	
		Forces (S)	**Faiblesses (W)**
FACTEURS EXTERNES	Opportunités (O)	Options stratégiques SO Utilisent les forces pour saisir les opportunités	Options stratégiques WO Minimisent les forces pour saisir les opportunités
	Menaces (T)	Options stratégiques ST Utilisent les forces pour éviter les menaces	Options stratégiques WT Minimisent les faiblesses pour éviter les menaces

4.3.2. L'identification de différents scénarios de réalisation des stratégies

Cette étape a pour objet d'identifier les moyens de réponses à des options stratégiques présélectionnées. Il faut préciser que la planification par scénarios n'a pas pour objet de prédire le futur, mais d'envisager plusieurs futurs plausibles, qui dépendent de plusieurs paramètres dont les plus importants seront les **variables pivot.** Ces variables qu'il convient d'identifier sont les « facteurs susceptibles d'affecter significativement la structure du marché ou de l'entité ». C'est en cela qu'elles peuvent être rapprochées des FCS et FSR identifiés préalablement.

La matrice d'Ansoff agrémentée

		PRODUITS	
		Existants	**Nouveaux**
MARCHÉS	**Existants**	Pénétration de marché Consolidation des parts de marché Par stratégie de prix Par stratégie de focalisation Par stratégie d'alliances Par croissance interne…	Nouveaux produits/services Par stratégie de différenciation Par stratégie Par stratégie de diversification Par stratégie d'intégration Par croissance externe…
	Nouveaux	Développement de marchés Par stratégie d'internationalisation Par stratégie d'alliances…	Diversification Par stratégie de différenciation Par croissance externe…

L'objectif est de présenter différents « comment faire » selon ces variables qui doivent être limitées, généralement à deux ou trois (voir le tableau de l'analyse des risques dans la synthèse de l'étape « Élaborer un diagnostic stratégique ».)

En pratique

> On peut citer comme variables pivot le taux de croissance économique, la technicité des produits, le prix, ou encore l'orientation politique ou comportementale des clients ou consommateurs.

La démarche de l'élaboration des scénarios est la suivante :

- identification des variables pivot ;
- alternatives des hypothèses positive (ou haute) et négative (ou basse) des variables pivot ;
- identification de moyens, en termes de nature ;
- alternatives des moyens.

On retrouve la catégorisation des moyens à prendre en considération : techniques, humains (notamment compétences), financiers. Chacune de ces natures de moyens doit être évaluée. C'est en fonction de leur évaluation que l'on pourra aboutir à des alternatives.

Ce travail introduit celui de l'étape suivante, parfois menée concomitamment lorsque le groupe d'acteurs est le même. On peut alors gagner un temps précieux.

Un des outils utilisés pour cette étape est **l'arbre de décision**, document support de décision qui permet de visualiser les différents scénarios et est utile dans leur chiffrage.

4.3.3. L'identification des conséquences possibles et/ou probables de tout ou partie de ces scénarios

Elle doit prendre en compte :

- les ressources à allouer aux moyens ;
- les alternatives d'allocations des moyens (haute et basse) ;
- les risques encourus en cas d'absence de succès de chaque option stratégique ;
- l'image de l'entité.

Même lorsque cette étape est menée concomitamment avec l'étape précédente, elle nécessite un travail plus approfondi en ce qui concerne le chiffrage des conséquences.

Il n'est pas possible de prévoir toutes les conséquences de telle ou telle option stratégique, mais lorsque le résultat de l'évaluation des conséquences d'un scénario n'est pas conforme à ce qui est attendu ou lorsqu'il est considéré comme trop risqué, l'évaluation des conséquences d'un autre scénario doit être entreprise. Ce processus itératif d'essais, de simulations est relativement chronophage.

Processus itératif

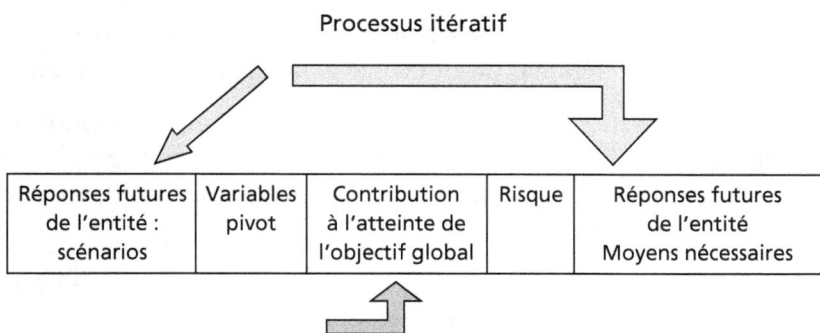

Réponses futures de l'entité : scénarios	Variables pivot	Contribution à l'atteinte de l'objectif global	Risque	Réponses futures de l'entité Moyens nécessaires

- Les colonnes « Réponses de l'entité » sont particulièrement supports de décisions à l'étape suivante.
- La colonne « Contribution à l'atteinte de l'objectif global » est subdivisée en : objectif à l'horizon du plan, objectif intermédiaire et objectif à un an.

Notons que les financeurs externes, de type actionnaires ou banquiers, peuvent indirectement déjà influencer les scénarios à travers la prise de risque qu'ils peuvent représenter.

Là aussi, chacun des éléments de cette étape est support de discussions et/ou d'arbitrage.

> Le contrôle de gestion est particulièrement impliqué dans cette étape, notamment par :
> • sa vision transverse de l'organisation et des processus qui la composent ;
> • sa « neutralité » et son indépendance vis-à-vis des différentes orientations stratégiques et options ;
> • sa connaissance des données chiffrées et son aptitude à les manier ;
> • son orientation vers le futur.
> Certaines orientations stratégiques, comme celles des coûts et prix, l'impliquent tout particulièrement.

4.4. Choisir une stratégie

Il s'agit de décider d'une orientation stratégique assortie d'un scénario. Il convient d'attirer l'attention sur le fait que le choix d'un scénario stratégique n'est pas un choix « bétonné », engageant l'avenir de l'entité pour plusieurs années, mais le choix d'une orientation qui reste adaptable, en fonction de l'évolution de l'environnement.

Les décideurs peuvent être différents des membres du groupe des concepteurs de la stratégie. C'est d'autant plus vrai dans le cas de « **stratégie émergente** », qui part de la base de l'organisation, par opposition à un processus de décision stratégique descendant. Dans ce cas, le groupe des concepteurs est large. Le groupe des décideurs restreint jouera son rôle d'arbitre. Dans tous les cas, il s'agit, à minima, du directeur général de l'organisation.

Dans le cas d'organisations du secteur public, la stratégie et l'option stratégique sont décidées au plus haut de la pyramide, l'État par exemple, mais les options stratégiques sont mises en forme à un niveau plus local, dans le cadre des contraintes de moyens.

C'est cette même structure de décision que l'on peut retrouver dans les groupes pour lesquels la stratégie n'est pas entièrement centralisée.

Il convient de préciser que c'est bien à cette étape que la part d'irrationnel et d'humain est la plus importante ! On peut citer parmi les critères de choix dont la décision dépendra :

- la pertinence du scénario pour sa contribution à l'atteinte de l'objectif global ;
- l'évaluation de la capacité de l'organisation à l'obtention et à la maîtrise des FCS de chacun des scénarios ;

- l'évaluation de la capacité de maîtrise, par l'organisation, des FSR de chacun des scénarios ;

- le degré d'acceptabilité du scénario en termes de risque, notamment fonction du degré d'acceptation du risque des dirigeants et éventuellement des actionnaires de référence ;

- le degré de différenciation positive de l'organisation par rapport à ses concurrents en termes de métier (appelé « avantage concurrentiel » par M. Porter), ou en termes de moyens ;

- le degré de contribution du scénario à la chaîne de valeur ou le degré de différenciation positive du scénario au rapport coût/bénéfice.

Ainsi, les critères de choix intégreront le degré de capacité de l'organisation à *manager* chacun des différents scenarios stratégiques.

Chacun des critères de choix peut être formalisé lors de la présentation des différents scénarios supports du choix. Ces différents critères peuvent être classés dans une grille, par exemple sur une échelle de 1 à 6 ou du + + + au − − −). Cela aidera à formaliser la démarche de choix.

Le produit fini des activités de conception stratégique a la forme d'un « rapport stratégique » plus communément appelé « plan stratégique ». Il fournit les données (objectifs chiffrés, orientation stratégiques, moyens associés) et les arguments en faveur d'une stratégie particulière pour l'organisation dans son ensemble, sur une durée relativement longue.

Ce plan est la base du déploiement stratégique.

4.5. Déployer sa stratégie

Le choix d'orientation stratégique est fait et les moyens nécessaires décidés. Reste à… faire. C'est par l'étape du déploiement que la stratégie va entrer au cœur du dispositif de gestion.

Le contrôle de gestion a alors un rôle particulier dans le cadre du *management* stratégique, car si la stratégie a vocation à adapter l'entreprise aux contraintes et opportunités externes, le *management* stratégique a, quant à lui, vocation à mettre en phase cette même stratégie avec les contraintes et opportunités internes.

Le déploiement de la stratégie passe par sa communication et le déploiement des objectifs.

4.5.1. La communication de la stratégie : comment la réussir

En étant communiquée, la stratégie devient l'élément fédérateur pour l'ensemble du personnel de l'entité, de ses métiers et activités, tant dans l'action présente que future. Une stratégie comprise aura davantage de chances d'être acceptée et déployée par les *managers*.

Pour qu'elle devienne réalité, la stratégie doit d'abord être exprimée simplement, ce qui n'est pas facile lorsqu'elle est complexe à définir ! Les sept moyens suivants peuvent y contribuer :

* l'exprimer par des mots « simples », compréhensibles par le plus grand nombre des destinataires ;
* l'exprimer par un but à atteindre ;

En pratique

Un but à atteindre peut être exprimé de la façon suivante : « Devenir un acteur de référence : le 3e acteur ».

* l'exprimer par un périmètre ;

En pratique

Un périmètre stratégique peut être « le marché français », ou « après A et B », ou « devant X et Y, nos concurrents directs ».

* exprimer le pourquoi de cette stratégie ;

En pratique

Voici un exemple de phrase à décliner pour illustrer le pourquoi d'une stratégie : « Pour garder notre indépendance face au regroupement des acteurs du marché ».

* l'exprimer par des moyens d'action choisis notamment sur les axes suivants : commercial (client/produit), social et sociétal, économique ;

En pratique

Exemples de moyens d'action :
  * « en fidélisant nos clients actuels, en partant à la conquête de nouveaux clients… » ;
  * « en valorisant le savoir-faire de nos salariés » ;
  * « en valorisant notre image d'entreprise citoyenne» ;
  * « en veillant à la rentabilité durable de nos actions ».

- l'exprimer par une échéance ou un échéancier dans le temps ;

> Échéanciers possibles : « à fin 2015 » ou « Voici les trois étapes de notre stratégie : fidéliser nos clients ; gagner 2 points de part de marché par an sur notre marché actuel ; se porter acquéreur d'un des acteurs du marché ».

- faire vivre la stratégie auprès des parties prenantes (voir ci-dessous) : en la diffusant par affichage dans l'entreprise, par des réunions de points d'étape, par une campagne de communication qui intègrera cette stratégie, notamment vers les clients…

4.5.2. Le déploiement des objectifs

Il passe par la déclinaison du plan stratégique en plan opérationnel. Le plan opérationnel intègre :

- les objectifs à l'horizon du plan et surtout leur déclinaison en objectifs opérationnels intermédiaires, notamment à un an ;
- les moyens assortis à ces objectifs décidés dans le cadre du plan stratégique.

Il fera le lien avec le budget.

La cohérence du déploiement stratégique

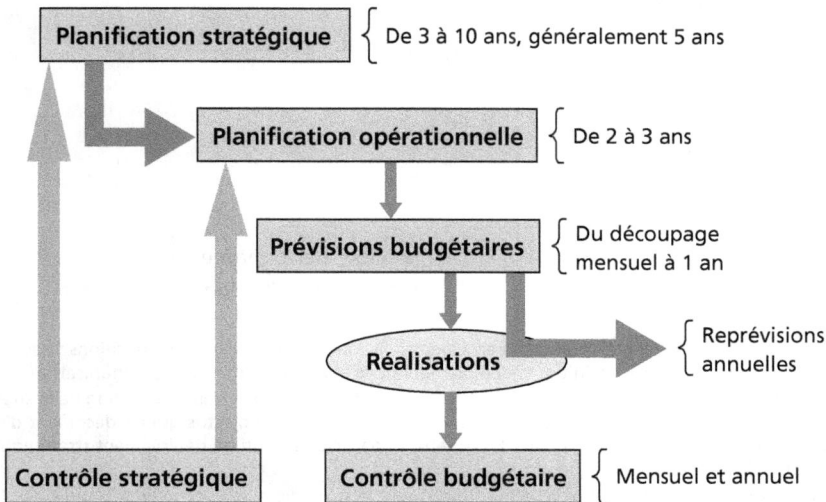

En connaissant les objectifs stratégiques, les responsables des centres de responsabilité peuvent participer à la construction de leurs propres objectifs et les concrétiser dans le budget annuel.

Dans l'autre sens, la direction générale peut prendre en compte les contraintes et possibilités d'actions des centres de responsabilité dans l'élaboration de sa stratégie globale.

La pluralité des acteurs participant de près ou de loin à l'élaboration de la stratégie et la mise en évidence des rôles de chacun fait de la planification stratégique un élément important de motivation des salariés de l'organisation, notamment par leur responsabilisation sur les objectifs et leur prise en compte dans le budget.

La pyramide du déploiement des objectifs (figure suivante) présente les trois catégories d'acteurs de la stratégie.

Le déploiement des objectifs dans l'organisation

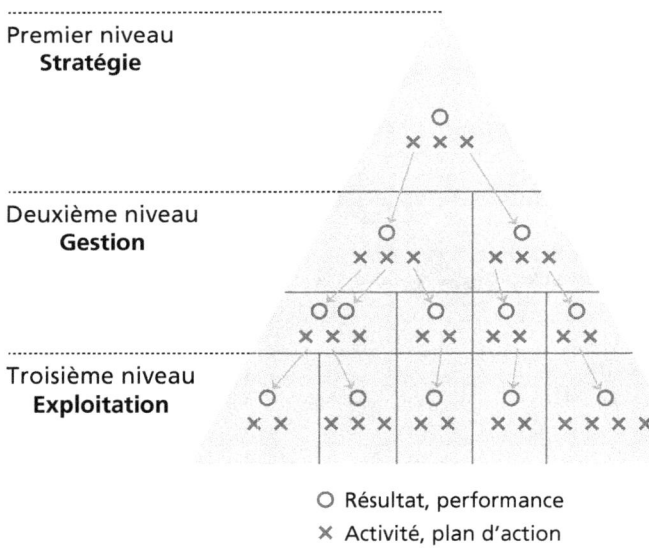

- On trouve au niveau « Stratégie » ceux qui participent à sa conception en termes de décisions : peu, voire très peu. Ils sont également chargés d'initier le déploiement de la stratégie à travers sa communication ;
- au niveau « Gestion », il y a ceux qui participent à la réflexion stratégique et/ou à la gestion de la stratégie en vérifiant l'adéquation entre les axes stratégiques, les objectifs et sous-objectifs qui en découlent d'une part et la traduction de ces objectifs en actions. En ce sens, ils participent aussi au déploiement stratégique et à la concrétisation de la stratégie ;
- au niveau « Exploitation », il y a tous ceux qui concrétisent la stratégie au plus proche du « terrain ».
- Ce sont les niveaux « Gestion » et « Exploitation » qui sont les acteurs du déploiement stratégique.

Chacun de ces acteurs a un rôle essentiel dans le déploiement de la stratégie, c'est pourquoi la dimension humaine de la stratégie ne doit pas être sous-estimée.

Dans cette étape de déploiement stratégique, le rôle particulier du contrôle de gestion est de contribuer à donner une vision claire des axes prioritaires de l'organisation. Son positionnement, sa participation à la conception de la planification stratégique, sa vision transversale et ses qualités humaines vont l'y aider.

4.6. Enrichir le système d'information

L'information est un enjeu stratégique. Elle l'est plus encore dans un environnement peu lisible.

Le système d'information est très sollicité dans le cadre de la planification stratégique car il doit répondre à ses besoins afin de la nourrir, de vérifier ses effets, d'apporter les correctifs indispensables à la réactivité de l'organisation, élément clef de sa survie.

Les spécificités d'un système d'information orienté stratégie sont les suivantes :

- il intègre des données externes, notamment celles de la veille stratégique ;
- il doit être multidimensionnel et pouvoir proposer des données selon des axes différents, avec la possibilité de les combiner : axe processus, clients, produits… ;
- il est orienté vers l'amélioration des performances à moyen ou long terme ;
- il intègre des données confidentielles ;
- il intègre différentes natures d'indicateurs : financiers, qualité… ;
- il est la source du tableau de bord « *balanced scorecard* », présenté au chapitre 12.

4.7. Suivre et évaluer sa stratégie

Suivre et évaluer la stratégie, est-ce bien utile ? Oui et d'autant plus que la réactivité stratégique est nécessaire et urgente et que la stratégie s'inscrit dans une logique de changement. Il est important d'exercer un certain degré de contrôle sur la manière dont les réalisations satisfont les objectifs et les buts.

Mais suivi et évaluation seront très limités lorsque la stratégie n'aura pas été concrétisée par un plan opérationnel ou des objectifs opérationnels.

Chacun des trois niveaux d'objectifs (stratégie, gestion, exploitation) fait l'objet d'un contrôle, comme présenté figure 22. Le contrôle stratégique porte sur les niveaux « stratégie » et « gestion » et nécessite un cadre spécifique, notamment parce qu'il présente les particularités suivantes :

- sa mission est de suivre l'efficacité du couple « environnement/organisation » ;
- il porte toujours sur un suivi pluriannuel ;
- il utilise comme outils de référence le plan stratégique et le plan opérationnel ;
- il utilise le budget et les plans d'action comme outils de déclinaison de la stratégie ;
- il est alimenté en permanence par la veille stratégique.
- il donne lieu à la formalisation des ajustements de plan stratégique et/ou opérationnel une fois par an, notamment à travers des plans glissants.
- il intègre les axes de suivi des résultats et des clients, mais aussi des processus et de l'innovation et du *management,* comme présenté avec l'outil « *balanced scorecard* » au chapitre 13 ;
- il s'appuie sur le contrôle du niveau « exploitation » qui a lui pour but de s'assurer de la cohérence interne des actions de l'organisation.

Une attention toute particulière sera portée au suivi des hypothèses retenues dans la construction des choix stratégiques. Elles sont des points de contrôle de référence dont le degré de concrétisation amènera éventuellement à des réorientations stratégiques ou à des régulations dans l'application de la stratégie.

Cette régulation dans l'application d'une stratégie permet de :

- **s'adapter à la réalité** des événements qui n'est jamais tout à fait conforme à la prévision, c'est-à-dire intégrer le changement d'une des nombreuses variables ayant conduit à la définition de la stratégie, et non changer de stratégie ou de but à atteindre ;
- **identifier et partager les critères** de régulation ou encore les points d'équilibre à respecter et leurs poids respectifs ;

En pratique

Par exemple, il s'agira d'identifier et de partager les définitions de priorité entre coût (moindre coût, seuil de coût...), qualité (en distinguant qualité minimale, acceptable et optimale) et délais.

- **communiquer sur les ajustements**. C'est ce qui permettra aux ajustements de rester cohérents entre eux ;

- **rendre l'application de la stratégie vivante** (elle s'adapte et n'est pas figée) **et concrète** (elle est intégrée dans chacune des actions, dans chacun des choix ou arbitrages) pour l'ensemble des acteurs de l'organisation, en les fédérant. Ainsi, chacun des acteurs de l'organisation pourra jouer un rôle dans la régulation et sur l'application de la stratégie, grâce à la formalisation des axes prioritaires, leur suivi en cohérence avec l'environnement extérieur, notamment par la veille et grâce à une communication indispensable à la cohérence globale.

SYNTHÈSE

Stratégie et contrôle de gestion sont liés, le contrôle de gestion étant un des outils permettant la mise en œuvre de la stratégie. La stratégie joue un rôle considérable dans la mise en cohésion de l'ensemble des actions des différents acteurs de l'entreprise. La compréhension de ses concepts et outils est donc nécessaire. Les contrôleurs de gestion sont souvent amenés à jouer un rôle aussi bien dans la facilitation de l'expression de nouvelles idées stratégiques que dans l'assistance au processus de planification stratégique.

Bien réussir un processus de planification stratégique suppose de bien comprendre et respecter ses sept étapes principales qu'il convient d'accompagner avec un certain nombre d'outils de formalisation. Une étape essentielle consiste à déployer la stratégie aux différents niveaux de responsabilité en établissant un lien avec les objectifs opérationnels et le budget.

Parmi les autres facteurs clefs de succès d'une telle démarche, il y a la formalisation des différents outils, leur utilisation comme outil de communication et de *management*, pour l'appropriation de la stratégie par tous les acteurs essentiels de l'organisation. Il faut dès le départ prévoir un suivi et une évaluation régulière de la démarche stratégique.

Le contrôleur de gestion pourra jouer un rôle dans le processus de planification stratégique en aidant à évaluer les choix pour les justifier et assurer la cohérence des options.

TEST DE CONNAISSANCES

Q1 – La planification stratégique est…

1 – la stratégie.
2 – la stratégie organisée.
3 – la stratégie calculée.
4 – la stratégie communiquée.

Q2 – La planification stratégique aide le rôle du contrôleur de gestion à…

1 – aider à la prévision.
2 – aider à faire des choix pour agir.
3 – aider à la mesure.
4 – conseiller.

Q3 – La planification stratégique utilise…

1 – des outils de conception de la stratégie.
2 – des indicateurs non financiers.
3 – des outils de déploiement de la stratégie.
4 – des outils de communication.

Q4 – La démarche de mise en œuvre de la planification stratégique…

1 – n'est pas nécessairement formalisée.
2 – comprend 5 étapes.
3 – intègre tous les acteurs de l'organisation.
4 – comprend 7 étapes.

Q5 – Les FSR sont…

1 – les faiblesses stratégiques récurrentes.
2 – les forces spéciales de rachat.
3 – les forces stratégiques rentables.
4 – les facteurs stratégiques de risque.

Q6 – La matrice BCG est un outil de…

1 – conception de la stratégie.
2 – diagnostic stratégique.
3 – déploiement de la stratégie.
4 – suivi et appréciation des résultats de la stratégie.

Q7 – Le plan stratégique est un outil de…

1 – conception de la stratégie.
2 – diagnostic stratégique.
3 – déploiement de la stratégie.
4 – suivi et appréciation des résultats de la stratégie.

…/…

Q8 – Le plan opérationnel est un outil de...

1 – conception de la stratégie.

2 – diagnostic stratégique.

3 – déploiement de la stratégie.

4 – suivi et appréciation des résultats de la stratégie.

Q9 – Dans le cadre de la planification stratégique, le contrôle de gestion peut être amené à...

1 – calculer des coûts et des seuils de rentabilité.

2 – prévoir.

3 – utiliser des données du contrôle qualité.

4 – aider à déterminer des prix de vente.

Q10 – La planification stratégique intègre...

1 – des évaluations.

2 – des idées.

3 – des hommes.

4 – des choix.

Réponses du test :

Q1 : 2, 4 et non 3 car évaluée mais pas calculée – Q2 : 1, 2, 3 et 4 – Q3 : 1, 2, 3 et 4 – Q4 : 3 et 4 – Q5 : 4 – Q6 : 2 – Q7 : 1 et 3 – Q8 : 3 et 4 – Q9 : 1, 3 et 4 – Q10 : 1, 2, 3 et 4.

Chapitre 6

La préparation du budget, outil de *management*

DANIEL HIRSCH

- Comprendre les termes qui se rapportent au budget et à quoi il sert, en distinguant les attentes des différents acteurs.
- Savoir comment les opérationnels peuvent renforcer leurs chances de bien défendre leurs propositions.
- Distinguer les étapes de sa construction, en sachant respecter leur chronologie.
- Savoir comment traiter le budget d'investissement, les prévisions de trésorerie et du bilan.
- Comprendre le concept de système budgétaire interactif.
- Reconnaître les cas où le lien entre l'atteinte des objectifs du budget et la rémunération variable ne doit pas être automatique.

Même si l'on se plaint toujours de passer trop de temps à « faire du budget », et même si certaines entreprises tentent parfois de se passer d'un tel outil, le budget reste un moyen essentiel pour mobiliser les différents acteurs dans une entreprise, pour viser la cohésion et la cohérence entre ses différentes parties et plus généralement pour s'assurer de la bonne gestion de l'ensemble.

Ce chapitre se focalise sur la **préparation** du budget, le chapitre 11 revenant traiter de son **suivi**.

Le budget intéresse aussi bien les dirigeants que les différents opérationnels et les contrôleurs de gestion :

- les **dirigeants** parce que le budget leur donne la possibilité de définir les priorités de l'entreprise à court terme et de les faire comprendre et accepter aux opérationnels ;
- les **opérationnels** parce qu'il s'agit des engagements qu'ils prennent et sur lesquels ils vont se faire évaluer au cours de l'année suivante ;
- les **contrôleurs de gestion** parce qu'une de leurs responsabilités consiste à s'assurer que la procédure se déroule de manière satisfaisante et que le budget résultant sera une référence acceptable par tous.

On essayera, dans ce chapitre, de tenir compte des intérêts parfois divergents de ces différents acteurs afin d'apporter à chacun des conseils adaptés.

1. NOTIONS DE BASE

1.1. Budget, budgets, prévisions et autres termes

1.1.1. Budget et budget

Nous allons appeler **Budget** l'ensemble des budgets (de coûts de fonctionnement mais aussi de chiffre d'affaires) de tous les centres de responsabilité de l'entreprise ou de l'organisation. Cette totalité constitue le **compte de résultat prévisionnel** de l'organisation. Nous allons réserver le nom de Budget à ce **premier ensemble**.

Le **budget** (avec un petit b) est donc le budget d'un centre de responsabilité individuel, qui est intégré, un comptable dirait « consolidé », dans le Budget.

1.1.2. Budget d'investissement

Nous devrons alors distinguer un **deuxième ensemble** qui est le **budget d'investissement** de l'organisation et qui comporte des liens étroits avec le Budget, dans la mesure où les nouveaux investissements de l'année produiront des amortissements supplémentaires qui devront être intégrés dans le Budget. Cette intégration devra tenir compte de la date d'entrée prévue du nouvel investissement dans l'organisation, les amortissements se faisant *pro rata temporis*.

1.1.3. Bilan budgété

Un **troisième ensemble** est le **bilan budgété**. Il s'agit d'une projection dans l'avenir des éléments les plus pertinents du bilan, ainsi que d'une estimation des éléments moins pertinents avec la volonté de respecter l'égalité actif = passif. On reviendra plus loin sur les caractéristiques de cette projection à mi-chemin du budget et de la prévision. Budget en ce qui concerne les éléments du BFR et du montant des immobilisations, prévision pour le reste.

1.1.4. « Budget de trésorerie »

Un **quatrième ensemble** est le « **budget de trésorerie** » (entre guillemets parce qu'on devrait plutôt parler d'une **prévision de trésorerie**). La différence entre une **prévision** et un **budget**, c'est qu'un budget comporte un **engagement**, alors qu'une prévision n'en comporte pas. En matière de trésorerie, on ne peut exiger de personne qu'il se sente responsable de la conformité des réalisations avec ce qui a été prévu, et c'est ce qui fait que l'on devrait plutôt parler de prévision de trésorerie. On peut cependant attribuer des objectifs de flux de trésorerie concernant les éléments du BFR.

> Une **prévision**, ou une reprévision (les entreprises anglo-saxonnes parlent de « *forecast* »), constitue la meilleure estimation de la manière dont l'année va se terminer (certains parlent « d'atterrissage »). Une telle prévision en cours d'année peut être en décalage avec le Budget initial, qui garde cependant en général son caractère d'engagement, avec les conséquences qu'on imagine pour ceux dont la rémunération variable lui est rattachée.

1.2. À quoi sert le Budget ?

En fait, poser la question entraîne curieusement une grande quantité de réponses. C'est le signe que le Budget a de nombreuses fonctions pour chacun des acteurs :

- le Budget est d'abord un outil de prévision et de projection dans l'avenir. C'est un des moyens de définition des **objectifs** ;
- c'est ensuite un outil de **mesure** qui permet d'évaluer mois par mois si les réalisations sont conformes aux attentes ;
- c'est enfin un outil d'**action**, aussi bien au niveau de sa préparation, lorsqu'il s'agit de faire des choix au niveau des objectifs et des moyens nécessaires pour les atteindre, qu'au niveau du suivi mensuel et des réactions aux imprévus.

Le lecteur perspicace, ou qui a tout simplement de la mémoire, aura reconnu dans les trois paragraphes ci-dessus le tripôle de la gestion. Le Budget s'inscrit en effet pleinement dans la logique de contribution à la bonne gestion d'une entreprise.

Le tripôle de gestion

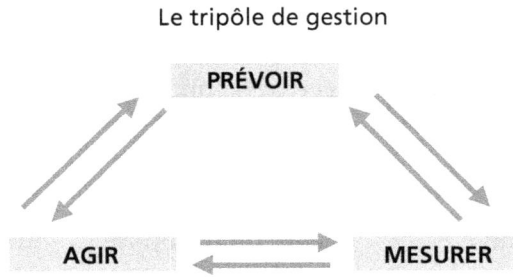

À ce titre, il est possible de lister un certain nombre des autres fonctions du Budget, qui s'inscrivent dans la même logique.

On les a rassemblées ci-dessous par type d'acteur : opérationnels, dirigeants et contrôleur de gestion. Cette distinction, qui aide à fixer les idées, est cependant quelque peu artificielle, les fonctions principales des uns étant le plus souvent des fonctions secondaires pour les autres. Ces trois types d'acteurs doivent fonctionner de manière concertée au cours des différentes étapes de la préparation du Budget, puis dans sa phase de suivi, les contrôleurs de gestion ayant une responsabilité de coordination de l'ensemble.

1.2.1. Les fonctions principales du Budget pour les opérationnels

Pour beaucoup d'opérationnels, le Budget apparaît d'abord comme le document qui leur dit combien ils ont le droit de dépenser. Nous verrons que cette définition est un peu courte, et même incorrecte, même si elle comporte un élément de vérité (le fait d'obtenir des moyens, de se voir affecter des ressources), mais ces moyens ne sont acceptables que par rapport aux résultats qu'ils vont permettre d'atteindre.

Le Budget est un outil de prévision et de fixation des résultats attendus ainsi que des moyens nécessaires.

> En définissant les résultats attendus, le Budget doit inciter l'opérationnel à se construire un plan d'action adapté. En lui indiquant ce que l'on attend de lui, il présente l'avantage de lui préciser à l'avance la manière dont il sera évalué. À ce titre, cela peut diminuer l'arbitraire d'un système d'évaluation, à condition que l'opérationnel puisse participer à l'élaboration du couple résultats-moyens dans la négociation budgétaire.

La contractualisation du mode de *management* permet à l'opérationnel de se voir reconnaître une responsabilité sur sa manière de gérer et sur ses choix. Il peut devenir une « **force de proposition** » vis-à-vis de sa hiérarchie, à la condition d'accepter de se remettre en question. Mais l'amélioration est toujours au centre de la bonne gestion !

En dernier lieu, le Budget constitue un élément du dialogue de gestion avec la direction, mais également avec les membres de sa propre équipe qu'il faut inciter à comprendre les contraintes économiques de l'organisation en général et du département en particulier.

1.2.2. Les fonctions principales du Budget pour les dirigeants

Le Budget est un des moyens dont dispose la direction générale pour communiquer ses orientations stratégiques à l'ensemble de l'organisation. C'est donc un outil de mise en œuvre de la stratégie de l'entreprise, participant à la définition de ce que l'on veut faire.

À ce titre, le Budget est en quelque sorte la description d'un plan d'action général, et il doit inciter à faire des choix, aussi bien au niveau de la préparation du Budget qu'au niveau de son suivi.

C'est aussi un outil de communication en interne et vers l'extérieur.

> Le Budget doit permettre de remettre en question régulièrement la manière dont l'entreprise est structurée et organisée pour la faire évoluer et s'améliorer. Il doit notamment permettre de réallouer les ressources nécessairement limitées de toute organisation, et donc de « déshabiller Pierre pour habiller Paul ».

Le Budget permet de viser la rentabilité de l'entreprise, ou plus généralement l'efficience de l'organisation.

C'est un outil de *management,* de coordination et d'animation des équipes. Il permet de formaliser la délégation des responsabilités. Il responsabilise en impliquant les principaux responsables et en cherchant à obtenir d'eux des engagements sur les résultats qu'ils doivent atteindre. L'implication est obtenue en faisant participer les responsables à l'élaboration du Budget. C'est un exercice qui participe au dialogue de gestion dans une organisation.

Cela débouche le plus souvent sur une négociation à propos des couples résultat-moyens. La négociation est nécessaire parce que tout budget, une fois approuvé, est une forme de contrat entre un supérieur hiérarchique et son subordonné.

C'est un outil de *management* également dans la mesure où il va permettre l'évaluation des résultats.

1.2.3. Les fonctions principales du Budget pour les contrôleurs de gestion

Le Budget permet de construire un référentiel dont on pourra disposer pour suivre les réalisations. Il doit être mensualisé pour que le contrôle budgétaire permette de réagir le plus rapidement possible, mois par mois.

Il permet de coordonner les actions des différentes parties de l'organisation et aide chacun à mieux comprendre sa place et à se situer dans le cadre général de l'organisation. À ce titre, le contrôleur de gestion va pouvoir jouer son rôle de « formation des opérationnels à la dimension économique de l'entreprise ». Il s'assure également de la cohérence entre les différentes parties du Budget, telles que réalisées par les différents acteurs de l'organisation.

Le Budget suit une **logique de comptabilité générale** dans la mesure où il s'intéresse aux **charges** et **produits**, et non aux encaissements et décaissements, dans la mesure aussi où il va contribuer à bâtir un compte de résultat prévisionnel. Le Budget suit une **logique de comptabilité analytique** dans la mesure où il cherche à détailler les revenus et les charges par type de produits ou de prestations, par centre de responsabilité, par type de clientèle, par zone géographique, etc. Le Budget peut intégrer une **logique de trésorerie** pour produire un « budget » ou plutôt un plan de trésorerie prévisionnel. Cet aspect est cependant plus rarement pris en compte par les contrôleurs de gestion qui laissent généralement cette activité à la cellule « trésorerie » lorsqu'elle existe, dans la mesure où la trésorerie se prête moins à des engagements identifiés par responsable.

1.3. Les centres de responsabilité budgétaire

Les budgets se construisent à partir des centres de responsabilité budgétaire (CRB). Le centre de responsabilité budgétaire est l'unité de base pour la réflexion et l'élaboration budgétaire. Rappelons ici qu'il s'agit d'une unité de gestion dirigée par un *manager,* de qui l'on attend des résultats, à qui l'on a confié des moyens et qui sera évalué au moins en partie sur l'atteinte des résultats sur lesquels il s'est engagé. Le type de résultat attendu définit la qualité du centre de responsabilité qui peut appartenir à six catégories différentes. Le chapitre 4 examine les implications pour chacune de ces six catégories :

- le centre de coût productif, pour lequel il existe un lien logique entre coûts et production ;
- le centre de coûts discrétionnaires, pour lequel ce lien n'existe pas ;
- le centre de revenus, qui doivent maximiser le volume d'activité à moyens donnés ;

- le centre de profit, qui doit maximiser le bénéfice ;
- le centre d'investissement, qui doit maximiser le ROI ;
- le centre de projet, qui doit arbitrer entre coûts, délais et qualité.

2. CONSEILS AUX OPÉRATIONNELS POUR CONSTRUIRE « LEUR » PROPRE MODÈLE

2.1. Ce que le Budget ne doit pas être

Il peut être jugé étrange de commencer cette partie par une telle question, mais l'expérience montre qu'il est important de préciser à tous les acteurs – et particulièrement aux opérationnels – que **le Budget ne doit absolument pas être considéré comme étant tout simplement « des chiffres dans des cases »**. Il n'est pas non plus un « droit à dépenser ». Une évolution défavorable du chiffre d'affaires par rapport au Budget devra nécessairement provoquer un réajustement à la baisse des charges prévues.

Cependant, le Budget ressemble bien à un document avec « des chiffres dans des cases » ! Mais ce qui compte, c'est la manière dont ces chiffres auront été élaborés, la logique qui aura présidé à leur construction, ce sont les idées, les projets, les engagements qui se trouvent traduits par les chiffres en question.

2.2. Ce que le Budget doit être pour les opérationnels : une affaire « non financière »

Il est préférable de partir de l'endroit d'où vont provenir les résultats attendus par l'organisation : même si les dirigeants sont les premiers intéressés dans sa construction et s'ils vont fortement s'engager dans la définition des résultats attendus, ce sont les opérationnels qui, par leurs efforts, vont permettre de les atteindre.

De par leur habituelle moindre expérience financière, les opérationnels sont souvent les plus démunis quant à la construction de leur propre budget. Ils ont tendance à voir dans le Budget une affaire essentiellement « financière », c'est-à-dire parlant un langage qui n'est pas le leur. Ils peuvent facilement être dépassés dans les négociations, et en définitive être contraints d'atteindre des niveaux de performance qu'ils n'auraient jamais dû accepter !

Pour éviter un tel résultat qui serait à l'opposé des intérêts de tous les participants au Budget, il n'y a qu'une solution : il faut que chacun des budgets opérationnels soit bâti autour d'un modèle économique reflétant la perception de leur réalité par les opérationnels concernés eux-mêmes.

> Il faut que le Budget soit construit autour des opérationnels et de leur vision de la partie de l'organisation dont ils ont la charge.

Cette perception doit idéalement conduire les opérationnels à construire leur futur budget « au fil de l'eau », au travers de leur réflexion permanente concernant la manière dont leur centre de responsabilité est organisé. On ne peut obtenir cela qu'à partir d'une construction qui privilégie l'opérationnel plutôt que le financier. Les contrôleurs de gestion doivent recevoir l'instruction de la part des dirigeants d'aider les opérationnels dans ce sens, et si possible le faire bien avant que la période du Budget ne commence, car, à ce moment, il est trop tard pour y consacrer du temps.

Cette construction privilégiant l'opérationnel est la plupart du temps déjà obtenue pour la partie usine des entreprises, grâce à l'existence d'une comptabilité analytique en phase avec les besoins des personnels de fabrication. Cela n'est pas étonnant, puisque la comptabilité analytique a été inventée par les ingénieurs de production !

2.3. Les quatre étapes pour construire un Budget « non financier »

Imaginons quelqu'un à la tête d'un centre de responsabilité à qui l'on demande de préparer son budget. Il a reçu du contrôle de gestion une procédure et des grilles à remplir de chiffres dont il sait qu'ils seront la base de discussions et de négociations parfois éprouvantes avec la direction.

Il est déjà probablement trop tard pour changer les choses ! Il aurait fallu commencer quelques mois ou semaines plus tôt.

Pour construire un Budget à partir des besoins des opérationnels, il faut bâtir un modèle pour chaque centre de responsabilité en suivant la logique ci-dessous. Une telle démarche prend du temps, c'est l'étape « zéro » de la procédure budgétaire (voir plus bas), celle qui ne peut être conduite qu'en amont de la période du Budget.

> Idéalement, l'étape de construction du modèle devrait réunir l'opérationnel et le contrôleur de gestion, chacun pouvant apporter ses compétences propres : l'opérationnel, sa connaissance du terrain, le contrôleur de gestion, sa connaissance du modèle financier et de la méthodologie de construction d'un modèle économique.

2.3.1. Quels sont les résultats attendus ?

Il s'agit de formaliser de la manière la plus claire la nature des résultats attendus et de les exprimer en termes quantifiables.

Cette étape est le plus souvent facile à effectuer pour les centres de coût productif, les centres de revenus et les centres de projets (voir le chapitre 4) :

* pour un centre de coût productif, il s'agira de définir les quantités, la qualité et toutes les autres propriétés de ce qui doit être produit l'année prochaine ;
* pour un centre de revenus, il s'agira de définir les objectifs de vente en quantité ou en valeur, ou tout autre objectif qui en tiendrait lieu ;
* quant aux centres de profit et d'investissement, ils regroupent plusieurs CRB, alors que nous parlons ici de la construction du Budget à son niveau le plus élémentaire.

Cette étape est surtout difficile pour les centres de coûts discrétionnaires. Ce sont les CRB pour lesquels il est difficile de trouver un lien logique entre les ressources consommées et ce qui est produit.

En pratique

Un département des services généraux, qui doit gérer l'accueil dans un bâtiment, devra définir les plages horaires concernées et le niveau de service offert sur chaque plage. Ce niveau peut être différent d'une plage horaire à l'autre, le soir par rapport à la journée. Le service offert peut aller par exemple de la présence d'au moins deux personnes pour accueillir les visiteurs durant la période la plus chargée de la journée, à l'absence de tout personnel d'accueil, ce dernier étant remplacé par un garde qui effectue des rondes.

2.3.2. Comment s'organiser ?

Il s'agit de définir avec des phrases, donc d'une manière qualitative, les modalités d'organisation du centre de responsabilité concerné. Elles doivent correspondre aux résultats attendus tels que définis lors de l'étape précédente.

Cette étape permet notamment de remettre en question, le cas échéant, le mode actuel d'organisation, ou en tout cas de s'obliger à y réfléchir. Un des objectifs du Budget reste la remise en question régulière des modes de fonctionnement.

Le centre de coût productif et le centre de revenus pourront donc, à l'occasion du Budget, proposer des modes d'organisation auxquels il avait été pensé auparavant en cours d'année.

En pratique

En ce qui concerne l'exemple du département des services généraux, il faudra imaginer les différentes manières possibles d'atteindre le résultat attendu. Il se peut tout à fait que la deuxième étape oblige à redéfinir la première.

2.3.3. Quelles sont les ressources nécessaires ?

C'est à ce moment que l'on passe du domaine qualitatif au domaine quantitatif. La plupart du temps il s'agira de définir les effectifs nécessaires au mode d'organisation choisi. Les centres de coût productif devront également intégrer à ce moment les machines ou tout autre moyen de production.

Les effectifs seront distingués par niveau de compétence et de coût.

En pratique

> Dans notre exemple des services généraux, on distinguera par exemple le gardien de nuit, une responsable d'accueil senior, une assistante d'accueil.

2.3.4. Combien ça coûte ?

Il ne reste plus qu'à chiffrer les ressources nécessaires définies dans l'étape précédente. Il est intéressant de conserver dans des feuilles de travail la double information des ressources nécessaires, d'une part (les effectifs le plus souvent), et de leur coût en euros, d'autre part. Cela suppose d'utiliser un coût unitaire, par exemple le coût salarial mensuel, comme base de calcul. En matière de budget, il est souvent suffisant de retenir un coût mensuel standard par effectif ou par autre unité retenue. De cette manière, on ne diffuse pas des informations jugées parfois confidentielles, et l'on évite également d'inciter les opérationnels à arbitrer entre des personnels d'égale compétence qui peuvent cependant avoir des rémunérations différentes du fait de parcours différents ou d'une différence d'âge.

On retrouve dans ces quatre étapes le concept souvent exprimé de lien nécessaire entre objectifs, plans d'action et moyens.

2.4. Construction d'un modèle

Pour un opérationnel, il est nécessaire d'être en mesure de réfléchir aux quatre étapes précédentes. Cependant, cette démarche sera le plus souvent insuffisante pour lui permettre de respecter les instructions de la procédure budgétaire.

Ce qui manque, c'est le lien unissant les quatre étapes précédentes à la grille de chiffres à fournir au contrôle de gestion pour que ce dernier en assure la consolidation dans le cadre d'un compte de résultat prévisionnel.

Ce lien peut être assuré par un travail commun de construction d'un modèle « opérationnel-financier » entre le contrôle de gestion et les opérationnels, en amont de la période budgétaire.

Le modèle à construire, par exemple dans un tableur, doit unir l'étape un (les résultats attendus) à l'étape trois (les ressources nécessaires) puis à l'étape quatre (le coût exprimé en euro) et enfin à la grille de type financier qui détaille les coûts en lignes et rubriques d'ordre comptable.

Ce n'est que si l'opérationnel est en mesure de réfléchir le plus longtemps possible dans son propre langage, c'est-à-dire celui des quatre premières étapes ci-dessus, qu'il sera en mesure de défendre et justifier réellement son budget vis-à-vis de sa hiérarchie, des dirigeants et des contrôleurs de gestion.

Pour un centre de coût productif, on passera donc des lignes décrivant les quantités à produire (les résultats attendus), aux moyens de production exprimés en effectifs et en machines (les ressources nécessaires), aux coûts globaux par moyen de production tels qu'ils sont perçus par les opérationnels de production et seulement finalement ces mêmes coûts éclatés en rubriques budgétaires. Cela est valable aussi bien en production qu'en service.

Points clefs d'un centre de coût productif

		Mois	
		janvier	février
Étape 1	quantités à produire référence 1		
	quantités à produire référence 2		
Étape 3	moyens de production		
	effectifs		
	machines		
Étape 4	coûts globaux		
	effectifs		
	machines		
Traduction budgétaire	coûts en rubriques budgétaires		
	ligne 1		
	ligne 2		
	ligne 3		
	ligne 4		

Le modèle pour les centres de revenus sera le suivant.

Points clefs du centre de revenus

		Mois	
		janvier	février
Étape 1	quantités à vendre référence 1		
	quantités à vendre référence 2		
	ventes en euros référence 1		
	ventes en euros référence 2		
Étape 3	moyens de vente		
	effectifs		
	actions promotionnelles		
Étape 4	coûts globaux		
	effectifs		
	actions promotionnelles		
Traduction budgétaire	coûts en rubriques budgétaires		
	ligne 1		
	ligne 2		
	ligne 3		
	ligne 4		

Le modèle pour les centres de coûts discrétionnaires sera le suivant.

Points clefs du centre de coûts discrétionnaires

		Mois	
		janvier	février
Étape 1	mission 1		
	description		
	mission 2		
	description		

		Mois	
		janvier	février
Étape 3	moyens mission 1		
	effectifs		
	autres		
	moyens mission 2		
	effectifs		
	autres		
Étape 4	coûts globaux mission 1		
	effectifs		
	autres		
	coûts globaux mission 2		
	effectifs		
	autres		
Traduction budgétaire	coûts en rubriques budgétaires		
	ligne 1		
	ligne 2		
	ligne 3		
	ligne 4		

Le modèle pour les centres de projet tiendra compte des particularités de ce type de centre de responsabilité et mélangera le plus souvent des éléments des trois exemples ci-dessus.

Ce sur quoi il faut insister, c'est la nécessité de **distinguer** les **coûts globaux** de l'étape de chiffrage, des **coûts en rubriques budgétaires** qui en sont la traduction en lignes budgétaires. Ce sont les coûts en rubriques budgétaires **qui peuvent être consolidés** par le contrôle de gestion, et l'obtention de cette information analytique leur est absolument nécessaire.

Cependant, cette information n'est pas toujours parlante pour les opérationnels. La construction d'un modèle budgétaire orienté vers les opérationnels doit donc viser à créer un pont entre les coûts tels que perçus et compris par les opérationnels et leur traduction budgétaire. Ces coûts globaux, qui correspondent à la vision des opérationnels, peuvent parfaitement ne pas être aussi « globaux » que cela, et être même très détaillés. Ce qu'il fallait souligner, c'est qu'ils peuvent ne pas correspondre au niveau analytique nécessaire au contrôle de gestion, qui vise, lui, la consolidation dans un compte de résultat prévisionnel.

3. LA CONSTRUCTION DU BUDGET

3.1. Les deux philosophies budgétaires

> La philosophie **« bottom-up »** de la construction budgétaire suppose qu'un bon budget se construit de bas en haut, à partir des idées des responsables des unités de base. Ces derniers acceptent de se remettre en question, d'être des forces de proposition, d'imaginer en quoi ils peuvent contribuer à améliorer la position concurrentielle de leur entreprise. La philosophie contraire, celle du **« top-down »**, suit un processus du haut vers le bas.

La philosophie « *bottom-up* » est destinée à susciter l'adhésion des différents responsables, à les impliquer davantage dans la gestion de l'entreprise, à mieux leur faire comprendre les impératifs économiques et conduire à un réel engagement quant aux résultats promis.

Cette implication et cet engagement sont les seules justifications du temps passé à construire un budget « de bas en haut ». Ce mode de construction ne veut pas dire que la hiérarchie et la direction générale ne rempliront pas leur rôle consistant à restreindre les moyens attribués à certains afin de dégager des ressources pour d'autres. Il se peut même que la restriction soit générale ! Mais le budget aura rempli son rôle en suscitant un dialogue de gestion entre les différents niveaux de la hiérarchie.

Cette philosophie est implicitement utilisée par la majorité des entreprises. Elle correspond à une « bonne pratique » que nous développons ci-après.

La philosophie contraire, celle du « *top-down* », du haut vers le bas, existe cependant également. Dans les organisations qui la pratiquent, une réflexion budgétaire a d'abord lieu au sommet hiérarchique avec la définition d'enveloppes à distribuer aux centres de responsabilité. Cette définition peut être plus ou moins précise et donner lieu à plus ou moins de négociations après coup. L'inconvénient de cette manière de faire est de susciter une moindre implication des opérationnels.

Dans certains cas, une entreprise utilisant habituellement la méthode « de bas en haut », du fait de difficultés économiques qui vont restreindre ses capacités financières, peut décider provisoirement d'utiliser la méthode « de haut en bas » afin d'éviter de perdre du temps sur une procédure budgétaire qui risque de ne susciter que des frustrations.

Ces deux philosophies présentent des cas extrêmes. La réalité des entreprises se situe le plus souvent en situation intermédiaire, avec une plus grande proximité du *bottom-up*. Les variations toucheront chacune des étapes de la construction du Budget présentée ci-dessous, avec, par exemple, une plus ou moins grande définition des attentes de la direction générale (étape 2) et une plus ou moins grande capacité de négociation des opérationnels (étape 5).

3.2. Les étapes de la construction du Budget

Une procédure budgétaire consiste à formaliser les documents qu'il faudra remplir et les étapes qui permettront d'arriver au budget définitif. Les documents et les étapes varient énormément d'une entreprise à l'autre et il est difficile de généraliser ce que l'on peut appeler de « bonnes pratiques ». Nous allons donc essayer de présenter ci-dessous les étapes qui nous semblent les plus représentatives de pratiques que nous avons pu largement observer. Il reviendra à chacun de s'inspirer de ces pratiques en sachant les adapter aux circonstances particulières de chaque organisation. L'hypothèse retenue est celle d'une année budgétaire se déroulant du 1er janvier au 31 décembre. Lorsque l'année budgétaire est décalée par rapport à l'année calendaire, il reviendra au lecteur de décaler en avant ou en arrière les éléments d'ordre calendaire présentés.

3.2.1. Étape en amont : le plan stratégique

Dans la plupart des entreprises, une étape de planification stratégique précède le moment de la préparation budgétaire. C'est ce qui va permettre d'inscrire le budget à venir dans la perspective du long terme. Le plan stratégique est surtout destiné à faire réfléchir les acteurs principaux de l'entreprise sur son avenir. La quantité de chiffres y est en général limitée aux indicateurs les plus représentatifs, tels que chiffre d'affaires, part de marché, bénéfice par *business unit*.

C'est fréquemment durant cette étape que les organisations réfléchissent aux investissements lourds dont elles auront besoin et qui seront, le cas échéant, repris dans le Budget. Sont également pris en compte l'évolution des effectifs et les besoins de financement.

Cette étape préalable au budget permettra plus tard à la direction générale de préciser ses orientations et ses attentes. Elle va lui permettre également d'opérer des arbitrages au moment clef de la négociation.

3.2.2. Étape zéro : établissement d'un modèle opérationnel

Cette étape indispensable est exposée dans le paragraphe ci-dessus concernant l'élaboration d'un modèle permettant aux opérationnels et aux contrôleurs de gestion de communiquer entre eux. Cette étape doit avoir lieu bien avant que la période budgétaire ne commence, car ensuite il n'y a généralement plus de temps suffisant à y consacrer.

3.2.3. Étape un : retour sur N – 1

La première étape de la procédure budgétaire consiste à faire un retour sur l'année précédente, N – 1, qui n'est bien entendu pas encore terminée.

Un premier aspect va concerner la **procédure** elle-même. On va tâcher de se souvenir des faiblesses que l'on avait pu constater l'année dernière au moment du budget, afin d'améliorer les points négatifs, que ces derniers concernent les délais, les documents demandés ou la clarté des instructions. C'est donc une étape essentiellement technique dont la responsabilité incombe d'abord au contrôle de gestion. On ne saurait trop recommander à ce dernier de prendre des notes lors de la construction du budget au sujet de tous les « petits pépins » qui peuvent arriver, de façon à améliorer la procédure budgétaire de l'année prochaine. L'expérience nous enseigne que notre mémoire est assez volatile à ce sujet.

Un deuxième aspect va concerner la construction de la **meilleure estimation concernant l'année en cours** (qui n'est pas encore terminée). Lorsque la procédure budgétaire inclut déjà une nouvelle prévision vers la fin de l'année, c'est cette dernière qui sera souvent retenue. Cet aspect est donc un travail commun entre contrôleurs de gestion et opérationnels. Il ne s'agit pas de construire une base de prévision, mais une base de référence qui permettra de réfléchir à l'année N.

Un troisième aspect est la **mise à jour des « feuilles de calcul »**, c'est-à-dire des feuilles des tableurs, mais également les feuilles des logiciels spécialisés utilisées par les plus grosses entreprises dont la taille importante et la pérennité de leur système d'information interdisent l'utilisation d'un simple tableur.

Il s'agit de tenir compte de l'évolution de la structure, de la création de nouvelles entités, centres de responsabilité, lignes de produit, circuits de distribution et/ou zones géographiques. Cet aspect est dans la sphère des contrôleurs de gestion, mais ils doivent interroger la direction et les opérationnels sur toute évolution dont ils pourraient ne pas avoir été informés auparavant.

En pratique

Le lancement d'un nouveau produit, qui est encore en phase de réflexion et serait la conséquence d'une décision lors d'une phase suivante du Budget, doit cependant être prévu dans les feuilles de calcul, même si, finalement, la décision n'étant pas prise, les cellules concernées seront remplies de zéros !

Par ailleurs, mais cela sera développé au niveau de l'étape quatre, il est bon d'inclure dans les feuilles de calcul des **zones de contrôle** destinées aux contrôleurs de gestion pour faciliter l'étape de consolidation.

Un quatrième aspect consistera à lister les **points marquants de l'année écoulée,** à faire en quelque sorte un bilan des événements qui ont pu avoir un impact sur les résultats de l'année.

Il s'agit d'une part de se souvenir de ce qui, si l'on n'y prenait pas garde, aurait tendance à être oublié l'année suivante. Se souvenir des points marquants de N − 1 aide à comprendre pourquoi un mois de l'année N sera différent de ce qui avait été prévu, dans la mesure où la prévision de N se repose toujours plus ou moins sur l'historique de N − 1 ! Il permet également de se constituer une base de données pour les années suivantes, lorsqu'on se demandera à quel moment est intervenu tel ou tel événement. Cette partie est plus une préoccupation des contrôleurs de gestion.

D'autre part, les points marquants de N − 1 sont également les événements qui constituent un tournant dans le fonctionnement de l'organisation ou dans son environnement concurrentiel et dont il faudra tenir compte dans la réflexion concernant la nouvelle année N. Cette partie est plus dans la sphère des opérationnels, qui doivent peut-être se faire relancer par le contrôle de gestion pour y penser.

3.2.4. Étape deux : premières réflexions sur l'année N et lancement de la procédure

En premier lieu, il y a la formulation des « grandes hypothèses » qui vont intéresser l'ensemble de l'entreprise.

En pratique

Les grandes hypothèses peuvent concerner aussi bien l'évolution du taux de change des monnaies avec lesquelles l'entreprise fonctionne que l'évolution du cours des matières premières qu'elle utilise, pétrole, métaux, etc. Cela va également concerner les hypothèses d'évolution des salaires et de l'inflation.

Cet aspect sera pris en main par le contrôle de gestion, qui se rapprochera pour ce faire des personnes les plus à même d'émettre des hypothèses valables.

En deuxième lieu, la **direction générale** doit formuler ses **attentes**, si elles existent, en ce qui concerne l'évolution du chiffre d'affaires, des parts de marché, du bénéfice, etc. On parle parfois de lettre de cadrage. Cette étape est encore plus nécessaire lorsque la direction générale se doute qu'elle risque de devoir modifier en profondeur les projections des opérationnels si elles ne sont pas en phase avec ses attentes.

> Dire à l'avance ce que l'on attend rendra plus acceptables et plus compréhensibles les arbitrages budgétaires qui interviendront plus tard.

Avant le lancement officiel du Budget, la direction générale peut parfaitement demander au contrôle de gestion de réaliser une sorte de maquette financière de ce que pourrait – ou devrait-être le budget de l'année suivante, en tenant compte des hypothèses générales et des desiderata de la direction. Un tel document servira de référence à l'étude de la première mouture du Budget, telle qu'elle proviendra du travail des opérationnels. Certains parlent alors de pré-budget, mais cette phase est facultative.

Vient alors le **lancement** proprement dit, qui implique une partie « communication » de la part de la direction générale. Cela peut être réalisé lors d'une « réunion de lancement » ou être limité à une communication écrite. La description de la procédure, les grandes hypothèses et les éventuelles attentes de la direction générale sont alors explicitées et diffusées.

3.2.5. *Étape trois : élaboration de la première mouture du budget*

Le travail proprement dit de l'élaboration budgétaire commence alors au sein des centres de responsabilité budgétaire. Les projets et les idées qui avaient pu être mis de côté au cours de l'année passée doivent être ressortis afin d'être chiffrés et argumentés.

> Le responsable de chaque centre de responsabilité ne doit surtout pas hésiter à s'appuyer sur son équipe afin de l'impliquer dans la recherche des meilleures solutions à proposer. Le dialogue de *management* doit être suscité au sein de chacune des équipes.
>
> L'expérience montre en effet que les responsables qui prennent l'exercice budgétaire au sérieux améliorent leur compréhension de leur activité et des moyens de l'améliorer. Elle montre également que le fait de faire participer son équipe à l'élaboration du budget suscite des améliorations au niveau des performances de celle-ci.

Dès cette étape, il convient de mensualiser le budget, notamment pour prendre en compte la saisonnalité, l'évolution des effectifs, les variations du chiffre d'affaires et de la production qui doit y être conforme.

3.2.6. Étape quatre : première consolidation

L'ensemble des budgets est envoyé au contrôle de gestion qui va s'occuper de sa consolidation.

Cette étape est critique, d'abord sur un plan technique pour les contrôleurs de gestion eux-mêmes, car il faut que les bonnes cases aient été remplies (c'était un des rôles de la première étape que de concevoir des feuilles de travail cohérentes et compréhensibles par les opérationnels).

> Le contrôle de gestion ne dispose en général que d'un temps limité, à la fois pour consolider les feuilles de calcul et en analyser les chiffres, en vérifiant notamment les différentes cohérences. La phase de conception des feuilles de calcul doit donc privilégier également la conception de ratios ou tout autre moyen permettant d'évaluer rapidement la qualité des chiffres fournis par les opérationnels. Cela sera fait par exemple par le biais de comparaisons avec des standards ou l'exercice précédent. Grâce à cela, le contrôle de gestion pourra détecter rapidement d'éventuelles erreurs de calcul ou de raisonnement, ainsi que les déficiences en termes de cohérence entre les différentes parties de l'entreprise. Il vaut mieux éviter de fournir à la direction générale des documents dans lesquels de grossières erreurs n'ont pas été rectifiées.

Cette étape est critique également sur le plan du *management,* dans la mesure où la première mouture va montrer le décalage qui peut exister entre les attentes de la direction générale et les premières estimations des opérationnels. La taille du fossé indique la quantité d'efforts à fournir pour réconcilier les deux approches.

3.2.7. Étape cinq : négociations et arbitrages

C'est l'étape représentative du dialogue de *management* qui est toujours nécessaire, quelle que soit la philosophie budgétaire, *bottom-up* ou *top-down*.

Si la construction du budget a privilégié la philosophie *bottom-up,* il vient un temps où la direction générale doit opérer des choix entre des propositions alternatives des opérationnels. L'étape de planification stratégique qui a précédé la construction budgétaire doit maintenant faciliter ces choix ou au moins les rendre plus transparents.

> La manière dont ces choix seront opérés importe souvent plus que la décision
> elle-même. Le style de *management* de la direction générale, qui a tendance à
> redescendre aux niveaux hiérarchiques inférieurs, générera des pratiques sou-
> vent très différentes.

Il est difficile de donner des conseils en la matière, mais un dicton semble
approprié : « Un bon *manager* n'est pas celui qui prend les bonnes décisions,
c'est celui qui fait en sorte que ses décisions deviennent bonnes en fin de
compte. »

Si le budget est réalisé *top-down,* la plupart des choix douloureux aura été
réalisée en amont et la phase d'arbitrage sera extrêmement réduite.

3.2.8. Étape six : cycle de nouvelle élaboration

On va retrouver ici les différentes étapes de travail au niveau des centres de
responsabilité budgétaire, de consolidation par le contrôle de gestion, de présentation à la direction générale et, le cas échéant, de nouvelle négociation
avec arbitrage.

Ce cycle peut se renouveler jusqu'au moment où les acteurs jugeront qu'il ne
semble pas possible d'obtenir un meilleur résultat.

En pratique

> L'expérience montre que la plupart des entreprises se limite à entre deux et six cycles
> d'élaboration.

La difficulté réside dans la définition pour chaque centre de responsabilité de
ce qui peut être considéré à la fois comme réaliste et ambitieux.

> Les responsables de centres de responsabilité ne doivent pas être conduits par
> lassitude ou par pression hiérarchique à accepter de s'engager sur des résultats
> qu'ils savent ne pas pouvoir atteindre.
>
> Cela est important aussi bien pour eux-mêmes, pour leur motivation, dans la
> mesure où une rémunération variable peut être liée à l'atteinte des résultats, que
> pour les dirigeants qui doivent s'assurer que les engagements pris à l'égard d'un
> siège ou d'actionnaires pourront être atteints.

Cette préoccupation est à l'origine des développements ci-dessus concernant la
réalisation d'un modèle opérationnel en amont du modèle purement comptable et financier de chaque budget.

3.2.9. Étape sept : fin du processus

C'est l'arrêt des cycles de construction, avec la signature d'une sorte de contrat réciproque entre la direction et les opérationnels. Cet arrêt doit être réalisé avant le commencement de la nouvelle année, faute de quoi régnera une indécision préjudiciable à la bonne marche de l'organisation.

La dernière mouture du budget doit être diffusée aux responsables qui ont participé à son élaboration. Cela est d'autant plus indispensable lorsqu'il y a eu plusieurs moutures intermédiaires, et qu'il existe des risques de confusion.

3.2.10. Étape huit : contrôle budgétaire

La description de cette étape et de ses différentes composantes sera traitée dans le chapitre 11.

On se contentera d'indiquer qu'il est important que cette étape commence dès la fin du premier mois de la nouvelle année, afin de signifier l'importance que l'on accorde au contrôle budgétaire et à sa place dans les processus de *management*.

3.3. La procédure budgétaire : chronologie dans la succession des budgets procédure budgétaire

La procédure budgétaire décrit une construction dont la logique doit être respectée. Certains budgets dépendent en effet très naturellement de chiffres situés en amont.

3.3.1. Les ventes

Dans l'ordre chronologique, le **premier budget à bâtir est celui des ventes.** Les ventes en quantité devront en effet être fabriquées puis livrées et éventuellement maintenues. Le budget des ventes a donc l'honneur redoutable de figurer en premier dans la chronologie budgétaire.

Les ventes doivent absolument être prévues en quantités et pas seulement en chiffre d'affaires, afin de fournir les informations nécessaires à la réalisation des budgets de production et de logistique. On s'attachera à les détailler, suivant les cas, par ligne de produits, par référence, par circuit de distribution, par pays ou zone géographique, au niveau de détail le plus fin permettant, une fois l'année commencée, de comprendre d'où proviennent les écarts vis-à-vis du budget initial.

Suivant les entreprises, les ventes sont budgétées par le commercial ou le *marketing*. Le budget des ventes doit être distinct de celui des moyens commerciaux, qui comporte, suivant les cas, la rémunération des vendeurs, les budgets publicitaires et promotionnels, etc.

> Au plan budgétaire, le paradoxe est que, d'une part, on a envie de maximiser les ventes, alors que l'on sait bien d'autre part que si l'on surestime les volumes prévus, on risque de surestimer les moyens et donc les dépenses à mettre en œuvre. Si le chiffre d'affaires n'est pas au rendez-vous, on risque d'avoir plus de mal à remettre en question les dépenses qui avaient été prévues par rapport aux quantités initiales.

3.3.2. La production

Le second budget dans l'ordre chronologique est le **budget de production**. La plupart des entreprises utilisent pour le construire le même outil qui leur permet de suivre la production en comptabilité analytique. Cet outil comporte en effet toutes les informations concernant la composition des produits, en ce qui concerne les matières premières et la main-d'œuvre directe.

Des hypothèses concernant la variation des stocks pourront aboutir à une production supérieure ou inférieure aux quantités qu'il est prévu de vendre.

On peut assimiler au budget de production tous les budgets concernant la mise en œuvre des quantités vendues, qu'il s'agisse de maintenance, de logistique, de service après-vente.

3.3.3. Les autres budgets

En troisième lieu, on considérera l'ensemble des autres budgets, des **budgets de frais généraux ou de fonctionnement** au sens large.

On retrouvera dans la logique de prévision et de négociation les éléments dont on a pu parler dans le chapitre 4 concernant les centres de responsabilité.

4. LES AUTRES ÉLÉMENTS DU BUDGET

4.1. Budget des investissements

Le budget des investissements est la partie la plus stratégique du Budget. Les investissements concernent le long terme, ceci explique donc cela.

Dans la plupart des entreprises, les investissements les plus importants sont décidés dans la phase de planification stratégique, objet du chapitre 5. Cependant, lorsqu'une entreprise ne possède pas de phase de planification ou lorsque les investissements prévus ne sont pas importants, leur choix interviendra au moment de la préparation du budget. On en discutera en même temps que le budget des charges et leur traitement suivra les mêmes phases qui ont été vues plus haut.

La méthodologie de choix des investissements par le calcul de la rentabilité d'un projet sur plusieurs années est l'objet du chapitre 13. Cependant, les investissements de faible montant ou pour lesquels une étude de rentabilité serait une perte de temps seront le plus souvent tout simplement listés.

Nous nous contenterons ici de couvrir la partie la plus formelle du budget des investissements, telle qu'elle apparaît dans les documents du budget.

> Le budget des investissements se présente sous la forme d'une liste des investissements à effectuer, avec le montant hors taxes prévues ainsi que la date prévue de mise en activité. Cette dernière information est importante pour permettre le départ de la dotation aux amortissements mensuelle à intégrer dans le budget des charges.

Il est également important de prévoir dans le « budget » de trésorerie le décaissement corrélatif à l'acquisition de l'investissement.

Pour respecter le cadre budgétaire, un budget d'investissement sera probablement rattaché à chacun des centres de responsabilité en charge d'un budget, la négociation se faisant centre de responsabilité par centre de responsabilité, avec contrôle que le cumul consolidé reste dans l'enveloppe générale que l'entreprise peut se permettre.

4.2. Budget des éléments du Bilan

Toutes les entreprises qui attachent de l'importance au suivi du besoin de fonds de roulement (voir le chapitre 7) s'attacheront à prévoir l'évolution des postes qui le composent, c'est-à-dire les comptes clients, les comptes stocks et les comptes fournisseurs. Cette prévision sera mensualisée afin de pouvoir suivre les objectifs de recouvrement et de gestion des stocks au niveau des responsables à qui ils sont confiés.

À un niveau plus financier qu'opérationnel, seront estimées l'évolution des immobilisations à l'actif et l'évolution des capitaux propres et de l'endettement au passif.

Pour le reste, l'évaluation se fera le plus souvent de manière assez grossière et sera souvent limitée au trimestre à l'exception de l'évolution de la trésorerie.

4.3. Prévision de trésorerie annuelle mensualisée

Le terme de prévision est préférable à celui de budget pour les raisons exposées au début de ce chapitre.

Il existe en fait deux manières d'estimer l'évolution de la trésorerie mois par mois.

La première méthode consiste, à partir du bilan, et après avoir estimé le haut du bilan dans son évolution (immobilisations d'une part, capitaux propres et dettes à long terme d'autre part), à calculer l'évolution des postes du besoin en fonds de roulement (BFR) mois après mois, et à en déduire le montant de la trésorerie positive ou négative à partir de l'équation du bilan, actif égale passif. Cette méthode est conceptuellement adéquate, mais concrètement, elle donne souvent des résultats inférieurs à la seconde méthode.

La seconde méthode est celle des trésoriers. On liste l'ensemble des encaissements et des décaissements par nature, et il s'agit d'estimer le montant mensuel en mixant des informations d'ordre historique avec les informations prévisionnelles.

Il ne faut pas oublier que **le budget est d'abord d'essence comptable**. Il est bâti à partir des charges et des produits plutôt qu'à partir des encaissements et des décaissements. Il est évalué hors taxes alors qu'une prévision de trésorerie doit reconnaître les encaissements et décaissements TTC, et suivre les versements décalés de TVA et de charges sociales. Tous ces éléments donnent un **avantage à l'optique de trésorerie** par rapport à l'optique comptable.

Dans certains environnements, on attribue au « budget de trésorerie » la fonction de budget de synthèse, en raison de la logique financière qui lie les différents ingrédients de charges, de produits, d'acquisitions, d'immobilisations et d'écoulement des comptes de BFR. Cela est vrai dans une logique financière au moment de la construction de budget. L'expérience montre cependant que les nombreux décalages de trésorerie, se produisant entre prévisions et réalisations et se surajoutant aux écarts en montants, rendent illusoire une comparaison valable entre réalisations et budget de trésorerie. L'exception concerne le suivi particulier des impacts en trésorerie des éléments du BFR, notamment des comptes clients et des stocks.

Afin d'améliorer la qualité de la prévision de trésorerie, on retiendra les conseils qui suivent :

- les lignes d'encaissements doivent être éclatées par composants. On distinguera suivant les cas les encaissements par ligne de produits, par circuit de distribution, par pays ou par zone géographique ;

> Le niveau de détail devra être affiné de façon à reconnaître au niveau des réalisations les différences entre prévisions et réalisations.

- les lignes de décaissements seront de même éclatées en autant de natures de dépenses différentes, à la condition de pouvoir les suivre en réalisation.

De manière générale, on retrouvera au niveau de la prévision de trésorerie la distinction bien connue des tableaux de flux entre **exploitation, investissement** et **financement**.

La partie de l'exploitation est bien entendu la plus difficile à prévoir, les lignes d'investissement étant nourries par le budget d'investissement, la partie financement découlant des décisions de financement à long terme pour une part, étant calculée par solde pour le reste.

5. LE CONCEPT DE SYSTÈME BUDGÉTAIRE INTERACTIF : LE MODÈLE DE ROBERT SIMONS

Le Budget est, comme nous l'avons souligné en amont, un outil de *management*. Certaines entreprises ont développé ce que Robert Simons appelle des systèmes de contrôle interactifs. On reviendra sur ces concepts dans le chapitre concernant la culture de *management*. On se limite ici à la présentation du cas d'une entreprise qui utilise ainsi son système budgétaire.

En pratique

La société **Johnson & Johnson** qui se trouve dans un environnement très concurrentiel, utilise son système budgétaire de manière interactive, de façon à attirer l'attention sur les incertitudes stratégiques concernant le développement de nouveaux produits et marchés.

La partie strictement budgétaire de son système de planification couvre l'année suivante en détail et l'année N + 2 avec un moindre détail. Plusieurs fois en cours d'année, les *managers* sont amenés à réestimer les effets de tactiques concurrentielles et de l'introduction de nouveaux produits sur leur compte de résultats des deux années qui viennent. L'interactivité contribue à rendre extrêmement transparent, vis-à-vis des strates supérieures de l'organisation, l'ensemble des problèmes qu'ils rencontrent ainsi que les manières dont ils envisagent de réagir.

Codman & Shurtleff est une filiale de ce groupe, et le cas nous présente de manière très vivante la révision du mois de mai de leur budget annuel.

Ce montant est décidé chaque année dans la phase de négociation budgétaire, sur la base de la perception des incertitudes.

Les membres de l'équipe de Codman & Shurtleff ont fourni des efforts considérables pour respecter leurs engagements et atteindre l'objectif de bénéfice annuel, malgré des circonstances défavorables (écarts de change défavorable, variance de *mix produit*, écart défavorable sur stocks). La dernière projection montre un écart de 2 millions de dollars, en dessous du niveau prévu par le budget initial. Cette année, les fonds de *contingency* sont de 1,1 millions de dollars. Il s'agit clairement de montrer que tout a été fait pour éviter d'utiliser trop tôt dans l'année ce matelas de *contingency*. Aussi trouve-t-on rapidement 400 000 $ de projets de recherche et développement dont on pense qu'ils ne seront pas dépensés cette année-ci, sans pour autant mettre en danger le long terme. Deux pour cent sur l'ensemble des dépenses de fonctionnement permettraient de récupérer 500 000 $.

Au cours de la discussion, le sujet du niveau normal des stocks vient à être débattu. La manière interactive de discuter du budget suscite une interrogation d'ordre stratégique. La politique de la société d'avoir un stock permettant de répondre rapidement aux demandes de ses clients, quel que soit le produit, commence à poser question. Le dirigeant de la filiale se demande si la loi des 80/20 ne peut pas s'appliquer en désignant dans le catalogue des produits, ceux pour lesquels on ne s'engagerait que pour une livraison à quatre-vingt-dix jours. Instruction est donnée pour qu'une étude d'ordre économique soit réalisée à ce sujet. Et l'on revient aussitôt à l'ordre du jour, qui consiste à se rapprocher de l'objectif de bénéfice pour l'année en cours.

Ces efforts sont d'autant plus méritoires que nous apprenons que l'entreprise ne pratique pas la politique de lier la rémunération variable à l'atteinte des résultats du budget !

6. Quelques considérations sur le lien entre rémunération variable et respect des engagements du budget

Dans ce chapitre, nous avons supposé que les gestionnaires de centres de profit avaient leur rémunération variable liée à l'atteinte des objectifs de profit. Ces gestionnaires ont par ailleurs la possibilité d'agir sur leurs équipes de manière à renforcer les chances d'atteindre l'objectif initialement négocié.

On vient de voir avec l'exemple Codman & Shurtleff qu'une liaison automatique entre rémunération variable et objectif annuel de bénéfice n'est pas toujours nécessaire ou obligatoire puisque, dans ce cas, la rémunération variable est décidée de manière subjective. On a vu cependant que les efforts pour continuer à atteindre l'objectif de bénéfice annuel, malgré des circonstances défavorables, étaient considérables. Le système de gestion interactif cherche à promouvoir la transparence entre différents niveaux hiérarchiques, à montrer les difficultés réelles pour atteindre l'objectif, en démontrant que tout a été fait de façon à obtenir les meilleurs résultats eu égard aux circonstances.

Dans la mesure où l'environnement est extrêmement incertain, un lien automatique entre résultat et rémunération variable serait injuste, et une évaluation subjective, aussi bizarre que cela puisse paraître à certains, semble plus juste. On retrouve ici le concept de *fair-play* en matière d'évaluation, qui doit être central en matière de contrôle de gestion.

7. REPRÉVISIONS

La plupart des entreprises pratiquent un ou plusieurs exercices de « reprévision » en cours d'année. Ces exercices correspondent à la volonté de « monitorer » les résultats en contrôle budgétaire. Ils ne peuvent bien évidemment pas remettre en question les engagements du Budget en raison de leur caractère contractuel. Il en est question dans le chapitre 11.

SYNTHÈSE

Le budget, avant d'être un ensemble de chiffres, est d'abord un outil de *management*. C'est la raison pour laquelle la plupart des entreprises y consacrent autant de temps. Il s'agit en effet d'une formalisation des engagements croisés des différents niveaux hiérarchiques. Pour le *manager* subordonné, c'est l'engagement d'atteindre certains résultats, compte tenu de l'engagement du *manager* supérieur hiérarchique de lui attribuer un certain nombre de ressources. Une telle contractualisation mérite négociation.

L'opérationnel, souvent peu à l'aise avec une modélisation essentiellement financière et comptable, a intérêt à s'approprier son propre modèle de construction, à la manière des hommes de production qui en disposent naturellement grâce à la comptabilité analytique. Cette condition est indispensable pour négocier pleinement les engagements qu'il sera amené à prendre avec son niveau hiérarchique supérieur.

La chronologie de construction du budget suit une logique évidente : ventes, production, frais généraux. Les éléments suivants qui font le plus souvent partie du budget, suivent cependant une logique décalée : budget des investissements, bilan budgété, prévision de trésorerie.

Le concept du système de gestion interactif développé par Robert Simons ne fait que renforcer l'idée que le budget est avant tout un outil de *management*.

Le lien entre atteinte des résultats et rémunération variable, fréquemment au cœur des systèmes de gestion, n'est pas toujours une condition nécessaire pour un bon fonctionnement de l'outil budgétaire.

TEST DE CONNAISSANCES

Q1 – Le budget sert à...

1 – coordonner les activités des différentes parties de l'organisation.
2 – savoir combien on a le droit de dépenser.
3 – préciser les résultats qu'il faut atteindre.
4 – préciser les décaissements de l'année suivante.

Q2 – Le budget est l'affaire...

1 – de la direction.
2 – des opérationnels.
3 – des financiers.
4 – des contrôleurs de gestion.

Q3 – Grâce au Budget, la direction...

1 – suscite des plans d'action de la part des opérationnels.
2 – peut définir les priorités de l'entreprise.
3 – peut arbitrer entre des dépenses.
4 – peut « déshabiller Pierre pour habiller Paul ».

Q4 – Grâce au Budget, les opérationnels peuvent...

1 – exiger des moyens en rapport avec les résultats sur lesquels ils s'engagent.
2 – demander plus de moyens.
3 – se coordonner les uns avec les autres.
4 – apprendre à mieux gérer leur unité.

Q5 – Budgéter c'est...

1 – comme prévoir.
2 – prévoir et s'engager sur des résultats.
3 – négocier des couples « résultats-moyens ».
4 – mettre en musique ce que la hiérarchie nous demande d'accomplir.

Q6 – Pour bien budgéter il faut...

1 – comprendre ce qui s'est passé les années précédentes.
2 – se construire un modèle explicatif du fonctionnement de son unité.
3 – comprendre ce que l'on attend de nous.
4 – savoir expliquer le fonctionnement de son unité aux membres de son équipe.

Q7 – Un bon Budget :

1 – on n'y passe pas trop de temps, la première mouture doit être la bonne !
2 – tout le monde est content, les objectifs vont être facilement atteints.
3 – suit une logique financière de bout en bout.
4 – c'est les résultats de l'année précédente avec quelques pourcentages d'amélioration.

.../...

Q8 – Pour un bon Budget, la direction doit...

1 – tout déléguer au contrôle de gestion.

2 – faire entièrement confiance aux opérationnels.

3 – s'impliquer dans l'ensemble des négociations avec les opérationnels.

4 – préciser les résultats attendus et les moyens de les atteindre.

Q9 – Dans le Budget :

1 – les charges sont estimées TTC.

2 – certaines charges sont TTC et d'autres HT.

3 – les éléments du budget d'investissement se retrouvent dans les budgets de dépense.

4 – les éléments du budget d'investissement se retrouvent dans la prévision de trésorerie.

Q10 – Quelques affirmations à propos du Budget :

1 – le responsable d'une unité ne doit pas tout remettre à plat comme si rien n'existait.

2 – de toute façon, c'est la direction qui va décider ce que l'on doit faire au niveau de l'unité.

3 – la direction doit préciser ses projets en amont du budget.

4 – les contrôleurs de gestion ont un rôle de consolidation et d'assurance de la cohérence.

Réponses du test :

   Q1 : 1 et 3 – Q2 : tous ! – Q3 : tous ! – Q4 :1, 3 et 4 – Q5 : 2 et 3 – Q6 : tous ! – Q7 : aucun ! – Q8 : 3 – Q9 : 4 – Q10 : 3 et 4.

Chapitre 7

Définir et évaluer la performance : ROI et EVA

Daniel Hirsch

- Comprendre comment se calcule le ROI et le mettre en correspondance avec le coût du capital dans le concept de la création de valeur.
- Comprendre les apports du ROI dans l'évaluation des *business units* et de leurs dirigeants.
- Apprendre à utiliser la formule de DuPont de Nemours pour analyser les sources de la rentabilité, et les leviers d'action pour l'améliorer, après en avoir resitué les circonstances historiques, et en incluant le concept de levier d'endettement.
- Comprendre quels sont les paramètres sur lesquels on doit s'interroger dans la conception d'un système de mesure à base de ROI ou d'EVA, et les principes applicables.
- Comprendre les limitations de ces deux outils.
- Comprendre quand l'EVA est supérieur au ROI dans l'examen de projets d'investissement.

Ce chapitre décrit l'utilisation du ROI et de l'EVA comme moyen d'évaluer la performance d'un centre d'investissement. À ce titre il est la continuation du chapitre 4 consacré aux centres de responsabilité et du chapitre 6 consacré au budget.

Le ROI constitue l'outil d'évaluation le plus synthétique d'un centre d'investissement. C'est d'ailleurs ce *return on investment* qui a donné son nom au centre de responsabilité de ce type. L'invention du ROI au début du XXe siècle et son utilisation par les premières grandes entreprises américaines divisionnalisées marquent une première étape dans l'invention de ce qui allait devenir le contrôle de gestion. Il s'agit en effet du premier ratio synthétique concernant la rentabilité globale d'une entité économique.

Grâce à lui, les organes du siège d'une grande entreprise comportant plusieurs divisions peuvent à la fois en mesurer la rentabilité économique, communiquer à leurs responsables leurs attentes à cet égard, évaluer leurs résultats et les récompenser pécuniairement. Par la même occasion, s'effectue le lien logique avec les marchés financiers, source du financement de l'ensemble et critère de coût du financement.

1. Ce qu'est le **ROI**

De la manière la plus brutale, le ROI est tout simplement le ratio du bénéfice divisé par la totalité des actifs. En conséquence, ce ratio devrait s'appeler la rentabilité des actifs. Le terme de *return on investment* correspond à la perception qu'a le siège d'une grande entreprise que l'investissement dans chaque division correspond à l'ensemble des actifs utilisés par celle-ci, et que le siège se voit obligé de financer en fin de compte. En effet, financièrement parlant, l'actif est égal au passif, et le passif correspond à l'ensemble des sources de financement d'une entreprise, que ce financement provienne des capitaux propres ou de l'endettement.

$$\frac{\text{Bénéfice}}{\text{Total actifs}}$$

Nous choisissons à ce stade de ne pas entrer dans une définition plus précise de ce que l'on entend par bénéfice et actifs, cette discussion méritant des développements plus longs que nous réservons pour plus tard.

1.1. Le montant des actifs comme évaluation des ressources économiques : le modèle financier

Le modèle du ROI repose sur la perception que les actifs d'une entreprise représentent une bonne évaluation de la quantité de ressources économiques utilisées par cette entreprise.

Considérons tour à tour les différents éléments de l'actif pour nous en persuader :

* **les immobilisations,** premier élément en haut de l'actif, correspondent particulièrement bien à cette perception. Il s'agit des équipements, des bâtiments,

des machines qu'une entreprise a achetés pour les conserver longtemps et les utiliser pour produire des biens ou des services. Dans ce dernier cas, les immobilisations seront surtout des équipements utilisés par les membres du personnel (ordinateurs, mobilier, etc.) ;

- **les stocks**, deuxième élément en descendant l'actif, constituent également une ressource économique dans la mesure où, en cas d'indisponibilité, les clients risqueraient d'aller acheter ailleurs ;

- **les comptes clients**, troisième élément d'importance, sont également une ressource économique pour le cas des entreprises qui vendent à crédit ;

- **les disponibilités**, compte banque et placements divers, sont nécessaires au bon fonctionnement d'une entreprise pour payer à temps les fournisseurs, les salaires et charges salariales, etc.

> Dans une perspective financière, la quantité d'actifs, c'est ce qui permet de générer du chiffre d'affaires, le chiffre d'affaires générant le bénéfice.
>
> La rentabilité de l'entreprise augmente s'il est possible de produire autant de chiffre d'affaires avec moins d'actifs, ou s'il est possible de produire davantage de chiffre d'affaires sans augmenter autant la quantité d'actifs.

Bilan

	Actif	Passif	
Ressources économiques	Immobilisations	Capitaux propres	**Sources de financement**
	Stocks	Dettes financières long terme	
	Comptes clients	Dettes d'exploitation	
	Disponibilités	Dettes financières court terme	

1.2. ROI, coût du capital et « création de richesse »

Le ratio du ROI a le mérite de faire apparaître le concept de bénéfice minimum nécessaire. En effet, s'il est facile de dire que faire du bénéfice *en quantité* est préférable à faire des pertes, la question de la quantité minimum de bénéfice reste posée tant qu'on ne dispose pas de deux outils conceptuels supplémentaires : le ROI et le coût du capital. Ces derniers vont permettre de préciser le **taux minimum de profit** nécessaire pour qu'une entreprise « crée de la richesse ».

Pour ce faire, le ROI va se comparer avec le concept financier du « coût du capital », également exprimé en taux.

Le coût du capital donne pour une entreprise le coût moyen pondéré de l'ensemble de ses sources de financement. Ce calcul s'intéresse à la colonne du passif du bilan, là où se retrouvent les capitaux propres, dont les actionnaires attendent une certaine rentabilité, et l'endettement financier qui coûte des frais financiers.

En comparant l'actif et le passif, on peut énoncer que pour qu'une entreprise « crée de la richesse, de la valeur », il faut **que la rentabilité des actifs soit supérieure au coût du passif**, véritable « coût du capital ». Ces notions étant toutes les deux exprimées en pourcentage, le lien logique est simple à faire (même si le calcul pratique du coût du capital peut présenter des difficultés qui dépassent le cadre de ce livre, voir à ce sujet la bibliographie) pour déterminer le taux de rentabilité minimum acceptable pour l'entreprise et l'ensemble de ses projets.

En effet, le coût du capital va être une référence non seulement pour le ROI global de l'entreprise (calculé pour l'ensemble de l'entreprise chaque année), mais également pour la rentabilité financière de chaque nouveau projet d'investissement. Cette rentabilité se calcule sur plusieurs années en actualisant à aujourd'hui les *cash-flows* futurs consécutifs à un projet, et pour lesquels le taux d'actualisation sera précisément le même coût du capital (voir le chapitre 13 sur la rentabilité des projets et la VAN).

Le coût du capital se calcule en « après impôt sur les sociétés », ce qui impliquerait de calculer le ROI à ce même niveau, en prenant en compte le bénéfice après impôts, mais l'on reviendra ci-dessous sur cette problématique, dans la partie consacrée à l'évaluation des éléments du ROI.

2. APPORT DU ROI DANS L'ÉVALUATION DES DIRIGEANTS D'UNITÉ

En pratique

Imaginons deux entités économiques qui font partie du même groupe, l'entité A et l'entité B, et que l'on souhaite comparer.

- On peut prendre en compte les ventes en montant pour les comparer :

	A	B
Ventes	20 000	18 000

L'entité A prend l'avantage sur l'entité B en ce qui concerne les ventes. Mais est-ce bien pertinent ?

- On peut regarder le taux de marge :

	A	B
Bénéfice	800	1 000
Ventes	20 000	18 000
Taux de marge	4,00 %	5,56 %

B reprend l'avantage.
- On peut se mettre au niveau du bénéfice en montant :

	A	B
Bénéfice	800	1 000

Si l'on se contente de regarder leurs bénéfices annuels, on va considérer que l'entité B est **plus bénéficiaire** que l'entité A. Mais est-ce à dire que l'entité B a une **rentabilité** plus importante que l'entité A ?

La notion de bénéfice exprimée en montant s'oppose à la notion de rentabilité exprimée en pourcentage.

Mais pour raisonner en rentabilité, il faut…
- Comparer bénéfice et actifs :

	A	B
Bénéfice	800	1 000
Total des actifs	8 000	12 000
ROI	10,00 %	8,33 %

La rentabilité de A est supérieure à celle de B, car si B fait un bénéfice supérieur (et a un taux de marge supérieur), A consomme une quantité proportionnellement inférieure d'actifs, et demande donc moins de financement au siège.

Le calcul du ROI permet de relativiser la performance de chacune de ces deux entités en introduisant dans le référentiel la quantité de moyens utilisés afin de parvenir au résultat. Elle permet également de relativiser la performance des dirigeants de ces deux entités en rapportant leur résultat ultime (le bénéfice) à leur consommation de ressources qui doivent être financées par le siège. La performance de l'entité A semble maintenant bien plus méritoire que celle de l'entité B, une fois prise en compte la quantité d'actifs utilisés.

En fait pour répondre à la question implicite de **création de richesse**, il faut comparer le taux de ROI au coût du capital et vérifier que le premier est bien supérieur au second. Dans l'exemple de ces deux entités, si le coût du capital est de 7 %, il y a bien création de richesse pour les deux.

Si le coût du capital est de 9 %, seule l'entité A crée de la richesse pour le groupe, et l'entité B détruit de la richesse. Cet examen permet simplement de dire s'il y a oui ou non création de richesse, mais il ne permet pas de chiffrer directement cette création de richesse, problème qui sera résolu par l'EVA.

Si les deux entités sont évaluées en tant que **centres de profit,** on évaluera leur résultat au niveau du montant de bénéfice annuel comparé au bénéfice sur lequel le dirigeant s'était engagé dans le cadre du budget. Un bénéfice supérieur au bénéfice budgété se traduira la plupart du temps par une rémunération variable supérieure, et vice versa. On aura ainsi encouragé le dirigeant de chaque *business unit* à maximiser la quantité de bénéfice par rapport au référentiel du budget.

Si les deux entités sont évaluées en tant que **centres d'investissement,** c'est le ratio du ROI par rapport au ratio prévu dans le budget qui servira à l'évaluation des dirigeants de *business units*. Ce mode d'évaluation aura pour effet de rendre le dirigeant beaucoup plus concerné par la rentabilité économique, en lui demandant de prêter attention non seulement au compte de résultats mais également au bilan (voir le chapitre 4 consacré à la modification du comportement quand un responsable de *business unit* voit son critère d'évaluation changer de centre de profit à centre d'investissement).

3. LA MÉTHODE DuPONT DE NEMOURS

3.1. Aspects historiques

Le concept du ROI est inséparable de la méthode inventée par les dirigeants de la société DuPont, consistant à éclater le ratio du ROI en deux autres ratios, pour ensuite éclater le ratio de la rentabilité des actionnaires en trois autres ratios.

Dans son célèbre livre *Strategy and Structure,* Alfred D. Chandler Jr. raconte comment cette société américaine, initialement spécialisée dans les explosifs, a entamé une stratégie de diversification à partir de la fin de la Première Guerre mondiale. Les liquidités que cette entreprise avait pu dégager du fait de son activité au cours de la guerre l'ont conduite à une stratégie de croissance externe. Cela a entraîné DuPont dans un grand nombre de secteurs industriels différents de son secteur d'origine, même si le choix de rester dans le domaine général de la chimie était affirmé. Cette croissance externe dans des lignes de produits nouvelles a provoqué une augmentation des besoins en *management* global. La planification, la coordination et l'évaluation des résultats étaient rendues plus difficiles à des *managers* dont l'expérience résidait uniquement dans les explosifs.

Les pertes du premier semestre de l'année 1921 dans les produits autres que les explosifs entraînèrent la réorganisation de l'entreprise. Un nouveau comité exécutif fut créé, dont aucun des membres n'avaient des responsabilités opérationnelles au niveau des divisions. Il s'agissait à la fois de donner davantage d'autorité à ses membres et de s'assurer qu'ils consacreraient suffisamment de temps à leurs tâches de coordination et de réflexion stratégique. Il s'agissait également d'éviter que leur propre engagement opérationnel les conduise à ne pas être suffisamment critiques sur les projets des autres divisions. Les dirigeants se défiaient des pratiques probablement assez communes à l'époque, de « retour d'ascenseur », incitant à ne pas critiquer les projets des autres responsables opérationnels de façon à ne pas se voir critiquer ses propres projets.

La nouvelle stratégie de l'entreprise conduisit à une refonte de sa structure, à la mise en place de divisions *(industrial departments)* dont chacune était responsable de l'ensemble de ses fonctions (achats, production, ventes, recherche et développement, comptabilité analytique, etc.) alors que certaines avaient auparavant été centralisées dans le cadre d'une structure fonctionnelle. Ces divisions étaient dirigées par des *« general managers »*, responsables devant le comité exécutif qui allait les évaluer périodiquement sur une base financière, d'après la formule du ROI définie par Donaldson Brown. En conséquence, les facturations entre divisions allaient s'effectuer sur la base des prix du marché.

Donaldson Brown, le *« treasurer »*, avait fait partie du comité à l'origine de la proposition de réorganisation. Le département financier *(treasurer's department)* était le seul à conserver une autorité *« line »* sur les divisions en définissant les pratiques comptables et statistiques, ce que nous appelons aujourd'hui le *reporting*. Mais la définition des besoins spécifiques de la comptabilité analytique restait du domaine des divisions. Le *treasurer* faisait partie du comité exécutif ayant la responsabilité de fournir toutes les informations d'ordre financier ou statistique nécessaires pour la prise de décision d'ordre stratégique.

Ce type d'organisation, avec un siège supervisant des divisions en charge de l'opérationnel, est devenu un modèle pour une grande majorité des grandes entreprises, aux États-Unis d'abord, parce que les actionnaires de DuPont étaient également actionnaires d'autres grandes entreprises américaines auxquelles ils ont imposé ce modèle, dans le reste du monde ensuite.

> Cette organisation repose sur l'utilisation du modèle financier de **reporting,** avec la nécessité pour les dirigeants des divisions de raisonner en tant que responsables de **« centres d'investissement »**, en attachant de l'importance non seulement au compte de résultat (taux de marge) mais également au bilan (rotation des actifs).

3.2. La formule de Donaldson Brown

Dans l'exemple précédent, nous avons constaté que le ROI est la meilleure mesure de la rentabilité économique d'une division :

	A	B
Bénéfice	800	1 000
Total des actifs	8 000	12 000
ROI	10,00 %	8,33 %

La formule de Donaldson Brown consiste à éclater cette rentabilité dans ses deux constituants : le taux de marge et la rotation des actifs.

$$\text{ROI} = \frac{\text{bénéfice}}{\text{ventes}} \times \frac{\text{ventes}}{\text{total actifs}}$$

Calcul du ROI

	A	B
Taux de marge	4,00 %	5,56 %
Rotation des actifs	2,50	1,50
ROI	10,00 %	8,33 %

Cela permet de distinguer, parmi les **sources de la rentabilité**, ce qui provient d'un effort concernant la gestion de la marge de ceux concernant la gestion des actifs. Cela conduit à souligner les pistes d'amélioration, les **leviers d'action**, en harmonie avec les concepts du contrôle de gestion.

En pratique

Si, dans notre exemple, la division A produit de meilleurs résultats globaux que la B, ce n'est pas à ses marges qu'elle le doit, mais à sa meilleure gestion des actifs, c'est-à-dire à ce qui a trait à la quantité d'immobilisations, de stocks et de comptes clients qu'elle utilise, eu égard à la quantité de ventes qu'elle peut générer. En conséquence, la division B devrait s'inspirer des pratiques de A pour améliorer sa gestion des actifs, A pouvant s'inspirer de B en ce qui concerne le taux de marge, toutes choses égales par ailleurs !

Ces deux ratios ont leur prolongement dans des ratios de gestion quotidienne de l'entreprise :

- d'abord en éclatant le taux de marge entre ventes et coûts, on peut agir sur les ventes en augmentant ou en diminuant les prix de vente. On peut agir sur les coûts au niveau des achats, des coûts de production, de distribution, etc. ;

- ensuite en éclatant la rotation des actifs dans ses composants, taux d'utilisation des actifs de production, taux de rotation des stocks, rapidité de règlement des clients.

3.3. La formule de Donaldson Brown et la rentabilité des actionnaires

La formule de Donaldson Brown se poursuit au niveau financier pour prendre en compte le niveau d'endettement de l'entreprise. Si cette analyse est en général moins pertinente au niveau d'une division, elle est tout à fait intéressante au niveau global du groupe.

Il s'agit de mettre en évidence les composantes de la rentabilité pour les actionnaires, et de mesurer les **conséquences de l'effet de levier de l'endettement**.

En terminologie anglo-saxonne, la rentabilité des actionnaires s'appelle le « *return on equity* » et se définit (comme en France) par le ratio bénéfice divisé par les capitaux propres.

La formule de DuPont consistait à l'écrire de la manière suivante :

$$\text{ROE} = \frac{\text{bénéfice}}{\text{ventes}} \times \frac{\text{ventes}}{\text{total actifs}} \times \frac{\text{total passif}}{\text{capitaux propres}}$$

La rentabilité des actionnaires se trouve dépendre de la rentabilité économique générale de l'entreprise (les deux premiers ratios sont le ROI), ce qui semble plutôt rassurant d'un point de vue logique. Dans le troisième ratio, le total actifs peut être remplacé par le total du passif, dans la mesure où l'actif égale le passif.

> Le troisième ratio, le passif divisé par les capitaux propres, est une mesure du degré d'endettement de l'entreprise, puisque c'est ce qui distingue les capitaux propres du total du passif. Ce ratio est une mesure de « l'effet de levier » de l'endettement. Un endettement de 50 % correspondrait à un ratio de 2.

Ce troisième ratio nous indique que plus l'entreprise est endettée, plus la rentabilité des actionnaires se trouve démultipliée à partir du ROI.

En pratique

Un ROI de 6 % donnerait une rentabilité des actionnaires de 12 % s'il y a un endettement de 50 %.

À la réflexion, cette constatation peut paraître étrange. Ne dit-on pas que « celui qui paie ses dettes s'enrichit » ? Cette formule semble dire le contraire, plus on s'endette, plus on enrichit les actionnaires.

En fait la limite de cette formule se retrouve dans la comparaison entre ROI et coût du capital. Tant que le ROI est supérieur au coût du capital, il est possible d'accroître le niveau d'endettement. Cependant, cela implique **d'accepter un risque supplémentaire**, car si la conjoncture se retourne, l'entreprise se retrouve avec des frais financiers importants qu'elle doit payer, contrairement aux dividendes qu'il est possible d'arrêter de payer aux actionnaires. Mais plus le degré d'endettement augmente, plus les prêteurs de l'entreprise vont exiger un niveau supplémentaire de rémunération sous la forme d'un taux d'intérêt supérieur, ce qui aura comme conséquence d'augmenter le coût du capital ! On se dirigera alors vers une sorte de « point mort », limite théorique au-delà de laquelle l'endettement supplémentaire fait décroître la rentabilité des actionnaires.

Dans les faits, même si la théorie financière s'intéresse à l'optimum d'endettement, la plupart des entreprises sont conscientes du risque que fait courir à l'indépendance et à la rentabilité de l'entreprise toute augmentation exagérée du niveau d'endettement, et le cas de Vivendi et de France Télécom au début des années 2000 ne peuvent que nous le rappeler.

4. LES DIFFÉRENCES DANS LA PRISE EN COMPTE DES ÉLÉMENTS DU ROI

4.1. Deux principes

Nous nous sommes abstenus jusqu'à présent d'entrer dans le détail de la valorisation du bénéfice et des actifs.

> Il faut prendre en compte la différence entre l'évaluation d'une entité économique et l'évaluation de son dirigeant.

Autant l'évaluation d'une entité économique peut être relativement neutre, autant ce n'est pas le cas pour l'évaluation d'un dirigeant.

Pour l'évaluation d'un dirigeant, on doit toujours se référer à deux principes : d'une part l'impact que cette évaluation peut avoir sur son **comportement** et d'autre part l'exigence de *fair-play* qui doit présider aux techniques de motivation dans les entreprises.

En ce qui concerne le *fair-play*, l'évaluation d'un *manager* de *business unit* doit distinguer les éléments sur lesquels il peut agir, ne serait-ce qu'en partie, des éléments sur lesquels il n'a aucun moyen d'action.

En ce qui concerne le comportement, les concepteurs du système d'évaluation doivent penser à la cohérence entre le système de mesure et le type d'action qu'il suscite de façon logique.

Ces réflexions peuvent entraîner une grande variété dans la conception du système d'évaluation, aussi bien au niveau de l'évaluation des actifs qu'au niveau des éléments qui permettent de calculer le bénéfice.

4.2. L'évaluation des actifs

Au niveau des éléments d'actif, chacune des rubriques pose des problèmes qui peuvent impliquer des réponses différentes suivant les cas.

4.2.1. Les immobilisations

Pour les **immobilisations**, dans un groupe dans lequel coexistent de vieilles unités de production et des usines récemment construites, l'utilisation de la **valeur immobilisée nette** va avantager les gestionnaires des vieilles unités, largement amorties, au détriment des gestionnaires des plus récentes. Les *managers* des entités les plus récentes peuvent être amenés à protester, trouvant injuste de se voir imposer des efforts plus importants pour atteindre le même niveau de rentabilité des actifs.

Une telle situation peut conduire le siège à adopter des **valeurs économiques** à la place des valeurs comptables ou bien à prendre en compte la **valeur brute** de l'immobilisation au lieu de sa valeur nette, en reconnaissant implicitement que la valeur des ressources utilisées, par exemple par un directeur d'usine, ne diminue pas dans le temps au fur et à mesure de son utilisation.

Le désavantage de cette dernière mesure est la non-cohérence entre le *reporting* comptable et l'évaluation des différentes *business units*.

En termes de comportement, le fait de valoriser les actifs à leur valeur brute plutôt qu'à leur valeur nette peut avoir l'avantage de rendre le dirigeant de *business unit* plus conscient de la nécessité de se débarrasser d'anciens équipements dont le taux d'utilisation est faible. Cela peut également l'inciter à remplacer des machines anciennes par de nouvelles plus productives.

La grande majorité des entreprises semble retenir l'évaluation des immobilisations à leur valeur nette, probablement pour privilégier la cohérence avec la présentation comptable globale de l'entreprise.

Le cas du *leasing* d'équipement fait plus l'unanimité au niveau de la nécessité de le réintroduire dans la base des actifs, quelles que soient les modalités du contrat, et l'évolution de la réglementation comptable internationale va dans ce sens.

4.2.2. Les stocks

L'évaluation des **stocks** peut présenter des problèmes dans le cas des entreprises à cycle de production long. Dans certains contrats, les stocks d'encours peuvent être financés par le client, auquel cas il est possible de les soustraire de la valeur des stocks. La comparaison de *managers* d'unités différentes avec des profils de clients différents en matière de financement des encours peut alors susciter des problèmes en regard de la recherche de *fair-play*.

Au niveau des comportements, le moment où se trouve calculé le stock peut avoir des conséquences. Un calcul à fin de mois aura tendance à susciter un branle-bas de combat avant ce moment, si le secteur industriel s'y prête. Un calcul de moyenne en cours de période semblerait plus juste, mais il faut également éviter de construire des modèles trop compliqués à comprendre.

4.2.3. Les comptes clients

L'évaluation des **comptes clients** doit tenir compte du degré de contrôle plus ou moins important que possède le dirigeant de la *business unit* sur la politique de crédit client et de son application dans les relations quotidiennes avec ses propres clients. Si le dirigeant peut influer sur la politique *marketing,* les tarifs et le choix des clients que l'on prospecte, il aura tendance à intégrer les comptes clients à leur valeur réelle. Le contraire pourrait entraîner un calcul sur la base d'une formule, par exemple que les ventes sont toutes réglées à trente jours.

> La majorité des entreprises pratique la politique de la simplicité, et donc de la cohérence avec le modèle comptable, la consolidation de l'ensemble des *business units* devant correspondre avec le bilan global de l'entreprise.

4.2.4. La trésorerie

La **trésorerie** est le plus souvent centralisée dans la gestion des grands groupes. Cela a l'avantage de nécessiter une moindre quantité d'argent à financer au niveau du groupe. En conséquence, la trésorerie de chacune des *business units* se rapproche du zéro, ou en tout cas est bien inférieur au niveau qu'elle aurait si elle ne faisait pas partie d'un groupe. Cela se traduit par une trésorerie plus abondante au niveau du groupe. En conséquence le siège la répercute fréquemment au niveau des *business units* en utilisant une formule exprimée par exemple en jours de vente.

4.2.5. Les comptes fournisseurs

Certains groupes vont tenir compte du concept de besoin en fonds de roulement (BFR), en tenant compte de certains éléments du passif circulant, et notamment des **comptes fournisseurs**, dans un **calcul de l'actif net utilisé**. On retranchera alors certains passifs circulants du montant de l'actif pour évaluer la quantité de ressources nettes que le dirigeant de *business unit* utilise. La question qui se pose est : le dirigeant de la *business unit* a-t-il une influence dans le choix des fournisseurs et dans la négociation des conditions de leur règlement ? D'autre part, de tels calculs peuvent-ils l'inciter à des manipulations pour apparaître meilleur que la réalité, signe de ce qu'on appelle des effets pervers ?

4.3. L'évaluation du bénéfice

4.3.1. Intégrer ou non l'impôt dans le calcul

Une première question concerne le niveau auquel on calcule le bénéfice : doit-il s'agir du **bénéfice avant ou après impôts ?**

Cette question renvoie au calcul du coût du capital : comme ce concept se calcule en principe après impôts sur les sociétés, il conviendrait de faire de même pour le ROI.

Pour le coût du capital, l'économie d'impôt sur les sociétés réduit le coût après impôts des frais financiers. C'est de cette manière que l'on peut comparer le coût des capitaux propres (toujours calculé après impôts) avec le coût de l'endettement.

Il semblerait alors nécessaire de calculer également le ROI après impôts. Dans un tel cas, il faudrait répercuter sur chacune des *business units* une quote-part de l'impôt sur les sociétés payé par le groupe.

> En général, on se contente du bénéfice avant impôts au niveau des *business units*, afin de ne pas « troubler » les opérationnels avec des notions par trop « financières ». On calcule alors un coût du capital avant impôt.

4.3.2. Les frais généraux du siège

Une deuxième question concerne les **frais généraux du siège**. Doit-on les répercuter au niveau des *business units* ? Si oui, faut-il tous les répercuter, ou bien doit-on les sélectionner sur la base de ceux qui profitent aux *business units* ? Ce type de questionnement a donné lieu à d'innombrables discussions, aussi bien dans la sphère académique que dans les relations entre siège et unités opérationnelles.

Ce qui est en faveur d'une répercussion des frais du siège, c'est l'idée que les différentes unités opérationnelles bénéficient en fin de compte de l'appartenance au groupe, que ce soit par des services que le siège procure ou par des économies implicites. Dans le même ordre d'idées, si l'on ne répercutait pas les coûts du siège, on aurait tendance à surestimer les apports des unités opérationnelles en matière de profitabilité et de ne voir dans le siège qu'une source de charges. Une surestimation de la profitabilité des unités opérationnelles risque de provoquer des comportements favorisant l'excès de dépenses à ce niveau, ce que les sièges doivent réfréner.

En défaveur de la répercussion, nous retrouvons le principe de *fair-play* et l'idée qu'il serait injuste de faire supporter aux unités opérationnelles des charges qu'elles n'ont pas le moyen de contrôler, ou tout au moins sur lesquelles elles n'ont aucun impact.

La voie médiane entre ces deux extrêmes consiste à examiner les coûts associés à chacun des services centraux, à sélectionner ceux des services centraux qui apportent une valeur ajoutée aux unités opérationnelles et à en répercuter les coûts sur une base plus ou moins rationnelle. Nous retrouvons cette problématique dans la partie 2.2 consacrée aux refacturation internes du chapitre 4 consacré aux centres de responsabilité.

4.3.3. Les coûts imposés au gestionnaire

En troisième lieu, on peut s'interroger sur la prise en compte dans les charges de l'unité opérationnelle de certains coûts qui s'imposent au gestionnaire sans qu'il puisse les remettre en question quand bien même il le voudrait.

En pratique

Parmi ces coûts imposés, on peut citer la location de locaux trop luxueux ou trop grands, mais qu'il n'est pas possible de remettre en question, les factures internes d'autres unités du groupe qui facturent à un prix différent des prix du marché, etc.

La création de *business units,* application des principes de décentralisation et de délégation des responsabilités à un niveau qui soit le plus proche du marché, des clients, des concurrents, est théoriquement en faveur de la responsabilisation la plus poussée des dirigeants des unités opérationnelles. Cela implique une totale liberté dans l'élaboration des stratégies *marketing,* des décisions concernant le choix des fournisseurs, et donc un calcul du bénéfice de l'unité opérationnelle avec le moins d'interférences de la part du siège. Une telle situation idéale est rarement atteinte et il faut parfois composer avec des principes contradictoires, en recherchant le meilleur équilibre. Cet équilibre ne peut être atteint qu'après une étude poussée des différentes situations qui s'imposent dans le groupe.

5. LES INCONVÉNIENTS DU ROI

Tant qu'il s'agit d'évaluer la rentabilité d'une unité opérationnelle, la méthode du ROI ne pose pas de problème. C'est au niveau de l'**évaluation du dirigeant** d'une unité opérationnelle évaluée elle-même par le ROI que cette méthode a été critiquée, en raison des effets pervers qu'elle peut entraîner. La méthode du revenu résiduel qu'un cabinet de conseil a rebaptisé « EVA », permet de dépasser ces effets pervers.

Le **ROI** est un ratio ; il est donc exprimé en pourcentage. Les méthodes traditionnelles d'évaluation des dirigeants, dans le cadre de l'élaboration d'un budget, ont tendance à partir des résultats de l'année précédente comme **référence des performances attendues pour l'année suivante**. Pour le cas des unités opérationnelles les plus performantes d'un groupe, celles dont le ROI de l'année précédente est particulièrement fort, étant nettement au-dessus du coût du capital du groupe, il peut arriver la situation paradoxale suivante : un nouveau projet d'investissement, dont la rentabilité est supérieure au coût du capital du groupe, mais cependant inférieure au ROI de l'année précédente, peut être rejeté – ou plutôt ne pas être proposé – par un dirigeant de l'unité opérationnelle craignant que ce projet ne conduise à une diminution de sa rémunération variable, le ROI étant défavorablement impacté.

En pratique

Pour mieux visualiser le problème, retrouvons les entités A et B.
Supposons qu'il s'agit de deux entités géographiques différentes mais qui envisagent au même moment un investissement similaire.
• Revenons à leur situation de départ.

Total entité sans le projet

	A	**B**
Bénéfice	800	1 000
Total des actifs	8 000	12 000
ROI	10,00 %	8,33 %

• Examinons maintenant leur projet.

Projet

	A	B
Actifs supplémentaires	1 000	1 000
Bénéfice annuel supplémentaire	90	90
ROI au niveau du projet	9,00 %	9,00 %

Si le coût du capital du groupe est inférieur à 9 %, s'il est de 7 % par exemple, il est clair que ce projet est intéressant et qu'il est de l'intérêt pour le groupe que les deux entités le proposent (nous supposons qu'il est rentable au niveau géographique dans chacune de ces deux entité).

Cependant si nous supposons des dirigeants évalués sur la base du ROI, à qui l'on demande au moins d'atteindre le même ROI que l'année précédente pour gagner une rémunération variable « motivante », et s'ils sont parfaitement rationnels, ce dont nous ne doutons pas, étant donné leur parcours professionnel qui les a menés à la direction d'une *business unit*, que va-t-il se passer ?

Ils vont l'un et l'autre calculer les chiffres suivants, montrant le ROI de leur entité à la suite de l'acceptation éventuelle de leur projet par les instances dirigeantes du groupe.

Total entité avec le projet

	A	B
Bénéfice	890	1 090
Total des actifs	9 000	13 000
ROI	9,89 %	8,38 %

Il y a toutes les chances que le dirigeant de l'entité B propose un tel projet qui va contribuer à l'augmentation de 8,33 à 8,38 % de son ROI. Il a raison de le faire et cela est dans l'intérêt du groupe qui a un coût du capital de 7 %.

Cependant il y a également toutes les chances qu'un tel projet ne voie jamais le jour dans l'entité A, malgré son intérêt pour le groupe, en raison de la chute du ROI qu'il implique, de 10 à 9,89 %.

Cet effet pervers n'existe que lorsque la rentabilité (exprimée par le ROI) d'un projet se situe au-dessus du coût du capital du groupe, mais en dessous du ROI de l'année de référence de l'entité concernée par le projet. Dans tous les autres cas, le ROI reste un outil intéressant.

Le risque pour le groupe est bien évidemment de passer à côté de projets en ligne avec une stratégie de croissance, et donc de perdre du terrain face à des concurrents.

C'est ce type de situation qui a contribué à « l'invention » du revenu résiduel, c'est-à-dire ce qu'on appelle aujourd'hui le plus souvent l'EVA.

6. L'EVA OU REVENU RÉSIDUEL

Le concept original s'appelle le revenu résiduel. Il a été inventé par des professeurs de « *management control* » qui se sont, les premiers, aperçus de certains inconvénients du ROI. Ce concept a ensuite été repris et rebaptisé « *economic value added* » par une entreprise de *consulting* en *management*, Stern Stewart, qui l'a utilisé comme « outil » pour promouvoir l'amélioration des méthodes de gestion et de maximisation des performances des entreprises au cours des années 1990. Il faut avouer qu'EVA est un plus joli nom que revenu résiduel…

6.1. Définition de l'EVA

> Le but de l'EVA est similaire à celui du ROI : il s'agit dans les deux cas de mesurer la création de richesse ou de valeur.

Le ROI mesure la création de richesse en deux étapes : calcul du ROI puis comparaison avec le coût du capital. L'EVA le fait en une seule étape, la formule intégrant le coût du capital.

Le ROI donne un taux qui demande à être comparé à un autre taux, celui du coût du capital. L'EVA donne un montant qui exprime en chiffres la création de richesse.

Dans sa formule la plus simple, l'EVA se calcule de la façon suivante :

$$EVA = \text{bénéfice} - (\text{total actif} \times \text{taux du coût du capital})$$

Revenons à nos deux entités avant examen du projet :

EVA total entité sans le projet

	A	B
Bénéfice a)	800	1 000
Total des actifs b)	8 000	12 000
ROI c) = a/b	10,00 %	8,33 %
Coût du capital d)	7,00 %	7,00 %
Coût d'utilisation des actifs e) = b × d	560	840
EVA f) = a − e	240	160

Nous avons ajouté une ligne « coût d'utilisation des actifs », qui multiplie les actifs par le coût du capital.

Un avantage de ce nouveau tableau est de chiffrer la création de valeur en un montant qui se prête davantage que des pourcentages à la hiérarchisation des apports de chaque unité opérationnelle à la création de valeur pour le groupe.

Nous y voyons que l'entité A apporte 240 de valeur au groupe, contre 160 pour l'entité B.

Ces montants peuvent être plus parlants que les 10 % contre 8,33 % du ROI.

Mais c'est dans l'examen du projet que l'**EVA** va se montrer supérieur au ROI, en **apportant une neutralité à l'analyse.**

EVA projet

	A	B
Bénéfice annuel supplémentaire a)	90	90
Actifs supplémentaires b)	1 000	1 000
ROI au niveau du projet c) = a/b	9,00 %	9,00 %
Coût du capital d)	7,00 %	7,00 %
Coût d'utilisation des actifs e) = b × d	70	70
EVA f) = a − e	20	20

Dans ce tableau, nous voyons l'apport en valeur de chaque projet : il est identique, ce qui était également montré par le ROI au niveau du projet lui-même.

- Regardons maintenant la rentabilité globale de deux entités avec le projet réalisé.

EVA total entité avec le projet

	A	B
Bénéfice a)	890	1 090
Total des actifs b)	9 000	13 000
ROI c) = a/b	9,89 %	8,38 %
Coût du capital d)	7,00 %	7,00 %
Coût d'utilisation des actifs e) = b × d	630	910
EVA f) = a − e	260	180

L'augmentation de richesse due au projet, + 20, se retrouve dans la comparaison « avant-après », puisque aussi bien A que B ont eu une augmentation de 20 de leur EVA, A passant de 240 à 260, et B de 160 à 180.

> Si les dirigeants d'unité sont évalués d'après l'EVA et son évolution d'une année sur l'autre, ils ont l'un et l'autre intérêt à présenter leurs projets au comité d'investissement du siège. C'est cette neutralité dans la présentation des résultats qui a contribué au succès de l'EVA, sans que cela ne remette en cause l'intérêt du ROI.

6.2. Différentes méthodes d'évaluation des éléments de l'EVA

Toutes les remarques concernant le ROI (voir plus haut) peuvent être reprises mot pour mot, dans la mesure où l'on parle des mêmes choses, seule la méthode de calcul ayant changé.

6.3. EVA et ROI dans l'évaluation des *business units* et de leurs dirigeants

L'EVA ne résout pas plus que le ROI le problème de l'évaluation des actifs immobilisés et de son évolution dans le temps. L'utilisation des valeurs immobilisées nettes (le coût d'acquisition moins les amortissements cumulés) conduit à une croissance dans le temps de l'EVA, toutes choses égales par ailleurs, sans que les dirigeants puissent s'en prévaloir. C'était également le cas pour le ROI.

L'utilisation de la valeur immobilisée brute (le coût d'acquisition) a en revanche tendance à sous-estimer la véritable rentabilité d'une unité, là encore comme pour le ROI. Elle peut également avoir tendance à pousser le dirigeant à se défaire d'un équipement ancien pour améliorer artificiellement sa rentabilité apparente, alors même qu'il se peut que l'équipement mérite d'être conservé.

On voit par ces exemples que l'évaluation des dirigeants d'unités opérationnelles, nécessaire en termes de motivation, pose toujours des problèmes dont le siège et son contrôle de gestion doivent être conscients. Ils doivent **anticiper les effets pervers** de ces méthodes d'évaluation.

La conception ou la modification d'un système d'évaluation implique donc beaucoup de doigté et impose de se doter de plusieurs instruments de mesure, ROI et EVA pouvant ne pas être suffisants, même s'ils sont nécessaires.

SYNTHÈSE

L'invention du ROI correspond à l'avènement des grandes entreprises à plusieurs divisions au début du XXe siècle et à la nécessité pour leurs sièges de disposer d'un outil d'évaluation synthétique afin de motiver les dirigeants d'unités opérationnelles et les récompenser sur leurs résultats.

Le ROI se présente comme un pourcentage du bénéfice rapporté aux actifs utilisés et peut se décliner suivant la formule de DuPont entre taux de marge et rotation des actifs. De ce fait il présente les différents leviers d'action permettant d'améliorer la rentabilité économique de l'entreprise. Le ROI se prête facilement au calcul de la rentabilité des actionnaires en le multipliant par un facteur représentant l'effet de levier de l'endettement.

Le ROI s'interprète en référence au coût du passif, la notion financière du « coût du capital » pour évaluer la création de valeur dans l'entreprise.

D'une entreprise à l'autre, le calcul du ROI peut donner lieu à des variations pour tenir compte des deux principes qui doivent s'appliquer quand on s'intéresse à l'évaluation du dirigeant plutôt qu'à celle de l'unité opérationnelle, à savoir le *fair-play* et la prise en compte des effets sur le comportement de toute mesure.

Il a été souligné l'inconvénient du ROI pour les cas où un projet d'investissement dans une unité opérationnelle possède une rentabilité supérieure au coût du capital, tout en étant inférieure au ROI de l'année précédente. C'est dans des cas comme celui-ci que la mesure de l'EVA présente un avantage vis-à-vis du ROI. L'EVA est un indicateur similaire au ROI dans ce qu'il cherche à mesurer, mais il l'exprime en montant plutôt qu'en pourcentage, ce qui permet de hiérarchiser les apports des différentes unités opérationnelles à la création de valeur d'un groupe.

ROI et EVA peuvent difficilement s'utiliser sans des indicateurs complémentaires destinés à éviter les effets pervers de tout type d'indicateur utilisé solitairement.

TEST DE CONNAISSANCES

Q1 – Le ROI se calcule...

1 – en divisant bénéfice par capitaux propres.
2 – en divisant bénéfice par actifs.
3 – en divisant bénéfice par capitaux permanents.
4 – en divisant bénéfice par passif.

Q2 – Le ROI doit se comparer...

1 – au taux des frais financiers.
2 – au ROI de l'année précédente.
3 – à l'EVA.
4 – au coût du capital.

Q3 – Le ROI est une mesure pour centre...

1 – de profit.
2 – de coût.
3 – d'investissement.
4 – de revenus.

Q4 – Le ROI sert à mesurer...

1 – les unités opérationnelles.
2 – l'efficacité du siège.
3 – l'efficacité des vendeurs.
4 – les dirigeants d'unité.

Q5 – L'EVA est...

1 – un ratio qualitatif.
2 – un indicateur touchant à la croissance.
3 – un ratio quantitatif.
4 – un montant.

Q6 – Utiliser les actifs immobilisés bruts pour l'EVA et le ROI...

1 – a tendance à surestimer la performance.
2 – est obligatoire pour tenir compte des taxes.
3 – a tendance à sous-estimer la performance.
4 – est obligatoire pour tenir compte des réglementations comptables internationales.

Q7 – Le ROI...

1 – se calcule très facilement.
2 – s'interprète facilement.
3 – se met en place facilement dans un groupe.
4 – ne peut pas déclencher d'effets pervers.

.../...

Q8 – L'EVA est préférable au ROI quand un projet d'investissement possède une rentabilité…

1 – supérieure au secteur industriel mais inférieure au coût du capital.
2 – inférieure à celle des concurrents mais supérieure au coût de l'endettement.
3 – supérieure au ROI de l'année précédente mais inférieure au coût du capital.
4 – inférieure au ROI de l'année précédente mais supérieure au coût du capital.

Q9 – On a intérêt à répartir l'ensemble des coûts du siège sur les *business units* afin de…

1 – calculer un ROI significatif pour chaque *business unit*.
2 – motiver les *business units* à restreindre leurs dépenses.
3 – mettre de l'animation dans les réunions entre siège et *business units*.
4 – motiver les *business units* à remettre en cause les dépenses du siège.

Q10 – Le ROI se calcule à partir…

1 – du bénéfice avant impôt sur les sociétés.
2 – du bénéfice après impôt sur les sociétés.
3 – de l'Ebit.
4 – du *cash-flow*.

Réponses du test :

Q1 : 2 (mais donc aussi 4 !) – Q2 : 4 – Q3 : 3 – Q4 : 1 et 4 – Q5 : 4 – Q6 : 3 – Q7 : 1 et 2 – Q8 : 4 – Q9 : les 4 – Q10 : potentiellement les 4, mais en principe le 2.

Chapitre 8

Comptabilité analytique

Daniel Hirsch

- Comprendre ce qu'est la comptabilité analytique et à quoi elle sert.
- Comprendre les modes de calcul des coûts de revient complets.
- Comprendre les liens et les différences entre comptabilité générale et analytique.
- Savoir reconnaître les éléments pertinents à prendre en compte face à chaque type de décision.
- Comprendre en cours de chemin les distinctions entre coût complet et coût partiel, coût direct et coût indirect, coût variable et coût fixe.

L'intention de ce chapitre est de livrer le minimum de ce qu'il faut savoir concernant la comptabilité analytique lorsqu'on s'intéresse principalement au contrôle de gestion. C'est dire qu'il ne prétend pas couvrir exhaustivement le sujet ! Mais, au seuil de sa rédaction, cet objectif de « minimum vital » nous semble suffisamment ambitieux pour nous faire hésiter. C'est l'expérience de l'auteur de ce chapitre que d'avoir rarement vu un sujet se prêtant autant aux disputes, aux controverses et à la mécompréhension que la comptabilité analytique. Beaucoup de gestionnaires de tous bords en possèdent une connaissance, des certitudes, des attentes (en général différentes de celles des autres), des définitions personnelles. Il s'agit donc d'un sujet hautement polémique.

Qu'est-ce que la comptabilité analytique ? Qui l'a inventée ?

Il est intéressant de poser cette question en préambule, et la réponse n'est bien évidemment pas : « les comptables ». La réponse correcte donne rapidement un éclairage instructif sur la première finalité de la comptabilité analytique : ce sont les ingénieurs de production qui sont à l'origine des concepts de comptabilité analytique.

> L'origine industrielle de la comptabilité analytique montre que l'intérêt des opérationnels l'emporte sur celui des comptables. La comptabilité analytique est en effet construite essentiellement pour servir à la gestion, pour répondre aux besoins des opérationnels.

La première préoccupation de la comptabilité analytique a été de répondre à une question simple : le coût de revient *complet* (voir plus loin la signification de ce terme) du produit que l'on fabrique est-il bien inférieur au prix de vente ? Une telle préoccupation correspond à une idée simple : si le prix de vente de tous les produits vendus est supérieur à leur coût de revient complet, l'entreprise ne peut que faire des bénéfices.

Ce qu'est un coût

Un coût est d'abord une **construction intellectuelle**, correspondant à des préoccupations diverses : il correspond à une certaine modélisation de la réalité et **repose sur une série d'hypothèses** qu'il faut bien comprendre si l'on veut en interpréter convenablement les résultats.

Une entreprise consomme des ressources afin de produire et livrer des produits et services offerts sur le marché. Un coût est un essai de valorisation de ces ressources, une fois que l'on a défini ce à quoi l'on s'intéresse : **l'objet de coût**. Il a commencé par être historiquement le coût de revient complet des produits fabriqués, mais il peut également concerner le coût d'une ligne de produits, du traitement d'une commande, d'un contact client, d'une livraison en général ou d'une livraison particulière dans un secteur défini, etc.

On peut être amené à s'intéresser à différents objets de coût. Tous les calculs partiront de la même base de données. Mais on pourra les combiner de différentes manières suivant les objectifs recherchés et les différents objets de coût qui les représentent.

1. LES DIFFÉRENTES UTILISATIONS DE LA COMPTABILITÉ ANALYTIQUE

Même si la comptabilité analytique a été inventée par les ingénieurs de production, elle sert depuis bien longtemps à un grand nombre d'utilisateurs qui en attendent tous des résultats différents. Cette multiplicité des attentes explique la difficulté du sujet et les innombrables disputes d'« experts » qui peuvent privilégier des objectifs différents qui possèdent parfois tous une certaine légitimité. Il est nécessaire dans ces cas de bien comprendre ce qui est recherché et d'essayer de déterminer des priorités entre ces objectifs face aux problèmes à résoudre.

En schématisant, on peut trouver trois grandes utilisations à la comptabilité analytique :

- le calcul des coûts de revient ;
- la prise de décision ;
- la planification et le contrôle.

La troisième utilisation de la comptabilité analytique, la planification et le contrôle, est en fait une spécificité du contrôle de gestion ! On pourrait d'ailleurs parler dans ce cas de **comptabilité budgétaire**, dans la mesure où la préoccupation essentielle est de suivre les coûts par centre de responsabilité plutôt que par produit ou service.

Dans le cadre de ce chapitre, nous allons nous concentrer sur les deux premières utilisations de la comptabilité analytique, le calcul des coûts de revient et la prise de décision, dans la mesure où la planification et le contrôle sont évoqués dans les chapitres concernant le budget et les centres de responsabilité.

2. LE CALCUL DES COÛTS DE REVIENT

2.1. Coût complet et coût partiel

Pour obtenir un bénéfice, l'entreprise ne fabriquant qu'un seul produit doit faire en sorte que son chiffre d'affaires soit supérieur à l'ensemble des coûts, qu'il s'agisse d'éléments directement en rapport avec le produit ou qui n'en ont qu'un rapport bien plus lointain (salaires de la direction et du personnel administratif, coûts des voitures de fonction, etc.).

Cette situation simple à comprendre pour une entreprise monoproduit est également vraie pour les entreprises fabriquant plusieurs produits. La manière de répartir l'ensemble des coûts, et notamment ceux qui n'ont qu'un rapport lointain avec les différents produits, posera cependant des problèmes plus complexes, mais la logique de base est la même : il faut que les ventes de l'ensemble des produits soient supérieures à l'ensemble des coûts pour générer du bénéfice. D'autre part, puisque l'on va répartir les coûts sur l'ensemble des produits, si l'on peut vérifier que le coût de chaque produit est inférieur à son prix de vente, on est automatiquement assuré que l'entreprise fera du bénéfice au global.

La notion de coût complet s'oppose théoriquement à celle de coût partiel. Dans cette dernière approche, on renonce à répartir les coûts dont on pense qu'ils sont par trop éloignés de la logique de fabrication du produit ou parce que l'on croit qu'une éventuelle répartition aboutirait en fait à rendre la réalité moins compréhensible pour la prise de décision. La plupart du temps, les entreprises n'utilisent la méthode des coûts partiels, et notamment celle qui s'appelle le « *direct costing* » que pour les aider en matière de prise de décision, ce qui fait que l'on parlera de cette méthode dans la deuxième partie de ce chapitre.

2.2. Coûts directs et indirects

On appelle coûts directs par rapport à un produit les charges qui peuvent être affectées sans ambiguïté à ce produit.

On appelle coûts indirects par rapport à un produit les charges qui correspondent à des ressources consommées par plusieurs produits. Pour affecter ces charges aux produits, il y aura besoin d'une règle de répartition. L'existence d'une clef de répartition est le signe que les charges concernées sont des coûts indirects. Les systèmes de comptabilité analytique tentent de trouver des **clefs de répartition** qui soient les plus logiques possible, mais elles sont toujours **arbitraires** dans la mesure où il est possible de justifier l'utilisation d'une autre.

2.3. Les différentes catégories de coûts et l'influence de la comptabilité générale

Même si l'on a dit que la comptabilité analytique était essentiellement l'affaire des opérationnels, les règles de la comptabilité générale l'influencent quand même. Comme il n'existe qu'un seul système de suivi des coûts, ce dernier doit donc satisfaire plusieurs objectifs.

La comptabilité analytique va donc être reliée à la comptabilité générale. On va en voir les raisons. C'est en conséquence de ce lien que la **méthode ABC** ne peut pas être rangée parmi les méthodes de comptabilité analytique. Elle sera donc étudiée dans un chapitre ultérieur.

Un des principes fondamentaux de la comptabilité générale est qu'il faut enregistrer dans la même période comptable le revenu et la charge qui lui est rattachée. Il est notamment hors de question d'enregistrer une charge dans l'année N et la vente dans l'année N + 1. Aussi les coûts correspondant à la fabrication d'un produit non encore vendu en fin d'année doivent se retrouver au bilan dans la valorisation des stocks à l'actif, et non pas dans les charges de l'exercice du compte de résultat.

Cela conduit à distinguer, au sein des coûts indirects, ceux qui concernent l'usine et peuvent se retrouver dans le **coût des produits stockés en fin d'exercice**, de ceux qui se situent en dehors de l'usine et ne peuvent pas se retrouver dans le coût des produits stockés. Ces derniers doivent être considérés comme des **coûts de la période** qui passent dans les charges du compte de résultat de l'exercice.

Dans l'objectif de calculer le coût de revient, la comptabilité analytique distingue quatre grandes catégories, les deux dernières permettant de tenir compte des impératifs de la comptabilité générale en **distinguant le coût des produits stockés des coûts de la période**.

2.3.1. Les matières premières (coûts directs)

Les matières premières font partie des coûts directs.

Cette catégorie concerne bien évidemment davantage la production de biens industriels, et on va y retrouver des objets extrêmement concrets, de la farine et du sucre si l'on fabrique des biscuits, de l'acier et des roulements à bille si l'on fabrique des automobiles, etc., mais on l'utilise également dans le domaine des services.

2.3.2. La main-d'œuvre directe (coûts directs)

Comme son nom l'indique, cette rubrique, comme la précédente, fait partie des coûts directs.

Cette catégorie est également extrêmement concrète puisqu'il s'agit du travail réalisé par ceux-là mêmes qui contribuent à la production des biens ou des services. On valorisera les heures passées par ces personnes afin de les affecter aux coûts de production.

> Les **coûts directs** sont les coûts pour lesquels il n'existe aucune ambiguïté sur le lien qui unit le coût au produit ou au service. Cette absence d'ambiguïté permet une affectation « directe » entre le coût et le produit.

> Cette définition ne présente que peu de difficulté en ce qui concerne la matière première, mais pour la main-d'œuvre il s'agira de distinguer les ouvriers de production de l'encadrement de production, qui peut superviser en même temps la fabrication de plusieurs produits et dont la valorisation du temps de travail devra être répartie sur plusieurs produits moyennant des règles de répartition.
>
> C'est l'existence de la nécessité d'une règle de répartition qui signale que l'on est face à un **coût indirect**. Le coût direct ne nécessite pas de règle de répartition.

2.3.3. Les frais généraux d'usine (coûts indirects)

Pour bien comprendre cette catégorie, il suffit d'imaginer la surface d'une usine et tout ce qui contribue à la faire fonctionner. Si l'on retranche les deux premières catégories, c'est-à-dire les matières premières et la main-d'œuvre directe, on se retrouve avec les frais généraux d'usine, à condition que tout ce qui ne concerne pas l'usine en soit exclu.

On y retrouve également les amortissements des machines, les coûts de location des locaux ou l'amortissement de ces mêmes locaux s'ils sont la propriété de l'entreprise, les fluides (l'électricité, l'énergie et l'eau), le gardiennage et les petites réparations, etc.

On y retrouve donc la main-d'œuvre indirecte, c'est-à-dire les contremaîtres, le personnel de direction d'usine, ceux qui s'occupent de la maintenance, des plannings de production, etc.

2.3.4. Les frais généraux hors usine (coûts indirects)

Très logiquement, cette catégorie regroupe l'ensemble des coûts de l'entreprise qui n'ont pas été imputés auparavant aux trois précédentes. On va donc y retrouver les personnels de direction, d'administration, de vente, d'après-vente, de recherche et développement, ainsi que les coûts des locaux qui les abritent, et tout ce qui contribue à leur permettre de fonctionner normalement.

On a dit que cette catégorie découle des règles de la comptabilité générale qui interdisent de faire entrer dans le coût des produits finis stockés des éléments de coûts situés logiquement en aval du stockage.

On vient donc de **distinguer** le **coût de production** qui aboutit au coût des produits finis stockés (ils figureront au bilan de fin de période s'ils ne sont pas encore vendus) du **coût de revient complet** qui intègre l'ensemble des coûts de l'entreprise (y compris les coûts de distribution, d'après-vente et d'administration générale) pouvant s'imputer sur le produit une fois que ce dernier est vendu.

Une telle distinction est surtout nécessaire dans le cas de la vente de produits. Elle l'est nettement moins dans le cas de la vente de services qui ne peuvent pas être stockés. Cependant, dans le cas d'études ou de tout autre service qui prend du temps à être réalisé, la logique de la **distinction entre coûts opérationnels** et coûts **non opérationnels** remplacera la distinction entre coûts directs et indirects. En effet, si les études ne sont pas terminées en fin d'exercice comptable (pas dans les ventes), elles doivent se retrouver d'une manière ou d'une autre dans le bilan de fin de période (stock ou charge constatée d'avance), et non pas dans les charges du compte de résultat pour répondre aux principes de la comptabilité générale.

2.4. **Le lien entre comptabilité générale et analytique**

En pratique

Imaginons une entreprise qui commence à fonctionner au 1er janvier d'une année. Supposons que, dès le premier jour, l'ensemble des moyens est prêt à fonctionner, du personnel de production aux vendeurs. Les coûts mensuels des catégories un, deux et trois (l'usine) sont de 160 000 €, ceux de la catégorie quatre de 90 000 €.

Pour bien faire comprendre l'impact des principes de la comptabilité générale, imaginons une situation extrême dans laquelle le mois de janvier se termine alors qu'aucune vente n'a été réalisée. À quoi ressemblera le compte de résultat de cette entreprise à la fin du mois de janvier ?

	Janvier
Chiffre d'affaires	0
Coût des produits vendus	0
Marge brute	0
Autres coûts (coût de la période)	90 000
Bénéfice avant impôts	– 90 000

Contrairement à ce à quoi l'on pouvait s'attendre, les pertes du mois de janvier ne sont que de 90 000 €, alors que l'ensemble des coûts était de 250 000 €. En trésorerie, il est probable que les dépenses réelles aient également été de 250 000 €.

Les 160 000 € correspondant aux coûts de l'usine se retrouvent en effet au niveau des stocks de produits finis à la fin du mois de janvier. Ils ne seront transférés dans le compte de résultat qu'au moment où les produits seront vendus.

Imaginons maintenant que l'entreprise fonctionne au mois de février de la même façon qu'au mois de janvier, avec la seule exception que tous les produits fabriqués les deux mois sont vendus le mois de février. Le chiffre d'affaires a été de 600 000 €. Regardons le compte de résultat du mois de février.

	Février
Chiffre d'affaires	600 000
Coût des produits vendus	320 000
Marge brute	280 000
Autres coûts (coût de la période)	90 000
Bénéfice avant impôts	190 000

Les coûts de production de janvier, 160 000 €, qui s'étaient retrouvés dans les stocks de produits finis à la fin du mois de janvier, se retrouvent dans le compte de résultat du mois de février en même temps que le chiffre d'affaires réalisé grâce à eux. L'application des principes de la comptabilité générale a permis d'une part d'amoindrir la perte de janvier et d'autre part d'amoindrir le bénéfice de février en raison du traitement du coût des produits vendus.

Le cumul des deux mois est bien entendu plus facile à comprendre.

	Janvier	**Février**	**Cumul**
Chiffre d'affaires	0	600 000	600 000
Coût des produits vendus	0	320 000	320 000
Marge brute	0	280 000	280 000
Autres coûts (coût de la période)	90 000	90 000	180 000
Bénéfice avant impôts	– 90 000	190 000	100 000

Un tel exemple avec des hypothèses extrêmes permet de mieux illustrer les relations, mais également les différences, entre comptabilité générale et analytique, entre charges et produits de la comptabilité générale et les coûts de la comptabilité analytique.

2.5. Différence de traitement entre coûts directs et coûts indirects

Les deux premières catégories de coûts qui ont été vues ci-dessus (matières premières et main-d'œuvre directe) sont des coûts directs, les deux suivantes sont des coûts indirects. Cette distinction sert essentiellement à la construction des coûts de revient par le système de comptabilité analytique. Le traitement des coûts directs ne posera jamais de grandes difficultés de traitement, les coûts directs pouvant s'imputer naturellement aux produits et aux services concernés.

Concernant les coûts indirects, l'éventail des choix est extrêmement vaste : chaque entreprise doit s'adapter au cycle de production propre à son secteur, mais est en même temps tout à fait libre d'opérer des choix différents de ses concurrents. La comptabilité analytique ne subissant pas les mêmes contraintes de normalisation propres à la comptabilité générale, il est donc possible de trouver des variations dans la manière de répartir les coûts indirects sur les produits ou services.

> Une comptabilité analytique sera surtout caractérisée par les choix opérés pour répartir les coûts indirects sur les différents produits et services.

Les systèmes les plus simples peuvent se contenter de totaliser l'ensemble des coûts indirects de production et de les répartir sur les produits au prorata d'un seul critère, comme le nombre d'heures de main-d'œuvre directe ou le nombre de kilos de matière première utilisée, etc. Un tel système pourra convenir lorsqu'il y a une faible variété de produits fabriqués et qu'ils sont suffisamment homogènes en termes de quantité de ressources utilisées pour les produire.

En pratique

Une entreprise de *consulting* pourra se contenter de répartir l'ensemble des coûts indirects au prorata des heures facturées.

Lorsque les produits ou services sont plus hétérogènes, des méthodes plus complexes seront mises en œuvre, dont l'exemple le plus abouti est la méthode des sections homogènes.

2.6. Méthode des sections homogènes

On prend ci-dessous l'exemple des coûts indirects usine. Il est en effet plus facile d'imaginer la construction en différentes étapes d'un produit mis en stock avant d'être vendu. Cependant, la même logique va s'appliquer aux coûts indirects en aval de l'usine, lors de la progression du produit vers son client final. Toutefois, beaucoup d'entreprises les traitent d'une manière plus simple, en raison probablement d'une moindre pression des principes de comptabilité générale.

Les coûts indirects dans la méthode des sections homogènes suivent un traitement en trois étapes.

- Les coûts indirects de production sont répartis entre tous les ateliers, en distinguant les **sections principales** (ateliers où les produits sont fabriqués) des **sections auxiliaires** (ateliers ne participant pas directement au processus de production, comme la maintenance, la qualité ou la programmation de production).

Les règles de répartition sont très empiriques, les salaires et charges de la main-d'œuvre indirecte se retrouvant dans l'atelier dont ils dépendent, l'amortissement des machines suivant cette même règle et les coûts globaux de l'usine tels que chauffage, coût des locaux, etc., pouvant être réparti au prorata des mètres carrés utilisés par chaque atelier.

• Les coûts indirects de production qui ont été affectés aux **ateliers auxiliaires** vont être répartis entre les ateliers de production, c'est-à-dire les **sections principales**, au prorata d'un critère qu'on appelle **unité d'œuvre**, et qui doit représenter la « valeur ajoutée » de l'atelier auxiliaire vis-à-vis des sections principales. Le choix de cette unité d'œuvre est « **arbitraire** ». L'idée à la base de cette méthode est de se dire que l'on saisira mieux la logique de production au niveau des ateliers de production qu'au niveau des ateliers auxiliaires. Aussi, le fait de répartir le coût des ateliers auxiliaires sur les ateliers principaux permet de minimiser l'erreur implicite à toute méthode de répartition.

• L'ensemble des coûts indirects de production qui se retrouvent « accumulés » au niveau des sections principales après la deuxième étape va maintenant être **réparti sur les produits au prorata de l'unité d'œuvre propre à chacune des sections principales**. Il s'agira de trouver pour chacune des sections principales l'unité d'œuvre qui représente le mieux la « valeur ajoutée » de la section. Le commentaire ci-dessus sur le caractère arbitraire de toute unité d'œuvre demeure valable.

En pratique

• Une section de peinture choisira le nombre de mètres carrés peints, produit par produit, comme représentant le critère le plus pertinent pour répartir ses coûts indirects.

• Un atelier utilisant une machine onéreuse avec une faible quantité de main-d'œuvre choisira probablement le nombre d'heures de machines consommées produit par produit.

• Un atelier regroupant une main-d'œuvre homogène, c'est-à-dire d'un même niveau de qualification et dont le tarif horaire présente peu de variations, utilisera probablement le nombre d'heures de main-d'œuvre directe.
Il faut noter dans ce dernier cas que le nombre d'heures de main-d'œuvre directe n'est alors utilisé que comme critère de répartition : les coûts indirects de production n'incluent pas les coûts directs que sont la main-d'œuvre de production directe, cette dernière ayant été affectée directement produit par produit.

On a retenu que toutes les méthodes de comptabilité analytique reposent sur une **série d'hypothèses et de choix arbitraires,** au sens où il est souvent possible de trouver d'autres critères valables.

Ces hypothèses cherchent à s'approcher le plus possible de la réalité, mais à chaque fois que l'on choisit un critère logique plutôt qu'un autre, on construit un modèle de la réalité qui va donner des résultats en termes de coûts qui auraient pu être différents avec d'autres critères.

3. LE CALCUL DES COÛTS PARTIELS ET LA SIMULATION
AVANT PRISE DE DÉCISION

Le calcul des « coûts partiels » signifie essentiellement que l'on va s'abstenir d'imputer la totalité des coûts sur les produits et services auxquels on s'intéresse. La plupart du temps, il s'agit en fait d'un changement d'orientation, on pourrait même parler d'un changement de vision par rapport à l'optique des coûts complets.

> Le calcul des coûts complets est d'abord une préoccupation de comptable.

Le point de vue qui l'emporte, c'est comment répartir l'ensemble des coûts sur les produits et services, avec la préoccupation de construire une mécanique rationnelle. D'où la distinction entre coûts directs, faciles à répartir, et coûts indirects qui nécessitent une construction plus complexe.

3.1. Coûts fixes et coûts variables

> Le calcul des coûts partiels, dont on a dit plus haut qu'ils correspondaient à une préoccupation de prise de décision, est davantage une affaire de gestionnaires, d'opérationnels.

Les gestionnaires sont surtout intéressés par le comportement des coûts et des revenus en relation avec des décisions qui peuvent affecter le volume d'activité.

Une des distinctions les plus significatives va être la **distinction entre coûts variables et coûts fixes**.

Dans une première approche, qui est suffisante le plus souvent, on définira les coûts variables comme étant ceux dont le total varie en fonction du volume d'activité, les coûts fixes étant ceux dont le total ne varie pas avec le volume d'activité.

> La distinction entre coûts variables et coûts fixes est surtout utile pour faire des simulations dans lesquelles le volume d'activité est la variable essentielle. Il est par conséquent utile de prendre l'habitude de regarder les coûts fixes au niveau de leur total mais de considérer les coûts variables au niveau unitaire.

3.2. Le point mort, ou seuil de rentabilité

La première simulation utilisant la distinction entre coûts variables et coûts fixes consiste à calculer le point mort d'une activité, par exemple d'une nouvelle activité sur le point d'être lancée.

Prenons le cas d'une entreprise existante, dans laquelle il est envisagé de lancer un nouveau produit. L'équipe en charge d'étudier le lancement du produit va réunir une série d'informations utiles, comme une estimation **du prix de vente**, une estimation des **coûts variables** tels que matières premières, main-d'œuvre directe et coûts indirects variables (par exemple l'énergie et les fluides, les fournitures, etc.), et une estimation des **coûts fixes supplémentaires** qui seront nécessités par la nouvelle activité (par exemple l'amortissement de machines supplémentaires, les salaires et charges du contremaître supplémentaire qu'il faudra recruter).

L'équipe sera obligée de recourir à une estimation du volume d'activité. Cependant, quand elle présentera son projet, son estimation du volume d'activité risque d'être critiquée comme trop optimiste afin de faire accepter le projet. De telles discussions, pour ne pas parler de disputes, entre commerciaux (trop optimistes) et financiers (trop pessimistes) sont classiques dans la plupart des entreprises.

Le directeur général sera donc très heureux si le contrôleur de gestion lui propose une solution alternative.

Plutôt que de partir d'une évaluation du volume d'activité, toujours sujette à caution, on peut prendre le problème par l'autre bout, c'est-à-dire calculer le volume d'activité pour lequel la nouvelle activité cessera de faire des pertes pour commencer à faire des profits.

Le modèle à utiliser, qui fait la distinction entre coûts variables et coûts fixes, est le suivant :

$$\text{bénéfice} = \text{ventes totales} - \text{coûts variables totaux} - \text{coûts fixes totaux}$$

Comme :

$$\text{ventes totales} = \text{prix de vente unitaire} \times \text{quantités}$$
$$\text{coûts variables totaux} = \text{coût variable unitaire} \times \text{quantités}$$

On a :

$$\text{bénéfice} = [\text{quantités} \times (\text{prix de vente unitaire} - \text{coût variable unitaire})] - \text{coûts fixes totaux}$$

Le point mort est précisément la quantité pour laquelle le bénéfice passe par zéro, entre perte et profit. Si l'on vend une quantité supérieure au point mort, on va faire du bénéfice, si l'on en vend en dessous, on fera des pertes.

Il est souvent plus facile de se déterminer par rapport à un tel seuil plutôt qu'argumenter sur des niveaux d'activité alternatifs.

Comme le point mort est le volume d'activité pour lequel le bénéfice est égal à zéro, l'équation ci-dessus devient :

$$0 = [\text{quantités} \times (\text{prix de vente unitaire} - \text{coût variable unitaire})] - \text{coûts fixes totaux}$$

ou :

$$\text{coûts fixes totaux} = [\text{quantités} \times (\text{prix de vente unitaire} - \text{coût variable unitaire})]$$

et, l'inconnue étant les quantités :

$$\text{quantités} = \frac{\text{coûts fixes totaux}}{(\text{prix de vente} - \text{coût variable unitaire})}$$

En pratique

Dans le cadre d'un projet de lancement de nouveau produit, supposons que le contrôleur de gestion recueille les informations suivantes :
- l'estimation du prix de vente unitaire est de 170 € ;
- les coûts fixes annuels supplémentaires sont de 120 000 € et comprennent par exemple l'amortissement d'une machine qu'il faudra acquérir à cet effet ainsi que les coûts de personnel ;
- le coût variable unitaire sera de 110 € (matières premières, valorisation de la main-d'œuvre directe, fournitures diverses variables, valorisation de l'énergie).

L'application de la formule ci-dessus donne pour le point mort, une quantité de 2 000 unités par an :

$$\text{quantités} = \frac{120\ 000\ €}{(170 - 110)}$$

Si les participants à la prise de décision estiment qu'à une échéance suffisamment proche, le volume d'activité peut dépasser 2 000 unités par an, le produit sera lancé. Si l'on pense au contraire qu'il sera difficile d'atteindre un tel volume d'activité, on décidera de ne pas lancer ce produit.

3.3. Généralisation de la simulation autour du volume d'activité

Le modèle de prise de décision dans le cas du point mort, qui repose essentiellement sur la distinction entre coûts variables et coûts fixes, peut être utilisé dans un grand nombre de cas, en fait chaque fois que le coût variable est un paramètre pertinent.

Reprenons l'exemple précédent, mais en supposant qu'une année est passée et que l'on connaît désormais les quantités réellement vendues, 2 500 unités au cours de la première année.

Le directeur commercial vient proposer au directeur général une campagne de promotion de ce nouveau produit qui pour un coût additionnel annuel de 40 000 €, permettrait de passer à un volume de ventes annuelles de 3 500 unités.

3.3.1. La formalisation des prises de décision financière

Toute prise de décision d'ordre financier doit se prendre en comparant les conséquences de la prise de décision avec la situation qui existerait sans changement. La meilleure manière de présenter les choses est de tracer trois colonnes : dans la première, on va lister l'ensemble des paramètres sans changement ; dans la seconde, les conséquences du changement éventuel ; dans la troisième, les différences entre la colonne un et deux.

C'est dans cette troisième colonne que vont apparaître les éléments **pertinents** à la prise de décision.

	Sans changement	Avec changement	Différence
Paramètre 1			
Paramètre 2			
Paramètre 3			
Paramètre 4			
Paramètre 5			
Total résultat			

Dans l'exemple assez simple précédent, pour vérifier que 40 000 € de coûts fixes supplémentaires seront profitables si l'on suppose qu'ils permettront de faire passer le volume des ventes annuelles de 2 500 à 3 500 unités, il suffit de dresser le tableau suivant.

Comptabilité analytique **209**

	Sans changement	Avec changement	Différence
Prix de vente unitaire	170 €	170 €	
Coût variable unitaire	110 €	110 €	
Coûts fixes totaux	120 000 €	160 000 €	
Quantités	2 500	3 500	
Bénéfice	30 000 €	50 000 €	20 000 €

3.4. Le « *direct costing* » et la prise de décision en production

On s'est aperçu assez tôt que les coûts complets n'étaient pas très adaptés à des prises de décision telles que l'ajout ou la suppression d'une ligne de produits. L'hypothèse qui introduit le plus de biais est la répartition des coûts indirects. Si ces coûts indirects ne vont pas être affectés par une décision d'ajout ou de suppression, il semble peu pertinent de les répartir produit par produit.

La notion de coûts indirects correspond à des ressources consommées par plusieurs produits et pour lesquels il est besoin d'une règle de répartition. Les clefs de répartition utilisées, pour légitimes qu'elles soient dans l'objectif de calcul des coûts, n'en sont pas moins arbitraires.

Quand on parle de coûts indirects, il est souvent utile de se demander : « Indirects par rapport à quoi ? » Un coût indirect peut parfaitement être indirect au niveau d'un produit, mais direct par rapport à une famille de produits.

Dans le cas d'une machine servant à fabriquer plusieurs produits d'une même famille :

* si l'on regarde les produits individuellement, l'amortissement doit être réparti à l'aide d'une règle de répartition, par exemple le temps machine ;
* si l'on regarde l'ensemble de la famille de produits et que l'on suppose que la machine est exclusivement utilisée pour fabriquer cette famille de produits, l'amortissement de la machine va être un coût direct par rapport à la famille de produits.

Des décisions concernant les différents produits au sein de la famille de produits, mais également touchant la famille de produits dans sa globalité, seront rendues plus claires par une présentation des revenus et des coûts privilégiant dans un premier temps les coûts variables, et ne prenant en compte les coûts fixes que dans un second temps pour la partie qui est réellement spécifique soit au produit, soit à la famille de produits. Le tableau ci-dessous illustre cette façon de procéder.

En pratique

	Produit 1	Produit 2	Produit 3	Total famille
Ventes	110	250	300	660
Charges variables de production	20	70	100	190
Marge sur coûts variables de production	90	180	200	470
Taux de marge sur coût variable	82 %	72 %	67 %	71 %
Coûts fixes spécifiques	10	15	20	45
Marge sur coûts spécifiques par produit	80	165	180	425
Taux de marge sur coûts spécifiques par produit	73 %	66%	60 %	64 %
Coûts fixes spécifiques par famille	0	0	0	120
Marge sur coûts spécifiques par famille	80	165	180	305
Taux de marge sur coûts spécifiques par famille				46 %

Le coût fixe spécifique à la famille, 120, n'a pas été réparti produit par produit au moyen d'une clef nécessairement arbitraire, mais il apparaît au niveau du total pour la famille.

Cet exemple n'a retenu parmi les coûts variables que les coûts de production, mais il est bien entendu possible d'y inclure les coûts variables en aval de la production.

Cette manière de présenter les résultats donne un éclairage bien plus propice à la prise de décision, par exemple quel produit pousser commercialement au sein de la gamme. Les décisions concernant des choix sur l'ensemble des familles de produits seront également rendues plus claires.

3.5. Cas classiques de prise de décision

3.5.1. Les coûts et revenus pertinents

On a déjà vu apparaître deux fois la notion de pertinence dans ce chapitre. Une première fois pour la prise de décision liée au volume d'activité, une seconde fois pour le *direct costing*.

- Dans le premier cas, les coûts variables étaient les seuls coûts pertinents, dans la mesure où le seul paramètre qui changeait, c'était le volume d'activité ;
- dans le second cas, en plus des coûts variables, on considérait comme pertinents, au niveau de la famille de produits, les coûts fixes spécifiques à la famille de produits. Ces coûts fixes n'étaient cependant pas pertinents au niveau de chaque produit composant la famille.

Le tableau concernant la prise de décision financière est ce qui explique le mieux la notion de pertinence en matière de prise de décision.

> Sont pertinents pour une prise de décision les éléments qui vont changer lorsqu'on compare le fait de prendre la décision avec le fait de ne pas la prendre.

Les éléments, coûts et revenus, qui figurent pour un même montant dans les deux premières colonnes, ne sont pas pertinents pour la prise de décision. La seule vraie question est : « Qu'est-ce que ça change ? »

	Sans	Avec	Différence
Total résultat			

La notion de pertinence par rapport à une décision à prendre implique que des décisions d'ordre différent nécessiteront l'utilisation de coûts et de revenus différents.

Cette idée est d'importance pour les contrôleurs de gestion et les comptables en général : lorsqu'un contrôleur de gestion reçoit un bon de commande pour le calcul d'un coût, il doit demander quel type de décision va être pris à l'aide de ce coût.

> Le calcul d'un coût ne peut pas être distingué de la définition du problème à résoudre, de la décision à prendre.

L'expérience et la pratique des gestionnaires de coûts a fait apparaître une série de situations classiques de prises de décision, dans lesquelles les éléments à prendre en compte sont à chaque fois différents. Elles constituent un bon entraînement pour la maîtrise de la notion de pertinence.

Il va sans dire que les exemples présentés ci-dessous doivent se comprendre « toutes choses égales par ailleurs », c'est-à-dire en l'absence d'une prise en compte des paramètres commerciaux, stratégiques ou humains.

La suppression (ou la création) d'une ligne de produits

Prenons l'exemple d'une entreprise comportant trois lignes de produits, dont la troisième présente des pertes avant impôts après répartition de l'ensemble des coûts de l'entreprise sur les trois lignes.

	Ligne de produits 1	Ligne de produits 2	Ligne de produits 3	Total
Ventes	125 000	75 000	50 000	250 000
Coûts variables	50 000	25 000	30 000	105 000
Marge sur coûts variables	75 000	50 000	20 000	145 000
Coûts fixes	59 000	38 000	28 000	125 000
Bénéfice avant impôts	16 000	12 000	– 8 000	20 000

La direction envisage la suppression de cette ligne de produits déficitaire.

L'étude d'une telle décision, en reprenant notre modèle « sans/avec/différence » implique de s'interroger sur les revenus et les coûts qui seront supprimés en même temps que la suppression de la ligne de produits.

Le tableau ci-dessus, qui privilégie les coûts variables et la marge sur coûts variables en termes de présentation, nous facilite la tâche en nous faisant comprendre rapidement que la suppression de la ligne de produits trois ferait disparaître une marge sur coûts variables de 20 000 €. Cependant il n'est pas certain que du fait de la suppression de cette ligne de produits, les 28 000 € de coûts fixes disparaissent en totalité. Une analyse de ces coûts fixes est donc nécessaire en recherchant ceux qui seraient affectés par une éventuelle suppression.

Analyse des coûts fixes

	Sans changement	Avec changement	Différence
Salaires et charges	8 000	0	8 000
Publicité	6 500	0	6 500
Frais généraux usine	1 000	1 000	0
Amortissements	2 000	2 000	0
Divers	10 500	10 000	500
Total	28 000	13 000	15 000

L'analyse de la modification des coûts fixes consécutive à une éventuelle suppression de la ligne de produits trois montre que 13 000 € subsisteraient. La différence, c'est-à-dire les coûts pertinents à la prise de décision, ne serait que de 15 000 €.

Une synthèse de l'ensemble des paramètres est présentée dans le tableau ci-dessous.

Analyse de la décision

	Sans changement	Avec changement	Différence
Marge sur coûts variables	20 000	0	20 000
Coûts fixes	28 000	13 000	15 000
Bénéfice avant impôts	− 8 000	− 13 000	− 5 000

On voit désormais que la suppression de cette ligne de produits ferait diminuer le bénéfice avant impôts de l'entreprise d'un montant de 5 000 €.

Dans cette décision, les éléments pertinents étaient les suivants : le chiffre d'affaires, les coûts variables et les coûts fixes qui étaient susceptibles de diminuer suite à la décision de suppression de la ligne de produits.

Faire ou sous-traiter

Une entreprise fabrique et vend 8 000 unités d'un produit dont le coût total est de 168 000 €. Elle est approchée par un sous-traitant qui lui propose d'acheter l'ensemble de ces 8 000 unités pour un prix de 152 000 €. Une telle différence semble *a priori* intéressante, mais l'analyse financière de cette décision doit répondre à la question : « Qu'est-ce que cela va changer ? »

Une chose est sûre, le prix de vente de ces 8 000 unités n'est pas pertinent eu égard à la prise de décision envisagée. Au niveau des coûts, il est important de s'interroger sur ceux des coûts qui vont disparaître en interne à la suite d'une décision d'acheter à l'extérieur. Une analyse est réalisée et synthétisée dans le tableau suivant.

Coût des 8 000 unités

	Sans changement	Avec changement	Différence
Matières premières	48 000	0	– 48 000
Main-d'œuvre directe	32 000	0	– 32 000
Frais généraux usine variables	8 000	0	– 8 000
Frais généraux usine fixes spécifiques	24 000	0	– 24 000
Amortissement	16 000	16 000	0
Frais généraux usine fixes répartis	40 000	40 000	0
Total des coûts internes	168 000	56 000	– 112 000
Achat à sous-traitant		152 000	152 000
Total	168 000	208 000	40 000

Il permet de s'apercevoir que sur les 168 000 € de coûts actuels, 56 000 € subsisteraient en cas de sous-traitance, ce qui rendrait en fait le coût total de la sous-traitance plus cher de 40 000 € par rapport à la situation actuelle.

Les commandes « spéciales »

Imaginons une entreprise qui vend un grand nombre de produits, dont un auquel nous allons nous intéresser. Sa profitabilité unitaire est résumée dans le tableau ci-dessous.

Prix de vente unitaire « tarif »	1 400
Coût variable unitaire	1 000
Marge sur coût variable unitaire	400
Coût fixe spécifique ramené à l'unité	200
Marge	200
Coût fixe indirect ramené à l'unité	100
Résultat unitaire	100

Par rapport à ce qui a été dit précédemment, la ligne « coût fixe spécifique ramené à l'unité » concerne des charges de l'usine directes par rapport au produit, la ligne « coût fixe indirect ramené à l'unité » concerne des charges usine et hors usine indirectes par rapport au produit et fixes par rapport à l'évolution du volume d'activité.

Pour être encore plus clair, supposons que dans le cadre du budget de cette entreprise, il a été estimé qu'il allait être vendu 5 000 unités de ce produit au cours de l'année suivante.

Le tableau ci-dessous présente l'intégration de ce produit dans le budget annuel.

Hypothèse de vente de 5 000 unités

Prix de vente « tarif »	7 000 000
Coût variable	5 000 000
Marge sur coût variable	2 000 000
Coût fixe spécifique	1 000 000
Marge	1 000 000
Coût fixe indirect	500 000
Résultat	500 000

Supposons qu'un client, qui n'est pas un client habituel, n'a pas vocation à le devenir et n'aura aucun contact avec les clients habituels, propose d'acheter une centaine de produits à un prix déconnecté du tarif habituel, de 1 100 €.

Dans une première hypothèse, nous allons supposer que nous nous trouvons en début d'année, à un moment où nous ne savons pas encore si nous allons vendre, au cours de l'année qui vient, la quantité budgétée ayant servi de base au calcul des coûts fixes ramenés à l'unité. Le coût fixe spécifique est de 1 million d'euros pour l'année, le coût fixe indirect et non spécifique est de 500 000 €. Ces deux chiffres n'aboutiront aux coûts unitaires respectifs de 200 € et 100 € que si les quantités réellement vendues sont de 5 000 unités précisément.

Accepter de vendre une centaine d'unités au tarif de 1 100 € au lieu de 1 400 € pourrait donner le résultat du tableau suivant.

	Sans	Avec	Différence
Prix de vente unitaire « hors tarif » × 100		110 000	110 000
Coût variable		100 000	100 000
Marge sur coût variable		10 000	10 000
Coût fixe spécifique	1 000 000	1 000 000	?
Marge		10 000	10 000
Coût fixe indirect	500 000	500 000	0
Résultat			10 000

Si les décideurs estiment que les 100 unités vendues sont réellement supplémentaires aux 5 000 unités que l'on a prévu de vendre sur l'année, on peut estimer que cette vente rapporte une marge supplémentaire de 10 000 €.

Cette supposition est surtout valable pour la ligne « coût fixe indirect » de 500 000 € qui concerne des frais généraux de l'ensemble de l'entreprise et qui sont répartis sur l'ensemble des différents produits fabriqués par l'entreprise. Cette supposition est moins valable pour la ligne « coût fixe spécifique », en particulier si l'on pense que l'on aura du mal à atteindre les 5 000 unités du budget. C'est le sens du point d'interrogation que l'on a fait figurer sur cette ligne. On ne peut pas être certain que les 200 € de coût fixe spécifique unitaire seront bien couverts par le revenu de cette vente.

Dans une seconde hypothèse, on va supposer que l'on se trouve en fin d'année, à un moment où l'on sait avoir déjà vendu les 5 000 unités. Dans ce nouveau cas, les décideurs seront plus en mesure d'accepter de vendre au tarif inférieur, car ils sauront, toutes choses égales par ailleurs, que cette vente produira un résultat de 10 000 € supplémentaires.

L'utilisation de ressources limitées

Ce quatrième cas classique concerne une entreprise qui fabrique cinq produits en tout et pour tout.

Le tableau ci-dessous présente les informations nécessaires pour une prise de décision concernant la limitation du volume d'heures de main-d'œuvre disponible l'année prochaine, qui est limitée à 150 000 heures.

	A	B	C	D	E	Total
Prix de vente	35,00	24,00	22,00	18,00	14,00	
Matières premières	3,50	2,30	4,50	3,10	1,50	
Main-d'œuvre (MO)	4,80	3,00	8,40	6,00	2,40	
Frais généraux usine variables	1,60	1,00	2,80	2,00	0,80	
Marge sur coûts variables	25,10	17,70	6,30	6,90	9,30	
Quantités dans budget initial	26 000	42 000	40 000	46 000	450 000	
Nombre d'heures de MO/unité	0,40	0,25	0,70	0,50	0,20	
Nombre d'heures de MO	10 400	10 500	28 000	23 000	90 000	161 900

La première mouture du budget arrive à un nombre d'heures de main-d'œuvre nécessaire de 161 900. La question est de savoir comment décider du ou des produits dont il conviendra de réduire la quantité.

Comme le goulot d'étranglement, la ressource limitée, ce sont les heures de main-d'œuvre, c'est la profitabilité de cette ressource limitée qu'il convient de maximiser. La meilleure manière d'arriver au résultat optimal est de calculer la marge sur coût variable par unité de ressource limitée.

Le tableau ci-dessous montre le résultat des calculs.

	A	B	C	D	E
Marge sur coûts variables	25,10	17,70	6,30	6,90	9,30
Nombre d'heures de MO/unité	0,40	0,25	0,70	0,50	0,20
Marge par heure de MO	62,75	70,80	9,00	13,80	46,50

C'est le produit C qui présente la marge la plus faible par heure de main-d'œuvre. Les 11 900 heures de main-d'œuvre au-dessus de la capacité de 150 000 heures, si elles sont divisées par 0,70 heure par unité, vont donner une réduction de 23 000 unités du produit C par rapport au budget initial qui passera donc de 40 000 à 17 000 unités.

SYNTHÈSE

La comptabilité analytique a été inventée par des gestionnaires pour les gestionnaires. Elle n'est donc pas soumise aux mêmes impératifs de formalisme que la comptabilité générale. Elle n'en garde pas moins des liens assez étroits avec la comptabilité générale, dans la mesure où elle est la source notamment de la valorisation des stocks de produits finis au bilan.

Les **trois grandes utilisations de la comptabilité analytique** sont le calcul des coûts de revient, l'aide à la prise de décision et la planification contrôle.

Le **calcul des coûts de revient** constitue l'orientation la plus comptable (au sens de la comptabilité générale) de la comptabilité analytique. Elle en est historiquement la première préoccupation. Elle repose le plus souvent sur une construction de coûts complets, où l'on cherche à ce que le prix de vente de chaque produit soit supérieur à son coût de revient complet. Si chaque produit fait du bénéfice, l'entreprise fera du bénéfice au total.

Le calcul des coûts complets repose sur une série d'hypothèses et de clefs de répartition qui pour être légitimes n'en sont pas moins **arbitraires**. L'interprétation de tels résultats suppose de bien comprendre et de bien se souvenir de ces hypothèses et de ces clefs de répartition.

Les calculs à la base de toute **prise de décision** reposent d'abord sur une bonne compréhension de la définition de la décision sur le point d'être prise. À chaque décision doit correspondre des calculs de coûts et revenus qui soient **pertinents** par rapport à la décision. Le jugement sur la pertinence des éléments à prendre en compte est facilité par le fait de se poser la question : « Qu'est-ce qui change ? » entre faire et ne pas faire. Cette question se retrouve plus généralement dans toutes les prises de décision d'ordre financier.

La **planification contrôle** est le sujet des chapitres concernant le budget et les centres de responsabilité.

TEST DE CONNAISSANCES

Q1 – La méthode des coûts complets est fondée sur...

1 – la distinction entre coûts variables et coûts complets.

2 – la distinction entre coûts directs et coûts indirects.

3 – une série de clefs de répartition des coûts indirects.

4 – des hypothèses arbitraires.

Q2 – Quand on atteint le point mort...

1 – on cesse de faire des pertes pour faire du bénéfice.

2 – on sait qu'il faut arrêter l'activité en question.

3 – la marge sur coûts variables = les coûts fixes.

4 – toute unité vendue supplémentaire augmente le bénéfice du montant des ventes.

Q3 – La méthode des coûts complets...

1 – sert à décider de l'arrêt d'une ligne de produits.

2 – sert à choisir comment utiliser au mieux une ressource limitée.

3 – sert à décider s'il faut accepter une « commande spéciale ».

4 – sert à fixer le prix de vente permettant de faire un bénéfice.

Q4 – Quelques exemples de coûts variables :

1 – l'amortissement des véhicules des vendeurs.

2 – les matières premières.

3 – les loyers.

4 – la main-d'œuvre directe.

Q5 – Quelques exemples de coûts fixes :

1 – les charges de chauffage du siège.

2 – les frais d'encaissement carte de crédit d'une entreprise de distribution.

3 – les salaires de la main-d'œuvre directe.

4 – l'amortissement des machines de l'usine.

Q6 – Faire ou sous-traiter s'analyse...

1 – en comparant le coût en interne avec le prix externe.

2 – en calculant le point mort du fournisseur.

3 – en examinant les coûts qui vont disparaître en interne par rapport au coût d'achat à l'extérieur.

4 – en comparant le prix de vente chez nos clients par rapport au coût d'achat à l'extérieur.

**Q7 – On accepte de vendre à un prix en dessous du tarif
pour une « commande spéciale » si le prix de vente...**

1 – dépasse les coûts directs.

2 – dépasse le coût complet.

3 – permet de dégager une marge sur coûts variables positive.

4 – permet de dégager une marge sur coûts variables et coûts fixes spécifique positive.

.../...

Q8 – Dans la méthode du « direct costing », on n'impute aux produits...

1 – que les coûts directs.

2 – que les coûts variables.

3 – que les coûts spécifiques.

4 – que les coûts spécifiques, mais on vérifie la profitabilité au niveau supérieur.

Q9 – En situation de « ressource limitée », il faut maximiser la marge sur coût variable...

1 – par unité vendue.

2 – par unité de ressource limitée.

3 – par unité de ressource limitée exprimée en %.

4 – par heure de main-d'œuvre.

Q10 – Sont « pertinents » par rapport à une décision :

1 – l'ensemble des coûts complets.

2 – l'ensemble des coûts directs et des revenus concernés.

3 – les coûts et les revenus qui vont être modifiés entre « faire » et « ne pas faire ».

4 – les coûts et les revenus qui sont modifiés entre cette année et l'année précédente.

Réponses du test :

Q1 : 2, 3 et 4 – Q2 : 2 et 3 – Q3 : 1 et 4 – Q4 : 2 et 4 – Q5 : 1 et 4 – Q6 : 3 – Q7 : 3 et 4 – Q8 : 4 – Q9 : 2 – Q10 : 3.

Chapitre 9

Le contrôle de gestion des activités et des processus

NATHALIE KACHER

- Comprendre l'intérêt d'une approche transversale de la gestion de l'entreprise.
- Cerner les objectifs des méthodes ABC, ABB, ABM et BBZ et les étapes clefs de leur mise en œuvre.
- Identifier les facteurs clefs de succès d'une démarche de contrôle de gestion par les activités.

Les dispositifs de gestion sont en général conçus pour s'adapter à l'**organisation pyramidale** des entreprises : les objectifs sont délégués en cascade dans la structure, chaque fonction opérationnelle en assure individuellement la mise en œuvre et le suivi et en rend compte périodiquement.

Ce schéma ainsi simplifié laisse entrevoir ce qui peut y faire défaut : la possible tendance des différentes fonctions à travailler **de manière cloisonnée** et à perdre de vue la manière dont elles sont liées dans la réalisation des objectifs de l'entreprise.

Un besoin de cohérence et de « liant » est encore plus sensible dans les entreprises travaillant à la commande, car elles doivent davantage concilier coûts, qualité et délais dans la réponse aux attentes de chaque client. Il est également critique dans les environnements très concurrentiels ou à forte évolution technologique car la flexibilité de l'entreprise va conditionner sa réactivité, et donc sa pérennité.

© Groupe Eyrolles

Les outils qui répondent aux acronymes d'ABC, ABB, ABM ou… BBZ, présentés dans ce chapitre, répondent à cette préoccupation, car ils introduisent un mode de gestion **transversal** qui dépasse le cadre des fonctions pour s'intéresser à la manière dont elles **contribuent** à la réalisation des objectifs de l'entreprise.

Si chacun de ces outils a des applications qui lui sont propres, leur vocation est la même : apporter aux responsables plus de visibilité sur le fonctionnement des opérations et l'utilisation des ressources, afin de cerner des pistes d'amélioration, autant en termes de **processus**, de **satisfaction client** et donc de **performance économique**.

Nous les avons donc réunis dans un même chapitre, pour montrer leurs apports et la manière dont ils peuvent être déployés.

1. QUELQUES REPÈRES POUR COMPRENDRE LES PRINCIPES DE LA GESTION PAR LES ACTIVITÉS ET LES PROCESSUS

Toutes autant qu'elles sont, les méthodes ABC, ABB, ABM, BBZ impressionnent.

- Par leurs acronymes anglo-saxons : *activity based costing, activity based budgeting, activity based management,* etc., qui semblent en faire des outils modernes, en nous faisant oublier qu'ils existent depuis plus de vingt ans !
- Par leur réputation de « systèmes » lourds et difficiles à mettre en œuvre, dont l'usage serait plutôt réservé aux grandes entreprises, en raison de leur complexité et des moyens qu'ils nécessitent.
- Par la réorganisation qu'un « budget base zéro » laisse préfigurer, surtout quand les collaborateurs qui participent n'en comprennent vraiment la portée que le jour où ils subissent une réduction de moyens.

Les méthodes de gestion par les activités et les processus sont pourtant à la portée de toutes les entreprises, quels que soient leur taille, leur secteur d'activité, leur maturité, car elles reposent sur des principes simples. Nous y consacrons ce premier paragraphe.

1.1. Vers une vision transversale de l'entreprise

Dans une entreprise organisée de manière **pyramidale**, chaque fonction se voit déléguer des objectifs inhérents à son champ de compétence : les objectifs sont « segmentés » et la mise en cohérence des actions des différentes fonctions ne se fait qu'au niveau hiérarchique supérieur… ou ne se fait pas !

C'est ce que l'on appelle le « *silo effect* », à l'origine des dysfonctionnements (manque de coordination, perte de temps, compétition interservices, etc.) qui pèsent sur la performance de l'entreprise.

Tous les acteurs d'une entreprise ont pourtant un même objectif : répondre aux attentes de ses clients, mais ce qui les **lie** dans sa réalisation, la manière dont ils doivent coopérer, n'est pas nécessairement décrit et peut être perdu de vue.

La **contribution** des différentes fonctions de l'entreprise à cet objectif est plus ou moins visible : elle semble évidente pour le commercial ou la production, un peu moins pour la maintenance ou l'administration des ventes, encore moins pour la comptabilité. Elle existe, pourtant.

> Pour appréhender la contribution d'une fonction, il faut s'intéresser à « ce qu'elle fait », à ses **activités** et à la manière dont celles-ci s'intègrent dans les **processus** de livraison des produits ou des prestations auprès des clients.

À l'échelle de l'entreprise, la description des activités et des processus aux-quels participent les différentes fonctions prend la forme d'une représentation schématique, intitulée « **cartographie** » : elle permet de visualiser le fonction-nement de l'organisation et la construction de sa valeur ajoutée ; elle consti-tue le point de départ de toute approche de gestion transversale.

1.1.1. Activités et processus : définitions et caractéristiques

Comme le laisse entendre leur nom, les méthodes ABC, ABB et ABM sont « *activity based...* » : elles reposent sur l'analyse des activités. Dans la méthode BBZ, cela apparaît moins clairement mais c'est également le point de départ de la démarche.

Les activités peuvent être définies comme « ce que font » les collaborateurs de l'entreprise. L'action et le livrable produit sont en général décrits à l'aide d'un verbe et d'un complément d'objet direct.

En pratique

> Par exemple : négocier les prix d'achat, prospecter de nouveaux clients, enregistrer les factures fournisseurs…

Dans chaque fonction, les activités réalisées peuvent être multiples ; elles ne sont pas nécessairement liées entre elles.

En pratique

Les différentes activités d'un service achats pourront être :
- sélectionner les fournisseurs ;
- négocier les prix d'achat ;
- passer les commandes ;
- auditer les fournisseurs.

Dans l'entreprise, les activités s'intègrent dans des **processus** : leur réalisation est liée à d'autres activités en amont et en aval, dans le but de concourir à un objectif commun, un résultat final, **créateur de valeur** pour l'entreprise. **Décrire un processus** consiste à identifier ses entrées, ses sorties (ou ses livrables) et sa valeur ajoutée.

Un processus de vente

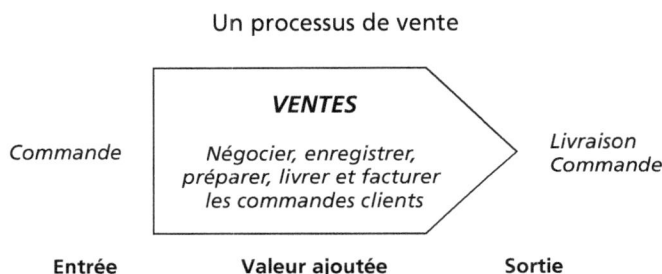

Entrée   **Valeur ajoutée**   **Sortie**

Dans toute entreprise, il existe trois grandes **catégories** de processus :
- les **processus de réalisation**, qui transforment la demande des clients en produits ou prestations. Ils recouvrent les processus opérationnels, tels que la conception des produits ou prestations, la production, la commercialisation… ;
- les **processus de pilotage**, qui contribuent à établir les objectifs, à organiser leur mise en œuvre, à contrôler le bon déroulement des opérations et à améliorer le fonctionnement de l'organisation. Ils comprennent aussi les dispositifs destinés à recueillir les attentes clients ;
- les **processus supports**, dont le but est de fournir les ressources aux processus de réalisation. Il s'agit des processus achats, gestion des ressources humaines ou formation.

La cartographie des processus de l'entreprise s'effectue à différents niveaux, avec plus ou moins de détail :
- la **cartographie de niveau 1** décrit sous forme de **macro-processus**, la finalité et l'organisation globale de l'entreprise. Chacun de ses domaines d'activité

est présenté distinctement, avec ses produits ou prestations vendus, ses clients, ses fournisseurs et ses missions clefs. Elle matérialise également le lien entre les macro-processus de réalisation et ceux de pilotage et de support ;

Cartographie de niveau 1

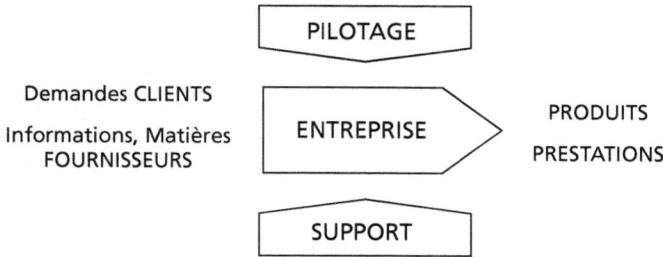

PILOTAGE

Demandes CLIENTS

Informations, Matières
FOURNISSEURS

ENTREPRISE

PRODUITS

PRESTATIONS

SUPPORT

- la cartographie de niveau 2 est celle qui permet de comprendre l'organisation de l'entreprise. C'est la plus importante. Elle présente les processus élémentaires permettant de réaliser les missions de l'entreprise, mais aussi d'assurer les actions de support et de pilotage ;

Cartographie de niveau 2

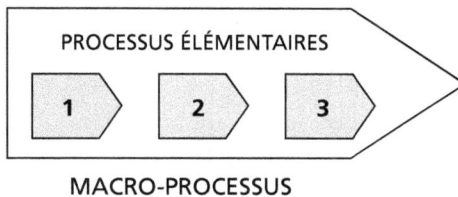

PROCESSUS ÉLÉMENTAIRES

1   2   3

MACRO-PROCESSUS

- les processus élémentaires peuvent parfois être subdivisés en **sous-processus**. Ce n'est pas le cas pour tous. Il s'agit du **niveau 3** de la cartographie.

Pour comprendre comment un processus se réalise, il faut descendre à un niveau de détail inférieur, celui des **activités**, dont l'enchaînement se représente sous forme de **diagramme de flux** (ou *flow chart*) avec les étapes clefs et les fonctions impliquées.

Le processus ventes pourrait par exemple être représenté ainsi.

Exemple de diagramme de flux

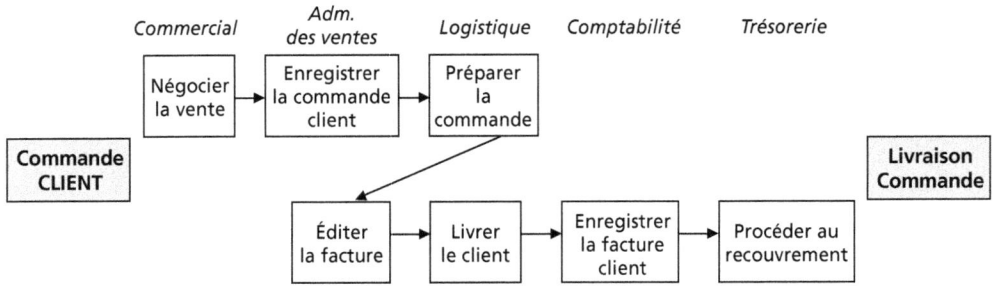

Étendue à l'échelle de l'entreprise, cette représentation prend la forme d'une **carte des processus et des activités,** qui croise les visions pyramidale et transversale de l'entreprise.

En voici un exemple simplifié :

Exemple de carte des processus et des activités

Processus/Activités \ Fonctions	Direction générale	Direction R&D	Supprt production	Développement	Direction commerciale	Administration des ventes	Commerciaux secteurs	Direction production	Équipes de production	Achats	Logistique	Direction admin. et financ.	Comptabilité	Ressources humaines	Services généraux
Diriger															
Définir des objectifs	R			I				I				I			
Gérer le personnel	I													R	
Gérer les bureaux	I														R
Suivre les résultats de l'entreprise	I											R			
Concevoir															
Définir les besoins du marché					R		I								
Établir un cahier des charges		R		I											
Réaliser les études				R											
Approvisionner															
Évaluer les besoins										R					
Sélectionner des fournisseurs										R					
Gérer les stocks											R				
Produire															
Établir le plan de production	I							R					I		
Fabriquer									R						
Maintenir les machines			R												
Suivre la qualité			R												
Améliorer le process de fab.			R						I						
Distribuer															
Définir la politique de vente	I				R										
Prospecter les clients							R								
Enregistrer les commandes						R									
Expédier											R				
Facturer & recouvrir													R		

Responsable de l'activité   Impliqué dans l'activité

Cette cartographie met en évidence :

- en lecture **verticale**, les **activités** dans lesquelles les fonctions sont impliquées et leur niveau d'implication (responsables ou seulement partenaires). Toutes les fonctions sont représentées sur le même plan et les niveaux de responsabilité se substituent aux lignes de *reporting* ;

- en lecture **horizontale**, le nombre d'activités nécessaires à chaque processus, la manière dont les fonctions interagissent ; cela montre immédiatement le degré de complexité du processus, la multiplicité des étapes et les besoins de coordination interservices.

Pour cartographier les activités et les processus dans une entreprise, puis les exploiter, il faut amener l'ensemble des collaborateurs à **décrire**, dans le cadre d'interviews :

- « ce qu'ils font » (leurs activités) ;

- le pourcentage du temps qu'ils y consacrent ;

- les ressources utilisées (outils informatiques, matériels, prestations extérieures…) ;

- la manière dont ces activités s'intègrent dans les processus opérationnels de l'entreprise pour délivrer les prestations attendues par ses clients…

Pour que la liste des activités soit exploitable, il est bon d'en limiter le nombre par fonction à sept ou huit et globalement pour l'entreprise à 50, notamment en effectuant des regroupements d'activités ayant le même but ou dont le poids en termes de ressources est peu significatif.

Comme cet exercice conduit à questionner la pertinence de ce qui est fait, il est important que les entretiens soient conduits avec beaucoup de tact, en expliquant clairement l'objectif.

1.2. Pourquoi adopter une approche de gestion par les processus ?

Quand les responsables d'une entreprise prennent l'initiative de déployer une approche par les processus, c'est parce qu'ils souhaitent trouver des réponses à une problématique et gagner en visibilité sur le fonctionnement de l'entreprise et l'utilisation de ses ressources.

Préciser cette problématique est capital, car cela permet de définir des objectifs, de choisir les outils de contrôle de gestion adéquats et de conduire la démarche d'analyse et de mise en place de manière structurée : en un mot, de prévenir autant que possible le risque de l'« usine à gaz ». On facilitera aussi la communication auprès des collaborateurs, nécessairement impliqués dans une telle démarche et donc leur adhésion, facteur clef de réussite.

Ces problématiques répondent à **trois préoccupations principales**.

1.2.1. Accroître la rentabilité

La première préoccupation de la direction est l'augmentation de la rentabilité de l'entreprise, pour maintenir sa compétitivité dans un secteur concurrentiel ou pour consolider son potentiel de développement.

Les dirigeants sont à la recherche d'économies, mais ne veulent pas prendre le risque de porter atteinte à la qualité du service rendu aux clients. Il leur faut donc évaluer la valeur ajoutée des ressources utilisées, notamment par les fonctions supports, première cible des réductions de coûts.

Cela leur permet aussi d'affiner le calcul des coûts de revient et la prise en compte plus réaliste des charges « indirectes », par produit ou segment de clientèle, pour :

- établir des prix de vente, qui concilient mieux compétitivité et rentabilité ;
- identifier des leviers d'action pertinents ;
- ou orienter le développement de l'entreprise vers ses segments les plus rentables.

La rentabilité d'une entreprise est mécaniquement améliorée par la réduction de ses coûts de revient, mais cela n'est bénéfique à long terme que si elle en fait un avantage concurrentiel, c'est-à-dire si la meilleure utilisation des ressources lui permet d'améliorer le service rendu à ses clients.

1.2.2. Améliorer la compétitivité

Améliorer la compétitivité de l'entreprise est la deuxième préoccupation. Pour fidéliser une clientèle et faire la différence par rapport aux concurrents, les dirigeants doivent s'interroger sur ce qui crée de la valeur, ce qui est déterminant dans leur choix.

Il peut s'agir de l'originalité du produit, de l'attention portée à la compréhension des besoins du client, de la qualité du SAV ou du prix de vente…

Quels qu'ils soient, ces facteurs clefs de succès sont les atouts sur lesquels l'entreprise doit capitaliser pour être compétitive et en fonction desquels elle doit structurer son organisation et allouer ses ressources.

En pratique

Dans les secteurs à forte innovation technologique, où les produits ont une durée de vie relativement courte, c'est la capacité à concevoir de nouveaux produits, à les lancer au bon moment, mais aussi, en amont, à déceler les évolutions du marché, qui est capitale. Les activités qui s'y rapportent doivent bénéficier des ressources suffisantes et être bien coordonnées.

Pouvoir visualiser l'organisation est la première condition pour faire évoluer une entreprise. C'est aussi ce qui donne des arguments pour communiquer auprès de la clientèle sur ce qui fait la valeur des services rendus. C'est également déterminant pour aider les commerciaux dans leurs négociations, tout en préservant les marges.

1.2.3. Mieux coordonner les opérations

Veiller à la bonne coordination des opérations, troisième préoccupation, est ce qui permet de gagner en réactivité tout en réduisant le temps de réalisation, et donc de satisfaire les clients en utilisant bien les ressources.

Les procédures et les délégations d'autorité structurent le partage de responsabilités entre fonctions et définissent la manière dont chacune intervient dans le déroulement des opérations.

Or, la rapidité d'exécution des opérations est conditionnée par le **nombre** d'activités, de services et de niveaux hiérarchiques impliqués dans leur réalisation et leur contrôle. Leur multiplication, sans réelle valeur ajoutée, peut être incompatible avec des exigences de réactivité.

Visualiser l'enchaînement des activités dans un processus, *via* leur cartographie, peut permettre de déceler des dysfonctionnements qui ralentissent le déroulement des opérations et d'y remédier (voir figure en page suivante).

En pratique

Exemples de dysfonctionnements :
* des activités sans valeur ajoutée ;
* un trop grand nombre d'activités ou d'intervenants ;
* la multiplication de points de contrôle ;
* la redondance d'activités entre services.

Ces trois objectifs d'amélioration sont étroitement liés et correspondent aux trois axes d'analyse et de suivi de la performance dans l'approche *balanced scorecard* (voir chapitre 12).

Visualisation de l'enchaînement des activités

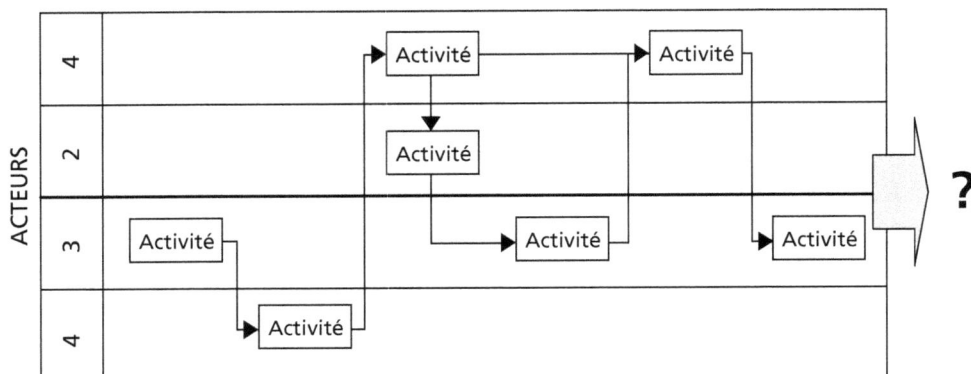

Les méthodes qui s'appuient sur une approche par les processus peuvent apporter une réponse spécifique à ces problématiques. Il est important de rappeler que leur déploiement requiert **l'implication de l'ensemble des collaborateurs** de l'entreprise à tous les niveaux pour le recueil des informations, comme pour leur exploitation ultérieure. Mais l'éclairage qu'elles apportent sur l'organisation des opérations peut générer des réticences.

Pour que la contribution des différents acteurs soit efficace, il faut qu'ils comprennent la finalité du projet, ce que la direction en attend, les enjeux pour l'entreprise et ce qu'il peut leur apporter au quotidien dans le pilotage de leur activité. Pour ce faire, il est important que la direction se montre très impliquée et communique sur le projet dès son lancement et tout au long de sa mise en œuvre.

> Le contrôleur de gestion a bien évidemment un rôle important à jouer dans la coordination de tels projets : avec l'aide ou non d'un consultant extérieur, il apporte de la méthode dans la collecte et la synthèse des données.

2. ÉVALUATION DU COÛT DE REVIENT DES ACTIVITÉS, DES PROCESSUS ET DES PRODUITS : LA MÉTHODE ABC

La méthode ABC *(activity based costing)*, concerne le calcul des **coûts de revient**. Pour autant, son objectif ne s'arrête pas là, car la visibilité qu'elle apporte sur l'allocation des ressources amène inévitablement à repenser l'organisation des activités : la méthode ABC accompagne donc aussi une démarche de type ABM *(activity based management)*.

2.1. Principes et intérêts de la méthode ABC

La méthode ABC est une méthode de calcul en **coûts complets**. Si elle pallie certaines insuffisances de la méthode traditionnelle, ce n'est pas sa seule vocation : elle apporte dans l'entreprise une autre vision de la construction des coûts.

La méthode traditionnelle s'appuie sur une logique d'**allocation** des coûts. Son point de départ est la comptabilité et sa principale préoccupation, le choix de **clefs d'allocation** : pour répartir d'abord le coût des fonctions supports (ou sections auxiliaires) entre les différentes fonctions productives (ou sections principales), puis pour allouer le coût de ces dernières sur les produits ou prestations délivrés par l'entreprise, suivant la méthode dite des « **sections homogènes** ».

Méthode des sections homogènes

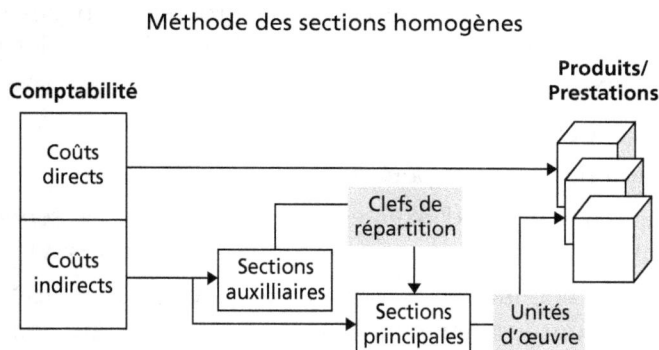

L'inconvénient est que les fonctions ne sont pas toujours aussi « homogènes » que le laisse entendre leur nom (elles peuvent rendre plusieurs types de services) et que les clefs d'allocation (chiffre d'affaires, volumes d'achat, nombre d'heures de main-d'œuvre...) ne sont pas toujours représentatives de leur valeur ajoutée.

Avec la méthode ABC, on passe d'une logique **d'allocation** à une logique de **consommation** : il s'agit d'identifier les activités nécessaires à la réalisation des produits ou prestations et de faire l'inventaire des ressources utilisées pour chacune d'elles. La comptabilité ne sert alors plus que de base de données pour évaluer le coût des ressources.

La différenciation entre coûts **directs** et coûts **indirects** tend à disparaître, puisque le lien entre les ressources utilisées et les produits réalisés est établi pour toutes les fonctions : on dit que la méthode ABC conduit à « **directifier** » les coûts.

Méthode ABC

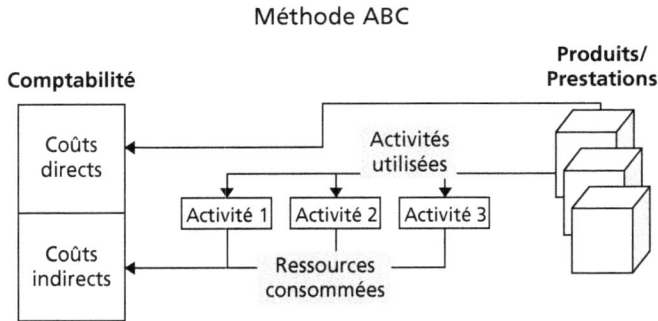

La matérialisation de ce lien a pour premier avantage d'apporter de la **fiabilité** dans le calcul des coûts de revient, là où la méthode traditionnelle pouvait introduire des biais et donc fausser les décisions.

De plus, avec la méthode ABC, le **lien** entre produits, activités et ressources mobilisées est mis en évidence, ce qui facilite l'identification des pistes **d'optimisation des coûts**.

Ces pistes peuvent être :

- la suppression des activités peu ou pas utiles ;
- la réduction du volume d'activités impliquées dans le service rendu au client (nombre de livraisons, de commandes, de factures…) ;
- la réduction du volume des ressources utilisées pour réaliser les activités (temps requis pour le traitement d'une facture ou d'une commande…) et leur réallocation vers des activités plus critiques ;
- la réduction du coût unitaire de chaque ressource (coût horaire du personnel ou du matériel, prix d'achat des biens ou prestations consommées…) en adéquation avec les priorités ou les attentes des clients.

Si ce schéma est relativement simple et compréhensible, il faut reconnaître que sa **mise en œuvre** peut être longue et difficile, en raison de la complexité des organisations, de la multiplicité des acteurs et des activités pour fournir le service attendu par le client.

Aussi faut-il que le jeu en vaille la chandelle : **déployer la méthode ABC ne vaut le « coût »** que si les approximations de la méthode traditionnelle présentent de réels inconvénients :

- si le **poids des charges indirectes** ou la place des fonctions supports y est important ;
- si le **secteur** dans lequel travaille l'entreprise est **fortement concurrentiel** et requiert une forte capacité d'adaptation tout à la fois sur les prix, la qualité et les délais ;

- si les **produits** ou **prestations** réalisés sont **multiples** et leur réalisation complexe ;
- si l'entreprise doit **adapter le service rendu** pour différents segments de clientèle ;
- si l'entreprise travaille en **petites séries** ou **sur mesure** et doit disposer d'éléments de négociation pour répondre aux attentes de ses clients sans dégrader ses marges.

2.2. La mise en œuvre de la méthode ABC

La définition des objectifs est essentielle. Pour que le déploiement de la méthode soit efficace et réponde aux attentes du *management,* il est important que la démarche soit conduite de manière structurée. En voici les principaux jalons.

2.2.1. Identification des objets de coûts

Avant de procéder au recueil des informations qui vont contribuer au calcul d'un coût de revient, il est important de définir ce que ses utilisateurs souhaitent valoriser : produits ou gamme de produits, affaires, segments de clientèle, marchés, processus, prestations sur mesure et devis associés, projets… Ce que l'on appellera des **objets de coûts**.

2.2.2. Évaluation du coût des activités

Cerner les ressources nécessaires à la réalisation d'une activité va permettre de chiffrer, à partir de la cartographie des activités, le coût de revient de l'ensemble de la chaîne de création de valeur, aboutissant à la livraison d'un produit ou d'un service.

Les ressources sont en général attachées à un service et leur coût est reflété dans l'état de ses dépenses. Pour déterminer les ressources propres à chaque activité et les coûts associés, il faut s'interroger sur ce qui les génère : les « **inducteurs de coûts** ». Il s'agit notamment :

- pour les ressources humaines, du **temps passé** à la réalisation des activités grâce à un recueil des temps sur une période ou globalement en pourcentage de la charge de travail des personnes impliquées ;
- pour les frais de voyage, du **nombre de jours de déplacement** requis par les activités ;
- pour le matériel utilisé par le service, du **volume traité** avec celui-ci ;

- pour les dépenses spécifiques telles que des honoraires, du **nombre de jours ou d'heures** de consultation. Ces dépenses peuvent être dédiées à une activité en particulier, par exemple le traitement des litiges.

Le coût global de chaque activité s'évalue ensuite en répartissant le coût des différentes ressources du service entre les activités en fonction du volume des inducteurs de coût.

En pratique

Un service achats

	Coût de la fonction (k€)	Coût des activités (k€)			
		Sélection fournisseurs	Négociation	Administration commandes	Suivi qualité
Frais de personnel	520	104	208	156	52
% temps		20	40	30	10
Frais de déplacement	65	20			45
Frais de téléphonie	38	5	15	18	
Amortissement matériel de bureau	50			25	25
Honoraires juridiques	70		40		30
Fournitures de bureau	23			17	6
Total	766	129	263	216	158

La cartographie des activités a mis en évidence que plusieurs services pouvaient être impliqués dans la réalisation d'une activité : pour en évaluer le coût il faut donc prendre en compte le coût de la participation de chaque fonction.

2.2.3. Identification et chiffrage des inducteurs d'activité

Les **inducteurs d'activité** traduisent la manière dont les objets de coûts utilisent les activités qui participent à leur réalisation ou encore ce que produisent les activités : les livrables. Dans la méthode traditionnelle des coûts complets, on les désigne par le terme d'« unités d'œuvre ».

Les livrables produits par une activité se trouvent en général énoncés dans leur description : traiter des <u>commandes</u>, mener des <u>appels d'offres</u>, visiter des <u>clients</u>. Ce sont eux qui peuvent être choisis comme inducteurs d'activité.

Le **coût de chaque inducteur d'activité** s'établit en rapportant le coût global d'une activité au volume d'inducteurs produits par celle-ci sur une période donnée.

En pratique

Par exemple :

$$\text{coût de traitement d'une commande} = \frac{\text{coût de l'activité administration des commandes}}{\text{nombre de commandes traitées}}$$

Le **coût d'une activité dans le coût de revient d'un produit** correspond au volume d'inducteurs impliqués dans sa réalisation (nombre de commandes traitées, nombre d'heures de maintenance, nombre de relances effectuées…) valorisé au coût de chaque inducteur.

Pour les activités qui contribuent au processus support, par exemple « établir des bulletins de paye », leur coût sera intégré non dans le coût des produits ou prestations vendues, mais dans celui des activités contribuant à leur réalisation.

2.2.4. Calcul du coût de revient des produits ou prestations

La fiche de coût de revient d'un produit ou prestation fait la synthèse des activités impliquées dans sa réalisation et de leur coût. Elle montre, pour chaque activité, le nombre d'inducteurs et leur coût unitaire et donne une lecture directe les leviers possibles pour faire évoluer le coût de revient.

Elle permet donc de simuler l'impact de changements d'organisation, qu'ils concernent la production ou le canal de distribution, et d'alternatives telles que la sous-traitance, d'une opération spéciale ou d'un changement de fonctionnement administratif.

Une fiche de calcul de coût de revient dans un atelier de fabrique de confitures

Produit : Confiture de fraises – Pots de 500 g

Unité de vente :   *12 pots*
Carton de :
Quantité prévisionnelle :   *5 000 cartons*

Description	Inducteur (ou unité d'œuvre)	Qté	Coût unitaire	Coût total (€)	Coût/ carton (€)
Coûts matières				161 500,00	32,30
Fruits	kg	48 000	2,00	96 000,00	
Matières premières	kg	48 000	1,00	48 000,00	
Pots & couvercles	Pots & couvercles	60 000	0,25	15 000,00	
Carton	Carton	5 000	0,50	2 500,00	
Approvisionner				811,00	0,16
Négocier les achats	Nb négociations	2	100,00	200,00	
Passer les commandes	Nb commandes	25	8,00	200,00	
Réceptionner	Nb réceptions	25	15,00	375,00	
Enregistrer les factures	Nb factures	6	6,00	36,00	
Produire				2 389,00	0,48
Lancer la production	Nb OF	4	10,00	40,00	
Coût MOD préparation	H. MOD Prép.	32	15,80	505,60	
Coût Machine préparation	Heures Machine	32	12,70	406,40	
Coût MOD conditionnement	H. MOD Condt	40	15,80	632,00	
Coût machine conditionnement	H. machine Condt	10	8,50	85,00	
Suivre la qualité	Nb échantillons	40	18,00	720,00	
Distribuer				825,00	0,17
Commercialiser	Nb clients	5	30,00	150,00	
Expédier	Nb expéditions	15	25,00	375,00	
Facturer	Nb factures	15	12,00	180,00	
Recouvrer	Nb factures	15	8,00	120,00	
Coût de revient complet				165 525,00	33,11

2.2.5. Analyse

Un compte de résultat par activités et segments stratégiques peut être établi suivant la même logique.

En pratique

Un compte de résultat (simplifié) par activité

	Inducteurs (ou unités d'œuvre)	TOTAL	Épiceries	Grande distribution	Vente directe
Volumes vendus (nb cartons)		5 000	1 000	3 500	500
Chiffre d'affaires		203 000	45 000	140 000	18 000
Coûts matières	Volumes vendus	161 500	32 300	113 050	16 150
Marge/coûts matières		41 500	12 700	26 950	1 850
CA		20 %	28 %	19 %	10 %
Approvisionner	Nb approvisionnements	811	162	568	81
Produire	Nb lots	2 389	478	1 672	239
Marge/coûts de production		38 300	12 060	24 710	1 530
CA		19 %	27 %	18 %	9 %
Distribuer	Nb expéditions	1 100	500	600	
Traiter les litiges	Nb litiges	3 000		3 000	
Résultat d'exploitation		34 200	11 560	21 110	1 530
CA		17 %	26 %	15 %	9 %

Les dirigeants disposent ainsi d'éléments pour analyser la formation du résultat, tels que :

- le **poids relatif** des activités dans le coût de revient d'un segment ou d'une gamme de produits et sa cohérence avec les priorités stratégiques propres à chacun d'eux ;
- les **coûts spécifiques** à un segment, liés par exemple au mode de distribution (petites commandes), aux requis qualité (de l'épicerie fine) ou aux opérations spéciales liées au lancement de nouveaux produits ;
- le **coût des activités sans valeur ajoutée,** comme le traitement des litiges : il montre la nécessité de les traiter plus efficacement, et surtout de les prévenir plus en amont, afin qu'ils ne portent pas atteinte à l'image de l'entreprise ;

- les **déviations de coût** par rapport au budget et surtout leur **origine** : augmentation du volume d'inducteurs ou du coût de l'inducteur, résultant de prix d'achat plus élevés, d'un temps de traitement des opérations plus long ou d'une sous-activité ;
- les **pistes d'optimisation de la rentabilité** : réallocation de ressources sur les activités stratégiques, réorganisation des processus pour réduire le nombre d'inducteurs d'activité.

Quand la méthode ABC est déployée au niveau d'une entreprise toute entière, elle peut servir de base à l'établissement du budget de l'année à venir dans le cadre d'une démarche de type ABB *(activity based budgeting)*.

Comme la méthode ABC rétablit le lien entre le volume de biens ou de prestations et le volume de commandes, contrats, litiges, etc., et aussi indirectement d'heures de maintenance ou de bulletins de paye traités, elle permet de dimensionner beaucoup plus facilement les ressources nécessaires aux fonctions supports en liaison avec les prévisions de ventes et de production. Nous verrons que la démarche BBZ (budget base zéro), que nous présentons plus loin, travaille dans cette même logique.

Au-delà d'être la méthode la plus aboutie de calcul des coûts de revient, la méthode ABC a pour principal intérêt d'en donner un éclairage différent, en montrant :

- qu'il n'est pas une fin en soi mais bel et bien un enjeu, qui est de pourvoir les *managers* des éléments pertinents d'aide à la décision ;
- que les coûts, bien qu'issus de la comptabilité, sont avant tout la traduction d'une consommation de ressources dans le cadre d'une chaîne de création de valeur.

3. CONTRÔLE DE GESTION DES ACTIVITÉS ET DES PROCESSUS : LA DÉMARCHE ABM

Le calcul des coûts assis sur les activités montre toute sa portée dans la réflexion d'organisation qu'il génère, mais une démarche ABM *(activity based management)* ne peut se contenter de la seule analyse des coûts. Pour éclairer des décisions, ces derniers gagnent à être mis en perspective avec des indicateurs de qualité, de délai ou de satisfaction clients.

L'ABM s'appuie sur la mise en place de tableaux de bord dont la vocation n'est plus de mesurer la performance des fonctions, comme dans une approche traditionnelle, mais celle des processus conduits dans l'entreprise.

3.1. Principes et intérêt de la démarche

L'objectif est de s'assurer que les activités conduites concourent bien à créer de la valeur, c'est-à-dire à la fois à améliorer la satisfaction des clients et à générer du profit pour l'entreprise, *via* un juste équilibre entre la valeur ajoutée produite et les ressources consommées.

Nous retrouvons des similitudes avec l'approche processus au cœur de la démarche de *management* par la qualité, telle que préconisée par la version 2000 de la norme ISO 9001 : la priorité donnée à la satisfaction clients et une démarche de *management* transversale assise sur l'amélioration des processus clefs.

Le *management* des processus s'appuie sur des tableaux de bord propres à chacun, permettant de suivre la performance d'ensemble et l'efficacité des activités participant à leur réalisation.

La performance se mesure au niveau des livrables de chaque processus : elle doit mettre en évidence la conformité avec les attentes clients et démontrer que leur coût permet à l'entreprise de réaliser le niveau de marge attendu.

Quant au **pilotage** du processus, il s'effectue au niveau de chacune des **activités** qui participent à son fonctionnement. Les indicateurs de pilotage sont attachés à chacune d'elles : ils mesurent l'efficacité de leur contribution, permettent de cibler ce qui a pu être à l'origine des déviations constatées au niveau des livrables et quels leviers peuvent être actionnés pour les corriger.

Les différents tableaux de bord d'un processus

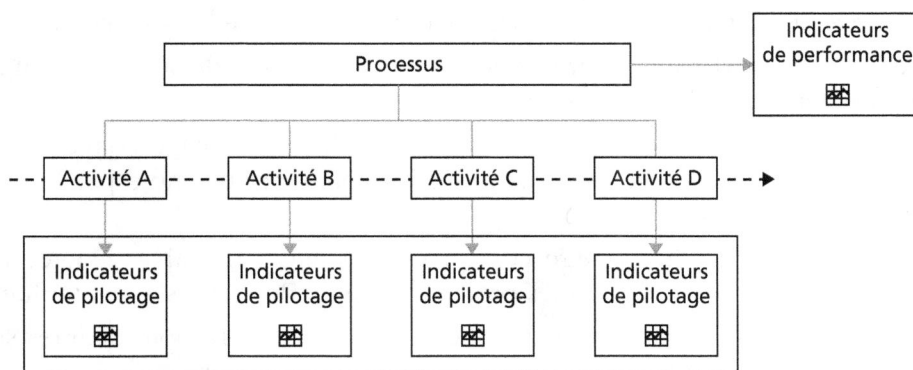

La mise en place d'une démarche de *management* transversale ne remet pas en cause l'existence des fonctions lignes hiérarchiques. Il est important que chaque processus soit placé sous l'autorité d'un **pilote de processus**, qui ait une vraie **légitimité** dans l'entreprise (elle lui est le plus souvent donnée par un certain niveau de responsabilité dans la hiérarchie).

Le rôle du pilote de processus est de veiller à l'atteinte de ses objectifs et à son bon fonctionnement, *via* le suivi des indicateurs de performance et de pilotage et de coordonner les plans d'actions correctives avec les autres acteurs du processus.

Comme dans la démarche de *management* par la qualité, il est souhaitable que le pilotage du processus s'effectue de manière **collégiale** : c'est ce qui fait prendre conscience aux différents acteurs de leur responsabilité conjointe, leur donne l'habitude de travailler ensemble, de se coordonner et fait ainsi gagner en flexibilité et réactivité.

En reliant la performance des activités à celle des processus, l'entreprise gagne en **cohérence** car elle relie ainsi les objectifs des fonctions avec les objectifs stratégiques de l'entreprise. Les collaborateurs y gagnent en visibilité et en motivation, et les tableaux de bord en simplicité, car les indicateurs partagés permettent d'en réduire le nombre.

3.2. La mise en œuvre de la démarche ABM

3.2.1. Cartographie des processus et des activités

Dans la démarche ABM, l'objectif n'est pas seulement de décrire les opérations, mais aussi d'élaborer une **cartographie « cible »** en phase avec les priorités stratégiques de l'entreprise.

Confronter celle-ci avec **l'organisation réelle** de l'entreprise (*via* des interviews avec les acteurs de l'entreprise) permet de mettre en évidence :

- les activités stratégiques sur lesquelles l'entreprise doit disposer de compétences fiables et déployer ses ressources en priorité ;
- les activités qui, au contraire, ne présentent pas d'avantage concurrentiel et dont elle peut chercher à optimiser les coûts, par exemple par le biais de la sous-traitance ;
- les activités qui peuvent être considérées comme sans valeur ajoutée car elles ne s'intègrent pas dans les processus, sont redondantes ou superflues ;
- les plans d'action que l'entreprise doit mettre en œuvre pour adapter son organisation aux attentes des marchés qu'elle veut servir.

Cette analyse permettra également de définir les objectifs de performance propres à chaque processus élémentaire, puis les objectifs de pilotage associés aux activités, sans perdre de vue ses priorités stratégiques.

3.2.2. Définition des objectifs et choix des indicateurs

Les objectifs de performance se définissent au niveau des processus élémentaires. Comme ces derniers s'intègrent dans des macro-processus qui servent la stratégie globale de l'entreprise, la définition des objectifs de performance doit se faire en liaison avec les objectifs stratégiques.

Un objectif d'entreprise de développement des parts de marché de 2 points sur un segment se traduira par exemple :
- pour le processus conception, par un objectif de mise sur le marché d'un nouveau produit d'ici à douze mois ;
- pour le processus commercialisation, par un objectif de développement du chiffre d'affaires de 10 % auprès de nouveaux clients.

Comme dans une approche plus traditionnelle, les objectifs de performance sont multicritères. Ils portent tout à la fois sur :
- la **qualité** des livrables, internes ou externes ;
- le respect des **délais**, réactivité dans le traitement des commandes comme dans la réponse aux questions des clients ;
- le **coût** des processus, mesuré par le coût unitaire par livrable.

L'approche processus étant **orientée client,** il est important que les indicateurs choisis portent en priorité sur ce qui est **visible** pour le client et crée de la **valeur** à ses yeux. L'entreprise pourra alors axer sa communication dessus pour illustrer un avantage concurrentiel par rapport aux autres acteurs : cela peut être la rapidité de livraison ou la qualité de l'écoute client.

Il faut aussi qu'ils traduisent une **réponse effective à ses attentes.** Certes les volumes vendus, le taux de réclamation clients ou le taux de pannes restent des indicateurs incontournables, mais ils ne sont pas suffisants.

Ils doivent être complétés par des indicateurs plus **prospectifs,** comme l'évolution du nombre de visiteurs dans un magasin ou sur un site Internet, le taux de transformation des devis, le taux de fidélisation des clients qui vont permettre à l'entreprise d'être plus réactive et d'agir le plus tôt possible sur ce qui fait défaut dans la satisfaction de ses clients.

Les **objectifs de pilotage** sont attachés aux activités d'un processus. Ils traduisent les résultats attendus de chacune d'elles pour que les objectifs du processus soient atteints : ils doivent donc être établis en connexion avec les objectifs de performance, définis au préalable.

La lecture des **indicateurs de pilotage** doit permettre de comprendre pourquoi la performance attendue sur le processus n'est pas atteinte et d'identifier quels leviers peuvent être actionnés pour la ramener au niveau attendu. Ces indicateurs portent, comme les indicateurs de performance, sur différents critères :

* le **volume d'activité** correspond au nombre de livrables, c'est-à-dire aux inducteurs d'activité de la méthode ABC (par exemple, le nombre de clients visités pour l'activité prospection) ;
* la **qualité** est établie à partir du pourcentage de livrables d'une activité conformes ou non conformes (par exemple, le pourcentage de retours pour une activité expédition) ;
* le **délai**, en effet le respect du délai de réalisation d'une activité est plus ou moins critique, suivant qu'il s'agit d'une activité visible ou non pour le client, comme le traitement des commandes ou la livraison des produits ;
* l'**efficience** s'évalue en rapprochant le volume de ressources engagées (nombre d'heures, par exemple) ou le **coût** global d'une activité, du volume de livrables. L'efficience a un impact direct sur le coût de l'ensemble du processus.

3.2.3. Exploiter les données issues d'une démarche ABM

Les améliorations d'une démarche d'analyse ABM portent en priorité sur les processus et les activités dont la **valeur est perçue** par le client. Ils sont déterminants dans l'acte d'achat, il est donc important d'y être performant et à la hauteur de ce qui est annoncé.

Parmi ces activités, certaines sont **visibles** par le client, comme l'accompagnement à la réalisation de projets, l'accueil physique ou téléphonique, le suivi de commande… L'entreprise doit déployer les ressources et les compétences nécessaires à leur bonne réalisation, veiller par l'intermédiaire des tableaux de bord à ce que leur performance soit satisfaisante, mais aussi valoriser ces activités auprès des clients par l'intermédiaire d'une communication adéquate.

Des activités peuvent être importantes pour le client mais ne créent **pas de valeur** pour l'entreprise : c'est le cas du traitement des réclamations ou des litiges… Elles ont pour origine un dysfonctionnement, auquel elles sont tenues de répondre au mieux auprès du client. Il est important de suivre la qualité de la réponse apportée, mais l'objectif de l'entreprise doit être de réduire ces activités en traitant l'origine en amont, car ces dysfonctionnements portent atteinte à la satisfaction clients et à l'image de l'entreprise.

Certaines activités ne sont **pas nécessairement visibles** mais contribuent directement à la qualité du service rendu. C'est le cas de toutes les activités qui participent directement ou indirectement à maintenir la qualité des produits. Ces activités doivent être performantes car elles jouent un rôle clef dans la réponse aux attentes des clients et l'entreprise doit y veiller *via* les tableaux de bord. En revanche, comme elles ne sont pas visibles pour le client, l'entreprise peut chercher des pistes pour en optimiser le coût sans porter atteinte à la qualité du service rendu.

Toutes les activités dont la **valeur n'est pas perçue** par le client mais qui ont une utilité dans l'entreprise sont des activités dont les coûts peuvent être optimisés, soit en réduisant le nombre d'inducteurs d'activité, soit en réduisant les ressources qui sont consacrées à leur réalisation, soit en envisageant une externalisation.

Quant à celles qui n'ont **aucune valeur ajoutée**, il faut tout simplement envisager de les éliminer et redéployer les ressources qui leur sont consacrées sur d'autres activités plus critiques.

> La démarche ABM a cela de remarquable qu'elle replace le client au centre des préoccupations de l'entreprise. Les indicateurs de performance traduisent l'adéquation entre le service rendu par chacun des processus de l'entreprise et les priorités stratégiques de l'entreprise, les indicateurs de pilotage la capacité des acteurs à y contribuer de manière réactive et coordonnée.

Tous les collaborateurs doivent être conscients du fait que les problématiques d'organisation internes n'intéressent pas le client et que les prérogatives des individus doivent s'effacer pour assurer un fonctionnement optimal des processus. Cela veut dire que la démarche ABM ne peut rester au stade de la réflexion ou de l'analyse mais doit être intégrée à terme, à tous les niveaux d'une entreprise comme à son mode de *management*.

4. Optimiser l'allocation des ressources : la méthode BBZ

Comme son nom l'indique, la méthode BBZ, ou budget base zéro, est une démarche de construction des budgets, dont le point de départ est en quelque sorte une « page blanche » : il s'agit d'évaluer les moyens financiers nécessaires aux départements d'une organisation, en faisant abstraction de leurs dépenses passées, comme si le budget était établi pour la première fois.

Dans une entreprise qui n'en est pas à son premier exercice budgétaire, « mener un BBZ », c'est comme faire un audit de ses dépenses : la démarche consiste à faire l'inventaire des besoins dans chacun de ses secteurs, à en questionner l'utilité au regard des priorités de l'entreprise et à réallouer les moyens financiers en fonction de celles-ci.

Cette démarche présente un autre intérêt : en s'intéressant aux activités réalisées dans un service, comme la méthode ABC, elle apporte un éclairage sur l'utilisation des ressources et par là même sur des pistes d'optimisation.

4.1. Principes et intérêts de la méthode BBZ

« Faire abstraction des dépenses passées » est le premier principe de la méthode BBZ. Cela ne veut pas dire construire un budget à partir de rien, mais cesser de considérer le budget passé comme un acquis. L'entreprise est en évolution permanente : elle doit s'adapter à son environnement et doit pouvoir mobiliser ses ressources là où elles sont le plus utiles.

Elle se démarque en cela de l'approche traditionnelle consistant à construire les budgets à partir des dépenses passées, en les incrémentant de l'inflation, du coût des changements à venir, et d'un coefficient d'incertitude, en prévision d'aléas… et surtout des risques de réduction budgétaire.

La méthode traditionnelle paraît simple, rapide et, comme elle s'appuie sur du réalisé, donne l'impression de cerner l'essentiel. Elle a pourtant un inconvénient majeur : elle n'amène pas les responsables budgétaires à s'interroger sur les vrais besoins de leur service, à argumenter pour les obtenir. À l'échelle de l'entreprise, elle peut conduire à une mauvaise allocation des ressources : à un gaspillage des moyens dans certains secteurs, alors qu'ils se révèlent insuffisants dans d'autres.

La méthode BBZ rétablit, ce qui fait défaut dans cette approche, le lien entre les dépenses budgétées et « ce à quoi elles vont servir » : les activités, les opérations, et surtout les objectifs qu'elles permettent de réaliser. On retrouve ici l'approche « objectifs/plans d'action/moyens » abordée dans le chapitre sur les budgets.

La démarche BBZ va cependant plus loin. Elle incite les responsables à mener une véritable réflexion d'organisation, à évaluer la **qualité** des opérations de leur service et à questionner leur niveau d'**utilité** par rapport aux objectifs, ces deux axes permettant ensuite de définir des priorités d'action et d'allouer les moyens en fonction de celles-ci, à l'échelle de chaque service comme de l'entreprise prise dans son ensemble.

Cette démarche est bien celle qui est menée en production ou dans le domaine commercial. Pour d'autres fonctions, le **lien** entre les moyens mis en œuvre et la **contribution** apportée aux opérations de l'entreprise et à ses résultats est moins évident, de sorte qu'on en est venu à rassembler leur coût sous le terme générique de « **frais généraux** », qui résonne comme quelque chose de vague, d'indéfinissable, mais aussi de pesant et d'incontournable et aboutit à lui assigner un seul objectif : les réduire ou tout au moins en limiter la progression !

C'est là l'erreur : restreindre, par exemple, les ressources allouées au service accueil dans une entreprise sans considération de son rôle, c'est potentiellement prendre le risque de répondre de manière moins réactive aux clients ou aux fournisseurs, de dégrader l'image de l'entreprise ou d'entamer sa sécurité.

Les résultats de l'enquête menée par la Cegos sur les fonctions supports[1] montrent qu'en 2005 leur coût représentait en moyenne **18 % du chiffre d'affaires** des entreprises et **45 % de leur valeur ajoutée** et que ses effectifs pesaient pour **27 % de l'effectif total**.

Cela confirme-t-il la nécessité de réduire leur coût ? Pas nécessairement ou, en tout cas, pas sans avoir considéré leur **contribution** dans l'entreprise, ce qu'on attend d'elles, et sans avoir évalué les moyens nécessaires à la réalisation de leurs objectifs. C'est le sens de la démarche BBZ.

4.2. La mise en œuvre d'un BBZ

La démarche de remise en question amenée avec un BBZ concerne tous les acteurs d'une entreprise.

Elle peut sembler volontariste. Le fait de mettre à plat le fonctionnement de chaque service génère inévitablement des peurs de ce qui va être mis au jour (dysfonctionnements, activités sans réelle valeur ajoutée, sous-activité) et, plus tard, de ce qui va être bousculé (définitions de fonctions, habitudes, méthodes de travail…).

Pour autant, elle ne justifie pas que ceux qui accompagnent son déploiement avancent de manière plus ou moins masquée, car la pertinence de ses conclusions est étroitement liée à la qualité des informations recueillies.

> Communiquer sur les objectifs du projet, même quand ils sont ambitieux, est impératif pour obtenir l'implication des collaborateurs dans le projet. Structurer la démarche également : c'est le rôle du contrôleur de gestion.

---

1. Enquête réalisée par la Cegos depuis 1978 et réactualisée tous les cinq ans, auprès d'un panel d'entreprises de toutes tailles et de tous secteurs d'activité, sur le poids des frais généraux dans les entreprises.

4.2.1. État des lieux

La première étape d'une démarche BBZ consiste à identifier :

- les **principales activités** réalisées dans un service (et avec elles les prestations rendues) ;
- des **indicateurs de volumes** d'activité sur une période donnée, nombre d'appels téléphoniques, de factures traitées, de tableaux de bord produits… ;
- les **moyens dédiés** et leur coût, suivant la même logique que dans la méthode ABC.

Elle permet de matérialiser le lien entre les dépenses et ce à quoi elles servent, donc d'élargir la réflexion budgétaire bien au-delà des coûts, vers le mode d'organisation des opérations.

4.2.2. Diagnostic du fonctionnement en place

4.2.2.1. La qualité des prestations rendues

Pour dimensionner les ressources, la première question d'un responsable budgétaire est de savoir si les prestations sont en adéquation avec les attentes de ses clients, en d'autres termes si la qualité est satisfaisante.

Si elle ne l'est pas, il doit travailler à l'améliorer et envisager, si nécessaire, une augmentation des moyens qui lui sont consacrés.

En pratique

> Pour une prestation d'entretien, il peut être nécessaire d'accroître la fréquence des interventions dans les locaux d'accueil ou dans ceux de la production, plus critiques pour l'image de l'entreprise par rapport aux bureaux administratifs… en augmentant le volume d'heures de prestations, en le réallouant ou en formant mieux les personnes à la réalisation de certaines prestations.

Si la qualité des prestations est satisfaisante, le responsable doit néanmoins se demander dans quelle mesure il n'est pas possible de réduire les ressources dédiées, sans porter atteinte à la satisfaction des clients.

La surqualité peut s'installer dans les entreprises, sans qu'on y prête attention. C'est pourquoi il faut comparer le niveau de service rendu avec celui qui est effectivement attendu.

Cette réflexion et les coûts associés peuvent prendre la forme d'un budget modulaire, qui va aider à réaliser les arbitrages.

En pratique

Budget modulaire d'un service administration des ventes

Version	Effectif		Budget (k€)		Niveau de prestation	
	Ajout	Total	Ajout	Total	Qualité	Délai
Base : Traitement des commandes	3,0	3,0	130	130	Insuffisante : risque d'erreurs	Satisfaisant, sauf en cas d'erreurs
Ajout 1 : Mise à jour du fichier clients	0,7	3,7	25	155	Satisfaisante	Satisfaisante
Ajout 2 : Archivage	0,3	4,0	12	167	Très satisfaisante	Satisfaisante

L'ajout de la prestation d'archivage répond aux obligations légales de l'entreprise ou peut faciliter certaines analyses, mais ne modifie pas significativement le service rendu au client.

4.2.2.2. L'utilité des activités

La **deuxième question** d'une telle démarche est celle de **l'utilité des activités** réalisées.

Cette question peut paraître incongrue à tout collaborateur, tant chacun est convaincu de ne faire au quotidien que des choses utiles. La mise en évidence d'activités redondantes entre deux services, par exemple, peut remettre en cause de telles certitudes. Cette question n'attend pas une réponse binaire du type utile/inutile ; elle a pour but de classer les différentes activités en fonction de leur degré d'utilité et de définir des **priorités** dans l'allocation des ressources.

Dans un contexte où les ressources disponibles sont limitées, définir si les activités d'un service sont **indispensables, utiles** ou **souhaitables** prépare le responsable budgétaire à réaliser lui-même ces arbitrages.

En pratique

Dans un service administration des ventes, les activités correspondantes pourraient être :
- traiter les commandes (indispensable) ;
- mettre à jour le fichier clients (utile) ;
- archiver les factures (souhaitable). Pour cette dernière activité, il est plus facile d'en réduire la fréquence ou de la différer, si les ressources ne sont pas disponibles.

© Groupe Eyrolles

À l'échelle de l'entreprise, l'utilité se définit aussi par rapport aux **priorités stratégiques** du moment et constitue le critère principal pour allouer les ressources entre les différents services.

En pratique

> En l'an 2000 ou lors du passage à l'euro, la priorité a dû être donnée aux activités consacrées à l'adaptation des systèmes d'information et aux ressources qui leur étaient consacrées.

4.2.2.3. Les solutions alternatives

La dernière question qui se pose quand il s'agit d'optimiser l'utilisation des ressources est celle des **solutions alternatives** : pour améliorer le niveau du service rendu, être plus efficace dans sa réalisation et/ou en réduire le coût. Elle se pose en priorité pour les activités, pour lesquelles l'équation « coût, qualité, délai » n'est pas complètement satisfaisante.

Réfléchir à d'autres alternatives consiste à s'interroger notamment sur l'intérêt de :

- **faire ou faire faire ?** Réaliser en interne ou sous-traiter à un prestataire le traitement de la paye, par exemple ?
- **centraliser ou décentraliser ?** Par exemple, partager ou non la préparation des provisions de fin de mois entre la comptabilité et les services opérationnels ;
- **traiter manuellement ou informatiser ?** Cela peut consister en l'évaluation du processus achat : peut-il se satisfaire de documents papier et d'e-mails, ou bien faut-il intégrer le traitement des commandes dans un module du progiciel de gestion intégré de l'entreprise (PGI, ou ERP le sigle anglais) ?
- **spécialiser ou déspécialiser ?** On pourra se demander si toutes les prestations de maintenance nécessitent le recours systématique au service concerné, en interne ou en externe, ou si elles peuvent être effectuées jusqu'à un certain point par les opérationnels.

L'évaluation des alternatives passe par leur comparaison avec la situation existante, en termes de coût, de qualité et de délai. Pour faciliter la discussion avec le *management* et orienter son choix, elle doit mettre en évidence les avantages et les inconvénients (ou les risques) propres à chaque solution et le degré de faisabilité opérationnelle.

Une étude d'alternatives pour l'organisation des déplacements

	Situation actuelle *Centralisation*	*1re alternative* *Déspécialisation*	*2e alternative* *Sous-traitance*
Description	*Organisation des déplacements assurée par l'assistante accueil*	*Délégation de l'organisation des voyages aux services de l'entreprise*	*Sous-traitance de l'organisation des déplacements à une agence extérieure*
Effectif (ETP)	*0,5 (assistante) + 1,0 (services)*	*1,2 (services)*	*1,0 (services)*
Moyens/Budget	*50 k€ Internet + Agence*	*40 k€ Internet + Agence*	*35 k€ + commissions agence (30 k€ en base N)*
Impact sur les autres services	*Organisation des voyages centralisée à l'accueil*	*Organisation des voyages assurée par les services*	*Organisation des voyages confiée à un spécialiste*
Avantages	*– Activité déléguée à une personne compétente* *– Supervision de l'organisation des déplacements* *– Optimisation des coûts*	*– Pas de doublon entre accueil et services* *– Moindre coût* *– Plus de réactivité/ besoins de déplacements*	*Grande réactivité dans l'organisation des voyages : capacité à traiter des situations en urgence*
Inconvénients/ Risques	*– Délai dans le traitement des demandes de déplacement, quand l'assistante accueil est sollicitée par ailleurs* *– Réactivité en cas d'urgence ?*	*Moins de contrôle dans le choix des moyens de déplacement > risque de dérapage sur les coûts*	*Plus coûteux À réserver aux voyages longs courriers ?*
Faisabilité	*Bonne qualité de prestation, réactivité satisfaisante sauf parfois en cas d'urgence* ***OK***	*– Applicable immédiatement* *– Modif. procédure : utilisation d'Internet sauf cas particuliers* *– Renforcement contrôles ?* ***OK***	*– Contrat à négocier* *– Compétences > aux besoins de l'entreprise* *– Plus coûteux* ***NON***

L'apport de l'assistante accueil dans l'organisation des déplacements peut être considéré comme de faible valeur ajoutée, compte tenu de la facilité d'accès aux systèmes de réservation sur Internet. Toutefois, il ne faut pas négliger son rôle en termes de contrôle du processus. La première alternative est intéressante pour les mêmes raisons, mais d'autres dispositifs de contrôle doivent être mis en place pour prévenir les dérives, liées aux préférences individuelles !

4.2.3. Consolidation des résultats des différents services et arbitrage

La consolidation des résultats de l'étude BBZ consiste à classer, à l'échelle de chaque direction ou pôle d'activité, puis de l'entreprise dans son ensemble, les activités et leurs coûts associés en fonction de leur degré d'utilité.

L'analyse de la direction, pour être pertinente, doit ensuite s'appuyer sur les éléments de diagnostic produits par les différents services, qui vont l'aider à :

- décider des activités qui peuvent être supprimées sans porter atteinte à la qualité des prestations rendues par l'entreprise ;
- réduire les coûts associés à ces activités ou réallouer les ressources vers des activités plus prioritaires ;
- choisir les alternatives à mettre en place à court ou à moyen terme et décider des études à mener pour évaluer la pertinence des alternatives qui se révèlent plus complexes à arbitrer.

Le budget qui découle de ces arbitrages est le budget en base zéro. Compte tenu des ressources qu'elle mobilise à l'échelle d'une entreprise, il n'est pas envisageable de renouveler l'opération tous les ans. En revanche, elle peut être bénéfique sur une échéance de trois à cinq ans, surtout quand les collaborateurs de l'entreprise sont familiarisés avec ses objectifs et sa mécanique.

Ce qui fait l'intérêt du BBZ, au-delà de l'effet « grand nettoyage », c'est l'état d'esprit qu'il insuffle dans la construction des budgets : en invitant les responsables budgétaires à mener une véritable réflexion, au-delà des coûts, sur l'organisation de leur service, sur leurs objectifs, leurs priorités et leurs méthodes de travail.

Ils apprécieront certainement aussi, dans les fonctions supports notamment, de mettre en perspective le budget qu'ils viennent négocier avec la valeur ajoutée apportée par leur service.

La productivité reste un maître mot dans les entreprises, surtout dans un contexte de crise, avec des ressources plus que jamais limitées. Ce n'est plus tout à fait un « gros mot » si les arbitrages portent sur les prestations rendues, leur fréquence, leur niveau de qualité, leur degré de priorité et sur la manière de travailler, avant de s'intéresser au coût des ressources utilisées.

En pratique

Exemple de consolidation des résultats d'un BBZ

Services

	Activités	Utilité	Coût (k€)
S1	A	1	30
	B	1	16
	C	2	20
	D	3	10
	S/T		76
S2	E	1	25
	F	1	12
	G	2	18
	H	2	7
	S/T		62
S3	I	1	18
	J	1	27
	K	2	10
	L	2	15
	M	3	12
	S/T		82
S4	N	1	42
	O	2	24
	P	2	18
	Q	3	16
	S/T		100
	Total		320

Directions

	Activités	Utilité	Coût (k€)
D1	A	1	30
	B	1	16
	E	1	25
	F	1	12
	G	2	18
	H	2	7
	C	2	20
	D	3	10
	Total		138
D2	I	1	18
	J	1	27
	N	1	42
	K	2	10
	L	2	15
	O	2	24
	P	2	18
	M	3	12
	Q	3	16
	Total		182
	Total		320

Entreprise

Activités	Utilité	Coût (k€)
A	1	30
B	1	16
E	1	25
F	1	12
I	1	18
J	1	27
N	1	42
S/T		170
C	2	20
G	2	18
H	2	7
K	2	10
L	2	15
O	2	24
P	2	18
S/T		112
M	3	12
D	3	10
Q	3	16
S/T		38
Total		320

SYNTHÈSE

Toutes les approches par les processus introduisent dans l'entreprise une nouvelle vision des opérations. Elles apportent de la transparence sur la manière dont elles sont organisées et obligent les collaborateurs à regarder au-delà de leur fonction : à se préoccuper de la satisfaction du client qu'ils participent à servir et donc de la bonne coordination des activités avec les autres acteurs de l'entreprise.

Les différentes méthodes de gestion par les processus apportent chacune une réponse spécifique aux différentes problématiques du *management*. Mais on se rend compte aussi que leurs préoccupations convergent.

De même, les étapes clefs de mise en œuvre sont très similaires :
• d'abord une cartographie des activités et des processus pour visualiser l'organisation des opérations ;
• puis la confrontation de celle-ci aux priorités stratégiques de l'entreprise et particulièrement aux attentes de ses clients ;
• enfin la réorganisation des opérations et le redéploiement des ressources là où elles sont le plus utiles, pour rendre l'entreprise plus compétitive, plus réactive et plus rentable.

L'approche par les processus prend tout son sens dans les contextes de forte pression concurrentielle, mais aussi dans les entreprises qui travaillent à la demande et doivent adapter leur offre en continu au plus près des attentes des clients. Elle n'est donc pas nécessairement réservée à des entreprises de grande taille et peut trouver sa place dans une PME.

On ne peut pas nier que sa mise en place soit complexe, parce que l'analyse des opérations l'est, mais aussi et surtout parce qu'elle bouleverse l'organisation, les habitudes de travail, les champs de responsabilité…

C'est pourquoi leur aboutissement nécessite une forte implication de la direction dès l'initiation du projet, une communication claire sur les objectifs poursuivis et les changements envisagés, ainsi qu'un accompagnement au changement. C'est là que le contrôleur de gestion peut bien évidemment jouer un rôle important en termes de support et de coordination.

TEST DE CONNAISSANCES

Q1 – Un processus est...

1 – la description d'une méthode de travail.
2 – une suite d'opérations.
3 – un enchaînement d'activités destinées à produire un livrable pour un client.
4 – destiné à créer de la valeur.

Q2 – Aborder le *management* d'une entreprise par les processus, c'est...

1 – décloisonner son organisation.
2 – supprimer les organigrammes.
3 – amener ses acteurs à mieux collaborer entre eux.
4 – gagner en visibilité sur son fonctionnement.

Q3 – Cartographier les processus...

1 – permet de visualiser l'organisation des opérations dans l'entreprise.
2 – consiste à transcrire les procédures sous forme schématique.
3 – est le point de départ de toute démarche de *management* transversale.
4 – nécessite une formation spécifique.

Q4 – Créer de la valeur dans une entreprise signifie...

1 – faire plus de chiffre d'affaires.
2 – répondre aux attentes de ses clients.
3 – allouer ses ressources en priorité sur ses domaines d'activité stratégique.
4 – améliorer sa rentabilité.

Q5 – Utiliser la méthode ABC dans une entreprise...

1 – permet d'affiner l'allocation des coûts sur les produits.
2 – éclaire les responsables sur la formation des coûts.
3 – leur permet de cerner des leviers de pilotage des activités et des ressources.
4 – permet de faire des économies.

Q6 – Le déploiement de la méthode ABC se justifie particulièrement...

1 – quand le poids des fonctions supports est important.
2 – dans les grandes entreprises.
3 – dans un environnement fortement concurrentiel.
4 – quand une entreprise réalise des prestations sur mesure.

Q7 – La démarche ABM...

1 – est directement associée à la mise en place de la méthode ABC.
2 – questionne la pertinence d'une organisation par rapport à ses priorités stratégiques.
3 – consiste à reconfigurer l'organisation d'une entreprise.
4 – implique le déploiement de tableaux de bord par processus et par activité.

.../...

Q8 – Déployer un BBZ dans une entreprise, c'est…

1 – allouer les ressources de l'entreprise là où elles seront le plus utiles.

2 – trouver des sources d'économies pour réduire ses frais généraux de 20 %.

3 – identifier quelles prestations peuvent être externalisées.

4 - réaliser un audit des dépenses de l'entreprise.

Q9 – Pour réaliser un BBZ, il faut…

1 – faire intervenir un consultant externe.

2 – assurer la confidentialité du projet.

3 – mener des interviews auprès des collaborateurs sur leurs activités.

4 – utiliser les évaluations pour mesurer la qualité du travail réalisé dans chaque service.

Q10 – Pour mettre en place des outils de *management* par les processus, il faut…

1 – choisir les outils en fonction des objectifs poursuivis.

2 – disposer d'un outil informatique performant ou investir.

3 – procéder à leur déploiement de manière structurée.

4 – convaincre les collaborateurs de l'entreprise de leur intérêt.

Réponses du test :

Q1 : 3 et 4 – Q2 : 1, 3 et 4 – Q3 : 1 et 3 – Q4 : 2, 3 et 4 – Q5 : 2 et 3 – Q6 : 3 et 4 – Q7 : 2 et 4 – Q8 : 1 et 4 – Q9 : 3 – Q10 : 1, 3 et 4.

Chapitre 10

Tableaux de bord et *reporting*

DANIEL HIRSCH pour la partie tableaux de bord
ET MARC POLOSSAT pour la partie *reporting*

- Comprendre les finalités des tableaux de bord suivant leur type.
- Distinguer les sources des objectifs et des indicateurs qu'on y intègre.
- Comprendre le danger du foisonnement des indicateurs et la nécessité de rechercher ceux qui sont pertinents, en distinguant les indicateurs de performance des indicateurs de pilotage.
- Comprendre la démarche méthodologique permettant de trouver les indicateurs pertinents.
- Connaître les conditions de succès d'une démarche tableaux de bord.
- Apprendre à se méfier des effets pervers qui sont une conséquence naturelle et humaine de tout système d'évaluation.
- Comprendre l'influence du type de centre de responsabilité budgétaire sur les tableaux de bord.
- Saisir les paradoxes attachés aux activités de *reporting* dans les groupes internationaux.
- Faire la distinction entre *reporting* et système de tableaux de bord

Il existe peu d'outils de gestion qui portent un nom aussi parlant que les tableaux de bord. On peut parfaitement imaginer ce à quoi servent les tableaux de bord d'après leur nom.

Il se peut néanmoins que ce nom soit trompeur en ce qui concerne la finalité de l'outil. Plutôt qu'un tableau de bord destiné aux conducteurs, les tableaux de bord seraient surtout destinés à un dialogue de gestion : il s'agirait d'outils de dialogue entre le conducteur et son (ses) copilote(s). Quant au *reporting*, il peut représenter une part très importante du temps de travail des contrôleurs de gestion, en présentant une série de paradoxes dont la déconnection avec le système de tableaux de bord n'est pas le moindre.

1. LES TABLEAUX DE BORD ET LEURS FINALITÉS

Si l'on demande à des *managers* à quoi servent les tableaux de bord, on obtient un grand nombre de réponses : suivre l'activité, alerter sur des résultats non conformes, rendre compte, informer…

1.1. Différents types de tableaux de bord

Afin d'y voir plus clair, il est intéressant de distinguer entre les tableaux de bord de direction générale, ceux des différentes fonctions de l'entreprise et ceux des processus. Il faut également se poser la question de la différence entre tableaux de bord et *reporting* :

- on attendra d'un tableau de bord **de direction générale** qu'il donne un état des lieux à l'ensemble de l'équipe de direction, dont les membres ont des formations et des préoccupations différentes. Il doit donc améliorer la cohésion entre ses membres grâce à une vision commune de ce qu'il est important de réussir. Il permet d'attirer l'attention de l'équipe de direction sur les éléments pertinents, notamment les facteurs clefs de succès de l'entreprise. Il sert au dirigeant à animer ses équipes ;
- un tableau de bord de **département** ou de service aura une ambition moindre, mais devra cependant contribuer à améliorer la cohésion du service en faisant comprendre ce qu'il est important de réussir à son niveau ;
- de même, les tableaux de bord **de processus** ont la fonction d'améliorer la perception des services contribuant au processus sur le résultat global à atteindre.

Il n'existe pas une définition standard de la **différence entre** *reporting* **et tableau de bord**.

Celle que l'auteur propose résulte de sa propre expérience de directeur financier de la filiale française d'un groupe nord-américain, à qui le directeur général avait prononcé ces fortes paroles : « J'en ai assez, c'est la filiale française qui te paye "en fait, il avait dit c'est moi qui te paye !", mais tu passes la majeure partie de ton temps à produire du *reporting* pour le groupe. Je veux que tu nous développes également des tableaux de bord, afin que ça nous serve également à améliorer notre gestion. »

En référence à cet épisode structurant, nous proposons de restreindre le sens du mot *reporting* à l'ensemble des documents d'essence essentiellement financière et comptable, envoyés périodiquement vers le siège d'un groupe par ses différentes *business units*. Ils sont surtout destinés à une supervision d'ordre externe à l'unité, par des gestionnaires qui sont moins au fait des réalités opérationnelles.

En conséquence, les tableaux de bord sont les documents utilisés principalement par les gestionnaires opérationnels.

La différence entre tableaux de bord et *reporting* est plus académique que réelle, mais elle sert à fixer les idées. Il ne faut pas perdre de vue que les éléments de *reporting* ont été historiquement les premiers tableaux de bord, lorsque ces derniers étaient d'essence uniquement financière, à destination d'un siège qui exigeait des dirigeants de division qu'ils prêtent attention à la dimension financière en plus des aspects strictement opérationnels.

La tendance consiste aujourd'hui à intégrer de plus en plus des éléments non financiers dans les tableaux de bord, afin de les rapprocher des préoccupations des opérationnels. Cette tendance trouve son aboutissement dans le concept de « *balanced scorecard* » (voir le chapitre 12) qui ajoute à une partie financière les aspects client, processus et apprentissage-motivation des membres du personnel. Encore aujourd'hui, de nombreux éléments du *reporting* financier font très naturellement partie des tableaux de bord de *management,* qu'ils soient ou non « relookés » pour faire plus « tableau de bord ». Nous revenons plus longuement sur la problématique du *reporting* en fin de chapitre.

1.2. Finalités

Les tableaux de bord sont des **outils de contrôle managérial**, pour contribuer à « rendre des comptes » sur les responsabilités déléguées, mais également – et peut-être surtout – **d'autocontrôle**, car le meilleur contrôle, c'est l'autocontrôle. C'est d'ailleurs un argument de poids lorsqu'il s'agit d'introduire cet outil dans des organisations qui n'en utilisent pas encore. Il est en effet utile de faire comprendre à des chefs de service que cet instrument ne sert pas d'abord à les « fliquer », mais qu'il leur permet de mieux comprendre comment naviguer vers leurs objectifs en s'appuyant sur les compétences de leurs propres subordonnés. Ces derniers seront ainsi entraînés à mieux comprendre ce que l'on attend de l'unité, donc mieux à même d'y participer pleinement.

Ce sont des **outils d'information et de formation**. Ils constituent un modèle partagé de représentation de ce qui doit être considéré comme important. Ils contribuent à une meilleure compréhension de la dimension économique de l'entreprise et des liens avec les autres parties de l'organisation.

Ce sont des **outils d'alerte** permettant d'attirer l'attention sur le besoin d'action ou de réaction.

Ce sont des **outils** facilitant la **recherche de solutions**, en référence avec des seuils prédéfinis ou tout simplement parce qu'ils présentent une image de la réalité dans le cadre d'un dialogue de gestion.

En fait, les tableaux de bord sont avant tout des **outils de *management***. Ils permettent aux *managers*, en descendant la pyramide organisationnelle, de connaître les résultats essentiels à la bonne marche de l'entreprise, tout en créant un instrument de dialogue. Ils donnent des références incitant à la réaction.

Au niveau des subordonnés, ils permettent d'indiquer les objectifs prioritaires, ceux sur lesquels portera l'évaluation, et donc de transmettre la compréhension de ce qu'il est important d'améliorer.

> Les tableaux de bord sont un des outils permettant de faire fonctionner le tripôle de gestion, c'est-à-dire la prise en compte des trois dimensions de la gestion :
> • être en mesure de se projeter dans l'avenir ;
> • disposer d'instruments de mesure ;
> • disposer de processus conduisant à l'action.

2. SOURCE DES OBJECTIFS ET DES INDICATEURS

Un bon tableau de bord doit refléter les objectifs assignés pour vérifier leur atteinte et indiquer le cas échéant le besoin d'une action correctrice. Les indicateurs doivent donc correspondre aux objectifs. On y ajoutera des indicateurs dont on connaît l'importance indirecte sur l'atteinte des objectifs.

2.1. Les caractéristiques d'un bon objectif

Un bon objectif doit être :
- réaliste, mais aussi ambitieux ;
- simple, clair et facilement compréhensible ;
- mesurable, quantifié, avec des limites de temps ;
- négocié (pour obtenir une acceptation) ;
- assorti des moyens adaptés ;
- assorti de plans d'actions qui renforcent les chances de les atteindre ;
- cohérent avec les objectifs généraux de l'organisation et cohérents entre eux ;

- peu nombreux pour chaque responsable ;
- adapté à la fonction, aux moyens d'influer sur l'environnement ;
- personnalisé, assigné à une personne et une seule, responsable de tirer la sonnette d'alarme s'il s'agit d'un objectif où plusieurs doivent contribuer.

2.2. Dans quelle direction rechercher les bons objectifs : les trois S

Les objectifs sont toujours en relation avec ce qu'on peut appeler « les trois S », c'est-à-dire le **secteur** d'activité, la **stratégie** particulière de l'entreprise et la place dans la **structure** de l'entreprise.

En pratique

> Une entreprise du secteur de l'hôtellerie aura nécessairement le taux de remplissage des chambres parmi ses objectifs. Une telle mesure est caractéristique du secteur. Une chaîne d'hôtels de luxe aura cependant un objectif à un niveau inférieur à celui d'une chaîne « premier prix » (de 50 à 60 % contre 80 à 95 %). Et finalement des responsables du nettoyage des chambres n'auront pas des objectifs similaires à ceux des responsables de l'accueil ou à ceux s'occupant de la restauration.

2.3. Trouver des indicateurs dans une unité de la structure

Toute unité de gestion peut se définir et se décrire par les quatre aspects que sont ses **entrées**, ses **ressources**, ses **activités** et ses **sorties**.

Unité de gestion

Entrées → Activités → Sorties

Ressources

Des indicateurs peuvent toujours s'exprimer sous la forme de **quantité**, de **montants** monétaires, de **délais** ainsi que sous toutes les façons par lesquelles on peut exprimer la **qualité**. En mixant ces quatre aspects avec les quatre manières d'exprimer des indicateurs, il est possible d'imaginer la grille suivante qui comprend 16 segments.

Les différentes catégories d'indicateurs

	Entrées	Moyens	Activités	Sorties
Quantité	Nombre de commandes clients par période et par type	Effectif de l'unité, chiffrage des capacités de production	Nombre de jours effectués, de démarches entreprises	Nombre de dossiers bouclés par période, production par période
Qualité	Précision des demandes	Compétences des collaborateurs (tendance centrale et distribution)	Quantité des incidents	Taux et fréquences des anomalies produites
Temps (délais)	Fluctuations des demandes par heure/jour…	Disponibilité des moyens selon les moments (en heure/homme par jour)	Durée par tâche et moments auxquels elles sont effectuées	Temps de réponse total (délai d'obtention du service)
Montants (produits, coûts, rentabilité)	Montant moyen (et dispersion) des demandes reçues	Coûts de main-d'œuvre, amortissements des machines	Coût par opération	Montant total et/ou moyen des réalisations

Cette grille peut aider tout contrôleur de gestion débutant à rechercher des indicateurs dans une entreprise ou dans des activités qu'il ne connaît pas bien. Une telle démarche ne peut se faire correctement qu'avec l'aide des opérationnels, c'est-à-dire ceux qui connaissent suffisamment bien l'activité pour trouver des indicateurs reflétant la réalité de terrain. On risque cependant de disposer en fin d'exercice d'une quantité trop importante d'indicateurs et l'on peut supposer que « trop d'indicateurs tue les indicateurs ».

3. TROUVER LES INDICATEURS PERTINENTS

3.1. L'histoire du réverbère et des clefs

C'est l'histoire d'un homme qui se promène la nuit dans une ville et qui, passant à côté d'un réverbère, aperçoit un autre homme à genoux qui a l'air de chercher quelque chose. Le premier, n'écoutant que son bon cœur, demande au second s'il a besoin d'aide. Ce dernier lui explique qu'il a perdu ses clefs et qu'il serait très heureux de recevoir l'aide proposée. Le premier homme s'agenouille donc également au pied du réverbère et commence à chercher. Au bout de quelques minutes, il se relève et pose la question fatidique :

« Mais vous êtes sûr de les avoir perdu là ? »
À sa grande surprise l'autre lui répond que non.

« Mais pourquoi les cherchez-vous ici alors ?

— Parce qu'ici il y a de la lumière ! »

Cette histoire, classique dans beaucoup de traditions, est destinée à faire comprendre que si l'on veut trouver ce que l'on cherche, il vaut mieux chercher à l'endroit où l'on a des chances de trouver plutôt que là où c'est facile.

En matière d'indicateurs, on court toujours le risque de mettre dans un tableau tous les indicateurs dont on dispose, sans toujours vérifier que c'est bien ce dont on a besoin. On se retrouve alors avec le tableau de bord d'un Airbus alors qu'on ne conduit qu'une petite voiture !

3.2. Les principes de base : priorité et pertinence

La construction d'un tableau de bord nécessite l'application de certains principes afin de s'assurer que l'outil que l'on construit apportera bien les services que l'on en attend.

Les deux premiers principes sont le principe de priorité et le principe de pertinence.

3.2.1. Priorité : indicateurs de performance et indicateurs de pilotage

Le principe de **priorité** exige qu'on ne mélange pas les choses importantes avec celles qui le sont moins. On distinguera entre indicateurs de **performance** et indicateurs de **pilotage**.

Les indicateurs de performance rendent compte des principaux **résultats attendus** de l'unité. Les indicateurs de pilotage sont les indicateurs qui permettent au responsable de l'unité de vérifier qu'il se dirige bien vers la performance attendue.

En pratique

Si l'on imagine un rendez-vous mensuel entre le responsable de l'unité et son supérieur hiérarchique, le responsable se présentera avec deux feuillets, le premier décrivant les indicateurs de performance et le second les indicateurs de pilotage. On peut imaginer un premier rendez-vous, au cours duquel tous les indicateurs de performance sont positifs. Le supérieur hiérarchique félicitera son subordonné. Ce dernier pourra s'étonner de ce qu'on n'ait pas examiné les indicateurs de pilotage. Mais on lui dira qu'il n'y a pas de raison de passer du temps dessus, sauf s'il souhaite attirer l'attention sur des éléments particuliers.

Le mois d'après, si un indicateur de performance n'est pas favorable, le supérieur hiérarchique pourra demander à son subordonné de lui en justifier les raisons en utilisant les indicateurs de pilotage.

On peut également expliquer la différence entre indicateurs de performance et de pilotage en présentant les premiers comme des outils de constatation *a posteriori* alors que les seconds correspondent à un suivi en continu. L'indicateur de performance décrit ce qu'il faut atteindre, celui de pilotage décrit le « comment » en s'appuyant, s'ils ont été formalisés, sur les plans d'action, conditions de l'atteinte de la performance.

La distinction entre indicateurs de performance et de pilotage est cohérente avec le principe de priorité parce qu'elle permet de ne pas mélanger le « quoi » et le « comment », le résultat attendu et les éléments qui permettent de vérifier qu'il en sera bien ainsi.

En revenant au schéma qui distinguait entrées, moyens, activités et sorties, **la plupart des indicateurs de performance se situent au niveau des sorties**, alors que les indicateurs de pilotage concernent surtout les trois autres domaines. Une exception concerne l'intégration de la quantité de moyens au dénominateur d'un indicateur d'efficience de type résultat/moyens.

3.2.2. Les indicateurs d'éclairage

On appelle indicateurs d'éclairage ceux qui renseignent sur des éléments extérieurs à l'entreprise mais peuvent cependant avoir une influence sur la bonne marche de celle-ci.

En pratique

Le prix du fioul sur le coût du chauffage d'entreprises d'habitations à loyer modéré, les taux de change, etc., sont des indicateurs d'éclairage.

4. MÉTHODOLOGIE DE RECHERCHE DES INDICATEURS PERTINENTS

Une fois qu'on a distingué entre indicateurs de performance et de pilotage grâce au principe de priorité, il reste à appliquer le principe de pertinence dans la recherche de ces deux types d'indicateurs.

4.1. Recherche des indicateurs de performance pertinents

La méthodologie de recherche des indicateurs de performance comprend quatre étapes.

- **La première étape** consiste à formaliser les **missions** de l'unité de gestion. Il s'agit de préciser quels sont ses **clients**, internes ou externes. On peut également demander quelles sont les **productions** de l'unité. Cette recherche des clients et des productions permet de mettre l'accent sur ces sorties essentielles qui définissent la mission, et sur lesquelles on aura intérêt à établir des objectifs.

On peut imaginer qu'un contrôleur de gestion à qui l'on aura confié la tâche de développer des tableaux de bord commence ce processus avec les unités dont les *managers* sont les plus demandeurs. Quand la démarche de définition des missions n'a jamais été réalisée, il ne faut pas s'attendre à ce qu'elle se déroule facilement. Définir la mission est un vrai travail de synthèse auquel le contrôleur de gestion peut apporter son regard extérieur, l'opérationnel apportant sa connaissance du terrain. Une discussion entre les deux rendra la rédaction de la mission plus facile.

En pratique

Dans une entreprise qui vend par catalogue des produits de haute technicité, une des missions s'exprime sous la forme suivante : « Satisfaire le plus rapidement possible le client. »

- **La deuxième étape** ne peut avoir lieu qu'une fois la première étape réalisée. Il s'agit de définir les **points clefs de performance**, c'est-à-dire les critères qui permettent de juger si la mission est bien remplie. Ces critères seront exprimés de façon globale, par exemple la rapidité du traitement, le respect des coûts standards, les manières d'exprimer la qualité attendue, une utilisation minimum des capacités de production.

  La première et la deuxième étape ne doivent pas encore aboutir à la définition précise d'indicateurs. La mission et les points clefs de performance s'expriment avec des mots, des concepts et pas encore avec des ratios ou des chiffres d'indicateurs.

  La deuxième étape pourra être réalisée en ajoutant, au contrôleur de gestion et au gestionnaire opérationnel, des représentants de l'équipe de l'unité et des clients de l'unité. Ces derniers sont en effet les mieux placés pour préciser les critères de satisfaction.

En pratique

Dans l'exemple ci-dessus, un des points clefs de performance est de réaliser une livraison rapide, une fois la commande reçue par téléphone.

- **La troisième étape** est une étape de *brainstorming*. Pour chacun des points clefs de performance, il s'agit de rechercher autant de manières qu'il est possible de refléter le point en question. Un *brainstorming* est une réunion au cours de laquelle les participants ne doivent pas se sentir censurés, dans laquelle ils doivent se sentir les plus libres possibles pour énoncer tout ce qui leur passe par la tête.

On pourrait se demander d'où provient la nécessité d'une telle pratique. En fait, c'est probablement cette étape qui correspond le mieux à la problématique exposée dans l'histoire « du réverbère et des clefs ». Le **danger** est **de se limiter aux indicateurs actuellement disponibles** par excès de pragmatisme et de réalisme, en supposant qu'il n'est pas possible de développer les indicateurs qui correspondent exactement à nos besoins. C'est cette attitude qu'il s'agit d'éviter, en s'efforçant « de ratisser large », quitte à faire preuve de réalisme et de pragmatisme plus tard dans le choix ultime.

En matière de tableaux de bord, il n'existe pas de « prêt-à-porter », on ne peut que viser le « sur-mesure ».

En pratique

Dans l'exemple de l'entreprise qui s'était engagée à livrer rapidement toutes les commandes reçues par téléphone, il a été imaginé de mesurer un délai entre le moment où la commande était reçue et le moment où le client la recevait chez lui (ce qui aurait été difficile à mesurer), mais également, au lieu d'un délai, de mesurer le pourcentage des commandes reçues le jour J qui partaient du dépôt le même jour. L'hypothèse sous-jacente était que les transporteurs sous-traitants seraient en mesure de livrer le lendemain. Cet exemple montre qu'un objectif de délai peut parfaitement être transformé en un indicateur différent.

- **La quatrième et dernière étape** consiste à **choisir**, dans les indicateurs que l'on a trouvés dans la troisième étape, celui que l'on retiendra comme reflétant le mieux le point clef de performance retenu. Il s'agira également de définir le **niveau** de référence, par exemple le niveau en dessous duquel la performance ne sera pas jugée adéquate.

En pratique

Dans notre exemple, il a été demandé que l'entreprise arrive à faire partir de l'entrepôt le jour même au moins 85 % des commandes reçues le jour J.

4.2. Recherche des indicateurs de pilotage pertinents

La recherche se fait en six étapes. Les deux premières correspondent aux deux premières étapes de la recherche des indicateurs de performance.

Les indicateurs de pilotage sont les moyens de comprendre comment s'assurer de la bonne atteinte de la performance, ils sont donc liés à la recherche précédente.

- **Première étape** : identifier la mission du centre de responsabilité, si cela n'a pas encore été fait.
- **Deuxième étape** : en déduire les points clefs de performance, si cela n'a pas encore été fait.
- **Troisième étape** : pour chacun des points clefs de performance, définir quels sont les **entrées**, les **moyens** et les **activités** qui contribuent à l'atteinte de chacun des points clefs de performance. Il s'agit donc pour l'opérationnel de visualiser **les liens logiques qui existent entre les moyens à sa disposition et les résultats** en termes de performance qu'on attend de lui. Il s'agit de détecter les moyens et les activités qui sont à son avis les plus **critiques** quant à l'atteinte de la performance.

En pratique

Les moyens et activités critiques peuvent être :
- la présence de personnes clefs dont l'absence éventuelle rendrait la tâche plus ardue ;
- un effectif minimum (exprimé en quantité), en dessous duquel il serait impossible de produire les quantités demandées ;
- la disponibilité de certaines ressources externes (fournisseurs sous-traitants…), etc.

- **Quatrième étape** : pour chaque entrée, moyen ou activité critique de la troisième étape, définir **comment renforcer les chances de les maîtriser**. On pourra utilement réfléchir aux situations passées au cours desquelles des problèmes ont pu se présenter et des façons dont ces situations ont été plus ou moins bien gérées. Il s'agit de faire apparaître, soit les signes avant-coureurs de problèmes, soit les indicateurs qui, lorsqu'ils sont « au beau fixe », montrent qu'aucun problème n'est à l'horizon. On recherche en quelque sorte des **critères**, soit que tout ira bien car on maîtrise la situation, soit que l'on doit commencer à s'inquiéter d'un risque de perte de maîtrise.
- **Cinquième étape** : c'est une étape de *brainstorming* similaire à la recherche des points clefs de performance. Pour chaque critère retenu à la quatrième étape, il s'agit de rechercher autant de manières ou d'indicateurs qu'il est possible pour refléter le critère en question.
- **Sixième étape** : le choix de l'indicateur le plus apte à rendre compte du critère et la définition d'un seuil de référence.

5. Conditions de succès d'une démarche tableaux de bord

La liste des conditions de succès d'une démarche de tableaux de bord semble longue, mais les deux premières sont fondamentales. Elles sont l'appropriation par les dirigeants de cet outil et la pertinence des indicateurs faisant partie des tableaux de bord.

5.1. L'appropriation par les dirigeants

> Les tableaux de bord ne tirent leur légitimité que du fait d'être utilisés de façon prioritaire par les dirigeants dans leur manière de gérer l'entreprise. Ces outils doivent être **au cœur des processus de *management*,** en support de l'animation des équipes, qu'il s'agisse du comité de direction (tableau de bord de direction générale) ou bien des autres équipes (tableaux de bord de service). Ils doivent donc inciter à l'action, lorsque c'est nécessaire, ou bien participer au « *return on management* », en permettant aux dirigeants de ne pas passer du temps sur ce qui n'en vaut pas la peine.

Le pire qui puisse arriver à une organisation, c'est de demander aux contrôleurs de gestion de développer des tableaux de bord qu'ils proposent ensuite dans les couloirs : « Qui veut de mes tableaux de bord ? » Ce type de situation que nous venons de dramatiser en l'exagérant quelque peu n'est cependant pas inconnu. Il correspond à des organisations dans lesquelles les dirigeants ne montrent pas leur implication, faute d'une culture de *management* suffisante. Il est illusoire de penser que, dans un tel cas, les gestionnaires s'intéresseront à des outils pour lesquels leurs dirigeants n'ont montré aucun intérêt.

Idéalement, le dirigeant demande qu'on lui communique au plus tôt le tableau de bord quotidien (ventes de la veille, commandes reçues, pourcentage de celles non livrées, avec les raisons). À la suite de quoi, il téléphone ou visite même personnellement chaque responsable pour lui demander de lui expliquer les raisons d'un défaut de performance. Inutile de préciser que dans un tel cas, les contrôleurs de gestion n'auront pas besoin de prier les responsables d'utiliser de tels documents, parce que ces derniers tiendront eux-mêmes à s'assurer qu'ils le reçoivent le plus tôt possible, afin d'être en mesure de répondre aux questions du dirigeant !

L'idéal est également que le tableau de bord de direction générale soit utilisé comme support pour animer la réunion du comité de direction. Une telle pratique aura naturellement tendance à redescendre aux niveaux inférieurs de la hiérarchie.

5.2. La pertinence des indicateurs

La pertinence des indicateurs est la seconde condition de succès la plus importante. On y a consacré une partie méthodologique plus haut.

Cependant, même si la recherche et la détection des indicateurs pertinents est fondamentale, il vaut mieux commencer à utiliser des indicateurs dont on n'est pas tout à fait sûr de la pertinence, mais qui permettent d'entamer un processus où les tableaux de bord deviennent un outil du *management* et de l'animation des équipes, quitte à améliorer ensuite la qualité de ces indicateurs. **Aucun tableau de bord n'est « gravé dans le marbre »** et il est tout à fait acceptable de laisser de la place à l'évolution et à l'amélioration dans le temps de ces outils. Dans la hiérarchie des conditions de succès, celui d'être au cœur des processus de *management* est clairement le plus important !

5.3. Donner l'information essentielle

Cette condition est complémentaire de la précédente. Certains indicateurs ne sont importants qu'à un moment donné et perdent de l'importance au fil du temps. Ils seront expulsés des tableaux de bord qui doivent rechercher un « retour sur *management* ». Dans un grand nombre de cas, l'information essentielle ne pourra être perçue qu'au moyen de prévisions concernant l'avenir proche, avec le souci de privilégier la situation finale (fin de l'année, fin du projet), quitte à ce que cela ne puisse s'obtenir qu'au moyen de calculs « à la louche ». Il faudra veiller, dans de tels cas, à ne pas reprocher après coup aux responsables de ces prévisions de s'être trompés.

Il est en général conseillé d'accompagner tout tableau de bord de **commentaires**. Ils sont en principe de la responsabilité des opérationnels. Si des contrôleurs de gestion les rédigent parce qu'ils sont les mieux placés pour les consolider, il est important que tout soit fait pour conserver le caractère de responsabilité de l'opérationnel dans l'évaluation de la situation.

> Tout ce qui peut amoindrir la délégation des responsabilités aux opérationnels contribue à diminuer la qualité du contrôle de gestion.

5.4. Préserver une cohérence avec l'organigramme

La cohérence de l'organigramme peut être préservée en facilitant les consolidations horizontales et verticales. S'il existe plusieurs unités régionales de même type, il faut qu'elles possèdent les mêmes définitions des indicateurs, validées de manière centrale, afin de permettre la consolidation. C'est également vrai pour les tableaux de bord de processus.

5.5. La fréquence des tableaux de bord

Tous les tableaux de bord ne sont pas nécessairement mensuels, comme le contrôle budgétaire. Nous avons déjà cité l'exemple d'un tableau de bord quotidien pour suivre les ventes et les livraisons dans une entreprise de distribution. On peut imaginer des tableaux de bord encore plus fréquents, comme dans une usine où l'on suit les cadences horaires de production des machines, ou dans une grande surface où l'on voudra connaître le nombre de caisses à tenir ouvertes par tranche horaire. *A contrario*, certains indicateurs d'ordre stratégique, comme l'évolution des parts de marché ou l'évaluation des caractéristiques des prestations, suivront la fréquence des études réalisées dans ce but (par trimestre, six, neuf ou dix-huit mois).

5.6. L'urgence de l'information

On parle souvent de l'urgence de l'information donnée par les indicateurs comme devant être homogène avec la nécessité d'une réaction rapide. C'est l'occasion de dire que le contrôle de gestion n'a pas les mêmes préoccupations que la comptabilité et qu'une information « à la louche » permettant de réagir à temps est plus utile qu'une information très précise qui arrive trop tard.

5.7. La mise en forme

La mise en forme des tableaux de bord, surtout si elle devient un support essentiel de l'animation de gestion, doit viser une certaine homogénéité, problème qui peut se poser lorsqu'il s'agit de réunir en un même livret des documents provenant de diverses origines. Elle reflète le plus souvent les souhaits des dirigeants, certains préférant les graphiques, d'autres des chiffres bruts, d'autres encore des *smileys* ou des feux de circulation. Il n'est pas rare qu'un changement d'équipe de direction aboutisse à une modification des modes de présentation, sans que les chiffres à la base n'aient changé. Il faut que la qualité de la présentation participe à l'idée de donner envie d'utiliser cet outil. La recherche « esthétique » ne doit pourtant pas engouffrer une part trop importante des ressources, en temps de travail ou en qualité d'impression.

5.7.1. Qui doit faire les tableaux de bord ?

Doit-on charger les contrôleurs de gestion ou les opérationnels de la réalisation des tableaux de bord ? Il n'existe pas vraiment de réponse générale à cette question, mais on peut énoncer les quelques principes suivants :

- il est toujours préférable que les opérationnels se sentent responsables des indicateurs qui les concernent et soient donc prêts à les commenter. Une certaine proximité avec le calcul des indicateurs est un élément favorable ;

- si les indicateurs demandent une technicité plus en rapport avec les capacités des contrôleurs de gestion, la balance risque de pencher davantage vers eux ;

- le principe d'économie des moyens doit s'appliquer, c'est-à-dire qu'il ne faut pas gaspiller des ressources s'il est possible d'utiliser la structure actuelle moyennant quelques aménagements, quel que soit l'interlocuteur qui en sera chargé.

6. ATTENTION AUX EFFETS PERVERS

« Dis-moi comment je serai évalué, et je te dirai comment je me comporterai ! » À partir du moment où des indicateurs existent, ils servent toujours, explicitement ou implicitement, à évaluer.

Depuis nos années d'école, nous savons combien une note comporte de conséquences subjectives.

La qualité du système de contrôle de gestion dépendra de la qualité de l'information qu'il véhicule, cette qualité dépendant également de la qualité du **contrôle interne** et donc des travaux effectués par les divers organes d'audit interne et externe.

Ceux qui conçoivent des systèmes de contrôle de gestion, ceux qui les utilisent et ceux qui les contrôlent doivent être conscients des dangers inhérents aux indicateurs. Ces dangers sont de différents niveaux. Nous allons les examiner par ordre croissant d'importance.

- « On obtient ce qu'on mesure » : le premier danger consiste à **mesurer la mauvaise variable** et à accorder trop d'importance à un facteur somme toute secondaire. Tous les efforts consacrés à optimiser de tels facteurs secondaires aboutiront à une sous-optimisation. Afin d'éviter un tel résultat négatif, il convient d'appliquer la méthodologie de recherche des indicateurs pertinents exposée ci-dessus. Ce danger concerne la **dimension mesure** du tripôle de gestion.

- Le deuxième danger concerne davantage la **dimension action** du tripôle de gestion, c'est-à-dire la dimension du *management*. Elle consiste à **intégrer « du mou » dans les objectifs**. Nous avons défini plus haut un bon objectif comme étant ambitieux mais réaliste. Le danger est un manque d'ambition, ce qui permet d'être sûr d'atteindre les objectifs, mais au prix d'une performance en deçà de l'optimum. L'origine de ce danger est dans la relation managériale à l'occasion de la négociation des objectifs. Un bon responsable hiérarchique doit en principe pousser son subordonné à atteindre les meilleurs résultats qu'il est réaliste d'espérer. Si le responsable privilégie le fait d'être « bien perçu », voire « aimé », il peut accepter des objectifs inférieurs ou insuffisants. L'autre source de danger est la capacité de certains responsables « de rouler dans la farine » leur hiérarchie insuffisamment au courant des réalités de terrain. Dans d'autres cas, on peut rencontrer une collusion entre deux niveaux hiérarchiques afin de ne se donner que des objectifs qui seront sûrement atteints, permettant de s'assurer des rémunérations variables qui leur sont rattachées. Ce sera alors aux contrôleurs de gestion du siège ou aux auditeurs internes opérationnels de constater de tels dysfonctionnements et d'en rendre compte aux dirigeants.

• Le troisième danger consiste à « **jouer contre le système** », c'est-à-dire à obtenir de bons résultats sur ce qui est mesuré. Ce type de danger existe particulièrement dans les situations où l'on utilise essentiellement des indicateurs de volume ou de quantité, lorsque augmenter la quantité n'ajoute pas nécessairement de la valeur, comme par exemple la maximisation du nombre d'appels téléphoniques gérés par jour, ou la minimisation du temps consacré à chaque appel. Dans ces cas, les opérateurs peuvent avoir tendance à transférer à quelqu'un d'autre tout appel présentant des difficultés qui prendraient trop de temps à solutionner. La frustration des clients qui se voient ainsi « balader », n'est jamais dans le meilleur intérêt de l'organisation. On peut inclure dans cette catégorie des exemples du service public comme le nombre de contraventions ou le nombre de personnes arrêtées, ces exemples étant cependant à la marge entre le danger de mesurer la mauvaise variable et celui de jouer contre le système.

En pratique

Un exemple classique consiste à intéresser les vendeurs sur le chiffre d'affaires. Un vendeur « réaliste et opportuniste » aura tendance à maximiser le chiffre d'affaires qu'il pourra réaliser par heure ou par journée, en poussant les produits ou les services les plus faciles à vendre, mais pas nécessairement ceux qui rapportent le plus à l'entreprise. Afin d'éviter ce type d'inconvénients, il convient en général d'intéresser les vendeurs à la marge brute ou à toute autre mesure similaire qui représente davantage l'intérêt bien perçu de l'entreprise. Si les dirigeants veulent éviter que leurs vendeurs soient au courant des niveaux de marge des produits, un système de points peut parfaitement être utilisé à la place.

• À la marge entre le système de comptabilité générale et le système d'indicateurs, certains gestionnaires peuvent être conduits à **jouer avec les périodes de référence**, en arrêtant une période plus tôt ou plus tard que le moment normal afin de maximiser un résultat dont leur évaluation dépend mais sans modifier les transactions de base. Faire passer par exemple du chiffre d'affaires de l'année N + 1 à l'année N permettra parfois de maximiser un bonus au niveau de l'année N, sans que le manque-à-gagner concernant l'année N + 1 ne soit de même importance que le gain de l'année N.

- Un autre danger, qui ne peut durer qu'un temps, consiste à **ne transmettre que les informations favorables** ou celles qui donnent une bonne image de l'organisme. Ce type de situation est rare dans les grandes entreprises bien structurées comportant un *reporting* abondant et disposant d'auditeurs internes qui s'assurent régulièrement de son bon fonctionnement. Elle peut cependant apparaître dans de plus petites structures, notamment lorsqu'une petite entreprise entre dans le giron d'une plus grande. Si les dirigeants du siège n'ont qu'une connaissance limitée du secteur de l'entreprise rachetée, ils peuvent tarder à s'apercevoir des problèmes. Ce danger est renforcé dans les cas où une partie du prix de l'acquisition dépend des performances financières après le rachat.

- Au sommet de la hiérarchie des dangers d'effets pervers se situent les **actes en violation avec les procédures internes** et plus encore **avec la loi**. Certains scandales, qui ont fait la une des journaux, peuvent nous rappeler que les dirigeants ne sont pas au-dessus de la tentation de manipuler les résultats de leur entreprise. Ceux qui travaillent dans la sphère finance et contrôle peuvent avoir du mal à résister aux incitations d'un dirigeant qui souhaite « présenter plus favorablement » la situation de l'entreprise aux marchés financiers.

7. INFLUENCE DU TYPE DE CENTRE DE RESPONSABILITÉ BUDGÉTAIRE

La catégorie du CRB de l'unité (centre de coût productif, discrétionnaires, centre de revenus, de profit ou d'investissement, centre de projet) définit les caractéristiques financières des objectifs. La préparation et le suivi du budget forment un premier cadre de référence dans le suivi de l'activité, et les tableaux de bord doivent en tenir compte.

L'appartenance à une catégorie de CRB va donc influencer le type de tableaux de bord à utiliser. Nous renvoyons au chapitre sur les six centres de responsabilité budgétaire, nous nous contenterons ci-dessous de développements limités à l'impact sur les tableaux de bord.

7.1. Centre de coût productif

Les centres de coût productif sont probablement ceux pour lesquels une absence de tableau de bord sera la moins préjudiciable. L'objectif principal, produire les quantités nécessaires en se conformant aux standards, est en effet bien rendu par le *reporting* budgétaire. Cependant, des objectifs supplémentaires (qualité, délais…) nécessiteront des indicateurs complémentaires :

- taux de déchets ou de rebuts, nombre de défauts, de litiges clients ;
- nombre de commandes exécutées hors délais ;
- nombre de commandes exécutées en urgence car non planifiées ;
- nombre d'heures de pannes machine ;
- nombre d'accidents et de jours d'arrêts de travail liés à des accidents ;
- taux d'utilisation des équipements ;
- quantités fabriquées par heure travaillée.

On retrouve aussi les préoccupations de gestion des stocks et de recouvrement, qui concernent la gestion des actifs, quand il existe un standard (objectifs de rotation des stocks, de taux de commandes non livrées, de délai de règlement à faire respecter).

Un département achats se situe entre les centres de coût productif et les centres de coûts discrétionnaires. Il tend vers le premier lorsque ses objectifs sont surtout d'ordre quantitatif, vers le second lorsqu'ils sont surtout d'ordre qualitatif. On peut y trouver des indicateurs tels que :

- nombre de fournisseurs (actifs, potentiels) ;
- nombre de marchés, contrats, appels d'offres (total et/ou par acheteur) ;
- nombre de commandes (ou lignes) (total et/ou par acheteur) ;
- quantités achetées (total et/ou par acheteur) ;
- montant moyen d'achats par acheteur ;
- délai de transformation d'une demande en commande ;
- nombre de visites fournisseurs (total et/ou par acheteur) ;
- pourcentage de fournisseurs certifiés ;
- nombre de réceptions non conformes.

7.2. Centres de coûts discrétionnaires

À l'opposé, les centres de coûts discrétionnaires **sont ceux pour lesquels des tableaux de bord sont les plus nécessaires**, le respect du budget n'étant pas un critère de performance ! Plus précisément, la différence entre le budget et les réalisations n'est pas un critère d'efficience ou d'efficacité. Il s'agit simplement d'une différence de « quantité d'entrées » sans référence à la valeur des « sorties ».

On y trouve des entités de support (ressources humaines, formation, comptabilité, juridique, informatique, etc.), la recherche et développement ainsi que la plupart des activités de *marketing* (publicité, relations publiques, etc.).

Leur performance ne peut pas être évaluée en termes de sortie et la préparation de leur budget présente des difficultés bien plus grandes que tous les autres centres de responsabilité.

En conséquence, l'évaluation de leur performance repose essentiellement sur des facteurs non financiers, d'où la nécessité de tableaux de bord réalisés sur mesure, en fonction de leur mission et du niveau de performance attendue, compte tenu des moyens qu'on leur attribue. On pourra même se reposer sur le résultat d'enquêtes au niveau de ceux qui bénéficient de leurs services.

En raison de la diversité des unités de gestion de cette catégorie, les indicateurs potentiels sont extrêmement nombreux et l'on se contentera d'exemples, en renvoyant à la bibliographie pour les ouvrages spécialisés.

7.2.1. Marketing
- Nombre de reclamations ;
- nombre de clients satisfaits/interrogés par type d'interrogation ;
- délai moyen de livraison ;
- taux de notoriété des produits, de la marque (en absolu comparé avec la concurrence) ;
- nombre de produits nouveaux lancés par l'entreprise et par les concurrents.

7.2.2. Ressources humaines et formation
- Taux d'absentéisme (général, maladie longue durée, courte durée) ;
- *turnover* : nombre de départs/effectif moyen ;
- *turnover* de l'encadrement « sensible », c'est-à-dire des hommes clefs ;
- nombre d'accidents du travail (par taux de gravité) ;
- nombre de journées perdues (accidents du travail)/journées totales travaillées ;
- nombre de participants formation et nombre de journées/participants.

7.2.3. Informatique
- Taux de disponibilité des différents matériels (ou taux de non disponibilité) ;
- nombre d'appels arrivant au *help desk* (par provenance) ;
- pourcentage de problèmes résolus au premier appel (ou le taux de non résolution).

7.2.4. Fonctions de support en général

- Indices divers de satisfaction des utilisateurs par nature d'attente ou de service ;
- nombre d'appels non résolus (par motif) ;
- nombre d'appels abandonnés (non décrochés) ;
- délai d'intervention auprès du demandeur.

7.3. Centre de revenus

Il existe une sortie bien définie : le volume d'activité ou le chiffre d'affaires, parfois la marge brute. L'objectif est de maximiser ce volume d'activité, compte tenu des moyens attribués.

Un suivi budgétaire est adapté à ce type d'objectif, le suivi du chiffre d'affaires d'une part et le suivi des coûts commerciaux d'autre part, l'atteinte des objectifs de chiffre d'affaires étant bien entendu prioritaire.

Tout tableau de bord reprendra donc en grande partie les éléments du *reporting* financier, avec en plus des indicateurs non financiers tels que :

- chiffre d'affaires moyen par vendeur, par rayon, par mètre carré ;
- nombre de visites par vendeur ;
- chiffre d'affaires des nouveaux clients, par vendeur ;
- temps moyen consacré aux clients par les vendeurs ;
- nombre de cotations commerciales effectuées ;
- nombre de litiges (ou de réclamations) avec les clients ;
- nombre de clients satisfaits (suivant certains critères à définir) ;
- clients pris par les concurrents (nombre, volume) ;
- délai moyen de règlement client (en liaison avec le recouvrement).

7.4. Centre de profit et centre d'investissement

Pour les besoins en tableaux de bord, ces deux centres de responsabilité sont semblables, leur différence ne se faisant qu'au niveau de l'évaluation des dirigeants (voir le chapitre sur les CRB).

Ces deux centres rassemblent et consolident les trois types de centres de responsabilité précédents, leur tableau de bord en sera donc une synthèse.

Il faudra accentuer la dimension stratégique avec des indicateurs qui incitent les différents *managers* à se pencher sur les relations avec l'environnement en général et avec les clients en particulier. On acceptera donc parfaitement que certains de ces indicateurs n'aient pas une périodicité de parution mensuelle.

Il faudra insister sur la cohésion de l'équipe de direction, qui réunit des *managers* ayant des spécialités différentes. Inciter à avoir la même vision partagée de l'organisation dont ils ont la charge sera un des objectifs prioritaires. Il est conseillé d'utiliser le « *balanced scorecard* » (voir le chapitre 12).

7.5. Centre de projet

Rappelons qu'il en existe deux types : les projets vendus à des clients, qui s'apparentent à des centres de profit d'une part, et les projets non vendus qui s'apparentent à des centres de coûts discrétionnaires.

Dans tous les cas, le pilotage du projet par le chef de projet comporte des arbitrages entre coûts, délais et qualité, et ce sont ces trois notions qu'il convient de faire apparaître. La situation au moment présent est toujours moins pertinente que la meilleure estimation du projet terminé.

Des tableaux du type suivant peuvent servir de trame à la réalisation de tableaux « sur mesure » :

Suivi des coûts

	Estimation initiale	Consommé	Estimation pour final
Personnel en interne (j × hommes)			
Personnel en externe (j × hommes)			
Coûts en matériel			
Autres coûts			
Total			

Suivi de la performance

	Estimation initiale	Consommé	Estimation pour final
Fonctionnalités/qualité			
Synthèse coûts			
Délais ou temps			
Avantages perçus			

8. *REPORTING*, LE PARADOXE INHÉRENT AUX GROUPES

Travailler et vivre quotidiennement au sein d'un groupe international est souvent une expérience professionnelle un rien troublante pour un contrôleur de gestion, surtout s'il s'agit d'un premier job. On arrive tout frais diplômé, d'une grande école si possible mais pas nécessairement, remonté comme une pendule pour mettre en œuvre son savoir-faire tout neuf, impatient d'apporter de la valeur ajoutée à une entreprise désireuse de comprendre enfin la formation de ses coûts et de ses marges, prêt à en découdre avec la vision, les missions et les axes d'analyse stratégique… et on se retrouve cantonné au *reporting* à la société-mère. Alors, le *reporting* serait-il dévolu aux soutiers du contrôle de gestion ? Définitivement classé dans les tâches subalternes ? Délaissé par les cadors de la profession pour servir de bizutage aux débutants ?

La réalité est bien sûr plus nuancée, quoique… nous allons voir que le *reporting* peut être analysé comme une série de paradoxes inhérents à l'appartenance à un groupe international. Ce paragraphe propose d'abord une réflexion sur la définition du *reporting* puis étudie ces paradoxes sous le triple angle :

- du temps passé ;
- de la qualité ;
- de la déconnexion plus ou moins patente avec le système de tableaux de bord.

8.1. Définition

Dans un premier temps, osons une définition du *reporting*, jamais correctement traduit en français, amplement galvaudé, le terme est le moins que l'on puisse dire fourre-tout, car il recouvre des réalités très variées d'un groupe à l'autre, en raison des différences de culture d'entreprise qui ont été exposées au chapitre 2.

> Le *reporting* est la fourniture régulière d'informations essentiellement financières et comptables aux gestionnaires basés au siège.

Il s'agit donc d'un exercice récurrent d'alimentation en données qui remontent des filiales vers la société-mère. La plupart du temps extérieurs à la *business unit*, les destinataires du *reporting* sont donc moins au fait des réalités opérationnelles. Les informations transmises s'accompagnent parfois d'indicateurs de performance (*key performance indicators* ou KPI's dans les groupes anglo-saxons) plutôt génériques, qui serviront au suivi de l'activité financière et économique. À l'inverse d'une connexion Internet, le débit montant est la plupart du temps beaucoup plus élevé que le débit descendant !

Une manière plus pragmatique de définir le *reporting,* sans vouloir pour autant verser dans le parti pris, nous éloigne de la notion de mise sous contrôle maintes fois évoquée dans cet ouvrage pour se rapprocher nettement de celle – moins noble – de contrôle dans son acception française, c'est-à-dire vérification.

> Le *reporting* est donc une vérification *(compliance)* par le siège social du bon fonctionnement de ses filiales, sur une multitude de sujets possibles qui dépendent des priorités du groupe : finance, opérations, ressources humaines, qualité, satisfaction client, processus internes, niveaux de service, éthique, respect de l'environnement, etc.

Si tout le monde convient qu'il est nécessaire d'alimenter la société tête de groupe en informations de gestion, il n'existe pas néanmoins de *reporting* type. Au risque de décevoir le lecteur, comme en matière de mise en place et de production de tableaux de bord, il n'y a pas de tableau de *reporting* tout fait qui s'appliquerait universellement. Il existe plutôt une myriade de situations toutes différentes les unes des autres, en fonction de la taille du groupe, de sa volonté plus ou moins forte de maintenir les filiales sous contrôle strict et bien sûr de son activité, qu'elle soit à dominante commerciale, industrielle ou de services. Avec comme corollaire, sans surprise, la nécessaire adaptation du contrôle de gestion à chacune de ces situations particulières.

Arrêtons-nous quelques instants sur la problématique de l'indispensable consolidation des comptes dans un groupe : ces données comptables, présentées sous les formes traditionnelles et obligatoires du compte de résultat, du bilan et du tableau de flux de trésorerie, sont « remontées » à la société-mère à l'aide de logiciels dont le plus répandu est Hyperion[1]. Dans l'immense majorité des groupes internationaux, cette tâche mensuelle est affectée conjointement aux comptables et aux contrôleurs de gestion, avec souvent un rôle de pilotage dévolu à ces derniers. Elle entre donc dans l'ensemble constitué par le processus du *reporting.*

Forcément particulière à chaque groupe mais néanmoins hautement règlementée par les textes, cette tâche d'alimentation de la consolidation comptable n'entre pas dans le champ de cet ouvrage. Elle présente toutefois une autre

---

1. Ces logiciels ont le mérite d'apporter cohérence entre les filiales, sécurisation et formalisation des données ainsi que des capacités multimonnaies.

analogie avec une connexion Internet : la remontée des chiffres est une acti-vité qui consomme beaucoup de la bande passante disponible dans le départe-ment des contrôleurs de gestion, voire sa totalité pendant les phases de clôture. Nous allons nous intéresser ici à une vue plus opérationnelle du *repor-ting*, là où se manifestent inévitablement des interférences avec le système de gestion interne de la filiale, ses tableaux de bord.

8.2. Le paradoxe du temps consommé

Complainte traditionnelle du contrôleur de gestion de filiale d'un groupe international : « Je ne fais quasiment que du *reporting,* je suis débordé par un flux continu de questions en provenance du siège, et je ne peux pas consa-crer le temps qu'il faudrait pour répondre aux questions du *management* local de la filiale. » Ce dernier point serait effectivement la véritable valeur ajoutée de son travail. Il est vrai aussi que le *reporting* est consommateur de ressources et qu'en ces temps de recherche du retour maximum sur investis-sement, le département des contrôleurs de gestion a parfois le sentiment diffus d'une utilisation inadaptée de son temps. Cette impression de perte de temps générée par le *reporting* est aussi corroborée par le fait que les délais de réponse à la société-mère sont très serrés. Une enquête informelle menée auprès de stagiaires en contrôle de gestion donne des résultats cohérents, avec des délais habituellement compris entre J + 2 et J + 5[1]. Enfin, le contrô-leur de gestion qui a respecté ce qu'il appelle invariablement sa *deadline* (date limite) peut avoir quelquefois l'impression désagréable que tout ce qui est transmis au siège n'est pas forcément lu et analysé.

Et pourtant… paradoxalement, qui mieux que le contrôle de gestion pourrait alimenter la société-mère avec des informations fiables et contrôlées ? Qui d'autre dans l'entreprise a une vision suffisamment large du *business* et une bonne compréhension à la fois des processus internes et des contraintes extérieures ? Quel autre département pourrait se targuer d'avoir assez d'indé-pendance et de recul ? En d'autres termes, où trouver ailleurs la crédibilité nécessaire à ce genre de tâche ? Difficile de trouver une réponse satisfaisante à toutes ces questions dans la majorité des entreprises. Du coup, le contrôle de gestion restera au centre de cette activité pour quelque temps encore… Et nous irons même au-delà en affirmant que c'est son propre intérêt de continuer dans cette voie. Dans le jeu « politique » souvent caractéristique des grandes entre-prises internationales, le département du contrôle de gestion détient là une

1. J étant le jour de la clôture mensuelle, généralement un samedi.

prérogative à ne pas lâcher. D'ailleurs, laisser d'autres départements de la filiale produire leur propre *reporting* expose le responsable du contrôle de gestion à jouer les démineurs afin de résoudre les inévitables incohérences entre les informations produites par ces différents services et le sien. C'est toujours lui qu'on appellera dans les cas épineux ! S'il veut conserver son statut de point de passage obligé de l'information en sortie comme en entrée, il devra continuer à investir du temps et des ressources dans ce lien somme toute privilégié avec la société-mère.

8.3. Le paradoxe du dosage de la qualité

Le *reporting*, en particulier dans des conglomérats industriels aux activités par définition extrêmement variées, a comme principal inconvénient de vouloir systématiquement uniformiser, de manière que les informations utilisées soient facilement consolidables à l'échelon supérieur. Cela peut conduire une filiale dont l'activité est atypique à se retrouver avec des indicateurs qui n'ont aucun sens économique et/ou opérationnel pour elle.

En pratique

> Une usine fabrique 2 millions de vis et boulons par jour pour l'industrie automobile. Habitué à la production de masse, le groupe lui demande mensuellement une batterie d'indicateurs, comme par exemple le coût de revient par millier de pièces produites. À quelques kilomètres de là, une autre usine du même groupe fabrique à la commande 250 groupes de pompage par an, dont le coût unitaire est compris entre 200 000 et 500 000 €. Les indicateurs standards du groupe n'ont ici pas la moindre signification, mais ils figurent dans le document mensuel à envoyer impérativement aux gestionnaires du siège avant J + 3. La tentation est alors grande pour le responsable du contrôle de gestion de lever quelque peu le pied sur cet aspect de son travail pour privilégier une approche plus locale, plus proche du terrain.

Pourtant, et c'est là notre deuxième paradoxe : même s'il semble parfois lourd et inadapté, même s'il est difficile de trouver du charme à ce processus à sens quasi unique, le *reporting* est le socle des bonnes relations avec la société-mère. Il doit donc être parfaitement calibré localement pour participer à l'entretien de ces bonnes relations. En négliger la qualité produit immanquablement un effet boomerang. Une fois lancé, impossible de s'en débarrasser, le boomerang revient toujours, et en principe en pleine figure du lanceur ! En matière de *reporting*, cela se traduit en général par des demandes de clarifications, d'informations supplémentaires et de vérifications encore plus consommatrices de temps que les requêtes initiales.

Le léger relâchement de qualité lors de l'envoi originel d'informations se paie *cash,* d'autant plus que vient en principe, dans ce cas éventuellement annonciateur d'une baisse préjudiciable de crédibilité, se greffer l'effet cliquet. Cette pièce métallique permet d'empêcher le retour en arrière intempestif d'un ensemble mécanique, un engrenage par exemple. En contrôle de gestion, l'expérience montre que tout nouveau *reporting* s'ajoute à l'existant, sans suppression par ailleurs ni possibilité de retour en arrière, à moins d'attendre le prochain changement de responsable à la tête du contrôle de gestion groupe…

Le responsable du contrôle de gestion local en viendra inévitablement à se poser la question : qu'est-ce qu'un bon *reporting* ? Il nous semble bien que la seule réponse est : celui qui contente la société-mère avec la moindre consommation de ressources locales ! Loin de nous cependant l'idée d'affirmer que tout est noir dans le petit monde du *reporting*. En fait, tout est affaire de subtil dosage pour l'entretien de bonnes relations avec le siège. Deux approches seront donc privilégiées :

- d'abord un dialogue fréquent avec la société-mère
  - pour comprendre ses priorités et la raison de certaines demandes de *reporting* qui pourraient paraître *a priori* dénuées de sens économique ;
  - de façon à orienter autant que faire se peut les évolutions, afin d'influer à la baisse le volume des requêtes futures ;
- ensuite une recherche d'automatisation maximale du processus de production des données reportées : il s'agit de se servir intelligemment des bases de données de l'ERP et/ou d'aller chercher l'information à l'endroit adéquat pour remplir cette tâche dans un minimum de temps. Le retour sur investissement en la matière est indéniable.

Plaçons-nous maintenant du côté de la société-mère. Imposer un certain niveau de *reporting* est un processus contraignant, consommateur de ressources non seulement dans les filiales mais aussi au siège social. C'est par ailleurs une tâche quelque peu génératrice de frustrations des deux côtés. Mais c'est aussi, reconnaissons-le volontiers, un outil de mise sous tension saine de la filiale qui force, si ce n'est déjà fait suffisamment localement, à poser des questions, à élaborer des réponses, à mettre sur pied des actions correctives. En bref, à utiliser le triptyque habituel du contrôle de gestion : objectifs, mesures, actions. La compréhension de cette mise sous pression n'aide certes pas le responsable du contrôle de gestion à remplir ses tableaux de *reporting,* mais elle peut lui apporter un éclairage sur ce qui se fait dans tous les groupes internationaux.

8.4. Le paradoxe de la déconnexion entre *reporting* et tableaux de bord

Dans un monde idéal, *reporting* et tableaux de bord ne devraient faire qu'un ! Un outil de gestion combiné et harmonisé, le rêve du contrôleur de gestion de filiale. Cela en ferait par ailleurs un processus largement accepté, générateur d'économies d'échelle au niveau du groupe, puisque tout le monde travaillerait avec des documents communs, remplis des mêmes indicateurs décrits par des définitions standardisées. Que le seul contrôleur de gestion de la planète qui a connu cette situation dans sa vie professionnelle lève le doigt !

Dans le monde réel, les groupes internationaux souffrent parfois des symptômes du dédoublement de personnalité : ce que fait la main gauche (la filiale) est au pire inconnu, au mieux ignoré de la main droite (le siège social). On en arrive malheureusement bien souvent à un système à deux vitesses, une dichotomie coupable et coûteuse, et c'est bien là notre troisième paradoxe dans un environnement habituellement sensible aux surcoûts. Le tableau ci-dessous regroupe les principales caractéristiques comparées des deux systèmes.

Caractéristiques comparées tableau de bord/*reporting*

Critères	Tableau de bord	Reporting
Objectif général	Mise sous contrôle	Contrôle = vérification
Adaptation locale	Personnalisée Répond aux besoins particuliers	Générique Potentiellement inadapté à un *business* spécifique
Type d'outil	Aide à la décision Orienté vers l'action Plutôt hiérarchique	Remontée d'informations Fonctionnel
Type d'indicateurs	Financiers et opérationnels : physiques, qualité, délais	Essentiellement financiers
Nature des indicateurs	Performance et pilotage	Performance
Granularité	Fonction des ordres de grandeurs locaux	Générique
Fréquence	Continue	Périodique

Quand on est responsable du contrôle de gestion local, comment sortir de ce paradoxe par le haut ? Au risque de nous répéter, par le dialogue avec la société-mère : en expliquant pourquoi un indicateur local est pertinent, en évoquant l'utilité des indicateurs non financiers, en convainquant du bien-fondé de telle ou telle mesure inattendue. Faire progresser le groupe tout entier grâce sa connaissance du *business*, cela ressemble un peu à prêcher la bonne parole ou à faire du *lobbying,* mais c'est probablement le seul moyen de mettre fin à la « guéguerre » entre tableaux de bord et *reporting*. Le responsable du contrôle de gestion s'y emploiera lors des téléconférences avec la société-mère, pendant les *staff meetings* annuels où les « locaux » ont le loisir de s'exprimer sous l'œil bienveillant du contrôle de gestion siège.

Un autre paradoxe vient parfois contrebalancer celui de la déconnexion entre *reporting* et tableaux de bord. Dans une structure organisationnelle sous forme de matrice (voir à ce sujet le chapitre 2) l'enchevêtrement des relations à la fois fonctionnelles et hiérarchiques pousse souvent le groupe à établir des systèmes de tableaux de bord et de *reporting* beaucoup plus proches l'un de l'autre, simplement pour éviter d'avoir à gérer une troisième dimension de fourniture d'informations. La complexité peut avoir du bon !

Pour clore ce chapitre sur une note humoristique mais néanmoins vécue, signalons une technique – à méditer longuement en fonction des caractéristiques de fonctionnement et de la culture du groupe avant de l'appliquer à certains éléments du *reporting* mensuel – qui peut se révéler efficace dans la gestion du temps du département des contrôleurs de gestion. Elle a été mise en application dans un groupe américain[1] qui a eu pour particularité à un moment de son existence de se laisser submerger par un excès de bureaucratie. Il s'agit du *sunset reporting,* autrement dit du *reporting* en coucher de soleil : la technique consiste chaque mois à ne pas remplir volontairement quelques cases bien choisies (attention au choix !) du *reporting* et à attendre. Si au bout de quelques cycles de transmission de l'information, aucun retour n'est parvenu à la filiale, c'est tout simplement la preuve que l'indicateur – nécessairement présenté au départ comme crucial – n'est lu par personne au siège. Plutôt que de tenter l'opposition plus ou moins frontale vis-à-vis du groupe sur le délicat sujet du volume de *reporting,* mieux vaut parfois laisser le soleil décliner puis se coucher sagement…

---

1. Cette entreprise restera anonyme, d'autant que la technique en question avait été suggérée par un consultant interne venu du siège social !

SYNTHÈSE

Les tableaux de bord sont venus compléter les premiers instruments de gestion, essentiellement financiers, qui reflétaient les résultats du compte de résultat comptable avec des préoccupations de suivi budgétaire. Ils font dorénavant partie de l'outillage de toute organisation bien gérée.

Ils servent avant tout au dialogue de gestion aussi bien entre les différentes fonctions qu'entre les niveaux hiérarchiques différents.

Outre l'aide au dialogue, ils servent au contrôle de l'activité en jouant un rôle d'alerte, ils servent à l'information et à la formation et, plus généralement, ils constituent un outil de *management* permettant de faire vivre le tripôle de gestion « prévoir, mesurer, agir ».

Ils doivent refléter les objectifs de l'organisation et les moyens de les atteindre. À ce titre, ils doivent correspondre aux particularités qui font les bons objectifs, c'est-à-dire tenir compte du secteur d'activité, de la stratégie et de la structure.

Un danger est de se contenter des indicateurs dont on dispose actuellement en ne sachant pas imaginer ceux dont on a réellement besoin. Un autre danger consiste à utiliser le tableau d'un Airbus alors qu'on ne conduit qu'une petite voiture. La recherche de pertinence des indicateurs est donc vitale pour éviter la dispersion.

En matière de tableaux de bord, il n'existe pas de « prêt-à-porter », il n'y a que du « sur-mesure », et la recherche des indicateurs pertinents demande une recherche exigeante tenant compte des particularités de chaque unité de gestion. Une telle recherche distinguera les entrées, les sorties, les activités et les ressources. Elle ne peut se faire qu'avec les gestionnaires de terrain, les mieux placés pour savoir ce qui est important, même s'il faut les aider pour la méthode. Il s'agira notamment de différencier les indicateurs de performance, c'est-à-dire ceux qui correspondent aux sorties, aux productions, aux clients, des indicateurs de pilotage qui concernent en principe la manière dont le gestionnaire doit s'y prendre pour atteindre la performance qu'on attend de lui.

Les conditions du succès pour une démarche de tableaux de bord, outre la pertinence des indicateurs, reposent sur une réelle implication des dirigeants pour en faire concrètement un support de l'animation des équipes, un outil de *management* à part entière.

Comme les tableaux de bord et les indicateurs qui les composent servent à l'évaluation des résultats, ils risquent toujours de susciter des effets pervers de gravités différentes dont il convient de prendre conscience aussi bien au niveau de la conception que de l'exploitation.

Les tableaux de bord refléteront également les caractéristiques du centre de responsabilité budgétaire auxquels ils correspondent, sachant qu'ils doivent compléter l'information du système de suivi budgétaire. Les indicateurs seront d'une grande variété que l'on ne peut évoquer que par quelques exemples limités.

Le *reporting* vers le groupe est à la fois gros consommateur des ressources en contrôle de gestion et pas toujours en phase avec les préoccupations des *managers* de terrain, mais il s'agit d'un point de passage obligé pour des relations harmonieuses avec le groupe, d'une manière de renforcer le rôle des contrôleurs de gestion et d'un outil de saine mise sous tension des *business units*.

TEST DE CONNAISSANCES

Q1 – Un indicateur de pilotage...

1 – donne le cap, en indiquant où l'on va.
2 – indique si l'on obtient les résultats attendus.
3 – donne des indications précieuses concernant l'environnement de l'organisation.
4 – indique si les conditions de fonctionnement de l'unité permettront d'atteindre les résultats attendus.

Q2 – Un indicateur de performance...

1 – donne le cap, en indiquant où l'on va.
2 – indique si l'on obtient les résultats attendus.
3 – donne des indications précieuses concernant l'environnement de l'organisation.
4 – indique si les conditions de fonctionnement de l'unité permettront d'atteindre les résultats attendus.

Q3 – Un indicateur d'éclairage...

1 – donne le cap, en indiquant où l'on va.
2 – indique si l'on obtient les résultats attendus.
3 – donne des indications précieuses concernant l'environnement de l'organisation.
4 – indique si les conditions de fonctionnement de l'unité permettront d'atteindre les résultats attendus.

Q4 – Un tableau de bord de direction générale sert surtout à...

1 – indiquer les résultats vitaux pour l'organisation.
2 – souder l'équipe de direction autour d'une même perception de ce qui est important.
3 – animer l'équipe de direction et par voie de conséquence l'ensemble des équipes dans l'organisation.
4 – savoir répondre à toute question concernant l'organisation.

Q5 – Parmi les conditions essentielles de succès d'une démarche d'introduction de tableau de bord...

1 – on interroge et on implique tout le monde pour intégrer toutes les idées.
2 – on choisit des indicateurs pertinents.
3 – la direction montre qu'elle s'y intéresse et qu'elle l'utilisera pour évaluer la marche de l'organisation.
4 – on fait venir des consultants pour les mettre en place.

Q6 – On appelle indicateur pertinent, un indicateur qui...

1 – n'a pas d'effet pervers.
2 – pose les bonnes questions qui sont souvent impertinentes.
3 – est lié à la raison d'être de l'unité de gestion.
4 – est lié aux sorties de l'unité de gestion.

...../....

Q7 – Le *brainstorming* dans la recherche des indicateurs sert à...

1 – encourager la créativité parce qu'elle suscite l'intérêt des opérationnels.

2 – faire sortir le maximum d'idées d'indicateurs par les opérationnels.

3 – faire participer le plus de personnes afin de les impliquer.

4 – éviter qu'on se contente des indicateurs disponibles actuellement.

Q8 – Parmi les caractéristiques d'un bon objectif, il y a :

1 – réalisable.

2 – assorti de plans d'action.

3 – inciter à l'action.

4 – ambitieux.

Q9 – Intégrer « du mou dans les objectifs » c'est un exemple...

1 – de pratique qu'il convient d'encourager pour s'assurer du caractère réalisable des objectifs.

2 – d'effet pervers dans l'utilisation des indicateurs et des objectifs.

3 – de ce qui se fait dans toutes les organisations bien gérées.

4 – de prise en compte des activités et des ressources par rapport à la sortie recherchée.

Q10 – Parmi les sources des bons objectifs, il y a...

1 – les bonnes pratiques des autres organisations.

2 – les caractéristiques du secteur d'activité.

3 – les caractéristiques de l'unité de gestion dans la structure.

4 – ce que l'organisation sait bien faire.

Réponses du test :

Q1 : 4 – Q2 : 2 – Q3 : 3 – Q4 : 1, 2 et 3 – Q5 : 2 et 3 – Q6 : 3 et 4 – Q7 : 3 et 4 – Q8 : 2 et 4 – Q9 : 2 – Q10 : 2 et 3.

Chapitre 11

Le suivi budgétaire, outil de pilotage

Nathalie Kacher et Marc Polossat

- Cerner l'utilité du suivi budgétaire.
- Structurer votre démarche d'analyse des écarts.
- Utiliser le budget comme outil d'anticipation.

L'approbation du budget marque parfois dans la vie des opérationnels la fin d'une parenthèse fastidieuse… Au risque de les décevoir, leur contribution au processus budgétaire ne s'arrête pas là : la signature du budget officialise aussi entre la direction et eux une sorte de **contrat** : celui d'atteindre les objectifs qu'ils ont acceptés tout en utilisant au mieux leurs ressources.

Pour suivre leur réalisation, ils vont s'appuyer sur les tableaux de bord, dont les différents indicateurs ont l'avantage de donner à la fois une vision technique et économique de la performance opérationnelle. Sur le plan économique, la lecture des états de **suivi budgétaire** va permettre à chaque responsable de comparer les résultats réels avec le budget alloué.

Malgré sa dénomination, ce suivi n'a rien de passif : sa vocation n'est pas seulement de faire un **état des lieux** des réalisations par rapport aux prévisions, mais d'**alerter** les responsables sur des déviations, susceptibles de freiner ou d'avantager la réalisation de leurs objectifs, de les aider à en comprendre l'**origine** et d'orienter les **décisions**.

Nous allons voir dans ce chapitre comment faire du suivi budgétaire un outil de mesure et d'anticipation pertinent et dynamique, qui aide les responsables à mener à bien leur mission et à contribuer efficacement aux résultats de l'entreprise.

1. À QUOI SERT LE SUIVI BUDGÉTAIRE ?

La question peut paraître superflue et la réponse évidente. Et pourtant…

Dans certaines entreprises, le budget est bien préparé une fois par an mais ne donne pas lieu à un suivi régulier. Dans d'autres, les opérationnels reçoivent bien des états de suivi budgétaire mais avouent ne pas vraiment savoir comment les lire… ils les voient comme des états produits *par* la finance *pour* la finance et les laissent au fond du tiroir, tant que personne ne leur pose de questions…

L'utilité des états de suivi budgétaire doit être posée en permanence, afin que le temps passé à produire cette information ne soit pas vain mais possède une réelle valeur ajoutée.

1.1. Mettre en évidence les écarts entre le réalisé et le budget

La construction du budget a permis de définir le **plan de marche** de l'entreprise pour l'année à venir : objectifs de ventes par produit ou segment de clientèle, plans d'action et d'organisation des différents services, ressources allouées à chacun.

> **L'objectif du suivi budgétaire** est de s'assurer que le plan de marche se déroule bien comme anticipé afin d'atteindre les objectifs financiers prévus au budget.

Il a pour point de départ une **analyse** : les écarts entre le réalisé (issu de la comptabilité) et le budget, sur le dernier mois et en cumul depuis le début de l'exercice, mettent en évidence des décalages dans la réalisation des opérations mais aussi de réelles déviations, dont il faut comprendre l'origine pour prendre des mesures correctives.

Cette analyse-ci est complétée périodiquement par un exercice de **reprévision**, qui consiste à réévaluer les ventes et les dépenses annuelles, en tenant compte des déviations déjà constatées, des plans d'action et aussi des faits nouveaux. Cette analyse doit servir à la définition des priorités.

Quand le budget n'a pas été mensualisé, le suivi budgétaire s'appuie sur le seul ratio « cumul réalisé/budget annuel », qui n'apporte une information que

© Groupe Eyrolles

sur le pourcentage **de réalisation du budget** mais ne permet pas d'évaluer s'il y a ou non déviation.

Que penser d'une entreprise où les états de suivi budgétaire ne font apparaître **aucun écart** ? Que sa performance est optimale et ses activités parfaitement sous contrôle ?… L'absence d'écart est tout bonnement invraisemblable et tend à montrer que les chiffres du réel ont été quelque peu « pilotés » pour être en phase avec le budget.

Certes il y a des enjeux quant à la **communication financière** vers les actionnaires, mais l'écart fait partie de la réalité, il est un **indice** que tout ne se déroule pas comme prévu, et l'important est de savoir dans quelle mesure cela aura ou non un impact à terme sur les résultats financiers.

La « manipulation des chiffres », quelles qu'en soient les raisons, en masquant une réalité, empêche de se poser les bonnes questions et peut différer une prise de décision, nécessaire pour remédier à certains dysfonctionnements.

1.2. Orienter les décisions des responsables budgétaires

L'objectif du suivi budgétaire est fondamentalement, là : se poser des questions sur la bonne marche des opérations et orienter les décisions qui permettront à l'entreprise en fin d'année d'être la plus proche possible de ses objectifs opérationnels et financiers.

Le premier destinataire du suivi budgétaire est la direction générale : le *reporting,* qui lui est communiqué en général au début de chaque mois, lui permet de s'assurer de l'atteinte des principaux objectifs financiers et constitue un support de discussion avec les directeurs opérationnels, sur l'évolution de leurs activités, les difficultés rencontrées et les grandes orientations à prendre.

> Ce sont en fait les responsables opérationnels qui sont les véritables destinataires du suivi budgétaire : car ils doivent périodiquement rendre des comptes sur la réalisation de leurs objectifs, l'utilisation de leurs budgets et sont responsables de leur bonne gestion.

Il n'est pas question de les placer dans une posture passive, en leur demandant de « justifier » les écarts mis en évidence, mais au contraire de mettre à leur disposition de véritables **outils de pilotage,** pour mesurer l'impact économique des opérations et identifier les leviers permettant de corriger les déviations éventuelles… et ainsi de faire aboutir leurs objectifs.

2. COMMENT FAIRE DU SUIVI BUDGÉTAIRE UN OUTIL « UTILE » ?

C'est la préoccupation qu'évoque cette réflexion d'un directeur *marketing* à qui était consciencieusement adressé tous les mois un rapport sur le coût des opérations comparé au budget : « *So what ?* » Comment faire en sorte que chaque responsable utilise effectivement le suivi budgétaire pour le pilotage de son activité ?

2.1. S'assurer de la pertinence des données

La pertinence des informations présentées dans un suivi budgétaire est primordiale. Elle conditionne sa crédibilité, l'utilisation que le responsable budgétaire pourra en faire et donc l'intérêt qu'il est susceptible de lui porter.

Il s'agit d'éviter que la lecture des écarts ne conduise à des conclusions et à des **prises de décision erronées**. Il faut donc le rendre **indiscutable**. Toute déviation évoque une non-performance potentielle : si elle n'est pas remise en question, la discussion peut porter immédiatement sur ses causes et les actions à entreprendre.

> La pertinence des écarts repose sur la validité de ses deux bornes : le réel et le budget. Cette responsabilité est celle du contrôleur de gestion, qui doit s'en assurer **avant toute diffusion** des chiffres.

2.1.1. Assurer la pertinence des chiffres du budget

Il faudra veiller à la qualité de la mensualisation : qu'elle prenne en compte la saisonnalité des opérations. Mensualiser le budget *marketing,* en fonction du planning des opérations commerciales, permet de distinguer les décalages dans la réalisation des opérations et les écarts de coûts.

Pour les budgets d'activité comme la production, le référentiel n'est pas le budget initial, mais un budget dit « flexible », établi sur la base du niveau réel d'activité.

2.1.2. Valider les chiffres du réel

Cela consiste à s'assurer que les chiffres de la comptabilité sont bien une transcription fidèle de l'activité de la période ; notamment que les ventes correspondent bien aux produits ou prestations livrés et les dépenses aux ressources effectivement utilisées.

C'est le but de tout arrêté comptable et cela nécessite des **contrôles de cohérence** avec d'autres sources de données opérationnelles (administration des ventes, logistique, achats) et peut conduire à des écritures de régularisation, comme les provisions pour factures non parvenues.

Dans une organisation relativement complexe, une démarche structurée et focalisée sur les grandes masses évite de se perdre dans la multitude d'informations. Dans les structures où la clôture des comptes est moins fréquente, faute de ressources, le suivi budgétaire peut s'appuyer sur les données opérationnelles : c'est le cas de certaines PME, associations ou établissements publics.

2.2. Adapter la périodicité du suivi aux besoins des utilisateurs

La fréquence des états de suivi budgétaire est calquée sur celle des clôtures : mensuelle en général, trimestrielle dans les organisations disposant de moins de ressources.

La fréquence mensuelle peut se révéler insuffisante pour certains (suivi des ventes par secteur, par exemple). Inversement, elle ne s'impose pas pour le suivi de dépenses dont la maîtrise est assurée par d'autres dispositifs : dépenses contractualisées (comme loyers ou salaires) ou dépenses dont l'engagement suit un processus d'approbation formel et confronté au préalable au budget.

> Comme pour les tableaux de bord, la **fréquence** des états de suivi doit être adaptée aux besoins d'information des responsables à qui elle est destinée et à leurs **besoins de réactivité**.

Quand l'outil comptable ne peut pas répondre à un besoin journalier ou hebdomadaire, d'autres sources peuvent prendre le relais : la facturation pour les ventes ou des indicateurs issus de la production, tels que les consommations matière ou la cadence main-d'œuvre.

On voit la complémentarité entre données opérationnelles et comptables, entre tableaux de bord et suivi budgétaire : « Je n'ai pas besoin du suivi budgétaire pour savoir ce qui s'est passé dans mon usine, énonce ce directeur des opérations, mais j'attends qu'il m'en confirme l'impact économique… »

Comme pour les tableaux de bord, le délai dans lequel est produit le suivi budgétaire doit être également adapté à sa fréquence : dans le cas d'un suivi mensuel, il est souhaitable que les responsables disposent d'informations au plus tard dans les huit premiers jours du mois suivant.

2.3. Rendre le suivi directement lisible et exploitable

Le suivi budgétaire est avant tout un **suivi financier**. C'est son objectif et aussi son principal défaut : les données qu'il présente ne « parlent » pas nécessairement aux opérationnels à qui elles sont destinées.

> Pour que les opérationnels puissent faire le **lien avec leur activité** et identifier des **priorités d'action**, le contrôleur de gestion doit veiller à transformer les données brutes en **données opérationnelles**.

Les données pourront être rendues plus facilement exploitables :

- en faisant apparaître le nom des produits, activités, lignes de fabrication ou projets plutôt que leur code, et les intitulés de dépenses plutôt que les comptes comptables ;
- en mettant le réalisé et le budget en perspective avec les données d'activité familières aux responsables (volumes de ventes, de production, de consommation matières, nombre d'heures), ce qui prépare mieux l'analyse des écarts.

C'est là que le rapprochement du suivi budgétaire avec les tableaux de bord prend tout son sens : des indicateurs portant sur la qualité des produits, le respect des délais ou la satisfaction clients viennent alors apporter un éclairage complémentaire à la vision financière de la performance.

Les états de suivi budgétaire ne doivent pas pour autant inonder les responsables de chiffres trop détaillés. La présentation doit permettre d'aller à l'essentiel. Les règles sont les mêmes que celles pour les tableaux de bord.

La dernière condition de l'utilité du suivi budgétaire… c'est biensûr son **utilisation régulière** par leurs destinataires. La direction (sinon le contrôle de gestion) doit y veiller, en créant autour du suivi budgétaire une occasion de dialogue, sous la forme d'un rendez-vous mensuel.

3. Calculer et analyser les écarts

Pour que le calcul des écarts entre le réalisé et le budget soit vraiment le « déclencheur » d'un plan d'action, il doit permettre de comprendre leur **origine**, sans pour autant se perdre dans les détails. Pour y parvenir, il faut que la démarche d'analyse des écarts soit structurée.

Après l'avoir présentée, nous aborderons les spécificités propres au suivi du chiffre d'affaires et des dépenses des principales fonctions de l'entreprise.

3.1. Structurer la démarche d'analyse des écarts

L'analyse des écarts s'effectue dans une approche « *top-down* » du global au détail.

Le **total des écarts**, sur un budget de ventes ou de dépenses, sur le mois écoulé et plus encore en cumul, intéresse en tout premier lieu le responsable budgétaire, car son importance en valeur et surtout en pourcentage du budget détermine l'urgence à agir.

Même quand il est peu significatif, cet écart global peut être la somme d'écarts significatifs de signe contraire : l'analyse doit donc porter ensuite sur les **principales lignes** composant le budget : produits, segments de clientèle ou postes de dépenses. Si le nombre de lignes est important, l'analyse doit porter sur les éléments constituant de 70 à 80 % du total des écarts.

> Les écarts ne sont pas qualifiés de « positifs » ou « négatifs », mais plutôt de **« favorables »** ou **« défavorables »**, en fonction de l'impact qu'ils peuvent avoir sur le bénéfice.

L'analyse des écarts passe par le filtre de **plusieurs questions successives**, qui vont orienter ou non des investigations plus poussées.

- L'écart est-il dû à un **décalage temporel** (report d'une commande ou décalage d'une opération commerciale, par exemple) ? S'il n'a aucun impact sur le budget annuel, il ne nécessite aucune investigation supplémentaire ; dans le cas contraire, par exemple quand un recrutement est différé, il faut évaluer l'économie ou le surcoût qui en résulte.

- L'écart résulte-t-il d'une **déviation** favorable ou défavorable par rapport au budget ? Deux questions sont déterminantes :
  - quelles en sont les **causes** ? Une différence sur les volumes consommés ou vendus, sur le coût de revient ou le prix de vente oriente la recherche des causes et les pistes d'action ;
  - cette déviation est-elle **ponctuelle** ou **récurrente** ? Une **déviation ponctuelle**, comme une remise exceptionnelle ou une erreur de manipulation sur la chaîne de production, peut venir en compensation d'autres écarts ; une **déviation récurrente** peut constituer une tendance de fond. Le responsable doit s'intéresser à l'impact potentiel sur l'année, et mettre en œuvre un plan d'action, destiné à la corriger ou à la consolider.

- Pour comprendre l'**origine** d'une déviation et ainsi permettre au responsable d'agir, il faut faire **le lien avec l'activité**. Toute déviation trouve son origine dans une variation de volume ou de prix unitaire (ou de coût). L'analyse des écarts consiste donc à **mettre en évidence** et à valoriser de manière séparée les effets « **volume** » et « **prix** ». Le **schéma** suivant illustre la logique du calcul : le budget, le réel et les écarts s'analysent comme des calculs d'aires.

Schéma de décomposition des écarts

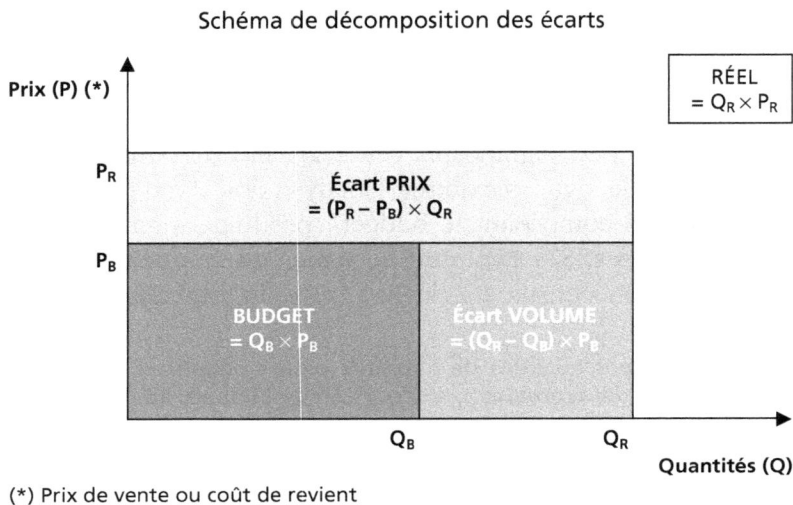

(*) Prix de vente ou coût de revient

- Le **budget** de ventes ou de dépenses correspond aux volumes budgétés (Q_B) valorisés au prix ou coût moyen prévu au budget (P_B) ;
- le premier écart peut provenir de volumes achetés, produits ou vendus plus ou moins importants par rapport au budget : c'est l'**écart volume** ; il se valorise, en multipliant l'écart sur les volumes ($Q_R - Q_B$) par le prix ou coût moyen prévu au budget (P_B). Si les quantités réelles sont supérieures au budget, cet écart est positif, sinon il est négatif ;
- le deuxième écart peut provenir de prix d'achat, de vente ou de coûts de revient plus ou moins importants par rapport au budget : c'est l'**écart prix** ; il se valorise en multipliant l'écart de prix ou de coût ($P_R - P_B$) par le volume réellement acheté, vendu, ou produit Q_R. Si les prix réels sont supérieurs au budget, cet écart est positif, sinon il est négatif ;
- les trois rectangles totalisent bien les ventes ou les dépenses réelles : volumes réels (Q_R) x prix réels (P_R).

C'est avec ces éléments que le contrôleur de gestion va solliciter les responsables budgétaires pour aller plus loin dans l'analyse des causes et l'évaluation des impacts annuels.

3.2. Application de la démarche au suivi des ventes et des dépenses

3.2.1. Chiffre d'affaires

Le chiffre d'affaires se décompose entre différents produits, zones géographiques ou segments de clientèle. Le suivi budgétaire sera présenté suivant ces axes.

L'analyse des **volumes vendus** par rapport aux volumes budgétés amène les responsables à s'interroger sur l'évolution des besoins du marché par rapport aux concurrents. Elle peut être complétée par une analyse de l'évolution des parts de marché. Les indicateurs de satisfaction clients peuvent apporter un éclairage complémentaire.

L'analyse des **écarts de prix** par produit est la traduction de la politique commerciale appliquée par la force de vente. Même si la politique de prix permet de réaliser les objectifs de chiffre d'affaires, il ne faut pas perdre de vue qu'elle peut avoir un impact sur les marges en pourcentage et en valeur ; avoir un œil sur celles-ci permet de juger de sa pertinence.

L'analyse des écarts de prix peut aussi mettre en évidence **l'effet mix** : quand la part des produits à plus grande (ou petite) marge est différente de celle prévue au budget. Cette analyse amène à s'interroger sur l'opportunité de réorienter l'investissement commercial.

3.2.2. Coûts commerciaux

L'analyse des performances commerciales de l'entreprise serait incomplète si elle ne s'intéressait pas aux dépenses engagées pour soutenir la réalisation des objectifs de ventes.

Le suivi des dépenses *marketing* et de la force de vente ne peut avoir pour seul but de s'assurer qu'elles sont bien en phase avec le budget, mais que les actions financées portent leurs fruits : un budget à l'équilibre n'est pas aussi « vertueux » qu'il y paraît si les objectifs de ventes n'ont pas été atteints… Rapporter les dépenses aux actions engagées, ainsi qu'au chiffre d'affaires, apporte une information bien plus pertinente que la seule analyse d'écarts.

Le **budget marketing** étant la traduction économique des actions définies du plan *marketing*, son suivi doit accompagner sa mise en œuvre : il doit donc se faire au niveau de chaque action et plus globalement ensuite par produit pour identifier :

- les décalages éventuels dans la réalisation des opérations prévues ;
- les économies ou les dépassements de coûts sur les opérations achevées et les réallocations budgétaires à envisager entre opérations ou entre produits ;
- les possibilités de financement d'opérations non prévues initialement.

Le plan *marketing* n'a rien de figé : il doit s'adapter aux évolutions du marché. La gestion du budget, pour être efficace, doit avoir la même dynamique et éclairer les arbitrages des chefs de produit entre les différentes opérations et du directeur *marketing* entre les différents produits.

Parmi les dépenses de **la force de vente**, les frais engagés par les commerciaux dans leur activité de prospection méritent une attention particulière, car ils sont le résultat de leur activité et sont les plus sujets à variations.

L'analyse de ces dépenses ne peut se suffire d'une comparaison avec le budget. Rapprocher les dépenses de déplacement au nombre de visites clients et les comparer à ce qui était prévu au budget apporte un éclairage beaucoup plus intéressant sur l'organisation des opérations commerciale et leur coût. Le rapprochement de ces éléments avec le niveau des commandes et des ventes permet ensuite de juger de leur efficacité relative.

Il va de soi que cette démarche d'analyse facilite aussi la comparaison d'une équipe à une autre.

3.2.3. Coûts de production ou de réalisation des projets

Le suivi des coûts de production présente un enjeu **financier** et **opérationnel** : il permet de s'assurer que les coûts de revient seront tenus, mais il peut aussi mettre en évidence des dysfonctionnements ayant un impact sur la qualité des produits, le fonctionnement des équipements, les délais d'approvisionnement et donc la satisfaction clients.

C'est ce qui en fait un complément des tableaux de bord de production. Pour aider à la décision, l'analyse des écarts doit cependant faire le lien avec les principales données d'activité.

L'analyse des coûts de production s'effectue par rapport au budget flexible, sur la base de l'activité réelle et des coûts standards unitaires. La démarche d'analyse est propre à chacune des catégories de coûts :

- pour les coûts variables des **matières premières** ou des **composants**, comme pour les coûts **variables indirects** (comme l'énergie ou les consommables), il convient d'isoler les écarts de prix d'achat et les écarts de consommation, afin d'orienter les investigations et les actions des différents responsables concernés (respectivement, le service achats ou la production) ;

- les coûts de la **main-d'œuvre directe**, même s'ils sont plutôt fixes, résultent de l'adaptation des ressources aux besoins de production; les écarts peuvent venir d'une cadence de travail différente des gammes opératoires ou d'un taux horaire différent, lié au niveau de rémunération des personnes employées (sous contrat ou en intérim) et à leur taux d'efficience[1]. Le suivi

---

1. L'efficience représente le pourcentage d'heures productives par rapport au nombre d'heures rémunérées ; elle est impactée par l'absentéisme, les temps de formation, de réunion ou de délégation mais aussi par la sous-activité.

de ces trois variables clefs détermine quel plan d'action à mettre en œuvre et qui en charger ;

- les coûts **machines** et de **structure** (encadrement, frais d'atelier, fonctions support à la production…) ont ceci en commun qu'ils ne peuvent être adaptés à court terme au plan de production. Quand les volumes de produits entre lesquels ils se répartissent diffèrent, ils pèsent plus ou moins fort sur le coût de revient unitaire et sur les marges. C'est pourquoi il faut valoriser à part les écarts d'absorption (liés à la sous- ou suractivité) et les écarts entre dépenses réelles et budget initial.

La même démarche s'applique aux **projets** : le suivi des coûts s'effectue en fonction du degré de réalisation du cahier des charges. Cependant, comme le produit est unique, l'accent sera plus mis sur l'évaluation prospective, afin de s'assurer que le budget d'ensemble pourra être tenu. Plus encore qu'en production, les arbitrages tiennent compte des exigences du cahier des charges et du planning et peuvent donner la priorité au respect de la qualité, des délais ou des coûts.

3.2.4. Coûts des fonctions supports

Comme les activités des fonctions supports ne sont pas directement corrélées au cœur de métier, le suivi de leurs coûts tend à prendre la forme d'un constat et leurs responsables se préoccupent surtout de savoir si, dans la globalité, les surplus de dépenses sur certains postes sont compensés par des économies ailleurs.

Cette approche a plusieurs limites. Elle ne permet pas :

- de comprendre l'origine des déviations et donc d'anticiper leur impact favorable ou défavorable sur l'année entière ;
- d'évaluer si les ressources ont été utilisées de manière efficace, même si l'enveloppe globale n'a pas été dépassée : si le budget déplacements initialement dimensionné pour 30 jours de déplacements l'entreprise en a financé 25 ou 40 ?
- de cerner les possibilités d'économies.

Pour piloter son budget, le responsable d'une fonction support doit savoir à quoi il a été utilisé, en rapprochant les dépenses des principaux indicateurs d'activité : par exemple, les coûts du service maintenance avec le nombre d'heures d'intervention, les coûts de la qualité avec le nombre de contrôles réalisés… Cela permet de mettre en évidence les écarts liés au volume d'activité, dont le service n'a pas toujours la maîtrise et les écarts de coûts, liés à son organisation.

Cette démarche se rapproche de celle des départements de production ; elle a pour avantage de montrer que les coûts des fonctions supports ont une contrepartie : les prestations rendues.

4. *FORECAST*, PRÉVISION GLISSANTE, PILOTAGE AU TRIMESTRE

Nous avons vu que la comparaison périodique entre réel et budget permet de détecter des écarts sur les principaux paramètres. Après analyse, ils constituent le socle pour la mise en place d'un plan d'actions dont l'objectif est d'optimiser les résultats et parfois de corriger la trajectoire. Dans cette partie, nous allons nous intéresser aux exercices récurrents (mensuels, trimestriels ou semestriels selon les organisations) de révision des prévisions initiales. Le maître-mot qui justifie ces exercices est le **pilotage** de l'organisation, dans une dynamique récurrente d'anticipation.

4.1. Le *forecast* : pourquoi ?

Le bon sens populaire édicte intuitivement que « les prévisions sont faites pour se tromper ». Si cet adage peut se vérifier sur le long terme, avec des variations significatives par rapport au *business plan* initial, la prévision à plus court terme (en mois plutôt qu'en années) est moins périlleuse et permet le plus souvent à l'organisation de se maintenir sous contrôle. Tout *manager* sait par expérience que les hypothèses budgétaires sont par nature celles de l'instant où le budget a été construit. Ainsi, telle crise économique n'était sûrement pas prévue dans le budget initial. Le budget a néanmoins le mérite d'exister, d'avoir été construit de façon cohérente, de donner une base de référence irremplaçable dans la mise sous contrôle. Les révisions du budget initial ne remettent pas en question le budget qui reste un document de référence (un contrat).

Pour l'anecdote, les entreprises sont en général très créatives pour nommer ces exercices de révision des prévisions : re-prévision, atterrissage, *forecast, reforecast, profit review,* tendance, estimé, accostage. Dans ce chapitre nous utiliserons le terme générique anglais de *forecast*.

Le *forecast* est généralement constitué :
- d'une part des résultats depuis le début de l'exercice ;
- d'autre part d'une estimation des chiffres sur les mois à venir, qui tient compte des décalages dans la réalisation des opérations, des engagements pris et reçus (contrats signés avec les fournisseurs et commandes passées par les clients), des mesures correctives d'ores et déjà mises en œuvre et, d'une manière générale, de tout élément relatif à l'activité qui n'avait pas été anticipé au moment du budget.

Il intègre l'ensemble des éléments financiers de l'entreprise : revenus, dépenses, flux de trésorerie et, la plupart du temps, bilan.

Pour produire une révision pertinente des hypothèses budgétaires, on recommande au contrôleur de gestion de bâtir l'analyse des écarts sur une distinction entre **écarts rattrapables** *(recoverable variances)* et **non rattrapables** *(non-recoverable variances)*.

En pratique

Certains évènements ont un impact non rattrapable sur la prévision annuelle : ainsi un été froid et maussade a des conséquences néfastes sur le niveau des ventes des marchands de bière, de glaces ou de crème solaire. Les ventes perdues ne sont alors que rarement récupérées. De même, des embauches réalisées à un rythme moins élevé que prévu dans le service commercial allègent certes la masse salariale par rapport au budget, mais ne produisent pas non plus l'effet escompté sur l'augmentation des ventes.

À l'inverse, d'autres événements des premiers mois peuvent éventuellement être rattrapés sur la fin de la période budgétaire.

En pratique

L'instauration d'une prime pour la mise à la casse de véhicules anciens entraîne un attentisme des consommateurs entre la date de l'annonce et celle de la mise en place effective. Beaucoup d'acheteurs vont différer leur décision, les ventes sont reportées dans le temps, mais se concrétisent après l'introduction de la prime.

L'intérêt d'un exercice de *forecast* est d'anticiper les dérives potentielles entre le budget et l'estimé annuel, au niveau de chaque centre de responsabilité et de l'entreprise entière. Il en résulte une réflexion sur les plans d'actions à mener pour corriger les dérives les plus significatives, ainsi que sur les possibilités d'arbitrage. Pour le CA, on privilégiera certains produits par rapport à d'autres, pour les dépenses, on changera l'allocation des ressources. Pour que l'exercice soit efficace, chaque acteur doit jouer le jeu : qu'il ne dissimule pas des dérives de peur d'être jugé ou qu'il ne surévalue pas ses besoins pour conserver son budget.

Tout l'art du contrôleur de gestion réside dans sa capacité à déterminer ceux des opérationnels qui ne sont pas tout à fait sincères.

4.2. Les caractéristiques d'un bon *forecast*

4.2.1. Le coût

Pour établir un *forecast,* le responsable du contrôle de gestion est face à un dilemme : faut-il aller dans le même niveau de détails que dans le budget en fonction des nouvelles hypothèses ou peut-on utiliser des raccourcis ? Il faut s'attacher au rapport qualité-prix du *forecast* ! Le processus budgétaire est un exercice long, et consommateur de ressources. Il ne faut probablement pas le reproduire plusieurs fois par an ! Il est en revanche indispensable de connaître le niveau de qualité que l'on veut obtenir en fonction de l'investissement souhaité en ressources internes. On peut rappeler la règle des 80-20 : il est fort probable que pour aller « chercher » les vingt derniers pour cent de qualité, il faille dépenser 80 % du coût total du *forecast.*

Dans cette optique, il est important de garder à l'esprit que le *forecast* ne se substitue pas au budget annuel et ne remet pas en cause sa pertinence. Simplement, le budget a été préparé plusieurs mois auparavant et des changements « perturbent » sa réalisation. Sauf événements exceptionnels qui le rendent caduc, le budget reste le référentiel tout au long de l'année, le « contrat » entre une couche hiérarchique et le niveau au-dessus.

4.2.2. La fréquence

Quelle est la fréquence idoine du *forecast* ? Les entreprises cotées ont comme principale contrainte la communication de leurs résultats trimestriels en Bourse accompagnés d'une prévision de l'exercice en cours. Cette révision trimestrielle du résultat net et des autres principaux indicateurs de la performance économique, obligatoire pour cette catégorie d'entreprises, est sans doute aussi une bonne base pour les entreprises non cotées. Comme souvent, il n'y a pas de réponse toute faite en la matière : la bonne fréquence est celle qui permet à l'entreprise, au-delà de ses éventuelles obligations, de revoir ses indicateurs clefs, d'analyser les déviations éventuelles par rapport au *forecast* précédent et au budget, pour prendre les actions nécessaires.

Cette fréquence est fonction du secteur, du type de marché, et de l'environnement. Quand la situation est celle d'une crise, les *forecasts* se feront probablement plus rapprochés.

En pratique

Certaines entreprises industrielles, à l'instar du conglomérat américain Textron, ont instauré un *forecast* mensuel, couplé avec les activités de clôture mensuelle des comptes.

Même si le risque en la matière est d'asphyxier le département contrôle de gestion sous le rythme des *forecasts*, l'avantage est de garder une vision rapprochée de l'évolution de la situation dans chacune des filiales, avec comme corollaire le suivi des plans d'actions qui en découlent.

4.3. La nature du *forecast* : que prévoir et avec qui ?

Le travail relatif au *forecast* est proche de celui du budget, quoique moins lourd puisque les grandes orientations n'ont pas à être reconstruites :

- le chiffre d'affaires annuel est réévalué pour chaque produit ou gamme en fonction des tendances observées ou du carnet de commandes. Un retard dans la réalisation de certains objectifs de vente, de nouvelles actions de la concurrence peuvent conduire par exemple l'entreprise à renforcer le soutien promotionnel sur un produit ;

- les dépenses d'actions commerciales sont replanifiées et réestimées, pour tenir compte des décalages dans la réalisation des opérations promotionnelles et des nouvelles actions prévues. Pour remédier à d'éventuels dépassements, le directeur *marketing* peut procéder avec son contrôleur de gestion à certains arbitrages dans la réalisation des opérations et/ou leur coût ;

- les dépenses de production peuvent être revues sur la base de l'évolution du plan de charge, des déviations présentes et à venir et des mesures correctrices déjà mises en œuvre ;

- quant aux dépenses des fonctions de supports, certaines sont susceptibles de varier suivant les besoins des services auxquels elles sont liées ; d'autres pourront faire l'objet d'arbitrages, afin de maintenir l'enveloppe initiale.

Il est souhaitable que le *forecast* implique tous les responsables budgétaires, afin de prendre en compte l'ensemble des données de chaque secteur. Le rôle du contrôleur de gestion, comme pour le budget, est multiple : planifier et coordonner la collecte des informations, aider au chiffrage, valider la cohérence des hypothèses et préparer les arbitrages de la direction générale.

4.3.1. La fenêtre de prévision

Il paraît approprié d'aller au-delà de l'exercice comptable en cours, tout simplement parce que plus l'on se rapproche de la fin de l'exercice, plus l'horizon de prévision devient court. Cette diminution de la fenêtre de temps peut être préjudiciable pour certaines décisions qui engagent le moyen terme, comme par exemple la sous-traitance de capacités de production, le taux d'occupation de la main-d'œuvre dans les activités de services, l'embauche de nouveaux salariés ou inversement le recours au chômage partiel.

Il s'agit dans la construction du *forecast* d'aller au-delà de la tendance naturelle qu'ont les responsables opérationnels à seulement « assurer » les résultats de l'exercice en cours, sur lesquels ils sont évalués à titre personnel. Il ne faudra donc pas mettre entre parenthèses les prévisions pour les périodes immédiatement postérieures à la clôture de l'exercice et il faut éviter d'oublier les effets sur l'exercice suivant de certaines décisions : facilités de règlement accordées aux clients en contrepartie de commandes de dernière minute, gestion des achats en fonction du budget disponible et non des besoins réels, pilotage trop voyant des provisions de fin d'année…

Il y a intérêt à privilégier une prévision glissante sur douze mois *(rolling forecast)* pour garder la visibilité sur une période de temps suffisamment longue. Cette approche doit être fonction de l'activité et de la capacité à anticiper les changements et mettre en œuvre les réorganisations nécessaires.

> **En pratique**
>
> La prévision sur douze mois s'impose dans les secteurs où le pilotage s'effectue sur des échéances plus longues que l'année (construction navale, aéronautique ou immobilière) et où la gestion des ressources humaines peut fortement impacter le résultat : c'est le cas des sociétés de service informatique qui doivent gérer les périodes d'« intercontrats » de leurs ingénieurs et techniciens.

Un tel travail facilite la préparation du budget. C'est un travail de fond qui permet d'alléger la réflexion sur les objectifs et les besoins en ressources au moment du budget suivant.

4.3.2. La forme

Quelques bonnes pratiques et conventions de *reporting* que l'on trouve dans les groupes anglo-saxons, sont à recommander :

- les écarts par rapport à la période de référence sont plus parlants que les chiffres en valeur absolue ;
- systématiquement ramener ces écarts en pourcentage par rapport à la période de référence permet de mettre en valeur ceux qui nécessitent une action immédiate ;
- si la période de référence est souvent la dernière version du *forecast,* elle peut être aussi le budget et/ou le réel de l'année précédente ;

- une comparaison du mois écoulé *(month-to-date)*, du cumul depuis le début de l'exercice fiscal *(year-to-date)*, de l'atterrissage de fin d'exercice avec les mêmes catégories de la période de référence permet d'y voir plus clair ;
- pour chacune des périodes ci-dessus (mois, cumul, année), le classement des colonnes de chiffres est généralement le suivant : la révision la plus récente des données est placée le plus à gauche et on lit les données plus anciennes vers la droite.

Prévision du mois

K€	Année				Cumul sur 8 mois				Mois			
	Forecast	Budget	N – 1	% Fcst/ Budget	Réel	Budget	N – 1	% Fcst/ Budget	Réel	Budget	N – 1	% Fcst/ Budget
Chiffre d'affaires	37 523	36 991	34 500	1 %	24 560	24 001	23 121	2 %	2 880	2 704	2 685	7 %
Coût des ventes	25 010	24 800	22 810	– 1 %	16 370	16 100	15 120	– 2 %	1 920	1 840	1 801	– 4 %
Marge brute	12 513	12 191	11 690	3 %	8 190	7 901	8 001	4 %	960	864	884	11 %
MB en % du CA	33 %	33 %	34 %		33 %	33 %	35 %		33 %	32 %	33 %	
Coûts commerciaux	2 780	2 854	2 620	3 %	1 852	1 820	1 750	– 2 %	231	228	210	– 1 %
Coûts administratifs	2 003	1 940	1 990	– 3 %	1 335	1 302	1 221	– 3%	164	160	151	– 2%
Coûts de R&D	1 899	1 850	2 100	– 3 %	1 222	1 280	1 302	5 %	156	140	140	– 11%
Résultat opérationnel	5 831	5 547	4 980	5 %	3 781	3 499	3 728	8 %	409	336	383	22 %
RO en % du CA	16 %	15 %	14 %		15 %	15 %	16 %		14 %	12 %	14 %	

Sur la nécessité d'utiliser ou non des graphiques en remplacement ou en complément des tableaux de chiffres, les approches sont différentes d'une entreprise à l'autre et dépendent essentiellement de la position des dirigeants.

En pratique

EDF a une politique systématique de représentation graphique de ses indicateurs-clefs, opérationnels et financiers. US Steel Corporation, dans ses rapports financiers est, de son côté, adepte des tableaux de chiffres. Nous touchons ici à la culture de l'entreprise.

4.3.3. L'analyse causale

Un bon *forecast* est accompagné systématiquement d'une analyse causale qui montre tous les éléments expliquant la variation entre des montants de même nature (chiffre d'affaires, marge opérationnelle, dépenses d'un centre de coûts, masse globale de charges) d'une période à l'autre. L'analyse causale, aussi appelée « analyse des facteurs majeurs » *(major factors)* ou « tableau de passage d'une période à une autre », permet accessoirement de vérifier les ordres de grandeur, la cohérence des chiffres entre les périodes et éclaire le contrôleur de gestion et sa direction sur la viabilité et la vraisemblance des nouvelles prévisions.

En pratique

L'évolution de la masse salariale de la société LVT entre le réel de l'année N − 1 (1 694 k€) et le *forecast* de l'année N (1 916 k€) s'analyse ainsi :

Masse salariale N − (réel)	1 694
Embauches n	254
Augmentation de salaires n	79
Rémunération variable n	110
Effet année pleine des embauches n − 1	88
Effet année pleine des départs n − 1	− 218
Départs n	− 91
Masse salariale n *(forecast)*	1 916

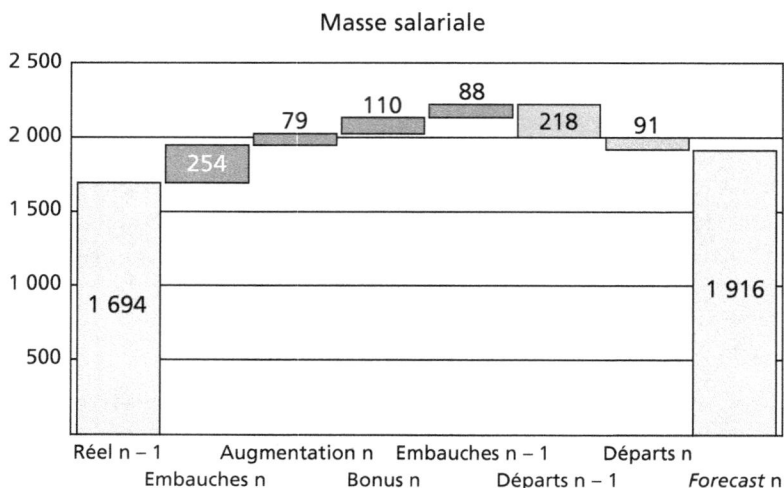

Masse salariale

© Groupe Eyrolles

L'analyse causale est souvent représentée par un graphique « en chute d'eau »,
en un effet de visualisation immédiate des écarts positifs et négatifs.

Pour construire l'analyse causale dans les groupes internationaux, le contrôleur de gestion utilise des éléments fonction du secteur.

Effet	Écart dû à
Volume	La variation des quantités vendues de produits ou de services
Prix	La variation des prix unitaires des produits ou des services
Mix	La proportion respective des produits ou services vendus
Inflation	L'augmentation des prix (matières, salaires)
Change	La variation de change si les revenus et/ou les coûts sont libellés dans une monnaie autre que l'euro
Réductions de coûts	Des actions spécifiques mises en place pour réduire les coûts et/ou augmenter la productivité (1)

En pratique

Exemples de réductions de coûts dans le secteur industriel : programmes Lean pour
« fluidifier » la production, démarche Six Sigma pour l'élimination des défauts, sous-
traitance de certaines pièces par opposition à la fabrication en interne, qualification
de nouveaux fournisseurs moins chers, négociation de ristournes de fin d'année.

4.3.4. Le plan d'actions

Dernier élément d'un bon *forecast* : le plan d'actions correctives. Déterminer
les causes des variations entre trajectoires budgétée et prévue, puis les chiffrer
en euros, facilite la préparation du plan d'actions ainsi que la prioritisation de
ces actions.

Matrice de plan d'actions

Priorité	Actions	Responsable	Date de début	Date de fin	Résultats attendus en volume et en €
P1					
P2					

Le plan d'actions est revu et discuté au niveau de chaque département aussi
souvent que nécessaire, en fonction de la complexité et de la durée de chaque

action et à tout le moins au moment de toute nouvelle version de *forecast*. Le département contrôle de gestion est habituellement en charge de l'organisation des réunions de revue des plans d'actions.

4.4. Le cas du pilotage au trimestre

Tout ce que nous venons de voir s'applique aux organisations qui opèrent dans des conditions de marché relativement stables et dans un environnement raisonnablement prévisible. Une entreprise peut toutefois être amenée à réviser son budget si un événement majeur et non anticipé modifie fondamentalement le contexte de son plan de marche et rend le budget inatteignable.

> **En pratique**
>
> Type d'événements conduisant à réviser un budget : dans la pharmacie, le déremboursement d'un médicament par la Sécurité sociale, le retrait d'un produit du marché ou encore de nouvelles orientations en termes de prescription.

De tels événements restent exceptionnels mais ne remettent pas en cause l'intérêt du budget annuel et justifient pleinement les exercices récurrents de *forecast*.

Il existe, en revanche, des cas dans la vie d'une entreprise où les conditions de marché sont hautement volatiles, où l'environnement est fortement improbable : c'est le cas, par exemple, de la période d'incertitude qui accompagne la fusion de deux grandes entreprises.

> **En pratique**
>
> L'industrie automobile, en cours d'année 2009, a connu un plongeon soudain de la demande des consommateurs.

Certains secteurs rencontrent aussi la problématique de produits à cycle de vie court mais qui demandent néanmoins des investissements lourds en recherche et développement.

> **En pratique**
>
> L'industrie *high tech,* avec des produits qui convergent et se cannibalisent entre eux (tablettes et *smartphones*), parallèlement à une guerre des prix incessante, agit dans un environnement instable.

En ces circonstances, l'absence de visibilité et la nécessité de réactions immédiates rendent déjà caduque toute velléité de construction d'un plan détaillé à long terme comme dans les secteurs non cycliques (gaz industriels, tabac). La question même de l'établissement d'un budget annuel peut se poser : une échéance d'un an n'est-elle déjà pas trop lointaine pour justifier tous les efforts de préparation ?

Certaines entreprises ont résolu le problème en s'affranchissant complètement du processus budgétaire annuel, au moins de manière temporaire, et en instaurant un système de pilotage au trimestre. Cette tactique est bien en ligne avec les excès « court-termiste » de la Bourse. Elle peut poser des problèmes opérationnels très concrets, par exemple en termes de charge des capacités de production.

En pratique

Avant sa diversification dans les services avec le rachat d'EDS, qui lui assure désormais un flux quasi régulier de revenus, Hewlett-Packard, au moment de l'acquisition de Compaq, avait adopté cette formule de mise entre parenthèses temporaire du budget annuel.

Autre exemple de pilotage au trimestre, le secteur de la mode, où l'abandon du processus budgétaire est cette fois définitif : les objectifs se définissent par saison et le suivi se fait à l'avancement sur une période de deux ou trois mois, rarement plus. C'est en effet un secteur où les tendances se décident et évoluent très rapidement, où le besoin de réactivité est fort. Priorité est alors donnée à la mise en place par le contrôle de gestion de tableaux de bord fréquents (hebdomadaires) et centrés sur une période égale à la saison en cours : pour le chiffre d'affaires, le suivi se fait en volumes et en prix, met en évidence les retours, les invendus, les produits avec des défauts, le tout en pourcentage des prévisions trimestrielles.

Si la visibilité au trimestre est suffisante pour les besoins de gestion à court terme, cela ne doit pas empêcher par ailleurs les dirigeants de continuer à réfléchir sur leur vision de l'entreprise à long terme. Il s'agit ici de supprimer l'étape intermédiaire du processus budgétaire (ici le moyen terme) et sa consommation de ressources, pour focaliser toute l'énergie sur le court terme d'une part (le pilotage) et le long terme d'autre part (la stratégie).

Sur le court terme, la construction de différents scénarios plus ou moins optimistes, avec l'évaluation de leurs impacts financiers en revenus, dépenses et flux de trésorerie, ainsi que les plans d'action associés pour les atteindre sont souvent la clef du succès du pilotage au trimestre et permettent dans tous les cas une réactivité accrue. Le rôle du contrôleur de gestion s'en trouve renforcé en matière de *business partnership* : il est placé en première ligne car amené à répondre à de fréquentes questions de type « *what if ?*[1] » en provenance de la direction générale.

Il n'en reste pas moins qu'en général ce pilotage au trimestre n'est conseillé que pour une période limitée, le temps de traverser un épisode exceptionnel supposé non récurrent. Sauf cas particuliers, structurel comme celui de la mode, revenir au « bon vieux » budget annuel dès que possible après la période perturbée semble un principe de bonne pratique.

SYNTHÈSE

Le suivi budgétaire est un outil essentiel au pilotage. C'est à la fois un outil de mesure, d'analyse, de projection et de simulation de la performance économique. Il est indissociable de la construction du budget : il s'inscrit dans sa continuité et servira de support pour la préparation du budget suivant. Sans suivi budgétaire, le budget perd tout son sens et ne peut justifier tout le temps et l'énergie qu'on a pu y consacrer.

S'il présente pour l'essentiel des données financières, le suivi budgétaire n'est pas seulement un outil de *reporting* destiné à la direction et aux financiers. C'est aussi et surtout un outil de pilotage nécessaire à tous les responsables à qui ont été délégués des objectifs et la gestion des ressources. Il leur donne une vision de l'impact économique de leurs actions, comparée au scénario du budget.

Pour qu'il soit vraiment utile au pilotage opérationnel, il est important que les données financières dont il fait la synthèse soient mises en perspective avec des données d'activité et que les responsables puissent faire aisément le lien entre ce qu'ils en connaissent et ce qui est transcrit par les chiffres financiers. Ils pourront alors identifier l'origine des déviations, cerner ce qui peut être fait pour les corriger ou les mettre à profit mais aussi mesurer l'impact des décisions qu'ils envisagent de prendre.

Le suivi budgétaire n'est pas qu'un outil de mesure et d'analyse, c'est surtout un outil tourné vers l'action. C'est pourquoi il ne peut se suffire d'une vision du passé mais doit donner aux responsables les moyens de se projeter sur les mois à venir et réévaluer revenus et dépenses en fonction des changements éventuels... et ainsi décider en connaissance de cause.

En invitant les responsables à se poser des questions, à anticiper et évaluer l'impact de leurs décisions, le suivi budgétaire les amène peu à peu à intégrer la dimension économique dans leur gestion quotidienne. Ainsi, ce n'est plus un outil sur lequel ils travaillent pour le compte de la direction ou de la finance mais un outil qui leur appartient, au même titre que les tableaux de bord.

---

1. *What if ?* (Que se passe-t-il si ?) est une technique de simulation qui consiste à faire varier un ou plusieurs paramètres de l'activité et d'en étudier les conséquences sur les résultats financiers.

TEST DE CONNAISSANCES

Q1 – Le suivi budgétaire est un outil...

1 – de mesure.
2 – d'évaluation.
3 – d'aide à la décision.
4 – d'anticipation.

Q2 – L'objectif du suivi budgétaire est en priorité...

1 – de préparer le *reporting* à la direction.
2 – de mesurer les déviations par rapport au budget.
3 – d'orienter les plans d'action des opérationnels.
4 – de mesurer la non-performance des acteurs.

Q3 – Un suivi budgétaire est pertinent si...

1 – les responsables budgétaires l'utilisent.
2 – le contrôleur de gestion a validé la cohérence des données.
3 – il renseigne les opérationnels sur les actions à mener.
4 – les écarts défavorables sont en rouge.

Q4 – L'analyse des écarts s'effectue...

1 – par produit ou par nature de dépenses.
2 – par centre de responsabilité.
3 – du détail au global.
4 – en mettant en évidence les effets volumes et prix.

Q5 – Un chiffre d'affaires en phase avec le budget...

1 – ne nécessite aucune analyse.
2 – assure nécessairement un bon niveau de marge brute.
3 – peut traduire des volumes de ventes inférieurs au budget.
4 – mérite d'être mis en perspective avec les dépenses commerciales.

Q6 – Peuvent être à l'origine des écarts en production :

1 – le changement d'équipe d'un opérateur.
2 – les congés payés.
3 – des produits finis non conformes.
4 – un retour produit au fournisseur.

Q7 – Le suivi des coûts d'une fonction support...

1 – nécessite de confronter les dépenses avec des données d'activité.
2 – doit permettre d'identifier des pistes d'économies.
3 – repose sur une analyse détaillée des postes de dépenses.
4 – laisse peu de latitude car les coûts sont fixes pour l'essentiel.

.../...

Q8 – Un exercice de reprévision permet de...

1 – disposer d'un référentiel plus récent.

2 – chiffrer les risques et les opportunités.

3 – revoir la mensualisation des revenus et des dépenses sur les mois à venir.

4 – réallouer les ressources.

Q9 – Un bon *forecast*...

1 – doit nécessairement être aussi approfondi que le budget.

2 – est une prévision qui se rapproche de celle du budget.

3 – est associé à un plan d'action.

4 – peut dépasser l'horizon du budget.

Q10 – Une prévision sur un autre horizon que l'année est...

1 – un plan d'action.

2 – un budget.

3 – un outil de planification.

4 – une tendance.

Réponses du test :

Q1 : 1, 3 et 4 – Q2 : 2 et 3 – Q3 : 1 et 2 – Q4 : 2 et 4 – Q5 : 3 et 4 –
Q6 : 3 – Q7 : 1 – Q8 : 2 et 4 – Q9 : 3 et 4 – Q10 : 1 et 3.

Chapitre 12

Le *balanced scorecard*

MARC POLOSSAT

- Étudier l'apport déterminant du modèle *balanced scorecard* au contrôle de gestion stratégique.

Comment mettre la stratégie de l'entreprise sous contrôle ? Comment envisager les déterminants de long terme que sont la vision, la mission, les valeurs et la stratégie de l'entreprise dans une double optique de sérénité et de valorisation ? Nous sommes ici aux confins du rôle du contrôle de gestion, néanmoins sa vue à la fois transversale et stratégique de l'organisation l'autorise sans nul doute à apporter un éclairage pertinent en la matière.

1. LE MODÈLE *BALANCED SCORECARD* OU TABLEAU DE BORD ÉQUILIBRÉ

Fruit des travaux de Robert S. Kaplan et David P. Norton dans les années 1990, constamment enrichi depuis, ce modèle visait au départ à comprendre comment les actifs immatériels de l'entreprise se transforment en résultats tangibles, autrement dit financiers. De cette compréhension naît la mise sous contrôle des différents éléments de la stratégie de l'entreprise. On touche ici à un nouveau pan du contrôle de gestion, le contrôle de gestion stratégique, et son corollaire en termes de suivi, le tableau de bord stratégique.

Nous avons vu dans le chapitre 11 les principes et la méthodologie des tableaux de bord. Dans les entreprises, les tableaux de bord sont souvent orientés exclusivement sur deux perspectives, financière et commerciale, et les indicateurs qui les composent sont concentrés sur des aspects essentiellement quantitatifs et financiers. Ajoutons le fait que les dirigeants et le *middle management* sont souvent incités à se préoccuper davantage du court terme que des objectifs stratégiques et il peut en résulter une allocation inadéquate des ressources par rapport aux objectifs stratégiques.

Un système de mesure orienté stratégie doit regrouper les caractéristiques suivantes pour être performant, en comparaison avec un système de mesure traditionnel :

Les avancées du système stratégique

Système traditionnel	Système stratégique
Concentré sur la mesure financière	Réparti entre performances financières, clients, processus internes et innovation
Focalisé essentiellement sur le passé	Focus équilibré entre passé et avenir
Fondé sur l'optimisation des coûts	Tourné vers l'amélioration des performances
Les performances relatives en termes de coût, qualité et délais sont séparées	Les relations de cause à effet sont systématiquement recherchées, pour une performance simultanée
Orienté apprentissage individuel	Orienté apprentissage collectif

1.1. Les quatre perspectives

Le modèle *balanced scorecard* (BSC) s'appuie sur ces caractéristiques : il mesure l'atteinte des objectifs stratégiques de l'organisation en appréciant ses performances sur quatre perspectives (ou axes, les traductions en français sont multiples) qui sont illustrées dans le schéma ci-dessous.

On s'extrait par le haut de la toute-puissance des indicateurs financiers en accordant une importance équivalente aux quatre perspectives, d'où la traduction la plus appropriée de *balanced scorecard* par « tableau de bord équilibré »[1]. Cet équilibre entre les différentes perspectives pose les jalons d'une approche multiforme et décomplexée de la stratégie, moins obnubilée par des prérogatives financières de court terme, même si, comme nous l'avons vu plus avant, dans le secteur concurrentiel, la finalité ultime de la stratégie est de transformer les actifs immatériels en liquidités.

---

1. On trouve aussi « tableau de bord prospectif ».

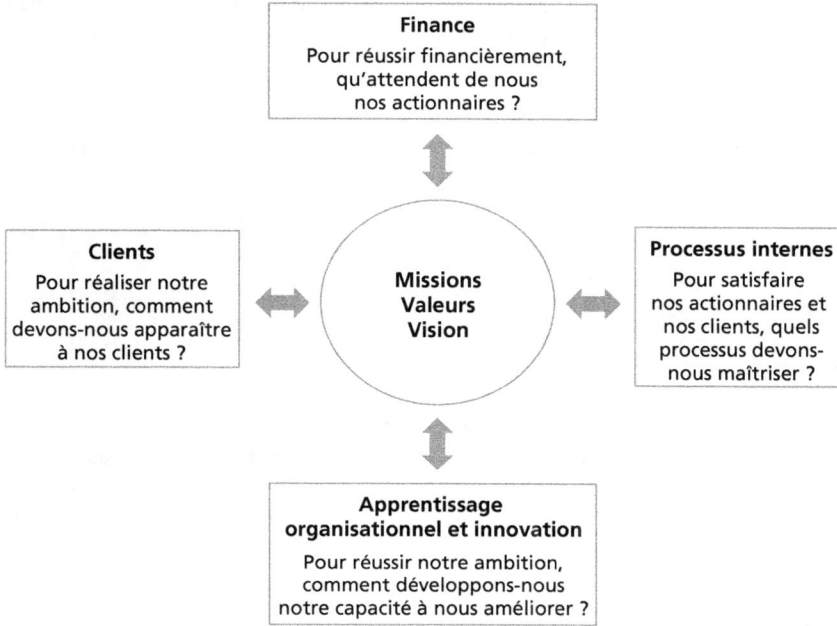

Les quatre axes du BSC

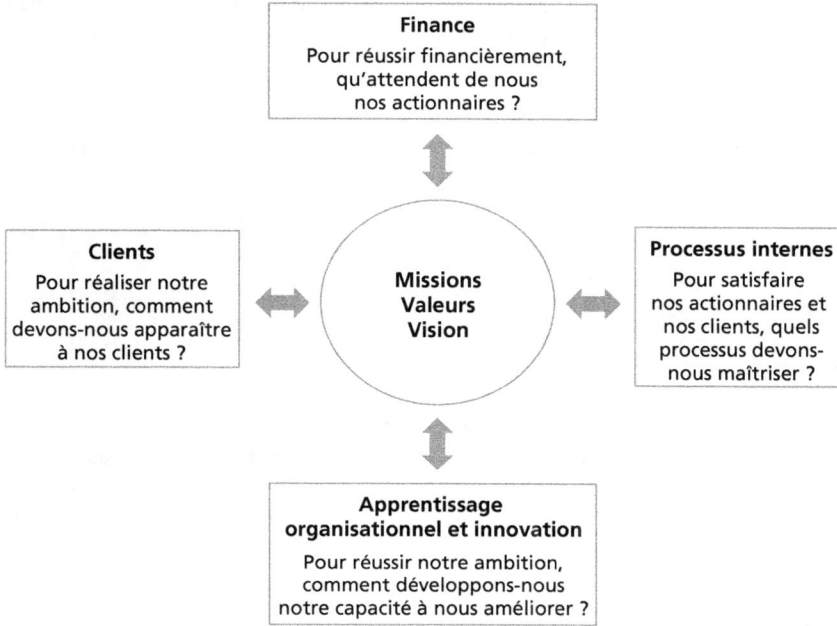

La puissance de la méthode BSC s'exprime dans le fait qu'elle peut s'appliquer indifféremment à des entreprises du secteur concurrentiel comme à des organisations à but non lucratif, comme nous le montre le tableau ci-dessous.

Universalité des quatre axes

Secteur concurrentiel	Perspective/axe	Organismes à but non lucratif
Qu'attendent de nous nos actionnaires ?	Finance	Qu'attendent de nous nos partenaires institutionnels ? Quelles sont nos obligations légales ?
Qu'attendent de nous nos clients ? Comment satisfaire nos clients ?	Clients	Qu'attendent de nous nos clients ? Qui sont nos clients, comment les satisfaire ?
Pour satisfaire nos actionnaires et nos clients, quels processus internes devons-nous maîtriser ?	Processus internes	Pour satisfaire nos clients et nos obligations légales, pour remplir les exigences de notre mission, quels processus internes devons-nous maîtriser ?
Comment notre personnel doit-il apprendre et accroître ses compétences pour répondre à ces exigences ? Comment satisfaire nos employés ?	Apprentissage organisationnel et Innovation	Comment notre personnel doit-il apprendre et accroître ses compétences pour répondre à ces exigences ? Comment satisfaire nos employés ?

Dans la construction d'un modèle BSC, le contrôleur de gestion recherchera en permanence les relations de cause à effet entre indicateurs : il s'agit d'aller au-delà d'indicateurs « statiques », plus ou moins indépendants entre eux, pour mettre en évidence les relations dynamiques.

En pratique

Dans une société de fabrication d'équipements industriels à la commande, il est certes intéressant de mesurer :
- la qualité de sélection des fournisseurs ;
- la solidité du design industriel des produits ;
- le taux de satisfaction des clients ;
- le ratio de frais généraux.

Mais il est beaucoup plus valorisant de réaliser que :
- la qualité de sélection des fournisseurs et la solidité du design industriel font (mais aussi défont) la satisfaction des clients ;
- la combinaison de la satisfaction des clients et du ratio de frais généraux induit la rentabilité de l'entreprise.

Reprenons maintenant en détail les quatre perspectives d'appréciation des performances et listons pour chacune quelques-uns des déterminants génériques.

Les déterminants génériques des quatre axes

Perspective	Déterminants génériques
Finance	Augmenter le chiffre d'affaires
	Diversifier le chiffre d'affaires : nouveaux produits, services, géographies, activités
	Accroître la valeur ajoutée des clients
	Améliorer la rentabilité
	Maîtriser les coûts
	Augmenter la liquidité
	Mieux utiliser les actifs : optimiser le BFR
Clients	Accroître la part de marché
	Satisfaire les clients
	Fidéliser les clients
	Améliorer l'image de marque
	Solidifier les relations avec la clientèle

Perspective	Déterminants génériques
Processus internes	Maîtriser les coûts
	Répondre aux exigences de qualité des clients
	Respecter les délais
	Automatiser
	Satisfaire les clients internes
	Encourager l'innovation
Apprentissage organisationnel et Innovation	Développer les compétences du personnel
	Utiliser la formation continue
	Améliorer l'infrastructure technologique
	Entretenir un climat social favorable

1.2. La carte stratégique

Les relations de cause à effet évoquées plus haut conduisent le contrôleur de gestion, en étroite liaison avec la direction générale, à élaborer la carte stratégique de son entreprise. Celle-ci permet d'analyser puis de visualiser les liens entre actions et performance, autrement dit entre les résultats et les moyens mis en œuvre pour les atteindre. La carte stratégique met au clair le *business model* de l'entreprise en décrivant les facteurs clefs de succès ainsi que les interdépendances entre ces facteurs. Les hypothèses de réalisation de la stratégie sont par là même explicitées, ce qui fournit aux différentes strates de l'organisation un cadre pour non seulement formuler la stratégie globale de l'entreprise, mais aussi pour la gérer. La carte stratégique est donc une vue dynamique du processus par lequel les dirigeants de l'entreprise conçoivent la transformation des actifs immatériels en résultats tangibles sur la perspective finance.

La carte stratégique d'une compagnie aérienne régionale

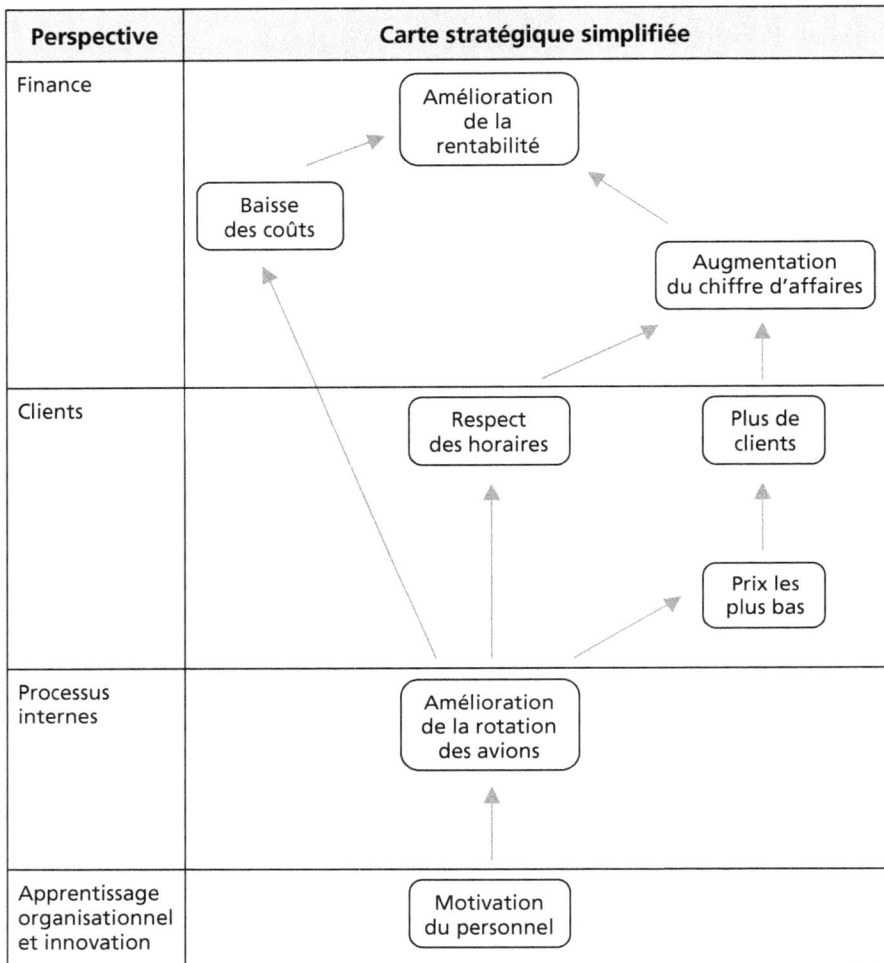

Perspective	Carte stratégique simplifiée
Finance	Amélioration de la rentabilité · Baisse des coûts · Augmentation du chiffre d'affaires
Clients	Respect des horaires · Plus de clients · Prix les plus bas
Processus internes	Amélioration de la rotation des avions
Apprentissage organisationnel et innovation	Motivation du personnel

La démarche d'élaboration de la carte est fondée sur la préalable explicitation par les dirigeants des éléments suivants :

- la mission : ce pour quoi nous existons ;
- les valeurs clefs : ce en quoi nous croyons ;
- la vision : ce que nous voulons être.

Remarquons au passage que le « nous » employé dans ce contexte symbolise bien l'appropriation (la notion d'*ownership* si fondamentale aux yeux des Américains) par tous les niveaux de l'entreprise de la stratégie formulée au niveau des dirigeants.

© Groupe Eyrolles

En pratique

BSC d'une compagnie aérienne régionale

Perspective	Mesure de la performance	Cibles	Plan d'action
Finance	Cours de l'action	+ 8 % par an	
	CA / siège passager	+ 10 % par an	Optimisation des trajets
	Coût de possession des avions	– 5 % par an	Standardisation des avions
Clients	Vols arrivés à l'heure	1re compagnie	
	Satisfaction clients	97 % de satisfaction	Assurance qualité
	Clients fidèles		Programme de fidélisation
Processus internes	Temps d'immobilisation au sol	< 35 minutes	Programme d'optimisation du temps d'immobilisation
	Départs à l'heure	91 %	
Apprentissage organisationnel et Innovation	Actionnariat des salariés	85 % pilotes	Plan d'achat d'actions
		70 % du PNC[1]	
	Formation continue	60 % pers. sol	
		100 %	Plan de formation annuel

1. Personnel navigant commercial.

Dans la plupart des cas, la mission et les valeurs clefs restent raisonnablement stables dans le temps. La vision dessine un reflet du futur de l'entreprise, elle donne aussi du sens aux orientations choisies et permet aux employés de se positionner par rapport à elles. La stratégie est, elle, susceptible d'être adaptée plus fréquemment, pour de nécessaires réglages face aux conditions changeantes de l'environnement.

Par ailleurs, le fait que l'on retrouve ces concepts, en application stricte de la BSC ou *via* des adaptations plus libres, dans la majorité des documents stratégiques émis par les entreprises, prouve que le modèle a essaimé partout dans le monde. Certes, les niveaux d'intégration et de profondeur de l'analyse restent très variables, mais Robert S. Kaplan et David P. Norton ont eu le mérite de mettre noir sur blanc une démarche qui paraît presque évidente maintenant mais qui ne l'était pas forcément au moment de la parution de leur célèbre ouvrage.

En résumé, la carte stratégique repose, quelles que soient la taille et l'activité de l'organisation, sur les résultats escomptés suivants.

Résumé de la carte stratégique

Perspective	Résultat stratégique escompté
Finance	Actionnaires ravis
Clients	Clients satisfaits
Processus internes	Processus optimisés
Apprentissage organisationnel et Innovation	Équipes préparées et motivées

Le rôle des dirigeants est bien sûr de déterminer les axes stratégiques et les plans d'action qui produiront ces résultats.

1.3. La déclinaison du modèle

La réussite de la mise en place du modèle BSC passe invariablement par sa déclinaison (aussi appelé déploiement) au sein des unités opérationnelles et fonctionnelles de l'organisation.

Pour les unités opérationnelles, la déclinaison des axes stratégiques définis par la direction générale se fait généralement par métier (marché), par produit, par *business unit* ou par zone géographique, selon l'organisation propre à chaque entreprise. Au-delà de cette première catégorisation, le contrôleur de gestion pourra par exemple utiliser pour une déclinaison par produit la matrice proposée par le Boston Consulting Group :

- produit étoile ;
- produit dilemme ;
- produit vache à lait ;
- produit poids mort.

Ou bien encore une typologie liée à la phase du cycle de vie du produit :

- phase de croissance ;
- phase de maintien ;
- phase de récolte ;
- phase de déclin.

Par ailleurs on pourrait penser *a priori* que les unités fonctionnelles ne sont pas concernées par la démarche BSC. Bien au contraire ! Les fonctions de support (ressources humaines, juridique, informatique, finance) sont fortement encouragées dans les groupes internationaux à décliner le modèle : elles le feront en alignant leur stratégie sur celle des unités opérationnelles et en leur proposant une offre de services stratégiques. Dans ce cadre, la mission des unités fonctionnelles est relativement simple à définir d'autant plus que les fonctions de support ont comme caractéristique de délivrer des services comparables d'une entité à l'autre :

- assurer les fondamentaux, autrement dit atteindre l'excellence opérationnelle (les Américains emploient souvent l'expression *state-of-the-art*) dans les tâches spécifiques au métier ;
- tout en développant les compétences adéquates pour proposer des solutions adaptées aux unités opérationnelles, qui permettront à ces dernières d'atteindre à leur tour leurs objectifs stratégiques.

On voit ici toute l'importance de la signature de contrats de service entre unités fonctionnelles et opérationnelles. Cette pratique se généralise dans les groupes internationaux et en particulier ceux qui utilisent des centres de services partagés *(shared service centers)* pour mutualiser les fonctions de support de plusieurs filiales. Elle permet de coucher noir sur blanc une relation contractuelle entre client et fournisseur internes, avec les mêmes niveaux d'exigence des deux parties que l'on retrouverait dans un contrat commercial en bonne et due forme.

Axes stratégiques des unités fonctionnelles

Perspective	Axes stratégiques
Finance	Efficience : respect du budget de l'unité.
Clients	Satisfaction des deux types de clients : – clients internes (les unités opérationnelles) ; – parties prenantes externes (actionnaires, analystes, investisseurs, administrations et organismes publics, communautés locales, organisations professionnelles, banquiers, assureurs, commissaires aux comptes, instances représentatives du personnel).
Processus internes	Excellence opérationnelle et efficacité (qualité et délais). Partenariat stratégique avec les unités opérationnelles servies. Gestion des contrats de service.
Apprentissage organisationnel et innovation	Spécifiques au personnel des unités fonctionnelles : – formation continue ;　– outils informatiques ; – évolution de carrières ;　– climat social.

Prenons l'exemple de la direction financière (DAF).

Axes stratégiques de la DAF

Perspective	Axes stratégiques
Finance	Efficience : respect du budget de la fonction finance, diminution des coûts.
Clients	La satisfaction des clients internes passe par : – une production de qualité et dans les délais des tâches comptables et financières de base : comptes clients et fournisseurs, trésorerie, salaires, clôtures mensuelles, consolidation et *reporting* ; – un apport déterminant en matière de pilotage et d'aide à la décision. Celle des clients externes passe par : – la fiabilité ; – le respect de la législation fiscale, sociale et boursière, tout en optimisant le poids fiscal ; – la gestion des risques ; – l'éthique.
Processus internes	Efficacité (coût, qualité, délais) des processus transactionnels. Mise en place et gestion des contrats de service. Partenariat stratégique avec les unités opérationnelles en matière de pilotage et d'aide à la décision.
Apprentissage organisationnel et innovation	Pour les employés de la finance : – plans de carrière ; – formation continue fonctionnelle (comptabilité, normes, information financière) et transversale (informatique, langues, gestion de projets, comportementale) ; – présence d'outils informatiques appropriés ; – climat social.

La performance des unités fonctionnelles est analysée par des indicateurs stratégiques, au même titre que les unités opérationnelles. Elle se mesure par le biais de l'appréciation des contrats de service et au travers des retours d'information venant des clients internes et des parties prenantes, *via* une enquête de satisfaction et/ou des audits.

Indicateurs stratégiques de la fonction finance

Axes stratégiques	Indicateurs stratégiques
Efficience de la fonction	Coût de la finance en % du CA. Effectif de la finance/effectif total de l'entreprise. Écart en euros réel/budget finance.
Production de qualité et dans les délais des tâches de base	Précision du *reporting* au groupe en heures. Nombre de transactions par ETP. Nombre de réclamations des clients internes.

Axes stratégiques	Indicateurs stratégiques
Fiabilité et efficacité transactionnelle	Existence d'un contrat de service avec l'informatique interne. Respect du calendrier de clôture. % de cycles transactionnels entièrement documentés. % de transactions en retard du fait de la finance.
Poids fiscal	Taux d'imposition réel.
Gestion des risques et éthique	Résultats des audits internes. % d'avancement du plan de réduction des risques. Résultats des audits externes (contrôle fiscal, Urssaf, douanes, rapport du commissaire aux comptes, non-conformités ISO).
Partenariat stratégique avec les unités opérationnelles	% effectif finance stratégique/effectif finance total. La finance partage les objectifs financiers stratégiques des unités opérationnelles : – croissance du CA, retour sur capitaux employés, résultat d'exploitation/CA ; – *free cash-flow,* BFR/CA ; – durée en jours du processus budgétaire ; – résultat net : % de déviation du réel/prévisions ; – *free cash-flow* : % de déviation réel/prévisions – nombre d'analyses d'appels d'offres traitées ; – marge par projet : % de déviation du réel/prévisions.
Gestion des contrats de service	Nombre de contrats signés/unités opérationnelles servies. Nombre de revues périodiques des contrats. % d'avancement du plan d'amélioration du service. % de réduction des coûts/N − 1. Enquête de satisfaction.
Formation continue	Nombre de jours de formation/ETP. Note moyenne obtenue au TOEIC[1]. Note d'utilité moyenne aux formations suivies.
Climat social	Absentéisme. Nombre de plans de développement personnel complétés. % d'achèvement de la GPEC pour la finance. Note moyenne des collaborateurs finance. Note moyenne « pour demain » des collaborateurs finance.

1.4. Les limites du modèle

Nonobstant les indéniables qualités du modèle BSC, ses limites n'en restent pas moins rédhibitoires au goût de certaines entreprises. Elles expliquent aussi les querelles incessantes entre ses chauds partisans et leurs farouches adversaires,

---

1. TOEIC : *Test Of English for International Communication.*

qui alimentent abondamment la littérature depuis l'invention du concept par Robert S. Kaplan et David P. Norton. Voici les principales limites :

- l'horizon stratégique est très variable selon le secteur d'activité, il n'y a pas forcément de norme en la matière. Le plus souvent, les entreprises travaillent sur une période de trois ans, mais cette durée doit être adaptée en fonction du cycle économique des produits ou des services vendus ;
- le modèle part de l'hypothèse que la stratégie de l'organisation est parfaitement connue et explicitée par ses dirigeants, à travers les quatre perspectives précédemment évoquées. Cela suppose un diagnostic et une approche rationnels de la complexité de l'écosystème de l'entreprise. Ce caractère théorique et simplificateur est souvent reproché à la méthode BSC ;
- l'approche *top-down* n'est pas forcément applicable à toutes les cultures d'entreprise : le déploiement des quatre perspectives du haut vers le bas de l'organisation n'est pas toujours aussi mécanique que le sous-entend le modèle. La réalité montre, heureusement, qu'en entreprise on a rarement affaire à des dirigeants omniscients d'un côté et à de simples exécutants de l'autre ;
- les axes stratégiques décrits dans la BSC peuvent être difficiles à décliner en objectifs individuels et opérationnels au sein des équipes. Autrement dit, il ne suffit pas toujours de diviser à l'infini la problématique globale pour obtenir les problématiques locales. La devise : « Penser global, agir local », adoptée par de nombreux groupes internationaux, ne « colle » pas forcément avec le modèle : le risque est alors de voir la BSC se transformer en outil de *reporting* et non de pilotage de la stratégie ;
- le projet est bien souvent long et coûteux à mettre en place, en particulier dans sa phase de déploiement.

Terminons par ce que la BSC n'est pas :

- un rapport de direction générale : les entreprises qui sont restées au niveau de la DG dans leur mise en place du modèle n'en ont le plus souvent pas retiré les bénéfices escomptés : la phase de déploiement dans les différentes strates de l'organisation est donc critique ;
- un outil d'analyse : la méthode va bien au-delà des outils qui permettent une analyse de données en allant chercher des volumes considérables d'information *(data mining)*. La BSC s'intéresse aux racines et aux causes de la stratégie autant qu'aux solutions d'amélioration ;
- un outil générique : il est suffisamment flexible pour être adapté à toute organisation. Il n'y a néanmoins pas de modèle tout fait, mais de grandes orientations souvent similaires d'une entreprise à l'autre, qu'il faut prendre le temps d'expliciter et surtout de traduire en actions d'amélioration ;

- la panacée : la BSC reste un outil, qui a certes le mérite de formaliser un certain nombre de concepts, mais doit être employé comme tel, c'est-à-dire un moyen de suivre l'exécution de la stratégie.

SYNTHÈSE

Le modèle BSC a stabilisé la méthodologie de définition et de suivi de la stratégie de l'entreprise et permis au contrôle de gestion stratégique de décoller en apportant une toute autre dimension que celles du budget et du *reporting*. Non exempt de défauts il n'en reste pas moins une approche solide des différentes étapes de la réflexion qui conduit à une explicitation raisonnée de la stratégie d'entreprise.

TEST DE CONNAISSANCES

Q1 – Le modèle BSC s'appuie sur quatre perspectives :

1 – finance, clients, processus internes, apprentissage organisationnel et innovation.
2 – finance, clients, relations avec les tiers, création de valeur.
3 – faire, savoir, faire-savoir, savoir-faire.

Q2 – La carte stratégique permet de…

1 – prouver la validité des choix faits par le *management*.
2 – visualiser les liens entre actions stratégiques et performance de l'entreprise.
3 – mesurer la performance stratégique.
4 – nommer les responsables des plans d'actions.

Q3 – La réussite de l'application du modèle BSC passe par…

1 – son déploiement dans les unités opérationnelles.
2 – sa déclinaison dans les unités fonctionnelles.
3 – l'implication totale de la direction générale.

Q4 – Le contrôle de gestion apporte à la construction du modèle BSC…

1 – sa vue transversale de l'organisation.
2 – sa compréhension du marché, des processus internes et des gisements de création de valeur.
3 – sa vision du changement.
4 – les trois.

Q5 – Le modèle BSC…

1 – permet de dé-focaliser l'analyse stratégique de la direction générale de la seule dimension financière.
2 – est un modèle « clef en main » adapté à toutes les tailles et activités d'entreprises.
3 – se transpose aisément d'une entreprise à l'autre à l'intérieur d'un même secteur d'activité.

Réponses du test :
    Q1 : 1 – Q2 : 2 – Q3 : 1, 2 et 3 – Q4 : 4 – Q5 : 1.

Chapitre 13

Investissements et *business plan*

- Distinguer les dépenses, les charges d'exploitation, les investissements et les *business plans*.
- Distinguer les éléments constitutifs d'un investissement.
- Reconnaître les caractéristiques essentielles des investissements.
- Apprendre à utiliser les critères d'analyse de la rentabilité d'un investissement.
- Apprendre à rechercher les paramètres pertinents permettant de justifier un investissement, y compris dans des cas particuliers.
- Comprendre comment doit fonctionner une procédure de choix des investissements dans une entreprise qui a intérêt à susciter un grand nombre de projets.

Le contrôle de gestion a emprunté à la finance la technique du calcul de la rentabilité des projets.

Les techniques en question (le calcul de la valeur actuelle nette [VAN] et les techniques similaires) se trouvent expliquées aussi bien dans les livres de finance que dans ceux de contrôle de gestion.

La différence entre les deux approches, c'est que les livres de finance mettent surtout l'accent sur la technique au plan théorique, alors que ceux de contrôle de gestion insistent davantage sur la difficulté à lister les revenus et les coûts pertinents.

Dans une certaine mesure, ce chapitre ne peut se comprendre qu'après avoir bien compris les notions de la troisième partie du chapitre 8 sur la comptabilité analytique, concernant le calcul des coûts partiels et la simulation avant prise de décision. Le choix de lancer ou de ne pas lancer un projet est en effet un exemple de prise de décision à long terme qui doit s'analyser comme telle, en comparant le « faire » avec le « ne pas faire ». C'est évident lorsqu'il s'agit de comparer plusieurs projets, mais même lorsqu'on ne fait qu'examiner un seul projet, il y a un choix implicite entre lancer ce projet ou ne pas le lancer, ce qui rend nécessaire l'approche cherchant à distinguer les coûts et les revenus incrémentaux.

1. Quelques notions de base

1.1. Dépense, charge d'exploitation, investissement, projet et *business plan*

On a choisi d'utiliser pour ce chapitre le mot « projet » dans sa signification la plus large. Dans la vie des entreprises, beaucoup de personnes utilisent des termes dont le sens n'est pas toujours évident (souvent d'ailleurs pour ceux-là mêmes qui les emploient !) comme *« business plan »*, « opex », « capex », projet, investissement, immobilisation…

Comme ces termes peuvent être mal compris, on aimerait, pour la clarté du propos, distinguer ici les cas et les situations différents afin de les utiliser à bon escient. Nous allons survoler les différents cas en allant de la situation la plus simple à la plus complexe.

Partons du terme le plus simple, celui de **dépense**. Dépenser, c'est faire diminuer son compte bancaire. Mais un comptable traitera une dépense de façon différente suivant les cas.

1.1.1. Charge et budget d'exploitation

Une charge est une dépense lorsqu'elle passe dans le compte de résultat de l'entreprise. Dans le cadre de la préparation du Budget, on demande aux *managers* responsables des centres de responsabilité budgétaire d'estimer les chiffres de leur budget d'exploitation. Dans les filiales de certains groupes internationaux, on a pris l'habitude de parler d'opex, pour *operational expenditure*, c'est-à-dire de budget d'exploitation. On parle ici des dépenses habituelles, charges de personnel, location des locaux, chauffage, dépenses de publicité, déplacements, téléphone et autres dépenses du même type.

1.1.2. Investissement, budget d'investissement

Un investissement est une dépense. C'est le cas de l'acquisition d'une machine dans une usine, du mobilier dans des bureaux, etc., mais **c'est une dépense dont on attend des retombées positives dans l'avenir**.

Dans le cadre de la préparation d'un Budget, les financiers demanderont aux *managers* responsables des centres de responsabilité budgétaire de lister leurs demandes d'investissement dans un document différent de leur budget d'exploitation, dans un budget d'investissement ou « capex » pour ceux qui utilisent le terme d'opex.

1.1.3. Investissement ponctuel et projet d'investissement

On peut distinguer dans la catégorie des investissements entre investissement ponctuel et projet d'investissement.

Un investissement ponctuel est un investissement qui se suffit à lui-même.

En pratique

> Le remplacement d'une vieille machine dans l'usine par une machine neuve, l'acquisition d'un nouveau véhicule de livraison, d'un ordinateur sont des investissements ponctuels.

Un projet d'investissement est un projet qui a une finalité plus générale.

En pratique

> La construction d'un nouvel entrepôt ou le lancement d'un nouveau produit, qui nécessitera un certain nombre de lignes différentes dans la liste des éléments à acheter, des dépenses à effectuer, sont des projets d'investissement.

> L'intérêt d'utiliser le terme de projet plutôt que celui d'investissement tient au fait qu'il permet de mettre l'accent sur la finalité de l'ensemble.

Quand on parle d'investissement, différentes personnes ont tendance à visualiser des notions différentes (voir plus bas), alors que le terme de projet, par son caractère à la fois vague en termes de définition et unique en termes de finalité, permet d'englober plus facilement des composantes hétérogènes.

Les entreprises attendent de leurs investissements qu'ils soient pertinents au plan stratégique et rentables au plan financier, ces deux conditions se recouvrant assez souvent ! L'exigence de rentabilité signifie que ceux qui proposent des investissements ponctuels ou des projets plus globaux soient en mesure de « prouver » de manière prévisionnelle la rentabilité de leurs demandes, par le **calcul de la rentabilité de l'investissement**. Un tel calcul se concentre sur le projet en tant que tel, en distinguant la décision d'investir de celle concernant son financement.

1.1.4. Business plan *et projet d'investissement*

> Le *business plan* est un cas particulier de projet d'investissement. Nous utilisons ce terme pour les cas où la situation requiert qu'on intègre dans le raisonnement la **manière de financer le projet**.

Le cas extrême est la création de toutes pièces, le lancement d'une nouvelle entreprise par un entrepreneur ou la création d'une filiale commune par deux ou plusieurs entreprises déjà existantes. Dans ce cas, au-delà de l'étude de la rentabilité du projet lui-même, qui reste une préoccupation essentielle, se pose la question du financement du projet dans le temps. Disposera-t-on tout au long de l'existence du projet, en particulier dans les premiers temps, avant que le projet ne dégage suffisamment de liquidités, des moyens de financement permettant à cette entité économique distincte d'exister économiquement ? Par rapport à un projet d'investissement « simple », un *business plan* se caractérise par la nécessité d'un tableau des flux de trésorerie qui intègre exploitation, investissement et financement et par le fait de considérer une entité distincte qui permet de parler de *business plan* : il existe un *business* différent, au sens où l'on peut parler de *business unit* dans le cadre d'un grand groupe.

Une *business unit* est une entité économique pour laquelle on construit un compte de résultat et un bilan différents. L'existence d'un bilan signale une préoccupation concernant le financement des actifs de l'entité. On veut vérifier que les actifs vont générer une rentabilité supérieure au coût des différents moyens de financement (voir le chapitre sur le ROI) ou tout simplement motiver le dirigeant de la *business unit* à s'y intéresser (voir le chapitre sur les centres de responsabilité et en particulier la partie concernant les centres d'investissement).

On parlera d'investissement, ou de **projet d'investissement**, pour les cas où il n'est pas nécessaire de se préoccuper du financement. Dans de tels cas on se limite au **calcul de la rentabilité de l'investissement**.

Il ne s'agit pas d'un manque d'intérêt pour le financement, mais simplement de la dissociation, au niveau de la prise de décision, entre une décision d'investissement d'une part, et une décision de financement d'autre part.

Dans le cas d'un groupe, on peut supposer que le financement est apporté par les financiers du siège, qui agissent un peu à la manière de « banquiers » ou apporteurs de fonds. Ils exigent en retour une rentabilité minimale, en tout cas supérieure aux coûts des moyens de financement globaux. Dans le cas d'une petite ou moyenne entreprise, le financement reste la préoccupation des dirigeants, en particulier du directeur financier, et il est demandé aux opérationnels de proposer des projets qui apporteront un surplus financier à l'entreprise. On pourra parler de participer à la création de valeur. Aux opérationnels, la responsabilité de proposer et de décider d'entreprendre des projets rentables ; aux financiers, le soin de décider des moyens de les financer de la meilleure des façons.

1.2. Investir pour des acteurs différents

Que l'on parle d'investissement, de projet d'investissement ou de *business plan,* il faut définir ce que l'on entend par investissement : comme dans la fable de l'éléphant et des trois aveugles, l'investissement est souvent décrit de manière différente par des acteurs différents dans l'entreprise.

1.2.1. L'investissement et le comptable

Si l'on parle d'investissement à un **comptable**, il comprendra tout de suite que cette dépense ne passera pas directement dans les charges de l'entreprise, mais doit donner lieu à une « immobilisation » au sens comptable. Une immobilisation fait partie des biens que l'on trouve à l'actif du bilan d'une entreprise.

> Le mot **immobilisation** signifie non pas que le bien est inamovible, mais qu'il est censé être utilisé par l'entreprise « un certain temps » (en général plusieurs années, mais il existe des exceptions).

Comme l'usage de l'immobilisation s'étend sur plusieurs années, il serait « injuste » que le coût d'achat du bien vienne s'ajouter dans sa totalité aux charges de l'exercice comptable au cours duquel il été acquis. Afin d'être « juste » – au sens de *fair-play* –, le comptable va découper le coût d'acquisition en autant de parts que d'exercices comptables bénéficiant de l'acquisition, et ne fera supporter à chacune des années comptables que sa quote-part sous la forme de la dotation aux amortissements. Cette dotation aux amortissements va s'ajouter de manière indirecte aux charges annuelles de l'entreprise pour participer au calcul d'un « juste » bénéfice, qui doit résulter de la comparaison des « bons » produits et des « bonnes » charges de chaque année.

Ce que le comptable traduit par immobilisation, puis dotation aux amortissements, le financier va le traduire par une sortie d'argent au moment de l'acquisition, c'est-à-dire un flux de trésorerie négatif ou *cash-flow* négatif.

1.2.2. L'investissement et l'opérationnel

Quand un opérationnel parle **d'investissement,** cela peut concerner les mêmes éléments que le comptable, c'est-à-dire l'acquisition d'immobilisations, mais aussi inclure des dépenses considérées comme des charges par les comptables. C'est l'exemple de dépenses telles que « les investissements publicitaires » du responsable de *marketing*, les investissements en formation des responsables de ressources humaines. Ces responsables parlent d'investissement dans le sens où ces dépenses peuvent avoir des retombées bénéficiaires pour l'entreprise sur les années suivantes.

Pour revenir plus précisément à notre sujet, un projet de lancement d'un nouveau produit peut parfaitement nécessiter :

- d'une part, l'acquisition d'une machine destinée à être immobilisée ;
- d'autre part, lorsque ses caractéristiques techniques exigent des compétences nouvelles, une dépense de formation des futurs utilisateurs, les ouvriers ;
- une campagne promotionnelle ou de publicité, auquel cas cette dépense correspondra à la même finalité et devra donc être intégrée au même projet dans un calcul de rentabilité prospectif.

1.2.3. L'investissement et le financier

Lorsqu'un investissement va donner lieu à une augmentation du chiffre d'affaires, comme dans le cas du lancement d'un nouveau produit, il est prévisible que les stocks de l'entreprise (matières premières, encours de production et produits finis) augmentent de ce fait. Une telle augmentation de l'actif du bilan ne peut être que concomitante d'une augmentation du passif, c'est-à-dire de l'endettement ou des capitaux propres.

> L'augmentation des stocks est l'équivalent d'une sortie d'argent (matières premières achetées, stock d'encours et stock de produits finis incluant également de la main-d'œuvre qu'il a fallu payer), cette sortie d'argent devant être financée par une « entrée d'argent » de la part du banquier ou de l'actionnaire.

De même, un tel projet peut susciter une croissance des comptes clients, également à l'actif du bilan, qui correspond également à une sortie d'argent – ou plutôt à un manque à gagner en termes d'entrées. L'argent ne « rentrera » en effet qu'au moment où le client réglera sa dette à notre égard.

Ces augmentations des comptes d'actifs correspondent à ce qu'on appelle une augmentation du besoin en fonds de roulement (BFR), qu'un financier devra inclure dans son évaluation de la totalité du projet.

1.3. Les *cash-flows* et pourquoi ils sont à la base des calculs de rentabilité

L'investissement voulant dire des choses différentes pour des acteurs différents de l'entreprise, il était nécessaire de trouver un concept permettant d'unifier des éléments hétérogènes. C'est la raison pour laquelle on utilise les *cash-flows* (ou flux de trésorerie), c'est-à-dire la considération des entrées et sortie de trésorerie relatives au projet considéré. C'est ce qui permet d'englober la dépense d'immobilisation du **comptable**, celle de charge liée au projet de **l'opérationnel**, et l'augmentation du besoin en fonds de roulement du **financier**.

> D'autre part les *cash-flows* sont utilisés dans l'analyse stratégique des groupes pour détecter les profils des différentes *business units* en termes de besoins ou ressources de trésorerie sur plusieurs années, ce qui peut aider à intégrer l'analyse des projets d'investissement avec la réflexion stratégique d'ensemble.

1.4. Quelques caractéristiques propres aux investissements

1.4.1. Timing

Peut-être la caractéristique principale des investissements réside-t-elle dans le fait que les montants correspondants enjambent des périodes différentes, les dépenses ayant le plus souvent lieu initialement, les bénéfices attendus dans des périodes plus lointaines.

1.4.2. Incertitude

Une grande partie des montants faisant partie du projet provient d'estimations de la part de ceux qui proposent le projet. Ces estimations concernent des événements devant se produire dans l'avenir, ils comportent donc une part importante d'incertitude. De plus on peut imaginer que des *managers* qui veulent absolument faire accepter un projet auquel ils tiennent, pourraient être incités à une certaine dose d'optimisme en ce qui concerne les bénéfices attendus et sous-estimer les coûts initiaux.

1.4.3. Risque

La notion de risque n'est pas une simple reformulation de la notion d'incertitude. C'est l'idée qu'il est possible de quantifier, au moins théoriquement, d'une part la possibilité de survenance d'un événement et d'autre part l'éventail des montants possibles.

> Dans la prévision d'un chiffre d'affaires, il serait possible d'estimer au moyen d'une distribution de probabilités, le montant attendu chacune des périodes futures.

1.4.4. Rentabilité

On ne dépense pas de l'argent pour rien. Un investissement étant une dépense dont on attend des retombées positives dans l'avenir, il comporte donc un degré de risque supplémentaire par rapport aux dépenses opération-nelles. De manière classique, **la finance associe risque et rentabilité** : plus le risque est important, plus la rentabilité doit être importante. On exigera donc des investissements une rentabilité tenant compte en principe du degré de risque qu'il comporte.

1.5. Choix entre faire et ne pas faire

Un projet, avant de passer de la conception au stade de réalisation, doit passer par une étape de décision. Il existe donc un embranchement virtuel entre une décision « d'y aller », et une décision « de ne pas y aller ». C'est ce qu'on appelle souvent en franglais (qui est d'ailleurs totalement de l'anglais) un *« go-no go »*.

L'analyse financière d'une décision doit toujours s'appliquer à distinguer les flux de trésorerie qui vont être les conséquences « d'y aller », d'une situation où l'on a décidé de ne pas y aller. Une telle analyse doit être la plus exhaus-tive possible.

> Il faut éviter qu'un opérationnel ait pu mettre dans son budget d'investissement l'acquisition d'un matériel qui est en fait rattaché logiquement à un projet plus global.
>
> La question type est : « Si le projet ne se fait pas, aura-t-on besoin de ce matériel ? ». Si la réponse est non, la dépense concernée doit figurer dans la liste des dépenses associées au projet.

2. LES TECHNIQUES FINANCIÈRES ET LES CRITÈRES DE RENTABILITÉ

On va chercher au moyen des techniques financières présentées ci-dessous à vérifier la rentabilité du projet avant de prendre une décision à son sujet. La logique exige que l'on prenne tous les éléments en considération, toutes les dépenses associées au projet, comme tous les revenus, même ceux qui sont très indirects, afin que la décision, quelle qu'elle soit, intègre bien tous les éléments pertinents.

2.1. Les montants dans le temps

2.1.1. Rassembler les éléments

La première étape dans l'analyse d'un projet consiste à en rassembler les éléments constitutifs. On distinguera utilement les montants qui ne se produisent qu'une seule fois (les dépenses d'immobilisation, la campagne de publicité au moment du lancement du produit, etc., mais également les variations du BFR en relation avec l'augmentation annuelle des ventes), des montants qui vont se reproduire plusieurs fois (encaissements liés aux ventes, charges d'exploitation liées à la production du produit vendu...).

> **En pratique**
>
> Imaginons une entreprise qui projette de lancer un nouveau produit. Le montant des équipements à acheter est de 120 000 €, auxquels il faut ajouter 80 000 € correspondant aux frais de formation du personnel de l'usine pour l'utilisation du nouvel équipement et les dépenses promotionnelles pour faire connaître le nouveau produit.
>
> Compte tenu de son mode de fonctionnement habituel, le BFR est évalué à 5 % du chiffre d'affaires.
>
> La durée estimée de vie du produit que l'on pense lancer est de quatre ans. Concrètement, cela signifie que les responsables du projet s'engagent sur la réalisation d'un chiffre d'affaires sur cette durée. La meilleure estimation du chiffre d'affaires annuel, année par année, est la suivante :
> - première année : 150 000 €,
> - deuxième année : 300 000 €,
> - troisième année : 420 000 €,
> - quatrième année : 380 000 €.
>
> Après discussion avec les responsables de la fabrication, et compte tenu de la fixation du prix de vente, les charges supplémentaires de fabrication, de stockage, de logistique et d'après-vente ont été estimées à 75 % de la valeur du chiffre d'affaires.
>
> Étant donné la durée de vie du produit et la durée de fonctionnement de l'équipement acheté, à la fin de la quatrième année, il devrait être possible de revendre l'équipement pour une somme de 15 000 €.
>
> Comme on pense, en tout cas dans l'évaluation du projet, que la durée de vie du produit n'excédera pas quatre années, il faut intégrer à la fin du projet la récupération du besoin en fonds de roulement dont on avait pu avoir besoin en début du projet.

2.1.2. Positionner les éléments

La seconde étape consiste à positionner ces éléments dans un tableau distinguant chacune des années de la durée de vie du projet.

Ce qui importe, au final, c'est de faire apparaître le *cash-flow* net pour chacune des années, c'est-à-dire la différence entre le total des décaissements et des encaissements, qu'ils proviennent de la partie investissement ou de l'exploitation. C'est en effet à partir de cette dernière ligne que le calcul financier sera réalisé.

On peut utilement disposer ces éléments sur un histogramme comme dans l'exemple suivant, afin de mieux visualiser l'ensemble du projet. Le tableau ci-dessous réunit l'ensemble des informations en distinguant, dans le haut du tableau, ce qui se rapporte à l'investissement (et à son achèvement), et dans le bas ce qui se rapporte à l'exploitation courante.

En pratique

Calcul du *cash-flow*

Ce tableau, qui reprend les données de l'exemple ci-dessus, a surtout un objectif pédagogique : il simplifie des situations qui sont le plus souvent bien plus touffues.

	Année 0	Année 1	Année 2	Année 3	Année 4
Investissement					
Immobilisation	– 120 000				
Charges « une fois »	– 80 000				
Variation du BFR		– 7 500	– 7 500	– 6 000	2 000
Fin du projet BFR					19 000
Fin du projet revente					15 000
Total	– 200 000	– 7 500	– 7 500	– 6 000	36 000
Exploitation					
Revenus annuels		150 000	300 000	420 000	380 000
Charges annuelles		112 500	225 000	315 000	285 000
Total net exploitation		37 500	75 000	105 000	95 000
Total investissement	– 200 000	– 7 500	– 7 500	– 6 000	36 000
Total exploitation		37 500	75 000	105 000	95 000
Cash-flow net	– 200 000	30 000	67 500	99 000	131 000

Cash-flow net par année : représentation graphique

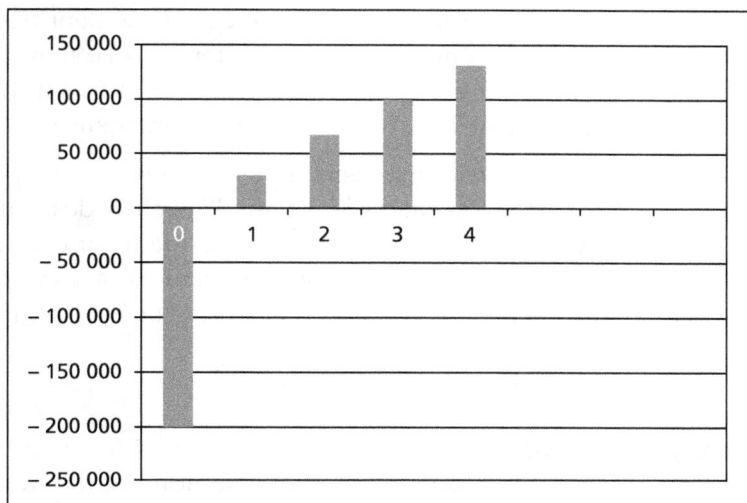

2.2. La rentabilité des investissements « pour les nuls »

Pour bien comprendre la logique de la vision financière, quitte à simplifier abusivement à la manière « pour les nuls », on peut présenter **en première approche** la technique financière de base comme consistant à comparer les différents *cash-flows* nets.

Si les encaissements sont plus importants que les décaissements, l'investissement est rentable, si les encaissements sont inférieurs aux décaissements, l'investissement n'est pas rentable.

En pratique

Analyse des *cash-flows*

Dans l'exemple précédent, si l'on fait la somme des cash-flows nets des cinq années concernées, on arrive à un montant net de 127 500 €, montant positif, qui prouve dans une première approche la rentabilité d'un tel investissement.

Cash-flow net	– 200 000	30 000	67 500	99 000	131 000
Encaissements-décaissements 127 500					

2.3. La technique de l'actualisation

L'approche précédente n'est pas satisfaisante parce qu'elle ne tient pas compte du fait que l'argent n'a pas la même valeur dans le temps. « Le temps c'est de l'argent » : entre recevoir 1 000 € aujourd'hui et recevoir 1 000 € plus tard, dans deux ou cinq ans, la première situation est plus avantageuse.

Les placements et les emprunts financiers nous montrent que prêter ou emprunter 1 000 € aujourd'hui donnera lieu dans l'avenir à des remboursements plus importants que les 1 000 € de départ. C'est la technique des intérêts composés qui permet de passer d'une somme actuelle à son équivalent dans l'avenir. Le taux d'intérêt est le paramètre permettant de réaliser cette transformation grâce à la formule suivante :

$$K_n = K_0 \times (1 + i)^n$$

K_n est le montant qu'il faudra rembourser dans n années, K_0 est le montant de la somme à aujourd'hui, i est le taux d'intérêt et n le nombre des années.

Ce système permet de passer du présent au futur en trouvant l'équivalence de valeur entre l'un et l'autre.

> Lorsqu'on examine un projet, on estime des montants futurs, notamment en ce qui concerne les revenus et les charges, alors que l'investissement initial se trouve le plus souvent dans le présent, au moment de la prise de décision.

La technique dont on a besoin consiste à **trouver l'équivalent à aujourd'hui de montants futurs**. Cette technique s'appelle **l'actualisation** et elle est tout simplement l'inverse de la technique précédente :

$$K_0 = \frac{K_n}{(1 + i)^n}$$

Lorsqu'on ramène à aujourd'hui une somme future, le montant que l'on va trouver sera inférieur au montant futur. Le taux i s'appelle le taux d'actualisation, car c'est lui qui permet de rendre actuel un montant situé dans le futur.

2.4. Le critère de la valeur actuelle nette (VAN)

Une fois les montants disposés dans le temps, et une fois comprise la notion d'actualisation des flux d'argent se produisant dans le futur, il ne reste plus qu'à mettre en application la méthode la plus usuelle de calcul de la rentabilité des investissements, celle de la valeur actuelle nette ou VAN. Pour ceux qui utilisent une machine à calculer financière, le sigle anglais correspondant qu'on y retrouve est NPV *(net present value)*.

L'exemple ci-dessous tente de simplifier la compréhension de la méthode pour ceux qui ne la connaissent pas. Chacun des flux nets annuels va être divisé par un facteur tenant compte du taux d'actualisation et du nombre d'années séparant le flux en question du présent.

En pratique

Dans notre exemple, supposons que le taux d'actualisation retenu par les dirigeants de l'entreprise est de 15 % :

- le flux de l'année 1 (un an après la décision et le premier flux de décaissement de 200 000 €), est de 30 000 €. On va le diviser par un facteur 1,15, soit 1 + 0,15 à la puissance 1. Le résultat est de 26 086,96 € ;
- le flux de l'année 2, 67 500 € (deux ans plus tard que l'investissement), va être divisé par un facteur 1,3225, soit 1,15 à la puissance 2. Le résultat est de 51 039,70 € ;
- le flux de l'année 3, 99 000 € est divisé par 1,5209 (1,15 à la puissance 3). Le résultat est de 65 093,04 € ;
- finalement, le flux de l'année 4, 131 000 € est divisé par 1,749 (1,15 à la puissance 4). Le résultat est de 74 899,94 €.

Analyse des flux de trésorerie de l'investissement

	Année 0	Année 1	Année 2	Année 3	Année 4
Cash-flow net	– 200 000	30 000	67 500	99 000	131 000
Année 1	26 086,96 €	26 086,96			
Année 2	51 039,70 €		51 039,70		
Année 3	65 093,04 €			65 093,04	
Année 4	74 899,94 €				74 899,94
Total	217 119,63 €				
Année 0	– 200 000,00 €				
VAN (valeur actuelle nette)	17 119,63 €				

L'addition des valeurs actualisées de ces quatre flux donne un montant de 217 119,63 € (le fichier Excel utilisé a arrondi les montants, ce qui explique la différence de 0,01 €).

Ce montant est la valeur actuelle des flux futurs. Il faut maintenant l'ajouter au flux initial de – 200 000 €, qui n'avait pas besoin d'être actualisé, pour trouver le critère de rentabilité de la VAN. Ce montant est de + 17 119,63 €, montant positif, ce qui signifie que ce projet, compte tenu des hypothèses retenues, est rentable sur la base d'un taux d'actualisation de 15 %.

On peut expliquer la signification de ce montant en disant que compte tenu d'un taux d'actualisation de 15 %, la décision d'effectuer cet investissement va augmenter la richesse de l'entreprise de 17 119,63 € en valeur à aujourd'hui par rapport à ne pas l'effectuer.

Dans une telle entreprise, on demande que tous les investissements retenus rapportent une rentabilité d'au moins 15 % pour être acceptés. Il s'agit d'un critère minimal pour continuer à considérer ce projet et le comparer aux éventuels autres projets de l'entreprise. Il se peut qu'au même moment, en effet, à l'époque de la préparation du budget d'investissement, il y ait un grand nombre de projets qui se « bousculent au portillon », alors que l'entreprise ne dispose pas de suffisamment de ressources financières pour les effectuer tous. On verra la problématique du choix entre différents projets dans une partie suivante.

Calcul par Excel

Le calcul précédent a été fait année par année afin de bien faire comprendre la méthode de manière analytique. Il existe une fonction Excel qui permet de réaliser ce calcul de manière plus globale, une fois que l'on a disposé, comme dans le tableau ci-dessus, l'ensemble des flux de l'année 0 à la dernière année du projet.

Supposons que les − 200 000 € se soient trouvés dans la cellule Excel A1, et les quatre flux futurs dans les cellules B1 à E1. Le calcul de la VAN du projet sera obtenu par la mise en œuvre de la fonction VAN (taux;cellule année 1: cellule année n), soit dans notre exemple :

$$=+A1+VAN(0,15;B1:E1)$$

La raison pour laquelle on distingue à part la cellule A1, c'est que la fonction Excel va commencer à actualiser le montant situé dans la première cellule de la liste comme située dans un an.

2.5. Le critère du taux de rentabilité interne (TRI)

Il existe un critère « cousin » du précédent, le taux de rentabilité interne (TRI). Le résultat synthétique du calcul sera exprimé sous la forme d'un pourcentage, alors que le résultat de la VAN s'exprime sous la forme d'un montant, compte tenu du choix d'un taux d'actualisation.

Dans l'exemple précédent, la VAN était positive sur la base du taux d'actualisation de 15 %. Le critère du TRI va consister à faire varier le taux d'actualisation jusqu'au moment où la VAN deviendra égale à zéro. Dans la mesure où pour 15 % la VAN était positive, il faut augmenter progressivement le taux d'actualisation, de 15 à 16, puis 17 %, etc., en recommençant les calculs de VAN jusqu'au moment où l'on trouve un montant de VAN négatif, auquel moment on rebrousse chemin d'un plus petit pourcentage de façon à viser zéro. Il s'agit donc d'un calcul par approximations successives, ou calcul itératif.

Heureusement les machines à calculer financières effectuent ce calcul auto-matiquement. Le sigle anglais que l'on y trouve pour le TRI est IRR *(internal rate of return)*.

Dans notre exemple, le taux du TRI est 18,4 %. Ce résultat a été obtenu grâce à l'utilisation d'une machine à calculer financière, mais on peut obtenir le même résultat grâce à l'utilisation du tableur Excel (voir ci-dessous comment).

Le taux de 18,4 % signifie que pour une entreprise ayant un taux de référence de 15 % (le taux d'actualisation de la VAN), ce projet est rentable dans la mesure où il dégage une rentabilité supérieure à ce dernier.

Dans la même logique qu'avec la VAN, c'est une condition nécessaire pour poursuivre la comparaison avec les autres projets concurrents. Mais ce n'est pas une condition suffisante pour l'accepter sans comparaison.

2.5.1. Calcul par Excel

Il existe une fonction Excel qui permet d'effectuer le même calcul : la fonction TRI (cellule année 0:cellule année n).

Dans notre exemple et par analogie avec le calcul de la VAN ci-dessus, ce sera :

$$=TRI(A1:E1)$$

La fonction TRI interprète implicitement que la première cellule appartient au présent, et la fonction ne commence à actualiser avec des taux qu'elle fait varier qu'à partir de la deuxième cellule.

2.6. Le délai de récupération *(pay back)* n'est pas un critère de rentabilité

Le délai de récupération tente de calculer, sur la base des estimations de dépen-ses et des revenus futurs, le moment où l'entreprise aura récupéré les sommes d'argent décaissées initialement. Il ne s'agit donc absolument pas d'un critère calculant la rentabilité de l'investissement. Il s'agit davantage d'une manière d'évaluer le risque associé à l'investissement étudié. On conçoit facilement que plus rapidement on aura récupéré son argent, moins l'investissement sera risqué.

En pratique

Cash-flow **net**	– 200 000	30 000	67 500	99 000	131 000

Dans notre exemple, les 200 000 € de l'investissement initial ne seront récupérés que pour un montant de 97 500 € à la fin des deux premières années de la vie du projet. À la fin des trois premières années, il aura été récupéré 196 500 €.

> Le délai de récupération de cet investissement est légèrement supérieur à trois ans. Les 3 500 € qui manquent sont divisés par les 131 000 € de la quatrième année afin de trouver le nombre de mois qu'il convient d'ajouter aux trois ans pour trouver très exactement le délai de récupération du projet. On trouve 0,0267 année, ou 12 × 0,0267, soit 0,32, c'est-à-dire un tiers de mois.
>
> On pourra dire finalement que le délai de récupération de ce projet est de 36 mois un tiers.

Les lecteurs comprendront qu'un tel calcul fait davantage partie de ce qu'on appelle les calculs « à la louche » que des techniques les plus sophistiquées.

Cependant, un tel critère peut être intéressant pour départager deux investissements qui ont la même rentabilité, obtenue soit par le calcul de la VAN, soit par le calcul du TRI. Il s'agira alors de choisir, à niveau de rentabilité équivalent, le projet qui a le délai plus rapide.

J'entends fréquemment des personnes dire : « C'est un investissement rentable en tant de temps », pensant **parler de « retour sur investissement » en termes de délai**. C'est **une erreur qui confond un critère de rentabilité avec un délai**. Quand on s'exprime en termes de durée, c'est de la définition de la période de référence du projet qu'il s'agit. Il faut définir le début et la fin de la période sur laquelle on va s'engager pour prévoir des montants. Ensuite, il faut simplement vérifier que sur cette période de référence, le projet est rentable ou non.

En pratique

> L'auteur de ces lignes n'a eu à utiliser qu'une fois dans sa carrière ce critère, dans des circonstances particulières. La maison-mère faisant face à des difficultés financières, ses banquiers lui ont fait supporter des contraintes sur ses nouveaux investissements. Les filiales ont été averties qu'elles ne pourraient pas demander de nouveaux investissements, sauf si le délai de récupération était inférieur à dix-huit mois. Les dirigeants du siège ont pu ainsi à la fois faire respecter ces contraintes tout en « donnant un peu d'air » à leurs filiales sur les investissements qui avaient un « retour » suffisamment rapide.

Certaines entreprises combinent le critère du délai de récupération avec l'actualisation des *cash-flows*. Le calcul du délai de récupération y est effectué non pas à partir des *cash-flows*, mais à partir des *cash-flows* actualisés.

Une telle pratique semble tout à fait artificielle et peu pertinente, mélangeant un calcul « à la louche » avec une approche financière sophistiquée.

2.7. Choix entre VAN et TRI

Pour un financier, la VAN est amplement suffisante comme critère de décision, projet par projet, et nous verrons dans la partie concernant la procédure du budget d'investissement que ce critère permet également de choisir entre des projets qui sont concurrents les uns avec les autres.

La possible faiblesse de ce critère réside dans son caractère faiblement communicant.

En pratique

Pour le responsable d'un projet ou un financier, il est difficile de présenter à une direction générale qui n'a qu'une faible formation financière un projet de la manière suivante : « Ce projet possède une VAN de + 17 119,63 €, compte tenu d'un taux d'actualisation de 15 %. »

L'avantage du TRI est de pouvoir s'exprimer beaucoup plus simplement sous la forme suivante : « La rentabilité de ce projet est de 18,4 %. »

Un autre avantage du TRI est de fournir explicitement un classement des différents projets en permettant de les ranger par ordre décroissant de taux.

Il existe **trois grands inconvénients du TRI.**

- Lorsqu'un projet est complexe, notamment avec des décaissements nets importants apparaissant dans l'avenir du projet, il existe de nombreuses situations où l'on trouve plus d'un taux comme solution du calcul itératif à la base la méthode. Cependant, ce problème n'existe jamais dans les situations où l'investissement donne lieu à un décaissement net au cours de l'année zéro, toutes les autres années donnant lieu à des encaissements nets. C'est le cas de la plupart des projets.

- Le deuxième inconvénient du TRI apparaît **lorsque le taux de rentabilité d'un projet est très important,** par exemple au-delà de 20 %. Le principe de calcul suppose en effet que tous les encaissements nets corrélatifs au projet peuvent automatiquement être réinvestis dans d'autres projets qui généreront le même taux de rentabilité. Lorsqu'un projet individuel possède une rentabilité nettement supérieure à tous les autres projets de l'entreprise, le TRI de ce projet est en quelque sorte « menteur » au niveau du taux exprimé. Cela ne veut pas dire que le projet n'est pas rentable, mais qu'il n'est probablement pas aussi rentable qu'il le paraît, le réinvestissement ne pouvant probablement pas se faire au même taux.

Dans la plupart des cas, cependant, les deux critères permettront d'opérer les mêmes choix. On verra cependant dans la partie consacrée à la procédure de choix les quelques précautions qu'il faut prendre.

* Le troisième inconvénient du TRI apparaît **lorsque le décaissement initial est nul ou bien faible**. On regardera l'exemple du troisième cas particulier ci-dessous.

2.8. Quel taux d'actualisation ?

On a vu que le taux d'actualisation jouait un rôle important dans les critères financiers, de façon évidente pour la VAN, de manière plus indirecte pour le TRI, le taux de rentabilité devant être supérieur au taux de référence pour pouvoir être acceptable.

Quelle est donc l'origine de ce taux d'actualisation ?

En fait, il s'agit du coût moyen pondéré de l'ensemble des moyens de financement du passif, ce que la finance appelle le **coût du capital** (voir le chapitre 7 sur le ROI). Ce taux étant calculé après impôt sur les sociétés, on devrait en théorie opérer tous les calculs de rentabilité des investissements sur une base après impôt sur les sociétés.

Même si c'est ainsi que les directions financières procèdent en bout de course, dans la pratique, lorsqu'on laisse aux *managers* le soin de proposer et de présenter leurs projets, on leur demande par souci de simplicité de réaliser leurs calculs à un niveau avant impôts sur les sociétés.

2.9. Quelle durée pour le projet ?

La durée retenue pour le projet doit correspondre à sa finalité. S'il s'agit du lancement d'un nouveau produit, ce qui l'emporte c'est la durée de vie du produit, même si cette durée de vie sera inférieure ou supérieure à la durée de vie de la machine permettant de le fabriquer et qui fait partie des immobilisations du projet :

* si la durée de vie de la machine est inférieure à la durée de vie du produit, on prévoira dans le cadre du projet l'acquisition d'une nouvelle machine lorsque la première ne sera plus en mesure de fonctionner ;
* si la durée de vie de la machine est supérieure à la durée de vie du produit, on intégrera tout simplement, le cas échéant, un encaissement en fin de projet correspondant à la revente de la machine ;
* s'il s'agit d'un investissement très simple, comme le remplacement d'une ancienne machine par une nouvelle, ce qui l'emportera, ce sera la durée de fonctionnement de la nouvelle machine.

On ne choisit jamais la durée comptable d'amortissement de la machine comme durée du projet, cette notion n'étant tout simplement pas pertinente.

3. LA RECHERCHE DES ÉLÉMENTS PERTINENTS

Nous avons eu l'occasion de préciser que les encaissements et décaissements (les *cash-flows* nets) à prendre en compte dans le projet correspondaient à **ce qui change** entre effectuer le projet et ne pas l'effectuer. Ce principe possède la vertu de la simplicité de l'expression, mais il n'est pas toujours facile à appliquer. Nous tenterons par des exemples de le rendre plus compréhensible.

3.1. Cas des actifs immobilisés

Un investissement sous forme d'actif immobilisé ne doit être pris en compte que s'il est acheté en relation avec le projet. Si le projet peut se faire en utilisant un actif déjà présent dans l'entreprise, il ne faut pas l'inclure dans les dépenses du projet.

En pratique

S'il est possible pendant trois ans d'utiliser une machine déjà présente, mais qui n'est actuellement utilisée qu'à 50 % de sa capacité, on attendra d'atteindre la quatrième année pour prendre en compte la dépense d'acquisition d'une deuxième machine lorsque la première aura atteint les 100 % d'utilisation de sa capacité.

Les dépenses à prendre en compte sont les acquisitions de machines et autres actifs immobilisés, et non, bien évidemment, l'amortissement comptable de ces actifs. De façon générale, on exclura dans l'évaluation des dépenses les amortissements dans la mesure où ces derniers ne sont pas des décaissements.

Cependant si les calculs se font **à un niveau après impôt sur les sociétés**, il faudra prendre indirectement en compte l'amortissement, dans la mesure où ce dernier, faisant partie des charges, diminue le bénéfice avant impôts et suscitera donc une **diminution de l'impôt sur les sociétés** qui fait partie, lui, des décaissements réels. On verra dans la partie suivante les modalités de la prise en compte de ce phénomène.

3.2. Cas des charges incrémentales

Les charges à prendre en compte doivent être la résultante de la décision d'investissement. Dans la pratique, le risque est davantage que le responsable du projet ait sous-estimé ces charges.

3.3. Cas des revenus et économies incrémentaux

Les revenus doivent également résulter de la décision d'investissement.

> **En pratique**
>
> Il y a parfois des effets curieux : un responsable d'entrepôt avait fait accepter un projet de mécanisation en le justifiant par une économie de personnel, l'effectif devant diminuer de deux personnes.
>
> Dans le cadre de la préparation du budget d'exploitation, quelques semaines après que le projet d'investissement eut été accepté, l'effectif de l'entrepôt ne diminuait pas des deux emplois prévus. Le responsable d'entrepôt expliqua qu'« il en avait besoin pour d'autres tâches ».
>
> Ce type de péripétie doit être largement répandu dans les organisations. C'est ce que l'on peut appeler des économies incrémentales évanescentes !
>
> En termes de contrôle de gestion, il fallait s'assurer soit que ces deux effectifs disparaissent effectivement comme annoncé dans le projet initial, soit exiger la justification d'un recrutement de deux personnes pour les nouvelles tâches dont il était question.

3.4. Quelques cas particuliers intéressants

> **En pratique**
>
> **L'amélioration à partir d'une situation négative**
>
> Imaginons une situation où il est envisagé d'acheter un équipement permettant de réduire l'ensemble des coûts, de 125 à 105 % du chiffre d'affaire d'un produit qu'il n'est pas envisageable de supprimer. Le chiffre d'affaires annuel est de 200 000 €. Le montant de l'acquisition de l'équipement se monterait à 50 000 €.

Calcul de la VAN (1)

	Année 0	Année 1	Année 2	Année 3	Année 4
Investissement					
Immobilisation	– 50 000	0	0	0	0
Exploitation					
Revenus annuels		200 000	200 000	200 000	200 000
Charges annuelles		210 000	210 000	210 000	210 000
Total net exploitation		– 10 000	– 10 000	– 10 000	– 10 000
Total investissement	– 50 000	0	0	0	0
Total exploitation		37 500	75 000	105 000	95 000
Cash-flow net	– 50 000	– 10 000	– 10 000	– 10 000	– 10 000
VAN – 78 550					

Si l'on se contente de regarder la situation du projet une fois réalisé, elle ne semble pas reluisante ! La VAN est négative de 78 550 €.

Cependant, il faut se rappeler l'important dans l'analyse financière d'un projet : la différence entre faire et ne pas faire.

Il faut donc examiner ce qui arriverait si l'on ne fait rien. Sans l'investissement de 50 000 €, les coûts sont de 125 % des revenus.

Calcul de la VAN (2)

	Année 0	Année 1	Année 2	Année 3	Année 4
Investissement					
Immobilisation	0	0	0	0	0
Exploitation					
Revenus annuels		200 000	200 000	200 000	200 000
Charges annuelles		250 000	250 000	250 000	250 000
Total net exploitation		– 50 000	50 000	– 50 000	– 50 000
Total investissement	0	0	0	0	0
Total exploitation		– 50 000	– 50 000	– 50 000	– 50 000
Cash-flow net	0	– 50 000	– 50 000	– 50 000	– 50 000
VAN – 142 749					

Il faut calculer la VAN de la situation sans investissement. Elle est également négative, d'un montant plus important. La VAN de – 142 749 € est bien pire que les – 78 550 € si l'on ne procède pas à l'investissement.

L'amélioration entre ne pas faire et faire est de 64 199 €.

En fait, la bonne manière de présenter les calculs est de se focaliser sur la différence de *cash-flows* totaux entre les deux situations.

Cash-flow différentiel net	– 50 000	40 000	40 000	40 000	40 000
VAN 64 199					

Cette manière de se focaliser sur les *cash-flows* différentiels permet de mettre plus rapidement l'accent sur l'intérêt de procéder à l'investissement.

3.4.1. *Cas des justifications par ce qui se passerait si on ne le faisait pas (perte de CA)*

Dans de nombreux cas, il semble difficile de justifier par une augmentation de chiffre d'affaires un investissement cependant nécessaire pour conserver les clients de l'entreprise. Il peut être intéressant de comparer l'investissement avec ce qui se passerait si l'investissement n'était pas réalisé, en tentant de prouver une éventuelle chute de la part de marché, chaque point de part de marché perdu pouvant être valorisé en termes monétaires (marge). De tels calculs peuvent parfois ressembler à une manipulation, mais il doit être possible de déterminer, dans le cadre d'une procédure décisionnelle (voir plus bas), si le chiffrage en question tient réellement la route.

En pratique

Cas d'une rentabilité exclusivement liée au timing des *cash-flows*

Dans l'exemple qui suit, on peut voir le cas d'un projet dont la rentabilité dépend exclusivement du versement d'une avance avant le début des travaux.

Calcul de la VAN (3)

	Année 0	Année 1	Année 2	Année 3	Année 4	Année 5	Année 6
Encaissements (millions)							
Facturation brute fonction de l'avancée		12,0	36,0	45,0	45,0	36,0	
Versement d'une avance de 20 %	34,8						
Récupération de l'avance de 20 %		− 2,4	− 7,2	− 9,0	− 9,0	− 7,2	
Constitution d'une garantie de 5 %		− 0,6	− 1,8	− 2,3	− 2,3	− 1,8	
Versement de la garantie en fin des travaux							8,7
Net encaissé	34,8	9,0	27,0	33,8	33,8	27,0	8,7
Décaissements (millions)							
Acquisition de l'équipement	− 36,0						
Charges annuelles d'exploitation		− 8,4	− 25,2	− 31,5	− 31,5	− 25,2	
Net décaissé	− 36,0	− 8,4	− 25,2	− 31,5	− 31,5	− 25,2	0,0
Cash-flow net	− 1,2	0,6	1,8	2,3	2,3	1,8	8,7
VAN 8,10							
TRI 109,9 %							

Il s'agit d'un projet de construction qui se déroule sur cinq années. Les facturations sont réalisées en fonction de l'avancée des travaux. Elles sont minorées de la constitution d'une garantie de 5 % concernant la bonne fin des travaux ; cette garantie sera bien entendu reversée à la fin des travaux, à la fin de la sixième année.

Compte tenu des coûts d'acquisition des équipements initiaux et des décaissements des charges annuelles d'exploitation, un tel projet ne serait pas rentable sans l'encaissement d'une avance de 20 % des travaux à l'origine. Cette avance donne lieu à récupération sous la forme de 20 % des facturations brutes. Nous avons retenu également 15 % comme taux d'actualisation. La VAN est positive (8,10 millions). Il faut cependant noter la faible signification du TRI dans un tel cas, c'est-à-dire lorsque les décaissements initiaux sont faibles ou inexistants. On trouve un TRI de 109,9 %, ce qui ne veut rien dire, et montre les limitations de ce critère dans de telles circonstances.

La preuve qu'un tel projet n'est pas rentable sans l'encaissement d'une avance de 20 % est donnée par le tableau suivant qui reprend les mêmes calculs sans le versement de l'avance et sans sa récupération.

Calcul de la VAN (4)

	Année 0	Année 1	Année 2	Année 3	Année 4	Année 5	Année 6
Encaissements							
Facturation brute fonction de l'avancée		12,0	36,0	45,0	45,0	36,0	
Versement d'une avance de 20 %							
Récupération de l'avance de 20 %							
Constitution d'une garantie de 5 %		− 0,6	− 1,8	− 2,3	− 2,3	− 1,8	
Versement de la garantie en fin des travaux							8,7
Net encaissé	0,0	11,4	34,2	42,8	42,8	34,2	8,7
Décaissements							
Acquisition de l'équipement	− 36,0						
Charges annuelles d'exploitation		− 8,4	− 25,2	− 31,5	− 31,5	− 25,2	
Net décaissé	− 36,0	− 8,4	− 25,2	− 31,5	− 31,5	− 25,2	0,0
Cash-flow net	− 36,0	3,0	9,0	11,3	11,3	9,0	8,7
VAN	− 4,52						
TRI	10,7 %						

La VAN devient négative à − 4,52 millions, compte tenu du même taux d'actualisation de 15 %. Puisque nous sommes revenus dans une situation plus classique, avec un décaissement initial et des encaissements futurs, le critère du TRI redevient significatif, il est de 10,7 %, ce qui montre que si le taux d'actualisation avait été de 10 %, la VAN aurait été positive.

4. LA PROCÉDURE D'ANALYSE DES PROJETS

L'importance stratégique des investissements exige qu'on leur consacre de l'attention et du temps. La plupart des entreprises possède une procédure spéciale consacrée à l'examen des projets d'investissement. Chaque entreprise ou organisation possède sa propre procédure, et on se contentera ici d'esquisser les éléments les plus importants du contenu de la procédure, du formalisme des documents, de l'approche générale et des techniques pour choisir en cas d'abondance de projets.

4.1. Catégorisation

Les procédures obligent le plus souvent ceux qui proposent des projets à les classer dans des catégories qui faciliteront l'examen ultérieur. Le degré de risque inhérent au projet apparaît souvent implicitement dans la catégorisation. Il permettrait, le cas échéant, d'utiliser un taux d'actualisation différent en fonction d'un niveau de risque plus ou moins important.

Les catégories les plus communes sont les suivantes :

- **investissement de capacité** : des équipements actuels commencent à être utilisés à un niveau proche de leur capacité maximale. Le projet d'investissement consiste à augmenter cette capacité pour permettre une croissance du volume d'activité ;

- **investissement de renouvellement** : des équipements actuels arrivent à leur fin de vie technique ou de nouvelles technologies rendent les équipements actuels obsolètes ;

- **gain de productivité** : il s'agit de remplacer un travail manuel par un travail automatisé ou de remplacer un équipement ancien par un équipement moderne plus productif ;

- **introduction de nouveaux produits** : il s'agit d'augmenter la diversité des lignes de produits actuelles ou d'introduire une ligne de produits tout à fait nouvelle. Ce dernier cas est probablement plus risqué que le premier ;

- **projet de réorganisation globale** : cette catégorie peut réunir un grand nombre de projets dont les bienfaits peuvent être réels, mais difficilement calculables ;

- **projets « obligatoires »** : ces investissements peuvent parfaitement n'avoir aucune rentabilité mais être obligatoires à cause de la loi ou d'autres règles qui s'imposent à l'organisation. Une justification par calcul de rentabilité ne sera donc pas toujours pertinente.

4.2. Les acteurs de la procédure et l'attitude de questionnement

Les décisions d'investissement sont des décisions d'essence stratégique. Il ne peut pas être question pour un siège de s'en dessaisir ou de déléguer complètement cette décision aux dirigeants des *business units* :

* d'abord parce que c'est un excellent moyen de discuter des choix stratégiques avec ces derniers ;

* ensuite parce que c'est une manière d'intégrer la stratégie « *business* » ou *marketing* avec la partie financière de la stratégie, en vérifiant notamment que le groupe possède les moyens de financer ses choix stratégiques ;

* enfin parce que c'est un moyen d'intégrer au niveau du groupe des profils de *cash-flow* différents au niveau des *business units,* ce qui permettra de répartir les flux entre unités avant de calculer les besoins nets de financement (ou les ressources nettes dans certains cas).

Quelle que soit la taille de l'entreprise, on peut envisager les différents acteurs suivants :

* le ou les ***managers* qui sont à l'origine du projet**. Ils ont nécessairement la volonté de faire passer ce projet, il serait peut-être exagéré de dire coûte que coûte, mais en tout cas ils vont avoir tendance à le présenter d'une manière favorable ;

* le ou les **dirigeants**, dont la fonction est de prendre la décision ultime.

Il existera le plus souvent un corps de gestionnaires ayant une certaine **expertise** dans l'évaluation technique des projets et dans son évaluation économique et financière.

Dans les très grandes entreprises, lorsque celles-ci encouragent une carrière longue, il existe parfois ce que l'on appelle des **champions du projet**. Ces *managers* ont un poste hiérarchique suffisamment élevé dans l'entreprise et suffisamment d'expérience du secteur d'activité, des techniques, des technologies et du *marketing* pour pouvoir prendre connaissance des projets qui leur sont soumis puis s'en faire les champions auprès de la direction générale.

Dans le cas particulier des *business plans,* c'est l'apporteur de fonds qui examinera le projet en se demandant si ce dernier va contribuer à l'enrichir… ou à le ruiner.

> Quel que soit l'acteur qui va analyser en premier lieu un nouveau projet – le champion ou un gestionnaire à l'expertise technique et financière –, l'attitude qui va prédominer sera le questionnement.

Celui qui présente son projet doit s'attendre à être mis sur le gril, à devoir justifier la plupart de ses hypothèses, de ses estimations et d'abord celles qui vont contribuer le plus à la rentabilité du projet :

- le chiffre d'affaires, aussi bien dans ses composantes de volume que de prix de vente, sera le premier paramètre examiné si le projet repose sur une augmentation de ce dernier ;
- les délais de mise en œuvre du projet seront également examinés, en recherchant des causes possibles de retard ;
- tous les coûts devront être justifiés avec la volonté de s'assurer qu'ils n'ont pas été sous-estimés.

L'attitude de questionnement reposera également sur une **recherche des alternatives possibles**. À partir de la finalité annoncée du projet, on demandera à celui qui le propose d'expliquer s'il a examiné d'autres moyens lui permettant d'atteindre le même objectif. Tout projet qui est présenté avec plusieurs alternatives étudiées, l'une étant présentée comme plus favorable, gagne énormément en termes de crédibilité.

Dans le cas d'un grand groupe, les projets d'un montant suffisamment important doivent être approuvés par un comité exécutif au niveau du siège. Ce comité se fondera le plus souvent sur l'approbation préalable et le support apporté au projet par un directeur de division ou de *business unit,* c'est-à-dire le responsable d'un centre de profit ou d'investissement. Ce dernier va engager sa crédibilité à long terme dans la manière dont il va reprendre à son compte les différents éléments du projet, c'est-à-dire aussi bien sa logique stratégique que les paramètres de chiffrage des ventes et des coûts. C'est dire que le responsable d'un centre de profit doit avoir préalablement examiné les projets qu'il va défendre au niveau du siège avec une attention scrupuleuse. Avant de devenir le « champion » du projet, il se sera entouré des conseils des personnes ayant une expertise lui permettant de s'assurer de la viabilité du projet. La définition des règles du jeu de l'entreprise, son explicitation de la stratégie globale ainsi que la formalisation des critères de choix constitueront des éléments structurants importants, qui auront un impact sur la qualité des projets finalement retenus.

4.3. ROI, EVA et critères de rentabilité des investissements

Parmi les règles du jeu importantes qui structurent les comportements des *managers* dans une entreprise, il y a les règles d'évaluation des performances, avec comme corollaire les règles qui définissent l'attribution des rémunérations variables.

Nous avons évoqué dans le chapitre 7 la possibilité que le critère du ROI, lorsqu'il est utilisé comme critère d'évaluation des responsables des centres d'investissement, puisse dans certains cas introduire un biais chez ces derniers et les conduire à ne pas proposer un projet dont la rentabilité est certaine pour l'entreprise mais pourrait aboutir à une moindre rémunération pour eux.

Nous renvoyons à la lecture de cette partie du chapitre qui montre le type de situation qui a conduit à adopter souvent le critère de l'EVA comme mode prioritaire d'évaluation des dirigeants de centres d'investissement.

4.4. Abondance de projets : retour sur les critères

Nous avons examiné plus haut les critères permettant de calculer la rentabilité des projets. Nous nous étions contentés à ce niveau de calculer la rentabilité d'un projet unique, en vérifiant si sa rentabilité était suffisante pour continuer à être comparée avec celles des projets concurrents.

Nous avons eu l'occasion de dire que le critère du TRI permettait de classer par ordre décroissant de rentabilité les différents projets arrivant en même temps à la direction générale. Un projet avec une rentabilité de 24 % passera en principe avant un projet ayant une rentabilité de 20 %.

Si tous les projets que l'on entend comparer les uns aux autres sont homogènes en termes de trésorerie, avec un profil « traditionnel » de décaissement initial suivi d'encaissements ultérieurs, le TRI sera apte à les classer.

Nous avons cependant vu un exemple pour lequel le TRI était difficilement utilisable : le cas où la rentabilité du projet dépendait du versement de 20 % de son montant par le client en début de réalisation.

Le **critère de la VAN** est cependant **beaucoup plus robuste**. Il nous semblait moins simple à communiquer vers des non-financiers. Heureusement, il existe une technique permettant de continuer à utiliser la VAN tout en classant une grande quantité de projets par ordre décroissant de rentabilité. C'est le **critère de l'indice de profitabilité**, qui va calculer le **ratio VAN/montant de l'investissement initial**.

Grâce à ce critère, il sera possible de comparer deux projets qui possèdent la même VAN mais ont donné lieu à des décaissements initiaux différents.

En pratique

Projet numéro un :
- VAN de 17 119,63 € ;
- pour un investissement de 200 000 € ;
- l'indice de profitabilité du projet un est donc de 0,0856.

Projet numéro deux :
- VAN de 17 119,63 € ;
- pour un investissement de 250 000 € ;
- l'indice de profitabilité du projet deux est donc de 0,0685.

Nous avons choisi une situation où la comparaison était évidente parce que les deux projets possédaient la même VAN, mais ce critère se prête bien à des comparaisons entre des projets qui ont des VAN et des décaissements initiaux largement différents.

4.5. Quelques techniques plus sophistiquées

Les critères précédents constituent la base pour évaluer les différents projets qu'une entreprise peut susciter.

Lorsqu'un projet est à la fois suffisamment complexe et suffisamment important en valeurs d'investissement, il est souvent recommandé de l'analyser au moyen de techniques plus sophistiquées : méthode des scénarios, méthode probabiliste, analyse de réversibilité consistant à tenir compte d'un arrêt anticipé du projet, analyse des risques, etc. On trouvera dans la biographie des ouvrages permettant d'aller plus en profondeur sur des techniques dont l'intérêt dépasse les limites de cet ouvrage.

La technique qui nous semble la plus adaptée aux situations complexes, sans être pour autant elle-même d'une grande complexité, est l'analyse de sensibilité :

- dans un premier temps il s'agit de lister dans un tableur tous les paramètres d'encaissements et de décaissements, année par année, en étant le plus analytique possible quant aux sources de ces *cash-flows* ;
- dans un second temps, on va tâcher de faire varier dans les mêmes proportions et dans un sens défavorable, chacun des paramètres précédents. L'objectif est de déterminer quels sont les paramètres qui, en cas d'impact défavorable, auront le plus d'effet sur la rentabilité globale du projet calculé, par exemple au niveau de la VAN. Il s'agit de classer par ordre décroissant d'impact sur la VAN, les différents paramètres qui participent au calcul de la rentabilité du projet. Le plus souvent, le chiffre d'affaires est le facteur principal, mais le second facteur peut parfaitement se trouver sur un paramètre que l'on n'attendait pas. Parfois même, le chiffre d'affaires et son évolution défavorable par rapport au projet initial ne représente pas le facteur le plus important.

Ce classement des paramètres ayant de l'importance sur la rentabilité du projet conduira à une surveillance particulière au cours de la vie du projet.

SYNTHÈSE

Un investissement est une dépense dont on attend des retombées positives dans l'avenir.

Un investissement ponctuel se suffit à lui-même, alors qu'un *projet* d'investissement a une finalité générale qui nécessitera un certain nombre de lignes différentes dans la liste des dépenses à effectuer.

Le *business plan* est un cas particulier de projet d'investissement, dans les cas où la situation requiert qu'on intègre également dans le raisonnement la manière de financer le projet.

Les entreprises attendent de leurs investissements qu'ils soient stratégiquement pertinents et financièrement rentables.

Le montant de l'investissement intègre l'actif immobilisé, certaines charges liées au projet ainsi que l'évolution du BFR dans les cas où une croissance du chiffre d'affaire est concernée.

La prise en compte des éléments de l'investissement initial ainsi que des éléments futurs doit se faire sur la base de la distinction entre la réalisation du projet et sa non-réalisation. Tous les éléments doivent être traduits sous forme de *cash-flows* (ou flux de trésorerie), ce qui est la seule manière d'uniformiser des éléments hétérogènes.

Ces flux de trésorerie doivent être disposés dans le temps afin de leur faire subir la technique de l'actualisation, qui permet de comparer des flux de trésorerie se produisant à des périodes différentes. La durée des projets doit correspondre à leur finalité. Le taux d'actualisation doit être comparé au coût du capital de l'entreprise.

Les deux critères principaux de calcul de rentabilité sont la VAN et le TRI. Ils reposent tous les deux sur le principe de l'actualisation. Le délai de récupération n'est pas un critère de rentabilité mais un critère d'évaluation du risque qui peut parfois présenter de l'intérêt.

Les entreprises ont intérêt à formaliser leurs procédures de choix des investissements, en faisant connaître leurs critères de choix et d'évaluation. Dans tous les cas, le questionnement sur les différents paramètres du projet constituera le cœur de la démarche.

TEST DE CONNAISSANCES

Q1 – L'investissement comprend…

1 – l'immobilisation.
2 – l'immobilisation et certaines charges incrémentales.
3 – l'immobilisation, certaines charges incrémentales et la variation du BFR.
4 – l'immobilisation, certaines charges incrémentales, la variation du BFR et le financement.

Q2 – Pour calculer la rentabilité d'un projet, on regarde les flux de trésorerie ou *cash-flows* parce que c'est…

1 – le seul moyen d'unifier des éléments hétérogènes.
2 – le langage des financiers.
3 – une notion de base dans le *business*.
4 – une notion renvoyant à la stratégie du groupe.

Q3 – Le *business* plan est à l'investissement ce que…

1 – le ROI est à l'EVA.
2 – la VAN est au TRI.
3 – le tableau des flux de trésorerie est à l'analyse des flux liés à l'investissement.
4 – l'évaluation des financements est à l'évaluation de l'investissement.

Q4 – Quand un projet n'a pas de *cash-flow* initial négatif…

1 – il ne peut y avoir une bonne rentabilité.
2 – la VAN sera nécessairement positive.
3 – ce n'est pas un investissement.
4 – il ne peut y avoir de TRI significatif.

Q5 – Le taux d'actualisation pour le calcul de la VAN est…

1 – le taux de la caisse d'épargne.
2 – le « coût du capital » de l'ensemble de l'entreprise.
3 – le taux d'intérêt que le banquier propose pour financer cet investissement.
4 – le taux d'inflation.

Q6 – Le TRI…

1 – doit être égal au « coût du capital ».
2 – doit être supérieur au « coût du capital ».
3 – doit être supérieur à la VAN.
4 – est le taux d'actualisation pour lequel la VAN est égale à zéro.

Q7 – Pour être sûr que les dirigeants de centres d'investissement envoient bien leurs projets au siège, il vaut mieux…

1 – qu'ils soient évalués selon le ROI plutôt que selon l'EVA.
2 – qu'ils soient évalués selon l'EVA plutôt que selon le ROI.
3 – qu'ils ne connaissent ni les critères d'évaluation ni la manière de les calculer.
4 – qu'ils connaissent la procédure et les critères de choix.

…/…

Q8 – L'inconvénient du TRI, c'est qu'il…

1 – doit se calculer à partir du « coût du capital ».

2 – ne permet pas de classer les différents projets entre eux.

3 – n'est pas sûr en cas de *cash-flows* négatifs multiples.

4 – n'est pas un pourcentage et est donc plus difficile à comprendre par un non-financier.

Q9 – Le délai de récupération…

1 – est un critère de rentabilité.

2 – donne la période maximale à l'issue de laquelle un investissement doit être rentabilisé.

3 – dit à partir de quand un investissement devient rentable.

4 – est un critère de risque.

Q10 – L'indice de profitabilité…

1 – complète la VAN pour comparer des projets de taille différents.

2 – est un délai au-dessus duquel le projet est rejeté.

3 – doit être supérieur au « coût du capital ».

4 – est un ratio investissement/VAN.

Réponses du test :

Q1 : 3 – Q2 : 1 et 4 – Q3 : 3 – Q4 : 4 – Q5 : 2 – Q6 : 2 et 4 – Q7 : 2 et 4 –
Q8 : 3 – Q9 : 4 – Q10 : 1.

Chapitre 14

Le pilotage du *cash*

Marc Polossat

- Connaître la logique de flux induite par l'approche *cash-flow*.
- Savoir comment le *cash* fédère les équipes.
- Savoir pourquoi il est utilisé à tous les niveaux de planification dans l'entreprise.
- Construire un tableau de flux de trésorerie.
- Utiliser l'indicateur *Free Cash-Flow*.

Le lecteur avisé pourrait *a priori* s'interroger sur la présence d'un chapitre sur le *cash-flow*[1] dans un ouvrage consacré au contrôle de gestion. Pourtant, de plus en plus d'entreprises confient les analyses et les prévisions de trésorerie à leurs contrôleurs de gestion, pour des raisons essentiellement liées au fait que ceux-ci occupent une position centrale dans l'organisation et constituent un point de passage obligé de toute information financière qui entre dans l'entreprise ou qui en sort.

Attribuer la responsabilité de l'analyse et de la compréhension de la génération du *cash-flow,* à la fois stratégique et opérationnel, au département contrôle de gestion permet non seulement d'être certain que les multiples hypothèses travaillées lors des discussions budgétaires seront bien prises en

---

1. Nous utiliserons dans ce chapitre indifféremment les termes de « flux de trésorerie » et de « *cash-flow* »

compte dans leur dimension financière, de s'assurer de leur bonne communication dans tous les services de l'entreprise, mais encore et surtout de garder à l'esprit en permanence la nécessaire traduction en monnaie sonnante et trébuchante des décisions de gestion prises à tous les échelons de l'entreprise.

Au-delà de la fonction contrôle de gestion, la prise en compte de la dimension financière dans le suivi de la performance économique ne se résume pas à l'ajout d'un indicateur sur un tableau de bord. Il s'agit aussi de générer un éclairage déterminant, crucial en temps de crise, à pérenniser néanmoins dans l'après-crise, sur la liquidité de l'entreprise.

Cette manière de mesurer l'activité de l'entreprise vient en complément et non en remplacement de toute étude sur la profitabilité. Liquidité et profitabilité s'épaulent donc pour apporter une dimension économique, opérationnelle, moins comptable et sans conteste plus parlante à la performance.

« *Sales is vanity, profit is sanity, cash is reality.* » Cet adage un brin provocateur de l'industriel indien Adi Godrej va sous-tendre notre analyse du rôle incontournable du *cash-flow* dans la mise sous contrôle de l'organisation et dans la mesure de sa performance économique.

1. Une logique de flux

L'approche traditionnelle du contrôle de gestion consiste dans bien des organisations à se focaliser sur les revenus (le chiffre d'affaires) et sur les coûts pour en tirer des analyses de profitabilité (marge brute, valeur ajoutée et autres soldes intermédiaires de gestion) par secteur d'activité, produit, marché, zone géographique, *business unit* ou par toute autre dimension qui apporte un éclairage pertinent sur l'activité.

Loin de nous l'idée que ces analyses soient inutiles : leur caractère irremplaçable dans la compréhension de la performance économique a été démontré, quels que soient le secteur d'activité et la taille de l'entreprise, mais il est tout simplement indispensable d'aller au-delà de cette logique des revenus et des coûts pour parvenir à une notion plus dynamique de flux de trésorerie.

Dans cet ordre d'idées, le contrôleur de gestion est conduit à se poser par exemple la question suivante : « À quoi sert de vendre des produits ou des services à nos clients si ceux-ci paient nos factures en retard, voire ne les règlent pas du tout ? » Il est donc amené à travailler avec le *credit manager* pour vérifier la solvabilité des clients, déterminer la part recouvrable des créances clients qui figurent au bilan et son délai de recouvrement.

> À chacune des étapes de la chaîne de valeur dans l'entreprise, il s'agit de se demander où sont la génération et la consommation réelles, et pas seulement potentielles, de trésorerie.

Cette logique de fonctionnement de l'entreprise en flux de trésorerie, autrement dit en entrées et en sorties d'argent, rejoint tout à fait ce qu'instinctivement, les plus petites entreprises utilisent quotidiennement dans leur gestion, à savoir une approche recettes-dépenses. Au-delà de l'aspect comptable et fiscal, par lequel la grande majorité des commerçants, artisans et professions libérales déclarent leurs chiffres à l'administration sous cette forme, nous sommes ici en présence du simple fonctionnement intuitif, quasi mécanique de l'entreprise, où le bon sens né de l'expérience du dirigeant conduit à privilégier une attitude qui peut se résumer ainsi : « Je ne peux pas dépenser plus que ce que je gagne. » Cette approche pragmatique, naturelle chez les TPE, se développe de plus en plus dans les entreprises moyennes et grandes, où l'on s'intéresse désormais aux flux générés par l'activité opérationnelle.

1.1. Les flux monétaires et non monétaires

L'approche dynamique par les flux repose sur les variations de postes du bilan et du compte de résultat intervenues sur la période considérée. Ces flux sont habituellement décomposés par le contrôle de gestion en :

- flux comptables, ou variations du bilan intervenues entre deux clôtures ;
- flux monétaires qui correspondent à des événements enregistrés au cours de la période, susceptibles d'entraîner des variations de trésorerie lors de la période en cours ou lors d'une période future ;

En pratique

Des ventes de produits ou des achats de services extérieurs sont des flux monétaires.

- flux non monétaires qui représentent une variation sans caractère monétaire ;

En pratique

Les dotations aux amortissements ou aux provisions qui ne sont pas décaissées, bien qu'elles donnent lieu à la constatation d'une charge dans le compte de résultat, sont des flux non monétaires.

- flux de trésorerie, c'est-a-dire les encaissements et décaissements réels, résultats de tous les flux précédents selon le schéma de synthèse suivant.

Résumé des flux

```
        + flux comptables
      +/– flux non monétaires
        = flux monétaires
  +/– variations dues aux décalages de paiement
        = flux de trésorerie
```

Autant la comptabilité générale, et avec elle la comptabilité analytique, qui en utilise les données, se focalisent sur les événements économiques de l'entreprise, autant l'approche par les flux permet d'analyser les événements financiers d'entrées et de sorties de liquidités.

Ainsi, là où un comptable enregistre une vente au moment où le transfert de propriété intervient entre le fournisseur et son client, c'est-à-dire, en pratique, au moment où la marchandise est livrée, le contrôleur de gestion qui utilise l'analyse par les flux de trésorerie s'intéresse à cette opération quand il y a échange d'argent, donc au moment où le client règle sa facture. Il en est de même lorsque son entreprise achète un produit ou un service : l'analyse par les flux enregistre cette opération seulement au moment du paiement.

Cet écart entre enregistrement par la comptabilité et constatation des entrées et sorties réelles de liquidités constitue la variation due aux décalages de paiement évoquée plus haut.

En pratique

Lorsqu'une facture payable à 60 jours est émise, l'analyse par les flux, à la différence des comptabilités générale et analytique, tient compte de ce décalage dans le temps. Elle permet donc de comprendre et d'anticiper les besoins ou excédents de financement.

Ainsi, pendant les 60 jours où la facture est en attente de règlement par le client, l'entreprise devra néanmoins faire face à ses obligations en matière de décaissements, vis-à-vis de ses fournisseurs, de ses employés, de ses banquiers et de l'État.

Le contrôleur de gestion est donc amené à introduire un autre type d'analyse dans le fonctionnement de l'entreprise, analyse fondée d'une part sur les rythmes de décaissement des charges et d'encaissement des revenus, et d'autre part sur la compréhension de tous les flux monétaires qui affectent le bilan et le compte de résultat. En revanche, les flux non monétaires, bien que dûment enregistrés en comptabilité, ne figurent pas dans cette analyse.

C'est ainsi que les flux de trésorerie utilisent les notions suivantes :

* le délai de règlement moyen des clients ;
* le délai de paiement moyen aux fournisseurs ;
* les charges payées annuellement comme les primes d'assurance ;
* la TVA et ses périodicités spécifiques d'encaissement (TVA collectée auprès des clients), de décaissement (TVA déductible sur les factures des fournisseurs) et de paiement mensuel ou trimestriel au fisc ;
* les échéances d'impôts, de taxes et de cotisations sociales ;
* les dates de paiement des diverses formes de rémunération du personnel et des dirigeants ;
* les échéanciers d'emprunt pour le remboursement du capital et le paiement d'intérêts ;
* le plan d'investissements et de désinvestissements ;
* et, de manière générale, tous les revenus encaissés et charges décaissées dont la périodicité est différente de la période considérée.

> La compréhension de ces mécanismes d'entrées et de sorties de fonds, dont le rythme est propre à chaque secteur d'activité, voire à chaque entreprise, est au cœur du travail du contrôleur de gestion en matière de flux de trésorerie. Il met ici en œuvre ses connaissances de l'environnement de marché (clients et fournisseurs) ainsi que son savoir-faire fiscal et social.

De cette synthèse des entrées et sorties de fonds découle une évaluation des flux de trésorerie (vue dynamique) qui explique la position de trésorerie en fin de période étudiée (vue statique).

1.2. Les flux réels et prévisionnels

Tout ce qui a été vu précédemment en matière de flux monétaires, non monétaires et de trésorerie s'applique aussi bien aux flux réels, donc à l'analyse de la performance économique passée, qu'aux flux prévisionnels, où il s'agit de déterminer la direction que prend l'entreprise, à tous les horizons de temps (court, moyen et long termes) nécessaires à une saine gestion.

Cette analyse par les flux de trésorerie peut être résumée comme répondant à un objectif stratégique simple, d'autant plus aigu en temps de crise, mais tout aussi fondamental dans une phase d'expansion économique : assurer la pérennité de l'entreprise.

> D'un point de vue tactique, l'analyse par les flux de trésorerie vise à sécuriser les encaissements pour permettre les décaissements.

La logique comptable d'enregistrement des revenus et des coûts s'en trouve quelque peu bousculée, mais nous sommes ici en présence d'une problématique plus complexe – mais aussi plus intéressante – pour le contrôleur de gestion, celle de la liquidité.

Nous savons par ailleurs que le résultat comptable dépend assez fortement des normes comptables et de l'inévitable interprétation qui en est faite, même sous l'œil critique du commissaire aux comptes : durée d'amortissement, estimation des provisions pour risques et charges, évaluation de la valeur des actifs, pour n'en citer que quelques-unes. Une période de crise complique encore un peu les choses : comment comptabiliser une valeur de marché quand celui-ci devient illiquide ? Comment valoriser des en-cours de production quand la production est en chute libre ? À l'inverse, la méthode des flux de trésorerie a un double atout : elle n'est pas soumise à interprétations et va à l'essentiel.

1.3. Le *cash* fédère les équipes

Parler de flux de trésorerie dans l'entreprise quand on est contrôleur de gestion, c'est utiliser une notion simple, efficace, applicable à tous les départements de l'entreprise, que tout le monde comprend aisément car il est possible de faire un parallèle avec la gestion des recettes et dépenses par un artisan ou même par un ménage. C'est aussi un facteur sur lequel tout employé, quelles que soient sa fonction et sa situation dans la pyramide hiérarchique, peut agir en se sentant « concerné » par la problématique de rareté et de cherté de la ressource liquidités.

On sort ici du travers rencontré parfois dans certaines organisations, qui consiste à penser que les chiffres en général et la trésorerie en particulier sont la responsabilité et l'apanage de la direction financière. Au contraire, tout le monde peut participer à cet effort, avec des résultats immédiats, visibles et compréhensibles : il suffit d'un peu de bon sens ! Cette approche par le *cash-flow,* quand elle fait l'objet d'une appropriation adéquate au sein de l'organisation, a par conséquent un fort aspect fédérateur dans les équipes.

En pratique

Suivant la logique des flux de trésorerie :
- l'acheteur sera amené à réfléchir sur le bien-fondé d'une remise additionnelle consentie par un fournisseur, en échange d'un paiement accéléré de la facture, voire d'un règlement comptant ;
- le commercial réfléchira avant d'accorder un délai de règlement inhabituellement long à un client ;
- le gestionnaire de stock constatera le gel de liquidités que représente un stock de matières premières ou de marchandises non optimisé.

Le contrôleur de gestion possède avec l'analyse des flux de trésorerie un outil de communication à utiliser sans modération pour faire passer des messages simples sur l'attention permanente à porter à la conservation du *cash*. Cet outil peut être employé dans les réunions à tous les niveaux de l'entreprise, il ne nécessite pas de connaissances comptables, ni de compréhension du fonctionnement détaillé du bilan et du compte de résultat.

Cette approche est plus parlante que de longues démonstrations sur les réductions de coûts dans un environnement industriel, qui restent parfois un peu théoriques pour qui ne connaît pas parfaitement l'outil de production de l'entreprise.

En pratique

Pour un projet de réduction du temps de cycle de production, le contrôleur de gestion veillera à mettre en valeur un chiffrage explicite en *cash* des économies potentielles, en plus du traditionnel indicateur opérationnel sur la réduction en nombre d'heures ou de jours.

Par ailleurs cet état de la trésorerie de l'entité peut être valablement mis à contribution pour les discussions sur la performance économique lors des réunions mensuelles entre direction et comité d'entreprise. C'est un excellent support de communication sur la situation financière de l'entreprise, qui génère souvent d'intéressants échanges sur les activités du mois écoulé et permet de jeter un éclairage impartial sur les bonnes et mauvaises nouvelles qui émaillent nécessairement la vie de l'entreprise. Cette technique permet souvent de dépassionner le débat en orientant les discussions vers la recherche de solutions (un retard de paiement d'un gros client, par exemple) plutôt que vers la quête de responsabilités. L'aspect transversal, interfonctionnel de la situation de trésorerie sied parfaitement à l'esprit de ces réunions.

En outre, certaines entreprises, en particulier américaines, ont carrément fait du *cash-flow* l'indicateur essentiel, suivi quotidiennement, de la performance économique de leurs filiales partout dans le monde. On touche ici à l'essence même de l'entreprise : dans cette configuration, le contrôleur de gestion en charge de l'analyse et de l'explication des flux de trésorerie joue un rôle crucial dans l'organisation, à la mesure de l'indicateur clef qu'il suit et dissèque. Il participe alors activement à l'instillation d'une culture *cash*. Ma conviction est que la culture *cash* va s'imposer durablement comme principe de gestion et que les entreprises qui tarderont à le comprendre (mais en reste-t-il ?) compromettront leurs chances de développement, voire leur survie.

1.4. Le *cash* à tous les niveaux de la planification

Cet axe primordial d'analyse par les flux de trésorerie se retrouve dans chacun des niveaux de planification de l'entreprise, de la vision stratégique à long terme du comité de direction jusqu'au pilotage de la trésorerie à la semaine ou même au jour le jour, en passant par le suivi des projets et des investissements.

1.4.1. Le long terme

Introduire une composante *cash-flow* dans le plan stratégique est quasiment acquis dans le monde de l'entreprise. C'est même devenu un des éléments-clefs de la perspective « finance » telle que définie dans le modèle BSC développé dans le chapitre 13. Quelle que soit la méthode adoptée pour construire ce plan stratégique, c'est aussi un point de contrôle obligé pour valider les hypothèses sur lesquelles il est bâti : tendances du marché, émergence de nouveaux produits, croissance organique ou externe, modes de financement de la croissance, évolution de la rentabilité économique, possibilités d'investissement, niveau de désinvestissement envisagé, BFR[1] requis pour assurer le fonctionnement, tous ces éléments une fois chiffrés et additionnés doivent fournir une situation de trésorerie saine à long terme, à même de convaincre les prêteurs de fonds de l'entité, banques et/ou actionnaires, du bien-fondé de la stratégie.

> L'indicateur *cash-flow* est de plus en plus utilisé par les entreprises pour communiquer sur leurs perspectives de développement auprès des analystes financiers et des investisseurs, en Bourse en particulier.

---

1. Le besoin en fonds de roulement (BFR) est développé dans le paragraphe consacré au *free cash-flow* plus loin dans ce chapitre.

Ces derniers étant de leur côté demandeurs en la matière, il est fort probable que la situation de trésorerie devienne dans un avenir proche le premier critère d'appréciation des plans stratégiques, au-delà des repères habituels sur la part de marché, la marge opérationnelle et le résultat net.

1.4.2. Le moyen terme

La démarche des flux de trésorerie s'applique aussi à la planification à moyen terme, dont voici quelques éléments :

• nous avons vu dans le chapitre 6 que le budget de trésorerie est la résultante de tous les budgets opérationnels, depuis le chiffre d'affaires jusqu'aux investissements. Il valide ainsi l'intégralité des budgets qui se trouvent en amont et consacre le *cash-flow* comme l'un des éléments clefs de la performance économique de l'entreprise ;

• en matière d'analyse de rentabilité des investissements, nous avons aussi insisté (voir chapitre 14) sur le rôle crucial joué par les *cash-flows* prévisionnels dans l'acceptation ou le refus d'un projet. Les techniques d'analyse les plus fiables et les plus répandues à ce jour, la VAN et le TRI, font appel aux flux de trésorerie pour valider les hypothèses opérationnelles plutôt qu'à la notion de résultat comptable. On reste bien ici dans la logique d'entrées et de sorties d'argent développée dans ce chapitre. Notons au passage que l'investissement recouvre sous un même vocable différents cas de figure, dont les principaux sont :

  – une nouvelle activité que les dirigeants de l'entreprise souhaitent créer, développer en interne ou acheter sur le marché ;

  – un nouvel outil de production pour une activité existante ;

  – un projet transversal de type mise en place d'ERP[1] ;

  – mais aussi des projets de désinvestissement d'une activité, d'une géographie ou d'un produit ;

• lorsque l'entreprise est organisée en *business units,* un des critères de performance économique comparée sera le *cash-flow* prévisionnel, toujours en complément d'une analyse plus traditionnelle de marge opérationnelle.

1.4.3. Le court terme

Le pilotage de la trésorerie à la semaine ou la décade, agrémenté de prévisions glissantes sur un laps de temps déterminé (généralement le mois) était

---

1. *Enterprise Resource Planning,* système unique et intégré de gestion de l'entreprise.

courant dans la grande majorité des organisations jusqu'à la crise de 2009. Celle-ci a renforcé l'importance du *cash-flow* comme indicateur de performance, car il en va ni plus ni moins de la survie de l'entreprise, compte tenu d'un accès au crédit moins facile. On touche ici à des éléments très opérationnels, à un suivi des encaissements et des décaissements qui se fait maintenant très souvent au jour le jour plutôt qu'à la semaine ou à la décade.

> **Plus l'entreprise est petite, ou plus elle dépend d'un nombre restreint de clients, plus elle doit surveiller finement ses entrées et sorties de liquidités, de manière à éviter les (mauvaises) surprises et donc à anticiper d'éventuelles difficultés.**

Le dialogue fréquent avec le banquier ou le groupe est donc déterminant : le contrôleur de gestion en charge des prévisions à court terme distinguera lors de la phase de préparation à ce dialogue :

- les difficultés de trésorerie structurelles, par exemple des délais de règlement inappropriés accordés aux clients dans les conditions générales de vente ;
- les difficultés conjoncturelles : un souci passager chez un client significatif de l'entité.

Cette distinction permet ensuite de travailler directement avec les opérationnels à un plan d'actions destiné à réduire puis surmonter ces difficultés autant que possible. Garder un maximum de contrôle sur le *cash* contribue grandement à fluidifier la relation avec le prêteur à court terme. Ce contrôle passe une nouvelle fois par un travail d'équipe quasi constant entre le contrôleur de gestion et l'ensemble des départements de l'entreprise.

On retrouve bien ici le rôle pivot du contrôle de gestion, à la croisée de tous les flux d'information entrant et sortant de l'entreprise. Par ailleurs certains groupes sont allés au bout de la logique de suivi journalier du *cash* en demandant à leurs filiales un *reporting* quotidien de la position de trésorerie et des principaux éléments qui la composent.

En pratique

Le *reporting* quotidien de la position de trésorerie est particulièrement courant dans les secteurs industriels à cycle de production long, consommateur de *cash*, comme les biens d'équipement à la commande (pompes, turbines).

D'autres groupes ont mis en place, par pays ou mieux pour la zone euro, des systèmes de *cash-pooling*, ou mise en commun des ressources en trésorerie des différentes filiales. Par ce mécanisme, les filiales excédentaires en *cash* financent les filiales structurellement déficitaires en liquidités, ce qui permet de réduire l'appel aux banques pour le financement à court terme. En outre, les excédents éventuels de trésorerie au niveau du groupe sont placés sur le marché en une fois, chaque matin : l'effet volume permet d'obtenir des taux plus avantageux que si cela était fait par chacune des entités séparément. Dès que la taille du groupe devient significative (disons 500 personnes), ce système est d'autant plus recommandé que les principales banques commerciales proposent des services efficaces et peu onéreux en la matière.

2. LE TABLEAU DE FLUX DE TRÉSORERIE

Le tableau de flux de trésorerie (TFT) est l'état financier de référence pour le contrôleur de gestion qui suit la performance en *cash-flow* de son entreprise. Son format s'applique à tous les niveaux de planification que nous venons de voir, en introduisant la dose de cohérence dans l'information qui est la marque de fabrique d'un bon contrôle de gestion. Le TFT est un remarquable outil d'analyse des variations de trésorerie, qui permet notamment de répondre aux questions suivantes :

- la trésorerie s'est-elle améliorée ou dégradée au cours de la période et pourquoi ?
- l'entreprise a-t-elle investi, et si oui comment ses investissements ont-ils été financés ?
- de manière concomitante, l'entreprise a-t-elle désinvesti de certains secteurs et si oui, quel a été le produit des cessions et comment a-t-il été utilisé ?
- l'entité a-t-elle mieux ou moins bien géré ses actifs circulants (stocks et créances clients) par rapport à la période précédente ?
- même question avec les dettes fournisseurs ;
- les flux dégagés par les ventes de produits et/ou de services sont-ils suffisants pour rembourser les emprunts à moyen et long terme et pour servir un dividende aux actionnaires ?

D'un point de vue légal, les textes français requièrent l'établissement annuel d'un bilan, d'un compte de résultat et d'une annexe pour toutes les entités juridiques. Dans le cadre de la loi sur la prévention des difficultés des entreprises, est aussi obligatoire la production d'un tableau de financement, qui détaille les emplois et ressources de l'exercice en ayant recours aux notions de fonds de roulement et de BFR. Technique, voire administratif, un peu difficile d'accès pour qui n'a pas de solides connaissances comptables et financières, on lui préférera largement le TFT.

Le TFT est, lui, défini par les normes comptables internationales IFRS et US Gaap[1], qui en font le quatrième document obligatoire de clôture au même titre que le bilan, le compte de résultat et l'annexe évoqués plus haut. Il présente un premier avantage : regrouper l'intégralité des flux de trésorerie qui ont affecté la période considérée dans un rapport simple, utilisable dans toutes les activités et quelle que soit la taille de l'entité.

Son deuxième avantage est d'avoir atteint un niveau de standardisation suffisant au niveau international, bien qu'encore imparfait, pour permettre la comparabilité des entreprises et des secteurs d'activité.

Principe du tableau de flux de trésorerie

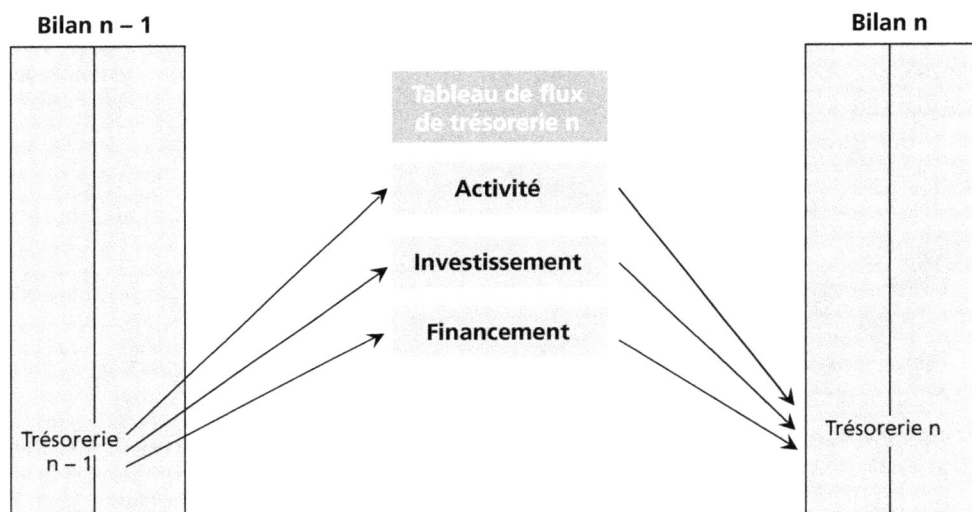

Le TFT retrace l'ensemble des flux de trésorerie qui expliquent le passage du bilan en fin de période n – 1 au bilan en fin de période n.

Par opposition au bilan, statique, photographie du patrimoine de l'entreprise à l'instant *t*, le TFT exprime, lui, une vision dynamique des entrées et sorties de trésorerie. Il a aussi pour mérite notoire de ne s'intéresser qu'aux flux monétaires, retraités des décalages de paiement et de règlement, en laissant ainsi de côté toutes les écritures comptables qui reflètent les flux non monétaires.

---

1. IFRS : International Financial Reporting Standards, adoptés essentiellement par l'Union européenne.
   US Gaap : United States Generally Accepted Accounting Principles, utilisés dans la zone dollar.

Il regroupe les flux de trésorerie en trois grandes catégories, qui correspondent aux trois cycles de la logique de gestion financière d'une entreprise : l'activité ou exploitation, les investissements et le financement, que nous allons étudier successivement.

La variation de la trésorerie entre le bilan de la période n – 1 et celui de la période n est la résultante de ces trois cycles.

NB : les périodes n et n – 1 sont volontairement laissées à l'appréciation du lecteur. Selon le type de TFT qu'il est en train de bâtir, le contrôleur de gestion utilisera des périodes de temps très courtes (semaine ou décade) ou plus longues (trimestre, semestre, exercice comptable).

2.1. Flux de trésorerie des activités opérationnelles

Les activités opérationnelles sont définies par les normes comptables internationales comme étant « celles qui génèrent les revenus (produits et services) de l'entreprise et n'appartiennent pas aux deux autres activités, investissement et financement ». Sont classés dans cette catégorie :

- les règlements des clients ;
- les encaissements de dividendes en provenance de filiales ;
- les encaissements de produits financiers ;
- les paiements aux fournisseurs ;
- les paiements de toute nature aux salariés (salaires, primes, bonus, participation, intéressement, commissions) et aux organismes sociaux (Urssaf, Pôle Emploi, caisses de retraite et de prévoyance, mutuelles) ;
- les paiements d'intérêts sur les emprunts et autres charges financières ;
- les paiements d'impôts et de taxes à l'État et aux collectivités locales.

Par convention internationale, les entrées d'argent se voient affecter le signe + et les sorties d'argent le signe –.

2.2. Flux de trésorerie d'investissement

Les activités d'investissement retracent l'acquisition et la cession d'actifs à long terme et d'autres placements non inclus dans les équivalents de trésorerie, autrement dit les immobilisations financières en comptabilité française. Les composantes de cette catégorie sont donc :

- les acquisitions et cessions d'immobilisations corporelles ou incorporelles ;
- les acquisitions et cessions d'actifs financiers exclus de la classification comptable des disponibilités.

Les flux d'investissement sont négatifs puisqu'ils enregistrent une sortie d'argent et inversement les flux de désinvestissement sont positifs.

2.3. Flux de trésorerie de financement

Les activités de financement sont les opérations qui entraînent des variations du montant des capitaux permanents, formés des capitaux propres (actionnaires) et des capitaux empruntés (banques ou groupe). Entrent dans cette catégorie :

- les entrées de trésorerie liées à l'émission d'instruments de capitaux propres, par exemple une augmentation de capital en numéraire ;
- les sorties de trésorerie auprès des actionnaires : paiement de dividendes, rachat d'actions en bourse ;
- les entrées et sorties de trésorerie en raison de souscriptions et de remboursements d'emprunts en principal ;
- les entrées et sorties de trésorerie lorsque l'entité accorde des prêts puis en obtient le remboursement en capital ;
- les sorties de trésorerie dues à une réduction de dette relative à un contrat de location-financement, autrement dit la part de remboursement en capital incluse dans une annuité de crédit-bail.

Les flux de trésorerie des activités de financement sont positifs lorsque l'entreprise a mis en place de nouvelles ressources de financement à moyen ou long terme, comme des emprunts auprès des banques ou du groupe. Ils sont négatifs quand l'entreprise est en phase de remboursement d'emprunts ou de paiement de dividendes.

La combinaison des trois flux de trésorerie évoqués ci-dessus permet d'obtenir la variation des disponibilités d'un bilan à l'autre. Cette variation des comptes comptables de banque, de caisse et de valeurs mobilières de placement à l'actif, de découvert bancaire au passif, assure la réconciliation entre le bilan d'ouverture et le bilan de clôture.

2.4. La construction du tableau de flux de trésorerie

Elle se fait en plusieurs étapes :

- détermination des flux comptables : il s'agit des variations des postes de bilan d'une période à l'autre ;
- élimination des flux non monétaires : certaines des variations des postes de bilan ne donnent pas lieu à une entrée ou une sortie d'argent. On trouve

dans cette catégorie les variations des comptes de provisions (pour dépréciation d'actifs ou pour risques et charges au passif) et des comptes d'amortissements. Ne donnent pas lieu non plus à un flux monétaire les augmentations de capitaux propres et diminutions concomitantes d'emprunts obligataires à la suite d'une conversion d'obligations en actions, ou encore d'une augmentation de la valeur des titres de participation par mise en équivalence d'un résultat non distribué en dividendes ;

- reconstitution des flux de trésorerie « cachés » : un flux comptable peut montrer par exemple une augmentation de 1 000 des emprunts au cours de la période. Le contrôleur de gestion analysera le compte plus finement pour déterminer si cette variation est en fait la résultante d'une souscription de nouvel emprunt pour 1 500 et d'un remboursement d'emprunt existant pour 500 ;

- choix d'une méthode pour les flux de trésorerie d'exploitation.

2.4.1. La méthode indirecte

Elle part du résultat net, tout en bas du compte de résultat, et l'ajuste des éléments qui ne sont pas du *cash-flow*. Elle « remonte » donc le compte de résultat en opérant d'abord un retraitement des produits non encaissables et des charges non décaissables. Comme nous l'avons vu, les dotations aux amortissements et aux provisions sont, par exemple, des charges non décaissables.

Un deuxième retraitement est ensuite mis en œuvre pour tenir compte des variations dues aux décalages de paiement et de règlement. Il s'agit à ce niveau d'analyser la partie à court terme du bilan hors éléments financiers, donc essentiellement à l'actif les stocks et les créances clients, et au passif les dettes fournisseurs, plus les dettes fiscales et sociales. En effet, les postes d'actif correspondent à des emplois de fonds et les postes de passif à des ressources financières. De cette logique découlent les règles suivantes :

- l'augmentation d'un actif non monétaire constitue une « immobilisation » (au sens financier et non comptable) supplémentaire de fonds, donc un emploi, ou une dégradation de la trésorerie ;

- la diminution d'un actif non monétaire constitue une ressource, ou une amélioration de la trésorerie ;

- la diminution d'un passif non monétaire est un emploi, ou une dégradation de la trésorerie ;

- l'augmentation d'un passif non monétaire est une ressource, ou une amélioration de la trésorerie.

Tableau des emplois et ressources

Emplois	Ressources
Consommation de liquidités Flux négatif de trésorerie	Génération de liquidités Flux positif de trésorerie
Augmentation d'actif	Augmentation de passif
Diminution de passif	Diminution d'actif

C'est ainsi qu'à l'actif, une augmentation des créances clients au cours de la période « immobilise » des liquidités, ce qui revient à diminuer le flux de trésorerie généré par ailleurs par l'activité. Dans le TFT, cette augmentation de créances se traduit donc par un montant négatif, consommateur de trésorerie. Inversement, une diminution de ces mêmes créances constitue une ressource qui génère de la trésorerie et se traduit par un montant positif dans le TFT.

En pratique

Si le chiffre d'affaires de la période est de 1 000 et que le poste créances clients est passé de 400 en fin de période n − 1 à 480 en fin de période n, le TFT montre dans la méthode indirecte deux lignes pour la période n :
- un montant de ventes de 1 000, implicitement inclus dans le flux de trésorerie positif généré par le résultat net ;
- une augmentation du poste créances clients, matérialisée par un flux de trésorerie négatif de 400 − 480 = − 80.

D'où un effet positif total, donc une génération de liquidités, de 1 000 − 80 = 920.

Au passif, l'augmentation de la dette fournisseurs est une ressource qui vient améliorer le flux de trésorerie généré par l'activité. Une diminution de cette même dette fournisseur, inversement, consomme du *cash* et se traduit par un montant négatif dans le TFT.

En pratique

Si les achats de matière de la période sont de 600 et que le poste dette fournisseurs est passé de 300 en fin de période n − 1 à 330 en fin de période n, le TFT fait figurer dans la méthode indirecte deux lignes :
- un montant d'achats de − 600, implicitement inclus dans le flux de trésorerie positif généré par le résultat net ;
- une augmentation du poste dette fournisseurs, matérialisée par un flux de trésorerie positif de 330 − 300 = 30.

D'où un effet négatif total, donc une consommation de liquidités, de − 600 + 30 = − 570.

Cette « gymnastique » de fonctionnement des comptes de bilan est fondamentale dans l'élaboration des flux en méthode indirecte : elle permet de réconcilier les écarts entre le résultat net et le *cash-flow* d'exploitation. Elle requiert par conséquent toute l'attention et le savoir-faire du contrôleur de gestion.

En pratique

États financiers de la société XYZ

Compte de résultat	Année n	Bilan	Année n	n − 1
Chiffre d'affaires	37 500	**Actif**		
		Immobilisations	4 220	4 000
Coût des produits vendus	28 100	– Amortissement	– 852	– 400
		Stocks	520	940
Marge brute	9 400	Clients	9 413	8 793
		Trésorerie nette	475	– 430
Services externes	1 520	Total de l'actif	13 776	12 903
Impôts et taxes	840			
Salaires bruts	4 010	**Passif**		
Charges sociales patronales	1 845	Capital	8 513	8 513
Charges financières	10	Réserves	343	0
Dotation aux amortissements	452	Résultat de la période	382	343
Dotation aux provisions	150	Provisions	280	130
		Emprunt à LT	200	0
Résultat avant impôt	573			
		Fournisseurs	3 567	3 393
Impôt sur les sociétés	191	Organismes sociaux	339	328
Résultat net	382	État	152	196
		Total du passif	13 776	12 903

Le tableau de flux de trésorerie pour l'année n se présente ainsi en méthode indirecte :

Société XYZ : tableau de flux de trésorerie

Méthode indirecte	Année n
Cash-flow d'exploitation	
Résultat net	382
Ajustements	
Amortissements	452
Provisions	150
Diminution des stocks	420
Augmentation des créances clients	– 620
Augmentation des dettes fournisseurs	174
Augmentation des dettes sociales	11
Diminution des dettes fiscales	– 44
Cash-flow d'exploitation	925
Cash-flow lié à l'investissement	
Achats d'immobilisations	– 220
Ventes d'immobilisations	0
Cash-flow lié à l'investissement	– 220
Cash-flow lié au financement	
Souscription d'emprunt	200
Remboursement d'emprunt	0
Cash-flow lié au financement	200
Trésorerie nette de l'année	905

La trésorerie nette dégagée au cours de l'année n (905 k€) représente bien la variation entre les situations bilancielles de trésorerie en fin d'année n (+ 475 k€) et en fin d'année n – 1 (– 430 k€). Elle est maintenant décomposée grâce au TFT, d'abord en un flux positif généré par l'exploitation, lui-même expliqué par le résultat net, une forte diminution des stocks et une sensible augmentation des créances clients. Le flux de trésorerie nécessaire à l'investissement a, lui, été presque entièrement financé par l'emprunt. Grâce à ces éléments la société XYZ a pu redresser une situation de trésorerie déficitaire en fin d'année n – 1 de 430 k€. Il n'en reste pas moins que la gestion du poste créances clients doit être optimisée pour éviter d'« immobiliser » trop de liquidités dans le cycle d'exploitation.

2.4.2. La méthode directe

D'approche sensiblement différente, la méthode directe ne « remonte » pas au résultat net de la période mais fait apparaître les variations des postes du bilan *directement* (comme son nom l'indique) dans les flux de trésorerie d'exploitation par nature :

* entrées d'argent : règlements des clients et encaissements de dividendes ;
* sorties d'argent : paiements aux fournisseurs, aux salariés, aux organismes sociaux, aux banques, à l'État et aux collectivités locales.

En pratique

Si l'on reprend l'exemple précédent avec les créances clients, le TFT montre dans la méthode directe une seule ligne, la rubrique « Encaissement des créances clients » avec un flux de trésorerie positif de 1 000 + 400 – 480 = 920.

Pour le deuxième exemple avec les dettes fournisseurs, le TFT fait figurer dans la méthode directe là aussi une seule ligne, la rubrique « Paiement des dettes fournisseurs » avec un flux de trésorerie négatif de – 600 + 30 = – 570.

Société XYZ : Tableau de flux de trésorerie

Méthode directe	Année n
Cash-flow d'exploitation	
Encaissements	
Clients	36 880
Autres	0
Sous-total encaissements	36 880
Décaissements	
Fournisseurs	– 29 026
Personnel et charges sociales	– 5 844
Banque	– 10
État	– 1 075
Sous-total décaissements	– 35 955
Cash-flow d'exploitation	925
Cash-flow lié à l'investissement	
Achats d'immobilisations	– 220
Ventes d'immobilisations	0
Cash-flow lié à l'investissement	– 220
Cash-flow lié au financement	
Souscription d'emprunt	200
Remboursement d'emprunt	0
Cash-flow lié au financement	200
Trésorerie nette de l'année	905

Bien que fortement recommandée par les normes internationales, la méthode directe ne recueille guère les suffrages des entreprises qui produisent des TFT : la plupart d'entre elles utilisent à ce jour la méthode indirecte. La méthode directe a pourtant l'avantage de montrer des éléments de flux simples (clients, fournisseurs, salariés, organismes sociaux, banques, État) sans avoir à recourir à des variations de comptes de bilan. Elle a donc pour principal mérite de permettre une communication plus fluide avec tous ceux qui n'appartiennent pas à la communauté financière, et qui donc ne manient pas quotidiennement les notions d'emplois et de ressources, à commencer par les salariés de l'entreprise. Dans l'attente d'une évolution prévisible des normes internationales en ce sens, il est préférable de privilégier la méthode directe, au moins quand il s'agit de communiquer avec des non-financiers.

2.4.3. Élimination de la plus-value de cession en méthode indirecte

La plus-value (ou moins-value) de cession des immobilisations est incluse dans le résultat net au compte de résultat. Elle figure aussi dans le flux de trésorerie d'investissement, qui prend en compte les cessions à leur prix de vente réel. Le contrôleur de gestion veillera donc à l'éliminer du flux de trésorerie d'exploitation en méthode indirecte, pour éviter qu'elle ne soit comptée deux fois dans le TFT.

Cessions d'immobilisations

+ Résultat net
+ Moins-value de cession
− Plus-value de cession
= Résultat net retraité des cessions d'immobilisations

2.5. L'analyse du tableau de flux de trésorerie

L'élaboration du TFT amène le contrôleur de gestion à analyser la santé financière de son entité, qui repose fondamentalement sur la capacité de l'entreprise à générer un flux de trésorerie positif à partir de ses activités courantes. Un *cash-flow* négatif au niveau de l'exploitation est ainsi un indicateur avancé de difficultés majeures qui se profilent, même en présence d'un bénéfice. Le flux de trésorerie d'exploitation permet en effet à l'entreprise :

- d'assurer la maintenance et le renouvellement de ses actifs d'exploitation ;
- de financer sa croissance par l'investissement ;
- de rémunérer ses actionnaires (dividendes) ;
- d'avoir accès à des sources de financement externes (emprunts bancaires).

Un TFT d'entreprise cotée, disponible sur Internet tous les trimestres, tient habituellement sur une ou deux pages. Sa lecture met en lumière les grandes tendances de la gestion financière au cours de la période écoulée. Au-delà, c'est un outil d'analyse irremplaçable pour qui veut prendre connaissance rapidement des faits marquants de la période.

Nous avons vu avec l'exemple de la société XYZ que l'analyse du TFT permet de déterminer immédiatement où les efforts de gestion doivent porter : au-delà de la nécessaire profitabilité (le résultat net) un chef d'entreprise ou un investisseur chercheront toujours à diminuer les stocks et les créances clients tout en augmentant les dettes fournisseurs. La réalité est évidemment plus compliquée mais le TFT a le mérite de mettre en évidence les points sur lesquels une optimisation est prioritaire.

2.5.1. Le free cash-flow ou flux de trésorerie disponible

Un nombre croissant d'entreprises internationales utilise l'Ebitda[1] (*Earnings Before Interest, Tax, Depreciation and Amortization,* ou résultat avant intérêts, impôt sur les sociétés et amortissement, quasi-équivalent[2] anglo-saxon de notre excédent brut d'exploitation) comme indicateur majeur de la performance économique, que ce soit au niveau des filiales ou au niveau du groupe consolidé. Cet indicateur constitue un commencement de référence aux flux de trésorerie dans la mesure où il élimine une partie des flux non monétaires, principalement les dotations aux amortissements et aux provisions. Ce n'est néanmoins pas tout à fait un indicateur de liquidité puisqu'il s'intéresse aux flux monétaires, donc aux produits encaissables et aux charges décaissables.

Corollaire du précédent, et concentré lui sur les flux de trésorerie eux-mêmes, donc sur les produits encaissés et les charges décaissées, le *free cash-flow* (FCF), en général calculé après impôt sur le résultat, est devenu depuis quelques années un instrument de mesure incontournable pour nombre de secteurs économiques.

---

1. Les Américains ont deux mots pour désigner l'amortissement : « *depreciation* » pour les immobilisations corporelles et « *amortization* » pour les immobilisations incorporelles.
2. La différence entre EBE et Ebitda provient de deux éléments : les dotations aux provisions pour risques et charges d'exploitation ainsi que la participation des salariés aux bénéfices. Un compte de résultat en normes internationales est présenté par destination : les dotations aux provisions pour risques et charges d'exploitation sont agrégées aux charges elles-mêmes et la participation des salariés, analysée à juste titre comme un élément de rémunération, est ajoutée aux charges de personnel. Un Ebitda contient donc ces coûts. En revanche, le compte de résultat français présente séparément les dotations aux provisions pour risques et charges d'exploitation dans un compte 68 du Plan comptable général et la participation des salariés dans un compte 69, qui ne rentrent pas dans le calcul de l'EBE.

Le flux de trésorerie disponible après impôt se calcule ainsi :

Le *free cash-flow*

+ Ebitda (EBE) +/– variation du BFR +/– impôt sur le résultat (IS) +/– investissements, nets des désinvestissements = FCF (flux de trésorerie disponible après impôt)

Le BFR mesure les liquidités qui sont « immobilisées » (au sens financier du terme, et non comptable), autrement dit investies, dans le cycle d'exploitation de l'entreprise. C'est ce qui permet à l'entité de fonctionner au quotidien, en consommant de la trésorerie à court terme (stocks et créances clients) tout en dégageant des ressources à court terme (dettes fournisseurs, fiscales et sociales). Dans la pratique on le calcule à partir du bilan ainsi :

Le BFR

+ stocks + créances clients – dettes à court terme (fournisseurs, État, organismes sociaux) = BFR

La variation du BFR au cours de la période considérée représente la consommation de liquidités nécessitée, ou l'excédent de liquidités généré, par le cycle d'exploitation.

En pratique

Selon les secteurs d'activité le fonctionnement de l'entreprise requiert du *cash* (industrie en général), autrement dit demande un besoin en fonds de roulement (le BFR est alors positif) ou génère du *cash* (grande distribution, assurance). Les contrôleurs de gestion parlent alors dans ce dernier cas un peu improprement de BFR négatif plutôt que d'excédent ou de dégagement de fonds de roulement.

L'intérêt principal du *free cash-flow* est de mesurer le flux de trésorerie disponible qui revient aux apporteurs de fonds de l'entreprise, à savoir les actionnaires et les prêteurs. C'est donc une évaluation de la capacité de l'entreprise d'une part à rembourser ses prêteurs (les banques ou le groupe) tout en leur servant un intérêt, et d'autre part à rémunérer ses actionnaires. Comme par ailleurs cet indicateur est presque (des divergences de détail continuent à exister, il est donc conseillé de définir le calcul du FCF dans l'annexe) norma-lisé au niveau international, il permet de faciles comparaisons entre les entre-prises.

Ainsi PSA Peugeot Citroën, lors de la publication de ses résultats semestriels en juillet 2009, a choisi de communiquer sur son *free cash-flow* positif plutôt que sur son résultat opérationnel négatif fortement dégradé par un marché automobile alors sinistré par la crise du crédit.

En pratique

Calcul du FCF pour l'entreprise XYZ

	Année n	n − 1
Besoin en fonds de roulement	5 875	5 816
Ebitda	1 185	
Variation du BFR	− 59	
Impôt sur les sociétés (IS)	− 191	
Investissements	− 220	
Free cash-flow	715	

Le BFR a augmenté d'une année sur l'autre, ce qui signifie que 59 k€ ont été injec-tés, autrement dit consommés, dans le cycle d'exploitation au cours de l'année n pour financer le fonctionnement de l'entreprise. Le FCF de 715 k€ représente les liquidités disponibles pour rembourser les emprunts et rémunérer les actionnaires. Uti-lisé en valeur absolue, ou en pourcentage des ventes, le FCF permet des comparai-sons rapides avec les entreprises du même secteur d'activité ou du même groupe.

SYNTHÈSE

En définitive, l'approche par le *cash-flow* met en évidence les flux de trésorerie entrants et sortants, en vue d'analyser la performance économique dans une opti-que complémentaire de la profitabilité : la liquidité. C'est un enjeu essentiel pour le *manager* d'aujourd'hui, quel que soit l'horizon de temps étudié : la capacité de l'entreprise à générer de la trésorerie dans un monde de crédit moins abondant est une donnée qui est « épluchée » par toutes les parties prenantes de l'entre-prise (actionnaires, analystes financiers, investisseurs, banques, salariés, clients et fournisseurs). Aidé par un outil puissant, le tableau de flux de trésorerie, et par un indicateur en passe de devenir universel, le *free cash-flow,* le contrôleur de ges-tion ajoute une autre dimension à son activité de mise sous contrôle de l'organisa-tion pour laquelle il travaille.

TEST DE CONNAISSANCES

Q1 – Pour mesurer la performance économique, l'approche par les flux de trésorerie…

1 – remplace l'analyse de profitabilité.
2 – complète l'analyse de profitabilité.

Q2 – La conservation du *cash* est une notion simple à utiliser, que tout le monde comprend dans l'entreprise.

1 – Vrai.
2 – Faux.

Q3 – L'analyse des flux de trésorerie concerne…

1 – la planification stratégique.
2 – les études d'investissements et de projets à moyen terme.
3 – la gestion au jour le jour des liquidités.

Q4 – La présentation du tableau de flux de trésorerie (TFT) est définie par…

1 – le Plan comptable général.
2 – le *Code du commerce*.
3 – le *Code général des impôts*.
4 – les normes comptables internationales IFRS et US Gaap.

Q5 – Le TFT s'intéresse sur une période donnée aux flux de trésorerie…

1 – d'exploitation.
2 – d'investissement.
3 – de financement.
4 – vers les banques.
5 – vers les actionnaires.

Q6 – La méthode directe de construction du TFT est recommandée par les normes internationales pour sa lisibilité par des non-financiers.

1 – Vrai.
2 – Faux.

Q7 – Une augmentation du poste créances clients au cours de la période…

1 – génère de la trésorerie.
2 – consomme de la trésorerie.
3 – est neutre en matière de trésorerie.

Q8 – Le besoin en fonds de roulement…

1 – représente la trésorerie « gelée » dans le cycle d'exploitation de l'entreprise.
2 – se calcule par la formule BFR = stocks + créances clients – dettes fournisseurs.
3 – est le découvert quotidien que l'entreprise doit négocier avec son banquier.

.../...

Q9 – Une augmentation du poste dettes fournisseurs au cours de la période...

1 – génère de la trésorerie.

2 – consomme de la trésorerie.

3 – est neutre en matière de trésorerie.

Q10 – L'Ebitda et le *free cash-flow* sont deux indicateurs de plus en plus suivis par les analystes financiers et les investisseurs.

1 – Vrai.

2 – Faux.

Réponses du test :

Q1 : 2 – Q2 : 1 – Q3 : 1, 2 et 3 – Q4 : 4 – Q5 : 1, 2, et 3 – Q6 : 1 – Q7 : 2 – Q8 : 1 et 2 – Q9 : 1 – Q10 : 1.

Partie 3

LES SPÉCIFICITÉS SECTORIELLES DU CONTRÔLE DE GESTION

Chapitre 15

Banque et assurance

Marie-Noëlle Désiré-Luciani

- Connaître les particularités de gestion dans la banque et dans l'assurance.
- Comprendre les incidences clefs des spécificités de la banque et de l'assurance sur la fonction de contrôle de gestion pour mieux en cerner le rôle.
- Connaître les outils incontournables et spécifiques au contrôle de gestion dans ces deux secteurs.

Au commencement était la tontine, la gestion de la tontine et, bien sûr, le contrôle de gestion de la tontine qui était à l'époque fait sous une forme mutualiste.

Mais, depuis, les temps ont quelque peu changé, même si les principes et les risques n'ont, eux, pas beaucoup changé.

Pourquoi un chapitre commun et spécifique à ces deux secteurs d'activité, banque et assurance ?

D'abord parce qu'ils partagent tous deux quelques spécificités, ensuite parce qu'ils ont été souvent associés aux grands maux de nos sociétés, notamment du fait de l'importance de leurs rôles dans nos économies.

La principale spécificité commune à ces deux secteurs est leur qualification d'« intermédiaires financiers », entre les agents économiques, en ajustant l'offre à la demande de capitaux, c'est-à-dire en drainant les capacités de financement de certains agents pour les prêter ou replacer ensuite à d'autres agents.

Ainsi, la base des métiers de la banque (appelée également établissement de crédit) et de l'assurance consiste à gérer :

- de la confiance ;
- la contre-valeur de cette confiance sous forme monétaire ;
- des risques ;
- du temps.

Alors, à l'occasion de toute catastrophe financière, naturelle ou humaine d'envergure, tous les pays et acteurs économiques sont attentifs à leurs réactions et capacités de réactions, et pour cause : les milliards qu'ils brassent pèsent lourd.

En pratique

Quelques ordres de grandeur

Secteur en France	Indicateurs	2011	2010
Banque	Produit net bancaire	+ 140 Mds€	+ 143 Mds€
Assurance (Vie et non-vie)	Produits financiers	+ 28 Mds€	+ 66 Mds€
Total des deux secteurs		+ 168 Mds€	+ 209 Mds€

Source : Rapport 2011 de l'ACP (Autorité de contrôle prudentiel) – Banque de France « Les chiffres du marché français de la banque et de l'assurance ».

Cela représente effectivement des sommes très importantes, même lorsqu'on les compare au montant des recettes fiscales nettes de l'État français qui s'élève à 275 milliards d'euros dans le projet de loi de finances de l'année 2012.

Nous présentons dans le présent chapitre les spécificités qui leur sont communes mais aussi celles qui les distinguent, car la conjonction de ces deux activités ne doit pas mener à leur confusion… même si l'exercice d'activités communes de part et d'autre a conduit à la « bancassurance ».

1. LE CADRE PARTICULIER DE CES DEUX SECTEURS D'ACTIVITÉ

1.1. Leurs particularités communes

1.1.1. Les supports de leur gestion : capitaux et risques ou risques et capitaux

À la base, banques et assurances gèrent des capitaux. Les flux physiques entrants et sortants qu'ils ont à gérer sont des capitaux et leur activité d'intermédiaire financier a pour but d'ajuster au mieux ces entrées et sorties en montant et dans le temps.

C'est cet ajustement qui est vendu comme le service de base et que banque et assurance vendent à leurs clients. Leur rôle est, de surcroît, d'être les garants de ces ajustements.

Du coup, ce support de gestion et cette garantie d'engagement entraînent en banque et en assurance une aversion pour le risque, réel ou la survenance du risque non correctement évalué au préalable. Ainsi, toute leur activité est fondée sur ce risque, qu'elles vont chercher à évaluer pour mieux le limiter pour la banque et le couvrir pour l'assurance. Et même si les risques qu'elles ont à gérer diffèrent, elles ont bien une aversion commune pour le risque, d'autant plus importante que le risque est dilué dans chaque opération traitée et potentiellement significatif en montant pour chaque opération.

La particularité de ces supports et des risques à gérer entraîne bien des contrôles.

1.1.2. La vente de prestations de services et de produits caractérisés par le futur... et ses aléas

Banque et assurance vendent et donc font payer des produits qui les lient à leurs clients pour une période future et dont les risques et la rentabilité ne sont connus réellement que dans le futur. Cela implique :

- la nécessité pour elles d'évaluer, aujourd'hui, donc *a priori,* les risques futurs ;
- un suivi particulier de ces engagements futurs, hors bilan, donnés et/ou reçus qui fait l'objet d'une présentation particulière dans les comptes annuels ;
- un formalisme juridique, sous forme contractuelle, ventes de produits et services ;
- un suivi particulièrement attentif des écarts entre le réel et l'évaluation prévisionnelle, la rentabilité de chaque vente étant en jeu ;
- une évaluation future du risque fondée sur une approche statistique globale et une approche particulière ;
- des systèmes d'informations très lourds pour gérer un nombre très important (voire gigantesque) d'opérations, de produits, de contrats et dont la rentabilité est toujours particulière. Ces systèmes d'informations sont « la » source d'informations pour le contrôle de gestion.

1.1.3. Un monopole d'engagement de leur activité : le contrôle en amont

De par la nature de leur support de gestion, les capitaux, les risques associés, et après quelques scandales, les lois successives ont abouti rapidement à cerner les activités de banque et assurance le plus en amont possible, notamment par la nécessité d'agréments pour l'exercice de leurs différentes activités. Ces agréments sont différents selon les produits et autorisent banque et assurance à **l'appel public à l'épargne**.

Seule une compagnie d'assurances peut garantir des produits d'assurance et seul un établissement financier peut accorder des prêts au public.

C'est pour cette raison que les noms des compagnies d'assurances doivent obligatoirement figurer sur les contrats proposés par les banques ou agents. Il en est de même pour les contrats de prêts proposés par des agents.

Des produits peuvent en revanche être distribués par des personnes qui n'ont pas nécessairement la compétence d'un assureur ou d'un banquier. Ces personnes doivent cependant obligatoirement avoir été formées aux produits.

1.1.4. Des activités particulièrement réglementées et contrôlées

1.1.4.1. Réglementations

La banque et l'assurance sont parmi les activités les plus réglementées partout dans le monde.

Sans entrer dans les nombreux textes de lois, décrets, règlements qui leur sont applicables et les organes qui en contrôlent le respect et l'application, voici les points clefs qui ont une incidence sur la gestion :

* ces réglementations ont pour objectif la protection des assurés contre l'insolvabilité par manque de liquidités de leur banque ou assureur tant à court terme qu'à long terme ;
* ces réglementations ont également pour objectif la préservation de la stabilité du système financier.

Compte tenu des enjeux concernés, banque et assurance font l'objet d'une multitude de réglementations et d'angles de contrôles visant à s'assurer de leur respect.

Les réglementations qui concernent le plus la fonction contrôle de gestion sont actuellement **Bâle II** pour la banque et **Solvency II** pour l'assurance, en complément du **Code monétaire et financier (CMF)**.

Mais la crise financière qui a, depuis 2007, fortement impacté les marchés financiers et plus globalement l'économie mondiale, a permis de mettre en exergue la non-adéquation du cadre réglementaire défini par Bâle II aux situations extrêmes.

Aussi, le comité de Bâle a décidé de procéder à une réforme intégrale de ce cadre prudentiel afin de l'adapter à un environnement bancaire devenu de plus en plus incertain et volatil.

Ainsi, l'évolution vers Bâle III, intègre de nouveaux critères de fonds propres et de gestion du risque de liquidité.

De plus, le secteur financier est exposé au risque de blanchiment des capitaux et de financement du terrorisme. À ce titre, il est assujetti à des **dispositions en matière de lutte contre le blanchiment des capitaux et le financement du terrorisme (LCB-FT)**.

1.1.4.2. Contrôles externes spécifiques

* Banques et assurances font l'objet de contrôles externes qui leur sont spécifiques et d'un dispositif de contrôle interne qui se veut performant. Selon les articles du Code monétaire et financier et du Code des assurances, **par le ministre chargé de l'Économie**, concernant le pouvoir réglementaire, après avis du Comité consultatif de la législation et de la réglementation financières (CCLRF), qui remplace en conséquence le Comité de la réglementation bancaire et financières (CRBF) et la Commission de la réglementation du Conseil national des assurances (CNA).

  Le CCLRF est chargé de donner, sur saisine du ministre, un avis sur tous les projets de textes normatifs à portée générale traitant de questions relatives au secteur de l'assurance, au secteur bancaire et aux entreprises d'investissement (loi, ordonnance, décret, arrêté, ainsi que règlement européen et directive européenne), à l'exception des textes portant sur l'Autorité des marchés financiers (AMF) ou entrant dans les compétences exclusives de celle-ci.

* Depuis janvier 2010, la banque et l'assurance sont contrôlées par l'**Autorité de contrôle prudentiel** (ACP). Issue de la fusion de la Commission bancaire (CB) et de l'Autorité de contrôle des assurances et des mutuelles (Acam), l'ACP est une autorité administrative indépendante adossée à la Banque de France, chargée de l'agrément et de la surveillance des établissements bancaires et d'assurance dans l'intérêt de leurs clientèles et de la préservation de la stabilité du système financier.

  Le rassemblement, au sein d'une seule autorité, a été mis en œuvre pour améliorer l'efficacité du système de supervision : accroître la stabilité financière, renforcer la sécurité des consommateurs et mieux faire entendre la voix de la France en Europe et dans les négociations internationales.

* **L'Autorité des marchés financiers** (AMF), issue de la fusion de la COB (Commission des opérations de Bourse) et du CMF (Conseil des marchés financiers), regroupés dans un souci de rationalisation, a pour mission de veiller à la protection de l'épargne investie dans les instruments financiers,

à l'information des investisseurs et au bon fonctionnement des marchés d'instruments financiers.

L'AMF réglemente et contrôle l'ensemble des opérations financières portant sur les sociétés cotées. Elle autorise la création de Sicav et de FCP, agrée les sociétés de gestion lors de leur création. Elle définit le cadre réglementaire de fonctionnement des entreprises de marché (Bourses, systèmes de règlement-livraison) et des entreprises d'investissement, et plus généralement des professionnels des services d'investissement.

L'AMF peut procéder à des contrôles ou à des enquêtes et éventuellement sanctionner les contrevenants.

• **La Banque de France** membre de l'Eurosystème, assure la mise en œuvre de la politique monétaire unique définie par le conseil des gouverneurs des banques centrales de la zone euro. Concrètement, les établissements de crédit qui souhaitent obtenir des financements auprès de la banque centrale peuvent participer aux appels d'offres qui ont lieu chaque semaine aux conditions définies par l'Eurosystème.

La Banque de France surveille et réglemente le fonctionnement du marché bancaire. Cette mission est menée à bien plus spécialement au sein de différents comités fonctionnant sous son égide : l'Autorité de contrôle prudentiel (ACP), le Comité de la réglementation bancaire et financière (CRBF), le Comité des établissements de crédit et des entreprises d'investissement (CECEI), le Conseil national du crédit et du titre (CNCT) et le Comité consultatif.

L'ACP a en outre été désignée comme l'autorité compétente en matière de contrôle du dispositif préventif de lutte contre le blanchiment des capitaux et le financement du terrorisme.

• **Les clients** : oui, et de manière d'autant plus virulente en cas de problème qu'il s'agit de leur porte-monnaie.

1.1.4.3. Dispositif de contrôle interne

Compte tenu de tout ce qui précède, leur dispositif de contrôle interne se veut très fort :

• par différentes mesures de reconnaissance et d'évaluation des risques ;
• par une culture de contrôle très forte, en particulier en banque ;
• par une évaluation des systèmes de contrôle interne par les autorités prudentielles ;
• par une séparation claire et très poussée des tâches et des responsabilités.

La particularité de l'intensité de ce contrôle interne est aussi liée :

- aux « grands nombres » que banque et assurance ont à prendre en considération en gestion :
  - pour la banque, d'une multitude de transactions réelles à chaque seconde, présentant chacune des risques potentiels ;
  - pour l'assurance, d'une multitude de risques potentiels à chaque seconde ;
- et au caractère très dilué des risques.

Ce dispositif de contrôle interne a pour but d'identifier et de gérer au mieux les risques, mais comme le risque ne peut être complètement supprimé, annihilé, la technique choisie est :

- pour la banque, la division du risque, pour le minimiser le plus possible en le relativisant dans un contexte plus global ;
- pour l'assurance, la mutualisation du risque, permettant de le relativiser dans un contexte plus global.

En découlent, bien sûr, des indicateurs spécifiques de suivi des… risques !

Les réglementations de Bâle II et Solvency II accentuent la demande d'un contrôle interne fort en imposant un « véritable » dispositif de mesures et de supervision du risque, mais cette culture de séparation de la gestion des risques risque, c'est bien le cas de le dire, de conduire à l'effet pervers inverse : la difficulté de vérification de la pertinence des contrôles et surtout de leur efficacité, notamment en termes d'identification des risques. Nous reviendrons sur ce point au chapitre suivant concernant le rôle de la fonction contrôle de gestion.

1.2. Leurs particularités distinctes

Les principales considérations techniques, professionnelles et de surveillance qui conduisent à des particularités de gestion distinctes sont les suivantes et ont pour base leurs différences de cycle d'exploitation et de structure de leur passif.

1.2.1. Des structures de comptes spécifiques

1.2.1.1. Pour l'assurance

La présentation simplifiée des comptes d'une compagnie d'assurances ayant une activité d'assurance-vie et une activité d'assurance non-vie, est la suivante.

Le bilan simplifié

Le compte de résultat simplifié

1.2.1.2. Pour la banque

Ses comptes ont la particularité de se présenter en liste. Toutefois, une présentation visuelle des comptes annuels peut être la suivante.

Le bilan simplifié de la banque

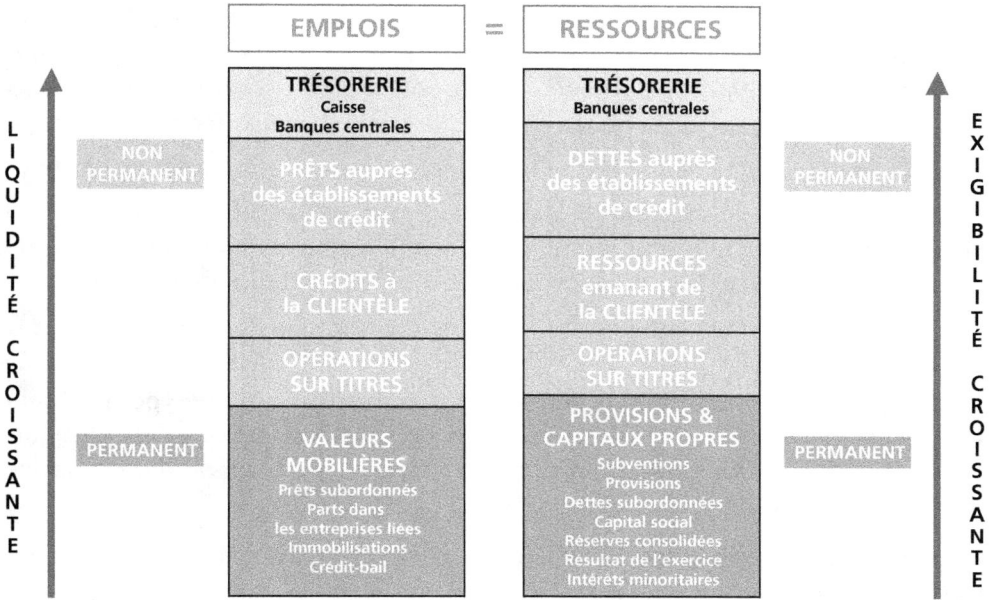

EMPLOIS	=	RESSOURCES

LIQUIDITÉ CROISSANTE

NON PERMANENT

TRÉSORERIE Caisse Banques centrales	TRÉSORERIE Banques centrales
PRÊTS auprès des établissements de crédit	DETTES auprès des établissements de crédit
CRÉDITS à la CLIENTÈLE	RESSOURCES émanant de la CLIENTÈLE
OPÉRATIONS SUR TITRES	OPÉRATIONS SUR TITRES
VALEURS MOBILIÈRES Prêts subordonnés Parts dans les entreprises liées Immobilisations Crédit-bail	PROVISIONS & CAPITAUX PROPRES Subventions Provisions Dettes subordonnées Capital social Réserves consolidées Résultat de l'exercice Intérêts minoritaires

PERMANENT

NON PERMANENT

PERMANENT

EXIGIBILITÉ CROISSANTE

Le compte de résultat simplifié de la banque

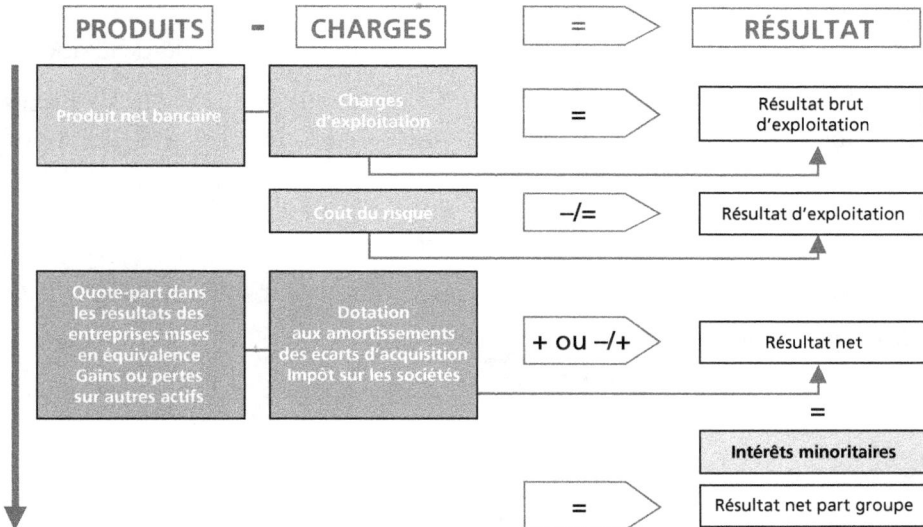

PRODUITS	−	CHARGES	=	RÉSULTAT

Produit net bancaire	Charges d'exploitation	=	Résultat brut d'exploitation

	Coût du risque	−/=	Résultat d'exploitation

Quote-part dans les résultats des entreprises mises en équivalence Gains ou pertes sur autres actifs	Dotation aux amortissements des écarts d'acquisition Impôt sur les sociétés	+ ou −/+	Résultat net

=

Intérêts minoritaires

= Résultat net part groupe

1.2.2. Un cycle d'exploitation inversé pour l'assurance

Un assureur reçoit des primes à un instant *t*. Or, l'encaissement des primes précède le versement des prestations ou des éventuelles indemnités à planifier aux instants *t* + *n*. À l'inverse, la prestation première des banques consiste à accorder des crédits. En conséquence, les flux de sortie des fonds à un instant *t* correspondant aux capitaux prêtés, précèdent les flux futurs de rentrées aux instants *t* + *n* engendrés par le remboursement des crédits. L'assurance en reçoit d'abord avant de donner, la banque donne d'abord avant de recevoir. C'est pour cette raison que l'on parle de cycle d'exploitation inversé pour l'assurance.

Cette particularité de l'assurance a une incidence importante sur sa gestion et sur sa rentabilité : outre son activité de base de gestion du risque, elle aura une activité de placement de capitaux, source de rentabilité financière.

1.2.3. Une structure de passif particulière pour la banque

Une banque a une dette à court terme très importante, constituée pour l'essentiel par les dépôts à vue de ses clients, lesquels peuvent représenter plusieurs fois le montant de ses capitaux propres. Autrement dit, le passif d'une banque a une durée moyenne très courte.

Une entreprise d'assurance se trouve dans une situation inverse : les dettes figurant à son passif représentent des engagements à payer dans l'année en cours pour les assurances de dommages à développement court, mais ces engagements portent sur plusieurs années pour les dommages à développement long, et jusqu'à plusieurs dizaines d'années pour les assurances-vie. Le passif des entreprises d'assurances a donc une durée plus longue que celle des banques.

Cette épuration longue du passif des assurances, liée à des engagements à long terme, est une raison supplémentaire de réglementation et de contrôle renforcé de l'activité des assureurs.

1.2.4. Les autres spécificités de la banque

Elles peuvent se résumer à :
- des métiers différents :
  - banque de financement,
  - banque d'investissement,
  - banque de détail,
  - auxquels s'ajoute parfois le métier d'assureur ;

- des opérations dans de nombreuses devises ;
- un contrôle spécifique par le Conseil européen des superviseurs bancaires (CEBS) et la Banque centrale européenne (BCE).

À ce titre et à la demande du CEBS, 91 grandes banques européennes ont été soumises à des « *stress tests* » afin de vérifier leur capacité de résistance à un choc négatif majeur. Cet exercice a été orchestré par le CEBS sur la base d'un scénario central arrêté par la BCE.

1.2.5. *Les autres spécificités de l'assurance*

Elles peuvent se résumer à des métiers différents :

- assurance-vie ;
- assurance non-vie ;
- auxquelles s'ajoute parfois le métier de banquier.

2. LES OBJECTIFS ET ENJEUX DU CONTRÔLE DE GESTION

2.1. La création de valeur : enfer ou paradis ?

Au départ, la création de valeur est une nécessité pour toute activité. Mais elle est d'autant plus appréciée dans une activité de prestation de services que le client appréciera le rapport qualité/prix.

Si l'assureur, à l'inverse de ses clients, ne crée pas de véritables richesses, il a pour rôle de permettre à sa clientèle de préserver financièrement la richesse créée et/ou d'accompagner et d'aider au développement de sa richesse ou de son patrimoine.

La banque, elle, pour parler de l'ensemble du secteur, s'est encore vue récemment décriée après la crise, du fait de la perception des responsabilités des erreurs de la crise à comparer aux bénéficiaires des ajustements apportés à la suite de ces erreurs.

Dans ce contexte, la nécessité d'une gestion transversale apparaît centrale dans l'émergence des problèmes. Pourtant, la particularité du positionnement de la fonction aussi bien en banque qu'en assurance est qu'elle est très peu décentralisée, ce qui est bien dommage, car la vision transverse du contrôle reste le véritable enjeu de la fonction *et* de toute l'entreprise, banque ou assurance.

2.2. Besoin de décloisonnement global dans l'entreprise

L'organigramme hiérarchique permet d'avoir une répartition des responsabilités entre la direction générale et la structure de l'établissement, de repérer les métiers et activités selon les pays. Cependant, il n'y a pas d'organigramme type et il est fonction de la gouvernance et de la structure.

Exemple d'organigramme

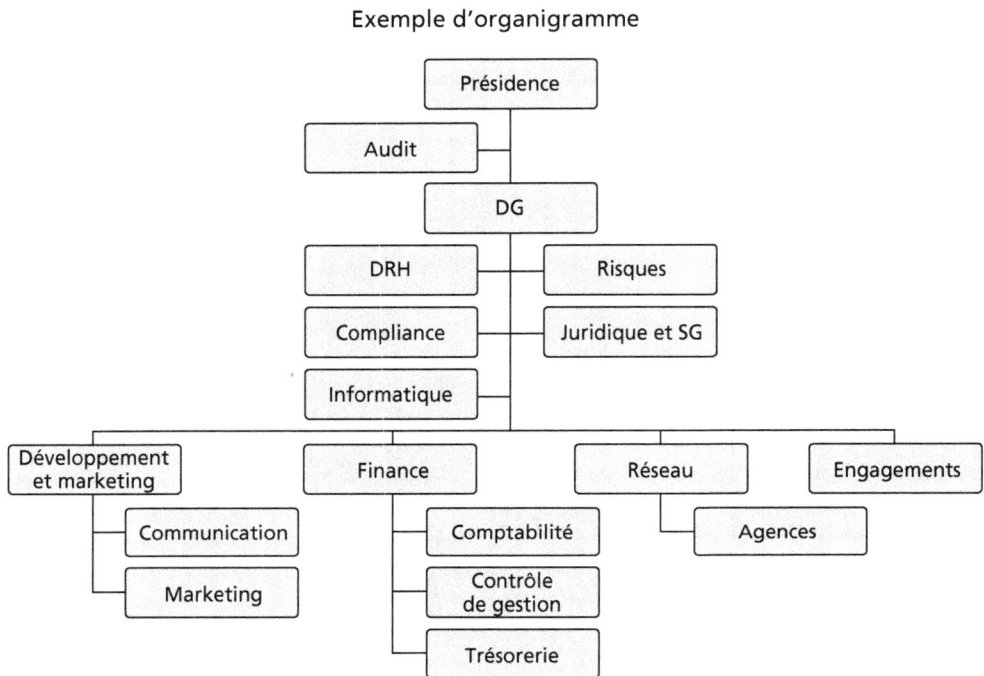

Les rôles du contrôle de gestion :
• aide au pilotage de la stratégie ;
• aide au pilotage de l'équilibre des contraintes réglementaires ;
• aide au pilotage des centres de responsabilités ;
• et le contrôle de la gestion des risques.

Ce qui, au final, rend le contrôle de gestion fort et utile réside dans sa véritable transversalité ou non, car c'est la perte du lien entre performance locale ou spécifique et performance globale qui annihile cette masse de contrôles.

L'absence d'intégration du contrôle de la gestion des risques à sa fonction conduit alors à diviser encore les contrôles, limitant ainsi la transversalité.

La création d'une ligne de métier « contrôle des risques » part d'un souhait de sécurisation supplémentaire mais répond-elle au fondement du problème du contrôle de la gestion des risques dans ces structures ? La suite des évolutions apportera très certainement ses réponses.

3. LES OUTILS INCONTOURNABLES ET LEURS ENJEUX

3.1. Les outils incontournables et communs à la banque et à l'assurance

3.1.1. Le contrôle interne pour un contrôle des risques !

De quels risques s'agit-il ?

De tous les risques « classiques » que l'on tentera d'identifier, de contrer, de gérer, d'évaluer qui sont notamment présentés au chapitre 9 de notre ouvrage. La particularité commune de la banque et de l'assurance réside dans le caractère accru des risques à gérer.

Dans tous les cas de figure, en effet, le risque apparaît dans un contexte où il y a un aléa, c'est-à-dire un événement qui peut se réaliser mais dont on ne peut pas prévoir la réalisation effective ou, quand l'événement est inéluctable comme la vieillesse ou le décès, ne pas prévoir la date de sa réalisation.

Le risque n'a pas le même sens pour les financiers et pour les assureurs :

- pour le financier, le risque est un écart par rapport à une rentabilité attendue. Cet écart est mesuré le plus souvent par la volatilité, c'est-à-dire par l'écart type de la distribution des rentabilités ;

En pratique

> Un investissement financier, un placement en actions, par exemple, est d'autant plus risqué que l'écart type de sa rentabilité est grand. Mais le risque peut être tantôt négatif, tantôt positif. La distribution des rentabilités peut être parfaitement voulue de réaliser une perte, par rapport à la moyenne.

- cette définition statistique du risque n'est pas pertinente pour les assureurs, car en assurance il n'y a pas de gains aléatoires susceptibles de compenser les pertes. Quand l'aléa se réalise, l'assureur est appelé à indemniser l'assuré, mais quand l'aléa ne se réalise pas, l'assureur ne gagne pas plus que la prime d'assurance, qui n'est pas aléatoire puisque l'assuré l'a déjà payée. Dans le domaine de l'assurance, il y a donc une asymétrie fondamentale entre les gains certains et les pertes aléatoires.

Le tarif et les prix d'aujourd'hui sont fixés par l'appréciation aujourd'hui, *ex ante*, des risques futurs. Banque et assurance compensent alors le risque de sous-estimation de leurs risques en augmentant leurs primes pour les assurances ou leur taux d'intérêt pour les banques.

3.1.2. ABC et ABM ou le pilotage par les activités et les processus

La méthode ABC *(activity based costing)* présentée au chapitre 9 est particulièrement utilisée dans les secteurs de la banque et de l'assurance. En effet, compte tenu de la multitude de produits et services proposés à leurs clients, de leur spécificité parfois unitaire, de l'accroissement de leur complexité et de la forte prévalence des charges indirectes en général, les méthodes classiques de calcul de coût complet n'étaient pas adaptées. La taille de ces entreprises a été une raison supplémentaire d'utilisation de la méthode ABC jusqu'à piloter par l'ABM *(activity based management)*.

La connaissance des coûts de gestion et des coûts de revient constitue une étape fondamentale de la mesure de la rentabilité et la comptabilité analytique est à la base des systèmes de mesure de la rentabilité et du suivi des risques.

Dans les secteurs de la banque et de l'assurance, la comptabilité analytique est complexe du fait de la multiplicité des axes d'analyse. Le catalogue des produits est très vaste et les services facturés pas toujours mesurables (exemple : le coût d'un prêt).

De ce fait, l'architecture du système de calcul des coûts utilise fortement les principes de la méthode ABC qui offre :

- une méthode, des référentiels et une granularité communs à tous les acteurs ;
- une approche processus métiers permettant de disposer de la décomposition des coûts par organisation et pour chacun des produits ;
- la prise en compte des frais commerciaux, de support et de structure.

L'approche, qui s'articule autour d'une description opérationnelle des métiers, sert de base pour engager des plans de réduction des coûts ou de pilotage de la productivité, en vue d'améliorer la rentabilité globale. Le système de comptabilité analytique permet :

- d'isoler l'ensemble des produits en tant qu'objet de coûts ;
- d'analyser de façon transverse les organisations pour chaque coût de produit ;
- d'identifier des coûts globaux et unitaires ;
- de décomposer le coût des produits par nature de charge et par activité.

Le découpage en activités des processus de production des coûts permet de mettre en lumière des zones de risque opérationnel sur lesquelles il est possible de chiffrer la mise en place de procédures additionnelles.

Le coût des activités peut être modélisé par entités (pays, régions, agences) afin de constituer une base de *benchmarking* facilitant des comparaisons et des échanges les meilleures pratiques.

Les calculs de coûts et de marges peuvent aider au calcul de la politique tarifaire, en définissant des objectifs de volume pour rendre un produit rentable, compte tenu des investissements engagés. Le coût d'un produit non rentable structurellement (par exemple : chèque) peut conduire à une politique d'externalisation auprès de prestataires externes.

Par son côté multidimensionnel, le calcul des coûts permet une segmentation plus fine (croisement produit-client, produit-canal).

L'ABC permet de répondre plus finement aux appels d'offres de grands comptes ou de confrères souhaitant externaliser une partie de leur activité.

Cette méthode permet aussi de chiffrer des prestations internes effectuées entre directions fonctionnelles.

En pratique

Si une banque souhaite dans le futur gérer X % de virements supplémentaires à coût inchangé, il est possible d'effectuer des simulations qui détermineront les allocations de ressources optimales pour permettre aux activités concourant à ces virements d'absorber la hausse des volumes prévus. C'est l'occasion de mieux comprendre les coûts informatiques et de mettre en place une facturation interne pour les prestations informatiques.

Les activités peuvent être classées selon qu'elles apportent ou non de la valeur ajoutée à la création ou la fourniture d'une prestation de service pour le client. Dans une approche organisationnelle, les activités sans valeur ajoutée seront, soit éliminées, soit réduites, selon qu'elles interfèrent sur d'autres activités ou pas.

En associant les coûts d'activités et les volumes des inducteurs, le système de gestion produit des indicateurs de productivité de chaque activité. Ils reflètent le niveau d'efficience des activités.

Ce type de pilotage s'inscrit dans l'enjeu de gestion transversale fixé au contrôle de gestion de ces deux secteurs d'activité : garant de la performance transversale, partenaire dans la prise de décision, et la mise en œuvre de plan d'actions.

Cependant, même si cette approche est intéressante pour ces secteurs qui raisonnent et fonctionnent par processus, elle contribue parfois à un « cloisonnement » des activités les unes par rapport aux autres, notamment en termes financiers de prix des activités utilisés, ce qui est dommage car le résultat attendu est à l'opposé.

3.2. Les *key performance indicators* (KPI) spécifiques aux compagnies d'assurances

La rentabilité d'une entreprise d'assurance dépend de deux activités distinctes : la gestion technique des contrats d'assurance et la gestion financière des portefeuilles de placements alimentés par les primes des assurés. Les deux activités peuvent être rentables, comme il se peut que l'une des deux ne le soit pas. En cas de sinistralité importante, il est fort possible que le total des primes encaissées soit inférieur au total des prestations versées aux assurés. Dans ce cas, c'est la rentabilité des portefeuilles de placement qui compense les pertes techniques des entreprises d'assurance dommages. Il existe en conséquence deux familles de ratios : les techniques, qui tiennent compte de la gestion des contrats d'assurance et les comptables qui intègrent tous les éléments techniques et financiers de la gestion.

3.2.1. Les ratios techniques

3.2.1.1. Le ratio de performance combiné

Ce ratio est le rapport de la somme des frais de gestion et du coût des sinistres sur le total des primes encaissées par une compagnie d'assurances.

$$\text{Ratio combiné} = \frac{\text{coût des sinistres + réassurance + charges d'exploitation}}{\text{chiffre d'affaires}}$$

C'est l'indicateur d'efficacité de la gestion technique des compagnies d'assurances. Il est souvent légèrement supérieur à cent. Dans ce cas, ce sont les produits des placements financiers qui compensent l'excédent des coûts des sinistres par rapport au montant des primes.

> La rentabilité globale de l'entreprise d'assurance dépend autant, sinon plus, de la qualité de la gestion de ses placements que de la qualité de la gestion de son portefeuille d'assurés.

L'atteinte de l'équilibre de rentabilité passe notamment par les actions suivantes :

- limiter le coût des sinistres :
  - en dirigeant les clients vers des réparateurs agréés,
  - en respectant le contrat *stricto sensu*,
  - en qualifiant au mieux, dès le départ, la sinistralité potentielle du dossier et en jouant sur le niveau de franchise,
  - en surveillant le portefeuille d'assurés,

- en renégociant le montant des garanties,
- en procédant à des opérations de prévention (primes pour les marchés des professionnels de santé) ;
- limiter les charges d'exploitation en faisant la chasse au gaspi ;
- ajuster le chiffre d'affaires par une analyse des zones de circulation permettant d'adapter les tarifs au mieux et une coordination des montants prime/garanties/franchise.

3.2.1.2. Le ratio sinistres à primes

Ce ratio est utilisé pour l'activité d'assurance dommages et met en évidence l'évolution de la sinistralité au cours du temps. Il est exprimé en pourcentage :

$$\frac{\text{Montant des indemnités versées au cours de l'année} + \text{Frais de gestion des sinistres}}{\text{Montant des primes encaissées}}$$

3.2.2. Les ratios comptables

3.2.2.1. Les ratios de rentabilité

Il s'agit des ratios extraits du compte de résultat. La pertinence de leur analyse par le contrôle de gestion repose avant tout sur la distinction des activités d'assurance-vie et non-vie. En effet, les processus de génération de frais n'étant pas les mêmes, les différents niveaux de marge et de rentabilité ne sont pas du même ordre : l'activité non-vie est de 5 à 7 points plus rentable (en pourcentage des primes ou collecte acquises) !

3.2.2.2. La marge de solvabilité

Elle correspond à un « matelas », obligatoire de fonds propres, ou capital réglementaire, qu'une compagnie doit détenir pour faire face aux risques hors normes sous-évalués ou inattendus. Elle prend en compte :

- les capitaux propres ;
- les plus-values latentes.

L'exigence de fonds propres tient compte de risque de souscription, du risque de crédit, du risque opérationnel, du risque de liquidité et du risque de marché.

> Chaque compagnie doit démontrer que son niveau de fonds propres est suffisant pour couvrir ces risques. Dans le cas contraire, elle devra fournir à son autorité de contrôle un plan de redressement.

3.2.3. Les trois piliers de la réforme Solvency II

Solvency II est une réforme européenne de la gestion des risques de l'assurance. Son périmètre couvre trois piliers :

* le pilier I détermine des exigences quantitatives à respecter, notamment sur un capital de solvabilité (SCR), un minimum de captal requis (MCR), l'harmonisation des provisions techniques et la réglementation de gestion actif-passif ;
* le pilier II impose la mise en place de dispositifs de gouvernance des risques avec des processus internes de gestion des risques, des dispositifs de *reporting* et d'alertes, une supervision par les autorités de tutelle et des processus de validation de conformité pour le pilier I ;
* le pilier III, consacré à la discipline de marché, fixe les exigences de communication financière.

Solvency II suppose donc une mesure du risque au niveau global et surtout une industrialisation des processus de gestion, de *reporting* et de supervision du risque. Au-delà des impacts sur les systèmes d'information, Solvency II et Solvency III ont une influence significative sur l'organisation interne, la gouvernance et le pilotage des risques. Les conséquences sur le marché et la concurrence ne seront peut-être pas neutres, notamment en raison de l'harmonisation du calcul des provisions techniques.

3.3. Les *key performance indicators* (KPI) spécifiques aux banques

La rentabilité est mesurée par rapport aux actifs et surtout aux fonds propres. Les normes réglementaires de gestion (liquidité, solvabilité…) visent à réduire les risques correspondants.

La rentabilité est aussi analysée par un suivi multidimensionnel pays/activités/produits/clients avec une approche coût/performance. À ce titre, outre les KPI de suivi global de la santé financière de la banque, le suivi multidimensionnel comporte notamment les analyses suivantes.

3.3.1. L'analyse des activités

Cette analyse est fondée sur l'approche ABC et a intégré l'élargissement des activités traditionnelles (réception de fonds, octroi de crédits, gestion des moyens de paiements) aux nouvelles activités (ingénierie financière, ingénierie sociale, poste client).

Elle traite également les axes suivants :

- réseaux de détail et services financiers (France et étrange), filiales de financements des ventes ordinateurs, locations longue durée automobile, services bancaires et titres (moyens de paiement, gestion des flux, conservation des titres), assurance-vie et assurance dommages ;
- gestion d'actifs (gestion mobilière et privée, gestion pour compte de tiers) ;
- la banque de financement et investissement, le courtage, le *trading* ;
- le conseil (fusions-acquisitions) ;
- le *private equity*.

3.3.2. L'analyse des produits

Après affectation et calcul des coûts directs et indirects, un calcul de prix standard est déterminé par produit, après intégration des coûts de développement et des évolutions technologiques. Le *target costing* est adopté afin de permettre un lancement d'un nouveau produit par rapport à sa gamme vis-à-vis de la concurrence.

En pratique

> C'est le cas sur le lancement d'une carte de crédit, d'un crédit immobilier en fonction de la cible client.

3.3.3. L'analyse des clients

Un compte de résultat est établi par type de clients : particuliers, artisans, commerçants, TPE, PME, institutionnel, *corporate* et autres acteurs.

3.3.3.1. Ratios d'activité

- **Le produit net bancaire (PNB)** mesure la contribution d'une banque à l'augmentation de la richesse nationale. Il représente pour une banque l'équivalent de la valeur ajoutée créée par l'activité d'une entreprise non financière. Il est égal à :

Intérêts et les commissions reçues
(produits d'exploitation bancaires)

– Intérêts et les commissions payées
(charges d'exploitation bancaires majorée des gains nets
des pertes sur instruments financiers)

Le PNB ne prend pas en compte :

- les frais généraux d'exploitation (coût salarial, coût immobilier, publicité...) ;
- les provisions pour impayés ;
- les éléments non récurrents et les impôts.

Les intérêts sur créances douteuses sont exclus, mais les dotations et reprises de provisions pour dépréciation de titres de placement sont incluses.

Les commissions sur services sont de plus en plus recherchées par les banques pour améliorer leur rentabilité et parce qu'elles ne sont pas sensibles aux variations de taux.

- **Le coefficient d'exploitation :**

$$\frac{\text{Charges d'exploitation}}{\text{PNB}}$$

Les charges d'exploitation sont composées des frais de personnel, des dotations aux amortissements et aux provisions et des autres services externes. Cet indicateur mesure la part du PNB qui est consommée par les charges, donc l'efficacité de l'exploitation d'une banque. Il est préférable qu'il soit nettement inférieur à 70 %.

- **Le *return on equity* (ROE)** : le retour sur les fonds propres est calculé par le rapport :

$$\frac{\text{Résultat net}}{\text{Fonds propres}}$$

Il mesure la rentabilité des fonds propres de la banque. L'objectif visé est de 15 %. L'activité de la banque étant affectée par des risques, ces profits doivent servir à renforcer lesdits fonds propres, derniers recours en cas de réalisation du risque.

3.3.3.2. Ratios réglementaires

- **Ratio de solvabilité Bâle II (ou Cooke)** : l'accord de Bâle de juin 2004 a fixé les règles de calcul des exigences minimales en fonds propres en étendant le périmètre des risques (avec l'introduction en charge en fonds propres au titre du risque opérationnel) et avec l'objectif de mieux appréhender les risques auxquels les banques sont soumises. Ce dispositif a été transposé en droit européen, puis en droit français en 2006 et est applicable depuis 2008. En norme Bâle II, deux approches de détermination sont possibles :
  - la méthode standard fondée sur des pondérations forfaitaires ;

– la méthode interne fondée sur des modèles de notation des contreparties (IRB) ou de notation des contreparties et des opérations (IRB avancée).

Au titre du ratio de solvabilité Bâle II, les exigences minimales de fonds propres sont fixées à 8 % de la somme des risques de crédit pondérés et de l'exigence de fonds propres multipliée par 12,5 pour les risques de marché et les risques opérationnels.

Concernant les fonds propres prudentiels, la réglementation Bâle II a introduit des déductions, s'appliquant à 50 % sur les fonds propres de base et à 50 % sur les fonds propres complémentaires.

- **Ratio de liquidité** : le comité de Bâle a proposé en décembre 2009 deux ratios standard aux paramètres harmonisés visant à encadrer les positions de liquidité des banques :

  – à un mois, le *liquidity coverage ratio* (LCR) a pour objectif de s'assurer que les banques disposent d'un coussin d'actifs liquides ou d'espèces suffisant pour survivre à un stress sévère combinant une crise de marché et une crise spécifique ;

  – à un an, le *net stable funding ratio* (NSFR) dont l'objectif est de promouvoir l'allongement du financement, en comparant les besoins de financement long terme aux ressources jugées stables, sous des hypothèses de stress spécifique.

L'objectif poursuivi est de garantir la viabilité des banques à l'horizon de un mois et de un an, dans des conditions de stress intenses. L'ensemble des crédits inférieurs à un mois ou un an doit être supérieur aux ressources de même durée.

- **Ratio de contrôle des grands risques** : la nouvelle directive européenne transposée en droit français en août 2010 et applicable au 31 décembre 2010 a modifié le calcul du ratio de contrôle des grands risques (durcissement de la pondération interbancaire, extension de la notion de clients liés…). La banque vérifie trimestriellement que le montant total des risques nets encourus sur un même bénéficiaire n'excède pas 25 % des fonds propres de la banque.

- **Ratio prudentiel** : ce ratio vise à imposer aux banques un niveau minimal de couverture des emplois longs par des ressources stables. Ainsi, chaque fois que l'on accorde un prêt à plus de cinq ans, il faut trouver la ressource correspondante (au prorata du coefficient) en fonds propres, quasi-fonds propres ou emprunts obligataires.

Ce ratio doit inciter les banques à ne pas accroître leur taux de transformation et donc éviter un financement accru des prêts à moyen et long terme par des ressources monétaires. Les ressources supérieures à cinq ans doivent permettre de financer plus de 60 % des emplois effectués par la banque pour des durées supérieures à cinq ans.

Synthèse

Ce qui a surtout changé depuis la tontine :
- les besoins accrus par le développement de nos sociétés de consommation ;
- les outils, par leur nombre et leur complexité de plus en plus importants ;
- le périmètre d'action de la « communauté », par son élargissement vers des « terres » inconnues générant de plus en plus de risques à des niveaux ;
- de plus en plus d'acteurs intermédiaires et de risques à des niveaux intermédiaires.

Les risques et le contrôle : mythe ou réalité ? La difficulté en banque et en assurance, concernant les risques, réside dans l'exhaustivité ou non d'un contrôle. En effet, toutes les activités, toutes les transactions, toutes les opérations qui peuvent être gérées par l'établissement peuvent être à l'origine d'un ou de plusieurs risques. En conséquence, vouloir limiter les risques, c'est d'abord vouloir s'assurer que toutes les activités, transactions, opérations, sont contrôlées. Or, dans la réalité, la première difficulté consiste à trouver le moyen de définir quel contrôle peut être efficace, c'est-à-dire permettre d'annihiler le risque ou de le réduire. La seconde difficulté réside dans la réponse à la question : « Quel contrôle est efficient ? » c'est-à-dire quel contrôle répond au rapport qualité (atteinte de l'objectif risque)/coût (de mise en œuvre du contrôle et du risque).

Le mythe est de penser que tout risque est contrôlable ou peut être mis sous contrôle.

La séparation des rôles et des tâches a mené à un décloisonnement global dans l'entreprise, nuisible pour la qualité des délais de gestion, alors que la réactivité est de plus en plus nécessaire. Dans ce contexte, la nécessité d'une gestion transversale met en avant la place et le rôle du contrôle de gestion.

La performance peut être génériquement définie comme le rapport entre un résultat et un périmètre de ressources affectées à l'obtention de ce résultat. Elle peut s'apprécier aussi bien sous la forme d'un résultat comptable net rapporté à un périmètre de fonds propres correspondant – le *return on equity* – qu'à la productivité d'un service de traitement de chèques s'exprimant sous la forme d'une quantité de chèques traités rapportée à un nombre d'heures consommées. Ces deux ratios qualifient deux évaluations de performance très différentes : on voit bien que, dans le deuxième cas, les données utilisées sont des données opérationnelles et non pas des données comptables.

Les mutations en cours des secteurs banque et assurance, avec la poursuite du mouvement de concentration, la redéfinition des métiers et de leur chaîne de valeur, demandent de plus en plus d'anticipation et de réactivité. Susciter les changements porteurs de performance, mais aussi les coordonner au niveau global de l'entreprise, en permettant le maintien d'un cap stratégique, constitue aujourd'hui la finalité du contrôle de gestion.

TEST DE CONNAISSANCES

Q1 – Les règlementations qui concernent le plus le contrôle de gestion sont...

1 – Bâle II

2 – la 8e directive européenne ;

3 – Solvency II ;

4 – la loi NRE.

Q2 – Le dispositif de contrôle interne met l'accent sur...

1 – des mesures de reconnaissance et d'évaluation des risques.

2 – l'évaluation des systèmes de contrôle interne par les autorités prudentielles.

3 – une séparation claire des tâches et des responsabilités.

4 – la vérification de la pertinence des contrôles.

Q3 – Un cycle d'exploitation inversé pour les assurances signifie que l'assureur...

1 – reçoit d'abord avant de donner.

2 – doit minimiser les indemnités versées.

3 – travaille avec un besoin en fonds de roulement important.

4 – prévoit des sorties à l'avance.

Q4 – L'enjeu du contrôle de gestion est central pour...

1 – la gestion des risques.

2 – la gestion de l'activité.

3 – la mise en place du système d'information.

4 – la gestion transversale.

Q5 – Le risque peut se définir comme...

1 – une provision.

2 – un écart/budget.

3 – un aléa.

4 – un événement exceptionnel.

Q6 – Le ratio combiné est calculé par le rapport :

1 – coût des sinistres/chiffre d'affaires.

2 – coût des sinistres + réassurance/chiffre d'affaires.

3 – coût des sinistres + réassurance + frais financiers/chiffre d'affaires.

4 – coût des sinistres + réassurance + charges d'exploitation/chiffre d'affaires

Q7 – Le PNB prend en compte...

1 – les produits d'exploitation bancaires.

2 – les charges d'exploitation bancaires.

3 – les frais généraux d'exploitation.

4 – les provisions pour impayés.

.../...

Q8 – La complexité du contrôle de gestion tient...

1 – aux insuffisances du système d'information.

2 – à la multiplicité des données à traiter.

3 – à la place du contrôleur de gestion.

4 – à la concentration du secteur d'activité.

Q9 – la méthode ABC paraît appropriée du fait...

1 – de la multiplicité des axes d'analyse.

2 – de l'organisation par processus.

3 – du besoin de contrôle des coûts informatiques.

4 – du poids important des charges indirectes.

Q10 – Afin d'analyser de façon pertinente la rentabilité dans l'assurance, il y a lieu de...

1 – regarder le compte de résultat dans sa globalité.

2 – séparer les résultats des assurances-vie et non-vie.

3 – réaliser une analyse croisée clients/produits.

Réponses du test :

Q1 : 1 et 3 – Q2 : 1, 2 et 3 – Q3 : 1 – Q4 : 4 – Q5 : 3 – Q6 : 4 – Q7 : 1 et 2 – Q8 : 2 – Q9 : 1 et 4 – Q10 : 2.

Chapitre 16

Les prestations de service

DANIEL HIRSCH

- Comprendre les particularités des entreprises qui vendent des prestations intellectuelles.
- Comprendre les caractéristiques essentielles de leur modèle économique.
- Reconnaître les caractéristiques de leurs systèmes de gestion.
- Comprendre les caractéristiques des systèmes de contrôle de gestion qu'il convient d'appliquer.

Le secteur des services est extrêmement large et nous nous limiterons dans ce chapitre à la vente de prestations de service à forte valeur ajoutée, la vente de prestations intellectuelles, ce qu'on peut appeler familièrement la vente de « matière grise ». On peut trouver dans cette catégorie les entreprises de conseil, les cabinets d'avocats, de notaires, d'architectes, les SSII, les cabinets d'expertise-comptable, les entreprises d'études de marché et de publicité ainsi que toutes les activités qui leur sont similaires.

Leur caractéristique générale est de privilégier une ou plusieurs compétences qui sont au cœur des prestations vendues, ce qui a très souvent comme conséquence de sous-estimer les nécessités d'une bonne gestion administrative et financière. Il est fréquemment difficile d'assumer le rôle de contrôleur de gestion, de secrétaire général, de directeur administratif et financier ou tout simplement de comptable dans de telles entreprises. Ces fonctions ne jouissent pas naturellement d'une bonne renommée, les contraintes élémentaires de ce qu'on appelle partout la bonne gestion y sont souvent difficiles à faire accepter, à faire comprendre par des opérationnels par ailleurs extrêmement compétents et performants dans leur domaine.

En conséquence, malgré un modèle économique le plus souvent relativement simple, reposant sur la vente du temps d'opérationnels hautement qualifiés, la mise en place de systèmes de contrôle de gestion pose souvent des problèmes, soit au niveau de la culture d'entreprise, soit parce que les opérationnels ne souhaitent pas voir simplifier au niveau des règles de gestion, une réalité qu'ils vivent eux-mêmes sur un mode plus complexe.

1. PARTICULARITÉS DES ENTREPRISES DE VENTE DE PRESTATIONS INTELLECTUELLES

1.1. Vendre de la compétence

La première particularité de ces entreprises est de vendre de la compétence. Cette compétence réside au niveau des opérationnels du centre opérationnel (comme le dit Henry Mintzberg, voir le chapitre 1), c'est-à-dire de ceux qui font le travail de base qui est la raison d'être de l'organisation. Cette compétence est acquise soit à la suite d'une formation initiale, soit sur le terrain.

Dans le premier cas, on reconnaîtra la « standardisation des qualifications » dont parle Henry Mintzberg, lorsqu'un enseignement professionnel (médical, comptable, juridique, architecture…) est chargé d'enseigner précisément ce que l'on peut légitimement attendre dans le cadre d'opérations pour lesquelles il existe des standards.

La compétence est en fait obtenue souvent par une combinaison entre les deux types de formation : même quand la ressource humaine est disponible sur le marché du travail, beaucoup d'efforts sont consacrés pour la rendre homogène dans le cadre de l'entreprise qui offre ses prestations de service. Quelle qu'en soit l'origine, la compétence est la raison d'être de ces entreprises et, dans les cas de baisse d'activité, il n'est pas rare qu'elles conservent leurs opérationnels bien au-delà du moment où d'autres auraient jugé légitimes des réductions de personnel. Les dirigeants ne connaissent que trop bien les difficultés pour acquérir et conserver les compétences de ceux qui sont au cœur des prestations vendues. Cette compétence est en effet l'équivalent d'actifs incorporels, même si les principes de la comptabilité générale ne la reconnaissent pas. Cependant, dans la perspective d'une transmission d'entreprise, la question de sa valorisation devient centrale, ainsi que les conditions permettant d'en garantir la pérennité.

1.2. Des indicateurs de temps

La deuxième particularité, c'est que cette compétence va se chiffrer avec des indicateurs de temps, en heures, en journées, etc. Le temps va donc être le facteur le plus important à suivre. Cependant, il faudra distinguer les situations où le client achète directement du temps de celles où il achète une prestation définie par un devis ou un cahier des charges :

- dans le premier cas, le temps est un indicateur aussi bien pour le client que pour le prestataire de service ;
- dans le second cas, c'est l'indicateur principal uniquement pour le prestataire de service. Il s'agira pour celui-ci de réaliser le projet ou le travail promis en ne dépensant pas davantage de ressources humaines que ce qui avait été budgété initialement. Le suivi de la consommation de ce type de ressources sera donc un facteur déterminant des tableaux de bord.

1.3. Une gestion par projet

Une troisième particularité, c'est que le mode de gestion de ce type d'entreprise se fera le plus souvent par affaire ou par projet. On y retrouvera donc des pratiques de gestion de projet qui raisonne en termes de temps, de qualité et de coûts.

1.4. Caractère novateur de la prestation

Le caractère novateur ou non de la prestation permet de distinguer des natures différentes de prestation de service. S'agit-il de créer de toutes pièces la solution à un problème qui n'a jamais encore existé ou bien d'appliquer à un nouveau client un type de solution qui a déjà fonctionné ailleurs et a peut-être déjà été mis au point par le prestataire de service ? C'est ce qui sert à Henry Mintzberg pour distinguer entre les organisations professionnelles et innovatrices (voir le chapitre 1). Il remarque notamment que les secondes comportent un plus faible degré de standardisation des qualifications que les premières. Les organisations professionnelles correspondent davantage à des situations à la fois complexes et stables, ce qui permet que les apprentissages aboutissent à des formats assez standardisés.

1.5. Les impératifs de gestion sous-estimés

Autre particularité, cette fois culturelle, de ce type d'entreprise : l'emphase donnée à la compétence principale vendue entraîne fréquemment une sous-estimation des impératifs usuels de gestion. De façon paradoxale, la technicité des compétences et de la prestation vendue suscite fréquemment des difficultés à accepter des actes de gestion pourtant ordinaires. Facturer en fin de période comptable, faire des prévisions de trésorerie et gérer en tenant compte des impératifs de trésorerie, tout cela pourra facilement être sous-estimé.

En pratique

> Dans une entreprise délivrant des prestations de haute technologie, les responsables d'agence sont très performants dans l'organisation et la réalisation des interventions, mais négligent la facturation.
>
> Le contrôleur de gestion a obtenu de la direction générale la mise en place d'indicateurs sur l'établissement des factures avec bonus à la clef... ceci étant bien évidemment déterminant pour le pilotage du BFR et la trésorerie de l'entreprise dans son ensemble.

Comme les opérationnels forment le cœur de l'organisation (Mintzberg dirait le centre opérationnel), les fonctions de support logistique (dont fait partie le contrôle de gestion) ont essentiellement la mission de les servir. La coordination du travail des opérationnels n'est en général pas assurée par les fonctions de support.

Les fonctions administratives en général, celles de contrôle de gestion en particulier, y sont donc perçues comme plus subalternes qu'ailleurs.

Les contrôleurs de gestion qui y travaillent doivent encore plus insister sur la partie support de leur fonction, sur l'explicitation des conséquences économiques et financières des actes de gestion, afin d'acquérir une légitimité dans le domaine le plus valorisé : l'expertise.

L'activité des contrôleurs de gestion se limitera donc à des analyses *a posteriori* d'ordre économique et à des travaux d'ordre budgétaire tels que le suivi des budgets, la justification des dépenses et des demandes de moyens supplémentaires. Toute analyse visant à l'amélioration de l'efficacité sur l'axe professionnel proprement dit devra se faire sous la responsabilité des professionnels de l'organisation. Si la pression extérieure devient forte pour l'amélioration de la productivité et de l'efficacité professionnelle, sous une forme prouvée par des chiffres, le contrôleur de gestion pourra devenir un auxiliaire précieux des professionnels. Il y apportera ses compétences en matière d'analyse et de quantification, le professionnel l'aidant à mieux comprendre ce qui est clef en matière d'efficacité.

1.6. La personnalisation du relationnel

La proximité avec le client et les relations de confiance qu'elle peut susciter sont également une particularité des entreprises de ce secteur. On pourra souvent parler d'*intuitu personae* dans le cas d'un contrat, qu'il s'agisse de la relation avec le client ou entre les actionnaires, mais avec la perspective de l'utilisation de la notoriété ou du savoir-faire dans la relation avec la clientèle. Cette personnalisation du relationnel génère un risque : ceux des opérationnels qui en sont le support peuvent emmener avec eux la clientèle qui leur est attachée, au cas où ils quitteraient l'entreprise.

1.7. Qualité des prestations

La qualité de la prestation et sa garantie sont une condition importante de la pérennité de ce type d'entreprise. Lorsque des opérateurs différents interviennent au niveau du client, il est important de mettre en place des procédures formelles permettant de garantir un haut niveau de satisfaction du client, moyennant une certaine transparence de l'identité des opérationnels ayant effectué le travail.

Cette satisfaction doit pouvoir être évaluée le plus rapidement possible afin d'obtenir une forte réactivité à la « non-performance », ou à une moindre performance. La réaction du client à une moindre performance peut en effet conduire à une sanction rapide de sa part. Cependant, plus les compétences sont de haut niveau, plus il est difficile de les intégrer dans des procédures formelles, ce qui conduit à privilégier ce qu'on nomme la culture d'entreprise comme moyen de renforcer les chances que les actes de chacun aboutissent à la qualité recherchée. Le degré d'autonomie des opérationnels y est en effet généralement plus important que dans les autres entreprises. Les opérationnels y sont d'ailleurs très attachés et ils font tout pour la conserver.

1.8. Une tarification des services très variable

Dans certains cas, il faudra présenter un grand niveau de détail des prestations.

En pratique

Un client peut faire subir au processus d'achat de prestations de service une étude co-animée par des acheteurs et des contrôleurs de gestion, afin de formaliser au maximum les devis d'études des différents prestataires, de manière à en faciliter la comparaison et le choix.

Dans d'autres cas, le coût de la prestation peut être négligeable par rapport aux gains attendus. Certains prestataires peuvent même accepter de se faire rémunérer sur un pourcentage des gains attendus de leur intervention.

La manière de rendre compte vis-à-vis du client de la consommation des différentes ressources qu'on lui consacrera (au niveau du devis) ou qu'on lui a consacré (au niveau du suivi) tiendra donc compte de ces règles du jeu variables.

2. Caractéristiques du modèle économique

On cherchera dans cette partie à comprendre les éléments dont dépend la profitabilité des entreprises de ce secteur. C'est autour de ces éléments qu'il conviendra d'élaborer des indicateurs de performance et de pilotage.

2.1. Disponibilité des ressources humaines

Il est d'usage de dire dans les services qu'il n'existe pas de stock. Vendre de la « matière grise », quelle qu'en soit la modalité, implique donc de disposer des ressources humaines ayant l'expertise adéquate précisément au moment où les clients en ont besoin.

Comme les ressources humaines ne peuvent pas se mettre en stock, la question de la disponibilité aboutit rapidement à la question du volume optimal des ressources humaines à conserver à tout moment. On pourra distinguer un certain nombre de cas qui permettent de gérer la question du volume optimal d'une manière différente :

- il doit probablement exister des situations dans lesquelles il est possible de faire attendre les clients avant de leur réaliser les travaux dont ils ont besoin, et de telles éventualités sont une source de profitabilité supplémentaire par le lissage du travail dans le temps que cela permet. Dans d'autres cas, il est possible de planifier sur une longue période certains travaux à réaliser, ce qui peut revenir au même ;
- une question voisine concerne l'existence ou non d'un carnet de commandes permettant de gérer à l'avance la disponibilité des ressources humaines. Plus on connaît à l'avance avec certitude la quantité de travail à réaliser, plus il est facile de lui proportionner les effectifs nécessaires ;
- en l'absence d'un carnet de commandes, est-il possible de réaliser des prévisions d'activité suffisamment fiables ? Existe-t-il une saisonnalité concernant le volume d'activité qui a tendance à se reproduire d'année en année ? Ou bien, lorsque le portefeuille de clientèle est suffisamment constant, est-il possible grâce à des contacts informels d'estimer le volume des commandes futures avec un degré de fiabilité suffisant ?

- en l'absence de facteurs favorables en ce qui concerne les éléments ci-dessus, est-il possible de sous-traiter une partie de l'activité ? L'utilisation de la sous-traitance peut d'ailleurs devenir une modalité structurelle, permettant de « variabiliser » ce qui représente en général des coûts fixes.

En pratique

- Une entreprise de formation a établi des relations de partenariat avec des formateurs qui ne font pas partie du personnel et sont donc rémunérés à la vacation. Ils assurent collectivement 75 % des sessions de formation proposées et la qualité du travail est suivie avec beaucoup d'attention par le biais de questionnaires de satisfaction ;
- les entreprises d'études de marché ont l'habitude de fonctionner avec un réseau d'enquêteurs travaillant à la vacation et dont elles surveillent la qualité des questionnaires par des tests *a posteriori*. Dans ce secteur, il est fréquent de ne pas disposer d'un service de traitement statistique des données. Un partenaire est sous-traitant de cette partie très spécialisée et très individualisée d'une étude. Cela permet également de « variabiliser » ce coût, tout en acceptant de le payer relativement cher, mais en se défaussant sur le partenaire de la gestion de la disponibilité d'une ressource humaine difficile à amortir sur une trop faible quantité de travail ;
- les petites entreprises sont souvent amenées à travailler en réseau, comme les entreprises de communication, dont les prestations créatives nécessitent de multiples compétences (du fait de la multiplicité des médias). Elles font intervenir de multiples partenaires en tant que prestataires sur les missions qu'elles ont pu vendre auprès de leur clientèle. Leurs concurrentes plus grandes disposent plus facilement de toutes les compétences en interne, en raison d'un volume d'activité suffisant pour les utiliser à plein-temps.

2.2. Gestion des différents niveaux d'expertise

Le niveau d'expertise des opérateurs est un paramètre vital : ils sont à la source de la prestation vendue. Il faudra donc déterminer le niveau des opérateurs que l'on va mettre à la disposition des clients pour chacune des sous-parties de la prestation globale vendue.

La plupart des entreprises de service distinguent des niveaux différents d'expertise, de séniorité et de rémunération.

Est-il possible de confier des travaux d'un certain niveau d'expertise à un stade inférieur de la hiérarchie des compétences grâce à des processus de formation, avec une sorte d'industrialisation des travaux permettant de découper des tâches complexes en divers constituants, dont certains peuvent être confiés aux membres les plus juniors de l'entreprise ? Certaines entreprises de *consulting* sont célèbres pour avoir été en mesure, mieux que leurs concurrents, de gérer un ratio plus important des consultants juniors par rapport aux consultants seniors, et d'obtenir ainsi une meilleure profitabilité.

En pratique

> Les cabinets d'audit font intervenir des juniors sur les travaux de base ; ils les font encadrer par un chef de mission qui organise également les travaux, l'ensemble du dossier et les points critiques étant supervisés par un *manager*.

Un autre paramètre vital concerne le niveau général de qualité de la prestation, que toutes les entreprises de service doivent surveiller en permanence. Les modalités du contrôle de cette qualité feront partie des caractéristiques de la gestion de l'entreprise.

2.3. Gestion des actifs en général et du BFR en particulier

On a déjà souligné l'absence en général de stock dans ce type d'entreprise. En fait, l'absence de stock physique peut parfaitement s'accompagner de la présence d'un « stock comptable ». Lorsque l'entreprise vend des projets et qu'en fin d'exercice, il existe des projets en cours que l'on n'a pas pu facturer, mais pour lesquels des coûts ont été constatés, on ne peut pas les faire apparaître dans les charges dans la mesure où il n'y a pas encore eu de facturation. Ces coûts doivent donc être intégrés dans des comptes qui sont l'équivalent de stocks. Leurs montants contribuent à augmenter le BFR. Par ailleurs, les comptes clients représentent souvent la masse d'actifs la plus importante, qu'il faut également financer. Les comptes fournisseurs sont fréquemment faibles, à moins que l'entreprise ne recoure à une sous-traitance importante.

En conséquence, le financement du BFR représente une préoccupation pour la gestion financière, à moins qu'il ne soit possible d'obtenir des avances et acomptes de la part des clients, ce qui est plutôt rare dans ce type de métier. La mobilisation des créances clients constitue donc une source de financement usuelle.

Le montant des immobilisations est quant à lui le plus souvent négligeable.

En pratique

> Des entreprises de prestation de service dont les associés avaient des fonctions opérationnelles ont eu comme politique financière d'augmenter le fonds de roulement en ne se versant pas de dividendes au cours des premières années d'existence, afin de financer la croissance du volume d'activité qui générait une croissance proportionnelle du BFR.

À partir de ces différents paramètres, on peut déduire que la profitabilité d'une entreprise de prestation de service dépendra :

- de la hauteur du pourcentage du temps de ses opérateurs permanents qu'elle est en mesure de vendre ;
- du volume d'activité en provenance de ses clients, donc des résultats de la prospection commerciale ainsi que de la possibilité d'obtenir des clients la reconduction d'un certain volume d'affaires ;
- des capacités de prévoir le volume d'activité ;
- de la mise en adéquation du volume d'activité et des ressources humaines ;
- de la capacité de sous-traiter dont elle dispose ;
- du ratio d'expertise élevée/expertise moyenne qu'elle aura été en mesure de faire accepter à ses clients, compte tenu d'une qualité satisfaisante de la prestation ;
- de sa réputation d'expertise et du bouche-à-oreille que cela peut susciter.

3. QUELQUES CARACTÉRISTIQUES DES SYSTÈMES DE GESTION

- La qualité de la prestation vendue étant au centre des préoccupations, la qualité du recrutement est en général déterminante. Il est fréquent que ces organisations préfèrent rester en sous-effectif plutôt que de recruter des éléments aux compétences incertaines ou qu'on n'est pas certain d'utiliser à plein. Les procédures de recrutement sont souvent assez complexes et longues afin d'éviter des erreurs encore plus coûteuses qu'ailleurs en raison de la qualité attendue de la prestation et du temps de formation qui constitue un véritable investissement ;
- la formation continue est encouragée, des budgets conséquents pouvant y être consacrés, aussi bien en argent qu'en temps. Il est fréquent de rechercher un renforcement de l'homogénéisation des compétences pour encourager aussi bien la polyvalence au sein des équipes que la cohérence d'un travail qui doit pouvoir être réalisé par des personnes différentes, sans que cela ne soit détecté par le client ;
- de façon générale, la satisfaction des membres du personnel est également l'objet des soins de la direction (soyons honnêtes, particulièrement celle des opérationnels qui sont au cœur de la prestation de service, la satisfaction des personnels appartenant aux fonctions de support étant souvent considérée de moindre importante). Dès que l'entreprise atteint une certaine taille, elle se dote d'outils de gestion des ressources humaines souvent plus évolués que ceux des entreprises de même taille dans d'autres secteurs. On s'y intéresse aux compétences, aux processus d'apprentissage en général, à

l'évolution des carrières, à l'adéquation des rémunérations par rapport aux entreprises concurrentes, etc. ;

- on favorisera les comparaisons entre équipes sur des bases comparables (par secteur d'activité des clients, par pays, par processus…) afin de favoriser les échanges intellectuels sur les manières de traiter des situations comparables. On recherche ainsi à diffuser les bonnes pratiques, à augmenter les compétences de l'ensemble des opérationnels, à créer une « entreprise apprenante » ;

- beaucoup d'entreprises de services ont un mode de gestion par projet. Elles formalisent les processus de suivi de projet par le découpage en phases et le jalonnement des étapes, d'abord pour assurer un suivi interne, mais également pour les réunions de suivi avec le client ;

- dans le suivi des projets, on cherchera à détecter les éventuelles modifications du cahier des charges initial qui peuvent susciter des coûts supplémentaires et doivent correspondre à l'acceptation par le client d'une facturation supplémentaire. De manière similaire, on cherchera de la part des équipes des tendances à la « surqualité » qui pourrait donner lieu à une consommation trop importante des ressources de l'entreprise, alors qu'elle n'est pas demandée, payée, ni peut-être même remarquée ou appréciée par le client.

4. Quelques caractéristiques des instruments de contrôle de gestion

4.1. Budgétisation

Comme une des difficultés majeures consiste à prévoir le chiffre d'affaires, la gestion des éventuels à-coups demande en général beaucoup d'efforts.

Nous mettrons de côté les situations dans lesquelles le carnet de commandes est bien connu à l'avance, ce qui se rencontre dans les organisations gérant des projets à long terme. Pour la plupart des entreprises qui ne possèdent pas un carnet de commandes bien rempli, la difficulté majeure consiste à équilibrer le volume d'activité et les effectifs.

La difficulté du recrutement des membres du personnel ayant l'expertise nécessaire ne se prête pas à du « *stop and go* ». La budgétisation de l'activité doit donc faire face à deux difficultés majeures : la suractivité et la sous-activité.

4.1.1. La sous-activité

En cas de sous-activité, il est fréquent que les entreprises de service cherchent à conserver des ressources humaines qu'il a fallu trouver et former avec beaucoup d'efforts. On cherchera à se prémunir de ce type de problème en visant plutôt un niveau d'effectifs légèrement en dessous de ce qui est nécessaire à long terme et en trouvant des moyens d'ordre structurel pour gérer une suractivité.

4.1.2. La suractivité

La gestion structurelle de la suractivité fera partie du modèle économique de base de l'entreprise. Plusieurs cas se présentent :

- lorsque l'entreprise vend des projets, il sera fréquent d'accepter une quantité de travail légèrement supérieure aux capacités, en demandant aux opérateurs d'accepter un surcroît d'activité, « à charge de revanche » c'est-à-dire qu'on acceptera de leur accorder davantage de temps libre en périodes plus calmes ;

- lorsque l'entreprise vend du temps, par exemple des journées de travail visibles par les clients, il ne sera pas possible de procéder ainsi. Une possibilité consiste à s'entourer d'un réseau de partenaires dont on s'assurera du niveau de compétence et de la motivation afin de leur confier la partie la plus variable suivant les années du volume d'activité, mais permettant à l'effectif permanent d'être occupé à 100 % ;

- une autre possibilité consiste à sous-traiter les parties les moins visibles ou les moins stratégiquement importantes du travail à réaliser ;

- dans certains cas, on pourra également chercher à faire accepter par le client un décalage dans le temps des prestations dont il a besoin.

Le budget doit également servir à déterminer la quantité des opérationnels dont l'entreprise va avoir besoin à l'avenir par niveau de compétence. Énoncer cet objectif consiste à en remarquer la difficulté, mais il permet au moins de rechercher, autant que faire se peut, à tenter de la résoudre.

En pratique

Des entreprises de service ont tant de difficultés à prévoir leur volume d'activité à l'avance qu'elles en arrivent à budgéter sous une forme de point mort. On inclut dans un premier temps dans le budget annuel l'ensemble des coûts fixes (notamment les coûts de personnel fixe). Dans un second temps, on fait des simulations en faisant jouer le volume d'activité (le chiffre d'affaires) et le taux de marge, pour calculer le volume d'activité minimal permettant à l'entreprise d'équilibrer ses comptes.

De cette manière, à la fin de chaque mois et de chaque trimestre, il est possible de vérifier si le volume d'activité a dépassé le minimum nécessaire pour générer du bénéfice. Cette façon de faire ressemble beaucoup à la gestion du coefficient de remplissage d'un hôtel, par exemple, où il est possible chaque soir de vérifier si la journée a été profitable.

4.2. Suivi du budget

Lorsque l'entreprise fonctionne en gestion de projet, un suivi mensuel de l'activité est peu significatif. Si l'on connaît bien les coûts par période mensuelle, la répartition du revenu ou de la marge attendus est bien moins pertinente, en tout cas d'un point de vue comptable. Il peut être intéressant de le faire d'un point de vue du contrôle de gestion, en en acceptant le caractère grossier (à la louche). La pertinence de la profitabilité ne peut se juger qu'au niveau du projet, d'où la nécessité en permanence à le réévaluer en ajoutant aux réalisations la meilleure estimation de ce qu'il reste à faire. Cette évaluation ne s'arrête en général pas au niveau des coûts et intègre également les notions de délai et le respect de la qualité ou du cahier des charges.

Si la profitabilité des projets n'est pas pertinente au niveau du mois, il est cependant intéressant de suivre la profitabilité de l'entreprise mois par mois, pour tenir compte du taux d'utilisation des équipes qui sont une charge fixe.

4.3. Comptabilité analytique

Les prestations intellectuelles sont au cœur de ce qui est vendu et les systèmes de comptabilité analytique en tiennent très naturellement compte.

Le temps de travail des opérateurs (consultants, avocats, architectes, chargé d'études, etc.) constitue le plus souvent la ressource la plus précieuse de ces entreprise, c'est-à-dire à la fois la plus chère et la source la plus importante des revenus.

4.3.1. Calcul des coûts directs

Les salaires et charges sociales des opérateurs seront valorisées au niveau annuel, en les distinguant, lorsque ce sera nécessaire, par niveau (junior, senior, consultant, *manager,* superviseur, etc.).

À partir du temps de travail disponible par an, une hypothèse du pourcentage de ce temps pouvant être refacturé à la clientèle sera émise. Cela permettra de calculer le coût de l'heure ou de la journée refacturée.

4.3.2. Calcul des coûts indirects

L'ensemble des coûts de structure et de support aux opérateurs sera la plupart du temps calculé de façon globale et servira à « charger » par un coefficient multiplicateur les coûts directs. On pourra le cas échéant distinguer une sous-partie « coût de structure » et une sous-partie « support » pour simuler l'acceptation ou non de certains projets en période de faible activité, ou au cours de négociations délicates avec de gros clients.

4.3.3. Hypothèses de taux de facturation

Les heures ou les journées des opérateurs seront affectées d'un tarif en tenant compte des différents niveaux de compétence ou de séniorité, que ces niveaux soient reconnus par les clients qui en sont conscients ou qu'ils ne constituent que des références internes.

4.3.4. Analyse des résultats

Comme le pourcentage du temps annuel disponible refacturé à la clientèle est une des sources de la valorisation des coûts directs, des écarts liés à un volume d'activité réel au-dessus ou en dessous de l'hypothèse budgétaire seront une source importante de meilleure ou moindre rentabilité. La plus ou moins grande capacité à faire respecter les tarifs standard de l'entreprise par les clients sera une autre source importante d'écarts.

4.3.5. Suivi des temps de travail

Toutes les entreprises de ce type instituent un système de suivi des temps de travail de leurs opérateurs. Il s'agit en général d'un suivi par projet et par client, chaque opérateur reportant la quantité de travail qu'il a consacré par projet et le cas échéant par sous-parties de projet. Un tel système peut être plus ou moins perfectionné, avec à un extrême un décompte précis des temps de travail et à l'autre extrême une répartition par pourcentage du temps de travail de chacun, sans qu'il ne soit demandé une justification précise de cette répartition.

Ce second cas est à préférer à chaque fois que ce sera possible, car il permet d'éviter de générer un sentiment de « flicage ». Une manière *« soft »* de faire consiste à demander aux opérationnels d'éclater leurs « 100 % de travail » (sans entrer dans une logique de temps exprimé en heures) entre les différents projets sur lesquels ils ont travaillé au cours de la semaine, tout en leur demandant de chiffrer (toujours en pourcentage) le temps passé en « non-refacturé ». Cependant, si le client demande une facturation détaillée, il sera parfois nécessaire de suivre la quantité précise d'heures travaillées par projet.

4.4. Tableaux de bord

On tentera ci-dessous d'énoncer les principaux indicateurs que l'on peut s'attendre à voir mis en œuvre dans les entreprises de prestations de service.

Les tableaux de bord forment une partie essentielle des dispositifs de suivi et de contrôle des projets, dans la mesure où il s'agit d'arbitrer entre des éléments hétérogènes : coûts, délais, qualité. Nous voulons cependant rappeler qu'en ce qui concerne les tableaux de bord, le prêt-à-porter est rarement adéquat et que l'on doit toujours rechercher le sur-mesure. Il faut donc considérer les éléments ci-dessous comme des pistes de recherche.

4.4.1. Partie financière (au sens large)

- Acomptes reçus par rapport à la valeur des encours des travaux réalisés ou par rapport à l'ensemble des actifs circulants d'exploitation ;
- taux d'occupation des équipes (par type de compétence, par secteur métier, par niveau de séniorité…) ;
- tarif facturé par rapport au tarif standard ;
- chiffre d'affaires ou marge brute par effectif annuel, par jour payé, etc. ;
- taux de facturation des prestations réalisées (en fin de mois) ;
- volume d'activité réel et volume prévu ou budgété pour le mois ;
- carnet de commandes exprimé en chiffre d'affaires ou en jours ;
- recouvrement : délai de règlement négocié (par rapport aux normes de l'entreprise) et retards de règlement.

4.4.2. Partie clients

- Taux de conversion des offres et devis en commandes ;
- satisfaction client ;

En pratique

> Il existe différents indicateurs selon l'activité. Ce peut être une évaluation subjective par un dirigeant après une discussion où il a été demandé au client, en fin d'année ou de projet, son *feed-back* concernant les équipes qui se sont occupées de lui.

- respect des délais vis-à-vis des projets clients ;
- conformité du projet réalisé au cahier des charges ;
- conformité des coûts réels et estimation des coûts ayant servi à calculer le devis initial ;
- répercussion sur le prix de vente des modifications au cahier des charges suscitées par le client ;
- taux de renouvellement des contrats (quand il s'agit de prestations récurrentes comme dans l'audit) ;
- articles de presse ;

- nombre de modifications apportées en cours de projet (qui peuvent montrer une mauvaise compréhension des attentes ou une contractualisation insuffisante).

4.4.3. Partie processus

- Ratio effectifs partenaires ou sous-traités par rapport aux effectifs salariés ;
- respect des délais pour accorder des effectifs à des chefs de projet ;
- amélioration des délais de traitement des processus reproductibles ;
- indicateurs usuels de suivi des projets :
  - qualité : déviation par rapport au cahier des charges ;
  - délais : retard sur les différentes étapes ;
  - coûts : respect du budget initial par étape ;
  - éléments prospectifs concernant les trois aspects ci-dessus vis-à-vis de la fin du projet.

4.4.4. Partie ressources humaines

- Niveau de qualification atteint par niveau dans la structure ;
- respect de la procédure de recrutement ;
- respect de la procédure régulière d'évaluation des opérationnels ;
- degré de satisfaction des opérationnel ;
- délais moyen de recrutement ;
- taux de rétention des personnels jugés clefs ;
- carnet de commandes exprimé en jours nécessaires par type de compétence, planning de ces compétences pour programmation des projets.

SYNTHÈSE

La particularité des entreprises vendant des prestations intellectuelles est de vendre la compétence de leurs opérationnels. Cette ressource se décompte le plus souvent avec des indicateurs de temps, même si la valeur de la prestation peut être exprimée de façon très différente aux yeux du client. Les pratiques de gestion de projet y sont fréquemment utilisées. Plus qu'ailleurs, un bon contrôle de gestion dépendra de l'autocontrôle réalisé par les opérationnels eux-mêmes.

La qualité de la prestation est le facteur clef de ce type de métier et va nécessiter une attention de tous les instants.

L'optimisation de l'utilisation des ressources humaines y représente la clef de la maximisation de la rentabilité. La gestion du carnet de commandes et les différents moyens de gérer une suractivité par rapport aux capacités internes y sont des facteurs clefs de succès. Les choix concernant la taille des effectifs permanents et le niveau de leurs compétences seront déterminants dans le cadre de la budgétisation des activités.

La faiblesse des stocks ne doit pas faire sous-estimer la nécessité de bien gérer le BFR. La possibilité d'obtenir des avances et acomptes sera déterminante à cet égard.

Les tableaux de bord seront un des moyens les plus pratiques pour suivre l'activité, la détection des indicateurs pertinents devant être réalisée avec les professionnels concernés.

Q1 – Une condition essentielle de la pérennité des entreprises de prestation intellectuelle est...

1 – la capacité de trouver des sous-traitants.
2 – la satisfaction des opérationnels qui y travaillent.
3 – l'obtention d'avances et acomptes des clients.
4 – la qualité du service rendu aux clients.

Q2 – On compare les différentes équipes entre elles afin...

1 – de leur mettre la pression.
2 – de récompenser les meilleurs.
3 – de favoriser les échanges intellectuels et diffuser les bonnes pratiques.
4 – de faire du *benchmarking*.

Q3 – La rentabilité va dépendre essentiellement...

1 – du taux d'utilisation des effectifs permanents.
2 – de la possibilité de mobiliser les créances clients.
3 – de la faiblesse des coûts fixes.
4 – de la qualité des contrôleurs de gestion.

Q4 – Ce qui est le plus difficile à prévoir dans le budget, c'est...

1 – la formation des opérationnels.
2 – le volume d'activité.
3 – le montant des coûts fixes.
4 – les effectifs en quantité et niveau de compétence.

Q5 – L'indicateur utilisé de la façon la plus fréquente est...

1 – la quantité des effectifs.
2 – le niveau du BFR.
3 – la valeur des investissements.
4 – le temps des opérationnels.

Q6 – La sous-traitance est un moyen...

1 – de gérer la suractivité.
2 – de maximiser la rentabilité.
3 – de gérer la sous-activité.
4 – d'optimiser la qualité des prestations.

Q7 – Le contrôleur de gestion...

1 – est une personne déterminante dans la gestion de l'entreprise.
2 – gère le budget et les projets de façon autonome.
3 – doit plus qu'ailleurs faire preuve d'humilité vis-à-vis des opérationnels.
4 – définit le format des tableaux de bord de façon autonome.

.../...

Q8 – Trouver la mention exacte :

1 – Il n'y a jamais de stock dans ce type d'entreprise.

2 – Il peut y avoir un stock comptable sans qu'il y ait de stock physique.

3 – Le montant des immobilisations est important.

4 – On ne mobilise que rarement les créances clients.

Q9 – Trouver la mention inexacte :

1 – La formation continue y est extrêmement encouragée.

2 – La satisfaction des opérationnels au cœur de l'activité est une préoccupation essentielle de la direction.

3 – On n'hésite pas à licencier en période de sous-activité.

4 – On y pratique fréquemment la gestion de projet.

Q10 – La comptabilité analytique repose sur la valorisation…

1 – des coûts variables.

2 – de la sous-traitance.

3 – des heures indirectes des professionnels en y incluant les coûts directs.

4 – des heures directes de professionnels en y incluant les coûts indirects.

Réponses du test :

Q1 : 4 – Q2 : 3 – Q3 : 1 – Q4 : 2 – Q5 : 4 – Q6 : 1 – Q7 : 3 – Q8 : 2 – Q9 : 3 – Q10 : 4.

Chapitre 17

Le secteur public

Daniel Hirsch

- Comprendre les obstacles spécifiques dont il convient de tenir compte afin de mettre en œuvre un contrôle de gestion dans le secteur public.
- Comprendre comment, avec quels outils et sous quelles conditions, le contrôle de gestion peut devenir un outil de changement, de *management* et de gestion dans le secteur public.

Le contrôle de gestion est aussi nécessaire au secteur public[1] qu'à n'importe quel autre type d'organisation. Les principes exposés dans les autres chapitres de ce livre peuvent (et nous pensons même : doivent) s'y appliquer de la même manière que partout ailleurs. En tant que citoyens, nous ne pouvons que souhaiter (et peut-être même exiger) que le secteur public dans son ensemble fonctionne avec efficacité et efficience.

Les difficultés de mise en œuvre sont cependant bien réelles. Elles sont spécifiques à ce secteur d'activité et doivent être bien comprises si l'on veut pouvoir agir dans un sens d'amélioration. Les principes de la loi organique relative aux lois de finances (LOLF) sont venus récemment renforcer les chances de transformer l'ensemble du secteur public en un organisme visant davantage de performance.

---

1. Nous appelons dans ce chapitre « service public » l'ensemble constitué par la fonction publique d'État, les collectivités territoriales, la fonction hospitalière et les organismes publics de diverses natures.

Ce chapitre accorde davantage de place aux difficultés de mise en œuvre d'un réel contrôle de gestion dans le secteur public qu'aux spécificités supposées d'un contrôle de gestion dans ce secteur.

Afin de faire évoluer les choses, il est en effet nécessaire de bien comprendre les mécanismes et les forces qui s'opposent à l'application d'un *management* et d'un contrôle de gestion tels qu'ils existent dans le reste de l'économie. D'autre part, il n'existe pas réellement de « contrôle de gestion du secteur public », mais plutôt des difficultés à appliquer un véritable contrôle de gestion dans les organisations dépendant du secteur public. En conséquence, les préconisations de base se retrouvent d'abord dans les autres chapitres de ce livre. Nous nous limiterons en deuxième partie à celles qui sont les plus spécifiques au secteur.

Les spécificités des organisations du secteur public, et notamment le fait que la recherche d'une performance financière ne constitue pas toujours une priorité, en font des objets à part, mais la mise en place d'un contrôle de gestion y reste absolument nécessaire, même si sa mise en œuvre peut exiger davantage de temps et d'efforts.

La performance qu'on y recherche consiste à s'assurer que les ressources de l'État sont bien maîtrisées, que les organismes s'adaptent en permanence à l'évolution de la société et que les utilisateurs sont satisfaits des prestations qu'ils reçoivent. Elle reflète les trois points de vue du citoyen, de l'usager et du contribuable.

En mettant l'accent sur les difficultés et en ciblant notamment celles qui sont relatives à la culture propre au secteur public, nous voulons attirer l'attention, comme l'a fait avant nous **Henry Louis Mencken**[1], sur le fait que « face aux problèmes complexes, il existe toujours une solution simple… mais qui ne marche pas ». La mise en place d'un contrôle de gestion dans le secteur public fait partie de ces problèmes complexes qui ne peuvent pas se contenter de solutions simples.

1. LES OBSTACLES SPÉCIFIQUES AU SECTEUR PUBLIC

Ces obstacles peuvent être regroupés en trois grandes parties, ceux qui tiennent aux **spécificités** du secteur, ceux qui ont à voir avec **la mesure et l'évaluation** et ceux qui sont **d'ordre culturel**.

---

1. H.L. Mencken (1880-1956), journaliste et critique américain, connu pour ses aphorismes « *There is always a well-known solution to every human problem – neat, plausible, and wrong* ». "*The Divine Afflatus*" in *New York Evening Mail* (16 novembre 1917) ; later published in *Prejudices: Second Series* (1920) and *A. Mencken Chrestomathy* (1949).

1.1. Les difficultés liées à l'activité même

1.1.1. L'absence de la tyrannie du compte de résultat ne doit pas interdire la recherche de performance

Contrairement à la plupart des entreprises, les entités du secteur public peuvent fonctionner sans avoir à prouver qu'elles dégagent un bénéfice. Elles ne sont pas tenues de justifier l'utilisation de leurs ressources par une quantité au moins équivalente de revenus. Ce sont des organisations « *non profit* ».

La nécessité pour les entreprises de générer du bénéfice, ne serait-ce que pour assurer leur pérennité, présente l'avantage de les soumettre en permanence à la pression de générer des résultats (dans tous les sens du terme), moyennant une utilisation judicieuse de leurs moyens. Le **profit** est en effet à la fois un **indicateur d'efficacité et d'efficience**. C'est un indicateur d'efficience, car il permet de prouver que le ratio résultats/moyens est adéquat. C'est également un indicateur d'efficacité, car cela prouve que l'entreprise est capable sur plusieurs années de trouver des clients acceptant de payer le prix exigé pour obtenir les produits ou les prestations qu'elle offre.

> L'absence de la nécessité d'avoir un compte de résultat équilibré **doit donc être compensée par des indicateurs d'efficience et d'efficacité alternatifs**. C'est la raison de l'importance pour les organismes de ce secteur de la mise en place et surtout de l'exploitation de **tableaux de bord** adéquats.

Par ailleurs, si les services publics n'ont pas pour vocation première de dégager des bénéfices, il est cependant impératif **qu'ils justifient leurs dépenses en utilisant des critères d'évaluation de leurs résultats**. Tout résultat peut être atteint par des méthodes ou des moyens alternatifs et il est toujours recommandé de réexaminer périodiquement le rapport entre moyens/méthodes et résultats.

En effet, des **arbitrages** doivent avoir lieu pour **choisir entre des utilisations alternatives de fonds publics** nécessairement limités. On parlera alors de recherche de rentabilité ou d'efficacité économique au nom de l'intérêt général et non pas au nom de l'intérêt des bénéficiaires. C'est l'exemple du secteur hospitalier.

1.1.2. Une difficulté objective pour définir les missions et mesurer les résultats

Nous avons souligné l'importance de tableaux de bord pour compenser l'absence d'un compte de résultat significatif. La nécessité d'indicateurs se heurte cependant à de réelles difficultés pour concevoir et mesurer le type de résultat attendu :

- les objectifs sont souvent multiples en raison de l'existence de plusieurs bénéficiaires potentiels ;
- la prestation est souvent difficile à définir, le résultat attendu pouvant être lointain ou tellement diffus qu'il en devient vague ;
- les résultats sont souvent des réponses à des besoins qui ne peuvent pas être satisfaits par l'initiative privée. Il peut s'agir d'améliorations bénéficiant à l'ensemble de la société. Dans certains cas on considérera même que la dépense publique provoque indirectement de la croissance, en mettant « de l'huile dans les rouages ». La non-satisfaction ne se traduira pas par une baisse du volume de la consommation, comme c'est le cas pour les entreprises qui voient leur chiffre d'affaires décroître dans un tel cas ;
- les liens de cause à effet entre l'offre et la demande sont souvent complexes à comprendre, ou n'existent tout simplement pas. Les mécanismes de financement (subventions, taxes, contributions diverses) sont fréquemment sans lien direct avec la prestation rendue ;
- la qualité de la prestation peut dépendre, comme dans la plupart des entreprises de service, de l'équipe qui effectue la prestation plus que d'une définition nationale de ce qu'elle devrait être ;
- il existe de nombreuses situations où les systèmes de contrôle à base de standards ne peuvent pas s'appliquer de façon satisfaisante ;
- il existe enfin une dimension sociale et politique à la plupart des objectifs recherchés.

Les opérationnels responsables doivent en conséquence passer davantage de temps que dans le privé à définir les résultats qu'on attend d'eux.

La **loi organique relative aux lois de finances** (LOLF) précise justement que les crédits doivent être gérés non plus dans une approche procédurale mais avec une logique de résultats. Le formalisme strictement comptable doit être remplacé par un **formalisme orienté vers les résultats** afin d'attribuer des moyens en fonction des prestations rendues et non sous la forme d'une enveloppe globale.

La LOLF introduit donc une incitation importante pour conduire les gestionnaires publics à mieux définir les résultats qu'ils doivent générer. Une telle incitation, pour heureuse qu'elle soit, ne permet pas d'un coup de baguette magique de trouver facilement les réponses, mais en faisant définir par les gestionnaires de terrain les résultats attendus, on renforce les chances d'adaptation, tout en les responsabilisant davantage.

1.2. Les difficultés à évaluer et à mesurer

1.2.1. Des outils comptables et budgétaires lourds et souvent inadaptés pour contrôler et évaluer la performance

La comptabilité publique présente des caractéristiques de formalisme et des particularismes qui génèrent des coûts excessifs et n'incitent pas toujours les gestionnaires publics à améliorer les performances.

1.2.1.1. La séparation de l'ordonnateur et du comptable

Ce concept était très certainement révolutionnaire au début du XIXe siècle, mais, de nos jours, il contribue davantage à déresponsabiliser les ordonnateurs et les comptables.

En effet, on demande uniquement aux comptables publics de s'assurer du respect du formalisme propre à la dépense (budget approuvé, engagement conforme, preuve du service rendu). On ne leur demande pas de contrôler l'utilité de la dépense, ni si elle participe à l'atteinte des objectifs.

Quant aux ordonnateurs, une fois leur budget approuvé, on leur demande surtout « de rester dans les clous » et, le cas échéant, de prouver qu'on ne leur a pas attribué des moyens trop importants par rapport aux besoins réels. La phase de présentation et d'acceptation du budget revêt donc trop d'importance. Or, comme souvent, le budget initial n'est pas un bon outil de contrôle (notamment pour les centres de coût calculé, voir chapitre 4), les ordonnateurs peuvent avoir trop facilement tendance à se contenter « de respecter le budget » alors qu'il eût fallu se démener pour faire accepter de dépenser plus ou moins.

En faveur de davantage de flexibilité, quand il y a un déplacement dans le temps de la dépense, il faudrait pouvoir la reporter sur la période suivante. Plus généralement, une gestion opérationnelle dégageant un excédent entre dépenses réelles et fonds attribués devrait pouvoir donner des moyens supplémentaires pour l'année à venir, comme c'est le cas dans les caisses d'allocations familiales.

Ce type de situation contribue à déresponsabiliser les ordonnateurs qui peuvent se réfugier derrière l'alibi confortable du respect des procédures financières. Dans les entreprises privées, le suivi budgétaire fait partie de l'évaluation globale des performances, et les circonstances peuvent justifier de s'écarter du budget initial. On peut même dire qu'un respect trop scrupuleux du budget initial n'est fréquemment pas la meilleure chose à faire.

Les conceptions du contrôle interne dans les entreprises privées intègrent bien évidemment les notions de séparation des tâches, de façon que la main droite et la main gauche ne puissent accéder en même temps (métaphoriquement bien entendu) au contenu de la caisse.

> Les pratiques modernes mettent davantage l'accent sur les contrôles *a posteriori*, ce qui permet de minimiser les coûts de fonctionnement et les lourdeurs administratives, tout en permettant de renforcer la responsabilité des gestionnaires.

Le système des contrôles *a priori* dans l'univers public provoque une lourdeur logistique et humaine forcément génératrice de coûts : en moyens humains (quantité de comptables publics) et surtout – le coût est alors caché – **en inefficacité**.

En pratique

L'inefficacité peut se traduire par le rallongement des délais (allers-retours non nécessaires), les blocages de certains comptables publics avec un respect abusif de la lettre des textes ou une volonté de pouvoir, et un état d'esprit « à quoi bon » que cela crée chez les ordonnateurs.

1.2.1.2. La justification des écarts

Une bonne gestion budgétaire, c'est peut-être surtout **la justification des écarts** par rapport au budget initial. C'est démontrer à sa hiérarchie qu'on a agi pour le mieux en faisant des arbitrages entre résultats à obtenir, moyens consommés et crédits initiaux, compte tenu des circonstances.

> La capacité à bien prévoir l'avenir n'est pas également répartie dans toutes les activités publiques. **L'utilité d'un budget consiste souvent davantage à se préparer à réagir** en cas de circonstances différentes.

1.2.1.3. Distinguer les centres de responsabilité

Le contrôle de gestion doit distinguer, en matière de contrôle budgétaire, les centres de coût productif des centres de coûts discrétionnaires (voir le chapitre 4) :

* pour les centres de coût productif, le budget initial n'est pas un critère d'évaluation de la performance quand le volume réel d'activité est différent du volume prévu ;

- pour les centres de coûts discrétionnaires, le respect du budget initial n'est tout simplement pas un critère de bonne gestion. Il faut certes exiger qu'ils ne dépensent pas plus que le budget, mais surtout qu'ils aient un tableau de bord.

1.2.1.4. Distinguer les dépenses

La distinction entre dépenses de fonctionnement, dépenses de personnel et dépenses d'investissement peut provoquer des effets pervers.

Quand on parle budget à un gestionnaire public, il risque de comprendre budget de fonctionnement hors dépenses de personnel. Comme ce budget est souvent géré à part, cela entraîne une sous-estimation de la quantité des moyens utilisés, à propos d'une ressource qui représente bien plus que 70 % de l'ensemble.

Le seul moment où il sera amené à se préoccuper de ses effectifs, c'est lorsqu'il demandera des moyens supplémentaires. Cela ne va pas l'inciter à être économe en personnel. Un budget d'investissement, parfois regardé avec beaucoup plus de bienveillance que les budgets de fonctionnement, peut parfois aboutir à du surinvestissement, à des **gaspillages d'actifs immobilisés qui peuvent être renouvelés trop fréquemment** par rapport à une utilisation rationnelle.

1.2.1.5. Les risques de confusion

Il existe une fréquente confusion entre :

- la gestion des **centres de projets** et des **centres** de responsabilité **permanents** : un centre de projet n'entre pas dans la même logique de suivi que les autres centres de responsabilité. Il comporte une durée qui n'a rien à voir avec le découpage annuel habituel. Il se termine lorsque le projet arrive à sa fin. Il ne peut donc pas être soumis aux mêmes règles de contrôle que les autres ;
- la comptabilité budgétaire et la comptabilité générale : **la comptabilité budgétaire privilégie la responsabilité de celui qui est à l'origine de la dépense.** La comptabilité générale ne s'intéresse qu'à classer les dépenses par nature. Dans le cadre d'une comptabilité budgétaire, il est **acceptable de transférer des sommes d'un compte à un autre**. Ne pas le faire supposerait une rigidité conduisant à une mauvaise utilisation des ressources. Cette « fongibilité » des crédits apparaît heureusement au niveau du programme dans la LOLF ;
- comptabilité générale et trésorerie : la gestion budgétaire dans les entreprises privilégie une approche de comptabilité générale, dans laquelle les revenus et les charges sont reconnus au cours de la période de référence,

et non quand la recette et la dépense se produisent. La plupart du temps, les gestionnaires privés n'ont pas à se préoccuper des décalages de trésorerie dans le cadre de leur gestion budgétaire. Cette préoccupation est du ressort du trésorier ;

- dans le secteur public, **la gestion de trésorerie revêt souvent une importance qui ne se justifie pas**, en raison notamment du caractère incontrôlable de certains décalages. Elle génère souvent un travail de justification inutile, alors que **la justification devrait se focaliser sur l'adéquation entre la dépense et le résultat attendu**.

La LOLF tente de rectifier une partie de ces difficultés en poussant les gestionnaires d'organismes publics à mettre davantage l'accent sur les résultats à obtenir. Mais beaucoup des dysfonctionnements structurels ne peuvent pas être adressés par la LOLF, parce que l'ensemble du système financier et budgétaire public, malgré les efforts d'adaptation, conserve globalement sa logique.

1.2.2. Un Code des marchés publics au fonctionnement onéreux et à l'efficacité douteuse

Nous n'abordons ici que les aspects qui concernent spécifiquement le contrôle de gestion. Nous sommes conscients que ce thème nécessiterait un débat à lui seul, qu'il fait partie des « vaches sacrées » de la fonction publique.

Bien dépenser, ce n'est pas uniquement respecter les procédures d'engagement des dépenses ; c'est prouver la nécessité de la dépense, prouver que le ratio avantages obtenus/prix payé est adéquat. C'est prouver, plus par exception que de façon permanente, que l'on n'a pas favorisé indûment tel fournisseur. C'est prouver que l'on ne dépense pas plus que ce que l'on devrait, compte tenu de l'objectif recherché.

Les gestionnaires publics doivent supporter le poids de procédures extrêmement lourdes en matière d'engagement des dépenses et de respect du code des marchés publics. La masse de connaissances juridiques et la lourdeur des procédures formelles laissent peu de place aux **interrogations plus fructueuses sur les objectifs et les résultats attendus, sur les alternatives** au projet présenté.

Les gestionnaires privés peuvent souvent dépenser avec une procédure plus simple, se limitant souvent à la recherche d'alternatives, mais on leur demandera le cas échéant de justifier leurs choix *a posteriori*. Les éventuelles malversations peuvent y être combattues par des procédures de contrôle interne et détectées par des missions d'audit interne.

Le Code des marchés publics est souvent « le marteau-piqueur utilisé pour écraser une mouche ». Afin d'éviter toute malversation, on remplace une gestion par exception légère par une gestion permanente lourde, un contrôle *a posteriori* par un contrôle *a priori*. Le coût des lourdeurs, avec les coûts cachés de l'inefficacité et de la déresponsabilisation des ordonnateurs, dépassent très probablement, et largement, ceux des malversations évitées. Ou bien alors il faudrait modifier les procédures de gestion du privé qui doit faire face à des risques similaires, pour les aligner sur celles du public !

1.2.3. *Des contraintes juridico-réglementaires nombreuses*

Les difficultés de gestion « normales » sont souvent renforcées par des contraintes d'ordre réglementaire, juridique ou administratif. La gestion quotidienne est alors rendue plus complexe, donc plus coûteuse :

- certaines réglementations sont changeantes dans le temps, avec parfois des circulaires d'application paraissant avec retard ;
- les objectifs des financeurs génèrent des besoins de justification qui gonflent les effectifs des services administratifs et financiers. Faire « de la gestion » devient alors synonyme de « permettre aux opérationnels de fonctionner normalement » à l'abri des tracas de ces contraintes ;
- les fluctuations de la demande dans le temps peuvent bouleverser l'équilibre d'exploitation lorsque le taux d'occupation d'équilibre est trop proche des 100 %.

1.2.4. *Des organismes de contrôle sur le fil du rasoir entre effets pervers et réelle incitation à l'amélioration*

1.2.4.1. La limitation des crédits comme unique moyen de faire bouger les choses

Face aux difficultés pour diminuer les dépenses du public, les organismes de contrôle financier, équivalents des contrôleurs de gestion du siège, et qui ont donc une aussi mauvaise connaissance du terrain que ces derniers, en sont réduits à utiliser la limitation des crédits comme moyen principal d'action.

En pratique

Cela se traduit par l'application de règles « implacables » comme le non-remplacement d'un départ à la retraite sur deux, par exemple.

Une telle attitude **ne présente pas que des inconvénients**. Elle repose sur l'idée que **les gens du terrain sont les mieux placés** pour savoir à quel endroit il est possible d'économiser. Ils savent où se situent « les matelas », quelle réorganisation est la plus susceptible de leur permettre de continuer à fonctionner sans mettre en danger la mission de l'organisme. Cette idée est correcte lorsque les acteurs sont à la fois autonomes, motivés, bien formés et qu'ils acceptent les règles du jeu économique, c'est-à-dire une culture visant l'amélioration permanente des modes de fonctionnement.

Les **inconvénients** apparaissent lorsque les **acteurs de terrain n'ont pas la formation économique** et organisationnelle suffisante pour remettre en question leur organisation. C'est également le cas lorsqu'ils cherchent à saboter les efforts d'économie provenant d'en haut en cherchant à prouver coûte que coûte leur caractère « non correct ».

Le danger vient aussi de **l'application par trop rigide de règles** qui peuvent provoquer des difficultés de fonctionnement, comme dans la réduction des effectifs en fonction de normes sans prise en compte des circonstances. « Déshabiller Pierre pour habiller Paul » nécessite parfois des péréquations entre des zones géographiques inégalement dotées.

La limitation des crédits globaux **doit donc nécessairement s'accompagner de davantage de flexibilité au niveau de la gestion des crédits** de ligne à ligne : le transfert à l'intérieur d'un même centre de responsabilité doit être permis en privilégiant le « *gentlemen agreement* » entre le gestionnaire et l'organisme de contrôle, plutôt qu'en imposant des procédures par trop rigides. On pourrait dire en paraphrasant Beaumarchais que « sans liberté d'arbitrer, il n'est pas de contrôle efficace ».

> La **non-reconduction des crédits lorsqu'ils n'ont pas été consommés** est la source **d'effets pervers** connus de longue date mais qui perdurent. Ils consistent à inciter les gestionnaires à consommer sans nécessité leurs crédits ou à leur faire risquer une non-reconduction même en cas de réel besoin.

1.2.4.2. Les règles du privé ne sont pas forcément adaptables

L'utilisation de règles du jeu copiées du secteur privé, pas toujours adaptées au secteur public, peut provoquer des **effets pervers**.

Une transposition par trop simpliste de règles qui fonctionnent bien dans le privé ne donne pas nécessairement de bons résultats.

La tarification à l'acte dans le secteur hospitalier, par exemple, peut provoquer une spécialisation de certains hôpitaux sur certaines affections « plus rentables », c'est-à-dire permettant de boucler plus facilement le budget et de renforcer la pérennité de l'organisme, au détriment d'une définition plus généreuse de leur mission d'un accueil généraliste des malades qui peuvent souffrir de plusieurs affections.

Un autre exemple concerne la garde à vue dans les commissariats, qui semblerait être devenue un indicateur de performance[1].

1.2.4.3. Jouer l'indicateur plutôt que le résultat réel

Lorsqu'un tableau de bord a été adopté au niveau national et est devenu le critère d'évaluation, le risque existe (comme dans le privé d'ailleurs, voir le chapitre 10 sur les effets pervers) que les gestionnaires cherchent à apparaître sous leur meilleur jour par des manipulations maximisant l'indicateur.

Ce risque est cependant renforcé dans le secteur public par le fait que les indicateurs globaux permettant un contrôle de cohérence y sont souvent moins significatifs. Dans le secteur privé, au contraire, le bénéfice, la marge ou le chiffre d'affaires par effectif ou d'autres indicateurs globaux permettent d'attirer rapidement l'attention des contrôleurs de gestion du siège sur les éventuelles incohérences entre indicateurs ponctuels et indicateurs globaux.

Les missions de service public peuvent parfaitement rendre acceptables des différences de performances locales, ce qui fait qu'il est plus difficile de discerner d'éventuelles manipulations des données.

---

1. Les commissaires de police « touchent des primes en fonction du nombre de gardes à vue réalisées dans leur commissariat », a affirmé, vendredi 21 janvier 2011 sur RFI, le secrétaire général du Syndicat de la magistrature, Mathieu Bonduelle, au lendemain de l'examen à l'Assemblée nationale de la réforme de la garde à vue.
« La garde à vue est devenue un indicateur de performance du travail policier. C'est un peu comme si on disait qu'un juge va être payé au nombre de personnes incarcérées », a dénoncé le dirigeant syndical. « Je ne dis pas que le policier lui-même est payé comme ça mais les commissaires touchent des primes en fonction du nombre de gardes à vue réalisées dans leur commissariat » et « les crédits du commissariat dépendent de ce nombre-là », a-t-il affirmé. « Vous comprenez bien que cela motive à placer en garde à vue, y compris des gens qu'on n'aurait pas dû placer en garde à vue », a regretté Mathieu Bonduelle (lemonde.fr avec AFP 21 janvier 2011).

1.3. Les obstacles d'ordre culturel

1.3.1. Une tendance à la déresponsabilisation des acteurs

Nous avons déjà abordé ce thème plus haut, mais il semble qu'il s'agisse d'une constante structurelle dans l'univers du secteur public. Sa source principale est l'absence, pour ne pas dire le refus, de l'évaluation.

> L'évaluation des résultats par rapport aux moyens consommés est une des bases du *management* moderne. On pourrait même dire du *management* tout court.
>
> Ne pas mettre l'évaluation des résultats au cœur des pratiques de *management* public est la faiblesse centrale de tout le système. C'est ce qui a été bien vu par les concepteurs de la LOLF, et on ne peut que se féliciter de l'incitation nouvelle qui est ainsi mise en avant.

Le système public est une sorte de nœud gordien, les nombreuses pratiques héritées du passé, non remises en question, contribuent à faire perdurer cette tendance à la déresponsabilisation. On peut en citer quelques-unes, en rappeler d'autres déjà exposées :

- l'alibi par le respect des procédures de comptabilité publique ;
- l'alibi par le respect du Code des marchés publics ;
- la tendance au gaspillage en dépensant les budgets attribués ou votés plutôt que ce qui est nécessaire, en tirant sur les budgets d'investissement quand ils sont plus faciles à obtenir ;
- la non-reconnaissance des coûts de personnel par les gestionnaires de centres de responsabilité ;
- l'absence de systèmes de reconnaissance des performances ;

> La non-récompense des gestionnaires les plus efficaces par une rémunération variable décomplexée est une injustice. La non-sanction des gestionnaires les plus calamiteux en est une autre.

- Cela aboutit à ce qu'un petit nombre d'acteurs porte l'ensemble de l'édifice sur leur dos. Il existe en effet partout des gens qui ne savent que bien faire, qu'il y ait récompense ou non ! C'est grâce à ceux-là que la plupart des organismes peuvent continuer de fonctionner correctement, malgré les dysfonctionnements et les obstacles suscités par ceux qu'il n'est pas possible de sanctionner ;
- la tendance à éviter les risques, à « ouvrir le parapluie », à ne pas « faire des vagues » : le système public récompense les comportements conformistes.

En pratique

Qu'un instituteur travaille bien, très bien ou moins bien, seul son avancement pourra en être affecté quelque peu ; à Pôle Emploi et ailleurs, les primes de performance sont très faibles et l'idée qu'on s'y fait de l'équité consiste à faire en sorte que tout le monde soit servi sur une période donnée.

Le proverbe japonais « **Le clou qui dépasse, on lui tape dessus** » s'applique parfaitement au secteur public français. Une certaine déférence à la hiérarchie participe à cette tendance. On parle de résistance au changement en général, elle est exacerbée dans le secteur public.

Une organisation doit accepter et encourager une certaine prise de risque de la part de ses acteurs.

1.3.2. *Une culture de management d'un autre siècle*

1.3.2.1. L'absence de culture du résultat

Elle est une des sources de la tendance à la déresponsabilisation. Elle est d'ordre culturel ou même idéologique et existe aussi bien au niveau du *management* qu'à la base.

1.3.2.2. Des dirigeants qui « font trois petits tours et puis s'en vont »

Il y a une tendance à croire que les dirigeants du public peuvent facilement transiter d'une entité à une autre, leurs compétences administratives leur permettant de s'adapter rapidement à de nouvelles fonctions dans un univers différent. Cette tendance met en danger la permanence des stratégies choisies, un nouveau venu étant plus facilement conduit à remettre en question les choix de son prédécesseur. Cela suscite également de l'attentisme dans les périodes de fin de mandat, ce qui peut être préjudiciable à la bonne marche des organismes en question.

1.3.2.3. Des « castes dignes de l'Inde, avec brahmanes et intouchables »

Le monde administratif est extrêmement hiérarchisé. Cela reflète une certaine idée de la méritocratie (ce qui n'est pas critiquable) mais telle qu'elle résulte du résultat de concours. Cela ne correspond donc pas nécessairement aux exigences de terrain.

On a dit plus haut la réelle difficulté à prendre en compte les performances et les résultats au niveau des postes de travail. Les contreperformances des dirigeants, ou plutôt leur faiblesse en termes de performances, ne sont que rarement sanctionnées et lorsqu'il y a sanction, les « mises au placard » qui en résultent correspondent plus aux « parachutes dorés » que l'on peut reprocher, à juste titre, à certains anciens dirigeants du privé.

L'extrême hiérarchisation, on peut même parfois parler d'un « style monarchique », participe à la déresponsabilisation d'acteurs qui apprennent très tôt que la vérité ne peut venir que du haut.

> La tendance moderne du *management* consiste à inciter le « terrain » à prendre des initiatives et à assumer des responsabilités dans le cadre de directives générales, avec des pratiques de contrôle destinées à prendre en compte les performances par rapport à ce qui est attendu. Cela repose sur les capacités des dirigeants à animer et à donner confiance à leurs équipes. Il s'agit d'instaurer un environnement où les équipes doivent apprendre progressivement qu'elles ont réellement le droit et le devoir de proposer des améliorations.

Il faut donc sortir d'une culture qui suppose que l'intelligence ne se trouve qu'au sommet.

1.3.2.4. Le « complexe de la tour d'ivoire »

Beaucoup de dirigeants du public choisissent, lorsqu'ils le peuvent, d'arriver avec leur équipe, les gens qu'ils connaissent déjà, ce qui aura le plus souvent comme conséquence de faire en sorte que l'organisme s'adapte à eux plutôt que le contraire.

Leurs compétences administratives les conduisent à être davantage des hommes de dossiers, qui savent annoter consciencieusement les documents dont ils demandent la communication. Leur entourage s'extasiera sur leur « puissance de travail ». Cela ne compensera cependant pas leurs difficultés à animer des équipes. Cette difficulté provient notamment du fait d'un parachutage au sommet trop tôt dans leur carrière sans avoir pu faire leurs preuves, notamment en faisant des erreurs à un niveau inférieur de la hiérarchie. Ce manque en compétences de *management* leur retire de la crédibilité en direction et animation d'équipe.

1.3.2.5. L'alibi des techniques modernes de gestion et du contrôle de gestion

Les dirigeants d'organismes publics cherchent à avoir une compétence managériale reconnue, ce qui les incite à adopter les méthodes et techniques les plus modernes, calquées sur le privé, pour avoir le sentiment d'être *« up to date »*. Cela fait l'affaire des cabinets de consultants qui vont mettre en place des systèmes de gestion à la pointe. Ce qui est désolant, c'est que ces systèmes sont rarement cohérents avec l'environnement, car ils supposent une culture de *management* qui n'existe pas dans l'univers public.

En pratique

On va créer des postes de contrôleurs de gestion, mais ces derniers n'en auront que le titre, tout ce qui consiste à faire vivre la délégation des responsabilités disparaissant le plus souvent de la fonction, le *management* continuant à être de style monarchique.

1.3.2.6. Une pollution par le politique

Le secteur public est extrêmement influencé par le monde politique. Certains dirigeants d'organismes publics (mairies et organismes similaires) vivent en même temps deux existences. Ils l'ont choisi, mais les gestionnaires qui leur reportent doivent en accepter les contraintes, avec pour conséquence des horaires insensés pour un travail somme toute assez classique. Être là tard le soir devient un indicateur d'efficacité, de motivation, de performance. On se doute que la quantité d'heures et la présence tard le soir ne sont pas des signes d'efficacité ! Mais le semblant l'emporte sur l'efficacité.

1.3.3. Une idéologie et une culture s'opposant au réel

La culture du secteur public comporte des particularités qu'il est bon de connaître si l'on veut tenter d'améliorer les choses. Cette culture est extrêmement forte, elle a tendance à se reproduire, les nouveaux venus adoptant progressivement les manières de faire de leurs aînés.

1.3.3.1. L'existence de « vaches sacrées »

L'existence de règles administratives, juridiques et réglementaires et de particularismes renforce la non remise en question de pratiques et de procédures qui n'existent pas dans des organisations équivalentes du secteur privé :

- le Code des marchés public ;
- la comptabilité publique et ses particularismes ;
- « Argent public, comptable public », cette formule place une grande confiance dans la gestion par les comptables publics. Elle nous paraît infondée ; les techniques budgétaires et comptables du public nous semblent plutôt inefficaces par rapport à celles du privé. Les agents comptables et les comptables publics sont également connus pour bloquer la machinerie administrative s'ils estiment que toutes les règles dont ils sont les garants

n'ont pas été respectées. Ils évoquent parfois la responsabilité sur leurs propres deniers (en fait très rarement mise en œuvre) pour générer des blocages et des lenteurs insupportables dans le règlement des fournisseurs. Les organismes publics continuent ainsi à être gérés d'après les principes du XIXe siècle.

1.3.3.2. « Préserver son pré carré »

Chaque responsable veut garder son autonomie, à condition de ne pas avoir à rendre des comptes sur ses résultats. On peut noter avec ironie que lorsque l'on veut « préserver son pré carré » tout en « ouvrant le parapluie » on ne peut éviter qu'il y ait des gouttes d'eau dans les coins ! Mais il s'agissait en quelque sorte de la quadrature du cercle.

1.3.3.3. Une langue administrative qui encourage les euphémismes

Le langage administratif est riche en euphémismes, ce qui rend le décodage difficile aux non-initiés. Les affrontements – ils sont nombreux – se font toujours à fleurets mouchetés. Il y a souvent une admiration pour ce qu'on peut appeler le « style florentin », avec des coups en douce en évitant de « dire les choses en face », ou « d'appeler un chat un chat ».

Le plus dangereux, derrière l'euphémisation (et parfois une certaine hypocrisie), c'est le risque de ne pas voir suffisamment bien les enjeux réels, du fait du voile qui peut cacher la réalité.

1.3.3.4. « On veut des moyens supplémentaires »

Lorsque les choses ne fonctionnent pas bien, que les résultats ne sont pas au rendez-vous, plutôt que de remettre en question l'organisation actuelle, on en vient trop facilement à exiger des moyens supplémentaires.

> L'absence fréquente d'évaluation des résultats par rapport aux moyens peut aboutir à la conséquence de faire payer aux autres ses propres inefficacités.

Nous sommes cependant conscients qu'il existe de nombreux cas où une demande de moyens supplémentaires est parfaitement justifiée. Mais ils souffrent de l'existence des autres cas.

1.3.3.5. La « pureté du public » et l'impureté du privé

La haute conception que les acteurs du secteur public se font de leur mission, et que nous partageons, se double cependant d'une tendance à dévaloriser « le privé » que l'on suppose habité d'un esprit de lucre, de la recherche du profit (avec des connotations négatives !), de mauvaises habitudes en matière de notes de frais, de salaires bien trop élevés, etc.

Ce regard suspicieux sur le privé s'accompagne le plus souvent, mais cela n'étonnera aucun freudien, d'un fréquent complexe vis-à-vis du secteur privé et de son efficacité supposée.

> Le complexe vis-à-vis du privé conduit à l'adoption d'outils, de systèmes et de pratiques imités du privé sans toujours voir que ces pratiques et ces systèmes ne peuvent fonctionner que dans un cadre culturel qui leur est propice.

Cela explique également la difficulté à accepter de recruter pour le public des compétences provenant du privé, sauf à les confiner à des positions subalternes !

1.3.3.6. Davantage d'intelligence, moins de résultats

Les ressources humaines du public sont en général d'un niveau supérieur en formation et en intelligence, à ce que l'on trouve dans le privé. Cette richesse produit paradoxalement moins que ce qu'elle pourrait, en conséquence des phénomènes culturels ci-dessus. On ne peut qu'en être attristé.

1.4. Quelques lueurs dans l'obscurité

L'énoncé de l'ensemble des obstacles spécifiques à la mise en œuvre d'un contrôle de gestion dans le secteur public semble former un nœud gordien. Il est cependant important de comprendre le fonctionnement de rouages qui se renforcent les uns les autres, si l'on veut aller dans le sens d'une amélioration.

Par ailleurs **les obstacles** ci-dessus **ne sont pas tous présents** dans l'ensemble des organismes du public. Beaucoup d'organismes sont situés dans des situations plus favorables, c'est-à-dire avec des **contraintes liées à leur environnement** qui les ont déjà obligés à adapter leur mode de fonctionnement dans un sens qui se rapproche de l'univers du privé.

Le manque d'argent, le **tarissement des ressources publiques, est un facteur favorable à la remise en question** des pratiques actuelles du système. Le non-remplacement d'un certain nombre d'effectifs partant à la retraite met nécessairement l'accent sur l'amélioration de la productivité, qui ne peut le plus souvent être atteinte que par des remises en question des modes actuels d'organisation.

Les dirigeants et les cadres intermédiaires du public fournissent souvent des efforts importants afin de dépasser **les blocages et les dysfonctionnements du système** dans lequel ils se trouvent.

L'impossibilité de récompenser et de sanctionner est souvent prise en compte de façon informelle par les gestionnaires du public.

C'est le cas lorsqu'ils cherchent à recruter de nouveaux effectifs à qui confier des responsabilités. Les contacts informels leur permettent d'obtenir les informations que le système formel a tendance à camoufler.

En fait, il existe de nombreux systèmes informels développés par les gestionnaires du secteur public afin de conserver à la fois leur santé mentale et une certaine efficacité. **Il serait cependant préférable que le système lui-même évolue** dans un sens plus favorable à la productivité et à l'efficacité.

2. LE CONTRÔLE DE GESTION ET LES OUTILS D'AMÉLIORATION DE L'EFFICACITÉ DU SECTEUR PUBLIC

On s'intéressera à la LOLF, au rôle des managers du public, aux fonctions de la comptabilité « tridimensionnelle », à l'instauration de CRB, à l'utilisation des tableaux de bord et aux démarches de réorganisation.

2.1. La LOLF : principes, architecture et apports au contrôle de gestion

Les principes de la LOLF en font un cadre d'amélioration. Ses principaux **objectifs** sont :

* la modernisation des finances publiques, en visant à **améliorer la responsabilisation des gestionnaires publics** par une **budgétisation par objectif** et l'assouplissement de la gestion budgétaire par la fongibilité des crédits ;
* le rééquilibrage des pouvoirs budgétaires au profit du Parlement, grâce au **renforcement du pouvoir de contrôle** et à l'amélioration de l'information et de la transparence budgétaire.

La LOLF est principalement conçue pour la budgétisation des ministères, mais les principes qui la gouvernent s'imposent par capillarité à tous les organismes qui dépendent de l'État. Son efficacité repose sur un **triple dispositif** :

* un pilotage stratégique par mission, programme, action ;
* un contrôle interne renforcé pour améliorer la performance de l'État ;
* un nouveau plan comptable de l'État.

2.1.1. Le pilotage par mission

Probablement le dispositif le plus ambitieux, car il fait passer l'État français d'une logique de moyens à une logique d'objectifs.

L'ensemble des missions de l'État doit être défini, chaque ministère décrivant les micro-processus qui le concernent, aussi bien au niveau central qu'à un niveau déconcentré. Chaque budget doit désormais être structuré par **mission,** puis par **programme** et enfin par **action**.

La **mission** constitue l'unité de vote des crédits, elle peut être interministérielle ou intraministérielle. Elle regroupe un ensemble de programmes liés à une politique publique.

Le **programme** est un ensemble cohérent d'actions, les crédits peuvent y être fongibles afin de permettre un assouplissement de la gestion budgétaire. Un responsable de programme au niveau national est le garant de sa mise en œuvre et de sa performance.

Les programmes doivent avoir des objectifs précis avec des résultats attendus et doivent faire l'objet d'une évaluation. Ils sont donc décrits dans le cadre du vote de la loi de finances par des PAP (plans annuels de performance) qui doivent détailler les objectifs à atteindre, les processus engagés, les ressources prévisionnelles demandées ainsi que l'allocation des crédits nécessaires. À la fin de chaque année, un RAP (rapport annuel de performance) doit être présenté au Parlement avec l'explication des causes des écarts entre les objectifs prévisionnels et les résultats atteints. L'attribution des crédits doit dépendre de la capacité à atteindre des objectifs qui appartiennent à **trois catégories stratégiques,** celles intéressant le **citoyen, l'usager** et le **contribuable**. Les PAP et les RAP doivent donner lieu à la construction de **tableaux de bord décrivant quatre types d'indicateurs** :

- les indicateurs d'impact concernant l'efficacité socio-économique, sur lesquels les parlementaires vont se focaliser car ils représentent le point de vue du **citoyen** ;

- les indicateurs de performance, vérifiant l'atteinte des objectifs, notamment la qualité de service concernant les **usagers**, sur lesquels l'exécutif va se concentrer ;

- les indicateurs de pilotage, qui s'intéressent aux modalités d'atteinte de l'objectif et aux éventuels dysfonctionnements affectant les processus, c'est-à-dire l'efficience de la gestion, préoccupation du **contribuable** ;

- les indicateurs d'éclairage, s'intéressant aux facteurs exogènes qui pourraient affecter les processus et les objectifs.

Les budgets opérationnels de programme (BOP) constituent une déclinaison territoriale, sectorielle ou par objectifs intermédiaires des objectifs stratégiques. Les **actions** sont les unités de base de la dépense.

2.1.2. Le contrôle interne

Le second dispositif est destiné à améliorer la performance par la mise en œuvre d'un contrôle interne efficace.

Pour chaque ministère, des directions de l'audit interne vérifieront la légalité et la conformité des actions menées au niveau des processus reconfigurés. La mise en place du contrôle a notamment consisté en un élargissement du rôle de la Cour des comptes, en renforçant ses liens avec le Parlement et en lui laissant toute liberté dans la détermination de son programme de contrôle. Les modalités d'exercice du contrôle financier ont également évolué en l'éloignant de l'aspect strictement juridique et à effet bloquant *a priori* pour l'orienter vers le contrôle *a posteriori*.

2.1.3. Le nouveau plan comptable

Le nouveau plan comptable de l'État, troisième dispositif, vise à se mettre en conformité avec les référentiels de comptabilité public internationaux.

Cela doit permettre en outre de faciliter la souscription des emprunts obligataires émis par l'État. Cette comptabilité est tridimensionnelle :

- une comptabilité de caisse, comme précédemment, c'est-à-dire qui s'intéresse aux recettes et aux dépenses, et qui s'intitule **comptabilité budgétaire** (nous dirions une comptabilité « de trésorerie ») ;

- une comptabilité « générale », conforme aux règles du plan comptable général mais s'adaptant aux spécificités de l'État, qui s'intitule **comptabilité d'exercice** ;

- une comptabilité « analytique », qui s'intitule **comptabilité par activités**. Elle doit permettre l'analyse du coût des actions engagées dans le cadre des programmes.

> La nouvelle façon de structurer l'action et le budget de l'État, en mettant l'accent sur les objectifs et les résultats, est ce qui contribue le plus à le rapprocher des concepts fondamentaux du contrôle de gestion et du *management* modernes. Mais la création de ce cadre conceptuel ne fait que déplacer le problème de sa mise en œuvre au niveau des différents intervenants, les *managers* de service **public**.

C'est d'abord des *managers* de service public que dépendra la définition des missions, des objectifs, des indicateurs de performance qui serviront à l'évaluation des résultats. Étant donné la diversité des situations, aussi bien au niveau des ministères qu'au niveau des organismes dépendant du secteur public au sens large, il n'existe pas de recette passe-partout permettant de mener à bien ce type de chantier. Là comme ailleurs, il n'y a pas de « prêt-à-porter », il n'y a que du « sur-mesure » qui nécessite réflexion et dialogue de gestion.

Il serait dangereux de ne voir dans la mise en œuvre de la LOLF qu'une série de problèmes qui ne demandent que des compétences techniques et qu'on peut donc se permettre de confier à des techniciens. Il n'en est rien, et ce dont on a le plus besoin, c'est de *leadership,* c'est-à-dire la capacité du *management* à animer les équipes en direction des objectifs choisis

2.2. Le rôle prééminent du *management* de service public

Il ne peut y avoir un bon contrôle de gestion sans des dirigeants sachant quoi en attendre et comment l'utiliser. L'incitation doit venir du haut de la hiérarchie. Les *managers,* puis les gestionnaires et agents de la base se mettront ensuite au diapason.

> Les dirigeants doivent comprendre que les différentes techniques du contrôle de gestion ne sont que des outils à leur service. Un outil n'est rien sans la qualité de la main qui l'utilise.

La qualité du contrôle de gestion en service public dépendra d'abord de la qualité du *management* public : elle ne dépendra que de manière subsidiaire de la qualité de ses contrôleurs de gestion.

La qualité du *management* repose sur une **culture de** *management* (voir chapitre 20). Cette culture repose sur une responsabilisation sur les résultats, une exemplarité des comportements, une qualité d'écoute, des capacités de dialogue de gestion et une manière de donner envie à ceux que l'on encadre de vous accompagner vers vos objectifs. Ces éléments ne sont pas toujours associés au contrôle de gestion, mais ils en constituent pourtant une condition essentielle.

2.3. Les fonctions des différentes comptabilités et le cadre de la LOLF

La comptabilité dite « tridimensionnelle » de la LOLF doit être comparée avec le cas général du privé pour bénéficier d'une expérience de près de deux siècles. Il est préférable d'utiliser la terminologie commune à l'univers de la gestion à laquelle appartient *volens nolens* le *secteur public,* même lorsqu'on s'ingénie à en conserver des particularismes au moment même où l'on cherche à se rapprocher des usages du privé. Nous cherchons aussi ici à être cohérent avec la terminologie des autres chapitres de ce livre.

- La comptabilité **budgétaire** de la LOLF est en fait une comptabilité **de trésorerie** ;
- la comptabilité **d'exercice** est une comptabilité **générale** ;
- la comptabilité **par activités** est une comptabilité **analytique**.

On court toujours le risque de confondre **différents outils** qui ont des **fonctions différentes**. Si on a tendance à les confondre, c'est qu'elles se présentent toutes avec le visage des numéros de comptes de la comptabilité générale. Mais leurs fonctions sont différentes, et il est important de savoir les reconnaître.

2.3.1. La comptabilité générale

La comptabilité générale est le système de classement des charges et des produits **par nature**. Elle s'intéresse essentiellement à la **globalité de l'organisme et à son équilibre financier** général entre ressources et emplois. Elle vise la qualité de l'information des tiers.

2.3.2. La « comptabilité » de trésorerie

La « comptabilité » de trésorerie ne s'intéresse pas aux charges et produits, mais **aux recettes et dépenses**, aux flux de trésorerie, aux *cash-flows*. Les gestionnaires du privé ne s'intéressent pas en général à la trésorerie, qui reste le domaine des trésoriers d'entreprise, contrairement à ceux du secteur public en connexion avec la comptabilité publique de l'État. Cette circonstance est une **source de complications dans la justification des écarts** entre budget et réalisation en raison des fréquents **décalages dans le temps**, sans qu'ils ne soient toujours pertinents.

> La conservation de ce système comptable, en plus de la comptabilité d'exercice nouvellement introduite, fait courir le risque d'un renforcement de la complexité de la gestion comptable avec des besoins supplémentaires de justification et de réconciliation. On court également le risque de continuer à privilégier le système le plus ancien, celui qui est mieux connu des comptables publics.

2.3.3. La comptabilité analytique

La comptabilité analytique s'intéresse à l'évaluation du coût des produits et prestations, à la prise de décision et à la responsabilisation des acteurs. Dans cette troisième fonction, on peut parler de comptabilité « budgétaire », mais au sens du privé et non pas de la LOLF (voir chapitres 6 et 8) !

Dans le cadre du calcul des coûts, on suppose stables et pérennes des ressources qui appartiennent aux frais généraux d'ensemble. Cependant, dans le cadre d'une réflexion à plus long terme, il est important de pouvoir remettre en question ces dernières, notamment dans le cadre d'une démarche de réorganisation.

Parmi les difficultés de mise en place d'une comptabilité analytique, il y a le danger du défaut d'exhaustivité des coûts, par la non-prise en compte de certains coûts moins apparents, tels que ceux des organes du siège, des frais généraux, de certaines ressources « gratuites », c'est-à-dire celles qui n'apparaissent pas, comme des effectifs « prêtés » par un autre organisme qui continue à en supporter le coût. Cela peut être également le cas pour des locaux dont on ne paye pas le véritable coût.

La méthode ABC est souvent une bonne alternative à la comptabilité analytique dans les organismes du secteur public. Nous renvoyons au chapitre 9 qui y est consacré.

> **La comptabilité budgétaire** (au sens du privé) est une comptabilité de **suivi des responsabilités**. Il s'agit de faire en sorte que ceux qui sont à l'origine des dépenses soient d'abord chargés de les budgéter puis d'en suivre la réalisation tout en les contrôlant. L'unité de base, ce sont les centres de responsabilité, c'est à leur niveau qu'il convient de suivre les charges et les produits.

Les gestionnaires doivent négocier pour obtenir le renouvellement des ressources qui leur sont consacrées en prouvant le cas échéant qu'ils en ont réellement besoin. Dans le cadre du suivi des budgets, ils doivent prouver leur bonne utilisation.

Ce type de système comptable n'est pas expressément prévu par la LOLF, mais il peut parfaitement s'intégrer à la comptabilité par activités. Il faudra prévoir une nomenclature concernant les centres de responsabilité budgétaire.

2.4. Responsabiliser au niveau des CRB

Tout le monde s'accorde sur la nécessité de renforcer la responsabilisation des *managers* de secteur public. Nous renvoyons au chapitre 4 pour les développements concernant les CRB. Ils constituent un cadre idéal pour la responsabilisation des acteurs économiques, et ils se prêtent parfaitement à l'intégration dans les dispositifs prévus par la LOLF.

2.4.1. Le centre de coût productif

Il n'existe pas de réelle différence entre les secteurs public et privé en ce qui concerne ce CRB. On rappelle que le budget initial de ce type de CRB ne peut pas constituer une bonne référence pour évaluer la qualité de la gestion des réalisations, si le volume d'activité réel est différent de ce qui a été prévu.

Une autre difficulté concerne le volume d'activité d'équilibre : certains organismes subventionnés peuvent bâtir leur budget sur un volume d'activité trop important et si le volume réel est inférieur, le montant de la subvention pourra être insuffisant pour équilibrer les dépenses réelles. Il conviendrait dans un tel cas de distinguer, dans la construction du budget, les coûts variables des coûts fixes.

2.4.2. Le centre de coûts discrétionnaires

Ils abondent dans le secteur public. Ils comportent les mêmes caractéristiques que dans le privé, c'est-à-dire l'absence de lien logique entre le montant dépensé et une « production » quelconque.

Le respect du budget initial ne peut absolument pas être considéré comme un signe de bonne gestion. C'est là que sont donc le plus nécessaires des indicateurs de gestion à intégrer dans un tableau de bord.

2.4.3. Le centre de revenus

Il existe fréquemment des unités qui doivent chercher à faire progresser leur volume d'activité. Dans un tel cas, on pourra parler de **centre d'activité**. Les gestionnaires en question seront évalués sur leur capacité à atteindre des objectifs de volume d'activité tout en se conformant à certaines conditions restrictives.

2.4.4. Le centre de profit

Un organisme « *non profit* » est un centre de profit visant un profit zéro. On trouve dans le public des unités de gestion donc d'activité qui génère des ressources et pour lesquelles il est possible de monter un compte de résultat significatif. Il n'est pas besoin pour cela que les produits soient supérieurs aux charges. Il suffit que d'un point de vue budgétaire, on puisse définir un objectif de marge que les *managers* s'efforceront d'atteindre. Le cas échéant, c'est la marge négative qu'il suffira de subventionner. En termes de dénomination neutre, on pourrait les appeler **centres à compte de résultat**.

2.4.5. Le centre d'investissement

Un centre d'investissement doit maximiser un ratio qui compare un résultat à la quantité des moyens qui lui ont été confiés. Dans le secteur public, il est souvent pertinent d'évaluer un résultat tel que le volume d'activité par rapport à la quantité d'actifs confiée au *manager* concerné.

La décision d'intégrer une comptabilité patrimoniale permet désormais de faire des rapprochements entre des résultats, quelle que soit la manière de les calculer, et la somme totale des actifs confiés à l'organisme en question. Un tel ratio sera toujours une mesure d'efficience, au même titre que le calcul du ROI ou de l'EVA dans le privé. En termes de dénomination neutre, on pourrait les appeler **centres à patrimoine**.

2.4.6. Le centre de projet

On trouve dans le secteur public des centres de projet comparables à ceux du privé. Ce qui peut poser problème, c'est que la logique calendaire n'y est tout simplement pas pertinente. Un projet commence et se termine, sans lien avec la structure budgétaire commune. Les gestionnaires et les organismes de contrôle financier doivent en tenir compte, sauf à susciter des effets pervers ou des incohérences.

2.5. L'utilisation des tableaux de bord

Les tableaux de bord sont particulièrement nécessaires dans les organismes de service public, en raison du manque de pertinence d'une approche strictement budgétaire. Une difficulté concerne la définition des résultats attendus et leur formalisation (voir chapitre 10).

Une autre difficulté tient à la nécessité d'obtenir des dirigeants un bon accompagnement du dispositif pour l'exploitation régulière du tableau de bord.

> Le tableau de bord est d'abord et surtout un **outil de *management*** et seule l'implication suffisamment forte des **dirigeants** permettra, par une **animation** dans le cadre d'une procédure régulière, d'obtenir que les gestionnaires prêtent attention aux différents indicateurs qui y figurent.

2.5.1. La démarche de réorganisation

Les *managers* du secteur public doivent s'adapter en permanence à des conditions socio-économiques changeantes, alors que les moyens financiers de l'État sont en diminution. La seule manière de maîtriser les dépenses consiste à remettre en question en permanence les modes d'organisation actuels.

Cette démarche constitue une application des principes énoncés par la LOLF en ce qui concerne la définition des missions, des programmes, l'accent mis sur les processus et la définition des indicateurs de performance et de pilotage. On résume ci-dessous les éléments constitutifs d'une telle démarche.

2.5.2. Définition de la mission

Il s'agit de répondre à la question : « À quoi sert votre unité ? » Nous utilisons ici volontairement une langue dénuée de tout euphémisme, propre à pousser les acteurs à être le plus clair possible sur les résultats attendus, leur définition, les « clients » qui en bénéficieront et qui devraient être en bonne logique ceux qui sont les plus aptes à en mesurer la qualité.

La LOLF a l'avantage de distinguer trois points de vue : celui de l'**usager** (le client), celui du **citoyen** qui recherche l'efficacité socio-économique et celui du **contribuable** qui privilégie l'efficience de la gestion, c'est-à-dire le ratio résultat obtenu/moyens utilisés.

La définition de la mission privilégie l'angle de vue de l'usager au niveau de la qualité, celui du citoyen au niveau des objectifs socio-économiques. Encore faut-il que cette définition soit suffisamment claire en termes de déclinaison vers les niveaux inférieurs et en termes d'indicateurs de performance à retenir pour l'évaluation régulière.

2.5.3. Définition des points clefs de performance

Une fois la mission définie, il s'agit de définir les critères globaux qui permettront de vérifier si elle est correctement menée à bien. Nous renvoyons pour cette partie au chapitre 10.

2.5.4. Quelle organisation

Une démarche d'organisation ne peut pas être politiquement correcte. Les premières questions après qu'une mission et des points clefs de performances ont été définis, si l'entité de gestion existe déjà, risquent de faire grincer des dents. On les donne ici d'une façon claire, afin de bien faire comprendre la démarche, mais en incitant tout analyste de gestion à les reformuler d'une manière plus en accord avec un discours acceptable :

- si l'entité de gestion n'existait pas encore, mériterait-elle d'être créée, compte tenu de la mission que l'on a définie ? Ou bien existe-t-il une alternative crédible qui permettrait d'atteindre le même résultat de manière plus économique et/ou en partageant des moyens avec d'autres organismes ?

- si l'entité de gestion mérite d'être créée, devrait-on lui accorder autant de moyens qu'elle en dispose actuellement ?

- si l'entité de gestion mérite d'être créée avec la quantité de moyens dont elle dispose actuellement, peut-on proposer des alternatives d'organisation pour viser un résultat avec différents niveaux de qualité, le cas échéant dans un cadre différent ? On envisagera le partage de moyens, leur centralisation à un niveau plus global, ou toute mesure impliquant une remise à plat de l'organisation actuelle.

SYNTHÈSE

Le contrôle de gestion a toute sa place dans les organisations du service public. Sa mise en place présente des difficultés qu'il est important d'avoir à l'esprit si l'on veut renforcer les chances de succès,. Elles sont de trois ordres :

- celles qui sont spécifiques au secteur, à l'absence fréquente d'une recherche de rentabilité, à la difficulté de formaliser les résultats attendus ;
- celles qui sont de l'ordre des systèmes de mesure et de contrôle : l'héritage de systèmes peu adaptés à la modernité, la difficulté de transposer tels quels les systèmes de mesure et d'évaluation qui fonctionnent bien dans le privé ;
- *last but not least*, l'influence d'une culture très forte, dont la cohérence repose sur un ensemble de faits difficiles à modifier pièce par pièce, et dont la résultante ne favorise pas la recherche d'efficacité et son évaluation. De nombreux faits culturels, aussi bien au niveau du *management* qu'au niveau général, sont des freins à la mise en œuvre d'une délégation des responsabilités digne de ce nom, c'est-à-dire avec l'évaluation des résultats qui doit l'accompagner. Or le contrôle de gestion consiste en une formalisation de la délégation des responsabilités.

Ces difficultés rendent plus difficile, et probablement plus lent, l'établissement d'un contrôle de gestion dans le secteur public, mais les circonstances actuelles de diminution des moyens financiers constituent une incitation redoutable à sa mise en œuvre qui va dans le sens de l'histoire.

Si les principes de la LOLF sont en parfaite conformité avec les méthodes modernes de *management* et de contrôle de gestion, car privilégiant la définition des missions et des objectifs, ainsi que l'évaluation des résultats, toute la difficulté de mise en œuvre repose sur les qualités de *management* des gestionnaires publics. Ils doivent pour cela faire évoluer la culture dans un sens du dialogue de gestion, par une animation des processus de tableaux de bord et l'utilisation des indicateurs de gestion qui y figurent.

Ils doivent savoir utiliser les systèmes comptables, notamment la comptabilité par activités, qui est la comptabilité analytique du secteur public. Ils doivent améliorer la responsabilisation de leurs équipes par l'utilisation de centres de responsabilité budgétaire. Ils doivent être prêts à remettre en question les organisations actuelles, afin de s'adapter en permanence aux nouvelles conditions socio-économiques, tout en maîtrisant les dépenses.

TEST DE CONNAISSANCES

Q1 – Font partie des objectifs de la LOLF…

1 – la diminution des moyens attribués au secteur public.
2 – le rééquilibrage au profit du Parlement des pouvoirs budgétaires.
3 – la responsabilisation des gestionnaires publics.
4 – le renforcement des pouvoirs du ministère des finances.

Q2 – Chaque budget doit désormais dans le cadre de la LOLF…

1 – être structuré par objectif, programme et action.
2 – être structuré par mission, processus et action.
3 – être structuré par mission, programme et ligne budgétaire.
4 – être structuré par mission, programme et action.

Q3 – Le programme de la LOLF est…

1 – un ensemble cohérent de lignes budgétaires.
2 – un ensemble cohérent d'actions.
3 – un ensemble cohérent de missions.
4 – un ensemble cohérent de stratégies.

Q4 – Les trois catégories stratégiques de la LOLF sont…

1 – les personnels du public, les usagers et les contribuables.
2 – les citoyens, les usagers et les contribuables.
3 – les citoyens, les membres du Parlement et les contribuables.
4 – les citoyens, les usagers et les fonctionnaires des Finances.

Q5 – Les indicateurs pertinents sont les indicateurs…

1 – d'impact, de performance, de pilotage et d'éclairage.
2 – d'impact, d'efficacité, de pilotage et d'éclairage.
3 – d'impact, de performance, et de pilotage.
4 – de performance, de pilotage et d'éclairage.

Q6 – Les BOP sont…

1 – une déclinaison territoriale des objectifs stratégiques.
2 – les budgets opérationnels de pilotage.
3 – un portefeuille de crédits fongibles.
4 – les budgets opérationnels de programme.

Q7 – La comptabilité « budgétaire » de la LOLF est…

1 – une comptabilité de suivi par centre de responsabilité.
2 – une vision en charges et produits.
3 – une vision en recettes et dépenses.
4 – une comptabilité de suivi par activité.

…/…

Q8 – Un tableau de bord est...

1 – un outil technique confié aux contrôleurs de gestion du public.

2 – un outil de *management* que les dirigeants du public doivent utiliser en animation de gestion.

3 – un outil technique confié aux informaticiens.

4 – surtout nécessaire dans les « centres de coûts discrétionnaires ».

Q9 – La comptabilité « par activités » de la LOLF est une comptabilité...

1 – analytique.

2 – générale.

3 – de prise de décision.

4 – de trésorerie.

Q10 – Le « centre de profit »...

1 – n'a pas sa place dans le secteur public.

2 – doit être camouflé par une dénomination plus « politiquement correcte ».

3 – existe dans le secteur public à chaque fois qu'il est possible de sortir un compte de résultat comptable.

4 – existe dans le secteur public à chaque fois qu'il est possible de sortir un bilan patrimonial.

Réponses du test :

   Q1 : 2 et 3 – Q2 : 2 – Q3 : 2 – Q4 : 2 – Q5 : 1 – Q6 : 1, 3 et 4 – Q7 : 3 –
   Q8 : 2 et 4 – Q9 : 1 et 3 – Q10 : 2 et 3.

Chapitre 18

Le secteur associatif

NATHALIE KACHER

- Comprendre quels peuvent être les apports du contrôle de gestion dans une association.
- Énoncer les outils de contrôle de gestion nécessaires à son pilotage.
- Savoir comment mettre en place un dispositif de contrôle de gestion.

Parler de contrôle de gestion dans une association a quelque chose d'antinomique. L'**association** réunit et mobilise des individus autour d'un projet destiné à défendre une cause, des idées, des valeurs, à mettre en commun des expériences ou à venir en aide à une population. Elle est par essence un terrain de rencontres, de passion, d'engagement. La **gestion**, elle, évoque plutôt la recherche de profits et le contrôle de gestion, la volonté de mettre l'organisation sous contrôle dans le but de les maximiser.

Dans l'esprit de ceux qui donnent leur argent ou leur énergie sans compter pour une cause qui elle-même n'a pas de prix, les termes sous-jacents de rentabilité ou de productivité ont du mal à trouver leur place… Jusqu'au jour, peut-être, où ils ont le sentiment ou l'évidence que l'argent de l'association a servi à autre chose qu'à soutenir les projets dont ils étaient solidaires ou, tout simplement, que les comptes de l'association accusent un important déficit. Ils réclament alors légitimement plus de transparence sur l'utilisation des fonds mis à la disposition de l'association.

© Groupe Eyrolles

Ces situations, quelque peu extrêmes, rappellent qu'une association, quelle que soit sa taille ou son objet, **a besoin de moyens** humains, matériels… et financiers pour réaliser ses projets et assurer son fonctionnement. Ces moyens, quelle qu'en soit l'origine, l'obligent à en faire bon usage et, périodiquement, à rendre des comptes sur leur utilisation à ceux qui les ont apportés.

Ce sont là les conditions de sa pérennité et les raisons pour lesquelles elle ne peut se permettre de « naviguer à vue »…

> **Introduire la gestion dans une association n'a rien de contradictoire avec son esprit, bien au contraire : la gestion n'a pas vocation à cerner des sources de profit, mais à mettre en adéquation les projets de l'association et les moyens dont elle peut disposer, ni plus ni moins.**

La seule vraie question qui se pose, finalement, étant celle de savoir comment mettre en place un contrôle de gestion sans dénaturer l'esprit et les valeurs du projet associatif.

1. VOUS AVEZ DIT « ASSOCIATION » ?

Pour cerner les apports de la gestion dans le secteur associatif, il est d'abord important de comprendre ce que l'on entend par « association ».

Que peut-il y avoir de commun entre l'Amicale des vieilles soupapes de Saint-Georges-des-Gardes, une association locale d'aide à domicile qui emploie 30 personnes, et la Croix-Rouge française, dont les actions dans le domaine médico-social mobilisent sur le territoire français 52 000 bénévoles et 17 000 salariés ?

À première vue, tout les sépare. Leur taille, leur envergure, leur champ d'action, leur organisation. L'association d'aide à domicile et encore plus la Croix-Rouge semblent même plus se rapprocher de la structure et du fonctionnement d'une entreprise.

Ce qu'elles ont en commun et qui les différencie fondamentalement d'une entreprise, c'est leur finalité. Leur principe fondateur est clairement énoncé dans l'article 1, titre 1er de la loi du 1er juillet 1901 relative au contrat d'association : « L'association est la convention par laquelle deux ou plusieurs personnes mettent en commun d'une façon permanente leurs connaissances ou leur activité dans un but autre que de partager des bénéfices […] »

Ce but « autre » est le point commun entre toutes les associations. La loi n'en donne pas de définition plus précise et laisse aux statuts de chacune d'elles le soin d'en préciser la nature et les contours et de lui donner ainsi un objet social, qui sera le point de départ de chacun de ses projets.

Ce but autre... que lucratif est ce qui **différencie** l'association de **l'entreprise**. Cela ne veut pas dire qu'elle ne peut pas réaliser des profits, mais que ces profits ne peuvent être **distribués** aux membres de l'association, sous quelque forme que ce soit :

- partage de bénéfices ou plutôt d'« excédents » ;
- prestations gratuites ou à prix réduit ;
- prélèvements pour leur compte personnel ;
- rémunérations de comptes courants ;
- partage des biens de l'association lors de sa dissolution.

Le but « non lucratif » résume aussi **l'état d'esprit** de toute association : le fait que sa vocation n'est pas de réaliser des bénéfices, mais de mener des actions qui ont une « **utilité sociale** »[1]. Ce principe l'amène à donner au quotidien la primauté au **projet** sur ses **activités**, à l'**intention** sur la **réalisation** et à pratiquer une gestion **désintéressée**.

En pratique

Ainsi, par exemple, une association de type ciné-club, qui a pour but de « faire connaître et apprécier le cinéma dans tous ses genres et styles » n'hésitera pas à présenter des films moins connus à son public, alors que le cinéma de la ville ou du quartier donnera la priorité aux films qui font le plus d'audience.

Si gagner de l'argent n'est pas la priorité d'une association, elle ne doit pas pour autant en faire un tabou. Sa préoccupation doit être simplement de **mettre en adéquation les moyens** dont elle dispose avec les **projets** qu'elle souhaite réaliser : veiller à couvrir le financement de tous ses besoins et dans le cas où elle réalise des excédents, orienter sa réflexion sur les actions nouvelles ou complémentaires permettant de les utiliser au mieux.

Le cadre et l'esprit associatif dont nous venons d'esquisser les contours s'appliquent à toutes les associations, même si leurs **domaines d'intervention** sont aussi divers que le sport, la culture, la santé et l'action sociale ou la défense

---

1. La notion d'« utilité sociale » trouve son origine dans la jurisprudence fiscale appliquée au secteur associatif, dite « doctrine des œuvres », qui précise que « l'œuvre doit présenter une utilité sociale en assurant la couverture de besoins qui ne sont pas normalement ou suffisamment pris en compte par le marché ».

des droits et des causes, parmi les neuf grandes catégories dont fait état le rapport de 2007 sur la vie associative[1], même si elles peuvent présenter des **caractéristiques très différentes** :

- des budgets de 15 000 à 20 millions d'euros ;
- un recours généralisé au bénévolat et aussi, pour 172 000 d'entre elles, à des salariés ;
- leur non-imposition en général, mais l'assujettissement de certaines à l'impôt sur les bénéfices, la TVA, la taxe professionnelle ou la taxe d'apprentissage ;
- des sources de revenus très différentes (cotisations, dons, legs, subventions, voire vente de produits ou prestation de service) ;
- l'agrément de certaines, tandis que d'autres sont reconnues d'utilité publique ;
- l'appartenance de 56 % des associations à un réseau ou à une fédération.

> Le monde associatif est un ensemble très **hétérogène**, qui rend toute tentative de généralisation ou de simplification difficile et ne permet pas de proposer un seul et même dispositif de gestion. Une seule chose est sûre, en revanche : leur but « non lucratif » n'exonère aucune d'une bonne gestion car elles portent une même responsabilité : celle de **maintenir le cap** et de pouvoir **rendre des comptes** à leurs acteurs ou partenaires.

2. LES ASSOCIATIONS : DES ACTEURS ÉCONOMIQUES À PART ENTIÈRE

Même si elles ne font pas de profit, les associations en France ont un réel poids économique. Quelques chiffres en témoignent. Selon le Conseil national de la vie associative[2] :

- 1,1 million d'associations actives en France ;
- 59 391 millions d'euros de budget cumulé, soit 3,8 % du PIB ;
- 49,3 % de financements privés ou issus de ventes de prestations ;
- 1 902 000 salariés employés (environ 1 045 800 emplois à temps plein), soit 5 % de l'emploi en France ;
- 14 000 000 bénévoles (représentant un équivalent de 935 400 emplois à temps plein).

---

1. *Chiffres clefs de la vie associative,* issus de l'enquête de Mme Viviane Tchernonog « Le paysage associatif français, mesures et évolutions », publiée en 2007, et réalisée avec le concours financier du ministère de la Jeunesse, des Sports et de la Vie associative, de la Fondation crédit coopératif, de la Confédération nationale du Crédit mutuel, de France Active.
2. Chiffres issus de l'enquête CNRS-Matisse/Centre d'économie de la Sorbonne 2005-2006.

Comme les entreprises, les associations sont des **personnes morales juridiquement autonomes** : si elles sont régulièrement déclarées, elles ont une capacité juridique, qui leur permet de :

- disposer de leurs propres ressources (cotisations, dons, subventions) ;
- disposer d'un patrimoine mobilier et immobilier, et donc d'un siège social ;
- signer des contrats (achat, vente, location, emprunts, placements…) ;
- voire d'agir en justice.

Les lois du 1er juillet 1901 sur les contrats d'association et du 23 juillet 1987 sur le mécénat définissent le cadre et les spécificités juridiques propres aux associations.

Cette capacité juridique leur fait supporter un certain nombre de **responsabilités**, notamment sur le plan financier.

2.1. Les responsabilités des associations

2.1.1. Vis-à-vis de leurs adhérents

En contrepartie du versement de leur cotisation, les adhérents disposent de certains droits :

- de bénéficier des prestations proposées par l'association ;
- d'obtenir réparation en cas de dommages subis par la faute de celle-ci ;
- de se prononcer sur ses orientations et son fonctionnement, en particulier lors de son assemblée générale annuelle, où sont présentés pour approbation le rapport d'activité et le rapport financier annuels.

2.1.2. Vis-à-vis de la Cnil

Les associations qui tiennent des fichiers informatiques, comportant des informations sur leurs adhérent sont tenues de les déclarer à la Cnil[1].

2.1.3. Vis-à-vis des partenaires

Les associations peuvent être amenées à signer des contrats avec des **partenaires** (usagers, fournisseurs, employés, banques). Elles doivent veiller à exécuter correctement leurs obligations et à ne causer aucun dommage.

---

1. Commission nationale de l'informatique et des libertés.

2.1.4. Vis-à-vis de l'État et des organismes sociaux

Les associations peuvent être redevables des impôts fonciers pour les locaux dont elles sont propriétaires, de la taxe d'habitation pour ceux qu'elles occupent, de la taxe sur les salaires en tant qu'employeur et des impôts commerciaux[1] pour les activités qui se révèlent **lucratives** (c'est le cas quand leur gestion n'est pas désintéressée et que leurs modalités d'exercice ne permettent pas d'établir leur « utilité sociale » et cela permet d'éviter toute concurrence déloyale avec le secteur marchand).

2.1.5. Les responsables

Les responsabilités d'une association en matière juridique et fiscale sont supportées par ses **dirigeants**, élus par l'assemblée générale, réunis au sein du **conseil d'administration** et pour certains d'entre eux (président, secrétaire, trésorier) au sein du **bureau**. Même s'ils exercent leurs fonctions de manière bénévole (c'est le premier critère qui permet de juger de la « gestion désintéressée » de l'association), ils sont responsables de leurs **fautes de gestion**[2] à l'égard de l'association et des **dettes** de celle-ci quand ils les ont cautionnées, ou en cas de procédure d'apurement de passif. Depuis 1985, les associations sont concernées au même titre que les entreprises par la loi relative à la prévention et à la sauvegarde des difficultés des entreprises[3].

Les dirigeants peuvent être amenés à supporter tout ou une partie des dettes de l'association, dans le cadre d'une procédure de redressement ou de mise en liquidation, s'il est établi que leurs fautes de gestion sont à l'origine ou en lien avec cette situation. Leur faillite personnelle peut même être prononcée par un tribunal, s'ils se sont rendus coupables de détournement de fonds, ont fait preuve de défaillances dans la tenue de la comptabilité ou dans ses obligations légales et/ou ont conduit une politique mettant sciemment en péril la situation financière et le devenir de l'association.

Le fait que les dirigeants d'une association portent la responsabilité de leurs actes doit les inciter à prendre des décisions **de manière mesurée** et à mettre en place les **dispositifs de gestion** permettant de prévenir toutes les difficultés que nous venons d'évoquer et, surtout, si des problèmes surviennent à prouver

---

1. Impôt sur les bénéfices, TVA.
2. On entend par fautes de gestion des négligences, un certain désintérêt de la gestion de l'association ou des engagements coûteux (embauche de personnel, emprunts…).
3. Loi du 25 janvier 1985, modifiée par la loi n° 2005-485 du 26 juillet 2005 et son décret d'application 2005-1677 du 28 décembre 2005, relative à la prévention et à la sauvegarde des difficultés des entreprises.

leur investissement et leur bonne foi. Comme l'énonce Francis Jaouen dans son ouvrage[1], « l'association n'est pas un sanctuaire de non-responsabilité », même si ses dirigeants exercent leurs fonctions de manière désintéressée et bénévole.

2.2. Les objectifs du contrôle de gestion dans une association

L'objectif du contrôle de gestion, pour une association comme pour toute autre organisation, est de « **maintenir le cap** » : assurer la réussite de ses projets, et par là-même sa **pérennité**.

La pérennité de tout projet associatif passe inévitablement par l'existence de **moyens suffisants** pour les réaliser… et ces moyens n'existent que s'il est possible de les **financer**. La boucle est bouclée : il est impossible de ne pas parler d'argent, même dans une association ! Mais nous allons voir que la problématique du financement est aussi étroitement liée à la cohérence d'ensemble du projet associatif.

La question du financement ne se pose pas dans les mêmes termes dans une association et dans une entreprise. Ceux qui contribuent au financement de l'association le font parce qu'ils souhaitent voir les projets qu'elle porte aboutir. Le « retour sur investissement » ne s'exprime pas pour eux en termes de *cash* mais de **réalisations** – de services rendus à des adhérents, des usagers, des bénéficiaires – et se mesure par rapport à un potentiel ou un besoin.

Les objectifs du contrôle de gestion dans une association sont donc multiples et ne se placent pas seulement sur un plan financier. Il s'agit de s'assurer :

* qu'elle dispose bien des **moyens suffisants** pour réaliser ses actions ;
* que sa **situation financière** est **saine** et **équilibrée** ;
* que les **ressources** mises à sa disposition sont **bien utilisées** : les actions qu'elle finance sont en phase avec son projet et ne sont pas absorbées par des charges de fonctionnement excessives.

Les ressources d'une association ont ceci de particulier qu'elles ne proviennent pas pour l'essentiel de la facturation de services rendus (ventes de biens ou de prestations de service) mais de supports financiers apportés par des tiers, personnes ou entreprises, à la réalisation de ses projets et qui peuvent prendre différentes formes :

* cotisations ;
* dons, en numéraire ou en nature, versés par des personnes ou des entreprises dans le cadre d'actions de mécénat ou de *sponsoring* ;

1. Voir bibliographie.

- libéralités ou legs (autres formes de dons devant faire l'objet d'un enregistrement et recevoir l'accord du bénéficiaire), réservés aux associations reconnues d'utilité publique et aux « associations déclarées ayant pour but exclusif l'assistance, la bienfaisance, la recherche scientifique ou médicale » ;
- **subventions**, versées par un organisme public et liées ou non à la réalisation d'un projet spécifique ;
- auxquels il faut ajouter bien sûr les **emprunts** auprès d'établissement de crédit.

Quelle que soit l'**origine** de ses ressources et malgré son caractère « philanthropique », l'association est amenée à effectuer une démarche pour « **aller les chercher** » et va devoir ensuite **rendre des comptes** sur leur utilisation. L'un et l'autre sont en fait étroitement liés.

> La réalisation effective des projets et la transparence sur l'utilisation des fonds constituent le fondement même de la confiance des adhérents, des donateurs ou des organismes pourvoyeurs de subventions envers l'association et vont faciliter le renouvellement de leur engagement.

Le **rapport financier** et le **rapport d'activité** présentés par une association à ses adhérents en assemblée générale servent de base à la discussion des projets, des activités et du niveau des cotisations pour l'année à venir.

En pratique

Les **opérations d'appel aux dons** d'envergure nationale organisées par la Croix-Rouge ou l'Unicef, notamment à la suite de catastrophes naturelles, ou par l'Association française contre la myopathie avec le Téléthon, sont de véritables opérations de communication.

Au-delà de l'aspect médiatique, elles ne peuvent atteindre leur but que si l'association a démontré qu'elle savait faire bon usage des fonds versés. La moindre polémique sur la destination des fonds collectés, même s'il ne s'agit pas à proprement parler de détournement, peut entacher irrémédiablement la renommée de l'association et détourner la générosité du public.

Quant aux **subventions** versées par des organismes publics, elles obéissent aux règles d'attribution et de gestion définies dans le cadre de la LOLF[1] (et développées dans le chapitre 17) : conformément à la logique de « résultats »

---

1. LOLF : loi organique relative aux lois de finances du 1er août 2001, s'appliquant aux lois de finances à compter du 1er janvier 2006.

introduite par cette loi, le versement des subventions ne peut se faire que sur la base d'un projet précis, qui rencontre les propres objectifs des organismes publics à l'origine de son financement. Les associations qui en bénéficient sont amenées à signer des contrats d'objectifs comme les organismes publics et doivent justifier de l'utilisation des subventions, avant de pouvoir en bénéficier de nouvelles.

Communiquer sur ses projets et ses réalisations est donc essentiel pour la vie d'une association. Cela l'amène inévitablement à faire état des moyens nécessaires pour les mener à bien et de leur coût mais n'est possible que si elle dispose de bons outils d'évaluation, tels que le budget ou une comptabilité analytique… par destination.

Avant d'être des instruments de communication, ces outils sont bien sûr aussi des outils de pilotage, permettant la bonne gestion des ressources : le budget en donne le cadre et les données issues de la comptabilité permettent de suivre leur utilisation au fil de l'eau par rapport à ce cadre.

En revanche, les données qu'ils produisent ne suffisent pas à évaluer si les réalisations de l'association sont en phase avec ses objectifs, en termes d'actions sociales, sportives, culturelles ou humanitaires, ni si elles rencontrent la satisfaction de ses membres ou de ses partenaires.

Ces questions sont essentielles pour la pérennité de son projet mais plus difficilement mesurables. Dépassent-elles le cadre du contrôle de gestion ? Oui et non. Des **indicateurs plus « qualitatifs »** peuvent y répondre ; une démarche de **contrôle interne**, tout à fait **complémentaire** du contrôle de gestion également : elle permet de s'interroger sur le fonctionnement de l'association, sur la manière dont elle assume ses responsabilités comme sur le respect de son état d'esprit.

3. QUELS OUTILS DE CONTRÔLE DE GESTION METTRE EN PLACE ?

Vous l'aurez compris, aucune association ne peut s'exonérer d'outils de contrôle de gestion. En revanche, il serait absurde de vouloir calquer les mêmes dispositifs, sans considération de leur taille, de leur objet social, du domaine dans lequel elles interviennent (médical, social, culturel, sportif…), de leur organisation et aussi des ressources et des systèmes d'information dont elles disposent ou non.

La question de l'utilité des outils mis en place doit se poser, dès leur déploiement, dans le contexte de chaque association.

3.1. Un incontournable : la tenue d'une comptabilité

Nous l'avons évoqué, même si les associations n'aiment pas parler d'argent, le suivi de l'utilisation de leurs moyens financiers reste fondamental.

Quelle que soit leur taille, elles doivent s'attacher à tenir une comptabilité : enregistrer les flux économiques et monétaires correspondant aux sommes perçues et aux dépenses effectuées, afin de s'assurer des équilibres financiers, de comprendre comment les ressources sont utilisées et pouvoir en rendre compte.

Dans une petite association, une comptabilité simplifiée de caisse est tout à fait satisfaisante : les flux enregistrés transcrivent des encaissements et des décaissements et peuvent être suivis sur simple tableur, sous forme de tableau. Cette comptabilité n'obéit à aucune contrainte de norme et peut se présenter sous forme analytique, afin de donner une vision économique globale des opérations menées au cours de l'année.

En pratique

Les recettes et dépenses d'une association de danse locale pourront se présenter ainsi :

	Dépenses	Recettes
Activités		
Cotisations annuelles		6 250
Cours	7 560	
Spectacles	3 400	
Stage Toussaint	2 765	6 000
Stage d'été	3 350	7 500
S/T	17 075	19 750
Opérations et manifestations		
Opération calendriers	375	750
Opération *tee-shirts*	800	1 500
Repas de fin d'année	1 500	3 000
S/T	2 675	5 250
Fonctionnement de l'association		
Subvention régionale		5 000
Achat de matériels	3 500	
Location de salle	6 000	
S/T	9 500	5 000
Total	29 250	30 000

Quand l'association atteint une certaine taille, elle est tenue par des **obligations réglementaires** et doit se conformer à un certain formalisme dans la tenue de sa comptabilité et la présentation de ses états financiers. La loi du 1er juillet 1901 n'avait pas défini de cadre comptable ; depuis le 1er janvier 2000, les associations concernées doivent notamment appliquer le cadre du PCAF[1] dans l'enregistrement de leurs opérations.

L'objectif est le même que pour les entreprises : apporter plus de transparence financière dans les relations des associations avec leurs partenaires. L'obligation d'établir des comptes annuels peut s'imposer aux associations notamment du fait :

- de l'importance de leur **activité économique**. Quand, deux des trois seuils sont dépassés (50 salariés, 3 100 000 € de ressources et/ou 1 550 000 € de total de bilan) ;
- de l'importance de leurs **ressources**. Dès qu'elles perçoivent plus de 153 000 € de subventions, elles sont alors également tenues de les déposer en préfecture et de les faire viser par un commissaire aux comptes ;
- de leur **statut** ou de leur **activité**. C'est le cas notamment des fondations, des fédérations d'associations, des associations sportives, des associations reconnues d'utilité publique, de celles gérant des établissements dans le secteur sanitaire et social ou faisant appel à la générosité du public…

Plus encore que dans les entreprises, le cadre comptable « officiel » a ses limites et le besoin de disposer d'une **comptabilité analytique** peut se faire sentir : gagner en visibilité sur l'utilisation des ressources permet de mieux les piloter mais aussi de disposer d'arguments pour négocier leur financement. Cela est particulièrement important lorsque les subventions dont l'association bénéficie sont des « fonds dédiés » à une cause particulière et ne peuvent avoir une autre destination.

Faire vivre une comptabilité analytique nécessite des moyens humains et des systèmes d'information dont l'association ne dispose pas toujours. Il est donc important qu'elle mène une réflexion sur le choix des données nécessaires à son pilotage et en particulier sur :

- ce qu'elle souhaite pouvoir valoriser (coût global d'une manifestation, coût de traitement d'un dossier, étape du processus, coût horaire d'une prestation…) ;
- la méthode de calcul des coûts de revient et notamment l'opportunité d'allouer ou non les coûts indirects ;

---

1. PCAF : Plan comptable des associations et fondations.

- les axes analytiques nécessaires à l'analyse des coûts et à la gestion des ressources, etc.

La tenue d'une comptabilité est un incontournable mais ne suffit pas à prévenir les difficultés que pourrait rencontrer une association et à piloter ses activités, pour la raison qu'elle ne donne qu'une transcription économique d'événements passés. La gestion d'une association suppose un travail d'**anticipation**, sur une échéance plus ou moins longue et passe par la construction et le suivi d'un budget plus ou moins détaillé.

3.2. Du plan de trésorerie prévisionnel…

La construction d'un budget peut sembler fastidieuse à une petite association dont les dépenses ne dépassent pas quelques milliers ou dizaines de milliers d'euros. Pourtant, comme tout acteur économique et quels que soient les montants en jeu, elle doit être en mesure de faire face à ses engagements… et veiller au jour le jour à ce que son compte en banque ne soit pas à découvert.

Le **plan de trésorerie prévisionnel** est le premier outil de gestion qui s'impose dans toute association. Comme nous l'avons déjà évoqué en détail dans le chapitre 14, cet outil permet d'anticiper les déficits de trésorerie éventuels et d'y remédier à temps : en réalisant des arbitrages ou en négociant les conditions d'un découvert avec le banquier ; il permet aussi, en cas d'excédents, d'envisager des placements temporaires de trésorerie qui, s'ils restent limités, ne sont pas nécessairement contradictoires avec son but non lucratif.

La construction du plan suit la même logique que dans une entreprise (distinction entre flux opérationnels, d'investissement et de financement). Elle peut présenter des difficultés propres au secteur associatif, du fait du **caractère aléatoire de ses ressources**, tant en termes de montant que de date de versement.

Ces incertitudes, quand elles concernent des montants significatifs pour l'association, doivent l'encourager à élaborer des prévisions prudentes ou à envisager plusieurs scénarios, à effectuer un pilotage des flux de trésorerie sur des périodes plus courtes et surtout à se constituer un volant de trésorerie lui permettant de faire face à ces aléas.

Quand l'organisation de l'association devient plus complexe et ses projets multiples, la construction d'un budget opérationnel devient nécessaire pour évaluer les coûts, négocier des financements, faire des arbitrages, en un mot piloter les opérations. Le plan de trésorerie prévisionnel découle alors lui-même de cette construction.

3.3. ... à la construction d'un budget opérationnel

L'importance que nous avons accordée aux données financières, en parlant d'abord de comptabilité et de trésorerie, ne doit pas laisser entendre que nous avons perdu de vue le projet associatif. Le budget, dont nous allons parler maintenant, va lui redonner toute sa place.

L'établissement d'un budget fait partie des obligations auxquelles sont tenues les associations percevant plus de 153 000 € de subventions.[1] Celles qui ont recours à des fonds publics sont également rompues à cet exercice, car elles sont amenées à signer sur des périodes pluriannuelles des contrats d'objectifs avec des organismes publics, conformément au cadre posé par la Lolf.

Dans le chapitre 6, nous avons présenté la construction du budget comme une démarche opérationnelle ; dans le chapitre 11, nous avons montré comment en faire un outil de gestion. La place et le rôle du budget seront les mêmes dans une association : construire un budget consiste à s'interroger sur le projet associatif dans son ensemble et sur sa mise en œuvre pour l'année à venir.

- Quelles sont les **orientations** données aux actions de l'association, compte tenu des besoins et des priorités (en termes de recherche médicale, par exemple), des attentes de ses membres et de la place de l'association dans son environnement ?

En pratique

Une association d'aide à domicile est amenée à se poser la question de son positionnement par rapport aux organismes à but lucratif intervenant dans ce domaine.

- Quels sont les **objectifs** de l'association pour l'année à venir ? Ils s'énoncent en nombre d'actions réalisées, de prestations délivrées, de pourcentages de besoins couverts, en nombre d'usagers, de bénéficiaires, mais aussi en termes de qualité, de satisfaction ou de résultats.
- Quelles sont les **opérations** envisagées par l'association et/ou l'**organisation** à mettre en place pour réaliser les objectifs ?
- Quels sont les **moyens** requis par les opérations, leur organisation et le fonctionnement de l'association ? Quels sont leurs **coûts** ?
- Quelles **ressources** sont nécessaires pour financer ces opérations et faire fonctionner l'association ?
- Quel sera leur **financement** ?

---

1. Loi n° 2000-321 du 12 avril 2000, art. 10.

Cette dernière question est à la fois la plus importante et celle qu'une association maîtrise le moins, car ses revenus, pour la plupart, ne découlent qu'indirectement des prestations réalisées ou des actions menées par celles-ci.

Le niveau des **subventions** allouées à une association dans le domaine audiovisuel dépend de la politique culturelle de la région et, quand elle œuvre dans le maintien des personnes à domicile, des priorités en matière sociale… et aussi des moyens dont disposent les organismes financeurs en regard de leurs objectifs. Celui des **dons** est encore plus aléatoire car il est d'abord le résultat de la communication que l'association aura fait de ses projets.

La **présentation** du budget prend alors toute son importance : il ne s'agit pas d'en faire un simple exposé comptable mais de montrer quelles actions ou projets les revenus vont pouvoir financer et quels objectifs ils vont permettre d'atteindre.

En pratique

La **présentation budgétaire** d'une association d'aide à domicile auprès des institutions sociales pourra s'articuler, par exemple, autour des axes suivants :

- **contexte et perspectives de développement** de l'activité : évolution de la demande en matière de prestations individuelles d'aide à la personne ;
- **positionnement de l'association** par rapport à d'autres acteurs du « marché » ;
- **objectifs de l'association dans la perspective des attentes des institutions sociales** en matière d'embauche et d'aide à la personne et plans d'action associés (cela concerne, par exemple, les politiques de qualité, le recrutement et le développement des compétences) ;
- **bilan financier** de l'association pour l'année à venir, mettant en valeur les indicateurs d'activité et les données financières clefs, en connexion avec l'évolution de l'activité de l'association et de son organisation.

Comme ses revenus sont aléatoires, une association doit se préparer, plus que toute autre organisation, à réaliser des **arbitrages**, en fonction des moyens dont elle va pouvoir disposer. Pour ce faire, il est important que les gestionnaires de l'association connaissent bien les composantes de coûts de leurs opérations, leurs marges de manœuvre et qu'ils soient en mesure d'évaluer la portée d'une réduction de moyens sur leurs activités. Ces éléments seront autant d'arguments porteurs lors de la négociation des subventions par exemple.

De même que les associations sont tenues de présenter un budget à leurs adhérents ou aux organisations qui les financent, elles doivent **rendre compte** à l'issue de chaque exercice de la réalisation du budget qu'elles avaient présenté, tant en termes d'opérations que de dépenses.

Ce n'est pas la seule raison qui doit les amener à réaliser un « suivi budgétaire » : la vocation d'un budget est d'abord de suivre l'utilisation des ressources et d'aider à leur optimisation. Cela est d'autant plus nécessaire que les ressources telles que les cotisations ou les subventions, une fois allouées, ne peuvent parfois faire l'objet d'aucune révision... à la hausse.

Le principal obstacle à la réalisation d'un suivi budgétaire mensuel est l'organisation que cela implique : un **travail de clôture** permettant de s'assurer que l'information comptable est pertinente et exhaustive. Dans le chapitre 11, nous avons montré que la fréquence du suivi budgétaire dépendait du besoin de réactivité. Dans un contexte où les activités de l'association sont récurrentes et les coûts bien maîtrisés (ou pour l'essentiel fixes), un suivi trimestriel peut être suffisant. Dans le cas contraire, il est opportun d'imaginer d'autres formes de suivi budgétaire, en s'appuyant sur d'autres sources d'information : suivi des engagements dans le cadre de l'organisation d'une manifestation, fiches de suivi d'activité pour des prestations payées sur une base horaire.

Nous l'avons dit, l'objectif d'une association n'est pas d'être rentable mais d'utiliser au mieux ses ressources. Le budget est donc aussi l'occasion de s'interroger sur la structure de ses coûts de revient. Nous verrons que leur bonne maîtrise peut aussi aider à la négociation des subventions, par exemple.

3.4. Connaître ses coûts de revient

Dans une association, la priorité est clairement donnée aux « projets » ou aux « opérations » menées par celle-ci. Même si sa structure administrative est amenée à s'étoffer pour lui permettre de répondre à ses obligations administratives, comptables et/ou réglementaires, la part des ressources consacrée aux frais de structure doit être maîtrisée autant que possible.

Il est donc important de pouvoir faire la distinction entre les coûts **directs**, liés aux projets, aux actions, aux activités de l'association et les coûts **indirects**, inhérents au fonctionnement global de l'association. Le poids de ces derniers, exprimé en pourcentage du total des coûts, est une bonne traduction de leur maîtrise. Dans le cas où ce pourcentage est amené à évoluer, il est important de pouvoir montrer en quoi les coûts supplémentaires contribuent à l'amélioration des services rendus par l'association.

Cerner les **coûts directs** propres à chaque opération ou secteur d'activité lors de l'élaboration du budget comme de son suivi permet :

- d'évaluer leur poids économique relatif dans l'association ;
- de piloter les ressources et leur coût en liaison directe avec les activités (le responsable de chaque activité est alors le mieux placé pour le faire) ;

- d'évaluer la contribution (ou marge sur coûts directs) de chaque activité, quand elles génèrent des revenus ou font l'objet de subventions spécifiques et de s'assurer qu'elles ne sont pas déficitaires.

L'**utilité sociale** de l'association amène nécessairement les adhérents de l'association ou ses financeurs à s'intéresser au nombre de prestations rendues, au nombre de bénéficiaires ou d'usagers de ces actions et au coût des prestations rendues par l'association pour chacun d'eux.

Pour établir ce coût « unitaire », il est alors nécessaire de faire la distinction entre les coûts **variables** et les coûts **fixes** propres à chaque action. Le calcul de ce coût permet d'établir, en fonction du nombre de bénéficiaires attendus, le montant des subventions requises pour atteindre l'équilibre mais aussi de réaliser des comparaisons avec d'autres structures, associatives ou non.

La méthode de gestion développée par le Cediga[1], dite méthode « des coûts économiques comparés » va dans ce sens. Elle trouve notamment son application dans les structures d'aide à la personne, proposant des prestations telles que accompagnement, soins, enseignement, animation, etc. L'objectif du Cediga est d'apporter aux associations des éléments pour :

- connaître et suivre leur structure de coûts, en comparaison avec d'autres unités analogues ;
- disposer d'éléments d'analyse, d'aide à la décision et de négociation auprès des financeurs ;
- évaluer en termes qualitatifs l'adéquation entre les prestations proposées et les besoins des bénéficiaires.

Pour ce faire, il leur propose de décomposer leurs coûts en trois catégories :

- coûts individualisés liés directement à la personne ;
- coûts logistique liés à l'accueil des personnes (transport, restauration...) ;
- coûts de structure.

Ces coûts seront rapportés à l'activité pour calculer un **coût unitaire** par bénéficiaire, par usager, par journée, par heure ou par acte.

---

1. Cediga : Centre d'études pour le développement des innovations dans la gestion des associations

3.5. Mettre en place un contrôle de gestion sans porter atteinte à l'esprit associatif

Nous avons donné une large place aux outils et aux indicateurs financiers. Nous allons maintenant nous intéresser à ce qui permet de s'interroger, au-delà des coûts, sur la manière dont le projet associatif est mené, cette remise en question faisant partie intégrante de la démarche de contrôle de gestion dans une association.

Ce qui doit être questionné en tout premier lieu, ce sont les actions menées par l'association : on s'intéressera à la fois à leur portée, à la qualité des prestations rendues et à la satisfaction des bénéficiaires ou des usagers. Différents indicateurs permettent de les évaluer.

- Des **indicateurs d'activité** : volumes de prestations délivrées, couverture des besoins (en %), nombre d'adhérents, nombre de spectateurs, nombre et qualité des bénéficiaires, etc. Leur évolution comparée à d'autres acteurs du même secteur et aux objectifs de l'association mesurent la portée de ses actions et l'attractivité de ses projets.

- Des **indicateurs de satisfaction** : établis à partir d'enquêtes auprès des bénéficiaires, ils permettent de cerner dans quelle mesure les prestations de l'association répondent à leurs attentes et quels points méritent des améliorations.

- Des **indicateurs de qualité** : portant sur le déroulement des opérations, ils enregistrent et traduisent les dysfonctionnements éventuels : erreurs, retards, incidents et orientent vers les actions permettant d'y remédier.

Donner une place à la gestion dans une association n'est possible et n'a de sens que si tous ses **membres** sont **impliqués dans sa mise en œuvre** : ce sont eux qui au quotidien portent le projet associatif et permettent qu'ils se réalisent, mais sont aussi à même de produire et d'utiliser les informations nécessaires au suivi des opérations.

Pour que chacun prenne part à cette démarche permanente d'évaluation et de remise en question, il est important qu'elle ne soit pas stigmatisée comme une démarche de contrôle, portant atteinte à la spontanéité de l'engagement ou à la liberté d'action, mais seulement comme un cadre nécessaire à la cohérence, voire à l'efficacité de l'investissement… même si ce terme trouve difficilement sa place dans le contexte associatif.

Le contrôle de gestion consiste alors pour chacun, au quotidien, à s'interroger tout simplement sur l'organisation des opérations.

- Les besoins et les attentes des usagers ou des bénéficiaires sont-ils bien cernés ?

- Les objectifs et les attentes des organismes pourvoyeurs de subventions sont-ils bien pris en compte ?
- La planification des opérations est-elle satisfaisante ?
- L'implication des dirigeants dans les opérations est-elle satisfaisante ?
- Le rôle de chacun des intervenants est-il bien défini ? Leurs compétences sont-elles adéquates ?
- La communication faite par l'association est-elle suffisante et bien ciblée ?
- La circulation de l'information entre les acteurs de l'association est-elle efficace ?
- Les informations collectées auprès de chacun des acteurs sont-elles pertinentes, fiables et utiles à l'amélioration des opérations ?

Gérer doit être conçu par chaque membre d'une association comme un **impératif** pour mener à bien les projets de l'association et utiliser au mieux ses ressources : tout à la fois comme une marque de respect à l'égard de ceux qui engagent leur temps ou leur argent dans l'association et comme un moyen de hisser celle-ci au rang des meilleurs professionnels intervenant dans son domaine.

Synthèse

L'association est un terrain de rencontres, d'engagements, de bénévolat. Elle agit là où le secteur marchand n'y a pas trouvé son intérêt, pour répondre à un besoin de la société ou défendre une cause, dans un seul but d' « utilité sociale ».

Même si en général on n'aime pas y parler d'argent, l'association n'en est pas moins un acteur économique majeur, juridiquement autonome, qui doit assumer ses responsabilités juridiques, sociales et financières. Les moyens mis à sa disposition par ses adhérents, ses bénévoles, ses donateurs ou les organismes pourvoyeurs de subventions l'obligent à rendre des comptes sur leur utilisation et d'abord à en faire bon usage.

Pour toutes ces raisons, l'association, quels que soient sa taille et son domaine d'activité, doit être gérée : elle doit conduire ses actions en cohérence avec sa finalité, avec les attentes de ses partenaires et avec les ressources dont elle dispose.

Les outils de gestion qu'elle met en place doivent répondre à ces préoccupations : de nature financière ou plus qualitative, ils ont vocation à suivre l'utilisation des ressources, à évaluer la pertinence des actions menées sous l'angle de leur utilité sociale pour orienter les décisions de ses acteurs et communiquer auprès de ses partenaires.

C'est ce que les membres de l'association, qui ont peur que leur association perde son âme au contact de la gestion, doivent en comprendre...

Test de connaissances

Q1 – Une association se différencie d'une entreprise de par…

1 – le fait qu'elle ne génère pas de chiffre d'affaires.
2 – son but.
3 – sa taille.
4 – sa structure juridique.

Q2 – Le contrôle de gestion trouve sa place dans une association pour…

1 – prévenir le risque de détournement d'argent.
2 – rendre des comptes à ses adhérents.
3 – prévenir ses difficultés.
4 – pallier le manque de professionnalisme de ses membres.

Q3 – Le but non lucratif d'une association signifie…

1 – qu'elle ne peut vendre ses prestations.
2 – qu'elle ne peut réaliser de bénéfices.
3 – qu'elle ne peut distribuer ses bénéfices.
4 – qu'elle n'est pas imposable.

Q4 – Une activité est qualifiée de non lucrative…

1 – de par sa nature.
2 – car elle ne fait pas concurrence au secteur marchand.
3 – car son utilité sociale est prouvée.
4 – car elle n'est pas imposable.

Q5 – Les objectifs du contrôle de gestion dans une association sont de…

1 – s'assurer que ses ressources couvrent toutes ses dépenses.
2 – calculer le montant annuel des cotisations.
3 – évaluer la qualité de ses réalisations.
4 – communiquer sur ses réalisations.

Q6 – Les principaux outils de contrôle de gestion dans une association sont…

1 – le bilan et le compte de résultat.
2 – le plan de trésorerie.
3 – à la fois des indicateurs financiers et qualitatifs.
4 – le contrôle budgétaire mensuel.

Q7 – Calculer un coût de revient dans une association…

1 – permet de suivre l'évolution des coûts.
2 – apporte des arguments pour négocier des subventions.
3 – permet de se comparer au privé.
4 – ne sert à rien, puisque l'association ne réalise pas de ventes.

…/…

Q8 – Une association communique sur ses réalisations...

1 – si elle en a les moyens.

2 – pour accroître ses ressources.

3 – pour établir la confiance.

4 – parce qu'elle n'a pas le choix.

Q9 – La mise en place d'outils de gestion dans une association nécessite...

1 – l'implication de tous les acteurs.

2 – la formation de tous les intervenants et responsables à la comptabilité.

3 – la compréhension des objectifs de la gestion.

4 – beaucoup de patience.

Q10 – Les freins à la mise en place du contrôle de gestion dans une association sont :

1 – un manque d'implication des dirigeants.

2 – un domaine d'activité trop sensible pour parler d'argent.

3 – le manque de ressources.

4 – un système d'information inadéquat.

Réponses du test :

Q1 : 2 et 4 – Q2 : 1, 2 et 3 – Q3 : 3 – Q4 : 2 et 3 – Q5 : 1, 3 et 4 – Q6 : 2 et 3 – Q7 : 1 et 2 – Q8 : 2 et 3 – Q9 : 1 et 3 – Q10 : 1 et 3.

Chapitre 19

Le cas des PME

NATHALIE KACHER

- Comprendre l'importance d'un dispositif de contrôle de gestion dans une PME.
- Cerner les freins à sa mise en place et comment les contourner.
- Identifier les principaux outils de contrôle de gestion utiles à une PME.

Dans cette PME, les associés attendent avec impatience la publication des comptes au mois d'avril, pour savoir combien leur affaire a généré de profits – l'an passé. Dans cette autre PME, la situation est plus critique : le règlement d'un client fait défaut et il va falloir négocier un nouveau découvert avec le banquier pour faire face aux échéances de fin de mois...

Ne pas savoir si son entreprise a ou non gagné de l'argent l'an dernier alors que l'année en cours est déjà bien engagée peut paraître inimaginable. Découvrir peu avant le banquier que les comptes sont dans le rouge peut avoir des conséquences tragiques. Pourtant ces situations sont plus courantes qu'on ne le croie.

« La comptabilité, ce n'est pas mon métier ! » disent leurs dirigeants. Ils sont « sur le terrain » et se fient au carnet de commandes ou à la charge de travail de leurs équipes pour savoir comment se porte leur entreprise. Il faut parfois que les relations avec le banquier se tendent pour qu'ils s'intéressent à des outils de gestion plus formels, en espérant y trouver les clefs pour négocier un virage difficile. Quand il n'est pas encore trop tard...

En dehors d'un contexte de crise, le contrôle de gestion est plutôt considéré comme l'apanage des grandes entreprises. Or, dispenser les PME de ces outils, sous prétexte qu'elles sont « plus petites », c'est comme imaginer que les conducteurs de petites voitures ou de motos n'ont pas besoin de tableau de bord ou de connaître le Code de la route pour conduire…

Le pilotage d'une entreprise, quelle que soit sa taille, ne peut se suffire à long terme de l'expérience de ses collaborateurs. Il leur faut aussi disposer d'outils d'aide à la décision et de suivi des opérations adéquats. Nous allons voir dans ce chapitre que les différents dispositifs de gestion que nous avons présentés dans cet ouvrage peuvent tout à fait trouver leur place dans une PME.

1. VOUS AVEZ DIT PME ?

Avant d'énoncer en quoi la gestion peut et doit trouver sa place dans les PME, il est important de définir de quelles entreprises nous parlons. Cela nous aidera aussi à comprendre quels dispositifs choisir et comment les adapter à leur contexte.

Comme leur nom l'indique, ce qui différencie les petites et moyennes entreprises des grandes entreprises c'est d'abord tout simplement leur **taille** : dans l'Union européenne[1] comme en France[2], les PME sont des entreprises qui emploient moins de 250 salariés[3], réalisent moins de 50 millions d'euros de chiffre d'affaires HT et ont un total de bilan de moins de 43 millions d'euros.

Ces mêmes critères permettent à nouveau de scinder les PME en **quatre groupes** : micro-entreprises, entreprises de très petite taille (TPE), de petite taille et de taille moyenne :

Type de PME	Effectif (Nb de salariés ETP)	Chiffre d'affaires HT	Total de bilan
Micro-entreprise	0 – 9	< 2 millions	< 2 millions
TPE	10 – 19	< 10 millions	< 10 millions
Petite entreprise	20 – 49		
Moyenne entreprise	50 – 249	< 50 millions	< 43 millions

---

1. Recommandation 2003/361/CE du 6 avril 20003.
2. Loi n° 2008-776 du 4 août 2008 de modernisation de l'économie (dite LME), article 51.
3. L'effectif se mesure sur la base d'un nombre d'unités de travail par année (UTA), c'est-à-dire en équivalent temps plein.

Parmi ces entreprises il semble difficile d'établir un parallèle en termes d'organisation et de gestion entre une boulangerie familiale et une entreprise industrielle employant plus de 200 personnes. La seconde ne se rapproche-t-elle pas déjà de la grande entreprise ? Sans établir de généralités, toutes les PME présentent bien, au-delà de leur taille, des caractéristiques qui leur sont communes.

Plus de 90 % des PME emploient moins de 50 salariés. Leur **organisation** est donc relativement simple, avec peu de niveaux hiérarchiques, ce qui « favorise » la circulation de l'information et une certaine proximité patrons-employés dans la prise de décision au quotidien.

Leurs dirigeants sont souvent très présents au niveau opérationnel, sur le plan commercial comme dans l'atelier de production, d'autant plus quand ils ont fondé l'entreprise ou qu'ils ont occupé eux-mêmes l'une de ces fonctions. Ainsi, ils communiquent directement auprès de leurs collaborateurs leur connaissance du métier, la vision qu'ils peuvent avoir de l'évolution du secteur et les valeurs auxquelles ils sont attachés. Et, même s'ils leur ont délégué des responsabilités, ils restent souvent le principal référent dans bien des décisions.

On ne peut nier que cela puisse être un handicap, mais ce dernier peut être compensé par des relations entre les individus dans les PME, plutôt directes et informelles, qui les rendent plus **réactives** et plus **flexibles** que dans certaines grandes entreprises où les procédures en place ne permettent pas de déroger facilement à la règle établie.

Ce mode de fonctionnement explique aussi que les **systèmes d'information y soient en général simples et peu formalisés** : les idées sont débattues au jour le jour, les difficultés rencontrées par les collaborateurs immédiatement traitées et discutées, les succès partagés entre tous.

En pratique

Dans cette PME spécialisée dans le développement et l'installation de systèmes électriques à l'étranger, le dirigeant explique, par exemple, qu'il revisite les grandes orientations avec son associé au détour d'une réunion d'une à deux heures tous les six mois ! En revanche, tous les éléments abordés au cours de ces discussions ne font pas nécessairement l'objet d'un tableau de bord ou d'une synthèse écrite.

Dans les relations avec les **partenaires extérieurs** à l'entreprise (clients, fournisseurs ou banques), le contact direct est également privilégié. Il favorise le développement d'une confiance entre les individus, qui constitue peu à peu le socle du partenariat entre les entités.

La place donnée à la « relation » peut bien sûr avoir son revers : les individus peuvent y perdre le recul et la neutralité nécessaires à certaines décisions, par peur de nuire à la qualité de celle-ci. Par ailleurs, l'absence de formalisation des discussions ne facilite pas son exploitation ultérieure, quand il est nécessaire de disposer d'éléments factuels ou d'une vision plus globale.

Le fait que les PME ne développent pas des systèmes d'information plus formels a aussi quelque chose à voir avec les **moyens dont elles disposent**. Les systèmes informatiques sont généralement assez coûteux et la collecte comme l'exploitation de données sur leurs opérations mobilise des ressources humaines, que leurs dirigeants préfèrent occuper à des fonctions plus directement opérationnelles.

Le niveau de leur chiffre d'affaires ou le montant de leurs actifs (dont nous avons énoncé les limites ci-dessus) peut laisser penser que les **enjeux** sont bien moins importants que dans une grande entreprise et qu'ils nécessitent donc moins de dispositifs de contrôle de gestion. Il ne faut pas s'y tromper : si l'échelle des montants financiers en jeu diffère, l'enjeu principal reste le même : faire d'une entreprise une organisation pérenne.

Ce que nous avons décrit comme les caractéristiques communes aux PME pourra paraître à certains inexact, voire caricatural. Nous allons y apporter une dernière nuance, en rappelant que le mode de *management* d'une entreprise, quelle que soit sa taille, est aussi fortement lié à la **culture de gestion** de ses dirigeants : il existe des petites – voire de très petites – entreprises dont les dirigeants ont compris, parfois après quelques échecs, que la « bonne » gestion de leur entreprise passait par un questionnement régulier des orientations prises, que le financier n'était pas une fin en soi mais un incontournable et qu'il était important d'impliquer leurs collaborateurs dans cette démarche…

2. POURQUOI LA GESTION EST INCONTOURNABLE DANS UNE PME ?

> La nécessité de « bien gérer » s'impose comme une évidence dans l'esprit de tout dirigeant d'entreprise.

Pour les dirigeants de PME, bien gérer signifie d'abord en général « **bien faire son métier** » : réaliser des produits ou des prestations de qualité, fidéliser ses clients et en conquérir de nouveaux, bien organiser le travail… Mais quand on leur parle de « **gestion** », ils entendent plutôt « comptabilité », « finance » ou « procédures » et y voient une contrainte administrative plutôt qu'un moyen d'assurer la pérennité de leur organisation.

Les éléments déterminants dans la pérennité d'une entreprise sont bien connus des dirigeants de PME, qui savent notamment :

- que la croissance des ventes repose sur une offre compétitive en termes de qualité et de prix ;
- que les profits qui en dépendent découlent également d'une bonne gestion des achats et des ressources ;
- que ces profits sont nécessaires, non seulement pour assurer leur rémunération mais aussi et d'abord pour payer les fournisseurs et le personnel et, à plus long terme, réaliser les investissements nécessaires au développement de l'entreprise ;
- qu'une bonne assise financière reste importante pour faire face aux aléas.

Ces éléments sont même souvent pilotés par eux, au jour le jour, car même quand leur entreprise vient à s'agrandir, ils restent fortement impliqués dans la promotion des produits auprès des clients ou la négociation des approvisionnements avec les fournisseurs et veillent à entretenir personnellement la relation de confiance avec les banquiers. Ils ont ainsi probablement le sentiment d'être bien informés sur ce qui se passe dans leur entreprise et son environnement, d'avoir ainsi une bonne maîtrise des opérations et de leurs résultats.

> La mise en place d'un dispositif de gestion plus formel s'impose quand les conditions d'exercice de l'activité se tendent.

Les difficultés ne surviennent pas qu'en temps de crise, quand la confiance qui faisait le lit des relations entre les partenaires économiques tend à disparaître mais tout simplement avec l'évolution des conditions de marché.

En pratique

Une PME peut être mise en danger par les événements suivants :
- ouverture d'une grande surface qui propose des produits moins chers ;
- élargissement de l'offre et émergence de nouveaux concurrents *via* Internet ;
- évolution des attentes des clients, qui accordent plus ou moins d'importance au relationnel dans leurs achats ;
- émergence des préoccupations environnementales, etc.

Une PME n'est pas nécessairement menacée par de telles évolutions, mais elle est **plus fragile** qu'une grande entreprise. Une **étude** menée par la Direction du commerce, de l'artisanat, des services et des professions libérales de

1993 à 2004, montre que les **défaillances d'entreprises** (quelle que soit leur taille) sont principalement liées à :

- une **insuffisance de capitaux** et notamment de capitaux propres, pour investir mais aussi pour faire face à leurs engagements courants ;
- des coûts d'achats et de personnel trop élevés par rapport aux revenus ;
- une **structure financière inadaptée** (poids trop important des dettes) ;
- des **difficultés de recouvrement** clients.

Ces risques touchent plus particulièrement les PME en raison des limites qu'elles rencontrent :

- dans la **capacité d'investissement** de leurs associés ;
- dans la **négociation des prix** à l'achat ou à la vente, pour des volumes de production ou de vente trop peu significatifs, ce qui peut peser à la fois sur leur compétitivité et leur rentabilité ;
- dans leurs **possibilités de recours à l'emprunt**, compte tenu du niveau de leurs fonds propres et de leur plus faible rentabilité ;
- dans les **investissements** qu'elles peuvent réaliser pour soutenir leur développement, se maintenir en termes de normes ou de technologie, ou se démarquer par rapport à leurs concurrents.

Si les PME peuvent moins facilement négocier un virage ou absorber un coup dur, il importe que leurs responsables aient plus encore que dans toute autre entreprise les moyens de **prévenir** d'éventuelles difficultés et de **réagir**. Pour cela, il leur faudra :

- **suivre régulièrement** l'évolution de leurs ventes et de leurs résultats ;
- s'assurer qu'ils peuvent **faire face à leurs engagements** actuels ou à venir ;
- **anticiper l'impact des évolutions de marché** pour leur entreprise, envisager d'autres solutions pour y faire face ;
- évaluer et suivre la **viabilité** de leurs projets ;
- **détecter les dysfonctionnements** dans leur organisation.

La mise en place de dispositifs plus formalisés, prenant en compte les aspects économiques et donnant de la visibilité sur une plus longue échéance, nécessite au préalable la levée de quelques freins.

3. LES FREINS À LA MISE EN PLACE D'OUTILS DE GESTION DANS UNE PME

Les chefs d'entreprise ne parlent pas aussi facilement de contrôle de gestion, parce qu'ils associent parfois ce terme à la comptabilité et à la finance.

Des domaines, ils l'avouent parfois, qui dépassent leur champ de compétences. Ils considèrent la production des « chiffres » plutôt comme une obligation administrative et fiscale et en ont délégué la production, suivant la taille de leur entreprise, à leur conjoint, leur assistant ou leur comptable, et font confiance à leur expert-comptable pour les valider et leur apporter des conseils éclairés.

Leur point de vue peut se comprendre : la situation de comptes produite tous les ans, même si elle reflète bien la performance de l'entreprise et sa situation financière, est difficilement exploitable comme outil de gestion car :

*   elle est tournée vers **le passé** ;
*   sa **périodicité** annuelle et son **délai de production** ne laissent aucune place à l'action ;
*   au-delà du jargon comptable, l'absence d'axes analytiques ne permet pas de faire le lien avec l'organisation ou les activités de l'entreprise : de connaître ses revenus par gamme de produits ou le coût de sa fonction commerciale.

3.1. La comptabilité doit s'adapter aux besoins des PME

La comptabilité a pourtant sa place dans une PME comme outil de gestion, car ses responsables doivent pouvoir mesurer périodiquement l'impact économique de leurs choix opérationnels, mais elle doit au préalable s'adapter à leurs besoins :

*   la périodicité de production de l'information doit être plus fréquente (trimestrielle au moins, voire mensuelle) ;
*   quand elle est tenue dans l'entreprise et comporte des axes analytiques, ses données sont directement exploitables ; si tel n'est pas le cas, elle peut être utilisée comme garde-fou pour s'assurer de la cohérence globale des chiffres et il faut puiser dans d'autres bases de données extracomptables, des informations plus détaillées : le fichier de la facturation clients pour les ventes, celui des commandes pour les achats, de la paye pour les coûts de personnel ou les contrats pour certains frais fixes (loyer de matériel, entretien...).

Ces données seront également utiles aux responsables le moment venu pour établir les objectifs et le budget de l'année à venir.

Comme nous le verrons plus loin dans ce chapitre, il n'est pas question ici de bâtir une double comptabilité, mais de mettre à la disposition des responsables les chiffres clefs sur les activités de l'entreprise : chiffre d'affaires, coûts de revient et marges par produit ou secteur d'activité.

3.2. La priorité donnée au cœur de métier

Si les chefs d'entreprise disent ne pas vouloir se préoccuper de gestion « financière », c'est aussi qu'ils donnent la priorité à leur cœur de métier.

Le développement des produits, l'amélioration du processus de production… ou la réponse aux demandes des clients passent indiscutablement avant la revue des résultats.

En pratique

> Ainsi, dans cette PME réalisant des prestations de maintenance de haute technologie, où la compétence et le savoir-faire de ses ingénieurs ont construit sa renommée, les responsables d'agence ne comprennent pas pourquoi ils doivent aussi se préoccuper de manière assidue de la facturation de leurs prestations et en suivre le règlement.

Il peut arriver aussi que la gestion ne soit pas dans la **culture** de l'entreprise, qu'il ne soit pas très bienvenu de s'intéresser à l'argent que l'entreprise pourrait gagner ou perdre, ou de vouloir mettre plus de formalisme dans les opérations d'une entreprise où tout le monde se connaît et où chacun sait ce qu'il a à faire.

En pratique

> Dans le domaine de la mode ou de l'art, par exemple, où les objets vendus ont quelque chose d'unique et sont entourés de beaucoup d'affectif, il peut être mal venu de parler de coût de revient et de rentabilité.

Les chefs d'entreprise ne se désintéressent pas tout à fait des questions économiques. Ils suivent au moins l'évolution de leur chiffre d'affaires car ils savent bien que c'est lui qui apporte ses revenus à l'entreprise et, indirectement, à eux-mêmes. Paradoxalement, ils ne prêtent pas toujours attention au recouvrement des créances auprès de leurs clients et envisagent difficilement de ne pas honorer une commande pour défaut de règlement, sauf biensûr quand leur société vient à connaître des difficultés de trésorerie.

Quant aux coûts, ils s'y intéressent au moment d'établir leurs prix de vente ou leurs devis, mais ne savent pas nécessairement comment les prendre en compte pour concilier compétitivité et rentabilité.

En pratique

« Ce qui m'importe, c'est de rester compétitif, déclare ce chef d'entreprise, alors je ne peux pas me permettre de répercuter mes heures d'intervention dans mes devis. »

Dans bien des cas, la priorité donnée à la satisfaction clients conduit à occulter la question de la rentabilité des opérations, au risque de ne pas pouvoir se rémunérer ou de ne pas dégager suffisamment de profits.

Il est tout à fait louable pour un chef d'entreprise et ses collaborateurs de s'intéresser en priorité à leur métier, car ce sont bien les commandes qui font vivre l'entreprise, mais il est aussi dommage de considérer la gestion comme une « empêcheuse de tourner en rond » et de n'y prêter attention qu'en situation de crise, quand les difficultés apparaissent et qu'il y a urgence à trouver des solutions. En, en effet, si la dynamique de l'entreprise est rompue ou sérieusement compromise, il est illusoire de croire que la gestion sera alors un remède assez puissant pour résoudre tous ses maux.

Il faut au contraire considérer la gestion comme un outil de **prévention** de difficultés, voire comme un **accélérateur** de la dynamique de l'entreprise, permettant à ses dirigeants de prendre du recul par rapport à l'« action », à la fois sur un plan opérationnel et financier. Grâce à la gestion, ils peuvent :

* évaluer la pertinence de leurs choix et en cerner les limites ;
* mesurer périodiquement le résultat des actions menées ;
* cerner les dysfonctionnements et les corriger avant qu'ils ne portent atteinte à l'entreprise.

Qui dit prévention, dit **anticipation** : cette démarche de remise en question doit amener les dirigeants, au-delà du quotidien, à s'interroger sur la **compétitivité** de l'entreprise et donc sur sa pérennité **sur le long terme**, à un horizon de trois ou cinq ans, comme ils l'ont fait d'ailleurs au moment de sa création. Cette réflexion d'ordre stratégique est bel et bien au cœur de leur métier et n'est pas réservée aux grandes structures.

3.3. Un manque de ressources ?

Une des raisons invoquées par les chefs d'entreprise comme frein à la mise en place d'outils de gestion est **le manque de ressources** :

- **humaines**, tout d'abord : la mise en place d'outils de gestion est souvent associée à la nécessité de recruter un contrôleur de gestion, qui dispose à la fois des compétences et du temps nécessaires pour mettre en place et suivre la gestion de l'entreprise ;

- **informatiques**, ensuite : les dirigeants et leurs collaborateurs ont le sentiment qu'ils ne peuvent pas disposer et partager les bonnes informations si leurs entreprises n'ont pas de système informatique adéquat, voire de système intégré.

> Le chef d'entreprise n'en a pas conscience, mais il dispose déjà des ressources pour effectuer du contrôle de gestion, à savoir **lui-même et chacun de ses collaborateurs** qui, dans les décisions et les arbitrages qu'ils réalisent au quotidien, participent déjà à ce processus.

Ce qui fait en réalité potentiellement défaut, ce sont des informations collectées régulièrement, portant sur la conduite des opérations et leur impact économique, qui valident la pertinence des décisions ou les réorientent. En un mot un cadre de travail un peu plus formel.

Certes, un contrôleur de gestion peut apporter de la méthode dans la collecte et la synthèse des informations, mais sa présence n'est vraiment requise que dans les entreprises où la complexité de l'organisation et des processus nécessite plus d'expertise.

Le déploiement d'outils de gestion ne requiert aucune compétence en comptabilité ou en finance, mais d'abord une bonne compréhension du fonctionnement de l'entreprise et des enjeux liés à son métier, une capacité à **valoriser le résultat de ses opérations** : ce qu'elles coûtent et ce qu'elles rapportent, et une bonne connaissance des flux d'information. C'est ce qui fait du chef d'entreprise la personne la plus à même d'initier et d'organiser la mise en place et l'utilisation des outils de gestion.

Pour ce qui est de la production des informations, il peut en déléguer la responsabilité à un(e) assistant(e) ou au service comptabilité, qui se chargera d'en organiser la saisie dans une base de données et d'en réaliser la synthèse, mais ce qui importe, surtout, c'est **l'implication de l'ensemble de ses collaborateurs** dans ce processus, car ils seront à la fois pourvoyeurs de données (sur le temps passé, par exemple) et principaux utilisateurs : ils seront amenés à analyser les données techniques ou économiques et à en discuter avec lui.

Quant à l'**outil** nécessaire pour la **collecte et le traitement des données**, l'entreprise doit s'interroger sur la manière d'utiliser au mieux les bases de données dont elle dispose déjà.

> **En pratique**
>
> La PME peut définir quelles données renseigner dans le système de traitement des commandes clients ou dans le logiciel de paye pour pouvoir disposer d'informations de gestion pertinentes – y compris d'ordre économique.

Nous avons aussi évoqué plus haut l'intérêt d'adapter la comptabilité afin de mieux cerner l'origine des revenus de l'entreprise, l'utilisation de ses ressources et ses flux financiers.

> Quelles que soient les données dont l'entreprise dispose, le tableur reste l'outil approprié pour en faire la consolidation et la synthèse. Pour que cet exercice ne devienne pas fastidieux, il est important que le chef d'entreprise et ses collaborateurs définissent au préalable et ensuite périodiquement les informations dont ils vont avoir le plus besoin.

Nous allons voir maintenant quels sont ceux qui peuvent être le plus utiles et comment les adapter au contexte de la PME.

4. CE QUE LE CONTRÔLE DE GESTION PEUT APPORTER DANS UNE PME

« Ma petite entreprise… Connaît pas la crise… » La chanson d'Alain Bashung parle de la manière dont les patrons mènent leurs affaires tambour battant, de leur manière d'être partout à la fois, au cœur de l'**action**, sans compter leur temps, « de l'aube à l'aube ».

Avec l'arrivée de la crise, ces mêmes patrons se demandent certainement ce qu'ils pourraient faire de plus pour maintenir leur entreprise à flot quand les banques se montrent plus réticentes que jamais à financer leurs projets, voire à accepter quelques jours de découvert, et que leurs partenaires d'hier, clients et fournisseurs, veillent sur leurs intérêts et leurs finances.

Ils auront pris conscience que ce qui avait fait la réussite de leur entreprise n'était plus acquis, qu'ils avaient moins le droit à l'erreur et ne pouvaient plus faire confiance à leur seule intuition ou à ce que disent leur clients pour assurer son développement. En d'autres termes, qu'ils devaient **prendre des risques mesurés**.

Depuis le début de cet ouvrage, nous avons présenté le contrôle de gestion comme un processus d'amélioration continue, qui s'articule autour de trois axes : **prévoir, mesurer et agir**. Les dirigeants de PME doivent veiller à renforcer les deux premiers axes pour que l'énergie qu'ils mettent au quotidien dans l'action ait une portée durable.

4.1. Un incontournable : le pilotage de la trésorerie

Si, dans certaines grandes entreprises, les collaborateurs perdent parfois de vue les questions de trésorerie, parce que celles-ci sont traitées dans un service quelque peu en retrait des opérations, les dirigeants des PME y sont très vite sensibilisés car ils sont amenés à jongler avec les échéances quotidiennes (factures, salaires à payer, etc.) et savent combien il est difficile de mobiliser des fonds pour investir.

Pour autant, même s'ils savent que la trésorerie est vitale pour leur entreprise et que le fait de ne plus pouvoir faire face à leurs engagements peut signer la fin de l'aventure, ils tendent à gérer le compte en banque de leur société plutôt qu'à piloter véritablement la trésorerie de leur entreprise.

Le pilotage de la trésorerie d'une entreprise passe par la construction d'un plan de trésorerie, c'est-à-dire la planification hebdomadaire des encaissements et des décaissements de toute nature devant intervenir sur les **trois mois à venir**. Comme nous l'avons vu dans le chapitre 14, il met en évidence les flux dégagés par l'**exploitation**, les besoins de financement liés aux **investissements** et les autres flux liés au **financement** de l'entreprise.

Le solde de trésorerie à la fin de chaque période, quand il est négatif, met en évidence les **besoins de financement non couverts**, même temporairement. La visibilité que donne le plan de trésorerie à trois mois laisse le temps au chef d'entreprise de mettre en place les dispositifs nécessaires à leur couverture : décalage de certains investissements, négociation de délais de règlement, accélération de la mise en recouvrement des créances ou, si nécessaire, mise en place d'une ligne de crédit avec la banque. Les conditions de cette dernière sont plus facilement négociables en termes de durée et de coût quand le risque de découvert a été anticipé et que le banquier en a été informé.

Une mise à jour hebdomadaire du plan de trésorerie permet d'en faire un bon outil de gestion : elle peut amener à constater des décalages entre les flux réels et les flux prévisionnels et inciter les collaborateurs de l'entreprise à déclencher les actions *ad hoc,* par exemple, des actions de recouvrement pour les règlements des clients.

Quand l'activité de l'entreprise est saisonnière ou quand le chef d'entreprise envisage de procéder à des investissements, l'établissement d'un plan de trésorerie à plus longue échéance, sur douze mois au plus et sur une base mensuelle, est nécessaire. C'est ce va lui permettre de mettre en place les dispositifs de financement et d'en négocier les termes.

La construction d'un plan de trésorerie annuel repose en fait sur la construction d'un **budget** de ventes et de dépenses. Le chef d'entreprise n'est pas nécessairement familier avec cet exercice de prévision. Pourtant, il peut l'amener à formaliser des perspectives de développement et d'abord à mieux connaître la structure de coûts et les leviers de la rentabilité dans son entreprise.

4.2. Connaître ses coûts pour maîtriser la rentabilité de son entreprise

Connaître les coûts de son entreprise est incontournable pour en maîtriser la **rentabilité**. Le chef d'entreprise l'a en général bien compris et s'intéresse au coût de revient de ses produits pour en établir le prix de vente ou pour réaliser des devis Dans la relation quotidienne avec ses clients, la volonté de rester **compétitif** vient pourtant parfois à l'emporter. Or, être compétitif ne veut pas seulement dire être le moins cher, mais proposer une offre au « meilleur rapport qualité/prix ». Et en la matière, la perception des clients est complexe : elle repose tout à la fois sur la **notoriété** (le « bouche-à-oreille ») et la **qualité intrinsèque** des produits et **des services** (disponibilité, réponse aux attentes…). Parfois, malgré ces trois composantes, c'est le prix qui l'emporte et oriente le choix du client vers le concurrent.

Pour établir des **prix de vente** « **au plus juste** », c'est-à-dire à la fois en phase avec le marché et rentables pour l'entreprise, les dirigeants doivent être en mesure d'établir le **coût de revient** de leurs produits ou prestations.

4.2.1. Établir les prix de revient

Cette démarche n'a rien de « comptable » : elle ne consiste pas à allouer les différentes charges de l'entreprise sur les produits ou prestations vendus, en fonction de clefs parfois « aléatoires », mais à faire l'inventaire des ressources engagées dans leur réalisation et leur livraison et à en évaluer le coût.

Les questions clefs à se poser sont les suivantes.

- Quelles sont les étapes clefs dans le développement, la production ou la distribution du produit ?
- Quelles sont les ressources (humaines ou matérielles) engagées dans chacune d'elles ?

- Quel est le volume (quantités de matières ou nombre d'heures) et le coût unitaire des ressources utilisées ?

Si l'entreprise travaille en série, le processus et l'utilisation des ressources seront décrits de manière « standard ». Si elle travaille par affaire, la démarche sera à renouveler à l'établissement de chaque devis, si possible en référence à d'autres affaires similaires.

Quant au **coût des fonctions supports,** qui interviennent seulement **indirectement** dans la réalisation et la livraison des produits ou des prestations, il peut être intégré au coût de revient suivant la même logique, en s'interrogeant sur leur contribution au processus d'ensemble.

Le coût de chaque fonction support peut être établi, en additionnant :

- le coût des ressources qui leur sont propres (personnel, achats, honoraires, etc.) ;
- le coût des ressources partagées, comme les frais de structure (en fonction par exemple des mètres carrés occupés ou de l'effectif du service).

La mesure de leur contribution peut ensuite s'effectuer *via* des inducteurs d'activité ou des unités d'œuvre, comme :

- le volume de commandes, pour le service achats ;
- le nombre de factures émises, pour la comptabilité ;
- le nombre de visites clients ou de chantiers visités, pour le chef d'entreprise.

En pratique

> Quand le chef d'entreprise intervient sur un chantier pour évaluer la charge de travail, établir le devis ou en faire le suivi, son investissement n'est en rien proportionnel à l'importance du chantier. Il est même parfois le même pour un petit et un gros chantier. Il doit être intégré dans le coût du chantier en fonction du temps passé et du taux horaire du chef d'entreprise.

Cette analyse ne doit pas **se perdre dans le détail**, mais se concentrer sur les coûts les plus significatifs. Elle a pour avantage de mettre en évidence le temps passé et le coût consacré à certaines activités dans l'entreprise et d'amener la réflexion sur leur valeur ajoutée.

En pratique

> C'est dans le cadre d'une telle réflexion que ce dirigeant peut réaliser qu'il consacre beaucoup de temps à préparer des dossiers d'appels d'offres pour des marchés publics, sans perspective de rentabilité significative.

La construction des prix de revient ne peut se faire en un jour et en une seule fois, car il faut d'abord réunir les informations nécessaires à leur calcul. D'où l'intérêt de définir les informations les plus utiles et de construire progressivement une **base de données** sous tableur, permettant d'y accéder et de les partager. Il est notamment souhaitable que soient établies dans l'entreprise des grilles :

- de consommation des principales ressources (composants, MOD, machines) par étape clef du processus ;
- de prix d'achat des biens ou des services (intégrant tous les frais accessoires) ;
- de taux horaire par type et niveau de compétence, pour le personnel interne ou externe à l'entreprise.

4.2.2. Mettre en place des indicateurs

Calculer des coûts de revient en s'appuyant sur l'organisation du travail et la contribution des différentes fonctions permet aussi de disposer d'éléments pour **comparer les coûts réels avec les coûts prévisionnels**, d'identifier plus facilement ce qui est à l'origine des déviations et de les corriger.

Le chef d'entreprise sait intuitivement qu'une pièce non conforme, qui doit être usinée une deuxième fois, est une perte de temps et d'argent. La réflexion sur l'utilisation des ressources amenée par le calcul des coûts de revient l'amène nécessairement à vouloir suivre plus précisément certains **dysfonctionnements** de son entreprise et à mettre en place des **indicateurs** tels que :

- le pourcentage de pièces non conformes ;
- le pourcentage de livraisons en retard ;
- le pourcentage de réclamations clients ;
- le pourcentage d'absentéisme, etc.

Ces indicateurs clefs, en liaison avec les coûts de revient, l'aident à mieux faire le lien entre l'organisation de l'entreprise, ses opérations au quotidien et leur impact économique.

4.3. Penser le développement de l'entreprise en termes économiques

Prendre des risques mesurés, c'est prendre le temps du recul et de l'analyse, avant de passer à l'action.

4.3.1. S'interroger sur la place de l'entreprise, sur son marché à moyen et à long terme

La réflexion des dirigeants doit à la fois porter sur l'évolution du marché, en termes de demande et d'offre et sur les atouts et les faiblesses de son entreprise.

Elle s'articulera par exemple autour des questions suivantes.

* L'offre proposée répond-elle bien aux attentes de la clientèle ? Celles-ci sont-elles en cours d'évolution ?
* Quels sont les projets de la concurrence ? Sont-ils une menace pour l'entreprise ?
* Quels avantages concurrentiels de l'entreprise (sa renommée, la qualité de ses produits ou leur prix) sont susceptibles de faire la différence sur le long terme ?
* L'entreprise a-t-elle les moyens d'innover ? Peut-elle aborder de nouveaux débouchés ?
* La structure de l'entreprise est-elle suffisamment flexible pour s'adapter et tenir le cap en cas de baisse d'activité ?

De cette réflexion découlent les orientations que les dirigeants vont prendre pour leur entreprise. Il est donc important qu'elle s'appuie sur le recueil d'informations auprès de différentes sources : partenaires de l'entreprise mais aussi, si possible, dans la presse, Internet ou les salons professionnels.

4.3.2. Imaginer des scénarii de développement et les chiffrer

Élaborer un *business plan* sur trois ou cinq ans, comme au moment de la création de l'entreprise, n'est pas seulement poser des chiffres, mais réfléchir aux possibles **orientations** à donner à son développement et à l'**organisation** nécessaire pour l'accompagner. Il faudra notamment :

* évaluer le potentiel de croissance des différents produits ;
* définir les grands axes de la politique commerciale (investissements promotionnels et organisation du réseau) ;
* identifier les besoins d'amélioration du processus de production et les investissements nécessaires ;
* cerner, le cas échéant, les axes de développement ;
* définir les besoins de recrutement et de formation du personnel.

Ces éléments clefs une fois chiffrés permettent d'évaluer les perspectives de revenus et de résultat, et les besoins de financement associés.

L'évaluation de plusieurs scénarii de développement doit orienter les dirigeants vers celui qui leur semble le plus réaliste et le plus faisable, compte tenu des moyens dont dispose l'entreprise. Elle les amènera peut-être aussi à renoncer :

- à des marchés importants en termes de revenus mais pas suffisamment rentables ;
- à vendre en dessous d'un certain prix ;
- à répondre à tout prix à la demande de certains clients, quand les coûts de développement ne peuvent être amortis ou rentabilisés.

4.3.3. *Le rôle des collaborateurs de l'entreprise*

La mise en œuvre du plan de marche ainsi défini ne peut se faire efficacement sans une contribution active de l'ensemble des collaborateurs de l'entreprise.

Les chefs d'entreprise ont l'habitude de communiquer avec leurs collaborateurs, de manière assez informelle, sur les opérations en cours. Ils doivent aussi apprendre à leur donner de la **visibilité à plus longue échéance**, sur les enjeux, les orientations choisies et les changements que cela induit.

Les collaborateurs doivent comprendre pourquoi et comment les dirigeants ont procédé à certains arbitrages :

- pourquoi la priorité est donnée à certains produits ;
- pourquoi l'entreprise doit réduire ses coûts ;
- pourquoi elle ne peut honorer certaines commandes sans facturer des frais de livraison ;
- pourquoi cette machine ne peut être immédiatement remplacée ;
- pourquoi l'entreprise sera fermée au mois d'août…

Donner de la visibilité aux acteurs de l'entreprise sur les conditions de réussite de l'entreprise, c'est aussi leur montrer quel **rôle** ils ont à y jouer, en leur donnant **envie** de s'engager dans le projet d'entreprise et plus seulement de venir travailler tous les jours.

En pratique

Dans cette PME, où les objectifs d'entreprise ne sont pas clairement énoncés et où les définitions de fonction ne sont pas suffisamment claires, les conflits émergent souvent sur ce que chacun est censé faire ou ne pas faire. Il en résulte des retards de livraisons clients ou des erreurs de manipulation et des pertes de produits, dont personne ne veut porter la responsabilité, évidemment dommageables aux résultats de l'entreprise.

Cette visibilité contribue aussi à les **responsabiliser** sur la bonne gestion de l'entreprise et sur leur contribution à ses résultats. Cela nécessite de la part du chef d'entreprise :

- de déléguer des **objectifs** correspondant au domaine de compétence de chaque acteur ;
- de mettre en place quelques **indicateurs clefs**, à la fois techniques et financiers, permettant de suivre la réalisation de ces objectifs et de piloter les actions correctrices ;
- mais aussi et surtout de communiquer sur l'**intérêt de ces outils**, pour qu'ils ne soient pas vécus comme une volonté de contrôle, un manque de confiance, voire une perte de l'esprit « familial » de l'entreprise.

Le partage des responsabilités au sein de l'entreprise et la discussion des résultats de chacun avec le chef d'entreprise favorisent le partage de l'information et des savoirs ; ils ne font pas obstacle au mode de relation informel qui caractérise les PME et ont pour principal avantage de rendre le chef d'entreprise un peu moins irremplaçable.

SYNTHÈSE

La gestion trouve son utilité dans toute organisation, quels que soit sa taille, son domaine d'activité et ses objectifs. C'est un processus continu d'anticipation, de suivi des réalisations et de remise en question qui ne s'impose pas comme une contrainte, mais a vocation à assurer sa pérennité : la gestion peut et doit donc trouver sa place dans une PME comme une grande entreprise.

Faire entrer « officiellement » la gestion dans une PME, c'est tout à la fois :
- prendre du recul par rapport au quotidien et apprendre à voir un peu plus loin ;
- mieux prendre en compte les impératifs économiques de rentabilité et de solvabilité, incontournables pour la pérennité d'une entreprise ;
- organiser la collecte et le partage de l'information dans l'entreprise et, par là même favoriser la délégation et la transmission de l'entreprise, le moment venu ;
- traduire certains aspects de la vie de l'entreprise en chiffres clef pour suivre la réalisation de ses objectifs et cerner les dysfonctionnements qui méritent d'être corrigés ;
- devenir plus autonome par rapport à l'expert-comptable, qui ne perd pas pour autant son expertise dans la production des états financiers et dans l'apport de connaissances juridiques, sociales et fiscales.

Mettre en place des outils de gestion dans une PME, ce n'est surtout pas tenter de transposer les dispositifs qui ont fait leurs preuves dans de grandes entreprises, car elle n'en a ni l'utilité ni les moyens. C'est seulement passer d'un mode de fonctionnement informel à un système d'information plus formel, sans donner nécessairement la priorité à l'économique et sans perdre pour autant son esprit « artisanal » ou « entrepreneur » et ce qui fait sa force : sa réactivité et sa flexibilité.

TEST DE CONNAISSANCES

Q1 – La mise en place d'outils de gestion dans les PME est...

1 – un moyen d'assurer son développement.
2 – indispensable à son pilotage.
3 – incontournable au-delà d'une certaine taille.
4 – devenue surtout utile avec la crise.

Q2 – Les outils indispensables au pilotage d'une PME sont...

1 – des états de contrôle budgétaire.
2 – un plan de trésorerie.
3 – des états financiers mensuels.
4 – des calculs de coûts de revient.

Q3 – Pour mettre en place des outils de gestion, il faut...

1 – connaître les processus de l'entreprise.
2 – avoir des connaissances comptables.
3 – recruter un contrôleur de gestion.
4 – impliquer les collaborateurs de l'entreprise.

Q4 – Les principales raisons de défaillance des entreprises sont...

1 – une part de marché insuffisante.
2 – une rentabilité inférieure à deux points.
3 – un manque de fonds propres.
4 – une prise en compte insuffisante des aspects économiques.

Q5 – Un plan de trésorerie permet...

1 – d'anticiper des découverts.
2 – de connaître ses recettes et ses dépenses mensuelles sur un an.
3 – de communiquer avec la banque sur ses besoins de financement.
4 – de déclencher des actions de recouvrement clients.

Q6 – Connaître les coûts de revient permet...

1 – d'établir des prix de vente.
2 – de décider des produits à abandonner.
3 – de déterminer le volume d'activité minimal pour être rentable.
4 – de cerner les moyens pour être plus compétitif.

Q7 – Calculer des coûts de revient consiste à...

1 – rapporter l'ensemble des coûts au volume de produits ou prestations réalisés.
2 – choisir des clefs d'allocation.
3 – cerner comment les ressources de l'entreprise contribuent à la réalisation des produits finis.
4 – établir des coûts standards.

.../...

Q8 – Assurer le développement d'une entreprise nécessite…

1 – beaucoup d'intuition.

2 – un très bon réseau de partenaires.

3 – l'assistance d'un expert-comptable.

4 – une évaluation économique des scénarios envisagés.

Q9 – La gestion d'une PME est d'autant plus efficace que…

1 – les collaborateurs sont impliqués.

2 – le logiciel de gestion utilisé est performant.

3 – les enjeux économiques sont bien expliqués.

4 – les bonnes performances sont correctement rémunérées.

Q10 – Passer à un mode de gestion plus formel…

1 – permet de mieux contrôler le travail des salariés.

2 – permet de prendre du recul par rapport à l'action.

3 – facilite la délégation.

4 – porte nécessairement atteinte au climat de confiance de l'entreprise.

Réponses du test :

Q1 : 2 et 3 – Q2 : 2 et 4 – Q3 : 1 et 4 – Q4 : 3 et 4 – Q5 : 1, 3 et 4 – Q6 : 1 et 3 – Q7 : 3 – Q8 : 1, 2 et 4 – Q9 : 1 et 3 – Q10 : 2 et 3.

Partie 4

LA DÉMARCHE DE MISE EN ŒUVRE D'UN CONTRÔLE DE GESTION

Chapitre 20

L'influence de la culture de *management* et du *leadership*

DANIEL HIRSCH

- Comprendre les prérequis en termes de *management* pour le contrôle de gestion.
- Comprendre ce que la direction générale doit apporter au contrôle de gestion de l'entreprise.
- Avoir un rappel des caractéristiques d'un « bon » objectif et comprendre ce que veut dire le « retour sur *management* ».
- Comprendre ce que la direction financière doit apporter au contrôle de gestion.
- Comprendre ce que la direction des ressources humaines doit apporter au contrôle de gestion.
- Reconnaître les quatre « leviers de contrôle », tels que décrits par Robert Simons, et savoir quand il peut être important d'utiliser un système de contrôle de manière interactive.
- Distinguer les notions de facteurs clefs de succès et d'incertitudes stratégiques.

Pour une entreprise, ou pour une organisation, disposer d'un bon contrôle de gestion ne dépend pas uniquement des éléments qu'on associe habituellement à l'univers du contrôle de gestion. Cela ne dépend pas seulement de la qualité des contrôleurs de gestion. On a tenté de montrer dans l'introduction que le contrôle de gestion est d'abord une activité de *management*. Sa qualité va donc dépendre des différents éléments constitutifs de la culture de *management* de l'entreprise.

© Groupe Eyrolles

Certains de ces éléments sont associés à l'univers des ressources humaines, d'autres à celui du contrôle interne et certains dépendent de l'empreinte que les dirigeants sont en mesure d'apposer à l'organisation qu'ils dirigent.

Enfin, dans certaines entreprises, les dirigeants sont en mesure d'utiliser avec créativité et de façon interactive certains des outils classiques du *management*.

1. RAPPEL DES ASPECTS FONDAMENTAUX DU CONTRÔLE DE GESTION

L'ensemble de ce chapitre ne peut se comprendre qu'au regard des principes fondamentaux suivants qui ont commencé à être exposés dans l'introduction de ce livre.

La fonction contrôle de gestion est une **fonction de direction générale** et elle est d'abord l'affaire du ou des dirigeants. Il faut la distinguer des tâches confiées aux contrôleurs de gestion, ces derniers n'étant qu'au service de cette fonction qui les dépasse.

Elle est la contrepartie de la **délégation des responsabilités**. Elle résulte du besoin des grandes entreprises de formaliser la délégation et la diffusion des responsabilités, en augmentant l'autonomie des *managers* qui, puisqu'ils se trouvent sur « le terrain », sont souvent les plus à même de prendre les décisions d'ordre tactique et parfois stratégique qui s'imposent.

> La définition de la fonction contrôle de gestion qui a été donnée dans l'introduction est : « Vérifier en permanence que l'organisation se dirige bien vers les objectifs choisis par son ou ses dirigeants tout en s'assurant que les ressources sont utilisées avec efficacité et efficience. »
>
> Cette définition décrit implicitement une **démarche** dont les dirigeants ne peuvent qu'être les premiers responsables. Une telle démarche implique que la fonction contrôle de gestion est davantage une **discipline comportementale** que purement technique, les techniques (et elles existent, les chapitres de ce livre en sont la preuve), n'étant que des points d'appui de la démarche.

Les aspects comportementaux sont reliés à des concepts clefs tels que « dis-moi comment je serai évalué et je te dirai comment je me comporterai ». Ce concept établit un lien entre le **mode d'évaluation des *managers*** et leur incitation à **agir au mieux des intérêts de l'entreprise**.

Un second concept comportemental est celui de *goal congruence,* que l'on peut traduire par « cohérence des buts ». C'est l'idée que l'organisation a intérêt à récompenser les actes des *managers* qui sont en cohérence avec ses intérêts et le type de résultat attendu. Cela implique que ces intérêts soient

bien retranscrits par les différentes « règles du jeu » qui existent dans l'entreprise, et dont les pratiques d'évaluation des performances ne forment que la partie la plus visible.

Le contrôle de gestion ne définit qu'une partie seulement des différentes « **règles du jeu** » qui forment le « système entreprise ». Ce dernier comporte en effet un grand nombre d'autres règles du jeu, implicites ou explicites. Elles découlent de ces **autres systèmes** que sont le mode de **structuration de l'entreprise**, la politique de **ressources humaines**, la **culture d'entreprise**, et le **style de *management*** de l'équipe dirigeante. Ce dernier peut évoluer dans le temps avec le passage d'équipes différentes, le mode de participation des *managers* à la prise de décision et à l'élaboration de la stratégie, etc.

> La qualité globale de la fonction contrôle de gestion va dépendre tout autant de la qualité des règles du jeu des autres « systèmes » de l'organisation et de leur bon fonctionnement. Ces règles du jeu **doivent être cohérentes et se renforcer l'une l'autre** si l'on veut obtenir un système global efficace.

Il faut donc que les intérêts de l'entreprise soient bien retranscrits par les différentes règles du jeu, et il faut en plus qu'ils soient bien compris par les intéressés, les *managers* des différentes strates de l'organisation. Là, les dirigeants et les contrôleurs de gestion ont un rôle tout à fait complémentaire à jouer.

Les contrôleurs de gestion sont à la fois au service des dirigeants et des opérationnels à qui a été déléguée la responsabilité d'obtenir les résultats conformes aux objectifs de l'organisation. Ils sont chargés de faire appliquer les règles du jeu du système contrôle de gestion, en mettant les opérationnels face à leurs responsabilités. Ils doivent également traquer les éventuels effets pervers que certaines règles du jeu peuvent susciter.

Cependant, **les contrôleurs de gestion n'ont** en principe **aucun pouvoir hiérarchique sur les opérationnels,** un tel pouvoir ne pouvant appartenir qu'à la direction générale et à la ligne hiérarchique.

Ils sont donc parfaitement démunis lorsque des *managers* de haut rang ne veulent pas « jouer le jeu ». Les dirigeants ont seuls le pouvoir de faire appliquer les règles du jeu de l'entreprise à de tels « francs-tireurs ». En agissant ainsi, les dirigeants ne viennent pas seulement en aide aux contrôleurs de gestion, ils ne font que s'aider eux-mêmes à mieux *manager* l'entreprise, en maîtrisant le comportement de ceux à qui ils ont délégué une partie de leur pouvoir afin d'obtenir des résultats conformes à leurs attentes.

Mais les contrôleurs de gestion sont encore plus démunis lorsque les dirigeants eux-mêmes ne perçoivent pas l'intérêt de la fonction contrôle de gestion et/ou ne savent pas utiliser **les outils que sont les contrôleurs de gestion** et leurs techniques pour mieux faire fonctionner l'organisation.

Le premier défaut concerne le courage du dirigeant, le second concerne sa connaissance des principes et techniques du contrôle de gestion. Le présent livre est destiné à renforcer ces connaissances. On pourrait dire qu'un dirigeant « obtient le contrôle de gestion qu'il mérite ».

2. LES ÉLÉMENTS CONSTITUTIFS D'UNE CULTURE DE *MANAGEMENT*

Il n'est pas toujours évident de trouver dans chaque entreprise l'ensemble des éléments dont il va être question, mais certains présentent une importance plus grande que d'autres, et leur absence a plus de chance d'avoir des conséquences négatives pour l'entreprise ou l'organisation concernée. Les éléments qui sont sous la responsabilité de la direction générale revêtent en général un degré de priorité plus important en raison de leur influence sur le fonctionnement général de l'organisation.

2.1. Au niveau de la direction générale

Une véritable culture de *management* commence avec la définition de la délégation des responsabilités. Cela signifie concrètement la **formalisation de la structure** par un **organigramme** définissant la manière dont l'équipe dirigeante souhaite répartir les grandes responsabilités de l'entreprise, par fonction, par zone géographique, par secteur d'activité ou par ligne de produits.

> Beaucoup d'informations peuvent être obtenues par la lecture de l'organigramme d'une entreprise.

La définition du **type de responsabilité** assigné à **chaque unité de gestion** constitue l'étape suivante. Le chapitre 4 sur les centres de responsabilité décrit la manière d'assigner des types de responsabilité différents suivant la mission attribuée à chaque unité et ce qu'on attend de son *manager*.

Les centres de profit et d'investissement, lorsqu'ils existent, sont une manière puissante de faire descendre l'autonomie à un niveau au plus près du terrain. Les modes d'évaluation des *managers* doivent être conçus pour être en harmonie avec la définition des centres de responsabilité.

Plus généralement, il faut que l'équipe dirigeante privilégie une **culture de résultat** dans l'ensemble de l'organisation par une **formalisation des objectifs** attribués à chaque unité de gestion. La définition des objectifs doit respecter des règles de base.

2.1.1. Ce qu'est un « bon » objectif

Il faut toujours qu'un objectif soit :

- réaliste (« atteignable » laisse entendre une trop grande facilité), mais aussi ambitieux ;
- simple, clair et bien compris (donc compréhensible) ;
- mesurable, quantifié, avec des limites de temps ;
- négocié (pour obtenir une acceptation), suivant les cas au niveau du résultat attendu ou des moyens attribués ;
- assorti des moyens adaptés ;
- assorti de plans d'action qui renforcent les chances qu'il soit atteint ;
- cohérent avec les objectifs généraux de l'organisation (et cohérents entre eux) ;
- peu nombreux pour chaque responsable ;
- adapté à la fonction, à la place dans l'organigramme, aux moyens d'influer sur l'environnement ;
- personnalisé, assigné à une personne et une seule, responsable de tirer la sonnette d'alarme s'il s'agit d'un objectif auquel plusieurs personnes doivent contribuer.

La formalisation des objectifs et leur diffusion, non seulement auprès de ceux à qui ils sont attribués mais aussi auprès des équipes qui en dépendent, est un premier critère de l'existence d'une culture de *management*.

Des **descriptions de fonction** des premières et secondes lignes (et plus générale-ment dans l'entreprise, mais cela sera le rôle des ressources humaines de le faire respecter) doivent exister et être **cohérentes avec** la formalisation des **objectifs**, ce qui va renforcer les chances qu'elles soient réellement opérationnelles.

2.1.2. Clarifier les règles du jeu

Il est également demandé au dirigeant, mais cela est plus difficilement forma-lisable, de faire connaître à tous, en premier lieu à son équipe de direction, les règles du jeu qu'il estime importantes et de montrer qu'il est prêt à les faire respecter. On est en bordure de ce qu'on appelle le **style de *manage-ment*,** propre à chaque dirigeant, et la **culture** de l'organisation, qui est une notion plus pérenne.

Dans tous les cas, le fait de **faire respecter « les règles du jeu »** est un **test de l'autorité** réelle du dirigeant et peut parfois exiger du courage lorsque des années de mauvais *management* d'un dirigeant précédent ont habitué l'équipe de direction à une pratique de laisser-faire.

Le dirigeant est également « payé » pour faire respecter son autorité, d'autant que si les résultats de l'organisation ne sont pas à la hauteur de ce qu'en attendent les actionnaires ou les organes de supervision, il risque d'être « remercié » avec rapidité.

En pratique

> On a connu des organisations dont les secondes lignes s'amusaient avec une certaine impunité à faire « valser » leurs dirigeants qui étaient blâmés pour la mauvaise qualité des équipes dont ils héritaient, mais qu'ils avaient tardé à « reprendre en main » plus vigoureusement après les premiers signes de non-respect de leur autorité.

Encore une fois, il faut redire la nécessité d'un certain courage dans ce domaine, le dirigeant étant une représentation de l'autorité dans l'organisation. Des circonstances défavorables peuvent rendre la mise en œuvre de cette autorité bien plus problématique que ce que les principes exigent. La reprise d'une direction en cas de crise, en cas de succession non planifiée ou dans d'autres circonstances similaires peut inciter un nouveau dirigeant à de l'attentisme en ce qui concerne des décisions concernant la continuité de l'équipe de direction, lorsqu'il n'est pas évident de reconnaître le moindre mal entre garder certaines personnes clefs ou de se défaire de fauteurs de troubles !

2.1.3. Le fair-play

La contrepartie nécessaire de l'autorité du dirigeant est le *fair-play*, le fait d'être juste dans la manière dont il traite les membres de son organisation, et qu'il doit exiger de ses équipes.

On demande également au dirigeant d'être le responsable de l'animation des équipes. De nombreux principes peuvent être évoqués à ce sujet.

2.1.4. Les réunions de direction

La **bonne organisation des réunions de direction** a un rôle majeur. Il faut d'abord qu'elles soient organisées à bon escient, en faisant en sorte que les participants n'aient pas le sentiment de perdre leur temps, soit que leur présence n'était pas nécessaire, soit que la réunion elle-même ne l'était pas ou n'ait pas été animée correctement.

Les bases en restent l'écriture préalable d'un ordre du jour, son respect, le fait de maintenir la réunion sur des rails en évitant les chemins de traverse (par exemple la recherche d'un bouc émissaire) et en essayant de viser l'action (« oui mais que fait-on maintenant ? »). Quand la réunion se termine, il faut

qu'il y ait un compte rendu orienté vers l'action avec des responsables dési-
gnés et des délais ou dates limites.

> L'organisation de réunions de direction reste un **bon moyen d'animer une équipe**
> de direction en la faisant évoluer vers davantage d'efficacité. Il est souvent plus
> facile pour un dirigeant de faire comprendre à un membre de son équipe qu'il
> doit agir différemment afin de privilégier le bien commun de l'entreprise plutôt
> que de maximiser son propre intérêt lorsqu'on présente les tenants et aboutis-
> sants d'un problème en réunion générale plutôt qu'en face à face.

Cette raison à elle seule explique la longévité des réunions de direction en
tant que technique d'animation des équipes.

Il convient cependant d'éviter de dresser les gens les uns contre les autres, de
toujours mettre l'accent sur l'action pour progresser plutôt que de chercher
des fautifs.

Une deuxième fonction importante des réunions de direction est la mise sous
pression des membres de l'équipe, la pression des pairs renforçant l'autorité
du dirigeant, ou la remplaçant parfois en permettant au dirigeant de jouer
davantage un rôle d'arbitre, se réservant l'utilisation de son autorité pour les
cas où elle est vraiment nécessaire.

Il faut des réunions consacrées à l'examen des résultats (**suivi du budget et
tableaux de bord**). Les chapitres consacrés à ces deux types d'outils ont insisté
sur l'idée qu'avant d'être des outils financiers ou de contrôle, ils sont d'abord
des **outils de *management***. Ces outils ne prennent tout leur intérêt qu'à partir
du moment où ils sont repris à leur compte et utilisés par les dirigeants. Ces
derniers doivent participer à leur animation en montrant à tous qu'ils y attachent de l'importance, seul moyen pour que les *managers* comprennent
qu'ils doivent également y accorder de l'importance.

2.1.5. *Le* return on management

Le chapitre 7 présentait l'importance de la notion de *return on investment*
(ROI).

Il existe un autre concept tout aussi important, celui de ***return on management,*** qui repose sur l'idée toute simple qu'une des ressources les plus limitées dans une organisation, c'est le temps de ses dirigeants.

Il est hors de question que les dirigeants soient amenés à s'occuper de tout
dans l'organisation. C'est d'ailleurs la raison de la délégation des responsabilités, mais pour qu'elle fonctionne de façon optimale, il faut organiser une gestion « **par exception** ». Cela implique de ne passer que le temps nécessaire à la

surveillance de la plupart des outils de contrôle de gestion (tableaux de bord, suivi des budgets, etc.), afin de vérifier que tout est « sous contrôle ». Mais encore faut-il y passer le temps suffisant !

Il sera naturel de passer plus de temps sur des différences « significatives » qui peuvent indiquer des problèmes potentiels ou réels. La plupart des **outils de contrôle de gestion** ont précisément été conçus à cet effet, et les contrôleurs de gestion sont au service du *management* pour leur **remonter** tout phénomène pouvant signaler un **problème** méritant qu'on lui accorde du temps. Les dirigeants doivent comprendre tous les bienfaits qu'ils peuvent en retirer dans la **gestion de leur temps**, mais également les limites de ces outils.

> Il est tout autant préjudiciable pour un dirigeant de s'occuper de tout que de ne pas s'occuper suffisamment des problèmes qu'il est le seul à pouvoir gérer.

Dans les **attentes** vis-à-vis de la direction **de la part de la fonction financière** en général et du contrôle de gestion en particulier, les principes suivants peuvent être énoncés à partir de l'expérience vécue de nombreux responsables financiers :

- il est préférable qu'il n'y ait **qu'un seul responsable des chiffres** dans l'entreprise. Un éclatement de la fonction « chiffre » ne peut qu'aboutir à des tensions et à des querelles de clocher qui seront probablement préjudiciables au bon fonctionnement de l'entreprise ;

- il faut éviter les pratiques du style « diviser pour mieux régner » qui ont pu être utilisées par certains dirigeants ;

En pratique

Si le directeur financier a de bonnes compétences en contrôle de gestion et qu'on ne lui demande pas prioritairement de s'occuper des relations avec les marchés financiers, il est préférable qu'il supervise également les équipes de contrôle de gestion.

Si sa fonction principale est la gestion des relations avec les marchés financier et l'extérieur de l'entreprise, il est possible de distinguer de ses responsabilités la partie contrôle de gestion.

- en matière d'utilisation des données chiffrées, la meilleure pratique des dirigeants d'une entreprise bien organisée est de poser la question : « Avez-vous validé ces chiffres avec le contrôle de gestion ? » C'est une manière de s'assurer que le contrôle de gestion s'assure de la validité de tout chiffre devant servir à des prises de décision. Quand on sait (voir le chapitre sur la comptabilité analytique) combien la définition de la décision à prendre peut avoir de conséquences sur la nature des chiffres à retenir, il est impératif de s'assurer du professionnalisme de la production des chiffres dans l'organisation.

Cette pratique permet également de **s'assurer de la présence dans la boucle de décision d'un responsable financier**. Ce dernier est souvent le « gardien de la profitabilité » de l'organisation dans le cadre d'une gestion budgétaire, mais également dans le cadre de la gestion stratégique et il serait préjudiciable qu'il soit écarté de prises de décision qui peuvent avoir des conséquences sur ces dernières.

Qui plus est, cela permet au dirigeant de disposer d'un avis contradictoire. Cela pourra l'aider à refuser une proposition qui suscitait son intérêt mais n'était pas « rentable ». Il pourra cependant passer outre l'avis du responsable financier et montrer son indépendance de la sphère financière pour des considérations d'ordre général ou stratégique ;

- en revanche, il faut que le dirigeant **s'abstienne de se défausser sur le contrôle de gestion** ou sur le financier de la responsabilité **des décisions désagréables**. Un tel comportement ne peut que diminuer l'autorité du dirigeant qui doit assumer toutes les décisions permettant à l'organisation de rester pérenne, voire de survivre, quitte à recourir à des décisions chirurgicales ! Ces décisions doivent être expliquées par le dirigeant, qui est le seul à avoir l'autorité voulue pour les justifier.

> Le premier conseil qu'un contrôleur de gestion peut donner à un dirigeant, c'est d'être exigeant envers sa fonction, de lui demander beaucoup, de le traiter comme un assistant, comme un outil de la fonction contrôle de gestion qui peut lui faciliter le *management* de l'entreprise et donc d'obtenir de meilleurs résultats. Mais le dirigeant doit conserver un regard de généraliste et toute son autonomie en matière de décision. Les aspects de contrôle de gestion ne sont, après tout, qu'une des composantes de la direction générale.

2.2. Au niveau de la direction financière et du contrôle interne

Il doit exister dans chaque organisation une procédure d'autorisation de dépenses, qui doit définir clairement les responsabilités de chacun en ce qui concerne les types de dépenses et les montants qu'ils sont autorisés à dépenser.

Cette procédure doit être conforme à la définition des responsabilités, combinaison de l'organigramme et des définitions de fonction. Elle en est en quelque sorte la mise en application. Cela implique de clarifier les champs d'activité dans lesquels il est naturel pour chacun d'engager des dépenses.

Un responsable *marketing* pourra être autorisé à signer des bons de commande concernant des dépenses publicitaires et de communication jusqu'à un niveau en général supérieur à ce à quoi il sera autorisé pour des dépenses de fournitures ou de frais de déplacement. Pour ces dernières dépenses, il recevra un niveau d'autorisation similaire à celui qui aura été donné, par exemple, au responsable de la logistique.

Le détail exact de la procédure pourra varier énormément d'une entreprise à l'autre, mais on s'assurera toujours, soit au niveau de l'engagement de la dépense, soit au niveau de son règlement financier, que ceux qui sont à l'origine de la dépense avaient bien à un niveau individuel ou de plusieurs signataires, l'autorité pour le faire. Cette vérification sera confiée au personnel chargé de faire signer les chèques ou virements. Ces derniers sont fréquemment signés par des membres de l'organisation qui possèdent un niveau d'engagement de la dépense inférieur, compensé par la capacité de signer des chèques d'un fort montant après avoir vérifié le niveau de l'engagement.

La présence d'une culture de *management* est également signalée par le rôle confié à la direction financière au sens large dans l'élaboration et le suivi du budget de l'organisation.

La direction financière et sa composante contrôle de gestion doit être considérée comme « **gardien de la profitabilité prévue** » de l'organisation. À ce titre, un de ses représentants doit être présent dans toute circonstance pouvant aboutir à une modification des dépenses ou des revenus prévus.

Dans le même ordre d'idées, tout projet à long ou court terme, toute modification des conditions de gestion, doit être soumis à la direction financière pour réaliser, suivant les cas, un calcul de la rentabilité du projet (voir le chapitre 13), une analyse des implications au niveau du *cash-flow* (chapitre 14), une analyse des risques ou un calcul d'impact des conséquences d'une décision (chapitre 8).

La direction financière et du contrôle de gestion doit également **participer à l'animation de gestion** au niveau des comités de direction, au moyen notamment de tableaux de bord qui permettent à l'ensemble des *managers* de partager un regard commun sur les résultats de l'organisation (voir chapitre 10).

2.3. Au niveau des relations humaines

La plupart des composantes de la politique de ressources humaines fait partie du système de contrôle de gestion au sens large. C'est le cas notamment des modes de recrutement, de rémunération du personnel, d'intéressement des *managers* et plus généralement de toutes les modalités permettant de récompenser les membres de l'organisation, que ces récompenses soient pécuniaires ou non.

> La reconnaissance par ses pairs est souvent un moyen très puissant d'inciter à la performance. Les chances de progression plus rapide dans l'organigramme de l'entreprise grâce à la reconnaissance de la hiérarchie, en sont un autre.

Les **modes de rémunération** et d'intéressement font partie des règles du jeu qui présentent des risques importants de conséquences non voulues, ce que l'on peut appeler les **effets pervers**, auxquels les contrôleurs de gestion et les responsables des relations humaines doivent porter un regard attentif. On trouvera dans le chapitre sur les tableaux de bord des exemples d'effets pervers.

La définition des **procédures de recrutement** aura également des conséquences sur la qualité générale des personnels, l'ambiance de travail et la culture de l'entreprise. Il s'agit de formaliser la manière dont les responsables hiérarchiques vont se mettre d'accord sur le recrutement de nouvelles personnes, dont chacune va apporter une touche d'évolution à l'ensemble.

Il est préférable en général que de tels choix, qui engagent l'avenir de l'organisation, ne soient pas laissés totalement à l'appréciation du responsable hiérarchique qui aura à encadrer le nouveau venu dans l'organigramme. D'autres responsables pourront utilement apporter un regard représentant l'évolution à plus long terme de la personne à recruter. À l'inverse, il est hors de question de déresponsabiliser le responsable hiérarchique à propos du nouveau venu en lui imposant un choix auquel il s'opposerait.

Une direction des ressources humaines est également le gardien du bon fonctionnement de certaines règles du jeu qui auraient naturellement tendance à ne pas être respectées sans son implication régulière :

- l'existence et l'évolution dans le temps des **définitions de fonction** aux différents niveaux de l'organigramme. Si l'on suppose en effet que la définition de fonction des premières lignes dépendant de la direction générale est de la responsabilité de cette dernière, on demande souvent aux ressources humaines de vérifier que celles des niveaux inférieurs sont bien réalisées ;

- le bon fonctionnement régulier d'un **système d'évaluation des résultats** de l'ensemble des membres du personnel par leur hiérarchie.

3. LES SYSTÈMES INTERACTIFS DE CONTRÔLE

Les idées et concepts ci-dessous ont été développés par le professeur Robert Simons dans son livre *Levers of Control* (voir bibliographie en fin d'ouvrage).

Grâce à un cas qu'il avait rédigé, Codman & Shurtleff, du nom d'une filiale du groupe Johnson & Johnson (voir le chapitre 6), Robert Simons est parti du dilemme qu'ont les dirigeants des très grandes entreprises : à la fois conserver le contrôle de leur organisation et susciter le degré d'autonomie nécessaire pour s'adapter à l'environnement concurrentiel et aux opportunités qu'il peut présenter aux *business units*[1]. Il existe selon lui quatre leviers de contrôle dans les organisations, c'est-à-dire quatre catégories de systèmes de contrôle de gestion :

* les systèmes de valeurs ;
* les systèmes de limitation (ou de frontière, « *boundaries systems* ») ;
* les systèmes de diagnostic ;
* les systèmes interactifs, ou plutôt les systèmes utilisés interactivement par les dirigeants.

Conformément à la plupart des théoriciens américains du *management*, Simons définit les systèmes de contrôle de gestion par leur finalité de mise en œuvre et de contrôle de la stratégie.

3.1. Les systèmes de valeurs

Ce concept appartient au monde des très grandes entreprises, composées d'un grand nombre de *business units* et supervisées par un siège central. Du fait de la complexité croissante de certains secteurs, il est nécessaire de laisser de l'autonomie aux *business units* dans la recherche de nouvelles opportunités, leurs dirigeants étant les mieux placés pour le faire, car proches du terrain et des clients. Des outils classiques purement financiers, comme le ROI (chapitre 7), ne peuvent pas aider à la sélection de nouvelles opportunités.

Il faut donc **communiquer d'une manière formelle les intentions à long terme** afin de donner une direction palpable aux efforts de renouvellement continuel des produits et marchés.

Cela peut se faire par la rédaction de la mission de la *business unit* (*mission statements, credo, statement of purposes, vision*).

---

1. En fait, une grande partie des concepts décrits dans son livre résulte du cas ci-dessus et des réflexions qu'elles ont pu entraîner.

Il s'agit d'inspirer la recherche de nouvelles opportunités, de nouvelles maniè-res de créer de la valeur, en accord avec une certaine permanence autour d'un thème central pour l'unité de gestion.

> Il s'agit d'un système de référence, qui indique des directions plus favorables que d'autres dans la recherche de nouvelles opportunités. Les dirigeants se mettent d'accord à l'avance sur le fait que toute proposition de nouveaux produits ou de nouveaux marchés en accord avec ce système de valeurs sera envisagé favora-blement.

Plus qu'un système de contrôle au sens classique, c'est un outil destiné à ins-pirer, à motiver et à guider l'évolution de la stratégie de la *business unit*.

Dans son livre, Robert Simons indique que ce type de système est une inno-vation relativement récente. Il rapporte qu'au cours d'un séminaire tenu en 1991 à la Harvard Business School, sur 72 participants, 68 indiquaient la pré-sence d'un système définissant la mission de leur entreprise, mais unique-ment six d'entre eux reconnaissaient son existence quinze ans auparavant.

Il rattache la nécessité de tels systèmes à la complexité croissante des produits, à la création de produits à la jointure de technologies différentes, à l'évolution plus rapide des technologies et des processus qui nécessitent de réagir plus rapidement pour saisir des opportunités. Les *managers* et membres du per-sonnel sont également plus éduqués, ils désirent apporter une contribution personnelle à la marche de l'organisation et doivent pour cela bien compren-dre les objectifs et les intentions des dirigeants.

Un tel système ne peut pas être relié au système de motivation et de récom-pense des *managers*.

3.2. Les systèmes de limitation

Cette catégorie de système fonctionne en tandem avec la précédente, elle en est en quelque sorte l'opposé, car plutôt que de spécifier un idéal positif, elle précise les territoires sur lesquels les *managers* ne doivent pas s'aventurer dans leur recherche de nouvelles opportunités d'activités acceptables.

> Tout nouveau projet n'est pas automatiquement valable, il est nécessaire de disposer de critères de rejet minimum. Cela est d'autant plus nécessaire dans les secteurs industriels où les possibilités sont infinies.

Les systèmes de calcul de la rentabilité des nouveaux investissements (chapi-tre 13), qui conditionnent l'acceptation de nouveaux projets à l'obtention d'une rentabilité minimale, font partie de cette catégorie des systèmes de limitation.

Les systèmes de limitation peuvent reposer sur des critères stratégiques, mais certains reposent sur la définition de codes de conduite ou d'éthique.

> **En pratique**
>
> Comme exemple de restriction stratégique, Simons cite le cas de Harold Geneen, de ITT. Après que sa filiale allemande eut remporté un contrat pour développer un système de réservation sur ordinateur pour Air France, et après avoir perdu 10 millions de dollars, il a décidé de stopper tout nouveau développement de la filière ordinateur. Il a dû s'opposer à ses ingénieurs et à ses conseillers financiers pour cela.
>
> Il donne comme deuxième exemple celui de General Electric, dont le patron John Welch Jr. avait décrété que son entreprise devait quitter tout secteur dans lequel il ne pourrait pas acquérir une position de numéro un ou deux.

Simons cite également des exemples de code de conduite, notamment dans le domaine éthique, en signalant que ces derniers sont souvent instaurés après une crise ou des incidents comportant des malversations.

De tels systèmes utilisent la sanction comme moyen de se faire respecter.

3.3. Les systèmes de diagnostic

Cette troisième catégorie englobe tout ce que nous avons pris l'habitude d'appeler traditionnellement des systèmes de contrôle de gestion. On y trouve les systèmes budgétaires classiques, le suivi des centres d'investissement et de profits par le biais du ROI, la mise en place et le suivi de tableaux de bord, etc.

Les développements les plus récents concernent le *balanced scorecard* (BSC) la prise en compte des processus internes et de l'innovation, le suivi de l'introduction de nouveaux produits et le suivi de la qualité et de la satisfaction client.

Ce sont de tels systèmes de gestion qui mettent en œuvre le concept de *management* par exception, en permettant de formaliser la délégation des responsabilités et le besoin d'autonomie des gestionnaires de terrain.

Pour Robert Simons, les systèmes de diagnostic en général comportent trois caractéristiques :

- il est possible de mesurer un résultat ;
- il existe un standard ou une référence auquel comparer le résultat ;
- il est possible d'effectuer des corrections en cas de déviation entre résultat et standard.

La plupart de ces systèmes repose sur une définition implicite ou explicite des variables clefs de performance (ou facteurs clefs de succès).

Historiquement, ces derniers étaient surtout des variables financières (voir le chapitre sur le ROI), mais la tendance récente met davantage l'accent sur des variables non financières (voir le chapitre sur les tableaux de bord).

De tels systèmes permettent de maximiser le « retour sur *management* », en minimisant l'implication des dirigeants dans la gestion quotidienne de leur organisation. Les dirigeants ne sont amenés à investir de leur temps et de leur attention sur ces systèmes qu'en trois types d'occasions :

- dans la négociation des objectifs attribués à leurs subordonnés ;
- dans la réception et l'étude des résultats, *reporting* ou tableaux de bord de façon mensuelle ou trimestrielle ;
- en cas de suivi des perturbations graves, avec une implication personnelle pour retrouver un niveau de performance satisfaisant.

Robert Simons rappelle ces considérations banales en matière de contrôle de gestion :

- la mesure est à la base de ces systèmes ;
- toute variable mesurée reçoit de la part des acteurs une quantité d'attention souvent disproportionnée. Il peut en résulter que l'on obtienne ce qu'on mesure, avec les implications favorables et défavorables que cela peut supposer !

La gestion de la motivation des *managers* est le plus souvent au cœur de tels systèmes qui se trouvent avoir finalement plusieurs objectifs.

En pratique

Un système budgétaire a également pour finalité la coordination, l'allocation des ressources, le fait d'indiquer la nécessité d'actions correctrices en plus de fournir une base pour l'évaluation des performances et pour le calcul d'éventuelles rémunérations variables. Chacune de ces finalités pourrait nécessiter la fixation de standards de performance différents.

En fait, ce que Robert Simons dit de ce qu'il appelle « les systèmes de diagnostic » n'est pas réellement novateur. Mais il est intéressant de le distinguer des trois autres.

3.4. Les systèmes de contrôle interactifs

Son développement le plus novateur, c'est sa définition du quatrième système : le système de contrôle interactif.

> Un système de contrôle interactif est un système dans lequel les dirigeants s'impliquent et qu'ils utilisent de façon prioritaire dans leur manière de *manager* l'organisation qu'ils dirigent. C'est ce qui justifie la présence de ce sujet dans le cadre de ce chapitre sur la culture de *management*.

Dans les secteurs dynamiques (à évolution rapide, où la pression de la concurrence nécessite une adaptation permanente), de nouvelles idées doivent être recherchées à tous les niveaux. Les dirigeants ont besoin de stimuler en permanence la recherche d'opportunités et de susciter de l'innovation pour s'adapter à l'évolution des marchés et de la technologie. Ils ont également besoin de recueillir les signaux faibles qui peuvent indiquer à l'avance d'importants changements auxquels leur entreprise aura à faire face, Ces signaux pourraient facilement être ignorés sans la caisse de résonnance du système interactif.

3.4.1. L'incertitude stratégique

Les systèmes de contrôle de gestion ont comme finalité de susciter une pression sur l'encadrement en vue d'obtenir les résultats recherchés. Cependant **les systèmes de diagnostic** ne peuvent pas faire l'affaire car ils reposent sur **l'hypothèse d'un standard qui peut très bien ne pas être pertinent** (ou ne plus l'être), précisément en raison de la rapidité d'évolution du secteur.

En conséquence, il est nécessaire de compléter la vision traditionnelle du contrôle de gestion en incluant d'une manière ou d'une autre la notion de **risque ou incertitude stratégique**. C'est sur cette notion qu'il convient de s'interroger en permanence, ce qui permet de compléter la notion plus classique de **facteur clef de succès**.

Les différences entre ces deux notions sont présentées dans le tableau ci-après.

La question fondamentale concernant les facteurs clefs de succès est : « Que devons-nous bien faire pour atteindre notre objectif stratégique ? »

La question fondamentale concernant les incertitudes stratégiques est : « Quelles modifications dans nos hypothèses et quelles ruptures dans notre environnement pourraient remettre en cause notre vision pour le futur ? » Les incertitudes stratégiques sont une composante de la stratégie de chaque *business unit,* mais elles ne peuvent être prises en compte qu'à partir du moment où elles apparaissent dans la vision des dirigeants.

Différences entre facteurs clefs de succès et incertitudes stratégique

	Facteurs clefs de succès	Incertitudes stratégiques
Question récurrente	Que devons-nous faire bien pour atteindre nos objectifs stratégiques ?	Quelles modifications d'hypothèse peuvent mettre en danger notre stratégie actuelle ?
Focalisation sur	La mise en œuvre de la stratégie actuelle.	La formation d'une stratégie « émergente ».
Responsables	Les analystes du staff et les managers en charge.	Les dirigeants.
Chercher	La bonne réponse.	La bonne question.

Une telle interrogation ne peut pas se limiter au sommet stratégique de l'entreprise, elle doit intégrer l'ensemble des gestionnaires. Les interrogations typiques qu'ils doivent avoir en tête sont les suivantes : quels sont les changements dans la technologie, dans les préférences et les comportements des clients, dans l'évolution des circuits de distribution, etc.

3.4.2. Caractéristiques des systèmes interactifs de contrôle

Les systèmes interactifs de contrôle qui correspondent à de telles interrogations ne se présentent pas sous une forme unique. Ils dépendent à la fois du secteur et du choix des dirigeants.

En pratique

Quelques exemples de systèmes interactifs de contrôle présentés par Robert Simons :
- le suivi des parts de marché et l'exemple de John Scully chez Pepsi Cola, avec l'utilisation des panels Nielsen ;
- le système budgétaire et son utilisation interactive chez Johnson & Johnson ;
- la gestion de projets dans les entreprises dont c'est la base du *business* ;
- les systèmes de veille stratégique ;
- les systèmes de suivi des compétences en ressources humaines.

Pour Robert Simons, ces systèmes interactifs de contrôle possèdent quatre caractéristiques :
- les informations qu'ils génèrent sont des éléments importants et récurrents des préoccupations des niveaux les plus élevés de la direction ;
- elles sont discutées et interprétées dans des réunions rassemblant différents niveaux hiérarchiques, en face à face ;

- ces systèmes demandent une attention fréquente et régulière de la part des opérationnels à tous les niveaux de l'organisation ;
- ils sont utilisés comme catalyseurs pour débattre en permanence des informations, des hypothèses de fonctionnement et des plans d'actions.

Les conséquences de l'existence de tels systèmes interactifs de contrôle au niveau de la **culture de *management*** de l'entreprise sont les suivants :

- les *managers* subordonnés apprennent vite que ce type d'information peut avoir des conséquences personnelles importantes pour eux ;
- les *managers* sont régulièrement challengés pour expliquer toute modification non prévue de leur *business* ou de leurs plans d'action, ainsi qu'à propos des hypothèses qui sous-tendent leur analyse. Les questions types auxquelles ils doivent s'attendre à répondre sont : « Qu'est-ce qui a changé et pourquoi ? »

Le résultat en est que ce type de système est une source importante pour faire émerger de nouvelles stratégies, en *bottom-up*.

Robert Simons prétend que seuls les dirigeants qui ont une réelle vision stratégique sont en mesure d'utiliser interactivement un tel système de contrôle.

3.4.3. *Des systèmes de récompense subjectifs*

Les systèmes interactifs de contrôle donnent lieu à des **systèmes de récompense particuliers**, qui ne peuvent que rarement dépendre de formules objectives. Ils seront le plus souvent d'ordre subjectif, comme chez Johnson & Johnson.

Le supérieur hiérarchique qui aura à évaluer le *manager* devra surtout tenir compte de la qualité de ses contributions dans l'évaluation des situations qu'il aura eu à gérer et dans la manière dont il les aura traitées. Compte tenu du caractère éminemment changeant de l'environnement dans ces secteurs dynamiques, il ne serait pas juste de fonder la rémunération variable ou tout autre système de récompense sur les résultats obtenus. C'est là que les systèmes interactifs de contrôle s'écartent le plus des systèmes traditionnels de contrôle de gestion.

> Un système de récompense subjectif permet de **reconnaître des comportements innovants** qu'il serait difficile, sinon impossible, de spécifier à l'avance.

La créativité est ce que l'on cherche à reconnaître. En récompensant les contributions plus que les résultats, l'organisation **stimule l'apprentissage partagé** en encourageant les échanges d'informations, les propositions de nouveaux plans d'action et les partages d'évaluation en ce qui concerne l'évolution de l'environnement.

De plus, un système de récompense subjectif **incite les acteurs à rendre leurs efforts visibles** à leurs supérieurs hiérarchiques. Cela implique la communication d'informations sur les **problèmes et opportunités que l'on rencontre** et sur les plans d'action envisagés. Cela contribue à montrer les efforts et les contributions de chacun, tout en améliorant l'apprentissage des différents niveaux hiérarchiques.

Un tel système suppose que les supérieurs hiérarchiques possèdent une connaissance suffisante de l'environnement sectoriel, du contexte décisionnel, des alternatives et des conséquences des actions non prises. Cette situation ne peut être obtenue qu'en faisant progresser les *managers* de l'intérieur ou en recrutant de l'extérieur des *managers* qui ont une profonde connaissance du secteur d'activité.

Ces développements complètent l'exemple de Codman & Shurtleff du chapitre 6 en faisant mieux comprendre les raisons de son système de gestion.

3.4.4. De la simplicité

Robert Simons précise également que pour être utilisé interactivement, un système de contrôle doit être suffisamment simple pour être utilisé directement par les *managers*. Il ne faut pas que des contrôleurs de gestion ou d'autres représentants du « staff » soient rendus nécessaires, en raison d'une trop grande complexité.

Les contrôleurs de gestion doivent être utilisés comme des facilitateurs dans l'utilisation du système, en collectant et en mettant en forme les informations, et en aidant à organiser les réunions au cours desquelles les *managers* débattront et discuteront de plans d'action. Le fonctionnement du système de contrôle interactif est une tâche délicate, à fort contenu comportemental. Les compétences nécessaires sont clairement celles d'un *manager* et non celles d'un contrôleur de gestion.

En pratique

Voici un exemple donné par Simons : « J'essaye d'être l'avocat du diable, en cherchant les problèmes et en étant suspicieux... C'est la raison pour laquelle il est important d'avoir des discussions en face à face. Je peux demander à un jeune responsable des coûts d'une partie d'un projet, en le regardant droit dans les yeux, alors qu'il se trouve à côté de son *boss* : est-ce qu'on peut économiser 300 000 $ sur ce travail ? Je peux lire la réponse dans ses yeux. »

Cet exemple montre clairement qu'il **s'agit davantage de *management* que de contrôle de gestion.**

3.4.5. Les systèmes de planification stratégique ne peuvent être interactifs

Finalement Robert Simons ajoute que les systèmes de planification stratégique ne peuvent jamais tenir lieu de système interactif de contrôle :

- d'abord parce qu'ils sont rarement utilisés dans l'ensemble de l'entreprise, de haut en bas de la pyramide organisationnelle ;
- ensuite parce que la planification stratégique, pour reprendre la terminologie de Henry Mintzberg, est un système de mise en œuvre de la stratégie existante et non pas un système de formulation de nouvelles stratégies. De nouvelles initiatives stratégiques se développent interactivement, par exemple grâce à des systèmes de contrôle interactif, et non pas dans le cadre d'une planification stratégique.

SYNTHÈSE

La fonction contrôle de gestion est une fonction de direction générale et elle est d'abord l'affaire du ou des dirigeants. Elle est davantage une discipline comportementale que purement technique, dépendant de règles du jeu qui ne peuvent être définies que par le seul à pouvoir les faire appliquer : le dirigeant.

La qualité globale de la fonction contrôle de gestion va reposer sur la qualité des règles du jeu de l'ensemble des « systèmes » de l'organisation : le mode de structuration de l'entreprise, la politique de ressources humaines, les procédures financières, la culture d'entreprise, le style de *management* de l'équipe dirigeante, le mode de participation des *managers* à la prise de décision et à l'élaboration de la stratégie, etc.

Au niveau de la direction générale, il est important de mettre en place une logique de délégation des responsabilités, une formalisation des objectifs et d'imposer une bonne organisation des réunions de direction. Il faut que l'examen des résultats (suivi du budget, tableaux de bord, etc.) soit utilisé comme un outil de *management*. Cette utilisation de ce que Robert Simons appelle « système de diagnostic », permet de maximiser le « retour sur *management* », grâce à une gestion par exception.

La direction financière doit mettre en place une procédure d'autorisation de dépenses et être la seule à jouer un rôle dans la production des chiffres crédibles de l'organisation.

Au niveau de la direction des ressources humaines, pratiquement toutes les politiques ont une influence à un degré ou à un autre sur la qualité du contrôle de gestion. Les modes de rémunération et d'intéressement et les règles qui président à la promotion dans la hiérarchie ne présentent que les aspects les plus visibles de cette influence.

Les idées de Robert Simons sont conformes au thème de ce chapitre consacré à l'importance pour le contrôle de gestion des bonnes pratiques de *management*. Il distingue des traditionnels « systèmes de diagnostic » (ce que nous avons l'habitude d'appeler contrôle de gestion), les développements plus récents concernant les systèmes de valeur qui se présentent le plus souvent sous la forme d'une déclaration de la mission *(mission statement)*, la catégorie des systèmes de limite (les règles concernant les opportunités ou projets qu'il convient d'éviter stratégiquement), et celle des systèmes interactifs de contrôle.

Ce sont les idées concernant cette dernière catégorie qui semblent les plus novatrices. Robert Simons les réserve surtout aux entreprises des secteurs industriels dynamiques, c'est-à-dire ceux où la pression de la concurrence nécessite une adaptation permanente à des conditions changeantes.

Un système interactif de contrôle est un système dans lequel le dirigeant s'implique et qu'il utilise de façon prioritaire dans sa manière de *manager* l'organisation, en mettant l'accent sur les incertitudes stratégiques, c'est-à-dire les modifications d'hypothèse concernant l'environnement, qui peuvent mettre en danger la stratégie actuelle.

TEST DE CONNAISSANCES

Q1 – Le contrôle de gestion…

1 – est l'affaire des seuls contrôleurs de gestion.
2 – est influencé par le style de *management* de l'actuelle direction générale.
3 – ne doit pas s'occuper des règles et procédures des ressources humaines.
4 – est l'outil de la direction financière.

Q2 – Le « retour sur *management* »…

1 – est un ratio financier.
2 – consiste à revenir se préoccuper des « concepts fondamentaux » de ce qu'est le *management*.
3 – est corrélatif à la gestion par exception.
4 – est une manière d'organiser le *feed back* des salariés sur leurs *managers*.

Q3 – Quand un *manager* ne « joue pas le jeu » en ne respectant pas les procédures de contrôle de gestion…

1 – le contrôleur de gestion doit le convaincre de jouer le jeu.
2 – le contrôleur de gestion peut lui envoyer un blâme.
3 – le contrôleur de gestion ne peut qu'aller pleurer dans le bureau de son supérieur hiérarchique.
4 – le contrôleur peut lui couper ses moyens budgétaires pour lui faire comprendre de coopérer.

Q4 – Une procédure d'autorisation de dépenses…

1 – définit la succession des événements aboutissant à une commande et à son règlement.
2 – définit le niveau hiérarchique autorisant chaque niveau de dépense.
3 – définit le nombre de signataires nécessaire pour signer un chèque suivant le niveau de la dépense.
4 – est une composante du système de contrôle de gestion au sens large.

Q5 – La question : « Avez-vous validé ces chiffres avec le contrôle de gestion ? » montre…

1 – le désintérêt pour le financier de la part des dirigeants.
2 – la bonne connaissance des impératifs de gestion de la part des dirigeants.
3 – la méfiance à l'égard de celui qui présente des chiffres pour faire accepter un projet.
4 – le manque de connaissances financières des dirigeants.

Q6 – Une procédure de calcul de la rentabilité des investissements et des projets fait partie…

1 – du système de valeurs de l'entreprise.
2 – du système de limites de l'entreprise.
3 – du système de diagnostic de l'entreprise.
4 – du système de contrôle interactif de l'entreprise.

…/…

Q7 – Les systèmes interactifs de contrôle…

1 – font partie de la panoplie des contrôleurs de gestion.

2 – permettent de faire dépendre la rémunération des *managers* de l'atteinte par eux des résultats.

3 – sont une technique de négociation des objectifs entre chaque *manager* et son hiérarchique.

4 – suscitent des réunions en face à face entre des représentants de niveau hiérarchique différents.

Q8 – Les systèmes interactifs de contrôle…

1 – suscitent des réunions dont la première question est : « Avez-vous atteint vos objectifs ? »

2 – reposent sur le concept de « facteur clef de succès ».

3 – sont surtout nécessaires dans les secteurs à forte pression concurrentielle et conditions changeantes.

4 – comprennent les systèmes de planification stratégique.

Q9 – Les systèmes de diagnostic…

1 – comprennent les budgets et leur suivi.

2 – comprennent les tableaux de bord et leur suivi.

3 – comprennent les procédures de calcul de la rentabilité des investissements.

4 – permettent de maximiser le « retour sur *management* ».

Q10 – Un effet pervers dans un système de gestion…

1 – doit conduire à faire appel au comité d'éthique.

2 – consiste à obtenir un résultat non recherché par les concepteurs du système.

3 – est le résultat de la méchanceté des dirigeants.

4 – consiste à obtenir un résultat opposé à ce qui était recherché par les concepteurs du système.

Réponses du test :

Q1 : 2 – Q2 : 3 – Q3 : 1 (et 4 !) – Q4 : tous – Q5 : 2 – Q6 : 2 et parfois 4 – Q7 : 4 – Q8 : 3 – Q9 : 1, 2 et 4 – Q10 : 4.

Chapitre 21

Savoir-être du contrôleur
de gestion

Nathalie Kacher

- Prendre la mesure de la mission du contrôleur de gestion.
- Faire des chiffres de vrais outils de pilotage.
- Mobiliser les acteurs de l'entreprise autour du processus de gestion.

Nous l'avons vu, le contrôleur de gestion ne « contrôle » rien...

Et pourtant, ce que l'on perçoit de sa mission est souvent plus proche de celle du contrôleur de la SNCF ou du contrôleur des impôts : quelqu'un qui est mandaté par la direction pour « pointer du doigt », à travers les chiffres qu'il manipule, ce qui va et surtout ce qui ne va pas dans l'entreprise et lui fait potentiellement perdre de l'argent.

Aussi n'est-il pas toujours bien vu : on s'en méfie, on hésite à lui communiquer certaines informations, on a l'impression qu'il n'est pas tout à fait du même « bord ». Son attitude peut bien sûr y contribuer mais dans bien des cas, son rôle est surtout méconnu et donc mal compris.

Comme nous l'avons expliqué à plusieurs reprises, le contrôle de gestion de l'entreprise n'appartient pas au contrôleur de gestion mais à ceux qui, au quotidien, prennent des décisions et organisent les opérations, le rôle de ce dernier étant de leur fournir des outils d'aide à la décision et de suivi adéquats.

Il n'est donc pas tout à fait celui que l'on croit : un partenaire des acteurs de l'entreprise plutôt qu'un contrôleur de leurs actions. Être reconnu comme tel ne va pourtant pas de soi, même quand on a troqué son titre contre celui de « *business partner* ». Nous allons voir dans ce chapitre comment il peut mieux faire valoir la portée de sa mission.

1. PRENDRE LA MESURE DE SA MISSION

Compte tenu de l'ambiguïté apparente de sa mission, il est essentiel pour tout contrôleur de gestion de la **clarifier** dès sa prise de fonction, afin de s'assurer que la vision qu'il en a est en phase avec les attentes de son *management* et d'asseoir sa légitimité auprès de ses interlocuteurs.

1.1. Faire clarifier la mission déléguée par la direction

La définition de fonction d'un contrôleur de gestion est à peu près transposable d'une entreprise à l'autre : le descriptif qu'en font les offres d'emploi en témoigne. Pourtant, il suffit d'écouter les contrôleurs de gestion parler de leur métier pour se rendre compte qu'il n'en existe pas une seule et même définition.

Il y a d'abord des **spécificités** liées :

- à la **place** du contrôleur de gestion dans l'organisation (la maîtrise des flux logistiques et du calcul des coûts de revient est un exemple de compétence spécifique au contrôleur de gestion industriel) ;
- à la **taille** de l'organisation (dans une PME, le contrôleur de gestion peut être aussi responsable financier) ;
- ou à ses **objectifs** (dans un organisme public, le contrôleur de gestion est garant de l'application des procédures tout autant que du respect des budgets) ;

Mais ce ne sont pas tant ces spécificités qui font la différence, que ce que **le management en attend**, et qui n'est pas toujours explicite dans la description de fonction du contrôleur de gestion.

En pratique

Ainsi, dans cet organisme public, deux contrôleurs de gestion travaillant pour deux délégations régionales prennent conscience un jour qu'ils ne font pas le même métier :

- le premier a déjà mis en place beaucoup d'indicateurs et collabore avec les opérationnels au pilotage des activités ;
- le second a reçu pour mission de « mettre en place un contrôle de gestion » mais ne parvient pas à faire énoncer par la direction ce qu'elle attend et n'est pas autorisé par celle-ci à partager ses données avec d'autres personnes.
- Bien que les objectifs des deux délégations soient les mêmes, la mission de ce dernier se révèle plus difficile, en raison du **manque d'implication** de la direction dans sa mise en place.

Sans possibilité de **cerner ses objectifs**, le contrôleur de gestion ne sait pas quels **outils** développer en priorité. Il n'est pas non plus en mesure de communiquer sur ces objectifs auprès d'autres personnes pour collecter des informations ou en faire l'analyse. Il travaille donc **seul** à la production de données dont il ne mesure pas l'utilité pour son organisation, ce qui au quotidien et à la longue n'est pas très motivant…

La mission du contrôleur de gestion n'est pas universelle. Ses priorités découlent de ce que la direction en attend :

- des chiffres réguliers pour rendre des comptes aux actionnaires ?
- des tableaux de *reporting* pour suivre les résultats de chacun des secteurs de l'entreprise ?
- des outils pour aider les opérationnels à mieux piloter leur activité ?
- des procédures pour mieux contrôler les opérations dans l'entreprise ?

Ces attentes déterminent la manière dont le contrôleur de gestion va travailler :

- le temps qu'il va passer à produire des données ;
- les informations auxquelles il a accès (orientations stratégiques, objectifs d'entreprise, etc.) ;
- l'autonomie dont il dispose pour organiser le processus de gestion ;
- et la relation de collaboration qu'il va pouvoir développer avec les responsables.

Le contrôleur de gestion ne doit pas hésiter à **faire clarifier les attentes de la direction** quant à son rôle et à ses méthodes de travail, car c'est ce qui lui permet de donner de bonnes orientations à son travail et d'intervenir en toute légitimité auprès des autres acteurs de l'entreprise.

La clarification des attentes de la direction lui permettra en outre de cerner une absence ou une divergence potentielle de point de vue quant au sens de sa mission, qui peut être au contraire démotivante, source de conflit et de frustration. Si celle-ci persiste et ne peut être résolue, il est parfois préférable que le contrôleur de gestion quitte l'entreprise.

1.2. Cerner l'état d'esprit du contrôle de gestion

Au-delà de ce qui est énoncé dans sa description de fonction ou dans ses objectifs, ce qui importe également est l'état d'esprit dans lequel il est censé conduire sa mission et la posture qu'il doit adopter à l'égard de ses interlocuteurs. Certes, il a en général sa propre idée sur la question, mais il doit se rendre à l'évidence : le « rôle qu'il va jouer » dans l'entreprise est nécessairement lié à la vision de son *management*.

En pratique

Dans cette multinationale, par exemple, les attributions des contrôleurs de gestion sont partagées entre :
- les contrôleurs de gestion, qui ont en charge la consolidation des résultats des différentes filiales ;
- et les *business partners*, qui assistent les opérationnels dans le suivi de leurs performances et l'évaluation de leurs décisions.

Les choses sont claires, affirme-t-on, les *business partners* ne sont pas des contrôleurs de gestion. En revanche, on reproche aux « vrais » contrôleurs de gestion de ne pas être suffisamment des *business partners* !

Quand on apprend que ces derniers ont pour mission « d'extorquer des informations aux filiales » ou de « leur faire passer la pilule des décisions de la direction », on comprend assez vite pourquoi…

Le positionnement des contrôleurs de gestion comme contrôleurs de chiffres montre ici ses limites : le **contrôle** et la **méfiance** sont incompatibles avec la **transparence** et le **partenariat**.

La gestion d'une entreprise génère inévitablement des **tensions** à tout niveau : la volonté d'obtenir plus de ses collaborateurs pour la hiérarchie, et le souci de « préserver ses arrières » pour ceux à qui ont été délégués des objectifs et qui un jour doivent rendre des comptes. Quand elles deviennent excessives, ces tensions bloquent la circulation de l'information, donc la dynamique de gestion de l'entreprise. Elles rendent aussi le travail du contrôleur de gestion particulièrement difficile.

1.3. Prendre du recul par rapport au contrôle de gestion et à ses interlocuteurs

La position du contrôleur de gestion peut paraître ambiguë et difficile à tenir. On le voit souvent « sous pression ». Il doit tout à la fois :

- être porte-parole des objectifs de la direction, aussi impopulaires soient-ils ;
- être garant de l'information de gestion et de sa bonne circulation ;
- être partenaire des acteurs de terrain dans le pilotage de leurs activités ;
- tout en gardant le cap des différentes échéances à tenir, même s'il est bien souvent le dernier « maillon » de la chaîne avant la présentation à la direction…

Sa position est plus confortable s'il sait rester à sa place et, ce qui peut paraître paradoxal, s'il sait prendre du recul par rapport au dispositif de contrôle de gestion et à ses différents interlocuteurs.

Être **porte-parole** des objectifs de la direction et accompagner leur mise en œuvre n'oblige pas le contrôleur de gestion **à prendre position** par rapport aux décisions prises ni à choisir son camp :

- **ni pour la direction,** en se montrant supérieur, arrogant et empressant dans ses demandes auprès des opérationnels, comme si la direction lui avait aussi délégué son autorité ;
- **ni pour les opérationnels,** en « s'excusant de s'excuser » de demander une nouvelle fois des chiffres de dépenses à la baisse et de leur faire perdre du temps et en acceptant finalement de faire le travail à leur place…

Quelles que soient les pressions exercées par ses interlocuteurs, le contrôleur de gestion doit rester dans son rôle de **facilitateur.**

Communiquer auprès des opérationnels sur les objectifs de l'entreprise ne signifie pas endosser la paternité des choix faits par la direction, encore moins « aller au front » à sa place.

En revanche, il faut que le contrôleur de gestion soit en mesure d'en **expliquer les enjeux** et la portée, pour être **convaincant** et présenter ces objectifs comme **non négociables.** Car la **visibilité** qu'il peut donner aux opérationnels facilite leur **adhésion,** donc la déclinaison des objectifs en plans d'action efficaces.

La responsabilité du contrôleur de gestion consiste donc à **poser les bonnes questions** auprès de la direction : à **faire clarifier les objectifs** et **valider les messages** destinés aux opérationnels sur l'environnement de l'entreprise, ses risques, ses opportunités et les choix du *management.*

Pour la même raison, il est important que le contrôleur de gestion ose questionner la **finalité** des données qu'il est amené à produire pour le compte de la direction, car c'est ce qui peut l'aider à cerner rapidement les informations nécessaires, à poser les bonnes questions auprès des bons interlocuteurs et à s'acquitter de son travail de *reporting* avec le plus de pertinence possible.

Produire des chiffres et en faire l'analyse ne donne pas le droit au contrôleur de gestion de porter des jugements sur la performance des opérationnels.

Il doit savoir jouer son rôle d'alerte avec **tact** et **diplomatie**, afin d'inciter ses interlocuteurs à regarder les chiffres non comme des instruments d'évaluation mais comme des outils de pilotage de leur activité.

Quand les résultats ne sont pas satisfaisants, leurs destinataires peuvent être tentés de remettre en cause la fiabilité des chiffres ou la pertinence des indicateurs, pour éviter de regarder les chiffres en face et ainsi gagner du temps.

Si le contrôleur de gestion doit **se montrer neutre** dans la manière de présenter les résultats, il ne doit en revanche pas se laisser déstabiliser par ses interlocuteurs, en réaffirmant la **cohérence** des chiffres et en faisant preuve de **ténacité** dans la collecte des informations comme dans le choix des bons indicateurs. C'est à cette condition qu'il peut garantir la **pertinence** et l'**efficacité** du système de contrôle de gestion de l'entreprise.

Réaliser des simulations et formuler des recommandations ne veut pas dire décider à la place des opérationnels ce qui doit être fait, mais leur donner les moyens de prendre les bonnes décisions.

La responsabilité du contrôleur de gestion consiste uniquement à veiller à ce que les opérationnels **disposent des bonnes informations**. Dans le cas contraire, il prend le risque de devoir **assumer la responsabilité** des décisions prises et de devoir justifier leur impact plus ou moins favorable !

Dans chacune de ses missions, le contrôleur de gestion agit comme une **courroie de transmission** entre les différents acteurs de l'entreprise. Pourtant, quand il demande aux opérationnels de travailler sur leur budget ou de réaliser un suivi des temps pour alimenter des indicateurs, ces derniers se montrent parfois déconcertés et avouent un jour entre deux portes qu'ils ne comprennent pas pourquoi ils doivent passer autant de temps à « travailler pour la finance »…

Pour que leur **implication** prenne du sens, il est important qu'ils en cernent tout l'**intérêt** dans le **pilotage** de leur activité et de l'entreprise dans son ensemble. Pour ce faire, le contrôleur de gestion doit leur donner de la **visibilité** au-delà des « tâches » du budget et du *reporting* sur le fonctionnement du **processus de gestion** et le rôle des différents **outils**.

1.4. Donner de la visibilité sur le processus de gestion

Comparer la vie de l'entreprise à une course au large suffit à expliquer simplement que la gestion consiste à montrer qu'une entreprise ne va nulle part :

- si elle ne sait pas où aller ;
- si elle n'a pas réfléchi aux trajectoires possibles ;
- si elle ne peut s'assurer périodiquement qu'elle est sur la bonne trajectoire afin, si nécessaire, de changer de cap.

En résumé, il n'y a pas de gestion sans contrôle de gestion, tout cela n'est pas seulement une affaire de financiers ou la responsabilité de la direction mais bel et bien l'affaire de tous : du capitaine du bateau, du barreur comme des équipiers, conformément au vieil adage : « Nous sommes tous dans le même bateau. »

C'est en parlant de **contrôle de gestion** et non de lui-même que le contrôleur de gestion peut aussi expliquer le sens de chacune de ses démarches et faire comprendre à ses interlocuteurs **qui il est** : un interlocuteur, un partenaire, un facilitateur, un coordinateur. Et surtout **ce qu'il n'est pas** : l'œil de Moscou, un inquisiteur, un inspecteur des travaux finis, un empêcheur de tourner en rond.

Ainsi, chaque fois que le contrôleur de gestion est porteur d'un **projet** pour lequel il sollicite des interlocuteurs : construire le budget, cadrer les dépenses du mois ou identifier des sources d'économies, il doit **parler « contrôle de gestion »**.

Avant de parler de ce qu'il y a « à faire », il doit expliquer :

- pourquoi ce travail est nécessaire : ses **enjeux** ;
- ce qu'il va apporter en termes de gestion de l'entreprise : sa **valeur ajoutée** ;
- le **contexte** de la demande : qui en est à l'origine, quelles sont les **échéances** ;
- **comment** il va se dérouler : quels sont les principaux **jalons** et qui sont les **personnes impliquées**, afin de les rassurer sur les raisons pour lesquelles il les sollicite, éveiller leur **intérêt** pour le projet et **valoriser** leur contribution.

Dans le *rush* des échéances ou dans la routine quotidienne, le contrôleur de gestion peut avoir tendance à oublier cette étape et aller droit au but : demander à ses interlocuteurs de « rendre leur copie » au plus vite pour que lui-même puisse tenir ses délais. Cela peut avoir l'effet contraire à celui attendu : comme les personnes sollicitées ne voient aucun intérêt à produire les informations demandées, ce n'est pas leur priorité ; elles peuvent se montrer indisponibles, en différer la communication ou rendre un travail qui n'est pas abouti.

Pour faire en sorte que les gestionnaires de l'entreprise que sont le responsable de production ou le chef de produit soient acteurs du processus de gestion et s'approprient les données qu'il met à leur disposition, il doit aussi veiller à les mettre à leur portée.

2. Être garant de la pertinence de l'information ou... faire parler les chiffres

C'est un fait, le contrôleur de gestion manipule beaucoup de chiffres quotidiennement, mais il doit prendre conscience que les chiffres n'ont de valeur aux yeux de ses interlocuteurs que s'il leur est possible de faire le lien avec les opérations dont ils ont la responsabilité et peuvent les aider à mieux les gérer. Dans le cas contraire, le contrôleur de gestion travaille beaucoup, certes, mais potentiellement à fonds perdus.

2.1. Confronter les chiffres avec la réalité des opérations

Les contrôleurs de gestion évoquent souvent le fait qu'ils sont dépassés par le volume d'informations à traiter. Cela est d'autant plus vrai que l'organisation est complexe et peut le rester même quand l'entreprise dispose de systèmes d'information performants... disons plutôt de « systèmes informatiques puissants ».

Dans une PME, l'accès à l'information peut sembler plus difficile en l'absence d'outils informatiques. Dans une grande entreprise, où l'on dispose d'un des ERP les plus innovants du marché, on se rend compte qu'il n'est pas aussi simple qu'il y paraît, car il faut savoir trouver dans la multitude d'informations à sa disposition celles dont on a besoin.

> Disposer d'informations de gestion pertinentes, ce n'est pas produire le maximum d'informations disponibles, c'est choisir celles qui seront les plus à même de mesurer la performance des opérations de l'entreprise et d'aider les responsables dans leur pilotage.

Pour les producteurs d'information que sont les contrôleurs de gestion, il s'agira d'être en mesure de faire le lien entre les chiffres – qu'ils soient d'ordre financier ou technique – et les opérations : **faire parler les chiffres**.

Le recrutement de plus en plus fréquent, dans les fonctions de contrôleurs de gestion, de personnes avec un profil plus « opérationnel », ayant une expérience significative dans le domaine de l'informatique, de la logistique ou de la qualité montre bien que la maîtrise des techniques comptables et financières ne peut suffire à l'exercice de ce métier et que la compréhension du **métier** de l'entreprise, de ses **enjeux**, des **processus** clefs et des **flux d'information**, est tout aussi importante.

Si cette vision transverse des opérations n'a pas été acquise par une autre expérience professionnelle, elle peut – doit même – se construire grâce à une démarche plus ou moins formelle, **d'observation et d'écoute** :

- par des visites de site (notamment pour les contrôleurs de gestion « siège ») ;
- en accompagnant les opérateurs en production ou les commerciaux sur le terrain ;
- en écoutant les opérationnels parler de leur métier ;
- en participant aux réunions de la production ou du commercial, en tant qu'auditeur libre ;
- en se rapprochant d'autres fonctions transversales comme l'assurance-qualité, qui, même si elles n'ont pas les mêmes objectifs, ont les mêmes approches d'analyse ;
- et aussi en prenant de temps à autre une pause à la machine à café avec le service maintenance…

Cette démarche prend du temps, mais elle n'en fait pas perdre, bien au contraire, car elle permet au contrôleur de gestion d'aller rapidement à l'essentiel, au-delà des chiffres, et d'avoir un regard critique sur les informations produites.

2.2. Impliquer les opérationnels dans la production et l'analyse des informations de gestion

Échanger avec les opérationnels sur leur métier et des problématiques qu'ils rencontrent est aussi l'occasion de les sensibiliser à l'impact économique de leurs actions et aux enjeux financiers de l'entreprise.

2.2.1. La construction des budgets

Lors de la construction des budgets, le contrôleur de gestion doit montrer aux responsables que l'exercice est opérationnel avant d'être financier : il ne s'agit pas de compléter un tableau de chiffres, mais d'abord de mener une réflexion sur la manière dont les objectifs vont être atteints, sur les plans d'action à mener ou l'organisation à mettre en place.

La discussion budgétaire avec le *marketing* portera sur les opérations prévues au plan *marketing* et la portée attendue plutôt que sur le montant de chaque ligne budgétaire.

Cette approche les rassure, surtout s'ils ne sont pas à l'aise avec les chiffres. Elle a aussi l'avantage de **préparer la discussion** avec leur hiérarchie car s'ils ont évalué les moyens nécessaires pour atteindre leurs objectifs avant d'en chiffrer le coût, ils pourront montrer l'impact potentiel d'une réduction budgétaire sur les opérations. Quant au contrôleur de gestion, ces échanges le préparent à participer activement aux discussions d'arbitrage.

2.2.2. La clôture des comptes

Au moment de la clôture des comptes, pour valider la pertinence des chiffres issus de la comptabilité, le contrôleur de gestion a intérêt à **confronter** les données **comptables** avec d'autres sources d'information **extracomptables** (feuilles des ventes ou suivis de production) et ne doit pas non plus hésiter à faire appel au point de vue de l'opérationnel, qui saura dire s'il y a eu un incident sur la chaîne de production ou une opération de maintenance imprévue.

> **Solliciter un opérationnel** n'est pas un aveu de faiblesse ou d'ignorance. C'est tout simplement admettre que la comptabilité n'est pas une source de vérité, mais une base de données qui tire sa pertinence de sa **confrontation avec le réel**.
>
> C'est aussi reconnaître pour les contrôleurs de gestion qu'ils ne peuvent travailler seuls à la production des informations de gestion.

Attention bien sûr au **ton** et à la **forme** : s'informer sur les opérations ne doit pas être l'occasion de demander à l'opérationnel de « se justifier », car c'est bien évidemment souvent mal vécu et ne l'incite pas à partager les informations dont il dispose !

Encore une fois, cette démarche peut être perçue comme consommatrice de temps mais les réponses qu'elles apportent en font gagner au moment de l'analyse des écarts et de la présentation des résultats à la direction. Quand les clôtures ont lieu tous les mois, ces échanges peuvent être aisément planifiés pour être encore plus efficaces.

> Parler des chiffres avec les opérationnels, c'est aussi leur donner les moyens de **mesurer l'impact de certains dysfonctionnements** et d'envisager un **plan d'action** pour les corriger.

Sous la pression des échéances, les contrôleurs de gestion oublient parfois que les informations produites chaque mois n'ont pas seulement vocation à alimenter le *reporting* et à « justifier » des écarts, mais à **orienter les actions** des opérationnels dans le **pilotage de leurs activités**.

Il ne suffit pas d'exprimer les données sous forme de pourcentages de variations, par rapport au budget ou à l'année précédente, ou sous forme de ratios, ni même d'en faire une représentation graphique. Les informations ne prennent vraiment du sens que si l'on met le jargon financier **à la portée des destinataires** de l'information et si l'on parle de **ce qu'ils connaissent**.

En pratique

Quelques possibilités :
- exprimer une surconsommation matières en volumes ou en pourcentage plutôt qu'en euros ;
- se replacer dans le cadre de l'atelier de production : parler de la surconsommation du solvant X sur le produit Y et questionner l'impact de la passe supplémentaire sur la centrifugeuse CZ412 ;
- préciser ce que recouvre le chiffre de vente pour le rattacher à l'action des commerciaux : des commandes ? des livraisons ? des factures ? des règlements ?
- traduire le BFR en nombre de jours de stocks ou de règlement clients.

2.3. Mettre le jargon financier à la portée de tous

Parler « contrôle de gestion » amène aussi à parler un jour ou l'autre d'écritures comptables, d'axes analytiques, ou d'Ebitda. Cela n'est pas possible si le contrôleur de gestion n'a pas pris le temps auparavant d'**expliquer en termes simples** comment se mesure l'impact économique des opérations conduites dans l'entreprise.

En formation, les collaborateurs des entreprises viennent pour comprendre les mécanismes financiers, mais aussi parfois tout simplement pour « décrypter » ce dont leur parle le contrôleur de gestion. Ils ont demandé quelques explications à leur *manager*, qui n'a pas été plus à même de les leur donner. Plus surprenant encore : personne autour de la table du comité de direction n'ose dire qu'il ne comprend pas !

Il est essentiel que le contrôleur de gestion s'assure qu'il soit bien compris et qu'il montre que le chiffre d'affaires, le résultat d'exploitation ou le BFR ne sont pas seulement des données financières à l'usage des financiers ou de la direction, mais bel et bien des indicateurs de la dynamique de l'entreprise et par là même de sa santé.

Certes, les termes financiers ne sont pas toujours explicites (pas plus que certains termes techniques d'ailleurs). Ils le deviennent quand on les traduit en termes simples.

Le compte de résultat sera présenté comme la « transcription économique de la vie de l'entreprise », le BFR comme « l'avance de trésorerie nécessaire pour payer les achats de l'entreprise en attendant que les clients payent eux-mêmes ce qu'ils doivent ».

On autorise par là même les opérationnels à mettre ces données en cohérence avec ce qu'ils connaissent des opérations et à comprendre comment la manière dont ils gèrent les opérations influe sur la situation financière de l'entreprise.

2.4. Organiser le partage de l'information… pour mieux faire face aux échéances

Expliquer, former, s'informer. Tous les contrôleurs de gestion vous diront que cela prend du temps et que, dans bien des cas, leur charge de travail ne leur permet pas de prendre ce temps-là, même s'ils sont convaincus que c'est la bonne façon de procéder. Ils font ce qu'ils peuvent, ils parent au plus pressé et s'attachent surtout à tenir les échéances imposées par des délais de clôture toujours plus courts, les nouvelles demandes de leur hiérarchie et le calendrier de mise en place du nouveau système d'information

Mais poussons le raisonnement un peu plus loin : comment imaginer qu'un contrôleur de gestion puisse élaborer seul les budgets de son entreprise ou réaliser des arbitrages, quand une réduction de ressources est imposée par la direction, sans solliciter les responsables des départements concernés ? Même s'ils rendent leur copie à temps, quelle valeur peut-on attribuer aux « chiffres produits » ?

Le risque est grand qu'ils soient **déconnectés** des opérations, ne soient pas tout à fait **réalistes** et surtout **s'imposent** aux opérationnels, sans leur donner l'opportunité **d'identifier les leviers** permettant de les atteindre et qu'ils considèrent finalement le budget comme un exercice financier pour les financiers.

Allonger les délais, se donner plus de temps ? Là n'est pas le propos. Les contrôleurs de gestion doivent être réactifs et respecter, voire réduire les délais de production de l'information. Mais il est illusoire de croire que cette contrainte de temps les oblige à travailler seuls bien au contraire. **Cette contrainte de temps doit être une contrainte d'organisation !**

> Le processus de gestion est un processus à la fois cyclique et continu ; certaines de ses étapes comme le *business plan*, le budget ou les clôtures mensuelles sont à la fois répétitives et connectées entre elles. Leur réalisation mérite donc d'être planifiée et standardisée, pour gagner en efficacité.

Il s'agit ici notamment :

- de faire en sorte que **le budget ou les reprévisions** ne soient qu'une occasion de revue des hypothèses clefs et s'effectuent en cohérence les uns avec les autres ;
- d'**anticiper les échéances annuelles** sans attendre les consignes du *management* et d'en informer bien en amont les personnes concernées, afin qu'elles aient le temps d'organiser leur propre réflexion et de collecter les informations nécessaires ;
- de **standardiser** les processus comme celui du *reporting,* afin de fluidifier la circulation des informations : identifier les informations nécessaires, les personnes concernées par la production ou l'analyse de ces données et définir avec elles le cadre de production de ces informations : rendez-vous, format…

Organiser le partage des informations est ce qui permet indéniablement au contrôleur de gestion de prendre du recul par rapport à la production de l'information : de gagner en visibilité sur les opérations, d'acquérir la vision critique que l'on attend de lui et ainsi d'être plus réactif dans la réponse aux questions du *management* ou des responsables.

3. MOBILISER LES ACTEURS DE L'ENTREPRISE AUTOUR DU PROCESSUS DE GESTION

Pour mobiliser les acteurs de l'entreprise autour du processus de gestion, le contrôleur de gestion doit développer avec eux une vraie relation de partenariat. Apprendre à les **écouter**, à comprendre leurs **intérêts** et **préoccupations** respectifs, **donner du sens** à leur contribution dans ce processus, mais aussi les **responsabiliser** sont ses principaux défis. Des explications et une posture adéquate à leur égard sont importantes pour faire changer la vision qu'ils peuvent avoir de la gestion et de son porte-parole.

3.1. Créer un terrain d'échange pour favoriser leur écoute

Depuis le début de notre propos, nous n'avons eu cesse de montrer que l'animation du processus de gestion requérait de réelles qualités de **communication** chez le contrôleur de gestion. Il nous faut enfin prendre le temps d'expliquer comment.

3.1.1. Communiquer ?

Nous sommes, paraît-il, plus que jamais dans l'ère de la communication : toutes les technologies à notre disposition nous permettent d'être joints à tout moment, où que nous soyons, d'être *on line* 24 heures sur 24.

Pourtant, les quiproquos que génèrent parfois les échanges électroniques, alors que les interlocuteurs sont tous d'accord sur l'essentiel, nous laissent pressentir qu'on a peut-être perdu de vue ce que communiquer veut dire.

À l'origine, le mot latin *communicare* voulait dire mettre en commun. Communiquer implique donc qu'il y ait « échange », que l'on soit au moins deux et qu'il ne peut y avoir de communication à sens unique.

Les mots de Confucius : « Dites-moi, j'écouterai peut-être. Enseignez-moi, j'apprendrai peut-être. Impliquez-moi, j'agirai » enseignent qu'il n'y pas d'échange « efficace », sans création d'un « **terrain d'écoute** », permettant la réception de ce message, son assimilation, voire sa traduction en actions.

En pratique

Par exemple, si le contrôleur de gestion s'adresse au responsable de production en lui disant alternativement qu'en octobre, les écarts sur coûts matière…

- sont défavorables. Ils s'élèvent à 24 895 €, soit 5 % de plus par rapport au standard […] en cumul, ils sont de… ;
- **ou** : sont de plus de 5 % ; cela est dû principalement à une surconsommation du solvant X de 20 000 litres ;
- **ou encore** : sont principalement liés à une surconsommation du solvant X de 20 000 litres. Cela ne peut-il pas résulter de dysfonctionnements au niveau des centrifugeuses, comme vous l'évoquiez en réunion production vendredi dernier ?

On pressent que seul le dernier énoncé sera susceptible de l'intéresser et de le mobiliser, car il touche directement à son domaine de responsabilité et de compétences.

Il n'y a pas de communication efficace sans création au préalable d'un **terrain d'échange favorable** : celui qui reçoit une information est d'autant plus en mesure de la comprendre, de la prendre en compte et d'y répondre qu'elle rejoint ses propres préoccupations.

Dans l'entreprise tous les acteurs n'ont pas le même rôle. Ils n'ont pas non plus les mêmes **préoccupations**. Le contrôleur de gestion doit **adapter** sa communication à chacun d'eux :

- auprès de **la direction**, le contrôleur de gestion doit avoir une approche globale de l'entreprise et se montrer très synthétique : ne rentrer dans le détail des problématiques que si on lui demande et proposer des pistes de solutions à débattre ;

• auprès du **service comptable**, il ne peut aborder les questions de gestion sans rentrer dans le détail des processus comptables : définir avec eux un cadre de saisie à la fois clair et facile à utiliser et aller si besoin dans le détail des écritures ;

• quant aux **responsables opérationnels**, pour qui la gestion au quotidien veut dire motiver les équipes commerciales ou revoir le processus de production pour gagner en ergonomie, le contrôleur de gestion doit parler avec eux des opérations avant d'aller sur le terrain des chiffres.

Le terrain d'échange « favorable » n'est pas nécessairement un terrain d'entente : il ne faut pas à tout prix être d'accord pour pouvoir communiquer ; au contraire, des divergences de points de vue amènent des discussions et permettent aux parties d'élargir leur vision des choses.

Ce qui compte, surtout, c'est que les interlocuteurs soient en mesure d'**entendre** ce que dit l'autre, en un mot « **d'être sur la même longueur d'onde** ». Car il y a ce que l'on « dit » et ce que l'on « veut dire », ce que l'autre « entend », ce qu'il « comprend », voire ce qu'il est capable de « restituer » – qui est parfois très différent.

3.2. Écouter et se faire entendre

Qu'il s'agisse d'informer l'équipe commerciale sur la nouvelle procédure note de frais ou d'échanger avec le responsable production sur la déviation de certains indicateurs, l'objectif de toute communication est de **transmettre un message**, que ce message soit **bien compris** et qu'il **modifie la vision** que l'interlocuteur a des processus de l'entreprise ou **sa manière de travailler**.

Une communication sera efficace s'il existe une écoute réciproque entre les interlocuteurs, entre l'**émetteur** du message et son **récepteur** :

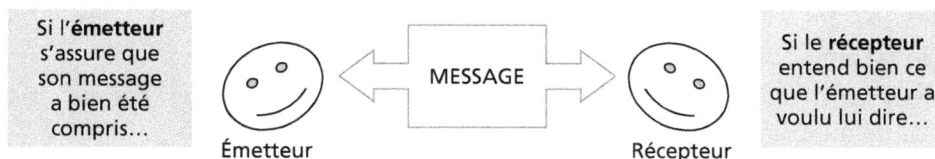

C'est la responsabilité de celui qui est à l'initiative de toute communication de s'assurer que les **conditions d'une bonne écoute** sont réunies, de faire en sorte qu'elles ne sont pas perturbées par des parasites d'ordre :

• environnemental : le bruit, les interruptions... ;

- psychologique : les *a priori...* ;
- ou verbal : les mots qu'on ne comprend pas ou que l'on interprète.

Ce n'est pas le cas si l'**environnement** est bruyant, si la communication est interrompue ou gênée par des coups de téléphone et les allers et venues de personnes extérieures, si les parties prenantes sont **préoccupées** par d'autres sujets (une urgence à traiter, un conflit non résolu) et ne sont pas complètement disponibles pour la discussion en cours.

Le choix du lieu et du moment où doivent se tenir un entretien ou une réunion ne sont pas anodins. Chaque fois que cela est possible, il est préférable que le contrôleur de gestion organise le rendez-vous à l'écart du bureau de ses interlocuteurs, dans un endroit où ils sont moins susceptibles d'être dérangés. Une salle de réunion a aussi le mérite d'être un terrain neutre, où aucun des participants ne peut se trouver mal à l'aise du seul fait d'être sur le terrain de l'autre.

Quant au bon moment où l'entretien ou la réunion peuvent avoir lieu, il n'existe pas : tous les agendas des acteurs d'une entreprise sont souvent « surbookés ». Il faut donc en créer les conditions :
- planifier le rendez-vous suffisamment à l'avance ;
- informer les interlocuteurs de l'objet de la discussion, pour qu'ils puissent eux-mêmes se préparer ;
- prévoir sa durée de manière suffisamment précise ;
- le jour dit, être à l'heure et respecter le *timing* prévu ;
- si un contretemps survient et perturbe de toute évidence le déroulement du rendez-vous, il est parfois préférable de le différer.

Comment **capter** ensuite **l'attention** de son auditoire et éviter qu'il ne se laisse distraire par les derniers messages reçus sur son ordinateur ou son téléphone portable et ne soit tenté d'y répondre ? Tout réside dans la manière dont le contrôleur de gestion sollicite l'attention de ses interlocuteurs tout au long de l'entretien ou de la réunion, qu'il a initiée. En la matière tout a son importance :
- le **rythme** qu'il donne à la présentation ou à la discussion ;
- le **regard** qui capte leur attention et leur montre qu'il les écoute, mais capte aussi le non-dit ;
- la **posture** par rapport à la table : plus ou moins rapprochée, elle indique implication ou retrait par rapport à la discussion ;
- les **mots** qu'il choisit, en veillant à se faire comprendre ;
- la **prise de notes**, qui montre l'intérêt accordé à leur propos et prépare le compte rendu ;

- le **silence**, qui laisse à chacun le temps de réfléchir ;
- la **place** qu'il leur donne en les invitant à s'exprimer, en sollicitant leur avis, en posant des questions, en reformulant leur propos ;
- le **ton** qu'il module pour donner du rythme, mais qu'il évite de rendre agressif.

Il doit donc s'attacher à capter son attention **dès le début** du rendez-vous, en présentant clairement l'**objet** de la réunion, le **contexte** du projet dans lequel elle s'inscrit et les principales **étapes** de son déroulement : cela **rassure** ses interlocuteurs sur les raisons pour lesquelles ils ont été sollicités et les aide à se concentrer immédiatement sur le sujet abordé : l'introduction de la réunion est importante, car elle fait tomber les **barrières psychologiques**.

Pour mener un entretien ou une réunion sans en perdre la maîtrise et atteindre les objectifs qu'il s'est fixés, il est important bien entendu que le contrôleur de gestion ait **préparé** son déroulement : qu'il ait réfléchi à ses **objectifs**, ses **étapes** et aux **messages clefs** à transmettre.

Ces éléments sont un **fil conducteur** pendant toute la durée de l'entretien ou de la réunion ; ils permettent de recentrer le débat et constituent aussi le cadre de la **conclusion**. Car il faut aussi savoir conclure pour faire la synthèse de ce qui a été discuté, préparer le compte rendu et les réunions ou les phases suivantes d'un projet.

Pour maintenir l'attention de son auditoire pendant la réunion, l'animateur doit prendre en compte le fait que l'**attention** des individus est **limitée dans le temps**, sur une durée maximale de vingt minutes environ. Il est donc important qu'il crée une **dynamique** dans l'entretien ou la réunion : en **alternant** les sujets présentés ou débattus et en utilisant différents supports de travail (oral, présentation, film ou démo informatique), tenant compte aussi du mode d'assimilation préférentiel de ses interlocuteurs.

Dans ce jeu de la communication, il ne faut pas négliger la place du **non verbal**, l'impact que peuvent avoir le ton de la voix ou l'attitude des interlocuteurs dans un échange. Dans les échanges par e-mail ou par SMS, on semble oublier que les mots employés peuvent donner lieu à interprétation chez le lecteur, à qui il manque le son et l'image !

En pratique

Les recherches en programmation neurolinguistique (PNL) ont montré que le **poids des mots** était bien moins important qu'on le croit : de l'ordre de 7 %, contre 38 % pour le **ton** et 55 % pour **l'attitude** : un visage qui se crispe, un regard sceptique, des bras qui se ferment, un ton plus sec…

> Pour cela, il ne faut pas toujours être dans l'échange et répondre du tac au tac mais **marquer des pauses,** pendant lesquelles on laisse parler le silence et on **prend du recul** par rapport à la discussion.

Quand les conditions d'une communication efficace sont réunies, on constate que les individus tendent à se **synchroniser** : ils adoptent le même ton, les mêmes attitudes et tendent à employer le même jargon… voire le même accent ! La communication devient comme un jeu de ping-pong, où chaque participant est tour à tour émetteur et récepteur.

Pour le contrôleur de gestion, l'écoute active est fondamentale. Elle lui permet tout à la fois de :

- témoigner à ses interlocuteurs l'intérêt qu'il porte à leurs problématiques ;
- valoriser leur expérience et leur compétence ;
- les mettre en confiance et ainsi les amener à parler de ce qui va comme de ce qui mérite d'être amélioré ; les suggestions qu'il peut ensuite faire en termes de budget ou de choix d'indicateurs semblent découler de **l'état des lieux** fait par le responsable et non s'imposer à lui.

3.3. Manager sans lien hiérarchique

Écouter est essentiel pour un contrôleur de gestion, s'il veut se faire entendre, convaincre ses interlocuteurs de l'utilité des outils qu'il propose de mettre en place et surtout obtenir leur implication dans le recueil des données et leur analyse.

Cette dernière étape n'est pas la plus simple car elle se rapproche d'une mission de *management*, à une nuance près : il n'existe **aucun lien hiérarchique** entre le contrôleur de gestion et ses interlocuteurs. S'il tire sa légitimité de la mission que lui a confiée la direction, il lui incombe de se faire reconnaître comme leur partenaire.

Son premier réflexe doit être de se placer dans un rôle de **référent** et de **support** dans chacun des dispositifs qu'il coordonne, d'être celui qui tout à la fois initie les processus, organise, communique sur les objectifs, explique et répond aux questions, peut aider au chiffrage et est encore là le jour de la présentation au comité de direction pour intervenir au cas où…

Cela ne peut se faire en un jour, ni même en un mois ou une année, car il s'agit de gagner la **confiance** de ses interlocuteurs. Tout ce que nous avons évoqué dans ce chapitre peut y contribuer :

- **donner de la visibilité** sur les tenants et les aboutissants des problématiques abordées ;

- **solliciter des échanges** en face à face ou en réunion, mais aussi aller sur leur terrain de manière plus informelle ;
- s'investir dans la **compréhension** des opérations : c'est-à-dire à la fois accepter en toute humilité de ne pas savoir de quoi il retourne et se garder de porter un jugement sur la conduite des opérations ;
- **se rendre disponible** pour les aider à prendre en main les différents outils de gestion ;
- **faire preuve de pédagogie** dans la présentation des mécanismes financiers et donc aussi, de patience, s'ils ne montrent pas un intérêt immédiat pour les sujets abordés.

L'approche « individuelle » du contrôleur de gestion ne peut lui faire perdre de vue son rôle de « gardien du temple » : on attend aussi de lui qu'il fasse valoir sa vision transverse des objectifs de l'entreprise et des opérations, pour leur donner de la visibilité **au-delà** de leur domaine d'activité et les alerter sur les effets **potentiellement adverses** de leurs décisions.

En pratique

Un commercial donne inévitablement la priorité à la satisfaction de ses clients et ne se préoccupe pas nécessairement des retards de paiement ou du fait que les conditions de livraison demandées impliquent des surcoûts logistiques et entament la rentabilité des ventes. C'est le rôle du contrôleur de gestion de lui en faire prendre conscience.

Chaque fois que cela lui semble nécessaire, il est important que le contrôleur de gestion prenne l'initiative de réunir autour d'une table les acteurs concernés afin de leur montrer :

- comment leurs métiers sont liés les uns aux autres ;
- que leurs intérêts ne sont pas nécessairement divergents et qu'ils sont « sur le même bateau » ;
- que l'organisation de l'entreprise n'est pas seulement pyramidale.

En pratique

Prendre l'initiative de réunir périodiquement les responsables approvisionnement, production et commercial, s'ils ne le font pas eux-mêmes, pour échanger sur coûts d'achat, qualité, stocks, plan de production et attentes du marché répond à cet objectif.

Accompagner la mise en œuvre des objectifs et des plans d'action et **mettre en place** des outils de suivi efficaces n'oblige pas pour autant le contrôleur de gestion à absorber les retards, les réticences ou les imperfections de ses interlocuteurs ni à se laisser prendre en étau entre la direction et les autres acteurs de l'entreprise.

Au contraire, cela suppose de sa part de lui imprimer une certaine **dynamique** :

- **assumer** pleinement de porter la **responsabilité** des missions déléguées par la direction, mais n'accepter que ce qui est **acceptable** : des objectifs dont il peut expliquer les enjeux et des délais compatibles avec une certaine qualité de travail ;
- **communiquer** sur les objectifs de la direction **de manière ferme et déterminée** : il ne s'agit pas ici de prendre position, mais de présenter les objectifs comme non négociables et d'orienter la discussion immédiatement sur les plans d'action nécessaires pour les atteindre ;
- **encadrer** le déroulement des opérations : définir les formats à utiliser et préciser les échéances à tenir en amont du projet, puis suivre les réalisations au fur et à mesure, afin de s'assurer que les différents partenaires seront bien au rendez-vous le jour dit ;
- ne pas faire de **concessions**, jusqu'au point de faire le travail à la place de ses partenaires ;
- montrer de la **fermeté** face à des **interlocuteurs réticents** : s'attacher à lever leurs résistances, mais aussi savoir leur montrer en quoi leur manque de collaboration porte atteinte au travail de l'équipe et à la bonne réalisation du projet en cours ;
- prendre l'initiative, enfin, d'**alerter** les responsables de l'entreprise sur un point de dysfonctionnement ou un surcoût et réunir si nécessaire les personnes concernées pour en débattre et confronter différents avis.

La capacité qu'il aura démontrée à mener une mission à son terme, dans les délais et en restant en phase avec les objectifs de départ, tout en impliquant les interlocuteurs concernés, prouve de réelles capacités de *management* **d'équipe**, qui sont inévitablement reconnues par ses partenaires :

- par la **direction** d'abord, qui sait qu'elle peut faire du contrôleur de gestion son bras droit dans l'organisation des dispositifs de gestion : elle a confiance dans son aptitude à mobiliser les bonnes personnes autour d'une question ou d'un projet, mais aussi dans son regard critique sur les chiffres, acquis grâce à une connaissance transverse des opérations. Attention toutefois à ne pas vouloir en faire un délateur !

• par les **opérationnels** ensuite, qui savent qu'ils trouveront chez lui une écoute et des conseils pour bien peser le pour et le contre dans certaines de leurs décisions ou pour présenter un projet à la direction.

Le contrôleur de gestion n'est pas un *business partner* parce qu'on a changé son titre. Il le devient en se positionnant comme un animateur du processus de gestion. Il est vraiment reconnu comme tel, en montrant auprès des acteurs de l'entreprise une posture d'écoute et un autre regard sur les opérations, qui parle de chiffres mais qui en dépasse largement le cadre.

Synthèse

« Être contrôleur de gestion, ce n'est pas bien compliqué, disait ce directeur général, c'est mettre de l'huile dans les rouages. » Ce n'est pas bien compliqué :

• si la direction de l'entreprise pour laquelle il travaille a défini clairement sa mission et a assis sa légitimité auprès des différents acteurs de l'organisation ;
• si le contrôleur de gestion a pris la pleine mesure de son rôle d'animateur du processus de gestion et se donne pour priorité de faire des chiffres des outils de gestion ;
• s'il sait se mettre à l'écoute de l'organisation et de ses acteurs, pour leur apporter les outils de pilotage dont ils ont besoin et développer son regard critique ;
• s'il imprime une véritable dynamique au processus de gestion ;
• s'il parvient à mobiliser les acteurs de l'entreprise autour du processus de gestion ;
• s'il est considéré lui-même comme leur principal partenaire dans le pilotage de l'entreprise.

TEST DE CONNAISSANCES

Q1 – La mission déléguée au contrôleur de gestion dépend…

1 – de la taille de l'entreprise.
2 – de son secteur d'activité.
3 – des priorités de la direction en termes de gestion.
4 – du niveau de délégation dans l'entreprise.

Q2 – La légitimité du contrôleur de gestion dans l'entreprise est assise sur…

1 – sa personnalité.
2 – la mission déléguée par la direction.
3 – la culture financière de l'entreprise.
4 – l'implication de l'ensemble de ses acteurs.

Q3 – Pour disposer de bons outils d'aide à la décision, le contrôleur de gestion doit…

1 – pouvoir exploiter les données des cinq années précédentes.
2 – recommander la mise en place d'un ERP.
3 – veiller à établir le lien avec les opérations.
4 – discuter du choix et de l'interprétation des indicateurs avec leurs utilisateurs.

Q4 – Pour expliquer les objectifs du contrôle de gestion aux non-financiers, il faut…

1 – leur expliquer ce qui conditionne la pérennité de l'entreprise.
2 – leur présenter les états financiers de l'entreprise.
3 – faire l'analogie avec le contrôle fiscal.
4 – leur montrer la définition de fonction du contrôleur de gestion.

Q5 – Le contrôleur de gestion acquiert une vision transverse de l'entreprise…

1 – en lisant son rapport annuel.
2 – en passant du temps avec les opérationnels sur le terrain.
3 – en s'intéressant aux flux d'information.
4 – en interrogeant la direction.

Q6 – Impliquer les opérationnels dans le processus de gestion, c'est…

1 – leur demander de parler de l'organisation des activités dans leur service.
2 – leur donner une formation comptable.
3 – analyser avec eux la transcription économique des opérations.
4 – leur demander d'analyser des écarts.

Q7 – Se mettre à l'écoute de ses interlocuteurs, c'est…

1 – éviter de parler.
2 – leur poser des questions.
3 – les observer.
4 – organiser la réunion dans un endroit calme.

…/…

Q8 – Communiquer, c'est…

1 – adapter son vocabulaire à son interlocuteur.
2 – transmettre l'information le plus vite possible.
3 – surtout verbaliser ce que l'on veut dire.
4 – avoir un échange.

Q9 – Pour être reconnu comme partenaire, le contrôleur de gestion doit…

1 – savoir se rendre disponible.
2 – faire preuve de la même autorité qu'un *manager*.
3 – faire aboutir les projets de la direction.
4 – se montrer sympathique avec les opérationnels.

Q10 – Le contrôleur de gestion peut être médiateur du changement…

1 – même s'il n'est pas d'accord avec les choix de la direction.
2 – s'il n'est pas lui-même concerné.
3 – si la direction ne souhaite pas communiquer sur son projet.
4 – parce qu'il collabore souvent avec les opérationnels.

Réponses du test :

Q1 : 3 et 4 – Q2 : 2 et 4 – Q3 : 3 et 4 – Q4 : 1 – Q5 : 2, 3 et 4 – Q6 : 1 et 3 – Q7 : 2, 3 et 4 – Q8 : 1 et 4 – Q9 : 1 et 3 – Q10 : 1 et 4.

Conclusion

Améliorer le contrôle de gestion

DANIEL HIRSCH

Un système de contrôle de gestion dépasse largement ce que la plupart des gens visualisent lorsqu'on leur en parle. Au-delà de la comptabilité analytique, des budgets, des tableaux de bord, il faut englober tous les éléments dont les dirigeants peuvent se servir pour aiguiller le cheminement de leur entreprise vers les objectifs qu'ils se sont assignés. Le contrôle de gestion en tant que concept est donc extrêmement large.

La qualité d'un système de contrôle de gestion va dépendre d'abord de la cohérence entre des éléments disparates et de la cohérence entre ces éléments et les facteurs structurants supérieurs que sont le secteur d'activité, la stratégie et la structure de l'entreprise. À ces 4S (secteur d'activité, stratégie, structure, systèmes de contrôle), on peut en ajouter un cinquième qui sera le style de *management*.

L'objectif de mesurer et d'améliorer la qualité d'un contrôle de gestion va consister notamment à évaluer la cohérence de ces différents éléments. Une telle cohérence n'est jamais acquise, l'évolution de l'environnement pouvant nécessiter des modifications au niveau de la stratégie et de la structure, ce qui pourra remettre en cause et le style de *management* et les caractéristiques des systèmes de contrôle de gestion.

L'amélioration du contrôle de gestion, ou tout au moins une interrogation sur sa validité, est donc une nécessité permanente, même dans une entreprise dont on connaît la qualité des systèmes.

L'objectif de ce chapitre final est de donner des pistes d'analyse et d'action à des professionnels dont la fonction est soit de mettre en place des systèmes de contrôle de gestion dans une entreprise qui n'en dispose pas, soit d'améliorer les systèmes existants.

Il convient de préciser dès le début qu'un tel diagnostic n'a absolument rien d'automatique, compte tenu de la subtilité des différents éléments dont on veut vérifier la cohérence. Si l'on peut théoriser la démarche de découverte et d'examen, il apparaît impossible de proposer des schémas types d'amélioration. La qualité d'éventuelles propositions dépendra à la fois de la maîtrise des outils conceptuels et d'une expérience pratique non dénuée de bon sens.

1. DÉCOUVERTE DE L'ENTREPRISE

Vous êtes le nouveau contrôleur de gestion d'une entreprise que vous ne connaissiez pas. Ou bien vous êtes chargé d'améliorer le contrôle de gestion de votre entreprise.

Vous n'êtes pas persuadé que cette entreprise dispose des éléments de contrôle de gestion dont elle a besoin.

Vous désirez disposer d'une méthodologie nous permettant d'être en mesure, le plus rapidement possible, de vérifier la qualité de ce contrôle de gestion. Un tel examen vous permettra dans un second temps de commencer à bâtir un dispositif de contrôle de gestion dans une entreprise qui n'en dispose pas ou de proposer des améliorations au système qui existe.

1.1. Secteur d'activité et stratégie

Comme le contrôle de gestion est un des outils de mise en œuvre de la stratégie, une des premières étapes consiste en une compréhension de la stratégie de l'entreprise. Cette stratégie dépend d'abord du secteur d'activité dans lequel se situe l'entreprise.

Il faut donc déjà procéder à une analyse du secteur d'activité, en s'aidant de tous les outils d'analyse stratégique existant :

- **l'analyse du secteur** d'activité « à la Porter », les fameuses cinq forces qui expliquent les conditions auxquelles doivent se soumettre toutes les entreprises du secteur ;
- **le cycle de vie du produit,** qui permet de comprendre l'état de la concurrence à ce stade.

Il s'agit également de comprendre quels sont les **facteurs clefs de succès**, c'est-à-dire les éléments qu'il est hors de question de mal gérer si l'on veut continuer à vivre dans ce secteur d'activité.

Il faut ensuite comprendre le positionnement de cette entreprise-là, ses forces et ses faiblesses par rapport à ses concurrents. Essayer de comprendre ce qui constitue son avantage concurrentiel, c'est-à-dire les éléments qui font que ses clients la préfèrent à ses concurrents.

Pour ces deux aspects, des interviews avec les acteurs de l'entreprise et de préférence sa direction générale seront les bonnes voies d'accès.

1.2. Structure de l'entreprise

Après le secteur d'activité et la définition de la stratégie de l'entreprise, le facteur le plus important pour définir ce qu'est l'entreprise est son mode de structuration.

On obtient déjà une bonne idée en examinant son organigramme et la manière dont la délégation des responsabilités y est révélée : s'agit-il d'une structure fonctionnelle, d'une structure géographique, d'une organisation en produits/marchés sous forme de *business units,* d'une combinaison entre ces trois aspects ?

On relira avec profit le chapitre 1 consacré aux idées de Henry Mintzberg à ce sujet.

> Il faudra se demander si le mode de structuration de l'entreprise est cohérent avec ce que l'on a compris de la stratégie recherchée au sein de ce secteur d'activité.

1.3. Analyse financière

Une analyse financière est un peu l'équivalent pour connaître une entreprise de la lecture du *curriculum vitae* pour connaître les qualités d'un candidat.

Les sept questions essentielles que l'on se pose lorsqu'on fait une analyse financière sont les suivantes :

- l'entreprise est-elle rentable ?
- l'entreprise est-elle solvable ?
- les actifs sont-ils financés d'une manière équilibrée ?
- les actifs sont-ils bien gérés ?
- perçoit-on des risques ?

- a-t-on envie de prêter de l'argent à cette entreprise, jusqu'à combien ?
- a-t-on envie d'acheter cette entreprise, jusqu'à quel prix ?

Les cinq premières questions sont objectives : elles s'attachent à l'objet étudié, l'entreprise. Les deux dernières questions sont subjectives : elles ont à voir avec celui qui étudie l'entreprise.

Pour le contrôleur de gestion ou celui qui veut améliorer la qualité du contrôle de gestion, les questions principales concernent la **rentabilité** (question un) et la **gestion des actifs** (question quatre). Les autres questions doivent cependant rester en arrière-plan, la recherche des risques éventuels que l'on pourrait percevoir à partir des états financiers pouvant se hisser rapidement au niveau des questions principales.

Existe-t-il des **comptes de résultat et des bilans par** *business unit,* correspondant à la structuration de l'entreprise ? Si cela est le cas, on se trouve déjà dans le cadre d'une entreprise qui a été capable de poser un regard analytique sur son propre fonctionnement, ne serait-ce que d'un point de vue comptable, et cela va constituer un premier outil d'analyse.

L'étude du compte de résultat, en examinant les **pourcentages de charges par rapport au chiffre d'affaires**, sera révélatrice du modèle économique de l'entreprise et de ce qui coûte afin de réaliser l'activité de l'entreprise.

L'évolution sur les cinq dernières années de ces pourcentages permettra de déceler d'éventuelles tendances, montrant soit des opportunités, soit des risques.

Au niveau du bilan, **tous les ratios de BFR** seront significatifs, les délais d'écoulement des stocks, le délai de règlement des comptes clients, le délai de règlement des fournisseurs.

Le ROI et sa décomposition par la méthode à la « DuPont de Nemours » (voir chapitre 7) permettra de vérifier sa rentabilité économique et de la comparer aux concurrents du même secteur d'activité. Une telle comparaison pourra pointer vers les compétences distinctives de l'entreprise étudiée vis-à-vis de ses concurrents.

1.4. Prise en compte de la culture de gestion

Nous ne pouvons que vous renvoyer à la lecture du chapitre 20 de ce livre, afin de savoir si les éléments d'une bonne culture de gestion existent ou non dans l'entreprise.

Nous avons suffisamment insisté sur l'influence de la culture de *management* sur la qualité du contrôle de gestion pour qu'il ne soit pas besoin d'y revenir dans ce chapitre. Il se peut que la recherche de l'amélioration du contrôle de gestion soit d'abord dépendante de l'amélioration de la culture de *management* de l'entreprise.

1.5. Les entretiens avec les *managers* et le personnel

Le plus grand nombre de pistes d'amélioration du contrôle de gestion sera obtenu grâce aux entretiens que l'on pourra réaliser avec les *managers* et les membres du personnel en général. Deux types d'orientation semblent dignes d'intérêt.

1.5.1. La prise en compte des reproches et des plaintes

Peu importe qu'elles soient adressées au « système » en général, à des points particuliers ou à des personnes. Chaque commentaire négatif peut être le symptôme d'une déficience dans le contrôle de gestion de l'entreprise. Il faudra les enregistrer pour pouvoir y revenir le cas échéant, lorsqu'on les aura confrontés aux autres éléments qu'on aura pu recueillir.

On attachera notamment de l'importance aux éventuels sentiments d'être évalué de façon injuste, sur des éléments qu'on ne peut pas maîtriser. Cela peut toujours renvoyer à la constatation d'une mauvaise définition des responsabilités.

On prêtera également attention aux éventuels conflits suscités par les modalités de calcul des coûts, les modes de répartition des frais généraux et de fixation des prix de transfert, et ce qu'ils peuvent révéler des règles du jeu dans l'entreprise ou le groupe.

1.5.2. La référence au tripôle de gestion et au concept du maillon faible

Nous avons mis l'accent dans d'autres chapitres sur le fait qu'une bonne gestion exige un bon fonctionnement dans trois dimensions différentes :

- se projeter collectivement dans l'avenir ;
- disposer des bons outils de mesure et savoir les utiliser collectivement ;
- disposer d'un *management* qui conduise à l'action.

Lorsqu'on constate des dysfonctionnements, il faut toujours se demander à laquelle de ces trois dimensions ils se rattachent.

> Si l'on désire améliorer le système de gestion, il faut se souvenir que sa qualité d'ensemble dépend du maillon le plus faible, qu'il s'agit d'améliorer en premier lieu.

> **En pratique**
>
> Il ne faut pas se tromper : une déficience dans le système de planification et de budget ne peut pas être contrebalancée par une amélioration du système d'information ou des modes de *management*. Réciproquement, des déficiences dans les systèmes de *management* ne peuvent pas se soigner par une montée en puissance des systèmes d'information ou de planification.

1.6. Revue des processus de *management*

Le processus de *management* comprend tous les processus dans lesquels les dirigeants en général et les *managers* en particulier sont amenés à s'impliquer personnellement, avec l'intention d'influer sur la marche de l'entreprise ou de leurs services, dans la direction de leurs objectifs.

Il est tout à fait pertinent d'interroger les dirigeants sur les réunions qu'ils organisent ou dans lesquelles ils sont amenés à participer, parce qu'il est probable que ces réunions soient vues comme autant d'outils de *management*.

Il peut être également intéressant d'interroger des *managers* à des niveaux hiérarchiques différents à propos des réunions ou plus généralement des occasions au cours desquelles des décisions importantes sont prises.

Il va sans dire qu'une comparaison entre les réponses données par les uns et par les autres peut susciter des interrogations dignes d'intérêt.

Une autre manière de formuler ce type de questions est de demander quelles sont les « temps forts » dans le *management* de l'entreprise.

1.7. Revue des différents systèmes de mesure

Il s'agit de lister tous les instruments de mesure à la disposition du *management* et des opérationnels en général, puis d'examiner dans quelles circonstances ils sont utilisés, pour en faire quoi et avec quelles intentions.

2. DIAGNOSTIC DES SYSTÈMES DE CONTRÔLE DE GESTION SUR CINQ ASPECTS

2.1. La définition et la négociation des objectifs

Un système de contrôle de gestion a pour première fonction d'aider à la mise en œuvre de la stratégie de l'entreprise. Une stratégie se définit *in fine* par une formalisation des objectifs, exprimés d'abord d'une manière globale, au niveau général de l'entreprise, puis déclinés au niveau des étages inférieurs de la structure. C'est la raison pour laquelle il ne faut pas se tromper dans la définition des objectifs, tout au long de la ligne hiérarchique.

> Une bonne mise en œuvre de la stratégie dépendra de la phase critique que constitue la bonne définition des objectifs.

Il s'agit en effet de **définir les résultats attendus** par chacune des strates de l'organisation, ce qui signale ce sur quoi les *managers* doivent consacrer leur énergie. Une bonne définition des objectifs présente en outre comme avantage :

- les relations hiérarchiques sont clarifiées par la définition des priorités sur lesquelles le supérieur hiérarchique et son subordonné se seront mis d'accord ;
- l'évaluation ultérieure des résultats en sera facilitée.

> La définition des objectifs fait clairement partie des processus de *management*, et les *managers* doivent donc s'y impliquer personnellement.

Le type d'objectif est aussi important à définir que le niveau à atteindre.
Une telle définition n'exige pas un travail de tous les instants. Il s'agit d'un travail de réflexion qui pourra être réalisé par exemple en accompagnement de la construction des budgets ou de la construction des plans stratégiques.

Les objectifs sont toujours en relation avec ce que l'on peut appeler les **trois S**, c'est-à-dire le **secteur** d'activité, la **stratégie** recherchée par l'entreprise dans ce secteur et la place du centre de responsabilité dans la **structure**.

En pratique

Une entreprise du secteur de l'hôtellerie aura nécessairement parmi ses objectifs le taux de remplissage des chambres. Une telle mesure est en effet caractéristique du secteur d'activité.

Une chaîne d'hôtels de luxe aura cependant un objectif de taux de remplissage largement inférieur à celui d'une chaîne d'hôtels « premier prix » et, finalement, des responsables du nettoyage des chambres n'auront pas des objectifs similaires aux responsables de l'accueil ou à ceux s'occupant de la restauration.

2.2. L'adéquation de l'alignement des mesures de la performance avec les objectifs

Une fois qu'on s'est assuré d'une bonne définition des objectifs, la qualité du contrôle de gestion dépendra de l'alignement correct de la mesure de la performance avec les objectifs.

Les questions essentielles vont être les suivantes.

● La définition des centres de responsabilité, en ce qui concerne le type de résultat attendu, correspond-elle à la fois à la réalité et à la volonté de la direction générale ?

● **Le type de résultat attendu** d'un centre de responsabilité (voir le chapitre 4) **influence** en effet **un grand nombre des processus de contrôle de gestion** :

– il conditionne la nature des indicateurs retenus et donc la **logique des tableaux de bord** mis en place ;

– il a une influence essentielle au niveau de la logique de construction et de suivi du **processus budgétaire** ;

– il définit le **mode de délégation des responsabilités** et influence donc le mode de *management* et d'évaluation des résultats. Pour les centres de coûts discrétionnaires, par exemple, le budget ne constitue pas un bon outil de contrôle, ce qui rend encore plus nécessaire dans leur cas la mise en place et l'utilisation de tableaux de bord.

● De manière plus générale, les objectifs reflétés par des mesures financières reprises dans le budget vont-ils être complétés de manière adéquate par les autres indicateurs que l'on trouve dans les tableaux de bord « équilibrés » ? (voir les chapitres 10 et 12).

> La fixation des objectifs faisant partie des processus de *management*, il faut vérifier si les *managers* participent bien à cette démarche qui va aboutir à leur évaluation. Participer à la fixation des objectifs permet en effet au responsable d'un centre de responsabilité de marquer son opposition éventuelle à une mesure ou à un niveau d'atteinte qui ne lui semble pas adéquat ou acceptable.

● Retrouve-t-on un reflet des facteurs clefs de succès de l'entreprise au niveau des mesures de la performance des niveaux intermédiaires ? C'est un autre test de la bonne déclinaison des objectifs stratégiques dans l'ensemble de l'entreprise.

De telles vérifications doivent avoir lieu une fois tous les ans ou tous les deux ans. Il ne faut pas hésiter à se comparer à d'autres entreprises, par exemple par le *benchmarking*.

2.3. L'adéquation des systèmes de motivation des *managers*

Il faut que les systèmes de récompense soient alignés avec les résultats attendus.

> La question essentielle est : « Le système de motivation va-t-il renforcer les chances que les *managers* s'intéressent à ce qu'il convient de maximiser ? »

© Groupe Eyrolles

Il s'agit de vérifier la bonne application du concept de congruence des objectifs. Ce concept énonce qu'il convient de récompenser les *managers* en harmonie avec les intérêts bien compris de l'entreprise.

En pratique

> Il ne faut pas récompenser les vendeurs au prorata du chiffre d'affaires si les diffé- rents produits vendus ont des niveaux de marge différents. Dans un tel cas il vaut mieux intéresser les vendeurs directement ou indirectement à la quantité de marge qu'ils permettent de réaliser.

Les systèmes de récompense sont bien souvent plus complexes qu'il peut y paraître à première vue. Au-delà des rémunérations variables, il faut aussi évaluer l'effet sur les *managers* des politiques et pratiques d'augmentation de salaire, de promotion et de tout autre système qui peut influencer leur moti- vation.

Est-il possible d'établir un lien logique entre les objectifs stratégiques de l'entre- prise et les objectifs attribués au responsable d'un centre de responsabilité ? On peut imaginer un test permettant de vérifier un tel alignement. Il suffit de partir de la mesure des performances au niveau des centres de responsabilité et de se demander si l'on retrouve logiquement les intentions de la direction générale et donc, en principe, les objectifs stratégiques de l'entreprise, à partir des mesures de la performance des niveaux inférieurs de la structure.

> Il ne faut jamais oublier la notion de *fair-play* dans la mesure des performances. Le *manager* sur qui va porter la mesure de la performance doit réellement pou- voir contrôler ou influencer les résultats sur lesquels il va être jugé.

Il est rare qu'un *manager* puisse totalement contrôler les éléments qui abou- tissent à sa performance : tout *manager* sait qu'il peut tout au moins influen- cer d'une manière plus ou moins grande le résultat sur lequel il va être jugé.

En pratique

> Le *manager* d'un centre de profit ne peut pas maîtriser l'ensemble des éléments qui conduisent au bénéfice, mais il dispose d'une autonomie suffisamment importante pour pouvoir arbitrer entre les éléments qu'il maîtrise et ceux qu'il ne maîtrise pas.

Un système de contrôle de gestion est également conçu pour maximiser le **retour sur *management***. La délégation des responsabilités au niveau n − 1 est une manière pour le *manager* de niveau *n* de ne pas avoir à se préoccuper au quotidien des activités qu'il a déléguées. Il faut que la motivation, telle qu'on peut logiquement la déduire du système de récompense, soit conforme avec les attentes du *manager* qui a délégué. Réciproquement, il faut bien entendu que celui ou celle à qui ont été déléguées des responsabilités « s'y retrouve » au niveau du système de récompense.

Le système d'évaluation des *managers* donne-t-il la priorité à des mesures objectives ou à des mesures subjectives ? Les mesures objectives ont l'avantage de susciter peu d'ambiguïté, car indépendantes de l'évaluateur et vérifiables. Elles peuvent susciter un sentiment d'injustice si le *manager* évalué estime qu'il a souffert de circonstances extérieures défavorables ou que le lien logique entre ses actions et sa performance en général d'une part, l'indicateur retenu d'autre part, n'a pas été démontré.

Les mesures subjectives souffrent d'un présupposé défavorable, puisqu'elles reposent sur le jugement du supérieur hiérarchique. Dans les cas où l'environnement est extrêmement dynamique, et donc difficile à prévoir, à planifier, à budgéter, c'est-à-dire lorsqu'il est difficile de fixer des objectifs de performance à l'avance, la situation est différente. Les mesures subjectives présentent alors l'avantage d'être plus justes que les mesures objectives, à condition que le supérieur hiérarchique dispose de toutes les informations dont il pourrait avoir besoin et ait une connaissance suffisamment précise des conditions dans lesquelles se trouve son subordonné. Un tel système suscite en outre de meilleurs échanges d'informations entre les différentes strates de *management*.

Dans le cas de Codman & Shurtleff (voir la fin du chapitre 6), la rémunération variable est décidée de manière subjective. On a vu cependant que les efforts pour continuer à atteindre l'objectif de bénéfice annuel, malgré des circonstances défavorables, y étaient considérables. Le système de gestion interactif cherche à promouvoir la transparence entre les différents niveaux hiérarchiques, à montrer les difficultés réelles à atteindre l'objectif, en démontrant que tout a été fait de façon à obtenir les meilleurs résultats, eu égard aux circonstances. Dans la mesure où l'environnement est extrêmement incertain, un lien automatique entre résultat et rémunération variable serait injuste, et une évaluation subjective, aussi surprenant que cela puisse paraître, semble plus juste. On retrouve ici le concept de *fair-play* en matière d'évaluation, qui doit être central en matière de contrôle de gestion.

Autres questions concernant la manière dont sont mesurés les *managers* : la mesure capture-t-elle l'ensemble des attributs de la performance, est-elle complète ou incomplète à cet égard ? Est-elle réactive par rapport aux efforts du *manager* ?

Ces aspects sont plus facilement atteints aux niveaux inférieurs de la hiérarchie. Aux niveaux supérieurs, la mesure de la performance réclame souvent une plus grande subtilité, ce qui peut exiger l'utilisation d'un ensemble de paramètres ou bien l'acceptation de la nécessité d'une mesure subjective.

Un dernier thème qu'il convient d'aborder dans cette partie est la notion des effets pervers des systèmes de mesure (voir le chapitre 10 concernant les tableaux de bord).

2.4. Le système fonctionne-t-il bien par exception ?

Une autre fonction importante des systèmes de contrôle de gestion, c'est de libérer le temps des dirigeants, ce temps étant le plus souvent la ressource la plus rare de l'entreprise. Les dirigeants doivent donc exiger que leurs systèmes de contrôle de gestion contribuent à maximiser le **retour sur *management***.

Autrement dit, ces systèmes fonctionnent **par exception** : on ne passe que le temps nécessaire – mais il faut le temps suffisant – à vérifier que tout est en ordre, à partir des processus mettant en jeu les budgets, les tableaux de bord et les autres outils de gestion. C'est ainsi qu'il sera possible de **passer plus de temps sur les différences significatives**, celles qui indiquent des problèmes potentiels ou réels.

On tâchera d'évaluer le degré de satisfaction des dirigeants de l'entreprise à l'égard de leurs premières lignes sur cet aspect. On tâchera également d'évaluer, même si c'est plus délicat, si le temps passé par les dirigeants à faire fonctionner les systèmes de gestion est suffisant. Concernant l'implication des dirigeants, la manière dont elle est perçue est tout aussi importante que la quantité de temps qu'ils y consacrent.

2.5. Les dirigeants savent-ils « reprendre la main » en cas de perturbation ?

L'existence d'un système de contrôle de gestion ne doit pas empêcher le *management* de consacrer du temps et des efforts afin de gérer des situations où le système habituel n'est plus approprié. En cas de perturbation, les dirigeants doivent savoir réagir rapidement, en reprenant les choses en main jusqu'au moment où la situation sera redevenue « sous contrôle ».

Dans de tels cas, il est souvent préférable d'accepter l'utilisation d'instruments différents des systèmes habituels, des instruments *ad hoc*. Les dirigeants doivent se focaliser sur la compréhension des phénomènes nouveaux afin de dimensionner l'action nécessaire aux problèmes rencontrés. Ces actions devront être suivies de manière appropriée, c'est-à-dire probablement différemment des modes de suivi habituels.

Bibliographie

Chapitre 1 : L'influence de la structure sur le contrôle de gestion

MINTZBERG (Henry), *Structure et Dynamique des organisations*, Éditions d'Organisation, 1982.

Le Pouvoir dans les organisations, Éditions d'Organisation, 1986.

Le Management, voyage au centre des organisations, Éditions d'Organisation, 1990. Cet ouvrage résume la plupart de ses théories actualisées.

MINTZBERG (Henry), LAMPEL, QUINN, GHOSHAL, *The Strategy Process Concepts Contexts Cases*, 4e édition, Prentice Hall, 2003.

Chapitre 2 : Le contrôle de gestion s'adapte à la culture

BHIDE (A.), SAHLMAN (W.-A.), McNEILL STANCILL (J.), BLOCK (Z.), MacMILLAN (I.-C.), ROCK (A.), NEVENS (T.-M.), SUMME (G.-L.), UTTAL (B.), *Harvard Business Review on Entrepreneurship*, Harvard Business School Press, 1999.

Chapitre 3 : Le positionnement et le rôle du contrôleur de gestion

BOUIN (Xavier), SIMON (François-Xavier), *Les Nouveaux Visages du contrôle de gestion – Outils et comportements*, 3e édition, Dunod, juillet 2009.

PLATET (C.), et al., Ernest & Young, « Le contrôle de gestion : changer pour répondre aux enjeux de l'entreprise », Résultats de l'enquête 2006-2007, février 2007, 28 p.

Observaroire Cegos, Référentiel Cegos, « Fonction comptable et financière », 2006, 7e édition,

Chapitre 4 : Obtenir des résultats au niveau des centres de responsabilité

ANTHONY (Robert N.), *The Management Control Function*, Harvard *Business School*, 1988.

ANTHONY (Robert N.) et GOVINDARAJAN (Vijay), *Management Control Systems*, 12e édition, Mc Graw-Hill, 2007.

KAPLAN (Robert S.) et ATKINSON (Anthony A.), *Advanced Management Accounting*, 3e édition, Prentice Hall, 1998.

MERCHANT (Kenneth A.), *Rewarding Results : Motivating Profit Center Managers*, Harvard Business School Series, 1989.

VANCIL (Richard F.), *Decentralization : Managerial Ambiguity by Design*, Dow Jones Irwin, 1979.

Chapitre 5 : Stratégie, planification et contrôle de gestion

BERLAND (Nicolas) et DE RONGE (Yves), *Contrôle de gestion – Perspectives stratégiques et managériales*, Pearson, 2010.

BOUQUIN (Henri), *Le Contrôle de gestion*, Éditions PUF, 9e édition, 2010.

DEJEAN (Guy), « Contrôle, pouvoir et stratégie », *Cahiers de la recherche l'ISC*, numéro 4,
http://www.myisc.com/cahiers.nsf/0/2901F07542A6FA29C1256E010051C6A7/$File/cahier+4+final.pdf?OpenElement

GARRETTE (Bernard), DUSSAUGE (Pierre), DURAND (Rodolphe), *Strategor, toute la stratégie d'entreprise*, Dunod, 5e édition, 2009.

GUERNY (Jacques de), GUIRIEC (Jean-Claude), *Contrôle de gestion et choix stratégiques*, Éditions Delmas, 6e édition, 1998.

JOHNSON (Gerry), SCHOLES (Kevan), WHITTINGTON (Richard), FRERY (Frédéric), *Stratégique*, Pearson Education, 8e édition, mars 2008.

MINTZBERG (Henry), *Grandeur et Décadence de la planification stratégique*, Dunod, 1994.

PORTER (Michael E.), « Plaidoyer pour un retour de la stratégie », *L'Expansion Management Review*, n° 84, 1997.

TARONDEAU (Jean-Claude), HUTTIN (Christine), *Dictionnaire de stratégie d'entreprise*, Éditions Vuibert, 2001.

TROUT (Jack), *L'Essentiel de la stratégie*, Pearson Education, 2004.

Chapitre 6 : La préparation du budget, outil de *management*

ANTHONY (Robert N.), *The Management Control Function*, Harvard *Business* School, 1988.

ANTHONY (Robert N.), YOUNG (David W.), *Management Control in Nonprofit Organizations*, 7ᵉ édition, Irwin McGraw Hill, 2002.

SIMONS (Robert), *Codman et Shurtleff, Inc. Planning and Control System. Case Study 9-187-081*, Harvard Business School, Boston, 1987.
    Levers of Control, Harvard Business School Press, 1995.

SELMER (Caroline), WEILLER (Laurent), *Construire et défendre son budget : Outils, méthodes et comportements*, 2ᵉ édition, collection Fonctions de l'entreprise, Dunod, février 2009.

Chapitre 7 : Définir et évaluer la performance : ROI et EVA

ANTHONY (Robert N.), *The Management Control Function*, Harvard *Business* School, 1988.

ANTHONY (Robert N.) et GOVINDARAJAN (Vijay), *Management Control Systems*, 12ᵉ édition, McGraw-Hill, 2007.

BREALEY et MYERS, *Principes de gestion financière*, 7ᵉ édition, Pearson Education (édition française).

BRIGHAM et EHRHARDT, *Financial Management,* 10ᵉ édition, Harcourt College Publishers, 2002.

CHANDLER (Alfred D.), Stratégies et Structures de l'entreprise, Éditions d'Organisation, 1994.

DEARDEN, (J.), « The Case against ROI Control », *Harvard Business Review*, mai-juin 1969, pp. 124-135.

MERCHANT (Kenneth A.), *Rewarding Results : Motivating Profit Center Managers*, Harvard Business School Series, 1989.

Chapitre 8 : La comptabilité analytique

GARRISON, NOREEN, BREWER, *Managerial Accounting*, 12ᵉ édition, McGraw-Hill.

HORNGREN (Charles), BHIMANI (Alnoor), DATAR (Srikant), FOSTER (George), adaptation française de Georges Langlois *Comptabilité de gestion*, 2ᵉ édition, Pearson Education.

MENDOZA, CAUVIN, DELMOND, DOBLER et MALLERET, *Coûts et Décisions*, Montchrestien Gualino éditeur,

Chapitre 9 : Le contrôle de gestion des activités et des processus

BRANDENBURG (Hans), WOJTYNA (Jean-Pierre), *L'Approche processus – Mode d'emploi*, 2ᵉ édition, Eyrolles-Éditions d'Organisation, 2008.

RAVIGNON (Laurent), BESCOS (Pierre-Laurent), JOALLAND (Marc), LE BOURGEOIS (Serge), MALÉJAC (André), *La Méthode ABC/ABM*, 3ᵉ édition, Eyrolles-Éditions d'Organisation, 2007.

Chapitre 10 : Tableaux de bord et *reporting*

BALANTZIAN (Gérard), dir., *Tableaux de bord*, Éditions d'Organisation, 2004.

KAPLAN (Robert S), NORTON (David P.), *The Balanced Scorecard, Translating Strategy into Action*, Boston, Harvard Business School Press, 1996.

LEROY (Michel), *Le Tableau de bord au service de l'entreprise*, Éditions d'Organisation, 1998.

PIGÉ (Benoist), LARDY (Philippe), *Reporting et contrôle budgétaire*, Éditions Eyrolles, 2003.

SELMER (Caroline), *Concevoir le tableau de bord*, 3ᵉ édition, Dunod, 2011.

Chapitre 11 : Le suivi budgétaire, outil de pilotage

HONORAT (Philippe), *Le Budget facile pour les managers : démarche, indicateurs, tableaux de bord*, 2ᵉ édition, collection Livres Outils, Éditions Eyrolles, décembre 2008.

SELMER (Caroline), WEILLER (Laurent), *Construire et défendre son budget : outils, méthodes et comportements*, 2ᵉ édition, collection Fonctions de l'entreprise, Dunod, février 2009.

Chapitre 12 : Le *balanced scorecard*

KAPLAN (Robert S), NORTON (David P.), *The Balanced Scorecard, Translating Strategy into Action*, Boston, Harvard Business School Press, 1996.

Chapitre 13 : Investissements et *business plan*

BOWER (Joseph L.), *Managing the Ressource Allocation Process*, Harvard Business School Classics, 1986.

SION (Michel), BRAULT (David, coll.), *Réussir son business plan*, Dunod 2ᵉ édition, 2009.

TRABELSI (Martine), SIMON (François-Xavier), *Préparer et défendre un projet*, Dunod, 2005.

Chapitre 14 : Le pilotage du cash

BRAULT (D.), SION (M.), *Objectif cash*, Dunod, 2008.

www.fasb.org

www.iasb.org

EPSTEIN (B.J.), NACH (R.), BRAGG (S. M.), *GAAP 2011*, Wiley, 2011.

ESNAULT (B.), HOARAU (C.), *Comptabilité financière*, PUF, 2005.

OBERT (R.), *Pratique des normes IAS/IFRS : comparaison avec les règles françaises et les US GAAP*, Dunod, 2006.

Chapitre 15 : Banque et assurance

BISCH (Michel), *La Diagonale de la banque et de l'assurance vie*, Édition L'argus, 1992.

Assurance – Banque, 2ᵉ génération, Édition L'argus, 1999.

COUSSERGUES (Sylvie de), BOURDEAUX (Gautier), *Gestion de la banque*, Collection Management Sup, Dunod, 6ᵉ édition, 2010.

NAULLEAU (Gérard), ROUACH (Michel), *Contrôle de gestion et stratégie dans la banque*, collection « Les essentiels de la banque et de la finance », Éditions Revue Banque, 2ᵉ édition 2009.

TOSETTI (Alain), BEHAR (Thomas), FROMENTEAU (Michel), MÉNART (Stéphane), *Assurance Comptabilité Réglementation, Actuariat*, Édition Economica, janvier 2011.

ZAJDENWEBER (Daniel), *Économie et Gestion de l'assurance*, Édition Economica, octobre 2006.

Chapitre 16 : Les prestations de service

« Le *management* des entreprises de service », *in Echanges*, mensuel de la DFCG, juillet 2010, n° 278.

Chapitre 17 : Le secteur public

ANTHONY (Robert N.), YOUNG (David W.), *Management Control in Nonprofit Organizations*, 7ᵉ édition, Irwin McGraw Hill, 2002.

DFCG (Association nationale des directeurs financiers et de contrôle de gestion), « La performance économique des services publics : enjeux et réalités », *in Les e-cahiers techniques de la DFCG*, juin 2010.

La Démarche de performance : stratégie, objectifs, indicateurs. Guide métho-dologique pour l'application de la loi organique relative aux lois de finances du 1er août 2001, ministère de l'Économie, des Finances et de l'Industrie, juin 2004.

DGME, « Analyse des coûts des actions et des politiques publiques », *in Guide CAC 2006-2007*, vol. 3, janvier 2007.

Élaboration des budgets opérationnels de programme. Maquette type, Direction de la Réforme budgétaire, mai 2005.

Guide de construction des coûts directs, édition V4, direction du Budget, février 2010.

Guide de la justification au premier euro des crédits du PLF 2010, direction du Budget, 2009.

Référentiel de comptabilité budgétaire, ministère du Budget, des Comptes publics et de la Fonction publique, janvier 2009.

www.performance-publique.gouv.fr

Chapitre 18 : Le secteur associatif

BONCLER (Jérôme), VALÉAU (Patrick), *Créer et gérer son association loi 1901 : Une gestion au service de valeurs éthiques*, Collection Petites Entreprises et Entrepreneuriat, Éditions DeBoeck, juin 2010.

DELECOURT (Nicolas), HAPPE-DURIEUX (Laurence), *Comment gérer une asso-ciation – Gestion administrative, juridique, comptable et fiscale. Guide pratique à l'usage des dirigeants bénévoles d'associations : présidents, trésoriers, secré-taires…*, 6e édition, Collection Gestion et Organisation, Éditions Puits Fleuri, décembre 2010.

JAOUEN (FRANCIS), *Comptabilité et gestion des associations : système comptable, gestion financière, analyse et contrôle de gestion*, 11e édition, Éditions Delmas, 2009.

VERRON (Raymond), *Gestion budgétaire de l'association : élaborer, gérer, contrô-ler*, Collection Managers d'association, Éditions Juris Associations, octobre 2004.

Chapitre 19 : Le cas des PME

« *The Economist Intelligence Unit* (mars 2009) » – Ineum Consulting – *Les Échos* – Oct. 2009.

DOMENS (Jérôme), chargé d'études, *Les Défaillances d'entreprise entre 1993 et 2004*, Direction du Commerce, de l'Artisanat, des Services et des Professions libérales, janvier 2007.

Chapitre 20 : L'influence de la culture de *management* et du *leadership*

ANTHONY (Robert N.), *The Management Control Function*, Harvard *Business* School, 1988.

MINTZBERG (Henry), *Grandeur et Décadence de la planification stratégique*, Dunod, 1994.

SIMONS (Robert), *Codman et Shurtleff, Inc. Planning and Control System. Case Study 9-187-081*, Harvard Business School, Boston, 1987.

Planning, Control and Uncertainty : A Process View. In Accounting et Management, Field Study Perspectives, éd. W. J. Bruns, Jr. et R. S. Kaplan, Harvard Business School Press, Boston, 1987.

Levers of Control, Harvard Business School Press, 1995.

Chapitre 21 : Le savoir-être du contrôleur de gestion

BARRIER (Guy), *La Communication non verbale : comprendre les gestes : perception et signification*, 5e édition, ESF Éditeur, janvier 2010.

BOUIN (Xavier), SIMON (François-Xavier), *Les Nouveaux Visages du Contrôle de gestion – Outils et comportements*, 3e édition, Dunod, juillet 2009.

Tous gestionnaires – Comprendre et maîtriser les outils de gestion à des fins opérationnelles, 2e édition, Dunod, septembre 2006.

CORNU (Lucienne), *Neuro-Communication – Comprendre les mécanismes de la communication pour accroître les compétences,* Éditions l'Harmattan, novembre 2003.

Les auteurs

Marie-Noëlle Désiré-Luciani est expert-comptable mémorialiste, également diplômée de l'université Paris-Dauphine. Son parcours professionnel de plus de vingt ans passe par diverses fonctions essentiellement comme auditeur, contrôleur de gestion, responsable de la gestion des opérations de marché, directeur administratif et financier membre du comité de direction, consultant. Elle a travaillé dans différents contextes de structures d'entreprises (groupes cotés, PME, établissements publics) et secteurs d'activité (distribution, industrie, banque, assurance, conseil et formation). Aujourd'hui, en tant que consultante indépendante, elle accompagne des entreprises dans leurs projets et actions d'amélioration continue et de conduite du changement, de la stratégie à la mise en place d'outils en passant par l'accompagnement des hommes par des actions de formations individuelles et collectives, notamment pour le compte de la Cegos. Elle contribue au développement de la fonction « contrôle de gestion » également par le développement d'un dialogue de gestion accessible à tous et en intervenant comme formateur et membre de jury de validation des acquis de la fonction.

Daniel Hirsch est diplômé de l'IEP Paris et possède un MBA de l'Insead, ainsi que le DECS. Il a consacré la plus grande partie de sa carrière au contrôle de gestion dans différentes entreprises, avec un passage dans la trésorerie et l'audit opérationnel. Il a été directeur financier de la filiale française d'un groupe international et, pendant une quinzaine d'années, il a cumulé la fonction de secrétaire général d'une entreprise de services avec une activité de consultant formateur auprès de la Cegos. Il a également enseigné dans des écoles internationales. Il continue son activité de consultant indépendant notamment en relation avec la Cegos. Son parcours l'a amené à fréquenter des organisations ayant des règles de gestion et des cultures différentes : une grande entreprise nationale, des groupes anglo-saxons, une organisation du secteur public. Cela l'a rendu particulièrement sensible à l'influence des facteurs contextuels sur la définition d'un système de contrôle de gestion. Parmi ses passions extra-professionnelles figurent le jeu de go et la haute-fidélité.

Nathalie Kacher est consultant formateur en gestion. Elle conçoit des parcours pédagogiques, anime des formations auprès de différents publics – contrôleurs de gestion, managers opérationnels, chefs d'entreprise, assistantes et étudiants –, et accompagne la mise en œuvre de dispositifs de gestion dans des grandes entreprises comme dans des PME. Elle intervient pour le compte de différents organismes de formation et notamment pour la Cegos. Elle est diplômée de l'école HEC. Avant de devenir consultant formateur, elle a occupé différentes fonctions en contrôle de gestion dans un grand groupe pharmaceutique et a été directeur financier d'une PME opérant dans le secteur médical. Au fil de son parcours comme contrôleur de gestion puis comme consultant formateur, elle a acquis peu à peu la conviction que le contrôle de gestion doit avoir sa place dans toute organisation et accompagner son développement, et que la compréhension de ses mécanismes et de ses outils est à la portée de tous ses acteurs.

Marc Polossat, diplômé du Ceram (maintenant Skema), a travaillé dans plusieurs groupes américains de renom, dans des activités aussi variées que les gaz industriels, la télévision, l'informatique ou les équipements industriels lourds. Il a occupé des postes de contrôleur de gestion à vocation internationale, aussi bien dans les services qu'en environnement de production, avant de devenir directeur administratif et financier de la filiale française d'un conglomérat industriel. Il a également enseigné le contrôle de gestion dans une école de management. Désormais consultant indépendant spécialisé en direction financière de TPE et PME, il anime aussi des formations pour le compte de la Cegos dans les domaines du contrôle de gestion et des normes comptables internationales.

Index

Table des matières

PARTIE 1
Les enjeux du contrôle de gestion

PARTIE 2
Les outils du contrôle de gestion
2.1. Prévoir, motiver et encadrer l'action

PARTIE 4

La démarche de mise en œuvre
d'un contrôle de gestion

www.ingramcontent.com/pod-product-compliance
Lightning Source LLC
Chambersburg PA
CBHW060944210326
41598CB00031B/4711